咬文嚼字
合订本
2017

上海咬文嚼字文化传播有限公司
上海文艺出版社

图书在版编目（CIP）数据

2017年《咬文嚼字》合订本 /《咬文嚼字》编辑部编. -- 上海：上海文艺出版社，2017
 ISBN 978-7-5321-6542-1
 Ⅰ.①2… Ⅱ.①咬… Ⅲ.①汉语－语法分析 Ⅳ.①H14
 中国版本图书馆CIP数据核字(2017)第291218号

封面设计 王怡君

2017 Nián《Yǎowén-jiáozì》Hédìngběn

书　　名	2017年《咬文嚼字》合订本
编　　者	《咬文嚼字》编辑部
出　　版	上海文艺出版社
地　　址	上海绍兴路7号2楼
邮政编码	200020
发　　行	上海文艺出版社发行中心发行 上海市绍兴路50号
印　　刷	上海文艺大一印刷有限公司
开　　本	787×1092　1/32
印　　张	24.875
版　　次	2018年2月第1版　2018年2月第1次印刷
国际书号	ISBN 978-7-5321-6542-1/H.036
定　　价	48.00元（精装）
告 读 者	**如发现本书有印刷质量问题请与印刷厂质量科联系**
电　　话	021-57780459

顾　　问	张　斌　濮之珍　何伟渔
	陈必祥　金文明　姚以恩
名誉主编	郝铭鉴
主　　编	黄安靖
副 主 编	王　敏
特约编委	汪惠迪（中国香港）
	田小琳（中国香港）
	林国安（马来西亚）
	吴英成（新加坡）
责任编辑	何中辰　施隽南　朱恺迪
封面设计	王怡君
特约校读	蔡维藩　陈以鸿
	李光羽　王中原
	张献通

遵守规范　灵活应变

（序）

田小琳

　　国家的统一，民族的团结，都需要语言文字的规范。两千多年前秦始皇"书同文"政策的制定，为我们今人做了楷模。正因为汉字的统一，我们这个多方言的国家有了书面畅通交流的可能，我们中华民族的历代典籍亦得以保存，代代相习相传，至今不泯。

　　规范是运用语言文字要遵守的基调。2000年《中华人民共和国国家通用语言文字法》公布，已经过了18年。这是国家为语言文字规范第一次正式立法。2013年国务院公布了《通用规范汉字表》，收8105字，这是新时代文字的规范，对提升国家通用语言文字的规范化、标准化、信息化具有重要意义。这个《通用规范汉字表》对现代汉语语料的覆盖率达99.98%，可见是精心制定的标准。此外，还有其他一系列的规范标准。遵守语言文字的法则是我们公民的职责。

汉字作为书写工具，几乎每个字都是形音义的结合体，也代表着汉语的最小的单位——语素。语素是构词的基本单位，上面说到的8105个字，绝大部分都是单音节语素，它们前前后后互相组合起来，就成了几万个词语。汉语的语素库储藏如此丰富，足以应付构建新时代需要的新词新语。

一个人掌握的词语越多，中文程度越高，表达能力就越强，咬文嚼字的本事也越大。相反，掌握词语的数量不够，运用词语句式经常出错，中文程度就不高，表达能力就受到影响。

《咬文嚼字》杂志创办23年了。这么多年来，杂志自觉担当起了规范语言文字的重任，关心全社会的语言生活，从报纸杂志到名家名作，从广告制作到影视对白，发现问题，指出问题，纠正误用，提醒大家注意。这等于开设了一个语言文字"法庭"。据说，《咬文嚼字》要普查某年某月某日一些报纸上的差错时，各报主编、编辑便立时紧张起来呢！结果一公布，各报差错有实例分析，有数字见证，文字水平立见高下。虽然没有罚则，没有罚款，也形成了一种无形的压力，督促各报纸提高文字水平，为读者做好榜样。我们为《咬文嚼字》严肃认真、毫不苟且的工作态度点赞。

也许有些年轻读者说，互联网时代网络新词语层出不穷，不能把我们喜欢用的词语都"规范"了吧！说得没错，语言是随着社会而发展变化的。语言三要素（语音、词汇、语法）中，词汇的变化最显著，新陈代谢最快。新事物、新概念、新思想一定要借助新词语来表达。《咬文嚼字》杂志每年都公布"十大流行语",就是一种应变,应时代要求而变。把大家用的最多的热门词语统计出来,公布出来。像《咬文嚼字》编辑部2016年12月公布的"2016年十大流行语"就有:"供给侧""工匠精神""小目标""洪荒之力""吃瓜群众""友谊的小船,说翻就翻""葛优躺""套路""一言不合就××""蓝瘦,香菇"。(刊于《咬文嚼字》2017年第1期)每一个流行语的来源用法都有详细说明。

当然,网络词语也好,书报刊上的新词语也好,各种新词新语,都要经过"约定俗成"的沉淀,都要经过时间老人的挑选。首先被屏弃的就是那些粗俗的污秽的词语,香港人说"讲粗口",这是不符合我们中华民族文化习惯的。在"粗口"上标新立异,那就是歪门邪道了。那些新鲜的反映新时代的新词新语,必定会为大众喜闻乐见,并运用于口头和书面的表达中。

值得注意的是,《咬文嚼字》杂志在2017年全年12期都设有《华语圈》专栏。读者由此可以看到各华语社区的一些语言文字现象,令人开阔眼界,耳目一新!《华语圈》的作者有香港、澳门、台湾地区的学者,也有新加坡、马来西亚、泰国、印度尼西亚等国的学者,他们介绍的语言文字使用情况都与当地的政治、经济、文化背景密切相关,是当地语言生活的生动反映。有些社区词语内地也可以试试吸收。例如,在香港特区、澳门特区以及新马泰都普遍使用的"垃圾虫"一词,形象地比喻了不讲公共卫生的人。大人教育孩子常说:"不能随便乱扔垃圾,不能当垃圾虫啊!"孩子从小树立了不当"垃圾虫"的道德观念,一辈子受益。《全球华语词典》(2010,商务印书馆)、《全球华语大词典》(2016,商务印书馆)都收录了"垃圾虫"这个社区词。应该说,《华语圈》专栏的设立,也是《咬文嚼字》杂志灵活应变的具体体现。

规范与应变本身就是我们语言生活中相辅相成的两方面。《咬文嚼字》杂志的文章,篇篇生动活泼,短小精悍,既注重社会生活里语言文字运用的规范,又能够随时代的发展反映语言文字的变化,实属不易。

我愿意将这本薄薄的杂志推荐给所有中小学的语文老师,里面很多的语言故事可以让课堂气氛更加活跃;我愿意将这本小小的杂志推荐给报社杂志社出版社的编辑,里面对于语病的中肯分析,足以提高出版物的文字质量;我愿意将这本薄薄小小的杂志推荐给所有对中文有兴趣的朋友,包括华语圈的朋友,里面的文章繁花似锦,徜徉其间,便能增长知识,培养语感,提升素养。

《咬文嚼字》2017年第1—12期（总第265—276期）

总 目 录

（斜线后的数字，前为期数，后为页数）

遵守规范　灵活应变（序）
………………… 田小琳 /1

名家语画

跑不了了… 严　君　臧田心 /1.1
"林语堂名落孙山"
………… 唐慈新　臧田心 /2.1
洪深自称"坏蛋"
………… 张楚翘　臧田心 /3.1
杨小楼机智救场
………… 张楚翘　臧田心 /4.1
老师与学生"眉来眼去"
………… 唐慈新　臧田心 /5.1
"聂耳"的故事
………… 陶慈明　臧田心 /6.1
"郁达夫的妻子叫郁达"
………… 崔国强　臧田心 /7.1
"错杀良民"
………… 周桃芝　臧田心 /8.1
老舍"凑"诗一首
………… 杨广深　臧田心 /9.1
"多来米饭，少来稀粥"
………… 安　林　臧田心 /10.1
郎平用"铁榔头"砸队员
………… 唐香茗　臧田心 /11.1

莫言当作家是为了吃饺子
………… 王 文 臧田心 /12.1

年度盘点

2016年十大流行语 ………… /1.4
2016年十大语文差错 ……… /2.4

特　稿

幽默人长寿 ……… 郝铭鉴 /3.4
"迎春人看迎春花" … 田小琳 /3.6
一朵消逝的浪花 …… 汪惠迪 /3.8

语林漫步

从诺贝尔文学奖说到歌曲的
　语言艺术价值 …… 施南仁 /4.4
由《中国诗词大会》想到古人的
　语言运用观 ……… 武陵仁 /5.4
潘金莲，别胡闹！ … 施南仁 /6.4
魔都：魔性十足的大上海
………………… 余双人 /7.4
"诡异的光"真的"诡异"？
………………… 白岩尖 /8.4
笔顺的稳定与微调 … 于　荟 /9.4
也谈中国菜名的翻译问题
………………… 陆建非 /10.4

谁来解"赵孟頫"之困
………………… 傅　萌 /11.4
城市的"语言景观" … 仓　卒 /12.4

探名小札

"馄饨"与"乌冬面"
………………… 钱　伟 /4.7
探名"问政笋" …… 吴福堂 /4.8

校园丛谈

并非是"何人不起故国情"
………………… 马丽川 /8.7
何来"舍君" ……… 孙　凯 /8.9

锁定名人

何来"烽火墙" …… 杨昌俊 /1.8
"叼陪"何义 ……… 陈关春 /1.9
莫扎特与郑板桥有没有交集
………………… 张大同 /4.9
"素未蒙面"的相亲对象？
………………… 梁卓尧 /4.10
死在逼死坡的是建文帝吗
………………… 张仙权 /6.24
"斥侯"？"斥候"！
………………… 杨昌俊 /6.25

"女为悦己者容"是孔子说的吗
······ 江城子 /6.25
"祖裼裸裎"？"袒裼裸裎"！
······ 厉国轩 /8.23
"鹤唳九泉"？······ 杨昌俊 /8.24
《周礼》未载"礼不下庶人"
······ 陈晓云 /9.6
男女交合不称"媾和"
······ 杨宏著 /9.7
曹操究竟有几个"孩子"
······ 陈明洁 /11.6
应是"砻糠" ······ 常 隽 /11.7

追踪荧屏

应该是"忧心忡忡"
······ 雷 冰 /1.10
没有"阔约肌"，只有"括约肌"
······ 新 德 /1.11
《青春万岁》写的是何时之事
······ 张应族 /1.12
东岳庙不是佛教建筑
······ 李华山 /1.13
"跗骨之蛆"？······ 欧阳昌宏 /2.8
不知其义的"居功厥伟"
······ 阎德喜 /2.9
溥仪扒下来的"唱词"
······ 沈阳仁 /2.10

"满目苍夷"？"满目疮痍"！
······ 高良槐 /2.11
"押着"不是"压着"··· 蔡维藩 /3.27
"零零总总"？"林林总总"！
······ 浦东轩 /3.28
美国大选，与"龙"何干
······ 雷 冰 /3.29
劝酒须"将"（qiāng）
······ 古 桥 /5.27
贺知章不是宁波人··· 李华山 /5.28
初三夜不会有"月上东山"的景象
······ 廖 宁 /5.29
《楚辞》是屈原创作的吗
······ 陈福季 /5.30
杀人罪的追诉没期限吗
······ 李友平 /5.31
误读"校书" ······ 盛祖杰 /6.7
求福用"祈"不用"祁"
······ 禾 宝 /6.8
北宋还没"程朱理学"
······ 周启德 /6.9
配药讲究"君臣相佐"？
······ 梁德祥 /7.7
陆游不住江阴······ 李景祥 /7.8
莫高窟是"非物质文化遗产"吗
······ 赵旭国 /7.9
"灭此朝食"的"朝"不读 cháo
······ 朱建芳 /7.10

"煮豆"燃的是"箕"吗
………………李景祥 /8.29
"千真万确"不正确
………………黄殿容 /8.30
何来"康熙词典"……姜伟光 /8.31
不是斜振是谐振……雷 冰 /8.32
开国大典前怎么会有国徽
………………邓晓冬 /9.33
"晋献文子"并非国君
………………陈明洁 /9.34
是"邹鲁"不是"周鲁"
………………王重阳 /9.36
打兔子惹不来一身臊
………………阎南岗 /9.37
"湘江"不在香港……厉国轩 /9.38
《尚书》中没有《禹书》
………………陈明洁 /10.7
是"对峙"吗……刘二奎 /10.8
"兵败"还能"如山"?
………………王盛渠 /10.9
夜郎所在非"滇地"
………………明 洁 /11.16
"亲点"当为"钦点"
………………方必成 /11.17
海军士兵"头戴国徽"?
………………雷 冰 /11.18
"素未平生"是什么
………………盛祖杰 /11.20

"入木三分"的本不是"书匾"
………………韦 言 /11.21
莫把"蓉城"当"榕城"
………………古 桥 /12.33
崇祯自杀后,清军才入关
………………邓晓冬 /12.34
美人如玉称"璧人"
………………欧阳昌宏 /12.35
"二拍"与冯梦龙无关
………………李景祥 /12.36
"芙蓉出水"是形容谢朓的诗吗
………………陈明洁 /12.37

一针见血

"枉为"?"妄为"!… 周平果 /1.14
是苻坚,不是符坚
………………高连宝 /1.14
"磋砣岁月"?"蹉跎岁月"!
………………高良槐 /1.14
应是"唱念做打"……王德彰 /1.15
"老人节"和"老年节"
………………毛纬武 /1.15
为何要摇"烂桨" 辛良仲 /1.16
"波拿巴"是拿破仑的音译名吗
………………李光羽 /1.16
有"蹒跚的山道"吗
………………谢镇江 /1.17

"孔林"不可写作"孔陵"
　……………… 江城子 /1.17
不是"蓬壁"是"蓬荜"
　……………… 董金明 /1.18
不是"被告"是"被告人"
　……………… 王维明 /1.18
王绩没写过"蝉噪林逾静，鸟鸣
　山更幽"…… 王宗祥 /1.19
何来"鼠逐"？应是"窜逐"！
　……………… 厉国轩 /1.20
"膛臂之微"？… 阎德喜 /1.20
是"樯橹"非"强弩"… 谢三山 /1.21
坐在车上"顿首"？… 盛祖杰 /2.12
"清癯"岂可作"清瞿"
　……………… 阎南岗 /2.12
华北成为"多事之秋"？
　………………… 周　振 /2.12
"攒眉"会有"笑眼"吗
　……………… 谢云秋 /2.13
"憨态可鞠"？……… 董宝林 /2.13
春雨如何"菲菲"… 辜良仲 /2.14
核舟是用什么刻成的
　……………… 陈福季 /2.14
蔚县的"蔚"不能读 wèi
　……………… 李华山 /2.15
"干元"？"乾元"！… 金　甲 /2.15
何必"慑取"精气神
　……………… 王建群 /2.16

"缘悭一面"的"悭"怎么读
　……………… 杨柳青 /2.16
吴佩孚、段祺瑞没当过总统
　……………… 李悠然 /2.17
"虚宫"应为"虚恭"
　……………… 苏开省 /2.17
偷盗衣物的人是"不宿之客"吗
　……………… 盛永兴 /2.18
何谓"流年而不衰"… 新　德 /2.18
令人不快的"如刺在哽"
　……………… 余培英 /2.19
"与王者埒富"？… 杨昌俊 /2.19
"四两拨千金"？… 谢云秋 /3.17
叔侄何来"手足之情"
　……………… 沈阳仁 /3.17
"捻熟"？"稔熟"！… 董秋成 /3.18
何来"半片生猪"… 晋　相 /3.18
应是"尤人"而非"忧人"
　……………… 吴导民 /3.19
卡里莫夫并未"问鼎社稷"
　……………… 厉国轩 /3.19
不是"稍倾"应是"少顷"
　……………… 谢三山 /3.20
"勋曲"是什么曲子
　……………… 高良槐 /3.20
庐州不在江西省…… 赵永成 /3.21
不是"犯奸作科"，应是"作奸犯科"
　……………… 朱炳禄 /3.21

李连英"殡天"？ … 李华山 /3.22
说不通的"风流倜傥"
………………… 温守江 /3.22
"购钱"查拿？ … 杨昌俊 /4.11
行刑的人是"侩子手"吗
………………… 江城子 /4.11
"扞格"不可作"讦格"
………………… 阎德喜 /4.12
大堡礁生活着"懦艮"？
………………… 思无邪 /4.12
《千金冀方》？《千金翼方》！
………………… 晋 相 /4.12
奔跑的马"鬃毛飞舞"？
………………… 谢云秋 /4.13
腊八"概莫能外"？ 韩学燕 /4.14
"腹"岂能死在"胎"中
………………… 得 喜 /4.14
应为"漏卮" …… 杨宏著 /4.15
是"苟延残喘"而非"狗延残喘"
………………… 曹景坤 /4.15
《滕王阁序》是诗？ 盛祖杰 /4.16
孙中山何曾改"正朝"
………………… 李光羽 /4.16
"兜黎"何物 …… 居容人 /4.17
何谓"乐不可滋" … 浦东轩 /4.17
沁入心"睥"？ … 李光羽 /5.12
"豸突"从哪来 …… 王宗祥 /5.12
滤酒怎么能少"筶" 高连宝 /5.12

石膏制成的不是"磨具"
………………… 周 振 /5.13
十二岁当上卿的是"干罗"吗
………………… 朱建芳 /5.13
周有光先生有《朝文道集》吗
………………… 高良槐 /5.14
"重蹈"的是"旧辄"吗
………………… 方德佺 /5.14
大渡桥横铁"锁"寒？
………………… 康永禄 /5.15
"下家人"是什么人… 张仙权 /5.15
"见过"指的是来访
………………… 沈阳仁 /5.16
人类最早的身份是农民？
………………… 钱 辉 /5.16
四川哪儿来"梅山市"
………………… 辜良仲 /5.17
杜甫何曾念诗给老妇听
………………… 曾小云 /5.17
"成如容易却艰辛"是谁说的
………………… 汤生根 /5.18
"冰"与"碳"并不对立
………………… 阎德喜 /6.10
"繁褥"可以形容纹饰吗
………………… 居容人 /6.10
"罢黜"？"罢黜"！… 温守江 /6.11
中国历史上没有"令伊"官职
………………… 李光羽 /6.11

"迎刃有余"是杂糅
　……………… 李可钦 /6.12
庄子敲的是锣吗…… 刘日建 /6.12
不是牡蛎是牡蛎…… 董宝林 /6.13
广东"僻处边檄"? 肖遥生 /6.13
谢灵运是"南宋"诗人吗
　……………… 李悠然 /6.14
《闺怨》是谁写的…… 汤生根 /6.15
鸡会"足传距"吗…… 浦东轩 /6.15
周有光"经历过太平天国"?
　……………………… 得 喜 /6.16
何为"鸡爪械"…… 甄文亮 /7.11
鱼会产"籽"吗…… 朱建中 /7.11
安徽有"黟县"无"黔县"
　……………… 王宗祥 /7.12
生气岂有"不愠"色… 王德彰 /7.12
"家缠万贯"怎么"缠"
　……………… 浦东轩 /7.13
"履险为宜"?……… 高良槐 /7.13
升职当用"晋升"… 古　辛 /7.14
"如晤"应是"如晤"… 新　德 /7.14
"虢夺"?"褫夺"!… 杨昌俊 /7.15
"惘然不顾"非"罔顾"
　………………… 国　轩 /7.15
90岁尚不称"期颐"
　……………… 达式东 /7.16
味浓称"酽"无关"俨"
　……………… 居容人 /7.16

"区"和"县"的区别
　……………… 李延春 /7.17
"甫"误为"卜"…… 刘日建 /7.17
"亦步亦驱"?……… 韩学燕 /8.11
地方人民法院没有"最高"
　……………… 陈关春 /8.11
"属意"?"授意"!… 周平果 /8.12
"怡"不可"甘之"… 阎德喜 /8.12
"真知酌见"?……… 李可钦 /8.13
不是"棉里藏针"… 阎南岗 /8.13
陈忠实是"关东人"?
　……………… 刘日建 /8.14
不是"芫荽"是"芫荽"
　……… 贾清妍　李莉莉 /8.15
砝码,还是筹码?… 屠林明 /8.15
韩愈有《韩诗外传》吗
　……………… 辜良仲 /8.16
何为"宫秩"……… 温守江 /8.16
"结余"和"节余"… 张志达 /8.17
是"逯过"而非"透过"
　……………… 陈汇舒 /8.17
赵构做过"皇太子"吗
　……………… 杨西仑 /8.18
"叉板"是什么板…… 李景祥 /9.8
"但悲不见九州同"是杜甫的
　诗句?………… 郑文安 /9.8
"16.7万"是几万… 张震东 /9.9
"廉"是"放禾苗的仓库"吗

………………… 古 辛 /9.9
"吕台伯"是谁 …… 王树凡 /9.10
"钱镠"不可写作"钱缪"
　………………… 杨昌俊 /9.10
不是"介时",应是"届时"
　………………… 谢云秋 /9.11
"敇令"和"敕令" … 得 喜 /9.11
街道焉能"纵横捭阖"
　………………… 沈阳仁 /9.12
词可分为"上阙""下阙"吗
　………………… 辜良仲 /9.13
受冷未必"寒碜" … 李光羽 /9.13
我国地名没有"雾都"
　………………… 杨顺仪 /9.14
养生当需"调适" … 张志达 /9.14
周岂能"讨商汤" … 张应族 /9.15
"柔荑"误作"柔夷"
　………………… 江城子 /10.10
"顽固不冥"？…… 杨昌俊 /10.10
令人费解的"就熟"
　………………… 阎德喜 /10.11
"厌盛"还是"厌胜"？
　………………… 杨宏著 /10.11
"言简意骇"？…… 李可钦 /10.12
"人世几回伤往事"是刘长卿的
　诗句吗 ………… 汤生根 /10.12
何来"捉禁见肘"
　………………… 一 瞥 /10.13

"莫过于天大的事"？
　………………… 屠林明 /10.13
鞭炮有"引芯"吗… 李光羽 /10.14
1959年尚无核工业部
　………………… 毛纬武 /10.14
"雪肓"？"雪盲"！
　………………… 厉国轩 /10.15
腹中有的是"剑"不是"箭"
　………………… 周 振 /10.15
吴起不在甘肃…… 李景祥 /10.16
夏启铸九鼎？…… 古 辛 /10.16
周邦彦不是"花间派"词人
　………………… 陈福季 /10.17
是"甚嚣"不是"盛嚣"
　………………… 李可钦 /11.8
北宋举行省试不在洛阳
　………………… 李景祥 /11.8
有"路分"没有"路份"
　………………… 唐九戒 /11.9
"朵颐"才可"大快"… 李 五 /11.9
"佞妄"？"佞妄"！
　………………… 浦东轩 /11.10
绿营兵不是"清廷子弟兵"
　………………… 周 振 /11.10
"瞄准的来复线"？
　………………… 杨昌俊 /11.11
番禺西北有"牂柯江"吗
　………………… 新 德 /11.12

"羞愧"当"赧然"
………… 达式东 /11.12
军人之间不称"胞泽"
………… 江城子 /11.13
音符里没有"8" … 李光羽 /11.13
子思"名孔"? …… 侯玉文 /11.14
不是"町步"是"汀步"
………… 李欣然 /11.14
1946年如何宣读《土地法大纲》
………… 沈阳仁 /11.15
"蔽"与"敝"要分清
………… 阎德喜 /12.12
"造价"如何"不斐"
………… 新 德 /12.12
何谓"冬烘先生"… 温守江 /12.13
"血"不可"弑" … 方德佺 /12.13
此"盼"非彼"判"
………… 厉国轩 /12.14
用马槽"殓尸"? … 李延春 /12.14
冬天岂能下"霉雨"
………… 阎南岗 /12.15
"信马由疆"?" 信马由缰"!
………… 吴 用 /12.15
"民国四年"哪有国民政府
………… 李光羽 /12.16
何为"黤斗" …… 浦东轩 /12.16
可以宣读的是"谕"不是"渝"
………… 马秋影 /12.17

《淳化阁帖》编于何时
………… 青 莲 /12.17
"视死如归"是曹植所创吗
………… 辜良仲 /12.18

碰碰车

有些饵料需"泡制"… 王宗祥 /3.15
"十六国"并非都在"中原地区"
………… 周 振 /3.16

借题发挥

"呈现"?"呈献"! … 屠林明 /1.22
应是"标志" ……… 李延春 /1.23
"前途"干吗"似景"… 王泽清 /1.24
"民宿""名宿"两相异
………… 厉国轩 /6.37
"最迟应在24小时内发声"?
………… 屠林明 /6.38
45年前,"中美三个联合公报
发表"? ………… 周 振 /8.39
"牴犊"怎会"情深深"
………… 康丽丽 /8.40
是"谦和"不是"谦合"
………… 周 振 /9.28
"休止符"如何"奏响"
………… 严志清 /9.29

微型讲坛

"开元通宝"和年号钱
　………… 黄鸿森 /3.23
说"榆"　……… 陈运舟 /3.25
略论"谥法"和"谥"字
　………… 苏培成 /7.18
大象在中国　…… 陈运舟 /7.20
谈"获益匪浅"的"匪"
　………… 苏培成 /8.25
说"雩"　……… 陈运舟 /8.27
太阳的性别　…… 宗守云 /10.24
"葬"字的演变　… 苏培成 /10.26
"禽"含义的变异… 陈运舟 /10.28
"小友"称谓古今谈
　………………… 韦　言 /12.28
"怕瓦落地",修辞音译词
　………… 宗守云 /12.31

时尚词苑

热词"套路",有人赞,有人弹
　………… 金易生 /1.25
标配:从专业术语到流行用语
　………… 吴梦捷 /1.27
新成语"真金白银"… 金波生 /2.20
"吃瓜群众"力量大… 刘东怪 /2.22
"撸起袖子加油干"
　——今年第一流行语
　………… 何俊萍 /3.10
调整心态,直面"理想很丰满,
　现实很骨感"…… 刘东怪 /3.12
勿小看"小目标"　… 刘东怪 /4.25
迎来"高光"时代　… 吴梦捷 /4.27
怼:老树发新枝……　刘东怪 /5.7
流行语"正确打开方式"的来历
　………………… 吴梦捷 /5.9
称赞语"厉害了我的'×'"
　………………… 刘东怪 /6.20
丰富多彩的"金句"… 赵丽华 /6.22
"水逆"来袭,更须逆水而行
　………………… 徐靖怡 /7.22
"拉黑"就是拉入黑名单
　………………… 吴梦捷 /7.24
跨界的"重口味"　… 吴梦捷 /8.19
流行构式"一言不合就××"
　………………… 绯荔榭 /8.21
大大小小"朋友圈"… 徐靖怡 /9.24
不畏挑战,"满血"出发
　………………… 刘东怪 /9.26
暖人心脾的词语——"有温度"
　………………… 何俊萍 /10.35
齐心协力,共绘"同心圆"
　………………… 刘东怪 /10.37
玉陶　………… 汪惠迪 /10.39

探究励志语"诗与远方"
…………………… 曹志彪 /12.7
点点积累,"蝶变"重生
…………………… 刘东怿 /12.10

学　林

汉字里的指事号和记号
…………………… 苏培成 /4.22
多音字和异读字的区分
…………………… 苏培成 /5.24
人民币上的文字 … 苏培成 /6.17
汉语拼音由国内标准发展为
　国际标准 ……… 苏培成 /9.30
汉字与语素配合关系的调整
…………………… 苏培成 /11.23
桑干河畔的"葫芦冰"
…………………… 宗守云 /11.26
多音字的增加和减少
…………………… 苏培成 /12.25

热线电话

"你好,我是64330669……"(56)
…………………… 姚博士 /7.26
"值勤"和"执勤" /7.26
"语文科代表"和"语文课代表"
………………………………… /7.27

向我开炮

此夜明月胜玉盘 … 袁玉柱 /4.29
误把公历当农历 … 汪仁学 /4.30
《明月几时有》作者来信 … /4.31

文章病院

"走马观花"不指频繁
…………………… 周　振 /1.29
"直布罗陀"是海峡吗
…………………… 钱　辉 /1.30
鹤不能"冬复北去"… 沈阳仁 /1.31
金代没有"中郡" … 李景祥 /1.32
"善刀"是什么刀 … 丹　徒 /1.33
不可玩弄于"鼓掌"
…………………… 谢云秋 /1.33
"赴笈"？"负笈"！ … 云　丘 /1.34
龙门石窟不在四川
…………………… 晋　相 /1.35
落雨杉是什么树 … 甄文亮 /1.36
何为"锥牛" ……… 李景祥 /2.33
"现形"与"现行" … 杨宏著 /2.34
李白不是"嫡仙人"
…………………… 于　豪 /2.35
东北解放战争时尚无"四野"
…………………… 木　子 /2.36

糊窗户的是"高立纸"吗
  ················ 刘日建 /2.37
1957年"混凝土问世"?
  ················ 李光羽 /2.38
不是"封疆大使",应是"封疆大吏"
  ················ 梁卓尧 /2.39
牧师念"弥撒"吗······ 李景祥 /3.33
治水开挖的是"碱河"吗
  ················· 木 子 /3.34
哪有"德国首相登兴堡"
  ················ 李光羽 /3.34
孟昶"用大红宣纸"写联吗
  ················ 辜良仲 /3.35
当"拿云"不当"挈云",可"呜呃"
  不可"呜咽"····· 阎德喜 /3.36
"老莱子"误为"老菜子"
  ·················· 得 喜 /3.37
"沛公之意不在酒"吗
  ················ 陈两森 /4.32
"杏坛"之"杏"不是"银杏树"
  ················ 辜良仲 /4.33
"篷豆"?"筐豆"! 肖遥生 /4.34
满月不是地球影子造成的
  ················ 李景祥 /4.35
"耽于······声望"?
  ·················· 邓 菊 /4.36
兰亭能看到"茂陵修竹"吗
  ················ 阎南岗 /4.37

不是"莘荑"是"辛夷"
  ················ 李景祥 /5.19
"三吏""三别"并非作于天宝年间
  ·················· 晋 相 /5.20
何来"茉莉花茶" ··· 高鸿儒 /5.21
殷末何来"缂丝" ··· 木 子 /5.22
李世民与安史之乱
  ·················· 洗 竹 /5.23
"坝桥"风雪有诗思?
  ················ 阎心士 /6.29
选拔官员仅科举? ··· 周 振 /6.30
误用"陈年" ········ 谢三山 /6.31
同咏西湖美,杨诗误姓苏
  ·················· 深 根 /6.32
农历何来"花招日"
  ················ 谢云秋 /6.33
"孤决一掷"怎么掷
  ················ 毛志英 /6.33
"滑冰竹马"究竟是谁发明的
  ················ 李景祥 /6.34
是"无晴"非"无情"
  ················ 阎南岗 /6.35
"桃代李僵"?"李代桃僵"!
  ················ 辜良仲 /6.36
成吉思汗的马鞭指不到北冰洋
  ·················· 钱 辉 /7.29
沈阳故宫何来"文漱阁"
  ················ 江城子 /7.30

12

"琵琶"会开花吗 … 辜良仲 /7.31
周朝是"周姓"王朝？
　…………………… 夏祥平 /7.32
土豆是马铃薯的"籽实"吗
　…………………… 石　磊 /7.33
"郑人买履"何曾削足
　…………………… 郑文安 /7.34
"兔起鹘落"应为"兔起鹘落"
　…………………… 王宗祥 /8.33
宁古塔在开原吗 … 李华山 /8.34
"艺器"？"裹器"！… 孙利政 /8.35
"干戈玉帛"成为"金戈铁马"？
　…………………… 张怡春 /8.36
《楚辞》中没有水仙… 遐　观 /8.37
误将"毛边"作"毛皮"
　…………………… 李光羽 /8.38
"七十二候"是日本创立的吗
　…………………… 盛祖杰 /9.16
长春何时成了"盛京"
　…………………… 李福唐 /9.17
"自挂东南枝"的到底是谁
　…………………… 晋　相 /9.18
不是《幼学篇》是《劝学篇》
　…………………… 李华山 /9.19
青鸟不是"南方神鸟"
　…………………… 木　子 /9.20
"颔联""颈联"莫混淆
　…………………… 阎德喜 /9.21

李煜会吟"多情自古伤离别"吗
　…………………… 陈两森 /9.22
为死者"节哀"？… 古　桥 /9.23
"云霓"未必"有别"… 江城子 /9.23
"白堤"是白居易留下的吗
　…………………… 辜良仲 /10.18
鲔鱼游入海中就称为鲨鱼吗
　…………………… 温守江 /10.19
"惺惺"怎可"作罢"
　…………………… 章桂周 /10.20
张良是"圯下受书"吗
　…………………… 高良槐 /10.21
"剡""郯"有别 … 马秋影 /10.22
训练鹭鸶捉鱼？… 王宗祥 /10.23
"善财童子"并不"散财"
　…………………… 陈　渊 /11.28
"一升"中无法占得"八斗"
　…………………… 杨宏著 /11.29
"中枢神经"不可压
　…………………… 黄应喜 /11.30
屈原生于寅卯年？
　…………………… 许龙桃 /11.31
"北海"是哪里的海
　…………………… 辜良仲 /11.32
寒山和拾得"开山立庙"？
　…………………… 厉国轩 /11.33
"盍"不能用作礼器
　…………………… 重　阳 /11.34

普陀山何时有普陀寺
······ 许天勤 /11.35
误说《李娃传》 ··· 晋　相 /11.36
中南海没有"春藕斋"
······ 居容人 /11.37
虎门销烟的是"湖广总督"
······ 杨西仑 /12.19
有"奏效",无"凑效"
······ 李可钦 /12.20
司马懿临事"拆冲厌难"?
······ 周　振 /12.21
何为"晴川" ······ 邹身坊 /12.22
"无韵之《离骚》"是指《红楼梦》吗
······ 胡隆佳 /12.23
"鼋"与"蠵龟" ··· 张良国 /12.24

检测窗

编校差错扫描(一)
······ 王　敏 /2.29
编校差错扫描(二)
······ 王　敏 /3.30
编校差错扫描(三)
······ 王　敏 /4.44
编校差错扫描(四)
······ 王　敏 /5.36
编校差错扫描(五)
······ 王　敏 /6.26

朝花夕拾

咬嚼日记摘钞(9) ··· 郝铭鉴 /1.37
不识"汤团"真面目 ······ /1.37
"宝宝"学汉字 ······ /1.38
"浮一大白"的醉意 ······ /1.39
咬嚼日记摘钞(10)
······ 郝铭鉴 /2.25
"李公朴"其名 ······ /2.25
"了如指掌"辨 ······ /2.26
词牌名要用书名号吗 ······ /2.27
"雄赳赳"的年代 ······ /2.28
咬嚼日记摘钞(11)
······ 郝铭鉴 /3.38
祇·衹·祗·袛 ······ /3.38
"后娘养的" ······ /3.39
"猕猴桃"和"奇异果" ······ /3.40
咬嚼日记摘钞(12)
······ 郝铭鉴 /4.18
"跳蚤市场"探名 ······ /4.18
"装嫩"的秘诀 ······ /4.19
话说"春节" ······ /4.21
咬嚼日记摘钞(13)
······ 郝铭鉴 /5.32
"暴发"和"爆发" ······ /5.32
"牛鬼蛇神" ······ /5.33
每逢元宵见"瘦辞" ······ /5.34

咬嚼日记摘钞(14)
　……………… 郝铭鉴 /10.30
　"军令"岂能"不受" ……/10.30
　"数九"从哪天数起 ……/10.31
　"功败垂成"说讹 ………/10.33
咬嚼日记摘钞(15)
　……………… 郝铭鉴 /11.38
　"项带银圈"——鲁迅用了别字吗
　……………………………/11.38
　"五谷丰登"的"登" ……/11.40
　为"墨鱼"正名 …………/11.41
咬嚼日记摘钞(16)
　……………… 郝铭鉴 /12.39
　渐行渐远的"馀" ………/12.39
　从"淑女"说起 …………/12.40

网语漫谈

你们城里人真会玩
　……………… 陈思聪 /1.41
以丑之名超越帅 … 马一扬 /1.43
由"背黑锅"到"我的锅"
　……………… 余郎婷 /1.45
别让"毒舌"成为一种习惯
　……………… 陆秋尧 /2.40
"一言不合"里的"言"去哪儿了
　……………… 余郎婷 /2.42
"水逆"退散！……… 苏　杭 /2.45

粉丝的分化 ……… 徐默凡 /3.42
"吃藕"会变丑吗 … 王璐瑶 /3.45
被"玩坏"的语言 … 徐妍薇 /3.47
我可能写了一篇假文章
　……………… 徐默凡 /4.38
我们为什么爱"打脸"
　……………… 丁　欣 /4.40
"污"不仅仅是污染
　……………… 邓安琪 /4.42
比心 ……………… 孙汇泽 /5.39
前方高能预警！… 周遥君 /5.41
另类"洗地" ……… 姜欣幸 /5.43
"良心"为什么会"痛"
　……………… 余郎婷 /6.39
"吃瓜"和"围观" … 祝　早 /6.41
这口"糖"甜不甜 … 余　琪 /7.35
微店和微广告 …… 田小琳 /7.37
谁是"大大" ……… 孙汇泽 /7.39
说"尬" …………… 岳怡欣 /8.41
信息时代的"手动"
　……………… 姜欣幸 /8.43
你有一颗少女心吗
　……………… 陈婉婷 /8.45
"黑科技"之"黑" … 徐　瑞 /9.39
说"怼" …………… 庾仲雯 /9.41
"小目标"真的小吗
　……………… 胡寻儿 /9.43
"云"中生活 ……… 姜欣幸 /10.40

0元党、非洲人和小学生
　　——游戏用语中的众生相
　　……………… 徐默凡 /10.42
"画风"变了 …… 曲绍萍 /10.45
"简直了"是怎么了
　　……………… 朱玲奕 /11.43
丧文化和小确丧
　　……………… 周欣欣 /11.45
今天,你"吸猫"了吗
　　……………… 朱玲奕 /12.43
你这是在搞事情
　　……………… 卢林鑫 /12.45

华语圈

港式粤菜春茗菜谱
　　……………… 田小琳 /1.48
盆满钵满话盆菜 　李　斐 /1.49
娘惹糕点 ……… 杨欣儒 /1.51
娘惹风味新年饼 …邓月璇 /1.52
元宵抛柑 ……… 杜忠全 /1.53
哪里来的"必胜客"呀
　　……………… 杨欣儒 /2.47
警绳种种
　　——黑警绳、花警绳、红警绳
　　……………… 田小琳 /2.48
表示比较的新兴句式"过"字句
　　……………… 马毛朋 /2.49

"下流老人"下流乎
　　……………… 张从兴 /2.51
平平吃风去……… 韩理光 /2.52
首相,还是总理? … 郭　熙 /3.49
从猪仔到马劳 …… 邓月璇 /3.50
逼仄 …………… 杜忠全 /3.51
热闹的"醒狮采青"
　　……………… 刘　健 /3.52
香港美食车 …… 汪惠迪 /4.47
香港的"二楼书店"
　　……………… 李　斐 /4.48
一张"登记"几许心酸
　　……………… 邓月璇 /4.49
一尺有多长 …… 杨欣儒 /4.51
大马 …………… 杜忠全 /4.52
不是"红毛"就是"番"
　　……………… 邓月璇 /5.48
谈谈"因应"的词性
　　……………… 马毛朋 /5.49
马来西亚食品译名漫语
　　……………… 杨欣儒 /5.50
"硬净"和"好打得"
　　……………… 汪惠迪 /6.43
从义山谈生论死…… 邓月璇 /6.44
异动和变动 …… 田小琳 /6.46
甘榜鸡 ………… 杜忠全 /6.47
香港的"两文三语"
　　……………… 田小琳 /7.41

香港报上绰号多……汪惠迪 /7.42
"发财巴"与"僵尸车"
　……………………… 程祥徽 /7.43
香港繁体字形小议
　………………………… 李 斐 /7.45
fāng 还是 fáng？…马毛朋 /7.46
港式中文小议 …… 田小琳 /8.47
澳门的"三文四语"
　……………………… 程祥徽 /8.48
特朗普、川普和清儒钱大昕
　……………………… 竺家宁 /8.49
台湾的"魔人"…… 高婉瑜 /8.51
组屋 ………………… 汪惠迪 /8.52
发夹弯 ……………… 高婉瑜 /9.45
阿里巴巴 VS 阿里峇峇
　……………………… 邓月璇 /9.46
"峇"的故事 ……… 汪惠迪 /9.48
生命庆祝会 ………… 田小琳 /9.49
制水 ………………… 杜忠全 /9.50
马来西亚的三语学习
　……………………… 杜忠全 /10.47
处处是"律" ……… 杨欣儒 /10.48
"同"的语用变异… 高婉瑜 /10.50
"吃"在大马 ……… 邓月璇 /10.51
同姓异拼和异姓同拼
　……………………… 汪惠迪 /11.49
大马华裔学生名字的汉语拼音
　……………………… 杨欣儒 /11.50

"霸王餐"的妙用… 田小琳 /11.51
《两岸生活常用词汇对照手册》
　台湾词目商补
　……………………… 高婉瑜 /11.53
马来西亚的罗吔华语
　……………………… 杜忠全 /11.54
台湾的 22K ……… 高婉瑜 /12.47
新加坡的咖啡店
　……………………… 汪惠迪 /12.48
挂风球和水浸 …… 田小琳 /12.49
拉布与剪布 ………… 马毛朋 /12.51
"组屋"与"公寓"… 杨欣儒 /12.52

八面来风

多些"咬文嚼字"的较真精神
　……………………… 李思辉 /2.56
让老词服务新时代
　……………………… 汪惠迪 /2.57
语言：沧桑与选择
　………………………… 王 蒙 /5.57
"穿越"在方言和普通话之间
　………………………… 周 星 /10.56

谈联说谜

"元旦"灯谜 ……… 刘茂业 /1.55
俞曲园的灯谜 …… 柳 叶 /1.56

新春话"鸡"谜 …… 刘茂业 /2.54
联中寓狂喜 ……… 李中洲 /2.55
能教有格成无格(上)
　………… 江更生 /3.57
以"字"扣"名"的灯谜
　………… 刘茂业 /3.59
能教有格成无格(下)
　………… 江更生 /4.56
说说"元宵晚会"的灯谜
　………… 刘茂业 /4.58
台湾灯谜简介 …… 柳 叶 /4.59
谜人会战张家港 … 江更生 /5.52
《花月痕》中的"书信谜"
　………… 刘茂业 /5.54
常州猜谜庆元宵 … 老 乔 /5.55
藏着地名的灯谜 … 江更生 /6.52
毛泽东诗词灯谜 … 柳 叶 /6.54
一谜制猜四法门 … 刘茂业 /6.55
合"时"而作的灯谜
　………… 乔山浩 /7.51
《春谜大观》一百年
　………… 刘茂业 /7.53
献谜书城乐众人 … 江更生 /7.54
凭君传语报平安 … 刘茂业 /8.57
嵌有人名的灯谜 … 江更生 /8.58
赛谜鲈乡迎"八一"
　………… 江更生 /9.54
"一"字谜趣谈 …… 刘茂业 /9.56

"华人中学生灯谜大会"上的字谜
　………… 刘茂业 /10.53
谜目延伸谐趣增… 江更生 /10.54
大世界的"周三谜会"
　………… 刘茂业 /11.56
熟谙别称能破谜(上)
　………… 江更生 /11.57
熟谙别称能破谜(下)
　………… 江更生 /12.54
《二十年目睹之怪现状》里的灯谜
　………… 刘茂业 /12.56

东语西渐

外国人笔下的"洪荒之力"
　………… 陆建非 /3.54
中国人教了老外哪些英语
　………… 陆建非 /4.54
"吃瓜群众"在英语中的影子
　………… 陆建非 /6.49
"一带一路"英译名的精妙之处
　………… 陆建非 /7.48
"中国梦"与"美国梦"
　………… 陆建非 /8.54
友谊的小船说翻就翻
　………… 陆建非 /9.52
中国菜名的汉译英趣谈
　………… 陆建非 /11.47

重读经典

文学与语言的关系
　　………… 吕叔湘 /1.57
关于错别字（一）… 王　力 /6.56
关于错别字（二）… 王　力 /7.56
推广普通话的重要性
　　………………… 王　力 /9.57
编辑应当具有哪些修养
　　………………… 吕叔湘 /12.57

向你挑战

翡翠上的"雪花"
　　………… 伯　淮　设计 /1.60
空间站建设"三步走"
　　………… 望　岷　设计 /2.60
天宫二号…… 望　岷　设计 /3.60
拾起人生的碎片
　　………… 梁北夕　设计 /4.60
请接受善意
　　………… 伯　淮　设计 /5.60
甘甜的海水
　　………… 梁北夕　设计 /6.60
老人 ……… 伯　淮　设计 /7.60
文学创作与"吃鱼"
　　………… 梁北夕　设计 /8.60

求职 ……… 伯　淮　设计 /9.60
远方的星星
　　………… 梁北夕　设计 /10.60
雾中的蛛网
　　………… 伯　淮　设计 /11.60
一本内容绝无错误的生物学著作
　　………… 梁北夕　设计 /12.60

网言网语

爱情……… 乔　桥　辑 /1.47
人生……… 蔡　玫　辑 /1.59
世态……… 乔　桥　辑 /2.7
世态……… 乔　桥　辑 /3.14
人生……… 崔国胜　辑 /3.36
人生……… 蔡　玫　辑 /3.44
职场……… 张　蓉　辑 /4.53
职场……… 黄文志　辑 /5.11
哲理……… 乔　桥　辑 /5.23
人生……… 蔡　玫　辑 /5.59
职场……… 张　蓉　辑 /6.19
职场……… 乔　桥　辑 /6.59
友谊……… 细　雨　辑 /7.59
人生……… 黄文志　辑 /9.5
成长……… 乔　桥　辑 /10.29
人生……… 崔国军　辑 /10.44
修养……… 周文林　辑 /10.52
人生……… 黄文志　辑 /11.22

职场………… 乔　桥　辑 /12.59

看图说话

"害怕"的时候,怎可能"无所畏惧"
　………………刘　森 /2. 封三
少了引号,多了误解
　………………屠林明 /3. 封三
"百蚊不如一盾"?
　………………单志文 /4. 封二
"兄恭弟谦"是中华传统?
　………………陈瑞曾 /5. 封三
"坐享其人之福"?
　………………邹享昌 /6. 封三
"距离"如何"打开"
　………………王　川 /8. 封三
莫名其妙的"之于"
　………………吕爱军 /9. 封三
蹩脚的"麻省理功"
　………………黄文健 /10. 封三

雾里看花

"植翠"是什么意思
　………………吴　铭 /1. 封二
"佥"是什么意思
　………………袁绪佳 /2. 封二
"串访"干吗 …… 晋　相 /8. 封二

要把购物者留在超市?
　………………张淑晓 /10. 封二

火眼金睛

图中差错知多少?
　………………盛祖杰等 /1-12. 封四

广角镜

手挽手,继续走
——一同拥抱 2017
　………………编　者 /1. 封三
咬文嚼字讲习所招生
　………………编　者 /3. 封二
咬文嚼字讲习所招生
　………………编　者 /4. 封三
咬文嚼字讲习所招生
　………………编　者 /5. 封二
喜讯…………编　者 /7. 封三
我们搬家啦………编　者 /7. 封二
砥砺前行,迎接 2018
　………………编　者 /11. 封三
砥砺前行,迎接 2018
　………………编　者 /12. 封三
2017 年荣誉校对名录
　………………编　者 / 合 -1

咬文嚼字

YAOWEN-JIAOZI

01 2017

别名兔耳花、兔子花、一品冠，报春花科仙客来属。原产希腊、叙利亚、黎巴嫩等地。"仙客来"是其英文名 Cyclamen 的音译。

仙客来

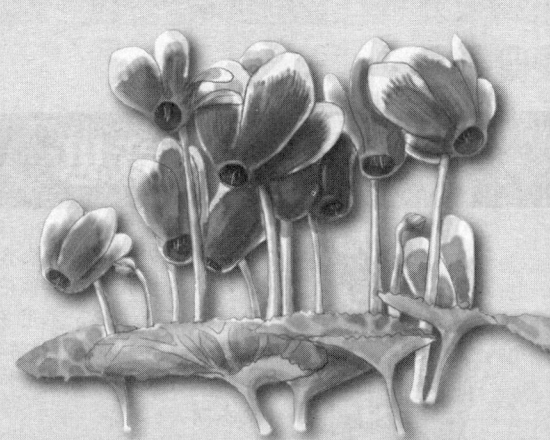

欢迎至邮局订阅本刊 邮发代号 4-641
国内统一刊号 CN 31-1801/G
定价：5.00 元

上海世纪出版集团

新年寄语

发扬工匠精神，提高刊物品质 编　者

"残雪暗随冰笋滴，新春偷向柳梢归。"新的一年又将来临，我们祝新老朋友吉祥、如意、健康、快乐！

过去的一年里，因为有广大读者的支持，我们的步履是如此坚定、踏实。我们要真诚地说声：谢谢！新的一年里，我们将发扬"工匠精神"，努力提升刊物品质。

一、精雕细琢。"工匠"总是视质量为生命，对每道工序、每个细节都精雕细琢。我们要发挥"工匠"的这种精神，树立"追求极致"的编刊理念，在选稿、加工、编排等每个环节都精益求精，力求完美。

二、开拓创新。"工匠"总是以创新为动力，不断根据时代的变化、客户的需求，让产品升级换代。我们要发挥"工匠"的这种精神，顺应时代变化，捕捉时代信息，准确把握语文生活的走向，让刊物保持"鲜活度"，充满"时代感"。

亲爱的读者朋友，我们又将启程；有你陪伴，我们有十足的信心！

2016 年 12 月

雾里看花

"植翠"是什么意思 吴　铭

图片为一款超能洗衣液的包装袋。醒目位置标有"植翠低泡"字样。"低泡"很容易理解，不用多说。"植翠"是什么意思？难道是"植物般的翠绿"？和洗衣液又有什么关系？猜猜看，答案见本期。

跑不了了

严　君/文　臧田心/画

　　天津广德楼曲艺博物馆内,有一条印有曲艺名家"手痕脚印"的方砖步道,第一个就是马三立先生的。工作人员找马先生取印时,让马先生十个手指头都摁。马先生说:"好家伙,你们比公安局都厉害:公安局就让摁一个手印,你们这十个都要印上。这回我可跑不了了!"

栏目	标题	作者	页码
名家语画	跑不了了	严 君/文 臧田心/画	/1
年度盘点	2016年十大流行语		/4
锁定名人	何来"烽火墙"	杨昌俊	/8
	"叼陪"何义	陈关春	/9
追踪荧屏	应该是"忧心忡忡"	雷 冰	/10
	没有"阔约肌",只有"括约肌"	新 德	/11
	《青春万岁》写的是何时之事	张应族	/12
	东岳庙不是佛教建筑	李华山	/13
一针见血	"枉为"?"妄为"!	周平果	/14
	是荷坚,不是符坚	高连宝	/14
	"磋砣岁月"?"蹉跎岁月"!	高良槐	/14
	应是"唱念做打"	王德彰	/15
	"老人节"和"老年节"	毛纬武	/15
	为何要摇"烂桨"	辜良仲	/16
	"波拿巴"是拿破仑的音译名吗	李光羽	/16
	有"蹒跚的山道"吗	谢镇江	/17
	"孔林"不可写作"孔陵"	江城子	/17
	不是"蓬壁"是"蓬荜"	董金明	/18
	不是"被告"是"被告人"	王维明	/18
	王绩没写过 "蝉噪林逾静,鸟鸣山更幽"	王宗祥	/19
	何来"鼠逐"?应是"窜逐"!	厉国轩	/20
	"螳臂之微"?	阎德喜	/20
	是"樯橹"非"强弩"	谢三山	/21
借题发挥	"呈现"?"呈献"!	屠林明	/22
	应是"标志"	李延春	/23
	"前途"干吗"似景"	王泽清	/24

栏目	标题	作者	页码
时尚词苑	热词"套路",有人赞,有人弹	金易生	/25
	标配:从专业术语到流行用语	吴梦捷	/27
文章病院	"走马观花"不指频繁	周 振	/29
	"直布罗陀"是海峡吗	钱 辉	/30
	鹤不能"冬复北去"	沈阳仁	/31
	金代没有"中郡"	李景祥	/32
	"善刀"是什么刀	丹 徒	/33
	不可玩弄于"鼓掌"	谢云秋	/33
	"赴笈"?"负笈"!	云 丘	/34
	龙门石窟不在四川	晋 相	/35
	落雨杉是什么树	甄文亮	/36
朝花夕拾	咬嚼日记摘钞(9)	郝铭鉴	/37
	不识"汤团"真面目		/37
	"宝宝"学汉字		/38
	"浮一大白"的醉意		/39
网语漫谈	你们城里人真会玩	陈思聪	/41
	以丑之名超越帅	马一扬	/43
	由"背黑锅"到"我的锅"	余郎婷	/45
华语圈	港式粤菜春茗菜谱	田小琳	/48
	盆满钵满话盆菜	李 斐	/49
	娘惹糕点	杨欣儒	/51
	娘惹风味新年饼	邓月璇	/52
	元宵抛柑	杜忠全	/53
谈联说谜	"元旦"灯谜	刘茂业	/55
	俞曲园的灯谜	柳 叶	/56
重读经典	文学与语言的关系	吕叔湘	/57
向你挑战	翡翠上的"雪花"	伯 淮 设计	/60

顾问　张　斌　濮之珍　何伟渔　陈必祥　金文明　姚以恩

名誉主编　郝铭鉴

主　编　黄安靖

副主编　王　敏

特约编委

汪惠迪(中国香港)

田小琳(中国香港)

林国安(马来西亚)

吴英成(新加坡)

责任编辑　历　环

发稿编辑　施隽南　何中辰

通　联　张　炜

封面设计　王怡君

特约审校

蔡维藩　陈以鸿　李光羽　王中原　张献通

凡本刊录用的作品,其与《咬文嚼字》相关的汇编出版、网上传播、电子和录音录像作品制作等权利即视为由本刊获得。上述各项权利的报酬,已包含在本刊向作者支付的稿酬中。如有特殊要求,请在来稿时说明。

2016年十大流行语

《咬文嚼字》编辑部

（2016年12月）

一、洪荒之力 "洪荒"本指混沌、蒙昧的状态，借指远古时代。传说，在天地初开之时，曾经有过一次大洪水，几乎毁灭了整个世界，大地一片荒芜。"洪荒之力"即指如天地初开之时足以毁灭世界的自然之力。2016年8月8日，在里约奥运会女子100米仰泳半决赛中，中国选手傅园慧晋级决赛。她在接受媒体采访时说："我已经用了洪荒之力啦。""洪荒之力"一夜走红，多用来形容超乎想象的巨大能量。

二、吃瓜群众 现实生活中，人们常一边嗑着瓜子，一边听人闲聊。在网络论坛中，人们发帖讨论问题，后面往往有一堆人排队跟帖，或发表意见，或不着边际地闲扯。如果只看热闹，不发言，便称"吃瓜子"。为了加快输入速度，"吃瓜子"后被简称为"吃瓜"。"群众"即普通人。不发言只围观的普通网民，就被称为"吃瓜群众"。现在使用范围扩大，凡是对某议题不了解或有意保持沉默的围观者，都可称"吃瓜群众"，不限于网络论坛中的网民。

三、工匠精神 "工匠精神"本指手艺工人对产品精雕细琢、追求极致的理念，即对生产的每道工序，对产品的每个细节，都精益求精，力求完美。2016年3月5日，李克强总理在《政府工作报告》中说，鼓励企业开展个性化定制、柔性化生产，培育精益求精的"工匠精

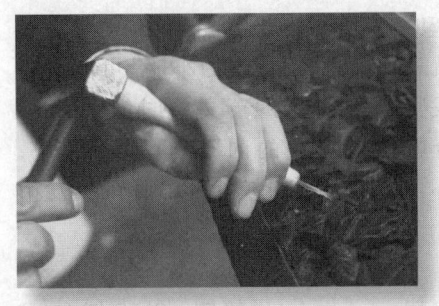

神"。此后"工匠精神"一词迅速流行,成为制造行业的热词。随后,不仅制造行业,各行各业都提倡"工匠精神"。随着使用范围的扩大,任何行业、任何人"精益求精,力求完美"的精神,都可称"工匠精神"。

四、小目标 现在流行的"小目标"出自万达集团董事长王健林之口。他在一档访谈节目中谈到"很多年轻人想当首富"的话题时表示:"想做世界首富,这个奋斗的方向是对的,但是最好先定一个能达到的小目标,比如我先挣它1个亿。"就"世界首富"这个"大目标"来说,"1个亿"确实是一个"小目标",王健林的话并无不妥;对普通人来说,"1个亿"几乎是遥不可及的"天文数字",于是网友纷纷吐槽。"小目标"立马在网上走红,其意思正好与本义相反,指的是普通人难以达到的"大目标",多含讽刺意味。

五、一言不合就XX 汉语中一直有"一言不合"的说法,义为一句话说得不投机,后面紧跟由此造成的后果,如"一言不合就翻脸"。现在流行的"一言不合就××",和2015年末举行的世界电子竞技大赛有关。这次大赛主办方的办赛态度极其粗疏,引起广大观众的强烈不满。一些网民便在其百度贴吧中贴出低俗内容以表示愤怒,导致该贴吧被封。于是有人评论道:"现在的年轻人,一言不合就开车。"网络上把传播低俗内容的行为叫作"开车"。"一言不合就××",便在网上流行开来。随着使用的泛化,"一言不合"和后面的××失去了语义上的逻辑联系,仅仅表示"突然""任性""动不动"的意思,如"老师一言不合就表扬学生""单位一言不合就发奖金""投资房地产,一言不合就赚得钵满盆满""股市一言不合就下跌"等等。

六、友谊的小船,说翻就翻

"友谊的小船,说翻就翻",意思是朋友之间的友谊很脆弱,随时都有破裂的可能。2016年3月31日,一个叫"喃东尼"的画师在其微博上贴出了一组名为《友谊的小船说翻就翻》的漫画,内容为:两个生动可爱的小企鹅是对好朋友,坐在同一条小船上,因为一个小原因(如一方变瘦),小船立马弄翻。这组漫画很快受到追捧,网民纷纷配上新的文字,掀起了一场"翻船体"造句大赛,如:"你要吃重庆火锅吗?我怕辣。友谊的小船,说翻就翻!"稍后,"说翻就翻"的搭配对象进一步拓展,凡是"搞砸"的事情都可以搭配,如"油价的小船,说翻就翻""婚姻的小船,说翻就翻""师生关系的小船,说翻就翻"等等。有人说,"友谊的小船"可能来自"友谊"的英文单词friendship,将其中的词缀ship作"船"解,friendship就可以理解成"友谊的船"。

七、供给侧 2015年11月10日,在中央财经领导小组第十一次会议上习近平总书记提出了"供给侧结构性改革":"在适度扩大总需求的同时,着力加强供给侧结构性改革,着力提高供给体系质量和效率,增强经济持续增长动力。"在2016年"两会"上,"供给侧改革"又被反复提及,成为新闻媒体中的高频词。"供给"与"需求"相对,"供给侧"与"需求侧"犹如一枚硬币的两个面。"供给侧"即"供给一边"。进入21世纪以后,我国经济进入"新常态",光靠"需求侧"拉动,难以实现经济的平稳增长,必须在"供给侧"改革发力。"供给侧"改革指明了全面深化改革的方向,已在各行各业展开,前景令人期待。

八、葛优躺 2016年7月25日,一组"葛优躺"表情包开始出现在网络上。其图片源自曾热播的大型家庭情景剧《我爱我家》,葛优饰演的"二混子"去别人家蹭吃蹭喝,像一摊烂泥瘫坐在沙发上,神态"妙趣横生"。随着表情包的走红,网民们便把极其懒散的瘫坐姿势称作"葛优躺"。有人说,如今生活节奏越来越快,生活压力越来越大,内心累积了越来越多的"负面情绪","葛优躺"式的"颓废"迎合了人们放空一切、降低焦虑、释放压力的心理需求。这正是"葛优躺"一词流行的心理背景。

九、套路 汉语中本有"套路"一词,指编制成套的武术动作,如少林拳套路;也指成系统的技术、方式、方法等,如改革新套路。2016年网络流行语中的"套路"旧瓶装新酒,其"套"不是"成套""成系统"的意思,而是指"圈套""老套"。"套路"泛指经过精心编制的、用来迷惑人的说法或做法,甚至诡计、陷阱等,如"骗子行骗的套路就是恐吓,让人心生恐惧,从而听其摆布"。有时也指人们约定俗成的处理各种事情的手段、方式、方法等,如"记者采访的套路大家都很熟悉"。

十、蓝瘦,香菇 "蓝瘦,香菇"是"难受,想哭"的谐音。2016年10月,广西南宁一小哥失恋后录了一段视频:"难受,想哭,本来今天高高兴兴,你为什么要说这种话?难受,想哭……"由于带有浓厚的当地口音,"难受,想哭"听上去成了"蓝瘦,香菇"。这一谐音既有调侃味又有形象感,立马受到年轻人的追捧,频频出现在微博、公众号中。一些大学的食堂,还跟风推出了"蓝瘦香菇"炒菜(合炒西蓝花、瘦肉、香菇)。随后还有人抢注了蓝瘦香菇实业有限公司。"蓝瘦,香菇"的流行,迎合了年轻人在表达上的游戏化心理。

何来"烽火墙"

◎杨昌俊

王安忆的长篇小说《启蒙时代》(人民文学出版社,2007年4月出版),多次提到天灯路的一处老园子,其中写道:"那里有一个老头,住在四壁高墙之中,那墙叫作烽火墙,极高,极陡,是一种较为古老的防御工事,防火,防盗。"(第281页)此处提到的"烽火墙",当是"风火墙"之误。

风火墙

风火墙是我国传统建筑中的一种墙垣形式。它是人字形坡顶房屋两端的山墙,通常要比屋面高出三至六尺,有着防止火灾蔓延的功能。《语文学习》1990年第11期:"各地风火墙有许多形式,如牌楼式,人字式,观音兜,如意式,小僧帽式,三滴水(三山屏风墙),弓背式,复合曲线式。"

烽火,是古时边防遇敌人来犯时,为报警而点燃的烟火。为点燃烽火报警而专门造的建筑,我们称之为烽火台,不存在烽火墙。"风火墙"是为防火而建,"烽火台"为点火而造,切不可误"风火"为"烽火"。

"叨陪"何义

◎陈关春

《我的人生档案——贾植芳回忆录》(江苏文艺出版社，2009年1月出版)有这样一段话:"瞬息之间，胡风被当作'暗藏的人民的敌人'，'被押上了历史审判台'，我也叨陪末座，经历了长达二十余年的天路历程式的悲苦生涯。"此处的"叨陪"应是"叨陪"。

"叨"是多音字，读tāo时犹"忝"，表示非分地承受，作谦词用。叨陪，表示追随或陪侍的意思。唐王勃《滕王阁序》:"他日趋庭，叨陪鲤对；今兹捧袂，喜托龙门。"末座即座位的末位。"叨陪末座"即陪侍在座位的末位，本是受人宴请时的自谦之语，在引文中的语境下借指受到牵连。

"叼"是用嘴衔住(物体一部分)的意思。如：猫叼走了鱼，嘴上叼着香烟。"叼陪"难以索解，汉语中没有这个词。

《翡翠上的"雪花"》参考答案

1. 纯萃——纯粹
2. 端祥——端详
3. 查看——察看
4. 满目仓夷——满目疮痍
5. 残不忍睹——惨不忍睹
6. 一愁莫展——一筹莫展
7. 晶萤剔透——晶莹剔透
8. 白居易——刘长卿
9. 一副——一幅
10. 孰不知——殊不知

应该是"忧心忡忡"

◎雷 冰

深圳卫视2015年10月26日播出《直播港澳台》,其中这样说:"我觉得这样的思维,是一种比较典型的冷战思维,我相信只要中英合作做得好,做得扎实,英国方面是有足够的理由去说服那些在华盛顿忧心仲仲的人们。"(字幕逐字显示)其中的"忧心仲仲"应该是"忧心忡忡"。

忡,读作chōng,义指忧愁貌。"忧心忡忡"形容忧愁不安的样子。《诗·召南·草虫》:"未见君子,忧心忡忡。"峻青《秋色赋·在英雄的村庄里》:"这个刚刚遭受了重大损失的李家埠,在那即将到来的大风暴前面,到底能不能坚持得住,我忧心忡忡地在围墙上踱来踱去。"

仲,从人,从中,中亦声。通常用来指兄弟姊妹中排行第二者。《仪礼·士冠礼》:"伯某甫,仲叔季,唯其所当。"郑玄注:"伯仲叔季,长幼之称。""忧心仲仲"一词难以索解,将"忡"误为"仲",应是形似所致。

没有"阔约肌",只有"括约肌"

◎新 德

上海教育电视台 2016 年 9 月 26 日晚播出的《健康大不同》节目中,主持人向嘉宾沈医生提问,荧屏同步打出的字幕是:"但是我在想是不是有其他的辅助的一些运动,可以帮助锻炼阔约肌。"何来"阔约肌"?应是"括约肌"。

括,读 kuò,有结扎、捆束、约束、闭塞等义。括约肌,是指分布在动物体内某些管腔壁的一种呈同心圆形排列的环行肌肉,常见于尿道、膀胱、肛门及胃幽门等部位。括约肌收缩时能关闭管腔,放松时能使管腔开放。"括约肌"的"括"和"约"都有环束、收缩之义,清楚地表明了这种肌肉的主要功能。

"阔"也读 kuò,义为宽广,与"狭"相对。虽然音同,但与这块环行肌肉的功能不符,所以不能写为"阔约肌"。

《青春万岁》写的是何时之事

◎张应族

深圳卫视2016年5月6日的《年代秀》节目中,主持人说:"60年代有一部电影,反映的是60年代的北京的女学生们的生活和纯洁美好的爱情。这部电影的名字叫作《青春万岁》。"一位嘉宾还点明,这部电影是由王蒙的同名小说改编的。《青春万岁》反映的真是上世纪"60年代的北京的女学生们的生活和纯洁美好的爱情"?不是!

长篇小说《青春万岁》是王蒙先生早期现实主义小说的代表作,创作于1953年。小说集理想主义、英雄主义、浪漫主义于一身,具有很强的时代感。主人公们是1953年北京一所女子高中的应届毕业生,通过对这些学生成长过程的描写,表现了20世纪50年代年轻人的蓬勃朝气。小说的时间背景和出版日期都是20世纪50年代,如何能够反映60年代学生的生活呢?

另外,《青春万岁》的电影是在1983年上映的,也不是在主持人所说的"60年代"。

东岳庙不是佛教建筑

◎李华山

央视戏曲频道2016年10月22日《空中剧院》播出的京剧《野猪林》中,林娘子在东岳庙前遭到高衙内调戏,幸得林冲、鲁智深赶来相助,才使得

高衙内灰溜溜地走开。演出很精彩,但这一场的舞台布景出现了谬误。那东岳庙大门两侧墙上赫然写着四个大字"阿弥陀佛",显然是将东岳庙当作了佛教建筑。这是一个常识性错误。

东岳,指泰山,又名岱宗、岱岳,省称岱。《诗·大雅·嵩高》:"嵩高维岳,骏极于天。"毛传:"岳,四岳也。东岳岱,南岳衡,西岳华,北岳恒。"东岳庙也称岱庙,祭祀的是泰山神。泰山神源于自然神崇拜,后被纳入道教体系,又称东岳大帝。由于在阴阳五行学说中,东方是万物发祥之地,所以东岳泰山有着很高的地位,泰山神有主生死贵贱的职能。

秦汉以降,由于历代帝王多封禅(shàn)泰山,泰山神的信仰逐渐渗透到社会各阶层。全国许多地方都兴建有东岳庙。在上述京剧中,似乎想当然地把东岳庙当作寺庙,在置景时写上"阿弥陀佛"的佛号,殊不知它不是佛教建筑,是没有佛的。

"枉为"？"妄为"！

◎周平果

吉林摄影出版社出版的《弟子规》，在讲解"事虽小，勿擅为；苟擅为，子道亏"句时，选刊故事《周处的改变》中这样一句话："西晋时期，有个人名字叫周处，他的臂力很大，但他不讲道德，肆意枉为，乡邻将他看成一大害。"其中的"枉为"应为"妄为"。

妄，义为非分地、出格地、胡乱。妄为，即胡作非为的意思。枉，指弯曲、歪斜。作副词时也有徒然、白白地等义，如枉然、枉费心机。"枉为"似可解为徒然地行动，与引文要表达的意思不符。将"妄为"误为"枉为"应是音近致误。

是苻坚，不是符坚

◎高连宝

由万卷出版公司出版的《世说新语》在第466页有段译文中说："东晋时，前秦的符坚攻下淮水、淝水。桓冰为保卫京都派来三千精兵。"

"苻"与"符"都读fú，也都可以作姓。"苻"作姓时旧读pú。《集韵·模韵》："苻，氏姓，本作蒲，至苻坚（应为苻洪）更改为苻。"这里的苻坚即引文中的前秦君主。

苻坚（338—385），字永固，氐族，初为东海王，后杀苻生自立，称大秦天王。苻坚在位时先后攻灭前燕、前凉、代国，一度统一了中国北方大部分地区，但在淝水之战（383）中败于东晋，国力转衰。

"磋砣岁月"？"蹉跎岁月"！

◎高良槐

2016年8月13日《福建老年报》第12版刊有《磋砣岁月读书记》一文，标题中的"磋砣"有误，应为"蹉跎"。

"蹉""跎"二字皆从足,"蹉跎"的本义为失足,引申可指失时、失意、虚度光阴等。"蹉跎岁月"即虚度年月。

"磋"的本义指把象牙磨制成器物,引申可指研究讨论。"砣"指碾砣、秤锤之类的器物。"磋砣"一词难以理解。将"蹉跎"误为"磋砣",应是音同形似所致。

应是"唱念做打"

◎王德彰

2016年8月6日《燕赵晚报》A12版《台湾戏曲学子石家庄拜师学艺》一文,在报道台湾戏曲学员来河北学习时有一段话:"此次教学中,除唱念打坐等基本功外,他们(指教师)还手把手地向台湾学子传授了《霸王别姬》《小放牛》……"这段话中的"唱念打坐"应是"唱念做打"。

"唱念做打"是戏曲表演的四种艺术手段,也是戏曲表演的四项基本功,习称"四功"。唱指唱功,念指念白,做(表演)指做功,打指武打。这四种艺术手段,共同构成了我国传统的戏曲表演形式。

"打坐"是僧道修行的一种方法,即闭目盘膝而坐,调整气息出入,手放在一定位置上,断除妄想。《儒林外史》第二十一回:"老和尚在那边打坐,每晚要到三更天。"后泛指静坐。"打坐"和戏曲艺术无关,更不是其基本功。

"老人节"和"老年节"

◎毛纬武

2016年10月8日《余杭晨报》第7版《九九登高度重阳 人间百善孝为先》一文说:"1989年,我国把每年的九月九日定为老人节,传统与现代巧妙地结合,成为尊老、敬老、爱老、助老的老年人的节日。"此处对敬老节日的描述,与我国的法律规定多有出入。

中国古代以九为阳数之极,故称农历九月九日为"重九"或"重阳"。重阳节是我国传统节日,有登高宴游、插茱萸、赏菊花等习俗。2012年12月28日,第十一届全国人民代表大会常务委员会第30次会议修订《中华人民共和国老年人权益保障法》,明确规定每年农历九月初九为老年节。引文所述"我国"的"老人节"不知所指为何,国家定的敬老节日只有"老年节",第一个法定的老年节在2013年。

为何要摇"烂桨"

◎辜良仲

2016年10月27日《人民日报·副刊》刊载的《有一个故事,叫乌镇》一文中写道:"醒来的乌镇,从曙色里钻出来那么多的船儿,或撑一支长篙,或摇一柄烂桨,聚向水村渔市。"引文中的"烂桨",应当写作"兰桨"。

"兰桨"指的是用木兰木制作的桨。古语中有"兰舟"一词,指用木兰木造的船,后亦用为小舟的美称。"兰桨"也因此可泛指船桨。苏轼《前赤壁赋》:"桂棹(用桂木制作的划船工具)兮兰桨,击空明兮溯流光。"

烂,可指腐败、腐烂。摇船自然不会去用"烂桨"。另外,引文中的"渔市"也应改为"鱼市",交易鱼类的市场自不应用义为捕鱼的"渔"。

"波拿巴"是拿破仑的音译名吗

◎李光羽

《解放日报》2016年3月12日刊载了《三天译竣,毛主席急着要读》一文,其中说:"担任过法国驻华大使的马纳克曾回忆:'他(毛泽东)对波拿巴(拿破仑的另一音译名)特别了解,甚至了解那些细节问题。'"括注里把"波拿巴"当作拿破仑的另一音译名,这是一个常识性错误,其实这是他的姓。

建立了法兰西第一帝国的拿破仑一世(1769—1821)是我们耳熟能详的军事家、统帅。他的全名是拿破仑·波拿巴(Napoléon Bonaparte),按照欧洲的起名规则,拿破仑是他的名,波拿巴是他的姓。拿破仑在1804年加冕称帝,开创了波拿巴王朝,这个以他姓氏得名的王朝影响力几乎遍布整个欧洲。

称呼拿破仑用姓或用名都是可以的。"波拿巴"绝不是"拿破仑的另一音译名"。

有"蹒跚的山道"吗

◎谢镇江

2016年9月28日《扬子晚报》B4版《明月当空照归人》一文写道:"高速路上走了一个小时,又在蹒跚崎岖的山道上行驶一个多小时,到达他老家的村庄,月亮已蹀至中天……"文中的"蹒跚"一词值得一议,这世上没有"蹒跚的山道"啊。

《现代汉语词典》中"蹒跚"的释义为:"腿脚不灵便,走路缓慢、摇摆的样子。""山道"不是人,它岂能有"蹒跚"的行为?根据引文文意及语境,"蹒跚"可改为"盘桓"一词。盘桓,义为"曲折回绕"。元代王实甫戏剧《丽春堂》第二折有"端的个路盘桓,山掩映"一句,也是形容山路曲折的。

"孔林"不可写作"孔陵"

◎江城子

王跃文的长篇小说《梅次故事》(湖南文艺出版社,2012年7月出版)第十一章中有一段这样写道:"我马上就想起了孔子。那乌龟可是和孔子同龄啊。孔子呢?孔陵那个土堆里是否埋着孔子的尸骨还不一定哩。"(第127页)这里的"孔陵"是"孔林"之误。

周代前,我国的墓葬习俗是不立坟的。《礼记·檀弓上》:"古者墓而不坟。"郑玄注:"古,谓殷时也。土之高者曰坟。"春秋时期已开始有起坟植树的习俗,以示祭奠。孔林,亦称"至圣林",位于山东曲阜,是孔子和其后裔的墓地。随着儒家思想在中国传统文化中的影响力不断提高,孔林历经扩建,占地达三千亩。其规模之大、墓葬之多,都是举世罕有的。1994年,孔林与孔庙、孔府一起被列入《世界遗产名录》。

陵,本义为大土山,也指坟墓,又特指帝王的坟墓。孔林虽然是孔子家族的墓园,但其得名来源于墓地树林,千百年来早已约定俗成,不应改称"孔陵"。

不是"蓬壁"是"蓬荜"

◎董金明

2016年10月7日《新民晚报》第6版《我的石伽爷爷》一文写道:"石伽擅长山水,尤以'十万图'为华夏画坛一绝,能把这样一位贵宾请进,又便于让自己的孩儿们拜师学艺,真乃蓬壁生辉。"其中"蓬壁生辉"一词,应写作"蓬荜生辉"。

荜,读 bì,指用树枝或竹子等做成的篱笆、门等遮拦物。蓬,是古书上说的一种草,干枯后根株断开,遇风飞旋,故又名"飞蓬"。"蓬荜"即"蓬门荜户",指用草、树枝等做成的门户,形容穷苦人家所住的简陋房屋。"蓬荜生辉"的意思是,使简陋的房屋增添光辉,大多用作谦词,也说"蓬荜增辉"。如《鸣凤记·邹林游学》:"得兄光顾,蓬荜生辉。"

壁,也读 bì,为墙壁之意。把"荜"错写成了"壁",兴许是二者音同的缘故吧。

不是"被告"是"被告人"

◎王维明

2016年9月28日《燕赵都

市报》第6版刊发的报道《特大跨省传销：18万人参与，涉案金额逾2亿元》，其副标题《衡水审理一起特大跨省传销案，14名"高层级"成被告》中的"被告"，应是"被告人"。

"被告"和"被告人"，在法律上是完全不同的两个概念。"被告"是指在民事诉讼、行政诉讼中被起诉的对象，跟"原告"相对，并享有同等权利；而"被告人"则是指刑事诉讼中被起诉的对象，和"被害人""犯罪嫌疑人"等概念在一个语义场。这两个词适用于不同的诉讼程序，在用于与司法相关的场合则须慎重选择。我国的相关法律规定，对于传销组织的组织者、领导者，涉案情节严重的将被追究刑事责任。据查，引文中开庭审理的传销活动案，涉案金额高，14名组织者在组织内领导层级高，已经构成刑事责任，由公诉机关指控，该案属刑事诉讼。该文的正文中一律用"14名被告人"是对的，副题中也应该改为"被告人"。

王绩没写过"蝉噪林逾静，鸟鸣山更幽"

○王宗祥

2016年7月20日《新民晚报》A21版刊有《夏日思蝉声》一文，文中写道："蝉声似乎并不如鸟鸣那样动听，有人用'噪'来形容，可偏偏古来诗人多爱吟咏之。……当然，最为人熟知的，还是唐诗人王绩的'蝉噪林逾静，鸟鸣山更幽'。"这里说这句诗的作者为唐诗人王绩，是错误的。

"蝉噪林逾静，鸟鸣山更幽"见于南朝王籍的《入若耶溪》。王籍今存诗二首，另一首是《棹歌行》。王籍是南朝梁琅邪临沂人，字文海。他博览群书，有才气，曾经受到任昉和沈约的称赞。

王绩（约589—644），唐朝诗人，字无功，自号东皋子，绛州龙门人。王绩清高自恃，放诞纵酒，他的诗多写饮酒及隐逸田园之趣，与王籍游山玩水之乐有所不同。王籍、王绩,不能误混。

何来"鼠逐"?
应是"窜逐"!

◎厉国轩

2013年3月5日《宿迁晚报》B10版的《誉满杏林的宋代大名医——杨介》一文引北宋黄庭坚《山谷别集·杨子建通神论序》曰:"余涉世故多,未能从介学之,衰老鼠逐戎审,瘴疠侵陵,生意无几,恨不早从杨学之。"此文将黄庭坚原文中"衰老窜逐戎"误写成了"衰老鼠逐戎审"。

"窜逐",其义为放逐、流放,也指贬官被逐。李白《赠易秀才》一诗中曾用此词:"蹉跎君自惜,窜逐我因谁。"欧阳修《班班林间鸠寄内》一诗中也用了这个词:"荆蛮昔窜逐,奔走若鞭抶。"已届晚年的黄庭坚于元符元年(1098)被放逐迁谪于戎州(今四川宜宾一带),他在《书〈张仲谋集〉后》中说:"今窜逐蛮夷中,而仲谋守施州。"即指"衰老窜逐戎"之事。

"鼠逐"令人费解。放逐与老鼠有何相干?恐怕是因为"窜"的繁体字为"竄",与"鼠"字形相近所致。

另外,句末"审"字是多余的,原文无此字。

"膛臂之微"?

◎阎德喜

2016年10月3日—10月9日《黑龙江广播电视报》刊登的《相声江湖的浑水有多深?》一文中,转引一位相声演员的评论:"于贵社存亡之际,言道'愿以蝼蚁之力,膛臂之微,与贵社共赴时坚'……"文中的"膛臂"当是"螳臂"之误。

螳,读 táng,就是螳螂。螳螂是一种昆虫,全身绿色或土黄色,头呈三角形,触角呈丝状,胸部细长,有翅两对,前肢呈镰刀状。"螳臂"就是指螳螂的前肢,一般用来指力量弱小,"螳臂之微"就是此意。与"螳臂"有关的成语"螳臂当车"的意思是,螳螂举起前肢想挡住车子前进,比喻不正确估计自己的力量,去做办不到的事情,不自量力,招致失败。语出《庄子·人间世》:"汝不知夫螳螂乎,怒其臂以当车辙,不知其不胜任也。"

在《现代汉语词典》中,"膛"读táng,有两个义项:①胸腔;②器物的中空的部分。无论从哪个义项上来看,"膛"都不能与"臂"组词,所以文中此处是同音之误。

另外,上文中"共赴时坚"的"坚",应是"艰"。时艰,即当前的困难、艰难的时局。

是"樯橹"非"强弩"

◎谢三山

2016年10月10日《扬子晚报》B4版刊载了《三剑客》一文,其中有段文字写道:"彼得开始展现其身上的逗比特质……他必大唱他的'成名曲':我的家在东北松花江上啊……啊……或者摇头晃脑字正腔圆地背诵:羽扇纶巾雄姿英发,谈笑间强弩灰飞烟灭……"此处的"强弩"应是"樯橹"之误。

强弩,力量强劲的弩弓。《吴子·应变》:"右山左水,深沟高垒,守以强弩。"上述引文中的彼得所诵内容出自苏轼《念奴娇·赤壁怀古》。苏词中所咏的是三国时期著名的赤壁之战。强弩虽然是征战利器,但代入词中,与句意不合。原词中是"樯橹灰飞烟灭","樯橹"代指船只,义为(敌方的)战船在战火中被摧毁殆尽。

错把"樯橹"作"强弩",可能是音近所致。既然文中写的是"背诵",那还是应忠于诗词原文:"雄姿英发,羽扇纶巾,谈笑间樯橹灰飞烟灭。"

"呈现"？"呈献"！

◎屠林明

2016年4月22日的《东方城乡报》A3版有一则报道，标题为《蔡依林将呈现一场视听盛宴》。这里的"呈现"应改为"呈献"。

呈献，即恭敬地送上之义。唐元稹《叙诗寄乐天书》："故郑京兆于仆为外诸翁，深赐怜奖，因以所赋呈献。"闻捷《海燕》："现在，我就把这篇文章原样捧出，呈献给敬爱的读者们。"再如"呈献给读者""向祖国呈献一片赤诚之心"等等。

"呈现"义为显露、出现。茅盾《色盲》："一幅官僚家庭的黑暗而冷酷的活动影片便呈现在眼前。"再如"呈现出勃勃生机""美丽的景色呈现在眼前"等等。代入原文可知，标题中用"呈献"才符合文意。

应是"标志"

◎李延春

2016年10月2日《青岛早报》第14版刊有时事报道《人民币成为"特别提款权"篮子货币》，其副标题是《标致着人民币已进入世界"硬通货"时代八个方面将发生变化》。这个标题中的"标致"一词用错了，应该用"标志"。

"标志"用作名词，指显示事物的特征便于识别的记号；用作动词，指标明或显示某种特征。引文即作动词用。

标致，形容优美、秀丽，不符合标题所要表达的含义。"标致"与"标志"音同义不同，使用时不容混淆。

"前途"干吗"似景"

◎王泽清

2016年10月12日《文汇报》第7版有一个标题是《未来：进才中学创新发展前途似景》，其中的"景"字用错了，应当用"锦"字。

锦，鲜艳华美义。汉语中有"锦绣前程"一词，形容十分美好的前途。叶君健《火花》十九："觉得此刻对亲家的意见决不能表示出丝毫的犹疑，免得引起亲家对儿子的经济支援在功亏一篑的时刻变卦，而使儿子的锦绣前程毁于一旦。"而"前程似锦""前途似锦"都属于词语变形，意思很容易理解。

景，通常指景色、情况等。"前途似景"语义难解。误"锦"为"景"应是音近致误。

热词"套路",有人赞,有人弹

◎金易生

"套路"并非新词,词典上早就收为词条,其本义为成套的武术动作(比如少林武术套路),引申义为成系统的技术、方式、方法等(比如写作套路、球队进攻套路)。近来流行的热词"套路",词义泛化,已经脱落了"成套""成系统"义素,也就是说,"不成套"的"不成系统"的也可以称作"套路"。请看两例:

(1)拿了压岁钱,爸妈说,"来,帮你存起来";电话结尾,随口一句,"有空一起吃饭";室友新做的头发,瞥一眼,"精神多了"。这些,都是套路。"套路"就是人生的棋谱,不走套路的,或者奇人或者人渣。电影也是这样,套路玩得好,皆大欢喜;逸出套路的,就是神作。(《文汇报》2016年9月24日)

(2)现在网络里忽然流行起了"套路"这个词,……这词的活用,可以指男女之间,也可以指各种社会现象。"全都是套路",意味着没有真心,缺乏真情实感,只奔着功利目标而去。套路用完,立即完结。这样的套路使得整个社会空心化,也缺乏可信度。(《新民晚报》2016年8月6日)

对于热词"套路",有人赞,有人弹。例(1)摘自上海女作家毛尖的《赞美套路》一文,她认为"中国电影先把套路做稳了,再出发也不迟",因为"套路"是构筑电影安全的一个方程式。例(2)则对"套路"没有好感,持一种批评的态度。

该不该"赞"？该不该"弹"？要回答这个问题,我们先得弄明白当今热词"套路"的种种流行义。请再看实例：

（3）"成年人懂事也懂套路,可是孩子没有套路,非常可怕！"曾在《非诚勿扰》上无数次妙语连珠的孟非怎么也没想到,面对一群四五岁的孩子,自己会完全没招,甚至显得有些尴尬。(《新闻晨报》2016年10月15日)

（4）仔细分析骗子的套路后不难发现,整个诈骗手段就是围绕一个词——恐吓。……让人心生恐惧,从而丧失理智听从摆布。(《文汇报》2016年9月16日)

（5）以往运动员面对记者的采访,几乎都已经套路化,诸如感恩、付出,甚至自责、道歉等话语,外界都已经司空见惯。像傅园慧、杨浩然这样的"异类",带给人一股清新之风。(《新民晚报》2016年8月9日)

（6）据两人回忆,那天张效诚从外地回北京,按照大众谈恋爱的套路,跟吴敏霞约好在东方星天地看电影、吃饭。(《新闻晨报》2016年8月10日)

（7）这让演员们思考：放噱头是评弹演员的基本功,但是,面对新的观众群体,老的噱头套路不管用了,怎么办？是不是可以加一些网络语言？(《文汇报》2016年8月8日)

从这些实例中可以看出,作为2016年度的热词,"套路"的语用场合既多且广,语境意义纷繁多样：例（3）的"套路",指社会上约定俗成的人人都应当遵守的不成文的"规矩"；例（4）的"套路",指为了达到某既定目的所采取的万变不离其宗的手段；例（5）的"套路",指一直通行的司空见惯的没有个性的说法,这个"套路化"的对立面是"个性化"；例（6）的"套路",指长时期形成的公众认可的处理某种事情的方式；例（7）的"套路",相当于"桥段",指被"借用"或"化用"的电影(以及电视、戏剧、曲艺等)作品曾经

标配：从专业术语到流行用语

◎吴梦捷

"标配"即"标准配置"的缩略词，多指器械的基础性配备或最低标准的配备。如："目前，舱门快速检漏仪已成为载人航天飞行器的标配设备。"近年来，由于"标配"简洁明了，便于人们日常交际，它的适用领域渐渐扩大，不再局限于器械，也可以用于其他事物。请看：

（1）自行车、手表、缝纫机——上世纪七八十年代，"老三件"是中国青年人结婚过日子的"标配"。（《人民日报海外版》2016年10月31日）

用过的表现手法，包括动作、表情、场景、台词，以至部分情节等。

概括起来说，"套路"的流行义，就是约定俗成的人们习以为常地处理各种事情惯用的手段、方式、方法（包括想法、看法、说法、做法、办法、表现手法等）。这个流行义，是词典上"套路"的本义和引申义的再引申，明显的变化在于不再保留"成套""成系统"一类的意思。热词"套路"的适用面非常大，比方说，中秋节吃月饼，端午节吃粽子，重阳节回家看望父母，等等，都可以称为"套路"。怪不得2016年的报刊上，几乎天天可以看到"套路"的身影。

由此看来，"套路"一词本身是中性的，无所谓褒与贬。如果是好套路，让人喜，让人爱，那就可以"赞"；如果是坏套路，令人嫌，令人烦，那就可以"弹"。因此，有人赞，有人弹，都是正常的。

（2）炎炎夏季，冰镇啤酒加小龙虾成为许多市民的宵夜"标配"，不过美味背后却隐藏着隐患。(《深圳晚报》2016年8月9日)

"标配"还可以指经济、文化等领域的"基本配备"。例如：

（3）高规格的领导嘉宾阵容、高端的政商对接、多层次的交往活动、多领域的高层论坛，是每一届东博会的"标配"和亮点。(《人民日报》2016年9月10日)

（4）当粉丝效应、明星阵容和炫酷特效几乎成了国产奇幻片的标配时，人们更看重"大制作"背后的内涵和深度。(《光明日报》2016年10月24日)

例（3）中提及的"两高两多"是成功举办东博会的基本条件，例（4）中的"国产奇幻片"往往具有"粉丝效应、明星阵容和炫酷特效"这几个基本要素。

由于"配"是个动词，有"配置""配备"的意思，所以"标配"又可用作动词。例如：

（5）北京市红十字会急诊抢救中心副院长田振彪表示，空中救援的医护队伍以重症监护室ICU为主，每架飞机标配一名医生和一名护士。(《新京报》2014年9月6日)

（6）年底前所有银行网点须标配一台零钞机(标题，《广州日报》2014年8月28日)

"标配"原是一个缩略词，因为它符合话语交际中的经济原则，很受人们的欢迎。它的使用范围渐次扩大——从器械领域到各行各业，乃至生活中的方方面面，俨然成为一个流行用语。

《"植翠"是什么意思》解疑

"植翠"是"植萃"之误。"植萃"即"植物萃取"，指的是采用适当的科学方法，定向获取植物中的某一种或多种有效成分。在洗衣液中加入特定的植物萃取物，通常是为了在洗涤时减轻对衣物和肌肤的刺激。

"走马观花"不指频繁

◎周 振

2016年8月15日《书刊报》第10版刊登的《德国三次被逐出奥运会》一文,文中说:1920年安特卫普奥运会主办国比利时,成功拒绝了第一次世界大战的"侵略者"德国等国参加这届奥运会,"而此时的德国政局动荡,内阁像走马观花似的更换。作为战败国,德国也根本无心争取参赛权"。其中用"走马观花"比喻当时德国内阁的频繁更换不贴切,用"走马灯"庶几可通。

走马观花,出自唐代孟郊《登科后》诗:"昔日龌龊不足夸,今朝放荡思无涯。春风得意马蹄疾,一日看尽长安花。"原形容愉快得意的心情,后比喻匆忙粗略地观看事物。

走马灯是一种供观赏的花灯。用彩纸剪成马奔跑或人骑马奔跑等形象,贴在灯罩内特

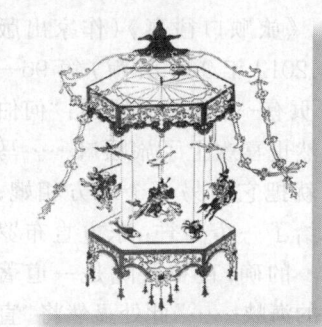

明代闵齐伋系列版画《西厢记》第五《白马解围》。用走马灯的形式描绘故事

制的轮子上,轮子因轮心上的蜡烛燃烧产生的空气对流而转动,人马形象也随之转动。因为有这种特征,人们常用"走马灯"来形容动作忙碌而不断重复。老舍《四世同堂》十二:"想想这个,想想那个,他的思想像走马灯似的,随来随去,没法集中。"引文是形容德国内阁变更频繁,不能用"走马观花"形容,只能说"像走马灯似的"。

"直布罗陀"是海峡吗

◎钱 辉

《旅顺口往事》(作家出版社,2012年9月出版)第96—97页有一段话这样写道:"何伯显然也喜欢上了旅顺口……马上就把它与另一个地方相媲,并给了一个美誉:东方直布罗陀。的确,直布罗陀是一道著名的海峡……"此处显然将"直布罗陀"和"海峡"画了等号。

直布罗陀(Gibraltar)是欧洲伊比利亚半岛南端的港口城市,地处大西洋同地中海交通要道,向南与非洲的摩洛哥隔海相望,原属于西班牙,从1704年起被英国占领,并于此地建立了一座军事要塞,现仍是英军重要的海空军基地。直布罗陀的得名来源于阿拉伯语。相传公元8世纪初,摩尔人将领塔里克从北非渡海攻打西班牙,并以少胜多击溃了守军。为纪念这次胜利,摩尔人将登陆地的一块巨岩命名为"直布尔·塔里克"(Jebel Tarik),义为塔里克山,"直布罗陀"即英语对此阿拉伯语名的音译。

直布罗陀海峡因直布罗陀市而得名,是大西洋和地中海之间唯一的海上通道,位于南欧伊比利亚半岛南端与非洲西北角之间,具有很高的战略和贸易地位。直布罗陀和直布罗陀海峡,一个是城市,另一个是海峡,直布罗陀是直布罗陀海峡沿岸的城市之一。二者是两个不同的概念,不能混为一谈。就如台湾海峡得名于台湾,但也不能把台湾当作台湾海峡。

旅顺口属大连市,地处辽东半岛南端,是中国北方的重要港口。引文中的何伯是鸦片

鹤不能"冬复北去"

◎沈阳仁

2016年10月14日《沈阳日报》T7版《千年辽鹤：后世犹念老令威》一文写道："鹤夏季南来，冬复北去，寒暑由之；人可栖草野，可坐庙堂，贵贱由之；鹤愿伫于泽畔，啄食洁净的水草；人当为官不赃，求得永世好名。"其中"鹤夏季南来，冬复北去"一句有误。

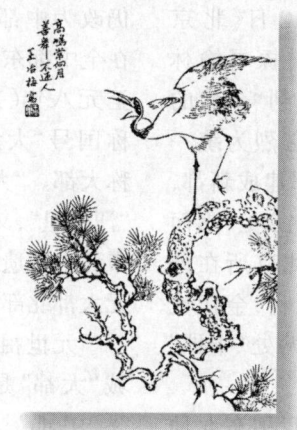

鹤是鹤科鸟类的通称，属大型涉禽，常活动于平原水边或沼泽地带，以各种小鱼虾、昆虫，以及植物的根茎、种子、嫩芽为食。鹤是迁徙鸟类，每到深秋，都南迁到长江中下游水草丰茂之地过冬，来年清明前后，又要北返至东北三省及内蒙古东部地区，甚至到西伯利亚去过夏。"夏季南来"是说夏季从南方飞来，这没有错。"冬复北去"是说冬天又去北方，这可就不对了。冬天的北方，千里冰封，万里雪飘，鹤找不到食物又不耐严寒，是无法生存的。和其他候鸟一样，鹤夏季南来，冬复南返，是要南去过冬的。作者说鹤"冬复北去"，显然是用错词了。

金代没有"中郡"

◎李景祥

2016年10月12日《北京晚报》第33—34版《探寻榆林驿》一文中，两次提到"金代的中郡"："元世祖忽必烈为统一大业，把金代的中郡建成新都，命名为'大都'（今北京）。"然而在历史上，现在的北京所在地从未有过"中郡"之称，金代也没设过"中郡"。这两处"中郡"应为"中都"之误。

公元1115年，我国东北地区的女真族完颜部首领完颜阿骨打称帝，国号"大金"，年号"收国"，都会宁（今哈尔滨市阿城区南）。天会三年（1125）金灭辽，1126年灭北宋。贞元元年（1153）迁都燕京，改燕京析津府为中都。天兴三年（1234）在蒙古与南宋合攻之下，金亡，改中都为燕京。至元元年（1264）元世祖忽必烈定都燕京，仍改为中都。至元四年（1267）在金中都东北开始建筑新宫城。至元八年（1271）忽必烈颁诏，称国号"大元"，同时将都城改称大都。"大都"，蒙古人称之为"汗八里"，义为"汗城"。今北京市北土城遗址公园之土城，就是元大都北部城墙的遗址。

元世祖忽必烈所建的新都城"大都"是金代的"中都"，不是"中郡"。误把"中都"当作"中郡"，可能是"都"与"郡"两个字字形相近之故。

《火眼金睛》提示

图1，"争锋相对"应为"针锋相对"。

图2，"有陪"应为"有赔"。

图3，"桩"应为"庄"。

图4，"绅仕"应为"绅士"。

"善刀"是什么刀

◎丹 徒

2016年10月4日《沈阳日报》副刊《万泉》中的《弄柴火》一文写道:"过去有一种工具叫'善刀',刀大把长(见过但没使用过),适用于将大片野草放倒,晾晒,打捆。"那种"刀大把长"的农具应该是"钐刀",而不是"善刀"。

钐,读shàn。《玉篇·金部》:"钐,大镰也。"钐刀是一种长柄大镰,又叫钐镰。一般常用于收割稻麦等庄稼或割草用的镰刀,刀头也就长半尺左右,下地干活时,可以用一只手拎着走。而钐刀的刀头就有二尺多长,加上刀柄则要肩扛着走才行。

上述文章所说"将大片野草放倒"所用的刀,应该就是钐刀。

不可玩弄于"鼓掌"

◎谢云秋

2016年10月14日《扬子晚报》B5版《伟大的人,需要伟大的对手》一文有段文字说:"摩根特别看好汽车行业和电力行业发展,几次找到福、英二人寻求合作,但不料他们一想到摩根倚资本之强将爱迪生玩弄于鼓掌,并最终把科学家逐出合作平台的薄情寡义,没一个买账。"文中的"鼓掌"显为"股掌"之误。

"鼓掌"为动词,义为拍手,表示高兴、赞成或欢迎,显然不符合语境的意思。

"股掌"指大腿与手掌,"玩弄于股掌"即放在大腿上、手掌间玩弄,比喻在操纵、控制的范围之内。晋袁宏《后汉纪·献帝纪三》:"袁绍孤客穷军,仰我鼻息,譬如婴儿在股掌之上,绝其哺乳,立可饿杀。"

"赴笈"？"负笈"！

◎云 丘

2016年8月15日《扬子晚报》B5版《整容有风险》一文写道："但半年后当她拆开脸上纱布时觉得一切都值得——她已脱胎换骨，漂亮得像个小女神。遂信心满满地赴笈升学，更成为校花。"文中的"赴笈"，应是"负笈"之误。

赴，读fù，义为"到，去，前往"，也有"在水中游泳""投入，跟进"等义。笈，为盛器，大多以竹、藤编织，常常用来放置书籍、衣巾、药物等，后来引申为书籍、经典。显然，"赴"和"笈"组合成词语意不通。

负，也读fù，有"以背载物"之义。"负"与"笈"连用为"负笈"，义为"背着书籍"或"背着书籍"。文中此处，应指读书求学，因此用"负笈"更符合文意，"赴"和"负"乃是同音致误。

《玄奘负笈图》，藏于日本东京国立博物馆

龙门石窟不在四川

◎晋 相

2016年10月17日《沈阳晚报》第13版刊载有《93岁老人的版画情缘》一文,其中写道:"他一边感慨一边说:'我82岁的时候去四川龙门石窟,看到了卢舍那大佛,那种壮观只有身临其境才能体会,当时我就拿出画具,在那里画了一天。'"这里出现了一个常识性错误,龙门石窟不在四川而在河南。

龙门石窟亦称"伊阙石窟",分布在河南洛阳城南伊河入口处两岸的龙门山与香山上,与敦煌莫高窟、大同云冈石窟、天水麦积山石窟并称中国四大石窟。龙门石窟开凿于北魏太和十八年(494),后经东魏、西魏、北齐、隋、唐等朝的延续修建,历时400余年。今存石窟1352个,龛785个,造像9.7万余尊,题记3680种。龙门石窟是全国重点文物保护单位,并在2000年被联合国教科文组织列为世界文化遗产。卢舍那大佛开凿于唐高宗年间,位于龙门石窟中的奉先寺,高17.14米,是石窟中体形最大的一尊造像。

上述引文中将龙门石窟的卢舍那大佛误记为在四川,可能是和乐山大佛混淆了。乐山大佛又名"凌云大佛",造于四川省乐山市凌云山栖鸾峰临江峭壁上。从唐开元元年(713)至贞元十九年(803),历时90年完工。是一尊通高71米的弥勒佛像,为世界最大的石佛像。佛像右侧凿有栈道,盘旋九折直至山脚。乐山大佛为世界文化与自然双重遗产。

落雨杉是什么树

◎甄文亮

2016年11月3日《东方卫报》A08版刊有《明孝陵石象路秋意渐浓 本月中旬进入最佳观赏期》一文,文中写道:"例如梅花谷公园的燕雀湖北岸,种有大量水杉、石杉、落雨杉等,尤其是落雨杉秋天时叶子非常红……"这里的"落雨杉"是"落羽杉"之误。

落羽杉(*Taxodium distichum*),亦称"落羽松",杉科落叶乔木,高可达30~50米,原产北美东南部,中国江苏、湖北、广东、湖南、江西、浙江、安徽等地有栽培。落羽杉形似水杉,叶片线形、扁平,球果圆球形或卵球形。它是古老的"孑遗植物",耐低温、耐盐碱、耐水淹,但在排水通畅之地生长为好,是平原及水网地区的优良造林树种。据说落羽杉树叶细嫩柔

软,整齐地排列在枝条两侧,很像小鸟的羽毛。每到冬天,树叶便一片片往下掉落,因而得名"落羽杉"。树形美观,为观赏树。

笔者查阅多种资料,如《水生植物图鉴》《湖北植物志》等,皆有"落羽杉"而无"落雨杉"。落羽杉虽然是外来物种,但既然已经有了正式名字,还是不要擅改为好。

咬嚼日记摘钞（9）

◎郝铭鉴

不识"汤团"真面目

你一定吃过汤团，但你知道这汤团的原料是什么吗？

日前志达兄来访，谈及一本关于小吃的书。作者文笔生动，叙述传神，常有令人馋涎欲滴之处。其中有一章谈汤团。在交代汤团的制法时，作者写道："有人以为到店里买团面粉，回来包包，就成了汤团。其实汤团制作有着严格的程序。"志达兄说，这里有一个常识性的错误：面粉应为米粉。

我国以农立国，稻、麦是最重要的农作物。米粉和面粉便分别是稻、麦的制成品。两者虽同称粉，在外形上亦颇相似，但特性不同，口感更不同。面粉的用途当然很广，包饺子，蒸馒头，烙大饼，炸油条，西点中烘面包，做蛋糕……，都是面粉担纲；但包汤团用的不是面粉，而是米粉。

汤团是一道传统点心，可大可小，有甜有咸，很受南方人喜爱。有一种用水磨糯米粉做成的汤团，细腻润滑，糯而不黏，软而不烂，久负盛名。清代的袁枚称之为"水粉汤团"，在《随园食单》中有专门的记载："用水粉和作汤团，滑腻异常。中用松仁、核桃仁、猪油、糖作馅，或嫩肉去筋丝捶烂，加葱末、秋油作馅亦可。作水粉法，以糯米浸水中一日夜，带水磨之，用布袋接，布下加灰，以去其渣，取细粉，晒干用。"你看，袁枚说得一清二楚，是"以糯米浸水中一日夜"，那磨出来的自是米粉，不是面粉。

不识"汤团"真面目，可能和日常生活中见到的大都是面粉制品有关。

"宝宝"学汉字

一个外国小伙子，在电视台的《笑傲江湖》节目里，表演脱口秀。他说的是学汉字的故事。刚开始时碰到一个"吕"字，有人告诉他说，这是两个人在亲嘴。接着碰到一个"品"字，——"啊呀，难道是三个人在亲嘴吗？吓死宝宝了！"随后又碰到一个"器"字，这下让"宝宝"彻底崩溃："啊呀，啊呀，难道是四个人和一条狗在亲嘴吗？宝宝……"小伙子一口一个"宝宝"，幽默的语言，加上夸张的表情，获得了挺不错的演出效果。

看来，还得给"宝宝"补上一堂汉字课：

不错，"吕"有接吻义。不过，这个义项是从"双口"推导出来的，并非"吕"的本义。当年读鸳鸯蝴蝶派作家冯玉奇的言情小说，写到男女私会时，常有"先来一个'吕'字"的描写。其实"吕"是一个象形字，表现的是脊骨的形象，旧字形两口之中还有一竖，是两块脊骨之间连着的筋。脊骨当然是人体的重要部位。百家姓中有"吕"姓，其祖先本是炎帝姜姓之后，大禹时代被封为"吕侯"。在大禹的眼中，"吕侯"是自己的"心吕之臣"。后人以"吕"为姓，这个姓氏显然和"吕"的本义有关。

"品"从三"口"。人口人口，"口"就是人。汉字中三个相同的部件，往往有众多义，比如三人为"众"，三木为"森"，三火为"焱"，三牛为"犇"。"品"字也不例外，其本义指人多。由此引申，既可以用于总称，如产品、商品、食品、药品；又可以用于分指，唐司空图有《二十四诗品》，清黄钺有《二十四画品》，说的都是品种、品类。"品"

包括"各色人等",其中自有不同等第,故"品"又有品级、品第义,诗可以分上品、中品、下品,官职可以分一品、二品、三品……,旧时一品称大员,七品便成了"芝麻官"。由辨别不同等级的优劣,"品"又有了动词义,可以品头论足,可以品茶论酒,可以品竹弹丝。"品"字之为用可谓大矣。

"器"则有不同的说法,但不管哪一种说法,都和接吻无关。比较通行的说法是:四个"口"字代表器皿,因为凡器皆有口;"犬"有看家护院的功能,在"器"字中,是器皿的守护者。可见,"器"也是一个会意字,泛指犬守护的对象,所以,物件皆可称之为"器"。工厂有机器,军队有武器,科研有仪器,厨房有电器,弹奏有乐器……连人也可以比之为"器","大器晚成"便是一个常用成语。器皿有不同的容量,人的度量也可称为"器量"。

啰唆半天,只是想给"宝宝"强调一点:汉字中"口"字变化多端,各有寓义,不要一看到"口"字,想到的只有亲嘴。

"浮一大白"的醉意

胡适的《文学改良刍议》在《新青年》上刊出后,主编陈独秀收到了钱玄同的一封信。钱在信中对文学革命大表赞成:"胡适之先生文学刍议,极为佩服。其斥骈文不通之句,及主张白话体文学说,最精辟。……"钱玄同是章太炎的高足,他能如此高调地为白话文学喝彩,实出陈独秀意料。陈立即给钱复信:

"以先生之声韵训诂大家,而提倡通俗的新文学,何忧全国之不景从耶?可为文学界浮一大白。"

请注意信中用的"浮一大白"。它可以说是前辈文化人的常用语,一有什么令人开怀的事情,便会情不自禁地来一句"浮一大白"。这是一种修养,一种古书里浸淫出来的修养。

在今天的年轻人中间,似已见不到这种用法,甚至压根儿不知道这种用法。碰到"浮一大白",也许只能以白眼视之。

何谓"浮一大白"?且先听我说个故事。这个故事出自汉代刘向的《说苑》。魏文侯请大夫一起喝酒。他让一个叫公乘不仁的人主持酒会。会上定下规矩:凡是喝酒不满爵者,"浮以大白"。爵是一种容量较大的饮酒器。后来魏文侯自己犯规,公乘不仁二话不说,立即"举白浮君"。"浮一大白"便出之于此。

这里有两个关键词:一个是"浮",一个是"白"。"浮"的意思是罚,"白"的意思是杯。"浮以大白",就是用大杯罚酒。"举白浮君",就是举起杯子处罚君主。它开始是指罚人喝酒,可能因为喝酒是件开心的事情,后来经过演变,也可以指满杯痛饮。

上述意思不难理解,但其中有个问题挥之不去:"浮"作为动词,指漂在水面上,与处罚有何干系?"白"作为形容词,指一种颜色,与杯盘有何瓜葛?为了找个说法,我从正史查到笔记,从古代字书查到现代词典,"上穷碧落下黄泉,两处茫茫皆不见"。《小尔雅》:"浮,罚也。谓罚爵也。"《篇海类编》:"浮,谓满爵罚之也。"高诱注《淮南子》:"浮,犹罚也。"陆德明《经典释文》:"浮,罚也。"……说来有点泄气,古人只有结论,没有分析,文字也大同小异,看不出个所以然来。

君子求诸己。在求知欲的驱动下面,有人作出了自己的解释:"浮"音近于"罚","白"音近于"杯","浮一大白",其实说的就是"罚一大杯"。这样说话显得舌头有点僵硬,口齿有点不清,正是一种"微醺"的状态,可收到绘声绘色的效果。它和今天的网语"偶稀饭""童鞋们"之类,颇有异曲同工之妙。人们以此营造醉酒的氛围,享受醉酒的乐趣。可见,古人也有"萌萌哒"的一面。

终于有了一种比较能够"自圆其说"的说法,让我们也来浮一大白。

你们城里人真会玩

◎陈思聪

在第68届戛纳国际电影节上,张馨予披着红绿搭配的"大棉被"走上了红毯,成为了当日的新闻头条,网友评论"太土",张馨予回应说"你们城里人真会闹,小媳妇儿也挺不容易的"。此后"你们城里人真会玩"就在网上流传开来,成了社会流行语,简称"城会玩"。

"城"原是指与"乡村"对立的,工商业发达的城市。"城里人真会玩"首先指的是农民面对光怪陆离的城市发出的慨叹。据说一个农村老汉进城时看见一个汽车展销会,每辆车前都站着一个美女,心中纳闷:这城里人真会玩,卖车还有搭姑娘的?这个老汉进城后对车模的感想,就是我们对"城会玩"一开始的理解。

后来"城"的含义逐渐泛化,在"城里人真会玩"这句话中,"城"开始指代一些与自己无关的领域,从一个地域性概念转变成了领域性概念。首先是将"娱乐圈"当作一座"城",艺人明星们纷纷成为"城里人"的代表。比如一些以正面形象示人的艺人,却不断被曝光出轨、吸毒等丑闻,大家在表达"再也不相信爱情"的时候,也纷纷感叹"城里人真会玩"。除了娱乐圈,"城里人真会玩"还被用来形容富豪们的炫富行为。有一个中国老板痴迷《星际迷航》,竟从海外购买了版权,将办公楼建成"联邦星舰企业号",整个工程花费达1.6亿美元。如此"斥巨资"的行为让大众不禁感慨"城里人真会玩"。还有在科学领域,有人把无人机放大十几倍后做成载人飞行器;在美食领域,有人"蘸着酱油吃芒果""烤着吃香蕉""吃火龙果吐籽"……这些与众不同的做法,都被认为是"会玩"的"城里人"想出来的。

至此,"城里人真会玩"完成了自己语义泛化的过程:从讽刺一些人做的事过于前卫时髦,以致常人难以理解,到讽刺之意渐消,仅用来表达对一些新奇事物的惊奇和感慨,成了朋友之间相互调侃的语句。比如:

"你们城里人真会玩:那些雷倒老外的神翻译!"

"城里人真会玩,沈阳两大叔开碰碰车上街。"

"你们城里人真会玩,旧梯子能这么用?"

"城"的本义是城邑的防卫性墙圈,城里城外是两个截然不同的世界。"城里人真会玩"突破了城乡本义的地理限制,将其扩展到生活中一些虚拟的空间,这和我们日常所说的"圈子"有些类似。当我们说"城里人真会玩"的时候,并不是说自己就是乡下人,对方就是城里人,只是表达对方所做的这件事和自己已有的认知领域产生了冲突。因此,"城里人真会玩"包含的其实是一种身份差异,包括富人和穷人、国内与国外等。不同的身份意味着截然不同的生活,借助于"城""乡"二字得以体现。

随着时代的飞速发展,层出不穷的新鲜事物和稀奇古怪的事件不断地冲击着我们已有的人生观和世界观。"城里人会玩"是网民们对于现代社会发展给出的一个感受,它既包含着对于高速发展的社会的肯定,也隐含着对此的忧虑。这在"城市套路深,我想回农村"这样的流行语中也得到了验证。面对着"套路深""真会玩"的"城市",网民们都想要回到代表着质朴的"农村",这也值得引起我们的思考。

以丑之名超越帅

◎马一扬

物质社会高速发展,当大众沉醉于明星们的帅气脸庞时,一种特殊类型的演员悄然出现。与一般明星不同的是,他们并不是靠大众的"一见钟情"而得到赏识,大多数观众第一反应是"他很丑",但随着时间的推移,他们因独特的脾气与性格或者是出众的身材与轮廓而备受大众青睐,越看就越觉得帅气。与此同时,"丑帅"这样一个网络新词,也悄然出现在了我们的生活中。

但是,我们依然会有很多疑问,"丑帅"到底是什么意思呢?它到底是形容丑还是帅?我们在生活中又该如何使用它?带着疑惑与好奇,让我们一起走近"丑帅"这个网络新词。

"丑帅"一词最早诞生于法国,浪漫的法国人创造出了一个名为JolieLaide的词。Jolie指美,Laide义为丑,直译是"长得很丑的美女"。原指女性不需要很漂亮,但是有一种游离于世俗传统、非常规但耐看的美。随后,该词逐渐被各个国家翻译运用,并且描述对象也逐渐向男性靠拢,汉语中也诞生了一个新词——丑帅。

我们来看看世界各国以"丑帅"而扬名的演员们吧!

在韩国,韩语"못생긴멋있어"(丑帅)原先是专门用来形容电视剧《继承者们》里的演员金宇彬,他饰演的男二号崔英道不走寻常路,既不温柔也不体贴,霸道又孩子气,一反韩剧经典的苦情路线。该剧刚播出,观众诧异怎么选了这么丑的男二,但随着剧情发展,观众

渐渐被角色吸引,也喜欢上了这个角色。

英国电视剧《神探夏洛克》热播,其中被中国观众称作卷福的演员本尼迪克特·康伯巴奇身材修长消瘦,狭长的面孔上顶着一头浓密的乱发。但是,他呆萌和精明兼备的眼睛能根据需要表现出智慧、热忱或狂躁,完美地塑造了夏洛克·福尔摩斯这一个高智商侦探的角色。他也因此开创了英国大众审美里的"丑帅"角色。

而在中国,《爸爸去哪儿》中的嘉宾张亮并没有大众传统审美观所要求的那种帅气脸庞。节目播出前,他的知名度仅限于时尚圈。但是在节目播出后,张亮父子成功逆袭,人气居高不下。他的长相并不抢眼,但却有着强大的气场和数不过来的优点:教育孩子有一套、服装时尚会搭配、烧得一手好菜等等。张亮通过走气质路线征服了万众粉丝,也使"丑帅"一词在中国兴起。

那什么样的人才能称得上丑帅呢?要满足"三好"标准!

第一要"身材好"。丑帅男虽然长相不要求特别出众,但对于身材的要求是十分严格的。他们必须拥有健硕的身材,八块腹肌尤其是他们吸粉(增加粉丝)的利器。

第二要"演技好"。观众喜欢丑帅男很大程度上是由于他们的高超演技而产生了强烈的代入感。在这个"看脸的世界",一份好演技可以让观众们暂时忽略掉"颜值",而把关注的焦点放在演员的演技上。

第三要"气场好"。男人的相貌在"综合评分"中所占的比重并不那么大,气质、衣着、品味,甚至是会不会做家务,都能明显地影响"综合评分"。在观众们的认知中,演员的气场反映的是生活品质和自我修养。

综上所述,"丑帅"一词正在经历一个不断被大众理解、接受并运用的过程,它在一定程度上反映了现代大众审美观的一个变化:观众对明星的审美,不再是肤浅地停留在相貌

由"背黑锅"到"我的锅"

◎余郎婷

"房价越调越高,这个锅谁来背?""新生汇演搞砸了,好吧,这是我的锅。""曼联连败,穆里尼奥疯狂甩锅:先怪鲁尼博巴又赖范加。"……最近大家经常说"背锅""甩锅""谁的锅",这里的"锅"显然已经不是指一种炊具,结合语境来看,"锅"产生了一种新的含义,即"过错""责任"。为什么"锅"会有这样的变化?又有哪些动词能和现在的"锅"搭配呢?

用"锅"来表达"罪责",也许会让你第一时间想到一个惯用语——"背黑锅",事实上,"锅"的新用法还真和"背黑锅"有渊源。"背黑锅"这种说法很早就在民间流传,根据《汉语大词典》的解释,"背黑锅"比喻蒙受冤屈或代人受过。"黑锅"是人们生活中常见的一种被火熏得十分难看的烹饪工具,当我们"代人受过"的时候,由于"锅"谐音"过",那种"忍辱负重"的感觉,就好像自己身上背了一口"黑锅"一样。通过这种形象恰当的比喻,人们心理上那种"代人受过"的抽象的"负

……

层面,而更多了些对内在的看重。随着众多帅哥美女的频繁出现,大众的审美也逐渐进入一个疲劳期。男二号或许没有男主角那么显眼,但是"丑帅"的这一特点会帮助他们给观众留下深刻印象。当今粉丝对于偶像的需求也有了转变——偶像不需要高高在上,不需要从里到外的完美,需要的是真实和品位。让我们一起以"丑"之名超越帅吧!

辱感"被具体化了，"背黑锅"作为惯用语表达"代人受过"的意思也就一直流传至今。

但是"背黑锅"是一个固定词组，它的意思具有整体性，"锅"只有用在这个惯用语里才有一种"负担""罪责"的比喻义，日常生活中你只说一个"锅"，人们还是会认为你说的是一件"炊具"。可是在网络流行语中，"锅"单用也能表达"负担""罪责"的意思了，这样的变化是怎么发生的呢？

其实，"背黑锅"作为惯用语也不是完全不能分离的，它在口语中的使用还是具有相当大的灵活性，可以拆开使用。比如：

我愿意背这个黑锅，我不在乎这个，咱们心里明白算了。（刘知侠《铁道游击队》）

既不沾亲，又不欠情，你何苦替她背着黑锅呢？（老舍《四世同堂》）

同时，受到汉语词语双音化趋势的影响，我们在一些场合将"背黑锅"简称为"背锅"，也可以清楚地表达我们的意思。如：

遇到爱让员工背锅的老板怎么办？

待业十几天的曹霖说，想用亲身经历告诉大家，不要轻易帮上司背锅。

而当"背黑锅/背锅"进入网络世界后，它的"蜕变"就一发不可收了。最先大肆使用这个词的是网络游戏圈，在网络游戏中常常有多名玩家一起做任务的情况，任务失败之后自然会追究是谁的责任，这时人们就借用了"背黑锅/背锅"的意思，问道"这个锅谁来背"？相当于说"这个责任谁来承担"？这时由于"黑"这个语素的缺失，"锅"的比喻义更趋向于一般化的责任，"代人受过"的含义有所减轻。之后，由于网络表达求新求异，言简意赅的方法很受人欢迎，"这个锅你们谁来背"的说法逐渐简化成"这是谁的锅"，并由此发展出"我的锅""你的锅"之类的说法，这时"锅"就用来比喻一般意义上的"责任""后果"了。此外,"锅"与"过"有一定的谐音关系,在这个语义转化过程中也起到了推波助澜的作用。

既然"锅"独立出来了,人们就开始发挥创造力,将和"锅"搭配的动词进行替换。最开始这样的替换也源于网络游戏圈,游戏中如果任务失败而失误不是由于自己而是由于其他人,玩家就把这一局称为"甩锅局",也就是说:这个过错不是我犯的,承担后果的责任甩给别人了,后来流传到网络,"甩锅"多指不负责、推卸责任的态度。此外还有"揽锅",指总是找自己的原因,总认为自己不对,主动给自己"揽"责任的行为。还有"躲锅",指那些躲避追责、逃避责任的行为。

总结"锅"的变化历程,我们看到,最初"背黑锅"作为民间惯用语在口语中发生了一些微小的变化,之后在网络游戏圈中发展为一种"社会方言"(类似于网络黑话),"我的锅""甩锅"成为专门的游戏隐语。但由于"锅"本身由民间惯用语演化而来,排他性不那么强烈,"锅"便冲破了游戏的圈子,逐渐被更广大的网民熟知,含义也显得更加泛化了。

由"背黑锅"到"背锅""甩锅""我的锅","锅"的各种"花式"用法的背后体现的是民间口语的力量,以及特殊社会群体对于语言的影响。归根结底,人是使用语言的主体,就是在你我平常的言语交流之中,变化已经悄然发生……

网言网语·爱情

在我们的周围,似乎总有这样一些年轻人,该恋爱的时候,却以种种借口拒绝爱神的眷顾。一旦在生活或工作中遭受了重大挫折,就想到我要恋爱了,想要去寻找自己的另一半。然而,爱情不是避难所,如果只想进去避难的话,最好不要进去,进去了也会被赶出来。

(乔 桥/辑)

港式粤菜春茗菜谱

[中国香港]田小琳

香港粤菜菜谱,在讲究语言的修辞上堪称独树一帜,仅以春茗菜式为例,就可窥见一斑。

春节前后,香港的商家、公司、企业以及社团,习惯举行员工聚餐活动,或者设宴招待和酬谢客户,这叫作"春茗"。规模大的筵开几十席甚至上百席。主人感谢大家旧年的支持,客人恭贺主家新年财运亨通。各大餐馆都推出春茗菜谱,为全城喜迎新春平添欢愉气氛。

下面是一家粤菜馆推出的春茗菜谱。如果你不看菜名后面的括注,可能会一头雾水,不知是什么菜,采用什么食材,怎么烹调。

金龙贺新岁(龙虾鲜果沙律)
好市添珠宝(发财蚝市柱脯)
白玉衬罗衣(碧绿带子螺片)
彩鹊喜宏开(烧云腿芦笋鸽脯)
翡翠大展翅(红烧翡翠排翅)
竹报贺平安(竹荪鲜鲍片)
游龙照福星(清蒸东星斑)
丹凤喜朝阳(蒜香脆烧鸡)
珍珠溢满屋(蛋白海鲜炒饭)
嘻哈凤冠饺(上汤水饺)
欢笑喜迎春(生磨杏汁炖雪蛤)
新岁喜相逢(精美甜点)

全部菜谱有八个热菜,两个主食,两个甜品。这是春茗菜谱必备的数量,因为一桌都在12人左右,饭菜首先要丰富充裕,让客人吃饱。"八"也取其和"发"谐音,这是港人认为最吉利的数字。

再来看看这个菜谱的奇妙之处。五字句的喜庆菜名,都包含着这道菜的主要食材,并非虚无缥缈,而是真材实料。

金龙指龙虾,好市之好谐音蚝,白玉是带子,罗衣是螺片,彩鹊指代鸽子,大展翅夸耀排翅之大,竹报平安的竹是竹荪(又名竹笋菌),游龙即东星斑,丹凤是鸡的美称。丹凤喜朝阳通常是最后一道菜,象征大吉(鸡)大利。上鸡了,客人就知道宴席接近尾声了。

光鲜喜庆的菜名括注了说明,既亮出了菜肴选材的金贵,也略为介绍了厨师的厨艺:红烧、清蒸、生磨皆在其中。就是配料,能美化的尽量美化:碧绿代表青菜,芦笋、香蒜、上汤、杏汁点缀其中,色香味一应俱全。

主食是宴客必备的,菜谱上同样采用喜庆说法。珍珠比喻蛋白和白米饭,凤冠形容水饺。甜品象征生活甜美,让盛宴在甜美的氛围中结束。

(作者是本刊特约编委)

盆满钵满话盆菜

[中国香港]李　斐

每一道历史悠久的美食都有一个美丽的传奇故事,这故事如果跟皇亲国戚沾上了边,那这道菜也就在人们心中显得尊贵无比。香港地处南海之滨,却有道本地菜肴跟皇上攀上了关系,这就是"盆菜"。

顾名思义,盆菜就是用盆装盛的菜肴,传统的盆菜其实是很有讲究的。在一个大盆内,将食材分五层摆放,由下至上依次为萝卜、油豆腐、腐竹、冬菇、炸门鳝、鳝鱼干、炸猪皮、猪血、鱿鱼、鲮鱼球、南乳焖猪腩、豉油鸡,中间用黄芽白隔味。这些食物经煎、炸、烧、煮、焖或卤后,一层层地装盆而成。吃的时候,自上至下,先荤后

素,直到下层饱含汁水的油豆腐、萝卜等,层次分明,回味无穷。

吃盆菜须在特别的日子,一般有三种情况。一是春秋祭祀时,当地称为"吃山头",人们在清明及重阳上山扫墓,在山间吃饭,用大盆煮猪肉,加些配料,就是最原始的盆菜。二是在婚丧喜庆时。三是在迁入新居或祠堂开光时。

盆菜只有在香港的围村才能吃到。围村也称围屋,主要指存在于香港新界的村落。围村分为"本地围"和"客家围"两种。至于盆菜源自本地围还是客家围,说法不一,均无确证。吃盆菜时,诸亲好友围坐一桌,桌上仅此一道菜,大家一层一层吃下去,汁液交融,味道馥郁而香浓,令人大快朵颐。

前文提及,香港远离中原,当地菜肴又怎能和皇族沾亲带故的呢?相传南宋末年,奸臣误国,元兵大举南下,文天祥、陆秀夫、张世杰等大臣抗元失败,奉宋帝由淮浙一带逃至福州,后众人经漳州避难至九龙、新界一带。到达新界时,当地民众设宴接驾却苦无餐具,遂以木盆为器,就地选取食材而烹之,没想到这平常的食物竟得到了离乱多日的皇帝赵昺赞赏。于是原本乡野盆菜沾上皇族光环,从此身份就高贵起来了。这也许只是个美丽的传说,但那些美食背后曲折动人的故事,又有谁会在口腹饱足之后较真儿,去破坏这份美丽的绮思呢?

(作者是香港岭南大学中国语文教学与测试中心博士、高级语言导师)

娘惹糕点

[马来西亚]杨欣儒

娘惹糕点是马来西亚和新加坡独有的美食。提起娘惹,得先介绍峇峇与娘惹。峇峇与娘惹指的是14世纪中叶以后,南下马来西亚和印尼等地谋生的中国男子与当地马来女子婚生的子女,男的叫"峇峇"(马来语baba的音译),女的叫"娘惹"(马来语nyonya的音译)。峇峇和娘惹传承了华人与马来人的传统文化结晶,尤其在饮食方面更加明显。

娘惹糕点的特点是用料既有制作马来糕点常用的番薯、芋头、椰糖、椰浆等,又有华人制作糕点常用的黄豆、绿豆、芝麻等,几乎每样糕点都有椰浆或椰子肉。最典型的甜娘惹糕有以下几种。

九层糕。用薯粉、绿豆粉、黏米粉(和了水的米粉)、西谷米粉、白糖、椰浆和班兰叶汁等做成。西谷米(sago)是制作布丁(pudding)等用的淀粉,班兰叶(马来语pandan的音译)是一种香叶。这种糕因用红、绿、白三色面糊间隔成九层,故名。

青白大盘糕。用黏米粉、椰浆、糖、盐和班兰叶汁制成。上层白色,是椰浆;底层青色,是黏米粉。

西谷米椰丝糕:用西谷米、椰丝(椰肉绞成丝状)和红糖制成。特点是西谷米夹上椰丝。

黑芝麻豆沙包。由黑芝麻粉、水仙粉、白糖、发粉、面粉制成。皮儿用面粉、黑芝麻粉与发粉搅拌而成,馅儿是绿豆沙。

烧烤香叶椰汁糕。由黏米粉、绿豆粉、白糖、椰浆、班兰叶汁和西谷米粉混制而成。

木薯芋头糕。食材较多,

是由木薯、椰浆、白糖、西谷米、黏米粉、芋头、面粉、盐按照一定的成分比率蒸煮而成。

黑芝麻红龟糕。由黑芝麻、糯米粉、白糖、黏米粉、绿豆、萝卜干、虾米、蒜头制成。状如龟背,故称。红龟糕因馅料不同而分班兰红龟糕、娘惹红龟糕等。

此外还有烤南瓜糕、红豆糕、椰汁糕粿子等数十种,限于篇幅,不能一一介绍了。

到马来西亚旅游,千万记着尝尝娘惹糕点啊!

(作者是马来西亚华语规范理事会副主席)

娘惹风味新年饼

[马来西亚] 邓月璇

在马来西亚过农历新年时,总让人想到散发着浓郁椰香味儿的"粿加必"、蜂巢饼和番婆饼。

先说那富有娘惹风味的年饼之王"粿加必"。"粿加必"是马来语 Kuih Kapit 的音译。Kuih 是糕饼,而 Kapit 是"夹"的意思,制作"夹饼"要用模具,面糊倒入饼模后,用两片模具夹住放在炭火上烧烤而成,饼皮还会印出美丽的图案。"粿加必"松脆,多对折成扇形,所以也称"扇饼",但不如"粿加必"深入民心(粿:闽南话念 kue,不念 guǒ)。

另一个颇具特色的年饼就是蜂巢饼了。因为制作用的模子是由一个个的洞柱组成的圆盘,因而让人联想到蜂窝。炸得金灿灿的蜂巢饼,形状的确很像蜂巢。

蜂巢饼在广东话里叫"蜜蜂窦","窦"是孔、洞的意思,福建人则把它叫做"蜂窝菊"(Pang Siu Kiok),看起来,这脆饼又有点像菊花了。虽然现在已有不同的模子如蝴蝶、雪花或玫瑰花,但人们习惯上还是叫它蜂巢饼。

在新年里,许多家庭都不忘准备"番婆饼"应节。浓郁的椰香味和入口即化的口感,是这种饼的特色,大人小孩都爱吃。雪白的粉团在图案模子里按压出一只只小白兔、小鱼、小鸡或蝴蝶,入烤炉前再点上小红点,十分讨喜。

这款道地的马来糕饼Kuih Bangkit,落入不同籍贯的华人族群里,便有了各不相同的叫法,广东人叫它"薯粉饼""椰香饼"或"木薯饼",根据材料命名。也有人叫"梳仔饼",因为早前人们做饼时会用梳齿在粉团上扎孔,故称。最初呈梅花形,点上小红点儿,就宛如一朵盛开的梅花了。

至于"番婆饼"的叫法,倒叫人纳闷。在马来西亚客家话里,"番婆"是对上了年纪的妇女的俚俗称呼,而客家男人也称老婆为"番婆",华人对非华裔或外族人亦俗称"番",所以"番婆"是指马来妇女还是有马华血统的娘惹,又或者是客家女人,真值得研究。

以上三种年饼都不是源自中国,而是由娘惹将马来食品加以改良创新后流传于南洋华人社会中,成为独具风味的新年糕饼。

(作者是马来西亚《中国报》助理编辑主任)

元宵抛柑

[马来西亚]杜忠全

正月十五元宵节,马来西亚各地举办的节庆活动首推"抛柑"。元宵"抛柑"还是近十几二十年来才有的,说不上是什么"传统"。这项活动源自马来半岛北部的槟榔屿。

槟城居民祖籍多数是闽南,自上世纪中期以来,每逢元宵,民间就有"扰柑嫁好尪,扰鼓娶好某"之俗谣(扰:dān,闽南音为 tim$^{4-3}$,意为抛;尪:wāng,闽南音为 ang^1。全句意思为抛柑嫁好夫婿,抛鼓娶好老婆)。民俗流传,迭代相承,仿佛元宵真有"抛柑"祈姻缘的节日风俗似的。

元宵民俗与男女相遇之缘有关,但"抛柑"云云,是由原来的民间俗谣转化而来。闽南地区及台湾等地,本就流传元宵"拔葱"的节俗。闽南话的"葱"与丈夫的"尪"押韵,"偷拔葱,嫁好尪;偷拔菜,嫁好婿"的俗谣广为流传。

19世纪末的槟榔屿副领事张煜南,在《海国公余辑录》之《槟榔屿流域诗歌》中,录有童念祖的《槟城元宵诗》。诗曰:"拾将石子暗投江,嫁好尪来万事降;水幔沙郎朱木屐,元宵踏月唱蛮腔"。诗中的"沙郎"即南国民族服饰之一种,今谓"纱笼",而"尪"即闽南语中的夫婿。从百年前的"抛石子"到闽南文化圈广传的"拔葱"以至战后迄今的"抛柑",是民间抛物祈愿与闽南拔葱求姻缘节俗的结合,关键的链接点是:闽南话的"柑"与"尪"也是押韵的。

如今"抛柑"成为马来西亚华人过元宵的"关键词",它承抛物祈愿的风俗而来,也与闽南未婚女性"拔葱"祈姻缘的旧俗相呼应。"抛柑"可在海边、河边,或在内陆地区专设一个水池任由抛掷,心愿埋在心底或写在柑皮上,在元宵节花前月下抛下水,祈盼心想事成,并为节日平添热闹气氛。

"抛柑"未必真把甜柑拿来抛掷,另一首闽南语民间俗谣可以为证:"抛土豆(花生),吃老老;抛石头,起红毛楼。"20世纪90年代后的年轻人真把"抛柑"当作一回事,遂成马来西亚特有的元宵节俗。

(作者是马来西亚拉曼大学金宝校区中文系主任)

"元旦"灯谜

◎刘茂业

2017年的元旦又至,在这一年最早的佳节里,让我们来赏析几条"元旦"灯谜。

以"元旦"为谜底的灯谜有:"'伶界大王'梅兰芳"(打节日一),谜底即"元旦"。上世纪20年代,北京《顺天时报》曾评选梅兰芳为"伶界大王",捧作"四大名旦"之首。谜底中的"元"仍是其"第一"的本义,"旦"作戏剧"旦角"解释,这是会意扣合。亦有拆字成谜的:"园墙四面开,但无人进来",也猜"元旦","园"字外面的"囗"像墙一样都打开,就只剩下中间的"元","但"字无"人(亻)"成为"旦"。还有谜面瞒天过海的:"清明前一日",仍打"元旦",别真以为"清明前一日"指的是清明前的寒食节,那就破不了底了。原来,这谜面上的"清明"要看作是明清两个朝代,它的前朝是"元","一日"合成"旦"字。

至于谜面上含"元旦"字素的灯谜就更多了:"元旦"(打成语一)"有朝一日","元"别解为"元朝";"元旦献词"(打学校用语一)"第一节日语",谜底须顿读成"第一/节日/语",元旦是新年的第一个节日,"词"猜"语词";"元旦后开张"(打集邮名词一)"首日封",这是反扣谜,以"第一天是封闭的"反衬谜面;"元旦前后共相聚"(打字一)"其","元旦"两字的前和后是两个"一",将它们与"共"再聚合,便成"其"字;"公历元旦"(打广西地名一)"阳朔","公历"是一种阳历,"元旦"本为大年初一,扣"朔"。

以上都是一些沾有新年气氛的趣谜,特别招人喜欢。

俞曲园的灯谜

◎ 柳叶

俞樾（1821—1907），字荫甫，自号曲园居士，浙江德清人。清末著名学者、文学家、经学家、古文字学家、书法家。现代诗人俞平伯的曾祖父。他一生对群经诸子、训诂小学、小说笔记颇有研究，撰著甚丰，著作辑为《春在堂全书》，近五百卷。

在《春在堂全书》第四十九卷《曲园杂纂·隐书》中，俞曲园收录了创制的100条谜作，并自谓"余虽无齐赘滑稽之辩，颇有秦客廋辞之意"，《隐书》还出版过单行本。试举其中数例："即从巴峡穿巫峡，便下襄阳向洛阳"（打春秋人名一）"杜回"，谜面出自杜甫七律《闻官军收河南河北》的尾联，谜底"杜"作"杜甫"的借代，"回"别解成"回家"；"福寿"（打《论语》一句）"禄在其中矣"，人们常将"福禄寿"三星合称，比如用"三星高照"作为吉语，现在谜面仅言"福寿"，所以扣底；"凭君传语报平安"（打《孟子》一句）"言不必信"，谜面为唐岑参七绝《逢入京使》中的名句"马上相逢无纸笔，凭君传语报平安"，因为没有纸和笔，只能托人捎话报平安，谜底解释成"捎话就不写书信了"；"九十九"（打字一）"白"，这条字谜别出机杼，谜底应视作"百"少了"一"，才与谜面吻合。这些灯谜大都浅显易懂，与作者渊博的学识相映成趣。

俞曲园以"朴学大师"著称，却也精于灯谜一道，知晓的人也许并不多。

每月二谜

1. 甲等当归（打四字俗语一）
2. 涂改履历（打二字张爱玲小说一）

上期答案

1. 路怒症（打二字军事名词一）

   谜底：开火

2. 高龄产妇（打三字戏曲界称谓一）

   谜底：女老生

文学与语言的关系

◎吕叔湘

我在一本书里头,偶然看见这么一个故事。就是有一个法国的画家,叫德卡,是一个印象派画家。这位画家,除画画之外,还喜欢作两首诗,对于作诗也很热心。有一天,他作诗,那个诗老是不出来,他去找他的朋友,一个诗人,叫马拉梅,他是一个有名的诗人。德卡跟他说:"我呀,一肚子的诗,写不出来,是个什么问题?我有很多诗的思想,不能把它写出来。"马拉梅就对他说:"老兄呀,诗这个东西,是拿语言把它写出来的,用文字把它写出来的,不是用思想写出来的,思想没法子写,要写就得用语言。"

就这么一个故事。这个故事引起我一些感想。文学作品是用语言作媒介,用语言把它写出来的。这个道理,中国古代的诗人懂,散文作家也懂,现代的诗人和作家,有的懂,有的就不太懂。现在的文艺评论都是强调生活,说一个作家要有生活,没有生活写不出东西,这话很对。但是光有生活够不够呢?你把生活经验转化成为文学作品,你要通过一种媒介,就等于我们吃东西进去,要有一种酶帮助消化。把生活转变成作品要通过语言,这个道理,我们的作家,至少是大部分作家,是懂的,因为这是非常现实的问题。你光一肚子生活,没法子把它变成作品,这就跟德卡问马拉梅问题一样。怎么办?马拉梅说你得用语言把它写出来,这个道理就跟一个画家画油画一样,你首先得调色,这个颜色,这个色彩,你得会调,然后才能画。你不借助于颜色,没法子画出画来。我们作家,大部分都懂这个道理,因为这是个很实际的问题。

非常遗憾,我们的好些文艺评论家,像是不懂这个道理。他开口生活,闭口意识形态,却不讲语言。这种文艺批评是片面的。我们的文艺批评家是这样讲了,我们学校的老师也就跟着这样讲,也是在那儿讲生活,讲意识形态,很少讲语言。那样讲文学,我认为是片面的,讲不好的。

因为有这个感想,我就去查查书。我查了两本文学史,一本是刘大杰的《中国文学发展史》,一本是社会科学院文学研究所的《中国文学史》。我看这两本书讲杜甫是怎么讲的。当然都讲到杜甫的思想等等,这是两本书共同的。我就看这两本里头讲杜甫运用语言是怎样讲的。刘大杰的书上讲的不多,讲的是杜甫入蜀以后,他的作品就有一种"逍遥恬静的风格",就那么很笼统的几句,好像杜甫运用语言的能事就那么一点,没多少可以说的。文学研究所讲杜甫,有专门一节讲"杜甫诗歌的艺术成就",这里头讲的就比较多。说他是:"精工锤炼,卓然成章。"又说,"他的风格主要表现为:'深沉凝重',或者如他自己所说的'沉郁'","或雄浑、或悲壮、或奔放、或瑰丽、或质朴、或古简、或轻灵,无不达于胜境",就是说他各种风格都有。还有一个地方说:"杜甫的诗歌在语言艺术上的成就,也是非常突出的",点出他用字,举了几个例子:"星垂平野阔,月涌大江流",一个"垂"字,一个"涌"字,都用得好,"群山万壑赴荆门","赴"字用得好。另外一个地方说他"还善于运用民间口头语言和方言俚谚",另外一个地方,说"他卓越地掌握了中国语言的声韵","他的诗不仅具有形象的美,而且具有音乐的美",如《石壕吏》这一首诗,内容有转变的地方,诗的韵脚也换了,换韵是配合它的内容的。总的说来,文学研究所讲杜甫运用语言比较多一点。

我又查查从前人的诗话。这种书我手头不多,就有一部《苕溪渔隐丛话》。这部书分前集后集,杜甫在前集有九卷,后集有四卷,共十三卷。我就拿他跟别的作家比较,韩愈是三卷加一卷,共四卷;欧阳修两卷加一卷,三卷;王安石四卷加半卷,四卷半;苏轼九卷加五卷,十四卷;黄山谷三卷加两卷,五卷。杜甫跟苏轼他们两位,讲的特别多,引的材料特别多,讲他们这首诗那首诗,讲他们作品比较详细。我的意思是说,我们古人讲文艺作品,很重视作家怎么运用语言,有些什么特色,举了很多例子。而我们现在讲文艺,这方面非常忽略,光讲内容,不谈语言的运用,片面性很明显。我希望这个讲习班上讲文学的同志——当然有分工,有的题目就是说明讲思想的,那当然讲思想了,是不是也有的可以多讲一点作家怎么运用语言。就是讲思想,他的思想也不能赤裸裸地往作品里头搁呀,他还得给它穿上衣服呀,那就是语言了,他得用语言把思想表达出来,总之还是离不开语言的。我今天就这么个意思:咱们的题目是讲语言的固然是要讲语言,题目是讲文学的也讲讲文学作品怎么运用语言来表达内容。我就提供这么一个建议。

(本文为吕叔湘在语文研究新成果系列讲座开幕式上的讲话。原文刊载在《中学语文教学》1986年1期上)

网言网语·人生

天地间,从来就没有笔直的路。水之所以能流向大海,就是因为它不断转弯,巧妙地避开了所有的障碍。许多人没有成功到达目的地,就是因为他撞到南墙不回头,不懂得转弯。人生的道路坎坷无数,转弯、绕道,是必不可少的。

(蔡 玫/辑)

翡翠上的"雪花"

（文中有十处差错，你能找出来吗？答案在本期找）

◎伯 淮 设计

一块表面布满斑点的翡翠毛石，置于摊位一角，无人问津。

翡翠讲究质地纯萃，哪怕只有一个小斑点，都会掉价不少，更别提棉点遍布、瑕疵满身了。放在行家眼中，这块毛石与废料无异。

这天，有位玉雕师走过玉石摊，无意中瞥见了这块翡翠毛石。他拿在手中端祥了片刻，花一百元把它买下了。

在工作室，玉雕师打开灯光，认真查看，琢磨着能把这块翡翠毛石雕成何种物件。在处理翡翠的斑点时，玉雕师通常会用镂空法将瑕疵剔除，可这块毛石的棉点实在太多，一一镂去，难免满目仓夷，残不忍睹。

苦思良久，一愁莫展的玉雕师突然眼前一亮。灯光下，满是斑点的毛石表面，透出温和的绿光，晶莹剔透。就着从内透出的柔光，表面的星星点点，显得别有意味。白居易的一首诗，在玉雕师的脑海里闪现："日暮苍山远，天寒白屋贫。柴门闻犬吠，风雪夜归人。"翡翠毛石上的棉点，可不就像那漫天飘舞的雪花吗？玉雕师露出了一丝微笑，创作的热情在胸中激荡。

一个多月后，玉雕师的新作面世，并立即引起玉玩界轰动。这个取名《风雪夜归人》的翡翠挂件，雕琢手法别具一格，巧妙地利用石料上的所谓瑕疵，创造出一副诗情画意的场景。后来，一位收藏家以一百万元的高价，将它纳入囊中。

为了展现完美，世人往往一心想着剔除瑕疵、掩盖缺陷。孰不知，缺陷有时也能成就另一种完美！

广角镜

手挽手,继续走
——一同拥抱 2017

亲爱的读者朋友,在你的呵护下,《咬文嚼字》步履坚定,精神昂扬,满怀收获地走过了 2016。新的一年里,我们将继续努力,让刊物保持既有特色,发扬既有优势,沿着健康的发展轨迹,稳步前行。

新的一年 新的努力
让内容更充实
让版面更美观
让表述更流畅

定价:5元/期 60元/年
发行电话:021-60878388
　　　　　021-60878392
邮发代号:4-641
欢迎到当地邮局订阅!

图中差错知多少？

（答案在本期找）

盛祖杰　达式东　提供
顾　远　楚山孤

1	
2	4
3	

咬文嚼字

YAOWEN-JIAOZI

02 / 2017

"丁"即"钉"。其花花筒细长如钉，且芳香浓郁，故称之为"丁香"。明代高濂《草花谱》："紫丁香，花为细小丁，香而瓣柔，色紫。"

丁香花

欢迎至邮局订阅本刊 邮发代号 4-641
国内统一刊号 CN 31-1801/G
定价：5.00元

上海世纪出版集团

雾里看花

"仚"是什么意思

袁绪佳

这是一家装饰公司的店招,店名为"仚壹裝飾"。"仚"字是什么意思?其下标音"qi",真是这样读的吗?答案见本期。

书窗

出版人的思绪
咬嚼者的屐痕

此著分上下两编。作者郝铭鉴先生有近50年的编龄,他一直在认真思考着出版的命运和前途,上编便是在不同时期的思索成果。郝铭鉴先生是《咬文嚼字》的创办人,并担任主编18年,他为这本刊物投入了大量心血,下编便是创办、主编《咬文嚼字》过程的回顾和经验总结。

《撞进编辑这扇门》

郝铭鉴 著

定价:52.00 元

购买地址:首都师范大学出版社天猫旗舰店 https://sdsfdxcbs.tmall.com/

名家语画

"林语堂名落孙山"

唐慈新/文　臧田心/画

　　林语堂在南美有很高的知名度。巴西有一位贵妇人,十分钦慕林语堂。有人赠给她一匹良马,贵妇人便给这匹马取名"林语堂"。后来,这匹马参加比赛,各大报以《林语堂参加比赛》为标题进行大幅报道。比赛结束,这匹马没有夺得名次,各大报又以《林语堂名落孙山》为标题进行报道。而夺冠的马,反被媒体冷落了。有友人知晓此事后,哈哈大笑,告诉林语堂。林语堂面色严肃,道:"这很幽默吗?"

| 名家语画 | "林语堂名落孙山" | 唐慈新/文 臧田心/画 /1 |

| 年度盘点 | 2016年十大语文差错 | /4 |

追踪荧屏		
"跗骨之蛆"?	欧阳昌宏 /8
不知其义的"居功厥伟"	阎德喜 /9
溥仪扒下来的"唱词"	沈阳仁 /10
"满目苍夷"？"满目疮痍"！	高良槐 /11

一针见血		
坐在车上"顿首"？	盛祖杰 /12
"清癯"岂可作"清瞿"	阎南岗 /12
华北成为"多事之秋"？	周 振 /12
"攒眉"会有"笑眼"吗	谢云秋 /13
"憨态可鞠"？	董宝林 /13
春雨如何"菲菲"	辜良仲 /14
核舟是用什么刻成的	陈福季 /14
蔚县的"蔚"不能读wèi	李华山 /15
"干元"？"乾元"！	金 甲 /15
何必"慑取"精气神	王建群 /16
"缘悭一面"的"悭"怎么读	杨柳青 /16
吴佩孚、段祺瑞没当过总统	李悠然 /17
"虚宫"应为"虚恭"	苏开省 /17
偷盗衣物的人是"不宿之客"吗	盛永兴 /18
何谓"流年而不衰"	新 德 /18
令人不快的"如刺在哽"	余培英 /19
"与王者埒富"？	杨昌俊 /19

时尚词苑		
新成语"真金白银"	金波生 /20
"吃瓜群众"力量大	刘东怿 /22

朝花夕拾		
咬嚼日记摘钞（10）	郝铭鉴 /25
"李公朴"其名	/25
"了如指掌"辨	/26
词牌名要用书名号吗	/27
"雄赳赳"的年代	/28

栏目	篇名	作者	页码
检测窗	编校差错扫描(一)	王 敏	/29
文章病院	何为"锥牛"	李景祥	/33
	"现形"与"现行"	杨宏著	/34
	李白不是"谪仙人"	于 豪	/35
	东北解放战争时尚无"四野"	木 子	/36
	糊窗户的是"高立纸"吗	刘曰建	/37
	1957年"混凝土问世"?	李光羽	/38
	不是"封疆大使",应是"封疆大吏"	梁卓尧	/39
网语漫谈	别让"毒舌"成为一种习惯	陆秋尧	/40
	"一言不合"里的"言"去哪儿了	余郎婷	/42
	"水逆"退散!	苏 杭	/45
华语圈	哪里来的"必胜客"呀	杨欣儒	/47
	警绳种种——黑警绳、花警绳、红警绳	田小琳	/48
	表示比较的新兴句式"过"字句	马毛朋	/49
	"下流老人"下流乎	张从兴	/51
	平平吃风去	韩理光	/52
谈联说谜	新春话"鸡"谜	刘茂业	/54
	联中寓狂喜	李中洲	/55
八面来风	多些"咬文嚼字"的较真精神	李思辉	/56
	让老词服务新时代	汪惠迪	/57
向你挑战	空间站建设"三步走"	望 岷 设计	/60

顾　问　张　斌　濮之珍
　　　　　何伟渔　陈必祥
　　　　　金文明　姚以恩
名誉主编　郝铭鉴
主　编　黄安靖
副主编　王　敏
特约编委
　汪惠迪(中国香港)
　田小琳(中国香港)
　林国安(马来西亚)
　吴英成(新加坡)
责任编辑　施隽南
发稿编辑　历　环
　　　　　　何中辰
通　联　张　炜
封面设计　王怡君
特约审校
　蔡维藩　陈以鸿
　李光羽　王中原
　张献通

凡本刊录用的作品,其与《咬文嚼字》相关的汇编出版、网上传播、电子和录音录像作品制作等权利即视为由本刊获得。上述各项权利的报酬,已包含在本刊向作者支付的稿酬中。如有特殊要求,请在来稿时说明。

2016年十大语文差错

《咬文嚼字》编辑部
(2016年12月)

一、航天新闻报道中的读音错误:"载人飞行"的"载"误读为zǎi。2016年11月18日,神舟十一号飞船在完成一系列载人飞行任务后,顺利返航着陆。总飞行时间长达33天,是迄今为止我国持续时间最长的一次载人飞行。在报道相关新闻时,一些媒体的播音员把"载人飞行"的"载"读作了zǎi。"载"是个多音字,既可读zài也可读zǎi。读zài,意思是装乘、携带;读zǎi,意思是记载、刊登。"载人飞行"即飞行器承载人的飞行,其"载"应读作zài而不是zǎi。

二、经济新闻报道中的用词错误:"一篮子货币"误为"一揽子货币"。2016年10月1日,人民币正式加入国际货币基金组织特别提款权(SDR)的一篮子货币。不少媒体在报道这则新闻时,将"一篮子货币"说成了"一揽子货币"。货币篮子(Currency basket)或称一篮子货币,是一个经济学术语,指设定汇率时作为参考而选择一组外币,入选者在组合中所占的比重,通常以该外币在本国国际贸易中的重要性为基准,是由多种货币按不同的比重所构成的货币组合。"一揽子"指对各种事物不加选择地包揽在一起,如一揽子计划、一揽子交易等等。"一篮子货币"中的货币恰恰需要精心选择,不能"一揽子"都进来。

三、美国总统大选报道中

的量词混淆:"任"误为"届"。2016年11月,唐纳德·特朗普在美国总统大选中获胜,有媒体说他当选美国第45届总统,也有媒体说他当选美国第58届总统。出现说法不一的情况是混淆了量词"任"和"届"导致的。美国实行总统制,每四年举行一次总统选举,任期四年为一届。如果总统在任期内因故由其他人接替,接替者仍被称为同一届总统。如果同一人在不连续的数届总统选举中当选,每当选就职一次就算一任。简而言之,"届"是由选举决定的,一次选举即产生新一届总统;"任"是由总统的更换来定义的,每更换一次即产生新一任总统。据美国历史,特朗普当选的是第58届美国总统,他也是第45任美国总统。

四、英国脱欧公投报道中的概念错误:"脱离欧盟"误为"脱离欧洲"。2016年6月23日,英国举行"脱欧公投",其结果是英国"脱欧"。有些媒体在报道这次事件时,把"脱欧"解释为"脱离欧洲"。这属于明显的概念错误。其实,英国脱离的不是欧洲,而是欧盟。欧洲联盟(European Union)简称欧盟,是一个推行欧洲经济和政治一体化的组织,其前身是欧洲共同体。英国在1973年加入欧共体,1991年签署《欧洲联盟条约》。脱欧派在公投中胜出,英国脱离欧盟将成为事实。欧洲是一个地理概念,英国处在其中,不可能根据投票选择脱离这个地方。

五、韩国"亲信干政"事件报道中的词形错误:"手足无措"误为"举足无措"。2016年10月中旬,韩国总统朴槿惠被曝出亲信干政丑闻,不少新闻媒体在报道此事时,用"举足无措"来形容朴槿惠执政团队的慌张和混乱。汉语中没有"举足无措",只有"手足无措"。措,义为安置、安放,如措辞、措身、措手不及。手足无措,即手和脚都没地方安放,比喻不知所从、举止慌乱。之所以会出现"举足无措"这样的误用,可能是和"举足轻重"一词发生了混搭。

六、娱乐新闻报道中的用字错误:"凭借"误为"凭藉"。2016年11月26日,冯小刚以电影《我不是潘金莲》获"金马奖"的最佳导演奖。在报道新闻时,很多媒体都说:"冯小刚凭藉《我不是潘金莲》夺大奖……""凭藉"是不规范的,正确的写法是"凭借"。过去,"藉"(jiè)可表假托、利用之义,简化字颁布使用后,此"藉"已经简化成"借"。因此,依照现在的用字规范,只能写作"凭借",不能写作"凭藉"。

七、娱乐明星的用字错误:"令人髮指"误为"令人發指"。2016年8月31日,相声演员郭德纲在其个人微博上发布了所谓《德云社家谱》,全用繁体字书写。遗憾的是,出现了好几处错误,"令人髮指"误成"令人發指"就是一例。"发"既是"髮"(fà,毛发的发)的简化字,又是"發"(fā,发展的发)的简化字。"令人发指"的意思是,让人头发都竖了起来,形容愤怒到了极点。其"发"指头发,用相应的繁体字书写,显然是"髮"而非"發"。

八、体育明星的词形错误:"作为"误为"做为"。2016年11月17日,林丹发出了一条个人微博就出轨一事向家人道歉。这条道歉微博说:"做为一个男人……""做为"应是"作为"之误。"做""作"两字在语用中常常纠缠难辨,有时甚至含混不清。但还是有一些基本的运用规律可循:表示抽象语义多用"作",表示具体语义多用"做"。"作为"是介词,常用来引进人的某种身份或事物的某种性质,如"作为一个学生,必须遵守课堂纪律"等,无疑表示的是抽象语义,所以是"作为"而非"做为"。

九、广告宣传中常见的用字错误："绅士"误为"绅仕"。"绅仕"常出现在男装广告上，如某品牌男装每年都进行"优雅绅仕形象大使评选"，香港明星黄宗泽就当选了2016年的"新绅仕"，大幅广告贴满大街小巷。其中的"绅仕"是"绅士"之误。"士"古代指未婚男子，也可做成年男子的通称，或做男子的美称；"仕"则作动词用，通常指做官。"绅士"指有现代文明修养的男士，其"士"是对男子的美称，不能写作"仕"。

十、常见的食品名用字错误："黏豆包"误为"粘豆包"。"黏豆包"是北方的一种传统食品，采用黄米、红豆等材料制作而成，具有黏性特点，但店招、广告牌及食物包装袋上基本上都被误成了"粘豆包"。"黏"（nián）和"粘"（zhān）本为两字，1955年《第一批异体字整理表》颁布实施，"黏"作为"粘"的异体字被淘汰。"粘"于是身兼二职，既表"粘"的意义也表"黏"的意义。1988年公布《现代汉语通用字表》，"黏"恢复使用，被确定为规范字。从此，"黏"和"粘"又各自独立，担负不同的意义："黏"是形容词，表示糨糊、胶水等具有的使物相连的性质；"粘"是动词，指依靠黏性把东西互相贴合。误"黏"为"粘"，也常见于其他用字场合。

网言网语·世态

在山间的公路上，张三边开着车前行边欣赏路边的风景。李四开着车迎面而来。李四摇下车窗对张三喊："猪！"张三十分生气，也摇下车窗大叫："你才是猪！"车转过弯，就撞上了一头正在公路上走的猪。人们往往根据经验、推理或情绪做出某种判断，但这并不可靠，常会导致误判，给自己和别人都带来伤害。

（乔　桥/辑）

"跗骨之蛆"?

◎欧阳昌宏

电视连续剧《青云志》第30集中,萧逸才说了这么一段话:"魔教中人狠毒无比,当年我一进入魔教,便被灌入致命的毒药。这些年,毒素犹如跗骨之蛆,时常发作,痛苦万分。"(字幕同步显示)其中"跗骨之蛆"为"附骨之疽"之误。

毒素犹如跗骨之蛆

"附骨之疽"是个成语,语出清朝蒲松龄的《聊斋志异·冤狱》:"带一名于纸尾,遂成附骨之疽,受万罪于公门,竟属切肤之痛。"附(fù),靠近之义;疽(jū),中医指结成块状的毒疮,浮浅的为痈,沉陷的为疽。《黄帝内经·灵枢·痈疽》:"热气淳盛,下陷肌肤,筋髓枯,内连五脏,血气竭,当其痈下,筋骨良肉皆无余,故命曰疽。""附骨之疽"是指紧贴着骨头生长的毒疮,也可比喻侵入到内部而难以除掉的敌对势力。

跗,脚背也。跗骨,又名跌骨、足跌骨、脚面骨。《医宗金鉴·正骨心法要旨》中写道:"跗者足背也,一名足跌,俗称脚面,其骨乃足趾本节之骨也。"蛆是蝇类的幼虫,体呈白色,多

不知其义的"居功厥伟"

◎阎德喜

2016年9月14日央视四套播出的《海峡两岸》节目中,嘉宾邱毅先生分析说:林全下台之后,陈菊最有可能接林全的班,民进党人中陈菊"居功厥伟"……"居功厥伟"显然错了,正确的应是"厥功甚伟"。

"厥"有多个义项,其中之一为代词,相当于"其"。"厥功甚伟",意思是他的功劳很大,用于褒奖某人的功劳或贡献。而"居功"是自认为有功劳,含贬义,不符合上述语境的意思。况且"厥伟"根本无法解释。

"居功厥伟"不通,应改为"厥功甚伟"。

生在粪便、腐肉等不洁的地方。比喻令人厌恶的东西,亦可比喻卑鄙无耻之徒或渺小无用之人。"跗骨之蛆"从字面上解释,应是生长在跗骨上的蛆虫。但很少见到有人跗骨上长蛆的。汉语典籍中也未见有"跗骨之蛆"的记载。形容中毒很深而又难以除掉,无疑应用"附骨之疽"而非"跗骨之蛆"。

溥仪扒下来的"唱词"

◎沈阳仁

央视科教频道2016年9月9日播出《百家讲坛》，在《逊帝的婚后生活》一节中，主讲老师说："我在查找宫廷档案的时候，还发现了一首溥仪没有发表的歌曲……'大将南征胆气豪，腰横秋水雁翎刀。风吹鼍鼓山河动，电闪旌旗日月高。……'实际上溥仪亲手写的这个歌和谱的曲并无任何新奇之处，明眼人一看，歌词包括曲，就是从京剧《文昭关》中扒下来的，略加修改而成。"溥仪这首歌曲的曲是什么样的，我们不得而知，但这歌词确如主讲老师所说，是"扒下来"的，只是所"扒"之处并不是京剧《文昭关》，而是蒙学读物《千家诗》。

《千家诗》是古代为儿童启蒙而编成的一本诗歌选本，纪录片中溥仪"扒下来"的，正是《千家诗》中七言律诗的最后一首，明世宗嘉靖皇帝朱厚熜的《送毛伯温》。毛伯温，字汝厉，嘉靖时官至兵部尚书兼右都御史。嘉靖十九年受命去安南平叛，嘉靖皇帝写了《送毛伯温》一诗赠他。溥仪"扒"嘉靖皇帝这首诗并非"略加修改"，而仅是把"风吹鼍鼓山河动"变成了"风吹鼙鼓山河动"，只有一字之差。

鼍（tuó），即扬子鳄，它的皮非常坚硬，古人常用来制鼓。古时军中用鼍鼓来发号施令，指挥战斗。鼙（pí），是古时乐队和军队使用的一种小鼓。文学作品中常用"鼙鼓"借指战事，唐代白居易就有"渔阳鼙鼓动地来"的诗句。"鼍鼓""鼙鼓"放在此处均解释得通，但"鼍鼓"似更能体现"山河动"的气势，溥仪这一字改动并无出彩之处。

并无任何新奇之处

"满目苍夷"?"满目疮痍"!

◎高良槐

在电视连续剧《红旗漫卷西风》第13集中,李耀川与梁万龙因秦声达之死而发生争执时有这么一句台词:"大哥,推翻满清,民国建立,但是这个国家依然是满目苍夷,军阀混战。"这里"满目苍夷",应为"满目疮痍"。

但是这个国家依然是满目苍夷

疮痍,读作 chuāng yí,即创伤,《陈书·世祖纪》:"讨陈宝应将士死王事者,并给棺槥(huì),送还本乡,并复其家。疮痍未瘳(chōu)者,给其医药。"后也可用来比喻遭受破坏或灾害后的景象。唐代杜甫《北征》中有:"乾坤含疮痍,忧虞何时毕?"满目疮痍,是指眼睛所看到的都是创伤,形容受到严重破坏的境况,也说"疮痍满目"。

苍,本指青色(包括蓝和绿),也指灰白色,引申指天或天空。夷,指平坦、平安,也指灭掉、杀尽,古代还指东方的民族等。"苍""夷"不能搭配成词。在古今汉语中,也没有"满目苍夷"的说法。将"满目疮痍"误成"满目苍夷",应是"疮痍""苍夷"音近形似所致。

坐在车上"顿首"?

◎盛祖杰

2016年第33期《中国电视报》B23版《祖父的情书》一文中这样写道:"祖父那时候拉洋车,每天,女子合膝顿首坐在祖父的洋车上,浅笑着看看自己的衣襟。"其中"顿首"用得不妥。

"顿首"即"叩头",是《周礼》中九种跪拜礼之一,即以头叩地。顿首之礼通用于下对上的场合。上述引文中的女子"坐在祖父的洋车上",又"看着自己的衣襟",无论如何不会是在"顿首"。

很容易理解,引文其实是要表达低着头的意思,用"垂首"就妥帖了。

"清癯"岂可作"清瞿"

◎阎南岗

《夏夜一夕谈——访青年报告文学作家罗达成》(《通往心灵的歌》,希望出版社1985年2月出版)中,有对罗达成的描写:"这位清瞿的青年编辑、作家……"文中的"清瞿"应为"清癯"之误。

《辞源》中"瞿"有4个义项:①姓;②兵器;③惊视貌;④惊愕。无论哪个义项,都无法解释"清瞿"。

而"癯",义为瘦,"清癯"即"清瘦"。宋代陆游《贺张参政修史启》:"镇抚四夷,位居台鼎,而有山泽清癯之容。"上述文章中说,罗达成在读书时,因长期不注意饮食,得过胃穿孔,身体几乎垮掉了,看上去特别瘦。这正与"清癯"一词相符。

"瞿"和"癯"都有qú的读音,形亦相似,所以容易将两者混淆。

华北成为"多事之秋"?

◎周振

2016年8月29日《书刊报》第10版刊有《1937年的南苑

兵营》一文,其中有这样的话:"长城抗战后华北已成为多事之秋,日本欲变华北为第二个'满洲国',华北已成危局之势。"华北真能成为"多事之秋"吗?

"秋"有多义,这里指某一时期、某一时段;"多事之秋"即事故、事变等不断发生的时期。这一成语多用来形容动荡不安的时局。廖仲恺《农民解放的方法》:"现在是广东最多事之秋,并且正在战事中。"前文中,经过1933年的长城抗战,日军对华北的侵略虽一时被延缓,但时局动荡,正可谓处在"多事之秋"。但"多事之秋"是时间概念,而"华北"是地理概念,两者不可等同。原文如改为"华北已进入多事之秋",就通了。

"攒眉"会有"笑眼"吗

◎谢云秋

2016年10月4日《扬子晚报》A20版所刊《家有彩票控》一文中写道:"那还是2010年12月30日,下班回家,我和老公在厨房忙碌,我突发奇想,攒眉笑眼地对老公说:'现在各行各业都在规划十二五,咱家也规划一个?'"文中的"攒眉笑眼"与情理不合,既然"攒眉"了,怎么会有"笑眼"呢?

攒有多个读音,一读cuán,义为聚集;攒眉,义为紧蹙双眉,表示不快或痛苦的神态。鲁迅《二心集·关于翻译的通信》:"从去年的翻译洪水泛滥以来,使许多人攒眉叹气,甚而至于讲冷话。"既然紧蹙双眉了,自然也不会出现"笑眼"的神态,更与引文中情景不符。

人在精神愉快时通常会舒展双眉。将"攒眉"改为"展眉"庶几可通。

"憨态可鞠"?

◎董宝林

2016年10月24日《辽沈晚报》A10版刊有《小肇的青春盛宴是一场场"离别"》一文,文中写道:"他开始接受到足球反馈回来的大段大段快乐能量,小脸上不再是终日愁眉紧锁的表情,'憨态可鞠的笑容'逐渐成了他的标志性脸谱。"其中,"憨态可鞠"系"憨态可掬"之误。

掬,读jū,义为两手相合捧物。可掬,则是"可以用手捧住"之意,形容情态明显。憨态可掬,指憨态可捧在手里,形容天真憨厚的神态十分明显的样子。而"鞠",也读jū,义项有:①古代的一种革制的实心球;②生育,抚养;③弯曲;④姓。这些都与"憨态"无关。

因此,误"掬"为"鞠"乃同音形似所致。

春雨如何"菲菲"

◎辛良仲

2016年《眉山政协》某期刊载散文《春雨悦泸州》,其中这么描写春雨:"尽管雨蒙蒙、雨菲菲,却是百花艳丽、耀眼夺目!"此处的"雨菲菲"应为"雨霏霏"。

"霏"是形声字,从雨,非声,义为雨雪很盛的样子。"霏霏"连用也表达雨雪盛貌。《诗·小雅·采薇》:"今我来思,雨雪霏霏。"

"菲"是个多音字。读fěi时是菜名,又指微薄;读fēi时指花草芳香,也形容草茂貌。"菲"和雨没有关系,汉语中也没有"雨菲菲"的用法。

核舟是用什么刻成的

◎陈福季

2016年10月5日《齐鲁晚报》A10版《他在头发丝上刻的字得拿100倍的放大镜看》一文的内容提要中说:"《核舟记》课文相信很多人都耳熟能详,里面描述了一件精巧的用核桃雕刻的小舟,使用的就是微雕艺术。"这里"核桃"应是"桃核"。

核桃树是落叶乔木,结的果实叫核桃,也叫胡桃,果仁为干果佳品,可榨油亦可入药。

而桃树是落叶小乔木，所结的果实桃为常见水果。桃肉食后留下的硬核称为"桃核"，桃核壳里面的仁称桃仁，可制食品，也可入药。《核舟记》是明代魏学洢写的一篇记述民间微雕艺人王叔远用桃核刻"大苏泛赤壁"的文章，文中说核舟"盖简桃核修狭者为之"，用的是"桃核"而非"核桃"。"桃核"和"核桃"是完全不同的两种东西，不应混为一谈。

蔚县的"蔚"不能读 wèi

◎李华山

央视社会与法频道2016年10月25日下午播出电视剧《延安颂》第16集，剧中多次提到"蔚县"，都读作 wèi 县。"蔚"有 wèi 与 yù 两个读音，"蔚县"作为地名，其"蔚"读作 yù 才是。

蔚县是河北省西北部张家口市辖县，与山西省邻接。唐开元中设安边县，天宝初年为蔚州州治所在地，至德初年改为兴唐县，五代后晋改为灵仙县，明清皆为蔚州，1913年改为蔚县。

"蔚"读 wèi 时，是指一种牡蒿草，后来形容草木茂盛。汉语中常用"蔚"组成蔚蓝、蔚然成风、蔚为大观等词。蔚读 yù 时，除县名外，还用作姓氏，古时又通"郁"。或许 yù 不是这个字的常读音，所以读错了。

"干元"？"乾元"！

◎金 甲

2016年10月21日《文汇报》副刊《文汇学人》第12版刊有《近期三种杜诗全注本的评价》一文。文章两次提到"干元"："干元二年九节度兵溃邺下""现在因《郑虔墓志》发现，知道郑虔卒于干元二年九月"。"干元"应是"乾元"之误。

"乾"是个多音多义字。读作 qián 时，最早出现在《易经》中，是八卦之一，卦形作☰，三爻皆阳，又为六十四卦之一，卦形作☰,乾上乾下,象征阳性或刚健。"乾"又引申为天、日、君、父、丈夫、男性等,也用来指西北方位或午后八至十时。

"乾"读 gān 时,是"干"的繁体字,义为没有水分或水分很少。《诗·王风·中谷有蓷》中云:"暵其乾矣。"也引申为空虚、竭尽的意思。

上述文章中的"干元",应作"乾元",是唐肃宗李亨的年号(758—760)。古代帝王年号中有"乾"字的还有:乾符(唐僖宗年号)、乾兴(宋真宗年号)、乾隆(清高宗年号)等。把"乾元"误作"干元",应是错把此"乾"当作了"干"的繁体字,从而把它简化成"干"了。

何必"慑取"精气神

◎王建群

2016 年第 7 期《杂文月刊》(上)载《"杜甫"们忙甚》一文,文中说:"高端的属'凤毛麟角'慑取你大作之'精气神'敷衍成篇成剧……"此处"慑取"应是"摄取"之误。

慑,读 shè,义为恐惧害怕。摄,也读 shè,用作动词义为持、提起。三国曹植《弃妇诗》:"搴帷更摄带,抚弦调鸣筝。"余冠英注解:"摄,牵引。"摄又引申为吸引、收敛之意,摄取就是吸收、吸取的意思。以"慑"为"摄",当属音同形似所致。

"缘铿一面"的"铿"怎么读

◎杨柳青

电视连续剧《人间四月天》第 6 集中,梁思成去见徐志摩,谈话中说道:"昨天在宗孟先生那儿缘铿一面了。"在剧中,梁思成的饰演者误将"铿"读作了 kēng,这是没有区分开"铿"与"铿"的缘故。

铿,读作 kēng,可以做象声词使用,指乐器发出的洪亮声。《论语·先进》:"鼓瑟希,铿尔。""铿"后来作为象声词时,也用来形容语言响亮有力。铿也可用作动词,意思是敲击钟鼓。《楚辞·招魂》:"铿钟摇虡。"

悭,读qiān,有节约、吝啬之意,引申为缺少。宋代陆游《怀昔》一诗中有:"泽国气候晚,仲冬雪犹悭。""缘悭一面"的"悭"就是缺少的意思,指缺少了一面之缘,即无缘相见。

吴佩孚、段祺瑞没当过总统

◎李悠然

《上海文学》2016年5月号刊载有《皇城脚下的杂忆》一文,文中提到吴佩孚和段祺瑞时,都用了"民国总统"的称呼。吴佩孚和段祺瑞虽然皆为中华民国北洋政府时期的风云人物,但都没当过总统。

吴佩孚,曾任北洋军第三镇曹锟部下管带,后成为直系军阀首领。他一生最高的官衔,是两湖巡阅使、直鲁豫巡阅使,从来没当过中华民国的总统。

段祺瑞,曾跟随袁世凯创办北洋军,成为袁氏麾下头等大将。辛亥革命后,段祺瑞先后任陆军总长、代理国务总理、护国军参谋总长与国务卿。在袁世凯死后,他成为皖系军阀首领,以国务总理控制北洋政府,直至1920年被直系军阀曹锟、吴佩孚打败而下台。1924年—1926年,段祺瑞被推为中华民国临时执政,虽然是国家元首,但并非总统。

"虚宫"应为"虚恭"

◎苏开省

2016年11月2日《中老年时报》副刊载《人前人后》一文,开头写道:"看到一则因放屁要离婚的奇事,说的是夫妻俩在家中宴请亲友,丈夫因肠胃不适,在座位上连续出虚宫。"这里的"虚宫"应为"虚恭"。

何谓"虚恭"?这首先要从"出恭"说起。从元代起,科举考场中设有"出恭""入敬"牌,以防士子擅离座位,士子入厕须先领此牌。因此俗称入厕为出恭,并谓大便为出大恭,小便为出小恭,而"虚恭"则成为了"屁"的代称。误"虚恭"为"虚宫",疑为同音所致。

偷盗衣物的人是"不宿之客"吗

◎盛永兴

2016年10月13日《江城晚报》第4版有一篇关于一服装店遭窃的报道,其中说:"两个开车来的不宿之客,将店内价值8万元的衣物偷走,店内监控记录下了两人的偷盗过程。"其中,"不宿之客"应为"不速之客"。

速,用作动词时,字义主要有三。一是招致,如司马光《训俭示康》:"君子多欲则贪慕富贵,枉道速祸。"二是催促,如苏曼殊《与某公书》:"故交多速衲南归,顾终于无缘一返乡关。"三是邀请,如《礼记·乡饮酒义》:"主人亲速宾及介,而众宾自从之。"成语"不速之客"意思是没有邀请而自己来的客人,其"速"即邀请之意。《周易·需》:"有不速之客三人来。"宿,用作动词时,表示过夜、住宿。潜入商店的窃贼,无疑是没有受到邀请(不速)的"客人",无关"过夜、住宿"。

何谓"流年而不衰"

◎新 德

2016年9月20日《东方葵园》第2版《葵园,我还会再来看你的》一文说:"葵花色彩美而不艳,恰似银发美女们的容颜流年而不衰。"何谓"流年而不衰"?似为"经年而不衰"之误。

"流年",指如水般流逝的光阴、年华。汤显祖在《牡丹亭·惊梦》中写道:"则为你如花美眷,似水流年,是答儿闲寻遍,在幽闺自怜。"把这个词放在上述文章的语境中,有欠通顺。

"经年",指经过一年或若干年,一般指经过较为长久的年华、岁月。柳永《雨霖铃》词:"此去经年,应是良辰好景虚设。"明·宗臣《报刘一丈书》:"卧病经年。"上述文章想表达的意思是葵花的色彩经历了很长时间,仍如"银发美女们的容颜"一样,长时间不衰败,因此此处说"经年而不衰"很妥当。

令人不快的"如刺在哽"

◎余培英

2016年11月27日《珠江商报》A2版刊登的《"丢书大作战"是新时代的文化启蒙?》一文中说:"除非,所'丢'的书价值不大,内容不健康,抑或是商业行为,让人觉得如刺在哽,否则,'丢书大运动',就应该大力提倡,而且要让更多的人参与。"此处的"如刺在哽"应是"如鲠在喉"。

鲠,读作 gěng,指鱼刺、鱼骨头。汉语中有"如鲠在喉"的说法,指鱼骨头堵在喉咙,比喻有话不得不说、有事不得不做,否则将十分难受。

哽,也读作 gěng,义为因悲伤而语塞,也指食物无法下咽、噎住,阻塞。"如刺在哽"一词难以索解,推测应是"如鲠在喉"之误,代入引文指某种商业行为令人感到不快、难受。

"与王者垺富"?

◎杨昌俊

2016年第23期的《国家人文历史》中,刊有《赵国能赢得长平之战吗?》一文,其中写道:"赵国的冶铁业发达,当时的赵都邯郸是中原冶铁业的中心,并因此出现了'以铁冶成业,与王者垺富'的郭纵、卓氏等人。"这里的"与王者垺富"有误,应是"与王者埒富"。

埒,读作 liè,从土,寽声,本义是矮墙。也可作动词用,指等同,相比。"与王者埒富"语出《史记·货殖列传》,即财富可以和王侯相比。

垺,读作 fú,义为土、外城,现已不常用。"与王者垺富"说不通。

新成语"真金白银"

◎金波生

为了便于讨论新成语"真金白银",请先读几个实例。

(1)绿水青山就是金山银山,而要保护绿水青山,同样需要真金白银和对症下药。(《人民政协报》2016年9月13日)

(2)戏曲艺术发展正迎来新的春天,而这背后离不开中央财政"真金白银"的各项支持。(《文汇报》2015年7月30日)

(3)迪士尼效应比世博会更长远,将带来"真金白银"。(《中国民航报》2016年3月17日)

(4)"打赏"也起始于起点中文网,一种读者与作者新的互动方式。只要读者看中了喜欢的作品,就可以给作者打出"真金白银"的赏钱。(《人民政协报》2016年9月6日)

读完以上四例,便能确定"真金白银"就是"钱"。尤其是例(4),直接点明了"钱"。

汉语的成语大部分可以说出它的出处或来历,新成语也不例外。《全球华语词典》(商务印书馆)告诉我们:"真金白银"原来只在港澳地区使用,"指实实在在的钱款"。现在已经融入普通话,成为常用的成语了。

"真金白银"是个并列结构,由"真金"和"白银"两个部分组成。"真金",即纯金,俗称足金,行业用语为24K金,也就是真正的金子;"白银",即银子,白花花的银子,也就是真正的银子。金子和银子都属于贵重的金属。

可是新成语"真金白银"的意义并非"真金"和"白银"两个词的字面义简单相加,即不是指金子和银子本身,而是指实实在在的钱。不过,钱和金子银子确实有很深的渊源关系。

人类历史上,金币和银币都曾经用作一些国家的流通货币。金币,指以黄金为主要成分铸造的货币。古埃及、古希腊、古罗马帝国,以及古代中国,都有过金币。银币,指银制的货币。以我国清代和民国时期为例,银币通常为圆形,故称银圆(银元),每枚一圆(一元);也称银洋,大洋。

1984年—1995年,我国曾发行12款熊猫金币,1988年—1999年,曾发行12款生肖金币。均以出口创汇为主,有很高的收藏价值。在当今的钱币市场上,银币也具有收藏价值,如中国的熊猫银币,美国的鹰洋银币,加拿大的枫叶银币,澳大利亚的考拉银币等。

从现代汉语一些常用词语中也能发现钱与金、银的联系。"现金、奖金、酬金、基金"中"金"指的是"钱","拾金不昧"就是"拾钱不昧"。旧时戏院根据合同按期付给戏班子或演员的报酬叫作"包银",这个"银"也是"钱"。今日的"银行",在上世纪的前期,大多称为"钱庄"。

由此看来,将"钱"称作"真金白银",并不是凭空想象出来的,绝非偶然。

"真金白银"就是"钱",但是在语用上,"真金白银"和"钱"不能画等号。第一,大钱小钱都可以称"钱",而要称"真金白银"的,钱的数量总是比较可观的。第二,"钱"可以用于口语和书面语,"真金白银"则多数出现在书面语中。第三,"钱"是个地道的中性词,"真金白银"却带有浓烈的感情色彩和修辞色彩。

作为四字格成语,"真金白银"在结构方式上,是两个偏正结构合成一个并列结构,如同"前因后果""大街小巷""羽扇纶巾"一样,普普通通。但是在结构成分上,倒是颇有特色。它不像"真人真事""真心真意""真刀真枪"那样,组成"真金真银"(意思基本相同);也

"吃瓜群众"力量大

◎刘东怿

在网络热门的话题评论区中,总会看到"吃瓜群众"的身影,虽然他们不会对正在发生的事件表达明确的观点,但他们时刻关注着大大小小的事件,并及时地转发,将话题传播开来。起初,"吃瓜群众"一词流行于网络,之后,常出现于报纸、杂志、电视等媒体中,逐渐发展为当红流行词。例如:

(1)他(特朗普)在竞选官网公布的初步政策框架,内容涵盖恐怖主义、移民、能源、税收、基建、金融、医保等诸多领域。尽管这只是他百日新政的升级版,各界"吃瓜群众"仍给

不像"真凭实据""真才实学""真名实姓"那样,组成"真金实银"(意思也基本相同);而是另辟蹊径,构成了"真金白银"。"真"是表性质的形容词,"白"是表颜色的形容词,分别修饰"金"和"银",字面上似乎不大对称,不那么齐整,实际上倒有独到的修辞效果。有一种修辞方式叫"互文",在结构相同的上下文中,上文里隐含着下文里出现的词语,下文里隐含着上文里出现的词语,参互成文,综合见义。比如《木兰诗》中"雄兔脚扑朔,雌兔眼迷离",所表达的真正意思是:"雄兔"与"雌兔"都"脚扑朔",都"眼迷离"。上文提到的"真名实姓"也是"互文",名是真的、实的,姓也是真的、实的。"真金白银"更进了一步,创造性地采用了"互文"的变体——有双重隐含的"互文":一方面,金是真的,银也是真的;另一方面,银是白的,金却是黄的(不是白的是黄的,此乃常识,不必明说——隐含着)。通过联想,"真金白银"既有"真金实银"的理性义,又有"黄澄澄的金子,白花花的银子"的形象义。这兴许正是"真金白银"被普通话吸收进来并一跃而为流行语的缘由吧。

予了充分关注。(《国际金融报》2016年11月21日)

(2)这些话,人们相信多半是这个搞传销出身的女子,凭空捏造用来炫耀的又一句谎言,但还是该查查,以慰吃瓜群众之焦虑。(《钱江晚报》2016年11月23日)

"吃瓜群众"中的"瓜",有人说是"瓜子"。该词起源于网络论坛,当有人在论坛讨论区中提出一些问题时,就会有一群人过来围观闲扯。网友们幽默地说,要边吃瓜(或边吃瓜子)边围观……渐渐地,"吃瓜群众"一词流行了,专指对某一事件的前因后果并不了解,却对讨论、发言以及各种声音持围观态度的人群。例如:

(3)剑拔弩张了大半年,希拉里·克林顿和唐纳德·特朗普之间的嘴仗终于进入"白热化"……台上打得火热,台下的"吃瓜群众"也看得欢腾。(《北京日报》2016年9月30日)

(4)由于牵涉知识广博,大多数听众只能是充当"吃瓜群众",感悟"中国经济学术圈不是一潭死水,也可以进行学术鸣放",不是一句空话。(《国际金融报》2016年11月14日)

"吃瓜群众"有时还可以称呼自己(见下例),用来调侃自己对某些事情的过度关心。

(5)在看奥运会时,我也是一枚爱操心的吃瓜群众。体操就不用说了,估计每人都会担心各种掉下来。看跳水比赛,运动员站在跳板边缘,轻盈踮起脚尖时,我就开始替他们着急:如果一个没站稳滑下去怎么办?(《金华日报》2016年8月17日)

还有与"吃瓜群众"相关的一系列词语也在流行中,包括"不明真相的吃瓜群众""目睹了整个事件的吃瓜群众""吃瓜群众早已看穿了一切""吃瓜群众的眼睛是雪亮的"等。例如:

(6)冯小刚炮轰王健林为哪般?网友:我是不明真相的吃瓜群众。(《北京晚报》2016年11月19日)

这一系列流行语的产生,

说明了"吃瓜群众"有时并不是真的不了解某事件,他们心中自有准确衡量所发生事件的一杆秤。

"吃瓜群众"这个词,是群众智慧的创造。使用至今,"吃瓜群众"的含义几乎要等同于"群众"了,他们关心着每天发生的大事小事。"吃瓜群众"作为网络中一股强大的监督力量,有着十分重要的作用。正如毛泽东同志所说,"群众是真正的英雄","真正的铜墙铁壁是什么?是群众"。

说到"吃瓜群众",不由联想到几年前的流行热词"打酱油",它也可以形容围观者。共同之处是都具有调侃色彩,那么二者有何不同呢?

首先,"吃瓜群众"一般指围观群体,而"打酱油"的通常是个体。例如:

(7)今年的美国大选无疑是热闹的。身在其中的在美华人如今也不再仅仅充当"吃瓜群众"的角色。与过去相比,越来越多的华人开始以饱满的热情投入到助选、拉票的队伍。(《人民日报海外版》2016年11月7日)

(8)共和党内竞选开始时特朗普被美国精英们看做是"打酱油的",纯属娱乐人物,但他却出人意料地打败了共和党的"党机器",几乎逆着全党的意志强势崛起。(《环球时报》2016年7月24日)

其次,"吃瓜群众"的意义较为简单,主要就是指"不明真相"的围观群众。而"打酱油"的意义较为丰富,一是用来解释某件事与自己无关,有时还带有谦虚的意味,二是指某人在某一方面没有重要的地位。例如:

(9)洪欣格自嘲虽然高中参加过天文社,但是连天文望远镜都没看过:"我就是个'打酱油'的。"(《京华时报》2010年8月31日)

(10)马龙已经从过去"打酱油"的变成了世界排名第一,大有取代王皓在莫斯科世乒赛中担纲第一单打的势头。(《人民日报海外版》2010年6月4日)

咬嚼日记摘钞（10）

◎郝铭鉴

"李公朴"其名

昨晚读一本刊物，又见"李公朴"错成了"李公仆"。记得有一年检查编校质量，一连有三本书犯了这一错误。可见，这已成人名差错中的一个顽疾。究其原因，恐怕和"公仆意识"的深入人心有关。人们一提到李公朴先生，下意识里冒出来的是"公仆"二字。

遇到人名差错，我的习惯做法是：查一查这一名字的来历。李公朴本不叫"李公朴"，家谱上写的是"李永祥"；他有一个三哥叫"李永康"。永远吉祥，永远健康，完全符合中国人传统的取名习惯。然而，在"五四"风暴的影响下面，李永祥早已接受了民主思想的熏陶。他觉得"吉祥康泰，富贵荣华"之类，都有着封建阶级的色彩，于是决定改名。

李永祥把自己的名字改成了"李公朴"，他还把三哥的名字改成了"李公愚"。他们都成了"天下为公"的"公"字辈。朴，意味着初心不改，保持本色；愚，意味着甘做傻子，乐于奉献。了解了名字的来历，也许就不会再错成"李公仆"了吧。

李公朴后来给自己的孩子取名，同样体现了以名立志、以名励志的精神。他的孩子是在"九一八"以后出生的，他把女孩子取名"国男"，寓意是"国难"；男孩子取名"国友"，谐音是"国忧"。不忘国难，为国分忧，爱国情怀激荡其中。

"了如指掌"辨

成语一般是四个字。它可能是由一个故事或一段文章概括而成的。这种概括的好处是，形式整齐，节奏明快，甚至音韵铿锵；但它也有不利的一面，就是有时会削足适履，语焉不详，误导用者。"了如指掌"便是一例。

有位中医著文谈养生，说中医有望、闻、问、切，"望"除了面色之外，还包括望指甲、望掌纹，从指甲和掌纹可以判断疾病。"人们常说'了如指掌'，似乎对自己的手指和掌心是非常熟悉的，其实并非如此。了解指掌是一门大学问。"这位中医理解的"指掌"，是手指和掌心。这恐怕是望文生义的结果。

"了如指掌"语出《论语·八佾》。有人请教孔子："禘祭"有些什么规定？禘，音 dì。"禘祭"是古代的一种祭祀大典，只有最高统治者才有资格举行。但当时"礼崩乐坏"，鲁国的禘祭已不像样子，出于"为尊者讳"的考虑，孔子在回答时打了一套太极拳。《论语》中的原文是这样说的："'不知也。知其说者之于天下也，其如示诸斯乎？'指其掌。"

可以看出，孔子说这话时，是很有画面感的，姿态是很生动的。他嘴里说"不知道"，其实给人的印象是知道，而且知道得很彻底，不说是有难言之隐。他强调了解禘祭的人，能看清天下的问题，清楚得就如同看清手掌上展示的东西。孔子一面说，一面还指着自己的手心。"了如指掌"这条成语，就是对《论语》中这段话的概括。

可见，成语中的"指"，并不是手指的"指"，而是"指其掌"的"指"。这是一个动词。

词牌名要用书名号吗

咬文嚼字讲习所结业以后,有些学员还建立微信群讨论问题。第十八期有位学员在群里问:词牌名要用书名号吗?他得到的回答是:用,比如《念奴娇·赤壁怀古》《沁园春·雪》。这在《标点符号用法》中有明确示例。这位学员还不放心,又补充说:我问的不是作品,而是单纯的词牌名。仅仅提到念奴娇、沁园春之类的词牌,要用书名号吗?

我想,这里关键是对词牌的性质要有一个认识。

词的全称是曲子词。和诗相比,词是可以唱的。词起于隋,兴于唐,到宋出现巅峰。词的初始阶段,或是推杯换盏的宴乐,或是秦楼楚馆的艳辞。随着词的繁荣,大量乐工加入了制曲队伍。凡是众口传唱的曲调,都有可能成为词牌,供人"倚声填词"。

就拿上面提到的这两个词牌来说。念奴据说是唐朝天宝年间的歌女,天生一副好嗓子,唱起来如娇莺百啭、黄鹂千回。唐玄宗听说以后大感兴趣,亲自作曲填词,命念奴歌唱。念奴果然不负圣意,把这首曲子唱得波翻浪叠、云飞霞舞,玄宗龙颜大悦,遂将曲子定名为《念奴娇》。

沁园是东汉时的一座园林。园主是东汉明帝第五个女儿沁水公主,故沁园的全称是沁水公主园。这座园林曾被大将军窦宪以低价收买,其实就是变相的夺取,后因章帝的介入又重新夺回。时人曾谱曲制词以咏其事,其曲因而得名《沁园春》。

由此可见,所谓词牌,不是孤零零的一个名称,而是一首完整曲子。既然是作品,即使单独提及,也应用书名号。这就像古琴曲《梅花三弄》、琵琶曲《十面埋伏》、二胡曲《二泉映月》,它们都没有一个字的词,但都是音乐作品,因此都要用书名号。

"雄赳赳"的年代

"雄赳赳,气昂昂,跨过鸭绿江……"在我的印象中,这是我最早学会的一首歌。当时刚进小学,进进出出,跳跳蹦蹦,总会哼着这首歌的旋律。那是一个同仇敌忾的年代,这首节奏明快、歌词铿锵的《志愿军战歌》,堪称新中国第一首全民流行歌曲。

"雄赳赳"常有人写成"雄纠纠",某刊载文称,"纠"是一个别字。其实"赳赳"写成"纠纠",古已有之,工具书承认二者是全等异形词。《汉语大词典》收有多条书证,其中第一条见于无名氏《符金锭》第四折:"十虎威名天下罕,英雄纠纠镇京华。"巴金在《春》中用的也是"纠纠":"高忠毫不退缩,抄着手雄纠纠地站在那里。"

究竟该首选哪一个字呢?不妨从造字的角度来辨析一下。"纠"为会意兼形声字,从糸从丩,丩兼表声。丩,音 jiū,从甲骨文的字形来看,像两条藤蔓相互缠绕,故为"纠"的本字。"丩"加了糸旁成"纠",《说文解字》的解释是:"绳三合也。"多股绳子绞在一起。常用词纠缠、纠结、纠纷等,都是由此本义引申而来的。"赳"为形声字,从走丩声。"走"为疾行,有勇往直前义,故"赳赳"可形容"勇武"貌。《诗经·周南》中"赳赳武夫,公侯干城",便是一个著名的用例。

"雄赳赳"为 ABB 格式,在这类格式中,"BB"有很强的形象感。"雄赳赳"和"雄纠纠"虽然两者皆可用,但无论是从词义的准确性考虑,还是从词形的规范性考虑,都应以"雄赳赳"为首选。从这个角度来说,批评一下"雄纠纠"也是可以理解的。

编 者 按

上海出版物编校质量检测中心长期从事书报刊的编校质量检查工作,接触到大量差错实例。本刊特开设《检测窗》一栏,邀请检测中心王敏同志,采用错例简析的形式,整理部分差错。相信开设此栏,对读者会有一定帮助。

编校差错扫描(一)

◎王 敏

错例:来到上海新能源汽车展台,观看荣威550插电强混轿车,端详这款新车的外型和内饰。

简析:"外型"应为"外形"。"形"指的是事物的具体形状,而"型"概括的是事物的类型特征。"外形"即外表的形状、样子,而"外型"却说不通。有"外向型"的说法,但它跟"外表的形状、样子"无关。

错例:鉴于中国近来加强了与越南和马来西亚等国的外交关系,美国蹿掇东盟搞"南海同盟"的图谋更加难以收到效果。

简析:"蹿掇"应为"撺掇"。"蹿"与"撺"均读cuān。但"蹿"字从足,本义指跳,如"蹿蹦、蹿跳";"搢"字从手,本义指抛、扔,如"搢箱"(宋元时期官府用箱子接纳状纸,告状人把状纸投入箱中,称搢箱),还可指怂恿、唆使别人干坏事,如"搢哄"(怂恿、哄骗)。"搢掇"指鼓动、怂恿。

错例:杏仁还能镇咳化痰、强劲喉咙气管功能、理肺、润肺、怯风寒,所以适合吸烟人群。

简析:"怯风寒"应为"祛风寒"。"祛"读qū,从示,本义指祭神以求去祸除灾。"祛除"指驱散、消除,如"祛除邪魔、祛除疑虑"等。"怯"读qiè,从心,本义指胆小、畏缩,如"羞怯、怯懦"等。中医认为风邪会滞留在表里、经络之间,需疏散祛除。杏仁能"祛风寒",于人有益。若使人"怯(畏)风寒",谁会食用?

错例:与他们一同经历的时光,才是在每一个流过泪的雨天后,绽放于云霄雨霁时的彩虹。

简析:"云霄雨霁"应为"云销雨霁"。"云销雨霁,彩彻区明"出自王勃《滕王阁序》,意思是乌云消退,雨过天晴。销,通"消";霁,雨雪停止,天空放晴。霄,从雨肖声,本义指霰(高空小雪珠),也指云朵飘浮的高空,如"九霄、霄汉"等。"销"是动词,"云销"与"雨霁"都是主谓结构,两者并列。"云霄"与"雨霁"结构不同,无法并列。

错例:临床上每把情绪抑郁或急躁易怒及病态的忧柔寡断,归属于肝病论治。

简析:"忧柔"应为"优柔"。"优"可指充足、富裕。《说文解字》:"优,饶也。"如"优裕、优渥"。引申指宽厚、宽容,如"优薄、优纵"。"优柔"指宽和温厚,如"优柔温润",又指犹豫不决,如"性格优柔"。"忧"本义指担心、发愁。《说文解字》:"忧,愁也。""优柔"指做事犹豫,易让人想到忧虑、发愁,但不能写成"忧柔"。

错例：两名机车男子袭击泼粪。他逃过一劫,没有被直接泼到身上,司机大叔可是遭了秧。

简析："遭了秧"应为"遭了殃"。"殃"是形声字,从歹(读è,后写作"歺",指剔肉后残剩的骨头)央声。"歹"与死亡、灾祸有关,"殃"本义指祸害、灾难。"遭殃"即遭受灾祸。"殃"还有动词的用法,如"祸国殃民、殃及池鱼"等。"秧"也是形声字,从禾央声,本义指植物的幼苗,与灾祸无关。

错例：三位年逾九轶的木刻界前辈……对那段沧桑岁月有更为刻骨铭心的记忆与感慨。

简析："九轶"应为"九秩"。"秩"读zhì,作名词,含义是秩序、次序,如"秩序井然";作量词,指十年,如"七秩寿辰"即七十寿辰。"轶"读yì,其形符为车,本义指超车。《说文解字》:"轶,车相出也。"段玉裁释其义为:"车之后进突于前也。"引申指超越,如"轶越"即超越,"轶群"即超群。"年逾九秩"指年纪超过九十岁,写成"九轶"说不通。

错例：事件发生后,网络上一度冲斥着质疑、批评甚至非理性的谩骂……

简析："冲斥"应为"充斥"。"充"可指数量众多。《广雅》:"充,满也。"如"充沛、充足、充盈、充满"等。"充斥"最早见于《左传·襄公三十一年》:"寇盗充斥。""充斥"指充满、到处都是,其中的"斥"也是众多的意思。"冲"是形声字,从水中声,本义指向上涌流,引申指直接向上,如"一飞冲天",也指冲洗、冲刷,没有众多的意思。

错例：对于家无田产,身无长计的武训来说,兴办义学难于登天。

简析："身无长计"应为"身无长技"。"技"是形声字,从手支声,本义指技艺、技巧。《说文解字》:"技,巧也。""长技"即擅长的本领,"身无长技"指没有一项擅长的本领。"计"是会意字,从言从十,本义指算账、计算。引申指谋划、安排,如"权宜之计"。"长计"可指求取长远利益的谋略,但没有"身无长计"的说法。

错例:通过舞台效果和演员一举一动、深情并茂的演绎,迅速地反映当下的现状……

简析:"深情并茂"应为"声情并茂"。"声情并茂"指演唱时的音色、唱腔很优美,而表达的感情又很丰富、真挚,能感动人。并:都。茂:草木丰盛的样子,引申指美好。"声情"指声音与情感,是两个对象,可以称"并茂"。而"深情"是深厚的情感,不是两个对象,无法称"并茂"。

错例:孰不知在大屿山,一个得从中环码头坐船去参加的沙滩音乐节,已举行了将近8年。

简析:"孰不知"应为"殊不知"。"孰"是疑问代词,指"谁"。"孰不知"就是"谁不知",带有反问语气,表示的是"大家都知道"的意思。上例想表达大家不知道有这样一个音乐节,用"孰不知"是说不通的。其实,这里应该用的是"殊不知"。"殊"有"竟然"的意思,"殊不知"就是"竟然不知道",正与上例想表达的意思一致。

错例:近年来兴趣点开始转向于民间传统工艺的探访和研究……希望能在不缀的学习和思考中找寻到中国设计的新方向。

简析:"不缀"应为"不辍"。缀,读 zhuì,本义是用线缝合,如"给袖子缀上两针";引申指联结、组合,如文章是把单个的字句连接而成的,故写文章可称"缀文";还引申指装饰,如"点缀"。辍,读 chuò,本义是指车停下来,引申指停止。如"辍笔"指写作或作画中途停笔,"辍学"指中途停止上学。"不辍的学习"即"不间断的学习",不能写成"不缀"。

何为"锥牛"

◎李景祥

2016年10月21日《沈阳日报》T7版《地下画廊：汉魏丹青留丽影》一文中，这样描述"辽阳市出土的汉魏墓葬"里的壁画《庖厨图》："横枋下，宰猪、锥牛、解兽、退鹅、切肉、炙燔、舂粉、沥汁、汲水、添薪、洗涤器具者共三十多人，煎烤蒸炸，忙碌非凡。"众多厨工分工劳作的场面十分生动，其中的"锥牛"是做什么的呢？"锥牛"应为"椎牛"之误。

辽阳汉魏壁画墓群是东汉魏晋时期的重要文化遗迹。壁画内容丰富，色彩鲜艳，以表现墓主人经历和生活题材为主，是研究汉魏时期政治、经济、文化不可多得的资料

椎有chuí、zhuī两个读音，在这里应该读chuí。椎读chuí时，是一种捶打用的工具，也是一种兵器。活用作动词，即为用椎打击之意。"椎牛"就是击杀牛。《后汉书·吴汉传》中云："汉乃勃然裹伤而起，椎牛飨士。"说的是吴汉杀牛来犒劳兵士。椎读zhuī时，是指椎骨，即构成脊柱的短骨，中间有孔，叫椎孔，脊髓从中穿过。这与捶打的动作无关。而"锥"字，读zhuī，是锥子，一种尖端锐利、用来钻孔的工具。活用作动词时，是用锥子刺的意思。一般不会用锥子杀牛。误"椎牛"为"锥牛"，是误用了形似字。

"现形"与"现行"

◎杨宏著

小说《纪委书记》(二十一世纪出版社2016年3月出版)第291页有这样一段文字:"袁丽萍……歪着头儿问他:'你既然不是我们的领导了,跑到这儿来难道又想抓我们的现形?'李思文笑道:'不是抓现形,是来请你和小谢帮我办事。'"句中"现形"一词与上下文意对不上,应是"现行"之讹。

"现形"与"现行"两词发音相同,词形也只有一字之差,但词性和意义均有区别。"现形"是动词,其义是"显露原形""显露其真实面目",如"这个歹徒现形了""狐狸精终于现形了"等等。清末有一部著名的谴责小说,书名就是《官场现形记》。作品以晚清官场为描写对象,"现形"是使官场的种种腐败、黑暗、丑恶显露原形。"现行"则是属性词,表示现在的、现在施行的或现在有效的,如"现行法令""现行制度"等等。再如邹韬奋《经历》十:"即偶有微细失检之处,亦可按现有出版法及其关于言论出版的现行法规,在出版后加以纠正或禁止。""现行"还可表示正在进行或不久前进行犯罪活动的,如"现行犯"等等。

小说中,袁丽萍用这个词表达了幽默、谐谑的语气,其含义是:"你这个原任领导特地跑过来,难道是想看看我们工作中有无违规行为吗?"此处用"现行"是恰到好处的。

小说中两处"现形"都应改为"现行"。

《"佥"是什么意思》解疑

"佥"读音为"fǎ",是"法"的古字。《玉篇·人部》:"佥,古文法。"该店招用繁体字书写,店家在"佥"下注音"qi",大概是把"佥"当作"仝"的繁体字了。其实"仝"字简繁同形,都是"仝"。如果是有意启用古字"佥"做店名,注音则须做相应改正。

李白不是"嫡仙人"

◎于 豪

《天涯》杂志2016年第6期中刊有《新诗的发生——纪念新诗发生一百年》一文,其中说:"贺知章称李白为嫡仙。……嫡仙人神性的高度在于其诗篇与世俗世界的共享的范围、层次。"这里的"嫡仙"应为"谪仙"。

谪,读zhé,有遣责、处罚之意,封建时代特指贬官外放。如"谪吏"即因罪而被贬谪的官吏,"谪臣"即被贬谪流放的大臣,"谪戍"即因罪被遣送到边远之地,担任守卫。谪仙是谪居世间的仙人,常用以称誉才学优异的人。《南齐书·高逸传》中记载:永明年间,会稽钟山有个姓蔡的人,究竟叫什么名字,无人知晓。他在山中养了数十只老鼠,"呼来即来,遣去即去"。此人言语狂易,人称"谪仙"。后来"谪仙"成为李白的专称,这与贺知章对其才华的欣赏和盛赞有关。唐代孟棨《本事诗·高逸》中记载了李白被称为谪仙的经过:"李太白初自蜀至京师,舍于逆旅。贺监知章闻其名,首访之。既奇其姿,复请所为文。出《蜀道难》以示之。读未竟,称叹者数四,号为'谪仙'。"李白在《玉壶吟》中"世人不识东方朔,大隐金门是谪仙"之句,便是引东方朔以自喻,以谪仙自命,抒发自己在长安屡遭诋毁、壮志难酬的苦闷。还须一提的是,古代"谪仙"有时也用来指被谪降的官吏。唐代刘禹锡《寄唐州杨八归厚》诗:"谪仙年月今应满,慈谏声名众所知。"

而嫡,读dí,是指宗法制度下家庭的正支,与"庶"相对。从来没有"嫡仙"的说法。

东北解放战争时尚无"四野"

◎木 子

2016年9月7日,《辽宁日报》第11版《北方副刊》上发表有《刘白羽三进沈阳》一文,文中多次提到中国人民解放军第四野战军——"四野":"解放战争中,白羽曾与人民解放军四野的官兵转战东北三省""攻占锦州之后,从辽西到新民的桥被炸断了,白羽随四野行动,他跟随的那支四野部队决定就地宿营""这时遇到四野参谋长苏静"……然而,在刘白羽先生"转战东北三省"之时,我军还没有第四野战军的建制,又怎么会有"四野"之称呢?

1945年8月15日,日本宣布无条件投降,中国人民抗日战争取得胜利。按照党中央"向北发展,向南防御"的战略部署,华北、山东的部分八路军、新四军部队进入东北地区,1945年10月31日,与在东北的抗日联军共同组成东北人民自治军,11月14日改称东北民主联军。1948年1月1日,东北民主联军改称东北人民解放军。11月2日辽沈战役结束,东北全境解放。随后,东北人民解放军开进山海关,参加平津战役,与华北人民解放军协同作战。1949年1月21日平津战役结束,华北全境宣告解放。1949年年初,中央军委颁布统一整编命令,西北野战军编为第一野战军,中原野战军编为第二野战军,华东野战军编为第三野战军,东北野战军编为第四野战军。此外,还有中央直属的华北野战军。从此才有了"四野"之

糊窗户的是"高立纸"吗

◎刘日建

2016年11月12日,《北京晚报》第19版刊有《追忆取暖季》一文,文中说:"我妈在中秋节过后,便会准备买糊窗户的高立纸。"此处"高立纸"应为"高丽纸"。

高丽纸有两种,一种是古时朝鲜产的书画用纸,另一种是近代我国河北迁安所产的书画用纸。

"高丽"指的是朝鲜历史上的王朝。我国习惯上多沿用"高丽"来指称朝鲜或关于朝鲜的物产,高丽纸、高丽参就是如此。高丽纸是古代产于朝鲜半岛的一种书画用纸,以楮皮为原料,纸质洁白、强韧,外观清丽。《纸墨笔砚笺》:"高丽纸色白如绫,坚韧如帛。用以书写,发墨可爱。此中国所无,亦奇品也。"传入我国后,高丽纸为文人墨客所珍爱。

而我国的"高丽纸"又称"桑皮纸""红辛纸",是以桑皮和白纸边为原料制成的纸。纸质厚实,呈灰白色。可以作为生活用纸,用于糊窗、扎风筝等。

文中的高丽纸,指的是我国河北产的纸。由于现在都用玻璃窗,用高丽纸糊窗已经成为了历史记忆。正是因为许多人不知"高丽纸"为何物,才将"高丽纸"误为"高立纸"吧。

....

称。

因此,今日讲那时之事,最好依据那时之称,称为"东北民主联军"或"东北人民解放军",而称之为"第四野战军"或者"四野",太超前了。

1957年"混凝土问世"?

◎李光羽

2016年5月27日《新民晚报》A31版刊载了《乌茨和悉尼歌剧院秘闻》一文,其中有一段说:"1957年,乌茨踌躇满志地来到悉尼,他作为总设计师和工程负责人,集中解决工程实施的问题。……当时,混凝土刚刚问世,乌茨试图以鸡蛋壳的球面几何原理来解决工程的难题。"读到此处不禁疑惑,混凝土的问世是在1957年前后吗?恐怕要早不少。

混凝土是什么?通常讲的混凝土,指的是水泥混凝土,用水泥做胶凝材料,沙、石作骨料,与水按一定比例拌和,硬化后制成。混凝土作为建筑材料,广泛应用于土木工程。

混凝土的使用可以追溯到古罗马时代,所用的胶合材料有石灰、火山灰等。1824年,英国人阿斯普丁用石灰、矿渣和黏土等为原料烧制水泥。因硬化后与英国波特兰岛所产石材颜色相似,这种水泥被命名为波特兰水泥。由于波特兰水泥具有建筑工程所需要的强度和耐久性,而且原料易得,造价较低,因而开始在世界范围推广开来,正式名称为硅酸盐水泥。19世纪中期,在硅酸盐水泥中混入铁丝、钢筋等制成的钢筋混凝土产生了。1900年经万国博览会推广,混凝土在建筑领域引起变革。

现今,混凝土已经成为建造大型建筑的重要材料。引文中的悉尼歌剧院也是采用了这种材料,但说混凝土在1957年才问世,显然与事实不符。

不是"封疆大使",应是"封疆大吏"

◎梁卓尧

2016年10月31日《南宁晚报》第22版刊登《畅谈陆荣廷,聊南宁往事》一文,其中这样写道:"他(陆荣廷)从孤儿、乞丐一跃成为清朝廷的一品大员——广西都督,两广巡阅使,名副其实的封疆大使,并建立了广西桂系体制。""封疆大使"这个名称闻所未闻,应是"封疆大吏"。

封疆大吏,也称"封疆大臣""封疆大员"。明代指都指挥使、布政使、按察使。《明史·兵志二》:"当是时,都指挥使与布、按并称三司,为封疆大吏。"清代的总督、巡抚也被冠以此称呼。因为这些官职总揽一省或数省的军政,权力可与古代分封疆土的诸侯比拟,故名"封疆大吏"。

大使通常指奉命派遣至他国的使节、代表。陆荣廷(1859—1928),本名陆亚宋,广西武鸣人,壮族,桂系军阀。宣统三年(1911)陆荣廷被任命为广西提督。武昌起义后为广西都督,镇压革命党人。1916年的护国运动期间攻占广东,任广东督军。1917年任两广巡阅使,成为桂系军阀首领。以其职务和权力,称陆荣廷为"封疆大吏"庶几可通,但他并未担任过大使一职。另外需要注意的是,陆荣廷被清朝廷最后授命的官职是从一品的广西提督,而广西都督乃至两广巡阅使的任命都与清廷无关。

《火眼金睛》提示

图1,"烘培"应为"烘焙"
图2,"凡响"应为"反响"
图3,"第一界"应为"第一届"
图4,"耗牛"应为"牦牛"

别让"毒舌"成为一种习惯

◎陆秋尧

自脱口秀节目《金星秀》热播以来,"毒舌"一词在网络上再一次出现井喷。主持人金星以辛辣直接的点评横扫娱乐圈,荣登"毒舌女王"的宝座。其实,早在2005年,《超级女声》的评委就因不留情面的点评而被称为"毒舌评委"。那届"超女"不仅捧红了歌手,也捧红了一众"毒舌"评委,"毒舌"一词随之在网络上迅速流传开,至今仍保有极高的"出镜率":

《主角豪斯医生是个愤世嫉俗的大毒舌》

《过年最容易遭遇到的十大毒舌问题》

《惨遭金星毒舌过的明星》

《毒舌的金星竟这样误会保姆》

上述网络新闻标题中,"毒舌"既作名词,指说话刻薄的人,也作形容词,形容话语或人的刻薄尖酸,还用作动词,指用刻薄的言语攻击。

那么,"毒舌"的这些意义又是从何演变而来的呢?"毒舌",顾名思义,就是"有毒的舌头"。早在唐代,"毒舌"就出现在了卢仝的《月蚀诗》中:"南方火鸟赤泼血……月蚀鸟宫十三度,鸟为居停主人(寄寓之所的主人)不觉察,贪向何人家?行赤口毒舌,毒虫头上吃却月,不啄杀。""南方火鸟"朱雀在诗人的笔下犹如魔鬼般张着血红的嘴,吐着有毒的舌头,却不啄杀毒虫,诗人以四方神灵失职暗指社会的混乱。《汉语成语源流大辞典》收录了成语"赤口毒舌",解释为"形容诽谤中伤或咒骂,言辞十分恶毒",可省作"赤口"。

然而,成语"赤口毒舌"在日常口语中早已不常使用,"毒舌"在网络上重焕活力更得益于日本动漫影视的传播。日语中也有"毒舌(どくぜつ)"一词,意为"说刻薄话、挖苦话、恶毒的话",说话"毒舌"的人叫作"毒舌家",如:

就连卡介伦和先寇布这样的毒舌家,也好像被吸去了毒气似的,一反常态地沉默着。(当代日本小说《银河英雄传说》)

或许,网络上最初用来指"说话刻薄的人"的"毒舌"是"毒舌家"的省略,但"毒舌"一词又是如何产生"说话恶毒"之义的呢?我们要从"毒"和"舌"这两个语素入手。"毒"的基本义是能够导致生病死亡的物质,作形容词又有"毒辣、猛烈"之义,比喻对人的身心产生伤害。"毒舌"中的"毒"既可指说话的毒辣、猛烈,又可表示话语对听者的心灵产生伤害,如同"中毒"一般。"舌"本义是舌头,灵活的"舌头"在人发声的过程中起到调节口腔气流的重要作用,人若没有舌头就难以发出各种各样的声音,于是"舌头"就逐渐用来指代"说话"。由此,"毒"和"舌"组合产生了一个生动的新词,它将一个复杂的意义包含其中——"说话尖酸刻薄,并能对人的精神和心理产生一定的伤害",是指一种言语攻击的行为,网络上甚至还出现了《毒舌安全使用说明书》,其中写道"毒舌会造成一种名为'玻璃心'的心理症状"。

现在,"毒舌"的词义逐渐扩大,许多人说话犀利直接一些就可以被称为"毒舌","毒舌"不仅指言语的攻击,也可指一种不带恶意的习惯性的调侃。在动漫里,"毒舌"是人物所具有的萌属性,拥有这种属性的人物总是喜欢用各种方式讽刺人,却往往受人欢迎。受到日本动漫的影响,中国的网络小说或电视上也不乏具有"毒舌"属性的人物,如演员蔡明在央视春晚系列小品中所塑造的

"一言不合"里的"言"去哪儿了

◎余郎婷

早晨点开手机,刷刷新闻,也许下面几个句子会跳入你的眼帘:"司法考试神题不断:一言不合就变微小说","股市一言不合就暴跌,债市一如既往不断涨","一言不合就下雨:绵绵秋雨要将本周'霸占'完"。进入微信,我们的朋友圈更是被这样的表达"包围":"一言不合就发自拍""一言不合就卖萌""一言不合就出去浪"……如今"一言不合"的使用越来越广泛,而令人感到奇怪的是,现在人们使用"一言不合"时,往往并没有真的发生言语冲突,甚至像"股市""公司""考试"这样不能发出言语的主体也能使用"一言不合"。那么问题来了:"一言不合"里的"言"究竟去哪儿了呢?

追根溯源,"一言不合"本是古已有之的成语,出自唐代诗人李颀的一首七言诗《别梁锽》,这首诗歌颂了梁锽虽在官场失意但不改其志的良好品质,其中有一句"一言不合龙额侯,击剑拂衣从此弃",就是说梁锽坦率直言冒

"毒舌"形象。她的经典语录有:

"脸这么平,长得跟井盖似的。"

"就你那歌唱的,我估计两个人参加比赛,你都进不了前三。"

影视作品中的"毒舌"们常常口出金句并带有冷冷的幽默气息,让人恨不起来,一针见血的"毒舌"台词也让观众叫好,许多明星更是靠"毒舌"达到一语激起千层浪的效果。有人说金星虽然"毒舌",但却说出了这个社会不敢说的"实话","毒舌"一词似乎正在"洗白"。但在现实生活中,千万别让"毒舌"成为一种习惯,"毒舌"带"毒","以毒攻毒"易两败俱伤。

犯了权贵,与当权军帅一句话说得不投合,便愤然离开了官场。后来"一言不合"成为成语,意思就如字面所说,指"一句话说得不投合"。现实生活中人们经常会说"现在说得好好的,别到时候一言不合又翻脸了",这里的"一言不合"就是这个意思。

"一言不合"在网络上的走红,却并不这么诗意。在网络游戏界有一个非常著名的赛事,叫"世界电子竞技大赛"(World Cyber Arena),在某年比赛中,大赛的主办方因态度问题与一些比赛观众发生了冲突,愤怒的网民们就在百度贴吧中发帖传播各种不雅观的信息。在网络上人们将这种在发帖或发视频弹幕时传播低俗信息的行为叫作"开车",于是有网友对此事评论道:"现在的年轻人,一言不合就开车。"从这件事开始,"一言不合就开车"这句话就开始在网络世界中传播开来。

当然,由于这样的行为对网络环境造成了一定的污染,因此"一言不合就开车"风行一阵之后就很快降温了。不过,"一言不合就××"的形式却得以保留,被广泛用于新闻标题,通常出现于因一些小争执引发过激行为的场合,如:

"夫妻争吵一言不合就割喉?"

"泼水挥拳两政客电视直播一言不合就开打"

伴随着新闻媒体的炒作,"一言不合"的出镜频率越来越高,许多网友开始在自己一些普通的行为之前也冠以"一言不合",如"一言不合就吃饭""一言不合就出去玩""一言不合就唱歌",表示"动不动就做某事""突然兴起就做某事"的意思,这个时候这些行为发生的情境是否真的有言语争执已经不重要了,"一言不合"的字面语义被淡化,仅保留了语言形式。

再到后来,由于"一言不合"的表达显得俏皮、生动,一些不具备言语功能的事物也开始使用"一言不合"了。如《法国有条公路一天只出现两次,一言不合就消失》,这是一个新闻标题,主要介绍法国一条神奇的公路因为受到涨潮退潮的影响有时会被海水淹没,造成每天"消失"的奇观。很显然,在这句话中"公路"无法说话,就更谈不上"一言不合"了,但是由于"一言不合就××"已经形成一种网络用语的固定模式,媒体这样表达我们不会觉得奇怪,反而会有种亲切、俏皮的感觉。类似的,在了解财经信息的时候我们会看到"国际白银一言不合就飙升",在了解企业动态时我们会看到"黑莓一言不合不做手机",在了解保健知识时我们会看到"健康肌一言不合就过敏",在这些句子中,"国际白银""黑莓公司""健康肌"都是做不到"一言不合"的。"一言不合"发展到这样的程度,人们不再关心情境中是否有"言",只需要"一言不合就××"传达出"突然""任性"的含义就足够了。

我们不难发现,"一言不合"从开始流行到意义泛化,这个过程与当今大众日益情绪化的心理状况有很大关联。商业化娱乐化带来的轻薄浮躁之风使得我们的社会少了一分稳重审慎,因琐碎小事而引发过激行为的事件已经屡见不鲜。进入到网络环境后,人们容易借助网络的庇护变得更加冲动,常常是"一言不合"便引发轩然大波。正因为"一言不合"的现象多了,我们在普通行动前加上"一言不合"也并不觉得十分奇怪了。与此同时,我们身处的社会环境内部也是"风云变幻",一个很小的契机,既可以让"屌丝逆袭""咸鱼翻身",也能让"高富帅""白富美"们"一落千丈","一言不合"的泛化背后不只是戏谑的调侃,还表达了对如今情绪化社会的无奈。

面对越来越多的"一言不合"现象,我们要做的也许不仅仅是自嘲调侃而已,更多的还是需要理智节制情感,合理对待现实,与其"一言不合",不如冷静冷静,"握手言和"吧。

"水逆"退散！

◎苏 杭

打开微信,刷刷朋友圈,你会发现不少朋友经常处于一种"水逆"状态：

"水逆太强大了,赶紧结束吧！"

"原来是水逆的原因哦,怪不得手机丢了……"

这"水逆"究竟是什么来头,能让这么多人纷纷"中招"？

其实,"水逆"一词是"水星逆行"的简称,它最初来源于西方的星相占卜学。所谓"水星逆行",也并不是真的指水星实际运行方向的转向,而是一种独特的天文现象。原来,地球和水星作为行星,都是以同一个方向绕着太阳公转的,但由于水星与地球运行轨道和运行速度的差异,在地球上的我们会在一年中观察到好几次水星倒退行进的奇观,好像是快车超越慢车,快车上的人会感觉慢车在倒退一样,这便是"水逆"。有趣的是,星相学认为"水逆"往往会影响人的生活。水星墨丘利是罗马神话中的信使之神,负责信息的传递和交流,因此"水逆"会影响人的记忆、沟通、交通、通信等等,会带来不佳的运气,让人感到情绪低落。

但是当"水逆"演化为一个被普遍使用的网络用语,大多数使用"水逆"的年轻人已经不将它再视作星相学专有名词了,如：

"最近我真是水逆啊,凡事都倒霉……"

"最近她水逆了,别去惹她！"

这时候的"水逆"已经引申为"诸事不顺""百事不利"的

含义,成为了一个嘲讽性的热词。这固然是受到星相学的影响,但"水逆"本身的语素构成也起到了推波助澜的作用。"水逆"拆开理解,字面意思就是"水流逆行","逆流"很好地表达了"命途多舛"的意味,这使得"水逆"更容易被大家认可并使用。

仔细分析,"水"的意象本身就有一种人文的象征:"上善若水""萍水相逢""落花流水",水有着丰富的比喻义,意味着人生旅途和遭际命运的内涵。说一个人事业有成,是"如鱼得水";说一个人走投无路,是"山穷水尽"。难怪孔子在川上会发出"逝者如斯夫,不舍昼夜"的感慨,留下了"智者乐水,仁者乐山"的名言。"古来万事东流水",刚柔并济的流水可以承载太多的意蕴,因此人们很容易将流水与人生联系起来,抒发自己的情感。

在用"水"代表境遇的同时,"逆"字高度凝练了抵触和不顺从的含义。它是"不顺"的书面化与文言化,将坎坷和曲折表现得恰到好处,使得"水逆"一词更加雅致。除此之外,"逆"字背后还隐藏着一种与自然相违抗的力不从心——"逆水行舟,不进则退","江行无奈逆风何,上岸驴群不受驮","逆"字总令人有一种无力之感,表达出了人在自然面前的渺小和卑微。

"水逆"一词其实也是一种自我开解的表现,把不顺心的事情推在"水逆"上以自我排解,逐渐成为了朋友圈的新风尚。但从科学的角度来讲,"水逆"毕竟只是一种由视觉误差带来的错觉,从地球的角度去看,所有的行星都有自己的逆行周期,"水逆"并没有什么独特之处。对于我们来说,将"水逆"作为平时调侃的话题,适当活跃气氛当然可以,但是切不要迷信其中,更不能让"水逆"指导甚至主宰我们的生活。尽管人生不可能每时每刻都顺风顺水,但我们依然应该保持一种积极乐观的心态来面对坎坷和挫折。

哪里来的"必胜客"呀

[马来西亚]杨欣儒

在马来西亚,到处都可以看到"必胜客"这个招牌。改革开放后,这个招牌在中国也比比皆是,那"必胜客"到底是啥,是哪里来的呀?

其实如果你注意它的英文店名,就会知道它是英文Pizza Hut的译名,"必胜客"是从粤语翻译过来的比萨品牌。Pizza的约定俗成译名是"比萨",不是"必胜";Hut可以意译为"屋"。Pizza Hut的普通话译名应该是"比萨屋",而不是跟普通话发音完全不同的"必胜客"。

说完"必胜客",又想起了"屈臣氏",它是英文Watsons的粤语音译。"屈臣氏"和Watsons的发音根本就有天渊之别!

原来有些外企进入中国内地之前,先踏足香港,上世纪80年代才向中国内地发展,陆续开了许多分店。这些外企的英文名字当然先由香港人用粤语翻译,结果就闹出和普通话发音格格不入的笑话。比如"屈臣氏",其粤语发音和英语Watsons很接近。如果按普通话的发音来翻译,Watsons的译音应该是"沃森"(参见新华通讯社《英语姓名译名手册》第4版,2007年)。笔者翻查了几本英语姓名词典,发现Watson的译名都是"沃森",不是"屈臣氏"。

还有一家霸级市场,马来西亚也有,它叫Macro,它的华语译音应该是"马克罗"才贴切。不过中国内地却根据香港的粤语音译叫作"万客隆",跟外语发音也是相去甚远。

事实上，中国许多外企品牌译得很恰当，例如"麦当劳"(McDonald)、"肯德基"(Kentucky)、"阿迪达斯"(Adidas)、"珀莱雅"(Proya),有些甚至译得很传神，例如香水品牌"香奈儿"(Chanel)、汽车品牌"奔驰"(Mercedes Benz)。

总之，根据普通话发音的译名才是全世界华语圈所能接受的。国外品牌的译音，不应该根据方言的译法，否则译得不伦不类，令人莫名其妙。

（作者是马来西亚华语规范理事会副主席）

警绳种种
——黑警绳、花警绳、红警绳

[中国香港]田小琳

题目上的警绳是黑警绳、花警绳、红警绳的统称，都是在香港流通的社区词，一看就知道和警察有关。黑警绳是警察制服的一部分，佩戴在左肩和左臂，用来系银笛也就是银色哨子的，所以又叫警笛绳。黑警绳是所有警察配备的，多在参与官方仪式或者出席同袍丧礼时佩戴。

这几个词都有俗称，叫鸡绳、黑鸡绳、花鸡绳、红鸡绳,怎么都带"鸡"字呢？原来"鸡"在这里是哨子的俗称。粤语的"吹鸡",原义就是吹哨子。公鸡会打鸣，吹哨子如同鸡打鸣。警察的银笛、银哨子，吹起来可以表示求救和求援。球场上赛球，裁判（香港叫球证）吹哨子，可以说吹鸡；描写黑社会打斗，有时也会用吹鸡这个词，表示去叫人来打架。

最近香港报载,为表彰几位警务人员在某次行动中的功绩,表彰他们对香港做出的贡献,一位警长获颁最高荣誉红鸡绳,三位警员获颁花鸡绳。什么叫"红鸡绳"和"花鸡绳"?它们跟黑鸡绳有什么不同呢?"花鸡绳"以红黄黑三色组成,正式名称是"警务处处长嘉奖";"红鸡绳"为红色,代表最高荣誉,正式名称是"行政长官嘉奖";而警察都佩戴的"黑鸡绳"没有褒奖的意思。

上述几个在香港社区流通的词语,反映了香港警队的特色,并不在中国大陆或其他社区使用。如果我们不了解这几个社区词的意思,就看不明白香港媒体上的有关报道了。此外,看这几个词的俗称,就知道香港人很幽默,喜欢将有些正式词语戏谑化,以增强词语的通俗性和生动性。

或问,花警绳为什么用红黄黑三色呢?这是有讲究的。香港警察的机动部队俗称"蓝帽子部队",因人员全部头戴蓝色软边帽,而帽子上的警徽有红黄黑三色。这答案是香港一位退休老警员告诉笔者的。

在香港,警察属于纪律部队,由八个分队组成,包括警察队、民众安全服务队、政府飞行服务队、海关、消防处、入境事务处、惩教署和医疗服务队。它们是维持社会治安和提供紧急救援及消防的队伍,均属保安局领导。

（作者是本刊特约编委）

表示比较的新兴句式"过"字句

[中国香港]马毛朋

搜狐娱乐一则新闻的标题是《赵丽颖周冬雨都被配角抢

戏?为什么很多配角总是精彩过主角啊》,另一则中商情报网的新闻标题是《2016年开年不过20天国际油价跌幅已超20% 石油便宜过可乐》。读完之后,我们可能觉得这两个标题没有什么特别之处,实际上,它们都使用了一个新兴的表示比较的句式,可以称为"过"字句。

人有妍媸美丑的不同,事物有高低大小的差别,在语言中就有比较这些差异的比较句。普通话用"比"来组成比较句,比如"甲骨文比小篆古老","小张比小王大两岁"。古汉语中,比较句的表达方式比普通话多元,除了"比",还可以用"于""过""较"等。比如"季氏富于周公"(《论语·先进》),"贫于扬子两三倍,老过荣公六七年"(白居易诗),"十年后之理想之见识,必较十年前为不同"(吴趼人《杂说》)。这些用作比较的句式,到了现代汉语,普通话只保留了"比"字句,其他形式,有的保留在方言中,有的其他华语区的书面中文还在使用。比如闽语、粤语都用"过"表比较,普通话"他比我胖",粤语就说"佢肥过我"。香港的书面中文"港式中文",以使用"较"字句为常,比如"申请入学成功率较去年下跌1个百分点","恒生指数较上个月为高"。

普通话的"过"放在形容词后,也有比较的意味,比如"麦子收成好过去年"。但这个"过"可理解为"超过",而且其前的形容词也应该是单音的。由于使用上的这一限制,所以我们仍不把它当作比较句。不过,普通话作为充满活力的语言,就像每年都会产生一些新词新语一样,既然已经出现了"精彩过""便宜过"这种突破了单音节限制的表达方式,或许"过"字句甚至"较"字句,都会慢慢在普通话中流行开来。我们拭目以待。

(作者是香港岭南大学中国语文教学与测试中心博士、高级语言导师)

"下流老人"下流乎

[新加坡]张从兴

不久前,新加坡电视台的一位知名主持人在节目中说了一句话,引起了轩然大波,饱受当地人士的抨击。这句话其实也没什么,只不过是用了"下流老人"这个词来形容生活在日本社会底层的老人而已。抨击者认为,用"下流"这个贬义词来形容老人,是很不得体,也很不恰当的。主持人大呼冤枉,并指出在日本文里,生活在社会底层的老人的专业名词就是"下流老人"这几个汉字。

这场文字风波如今已经平息了。据了解,该知名主持人后来在一场演讲中,详细交代了事情的始末。原来,采用"下流老人"这几个日文汉字是台湾籍编导的意思,主持人曾建议加以解释说明,却拗不过坚持己见的编导,只好照本宣科,于是就引起了新加坡电视观众的不满。

现在回过头来看,日本人用"下流老人"来描述生活在社会底层的老人也没错,因为这是符合"流"的古义的,诸如"上九流""下九流"等汉语词,就是这个意思。再比如,"风流"这个词在现代汉语的语境里大抵是个贬义词,可是"数风流人物,还看今朝"的"风流"用的却是古义,那可是非常雅驯的褒义词。

毫无疑问,日文在现代汉语词汇的形成过程中,确实扮演了很重要的角色。例如政治、经济、哲学等现代汉语一日不可或缺的词语,大多都是清末民初那个年头直接从日文里搬字过纸的。即使是现在,一些日文汉字词也还在影响着现代汉语,如宅男、宅女等相对新的词,都是源于日文。

但是,在照抄日文汉字的过程中,也要注意到古今词义的演变,还有民族感情等等。例如"支那"一词虽然源于汉译佛典,可是侵华日军用它来称呼中国,所以中国人一看到这两个字就恨得牙痒痒的。所以,为了表示尊重中国人民的感情,日本人现在已经不用"支那"二字了。同样的道理,"下流"的古义虽然一点也不下流,其今义却是非常下流,所以"下流老人"还是不用为好。

(作者是新加坡媒体人)

平平吃风去

[印尼]韩理光

小林自幼在中国长大,后随父母移居美国。去年到印尼棉兰旅行,接待她的是远房亲戚文文。

棉兰是印尼苏门答腊岛第一大城市、北苏门答腊省首府。棉兰人很热情,文文的邻居知道她家有客自远方来,都很热心地往文文家跑,把小林当成自己的朋友。文文决定租一辆旅游小巴,并邀请邻居秀丽、翠芳和燕娇,一起陪小林到有小瑞士之称的多峇湖去游览。

多峇湖在苏门答腊北部的马达高原,是印尼最大的驰名世界的高原淡水湖,著名的旅游胜地。

旅途中,秀丽拿出糕点请小林吃,说道:"这是一大早我去巴刹买的娘惹糕,你尝尝。"翠芳好奇地问小林:"你在美国吃头路,头家是唐人还是红毛人?"燕娇接着问道:"小林,你在美国,平常参的朋友都是哪里人啊?"三位邻居讲的都是华语,可是她们放的连珠炮小林听得似懂非懂,巴刹、娘惹、吃头路……是什么意思,从未听说过啊。

看小林流露疑惑的神色,

文文马上明白,秀丽她们讲华语时掺杂了当地福建话(闽南话的俗称)里的词语,没有把它们转换成华语词语。于是向小林解释说,"巴刹"是马来语pasar的音译,指菜市场,但是新马印尼的"巴刹"不光卖菜,也卖服装和日常生活用品。"娘惹"是马来语nyonya的音译,指土生华人中的女性,新马印尼的娘惹糕和娘惹菜是非常出名的。"吃头路"在闽南语中是打工上班,"头家"指老板,"唐人"就是华人,"红毛人"是洋人,"参朋友"是交朋友的意思。小林一面听,一面点头,对大家说:"你们讲的华语真有趣,夹杂不少当地话。我还是第一次听说。"

秀丽接上话头说:"是哦,我们讲的华语都掺掺的,有时还加上印尼话。你参久我们就会听明白的。对了,我们每年都会平平出国去吃风的。"小林听了,又傻了眼。文文只好再解释说:"掺"是混合、混杂的意思,"参久"就是相处久的意思,"平平"是一起的意思,"吃风"指逛街或旅行。

小林就这样跟着大家平平到多峇湖吃风去了。

(作者是印尼华文作家)

《空间站建设"三步走"》参考答案

1. 交汇对接——交会对接
2. 绊飞——伴飞
3. 为目标地航天计划——为目标的航天计划
4. 栽人飞船——载人飞船
5. 返回;——返回。
6. 在生式——再生式
7. 有校——有效
8. 基本形——基本型
9. 续……之后——继……之后
10. 升空探测——深空探测

新春话"鸡"谜

◎刘茂业

2017年是农历丁酉鸡年,我们来看一些与"鸡"及丁酉年有关的灯谜。

如:"灯火阑珊酒半倾"(打干支纪年一)"丁酉",谜面"阑珊"是"将尽、衰落"的意思,所以"灯火阑珊"别解为"灯"里的"火"将灭,扣"丁","酒半倾"解释成"酒"一半"倾倒",扣"酉";"元旦一去鸡年到"(打字一)"酉","酉"像"元旦"两字去掉两个"一"再重新组合,而它又位列我国传统地支中的第十位,对应鸡年;"本人属鸡"(打字一)"配","配"视作"酉"和"己","酉"是"属鸡"的,"己"是"本人、自己"。以"酉"来扣合"鸡年新春"的字谜还有不少:"新春献词"(打字一)"酝",谜底右边的"云"解释为"说话";"鸡十二方联"(打字一)"醒",谜面是集邮名词,谜底里的"呈"拆成"十二"和"方(口)"。

谜面上包含"鸡"字的灯谜则更多了:"三更灯火五更鸡"(打四字常用语一)"书没白念",谜面出自唐代书法家颜真卿的《劝学》诗"三更灯火五更鸡,正是男儿读书时",谜底别解作"念书应在天还没亮的时候";"空中闻天鸡"(打作家名一)"高晓声",用李白《梦游天姥吟留别》中诗句布面,谜底解释成"高空中拂晓的啼鸣声";"鸡犬升天"(打福建、江西地名各一)"同安、上高",以成语典故入谜,汉代淮南王刘安修炼成仙后,他家的鸡狗都一起升上了天,谜底意谓"同(刘)安一起上升到高处"。

鸡年新春佳节,猜猜"鸡"的灯谜,应时应景,也别有一番风味。

联中寓狂喜

◎李中洲

1945年8月15日,日本无条件投降的喜讯传到成都,市民们欣喜若狂,以各种形式庆祝,不少人家的门上贴出了大红喜联。其中一联令人过目不忘:

中国捷克日本;

南京重庆成都。

上联为三个国名,下联为三个城市名,全联十二字,一气呵成,明快畅达,大有杜工部《闻官军收河南河北》中"即从巴峡穿巫峡,便下襄阳向洛阳"之势。联语作者用了双关修辞手法:"捷克",作"战胜"之义;"重庆",为"再次庆祝"之义;"成都",当理解为"成为首都"。

1937年12月13日,日军占领南京城,此前国民政府迁都重庆。日本无条件投降,中国战胜了日本,自然应该还都南京,再次庆祝南京成为都城。

此联别具一格,寄寓着胜利者的狂喜之情。

每月二谜

1. 醵资购房(打三字古代词集一)

2. 想调头寸一星期(打四字常言一)

上期答案

1. 甲等当归(打四字俗语一)

   谜底:文无第一(注:中药当归,又名"文无")

2. 涂改履历(打二字张爱玲小说一)

   谜底:《易经》

多些"咬文嚼字"的较真精神

◎李思辉

有"语林啄木鸟"之称的《咬文嚼字》编辑部,(2016年12月)21日揭晓2016年度十大语文差错。

岁末盘点十大语文差错很有必要,人们可以借此检视和反思当前的语言文字差错,避免出现类似问题。不过,网上还是有一些不同声音,比如有人指摘挑错是"鸡蛋里挑骨头""太较真",也有人认为此举"斤斤计较很无聊"。这让笔者联想到生活中人们对语言文字差错的疏忽大意、过度宽容,乃至习以为常。

一般人一般场合的错误姑且不论,就说在严肃的讲台上,讲学授课者也常常有恃无恐地出错,缺乏对语言文字规范表述的敬畏;在文艺创作和新闻出版实践中,每遇错别字刊出,一些人总有"文字工作哪有不出错的"等托词,似乎不出错反倒不正常;还有一些人过度依赖网络,离开了电脑字都不会写,更不要说是及时勘正错字了。快节奏的社会,一些人轻视书写错误,即便发现错别字也常常抱以无原则的"理解",倘有人认真追究错误则往往被视为"不识趣",凡此种种实际上代表了一些人遇事不认真且反对"较真"的处事态度。这态度看似中庸无争,实际上对社会危害极大。

语言是一个民族的灵魂。语言文字的错误看起来无伤大雅,实际上既关系到民族语文的纯正性、规范性和严肃性,又关系到一个国家的精神面貌,不能马虎。在这方面我们应该向古人学习。唐代苦吟派诗人贾岛和韩愈"推敲"用字的故事、吕不韦"悬书城头改一字赏千金"的典故,等等,无不启示我们,对语言文字应该保持应有的敬畏和认真。

语言文字上不较真,错误的读音、错别的文字就会以讹传

让老词服务新时代

◎汪惠迪

《现代汉语词典》第7版在2016年9月出版了。从上世纪60年代初使用试印本开始,由于教学或工作的需要,从中国大陆到香港,从香港到新加坡,《现汉》的不同版本一直伴随着我,至今半个世纪过去了。跟以往一

讹、大行其道;学术上不较真、弄虚作假、想当然的风气就会抬头,学术诚信、伦理就可能崩塌;食品药品安全监管上不较真,不法商人就有了可乘之机,有毒有害产品就会荼毒百姓;公共规则践行上不较真,文明有序就可能变成"非秩序""无秩序",乃至混乱状态……这不是危言耸听,上述有关不肯较真之种种危害,在现实生活中多有体现,应该引起我们的重视和警醒。

鲁迅先生在20世纪30年代就曾说过,中国人生着一种病,那名称就是马马虎虎,"不医好这个病,是不能救中国的……应该学习认真,除去这一味药外,没有别的药了"。胡适先生专门就此写过一篇文章,名曰《差不多先生传》,批评国人的不认真精神。为什么要较真,因为只有较真才有精细,才能形成精益求精、追求极致的做事风气,这就是我们常说的"工匠精神"。

如今,一些国人的马马虎虎,与一些发达国家,特别是二战后的美、日、德等国的严谨认真之间,依然有着不小的差距。这种差距体现在实体经济中,就表现为产品制造品质工艺的落差,以及由此带来的贸易被动。越是略显浮躁的时代,越是需要一股子较真精神。我们要做的就是从规范语言文字使用着手,做文章多一分细致,做人多一分较真,做学问多一分严谨,做事业多一分认真,从而"做天下大事于细"。

(原载2016年12月25日《光明日报》07版)

样,《现汉》的新版本一到手,我就怀着急切的心情查检自己所"惦记"的词语是否增收或修订了。

"七月流火"增收了吗?一看,收录了。说起"七月流火",不由得想起2005年7月12日,时任中国人民大学校长的纪宝成在向到访的台湾新党主席郁慕明一行致欢迎词时,一开头就说了句:"七月流火,但充满热情的岂止是天气。"他借"七月流火"烘托人大师生接待贵宾之热情,谁知立刻引发一场比"流火"还热烈的讨论。

《咬文嚼字》在当年第11期的《百家会诊》栏里讨论"用'七月流火'形容盛夏的酷热对吗"。编者说,此次"会诊",参加讨论的来稿是近来最多的,原因跟纪宝成引发的争论有关。有人认为"七月流火"是对旧词的再创造,是对语言资源的开发。它点明酷热的时间,塑造酷热的形象,言简义丰,易懂好用。让濒临死亡的老词服务于今天的大众,是救活了一条成语。《现汉》第7版在引用了"七月流火"的出处后说:"指夏去秋来,天气转凉。现也用来形容天气炎热(因人们误把"七月"理解为公历7月、把"火"理解为火热)。"至此,关于"七月流火"的语用争论,可以画上一个句号了。你要说它"天气转凉"或"天气炎热"都行。

"咬文嚼字"修订了吗?一看,修订了。说起"咬文嚼字",不能不提《咬文嚼字》,这本小型的语文期刊是1995年1月创办的。当时,有位海外读者看到这本杂志的"堂堂大名"竟然用上了"含贬义的成语'咬文嚼字'",觉得十分奇怪。他暗自思忖,莫非"咬文嚼字"也含有褒义?拿《现代汉语词典》来一查,释义是"过分地斟酌字句(多用来指死抠字眼儿而不注重实质内容)",贬义色彩非常明显,哪有褒义?既无褒义,创办人怎么拿它做刊名?是谁之错?我认为是《现汉》及以《现汉》为母本的其他语文辞书。他们长期以来咬住贬义不放松,影响很大,也很负面。这可以说是因辞书释义犯片面性错误而误导读者的典型个案。

看看修订后的释义吧:"过分地斟酌字句,多用来指死抠字眼儿,也用来指对文字的使用反复推敲,十分讲究"。"多用来指"与"也用来指",一贬一褒,先贬后褒,任君选择。笔者苦等这个褒义,从《咬文嚼字》创刊算起,20年了。《现汉》20年后迈出这一步,虽然慢了些,也还是值得欢迎的。不过,人们或许还会质疑,进入网络世纪后,说"咬文嚼字"是"过分地斟酌字句,多用来指死抠字眼儿",符合语用的实际情形吗?我的直觉是现在几乎看不到谁在那儿"过分地斟酌字句"或者"死抠字眼儿",反倒是说话或写文章,遣词造句都很随便。看看16年前商务印书馆出版的郭良夫主编的《应用汉语词典》的释义吧:"对文字反复咀嚼,体会,反复琢磨:既然要学好语文,就少不了要~|~有时候十分必要|学习文件要领会精神实质,不可一味~。"这部词典的编者在释义中不提贬义,但在第三个例子的语境下,"咬文嚼字"含贬义。2010年商务又出版了《现代汉语学习词典》,"咬文嚼字"条下的释义跟《应用汉语词典》一样,但是例证只选用第一个,既不明提,也不暗指贬义用法了。这证明,21年前用"咬文嚼字"做刊名是正确的,适时的,颇有预见的。

都说编词典不容易,没错。可是买词典容易吗?也难啊!同一部词典,三年五载修订一次,读者一版接一版地跟着买,经济负担姑且不论,最担心的是修订严重滞后,失语症久治不愈。失语的主要症状就是词语失收和义项缺失。

汉语走向世界。今天无论谁编华语词典,面向的都是全球华语;强化读者意识,不仅是中国大陆的读者,还有台湾地区、港澳特区的读者及其他国家或地区的华人和学习华语的老外。

(原载2016年11月12日新加坡《联合早报》言论版)

空间站建设"三步走"

（文中有十处差错，你能找出来吗？答案在本期找）

◎望岷 设计

2016年9月15日22时4分12秒，天宫二号空间实验室在酒泉卫星发射中心发射成功。

天宫二号空间实验室，是继天宫一号后中国自主研发的第二个空间实验室，用于进一步验证空间交汇对接技术，进行一系列空间实验。

天宫二号主要开展地球观测、空间技术和航天医学等领域的应用和测试。它是中国第一个真正意义上的空间实验室，发射时释放绊飞小卫星。

早在1992年，中国就确立了以建立空间站为目标地航天计划。这一计划分三步，第一步是栽人飞船阶段，目标是能够把宇航员送到太空，正常运行若干天，并成功返回；

第二步是空间实验室阶段。在这个阶段要解决组装、对接、补给以及循环利用等四大技术问题。这些技术关系到空间站的组装、宇航员在空间站的生存等关键问题。天宫一号就是在第二步计划中为了解决对接问题而发射的一个目标飞行器。天宫一号运往太空后，通过对接可以改造成一个短期有人照料的空间实验室。

对接技术成熟之后，就可以发射真正的空间实验室——天宫二号。天宫二号将完成在生式循环系统、有校载荷和应用系统的一系列科研项目。

经过空间实验室阶段，在"三步走"计划中，最终要建设的是一个基本形空间站。为此，续酒泉、太原、西昌之后，我国将在海南文昌新建第四个航天发射场，主要承担地球同步轨道卫星、大质量极轨卫星、大吨位空间站和升空探测卫星等航天器的发射任务。

"害怕"的时候，怎可能"无所畏惧"

刘森

为纪念长征胜利80周年，中央电视台新闻频道播出了一条名为《在路上》的公益广告。其中有两句是这样的："害怕的时候，我们无所畏惧；犹

豫的时候，我们坚定不移。""害怕"的时候心里当然正在"害怕"，怎么可能又"无所畏惧"？"犹豫"的时候心里当然正在"犹豫"，怎么可能还"坚定不移"？

赶紧倒回重看。"害怕的时候，我们无所畏惧"，是在赞扬护林人为了看护森林而攀爬于悬崖峭壁间的无畏精神。原来，广告语的意思是：按常理人们可能害怕的时候，我们（护林人）却无所畏惧。"犹豫的时候，我们坚定不移"，是在赞扬支教女教师面对自己挂念的孩子还是选择去他乡支教的坚定精神。原来，广告语的意思是：按常理人们可能犹豫的时候，我们（支教女教师）却坚定不移！

"××的时候，××"是个常见句式，由一个表示时间的状语短语和一个主句构成。如果前面状语短语的动词没出现主语，一般会认为其主语就是后面主句的主语。如"吃饭的时候，我接了个电话"，"吃饭"的主语也是"我"。如果状语短语的主语和主句的主语不一致，那么状语短语和主句的主语必须都出现，如"孩子做作业的时候，我在看电视"。否则，表义就不明确。上述广告语让人疑惑不解的原因，就在于状语短语的主语跟主句不一致而又未出现。

图中差错知多少？

(答案在本期找)

楚山孤　杨昌俊　顾遥　程桂胜　提供

1	4
2	
3	

ISSN 1009-2390

YAOWEN-JIAOZI

咬文嚼字

03
2017

　　石蒜科君子兰属,原产非洲南部,植株秀丽,有较高的观赏价值。19世纪初,君子兰被探险家带回欧洲,深受贵族阶层喜爱。后来这种花传入日本,并被称作"君子兰"。中国沿用此名称。

君子兰

欢迎至邮局订阅本刊 邮发代号 4-641
国内统一刊号 CN 31-1801/G
定价:5.00元

上海世纪出版集团

书窗

"老"朋友,"新"相见
——《咬文嚼字》2016年合订本出版

精装:38元
平装:30元

历年合订本均在热销中
邮购电话:021-60878392
邮购地址:上海市打浦路443号荣科大厦17楼
邮政编码:200023

更多优惠请登录:http://yaowenjiaozi.taobao.com

广角镜

咬文嚼字讲习所 招生

携一堆问号过来　　带一双慧眼回去

特点
解决实际问题
辨析典型差错
研究出错规律
总结纠错方法

开班时间
2017年5月22日—26日

咨询、报名电话
021-60878388
　　60878392

是"绝不让步"还是"决不让步"?
"一袭长发"可以说吗?
该写"登陆网站"还是"登录网站"?
"致词"还是"致辞"?
"垂帘听政"是用耳朵听吗?
"载(zǎi)人飞船"还是"载(zài)人飞船"?
……

还在为这些问题头疼吗?
快来参加讲习所吧!

洪深自称"坏蛋"

张楚翘/文 臧田心/画

洪深曾创作了一个十分优秀的剧本,可戏才上演一天就遭禁了。原来,剧中有一个反面人物张经理,而当地有个经理也姓张,硬说戏是隐射他的,便向有关方面提出了抗议。洪深立即举行记者会,做了必要解释后郑重宣布:"我现在决定,把张经理改成洪经理,以后我戏中的坏蛋都叫洪深。"在场记者哈哈大笑。就这样,洪深的这部戏得以继续在剧院上演。

栏目	标题	作者
名家语画	洪深自称"坏蛋" 张楚翘/文 臧田心/画	/1
特稿	幽默人长寿	郝铭鉴 /4
	"迎春人看迎春花"	田小琳 /6
	一朵消逝的浪花	汪惠迪 /8
时尚词苑	"撸起袖子加油干"——今年第一流行语	何俊萍 /10
	调整心态,直面"理想很丰满,现实很骨感"	刘东怿 /12
碰碰车	有的饵料需"泡制"	王宗祥 /15
	"十六国"并非都在"中原地区"	周振 /16
一针见血	"四两拨千金"?	谢云秋 /17
	叔侄何来"手足之情"	沈阳仁 /17
	"捻熟"?"稔熟"!	董秋成 /18
	何来"半片生猪"	晋相 /18
	应是"尤人"而非"忧人"	吴导民 /19
	卡里莫夫并未"问鼎社稷"	厉国轩 /19
	不是"稍倾"应是"少顷"	谢三山 /20
	"勋曲"是什么曲子	高良槐 /20
	庐州不在江西省	赵永成 /21
	不是"犯奸作科",应是"作奸犯科"	朱炳禄 /21
	李连英"殡天"?	李华山 /22
	说不通的"风流倜侃"	温守江 /22
微型讲坛	"开元通宝"和年号钱	黄鸿森 /23
	说"榆"	陈运舟 /25
追踪荧屏	"押着"不是"压着"	蔡维藩 /27
	"零零总总"?"林林总总"!	浦东轩 /28
	美国大选,与"龙"何干	雷冰 /29

栏目	标题	作者	页码
检测窗	编校差错扫描（二）	王 敏	/30
文章病院	牧师念"弥撒"吗	李景祥	/33
	治水开挖的是"碱河"吗	木 子	/34
	哪有"德国首相登兴堡"	李光羽	/34
	孟昶"用大红宣纸"写联吗	辜良仲	/35
	当"拿云"不当"挈云"，可"呜呃"不可"呜咽"	阎德喜	/36
	"老莱子"误为"老菜子"	得 喜	/37
朝花夕拾	咬嚼日记摘钞（11）	郝铭鉴	/38
	衹·祇·祗·袛		/38
	"后娘养的"		/39
	"猕猴桃"和"奇异果"		/40
网语漫谈	粉丝的分化	徐默凡	/42
	"吃藕"会变丑吗	王璐瑶	/45
	被"玩坏"的语言	徐妍薇	/47
华语圈	首相，还是总理？	郭 熙	/49
	从猪仔到马劳	邓月璇	/50
	逼仄	杜忠全	/51
	热闹的"醒狮采青"	刘 健	/52
东西语渐	外国人笔下的"洪荒之力"	陆建非	/54
谈联说谜	能教有格成无格（上）	江更生	/57
	以"字"扣"名"的灯谜	刘茂业	/59
向你挑战	天宫二号	望 岷 设计	/60

顾　问　张　斌　濮之珍
　　　　　何伟渔　陈必祥
　　　　　金文明　姚以恩
名誉主编　郝铭鉴
主　编　黄安靖
副主编　王　敏
特约编委
　　汪惠迪(中国香港)
　　田小琳(中国香港)
　　林国安(马来西亚)
　　吴英成(新加坡)
责任编辑　历　环
发稿编辑　施隽南
　　　　　　何中辰
通　联　张　炜
封面设计　王怡君
特约审校
　　蔡维藩　陈以鸿
　　李光羽　王中原
　　张献通

凡本刊录用的作品，其与《咬文嚼字》相关的汇编出版、网上传播、电子和录音录像作品制作等权利即视为由本刊获得。上述各项权利的报酬，已包含在本刊向作者支付的稿酬中。如有特殊要求，请在来稿时说明。

特稿

编者按

周有光,1906年1月13日出生于江苏常州,著名语言文字学家,2017年1月14日去世,享年112岁。周有光先生生前关心《咬文嚼字》的成长,支持《咬文嚼字》的工作。在93岁高龄时,他还给《咬文嚼字》合订本(1998年)赐过序。周有光先生给予本刊的泽惠,我们永志不忘。泰山其颓,我国语言文字学界失去了一位大师!《咬文嚼字》创始人郝铭鉴先生,特约编委田小琳女士、汪惠迪先生,应本刊约请撰文,以表达对周有光先生的哀思。

幽默人长寿

◎郝铭鉴

"多情人未老"这五个字,是张允和先生送我的一本书的书名;走近周有光先生以后,我觉得还可以配上五个字:幽默人长寿。周先生年轻时体弱多病,医生断言活不过35岁,但他和医生开了一个玩笑,活了何止三个35岁。幽默增强了生命的韧度。

当年读《语文闲谈》,我便发觉周先生是位有趣的人。作为一代语文大家,他在研究文字发生学、文字比较学,研究语言规范化、语言现代化之外,又善于做闲谈之类的小文章,信手拈来,涉笔成趣,让语言成了一门充满人间烟火味的学问。记得有次读到先生写的一则"文革"掌故:某公把"墨西哥"念成"黑西哥",别人指出以后,此公却振振有词:"'墨'难道不'黑'吗?'黑西哥'错在哪里?

真是吹毛求疵！"周先生不动声色的叙述，让我在读的时候差点笑出声来。

大概在2000年，《咬文嚼字》刊登过两篇针锋相对的文章，讨论"遗孀"一词。一篇文章认为，"孀"在"孀"中不仅是声符，也有表义作用：女子在丈夫死后守节不嫁，才称得上像霜一样冰清玉洁。可见，这是一个含有封建色彩的词。另一篇文章则认为，汉字的造字理据和文字的符号性并不是一回事，对"遗孀"之类的词应该用历史眼光辩证看待，不必庸人自扰。文章刊出以后，北京一位朋友告诉我说，这是周有光先生研究过的题目。原来，在"五七"干校期间，周有光、林汉达两位先生负责看守高粱地。按规定他们应该一人在北，一人在南，分头巡视，但一连三天，平安无事，第四天便违规在小土岗上躺了下来。林先生问："遗孀和寡妇有什么区别？"周先生不假思索地答道："大人物的寡妇叫遗孀，小人物的遗孀叫寡妇。"斯时斯地的这场"学术"讨论，让我们看到了别样的人生态度。

我第一次去周先生家，是北大苏培成教授陪着去的。我至今忘不了那第一眼的震撼。当我们进门时，周先生正聚精会神地端坐在电脑前面。那年周先生已是95岁！人类社会最先进的科技产品，和一位从清代末年走来的耄耋老人，神话般地连成了一体。我觉得不可思议。周先生不仅上网，还看外文报纸，当天他谈的是世界上发生的新闻，不时地点评一下，成了一个时事观察员。正因为视野开阔，思想活跃，所以做起事来得心应手，举重若轻。有年请他为《咬文嚼字》合订本写序，考虑他已是高龄，给了他一个月的时间，谁知他不到十天便交稿。这篇序言虽然不长，但谈到了语文教育问题，以语言学家的敏锐，点出了问题的关键。

2016年1月，我参加了庆贺周有光先生111岁诞辰的座

"迎春人看迎春花"

◎田小琳

2016年的春天,我和香港友人陆陈女士专程到北京看望111岁的老人周有光先生。早已通过李行健先生约好了时间。那天9点多就到了语委大院李先生的办公室,李先生却告知,早上周先生觉得头晕去协和医院看病了,约会可能要取消。陆陈安慰我说,先生年纪大了,随时到医院是正常的事。我们担心着,向李先生探问周先生的近况。近11点,周先生家来电话了,说周先生从协和医院回来了,检查没事

谈会。会议给每人发了一个长寿碗,那夸张的造型,让人想到了"笑口常开"。周先生自己对111岁的诠释是:"我已一无所有,一切从零开始。"回首往事,先生看得风轻云淡;面对未来,先生总是信心满怀。那天坐在我旁边的是周先生的外甥女张马力,她在发言中谈起了自己的一段经历。她曾蒙冤遭隔离审查,在万念俱灰时,有了轻生的念头。就在她移步走向高楼窗口时,管理人员送来了一份电报,是舅舅周有光发来的。电报上只有八个字:"人无远见,必寻短路。"这八个字犹如当头棒喝,一下子让她心里亮堂起来,从此她顽强地面对人生,如今是上海戏剧学院的教授。她说:"是舅舅救了我一条命。"

2017年1月14日,周先生在他112岁的第二天,离我们远行了。但他的学术智慧永远陪伴着我们,他的幽默情怀永远陪伴着我们。

儿，他说可以见我们了。喜出望外！喜出望外！原来就听说过，医生有一句名言，周先生最大的病就是没有病，果然。

我们到了周先生家。这次，我本想不要再在那熟悉的小书房见周先生了，让周先生躺在床上，我们看一眼就成。可是，周先生不肯。他坐在轮椅上在门口走廊迎接我们，坚持要上书房。我们簇拥着周先生到了书房。周先生坐在沙发上，我和陆陈坐在他两边，李行健夫妇坐在对面。顿时，小书房里充满了欢声笑语。

我们关心地询问周先生平时是如何到户外活动的。周先生告诉我们，保姆推他到街头花园看花，他还高声地说："迎春人看迎春花！"周先生是多么欣喜。是啊，他又迎来一个万物复苏的春天！我们也高兴地鼓起掌来。我转告了香港朋友的问候，并说，大家都爱看周先生写的书，写的文章。周先生笑起来，谦虚地说：我那都是胡说八道，可是呢后面还有一句话，要把它注在里面，就是不离谱。他一边笑着说，一边还用右手做着手势。这句看似平常的话，对我们的教育却是多么深刻。我们都赞同地重复说：对，不离谱，做任何事情都不能离谱！

我过去带的小点心，先生都喜欢吃。这次我又问他，想吃什么，我们给他买。这勾起了周先生童年的回忆。周先生是常州人，他说家乡有一种皮蛋，皮很薄，吃到嘴里就化了。后来我请常回家乡常州的汪惠迪先生去买这种皮蛋，汪先生满街去找，但没有找到。后来汪先生说，这种蛋叫响蛋，拌豆腐最好吃，现在已经见不到了。香港的丁国玲老师知道了，说在香港西环有一家卖皮蛋的，皮蛋心儿特别软，周先生一定喜欢吃。遗憾的是，周先生已经永远离开我们了，而我们始终都没有买到他喜欢吃的小食品！

那天，我们在周先生家坐了很久，舍不得离去。过去，我常到周先生家，从来都是规规矩矩坐在周先生对面，听他

一朵消逝的浪花

◎汪惠迪

1906年1月13日(清光绪三十一年十二月十九日),周有光先生出生在江南水乡常州城内临靠古运河的青果巷礼和堂。青果巷始建于明神宗万历九年(1581),位于常州老城区中部偏南地段,因傍河而建,旧时船舶云集,成为果品集散地,故称千果巷。《常州赋》云:"入千果之巷,桃梅杏李色色俱陈。"因"千""青"常州方言音近,后称青果巷。此巷长不足两千米,西迄弋桥堍,东至琢初桥堍观子巷,与麻巷东西对接。

我家世居常州,住在麻巷,老宅也是靠古运河一边。1951年至1954年,我就读常州师范学校,校址在周家故居以西,正对着横跨古运河的中新桥。每天上学放学都要经过青果巷133号,寒来暑往三度春秋,我竟然不知133号就是周有光先生的故居。后来上大学读中文系,才听闻周先生大名,原来我们是同乡,曾经同饮一河水。

2010年5月18日,我随香港中国语文学会主席姚德怀先生和理事田小琳女士到北京朝内南小街周先生家中拜访。姚先生跟周先生相识已久,他在海阔天空地聊。今次不同,我预感到再见周先生的机会不多了,所以一直坐在他身边握着他的手不放。握着周先生温暖的手,感受着老人的坚强和力量。

转眼又到2017年的春天了,我们多么想听到周先生再次高声说"迎春人看迎春花"啊!周先生,您永远是迎春人!您的精神永远是灿烂的迎春花!

介绍我时对周先生说:"老汪是常州人,你们可以讲常州话了。"谁知周老笑容可掬地回答说:"我这个常州人不会讲常州话,从小就到苏州去了。"说罢,大家哈哈大笑起来。

今年1月13日是周有光先生112岁华诞。当天下午,中共常州市委统战部在青果巷礼和堂举行周有光基金发放暨捐赠仪式,以此庆祝周先生的生日。会上,我受姚德怀先生委托,将他多年收藏的周有光先生寄给他的主要讨论语文建设的信札311封2003页等资料捐赠给常州同心文化交流促进中心。周、姚鱼雁往还自1975年8月19日至2009年7月8日,时间跨度长达34年。《中国剪报》创办人王荣泰先生告诉我,2016年12月他去探望周老时,将姚先生欲捐赠书信之事告诉了他,他听了高兴地说:"姚德怀,我认识。"又说:"图书馆要多举办讲座。"

这批珍贵的资料将由常州市周有光图书馆收藏,该馆馆址就是周有光先生故居。目前正在布馆,今年上半年竣工,待正式开放时,想走近周有光、了解周有光、研究周有光的朋友们将能看到这些第一手资料。

13号下午我还在参加庆祝周老生日的活动,万万没有想到的是,14日凌晨3时许,上帝想起周老,把他叫去了。噩耗传来,十分意外,令人悲恸不已。

周有光先生曾多次到香港进行学术访问,引导和支持香港的语文现代化活动。他的许多文章用笔名"华明"发表在香港中国语文学会会刊《语文建设通讯》(原名《汉字改革(香港)》)上,读者遍布海内外,影响很大。

周有光先生生前说过:"原来,人生就是一朵浪花。"现在,周先生这朵浪花消逝了。但是,我们永远不会忘记,周有光先生是我国语言学界的巨擘,他为倡导、促进、践行中国语文现代化做出了重大的贡献。我们应将他的未竟之业继续推向前进,以告慰他的在天之灵。

时尚词苑

"撸起袖子加油干"
——今年第一流行语

◎何俊萍

2016年12月31日,国家主席习近平发表了新年贺词,因其内容的务实和语言的朴实,引起各方热议。特别是其中那一句"撸起袖子加油干",迅速被大家传诵和引用,成为新年第一流行语。

"撸起袖子加油干"再次显示了习氏语言的独特风格和魅力——朴实、自然、接地气、易传播和引起共鸣。近年来出现的"中国梦""补短板""打铁还需自身硬""打虎拍蝇"等短语,均是如此。

"撸起袖子加油干",一经提出,便以迅雷不及掩耳之势,铺天盖地地传播开来。新年伊始,全国上下,各行各业,摩拳擦掌,掀起了"撸起袖子加油干"的火热场面。

教育领域:

(1)2017已经开始,中国教育事业还有很长的路要走。2017,我们会撸起袖子继续加油干!(中国教育电视台2017年1月3日)

经济领域:

(2)在新年开启之际,我们要乘着抓投资、上项目的火热势头,像习近平总书记在新年贺词中所说的那样——"撸起袖子加油干",奋力干出社会投资"加速度",干出经济发展新气象。(《海南日报》2017年1月4日)

城市发展:

(3)事关城市发展的大事,必须撸起袖子加油干(《深圳特

区报》2017年1月3日)

环境治理:

(4)治霾,还得撸起袖子加油干(《齐鲁晚报》2017年1月3日)

民生大计:

(5)撸起袖子干　日子更亮堂(《人民日报》2017年1月2日)

"撸起袖子加油干"还进入微信微博等新兴自媒体,与之配套的活泼可爱的卡通形象也迅速同步传播。究其原因,主要有三:一是"撸起袖子加油干",口语化、方言化,是民间非常接地气的说法,切合老百姓的口味,既形象通俗又诙谐易懂,既响亮实在又深刻带劲,是老百姓挂在嘴边的常用语言,以国家主席身份说出,更显亲和亲民。二是"撸起袖子加油干",语句简短,干脆有力,一气呵成,有催人奋进之感。大到中国梦,小到个人梦,都需要发扬实干精神,使出洪荒之力,奋力拼搏。三是"撸起袖子加油干"一语,非常有画面感,工厂车间,田间地头,大家撸起袖子、大干一场的火热场面跃然纸上。

有人可能会说,现代汉语中,与"撸起袖子"相近的一个短语是"将起袖子",且《现代汉语词典》中也用"将"来解释"撸",那习近平主席为什么讲"撸起袖子"而不讲"将起袖子"呢?其实,"撸"与"将"还是有区别:两字读音不一样,"撸"读lū,"将"读luō;在"手握着东西向一端滑动"这个意思上虽是相近,但语体色彩不一样。"撸"主要用于方言、俗语、口语中。如北方盛行的撸串(烤串)、撸子(小手枪)、一撸到底、撸作业(做作业)等。而"将"相对来说比较书面化,常在文学作品中运用。如《诗经·周南》:"采采芣苢,薄言将之";《水浒传》:"武松将起双袖,握起尖刀";等等。由此可见,"撸起袖子"更容易口耳相传。

从语言结构讲,"撸起袖子加油干"是由"撸起袖子"和"加油干"组成的一个连动结构的

调整心态,直面"理想很丰满,现实很骨感"

◎刘东怿

如今,社会竞争日趋激烈,随之而来的是压力的不断增大,因而有不少年轻人会把"理想很丰满,现实很骨感"这句话挂在嘴边,来抒发面对"理想"与"现实"之间巨大差距的无奈之情。例如:

(1)"理想很丰满,现实很骨感",相差太远。现在每天一早起来便到公司,加班到很晚才到家中,业余、娱乐、朋友圈全部远离,好像自己真是为公司而生而活的。(《国际金融报》2010年6月25日)

"理想很丰满,现实很骨感"这句话出自2010年虎年央视春晚的小品《我心飞翔》中大队长的台词。参加国庆阅兵是每个军人都向往的荣耀,但大队长要从五个飞行员中选出一个替补人员,被选中者将可能失去参加阅兵的机会,这就是"理

短语,其核心是"撸起袖子"和"干"。两者之间黏合性不强,可插入一些修饰性的词语,可以说"撸起袖子加油干",也可以说"撸起袖子一起干""撸起袖子使劲干""撸起袖子继续加油干"等。

2017年的扉页已经打开,"实干"是最醒目的字眼,时代赋予我们这一代人奋发向上的使命,我们要不忘初心,撸起袖子,披荆斩棘,去创造更美好的生活,去迎接更灿烂的未来。

想"与"现实"之间的反差。"理想很丰满,现实很骨感"从字面义来理解,"丰满"指人的体态丰润、饱满,"骨感"指人的体态瘦削、硬朗,前者形容"理想"是美好的,后者则形容"现实"是残酷的。二者作为一对临时反义词,在画面上形成了强烈的反差,再加上程度副词"很",更进一步地拉大了"理想"与"现实"之间的距离。因而,"理想很丰满,现实很骨感"常用于自嘲,表达心怀美好理想的人遭遇残酷现实后所萌发的无可奈何的心情。例如:

（2）"理想很丰满,现实很骨感"。第一次走上阵地,触摸着那一门门火炮,刘瑞栋感受到了理想与现实的巨大反差:自己这个信息与计算科学专业的高材生,到了连队却是"学的不够用""会的用不上""用的却不会"。(《人民日报》2014年12月21日)

当然,"理想很丰满,现实很骨感"也可以用来批评盲目乐观、不切实际的理想主义者。例如:

（3）喜爱攀比的人,自尊心总是很强,习惯把目标定得很高,但是这往往是不切实际的,正所谓"理想很丰满,现实很骨感",对自己的期盼值太高,就会时时刻刻给自己带来种种烦恼。(《生命时报》2012年7月20日)

"理想很丰满,现实很骨感"的用法进一步拓展,不再局限于形容"理想"与"现实"之间的巨大落差,还可以描述某事物、某现象没有按照人们预期或想象来发展。例如:

（4）提起休闲旅游,不少人都说"理想丰满,现实骨感"。由于小客车高速公路免费通行的政策,去年"十一"变成了"史上最堵黄金周",长假首日网友吐槽拥堵的微博就达到了7000万条。(《人民日报海外版》2013年1月11日)

值得一提的是,在社会快速发展的同时,人们也在不断调整自己的心态,用积极乐观的心态来应对"现实"的挑战。

"理想很丰满,现实很骨感"已不仅仅是人们对现实社会的抱怨,而且是表达人们正视"骨感现实",向"丰满理想"努力的决心。例如:

(5)"理想很丰满,现实很骨感",当我带着技术准备创业的时候,打击随之而来。面对接二连三的失败,我的利器是坚持。6年时间,我带领团队不断创新,直到眼前展开一片蓝海。(《人民日报》2015年6月16日)

(6)虽然理想很丰满,现实很骨感,但咱们济南还是有很多值得骄傲的事情,从政府机关到市民个人,大家都在共同努力。梦想还是要有的,说不准明年的排行榜上,济南就是第一名了。(《齐鲁晚报》2016年4月26日)

"理想很丰满,现实很骨感"这句话之所以能流行多年而长盛不衰,一方面是因为契合社会交际的需要,另一方面又因为它对比鲜明,形象生动,乃是广大使用者喜闻乐见的语言形式。

网言网语·世态

乞丐:能不能给我一百块钱?

路人:我只有八十块。

乞丐:那你就欠我二十块吧。

世界上许多人,其实都像这个乞丐。他们总是把得到当成生活常态,把获得当成理所当然。欲望一旦没得到满足,或满足的程度没有达到期望值,就觉得别人亏欠了自己,社会亏欠了自己,世界亏欠了自己。贪婪之欲完全掩盖了感恩之心!

(乔 桥/辑)

有些饵料需"泡制"

◎王宗祥

2016年8月27日《辽沈晚报》第12版《贪者如鱼》中写道:"只要将精心泡制的饵料投放于窝点,钓钩挂上蚯蚓,便可坐收渔获。"《咬文嚼字》2016年第12期刊有《"泡制"?"炮制"!》一文,认为根据鱼的食性自制鱼饵,"过程如同中医上的'炮制'",而且"泡,意为在液体中浸渍。做鱼饵,'泡'是难以制成的"。以此推断"泡制"当为"炮制"。

笔者认为有些饵料用"泡制"正确,不必用"炮制"。垂钓时用的鱼饵分诱饵和钓饵。用来引诱鱼儿集中到一起的饵料叫作诱饵;那些挂在鱼钩上,让鱼咬钩的饵料,称作钓饵或主饵。诱饵是把鱼儿"请"进你的埋伏圈,钓饵则是令鱼儿一不"留心"时上当咬钩。使用诱饵能大大提高垂钓的成功率。

有些诱饵的主体为麸皮、豆渣及碾碎后的大米、黄豆、豌豆,或是呈块状的豆饼、芝麻饼等大型食块。这种诱饵的投放要求尽可能沉底,不要大量漂浮在水面,落水后一段时间不能散。为此要将麸皮等加水浸泡,以便使用时慢慢投入窝点。《贪者如鱼》中所说的"将精心泡制的饵料投放于窝点",便是投放此类诱饵,也就是垂钓者常说的"打窝子"。如果麸皮等不浸泡就直接撒下去,则会浮于水面四处漂散,更不容易沉底。所以,制作此类诱饵的过程正是"泡制"。除了用水浸泡外,此类诱饵也可用酒浸泡,根据情况还可添加桂皮、茶叶等。诱饵投放后,就可以"钓钩挂上蚯蚓"垂钓了。

"十六国"并非都在"中原地区"

◎周 振

《咬文嚼字》2016年第11期刊载的《〈狼图腾〉的几处史实错误》一文,在指出《狼图腾》一书最后一章的两处史实错误时,有这样一段话:"'五胡'指的是以匈奴、羯、鲜卑、羌、氐为主的众多游牧民族,'十六国'则指西晋灭亡前后中原地区相继建立的十六个政权。"其中关于"十六国"是在"中原地区"建立的十六个政权的说法值得商榷。

中原,本义是原野之中。通常用作地区名,即"中土""中州",以别于边疆地区。"中原"指天下之中,这一说法先秦时期已有,其所指也随着华夏族的活动范围扩大而改变。狭义的中原指今河南省一带,而由于人口迁徙等原因,广义的中原可指黄河中、下游地区,包括了河南大部、山东的西部和河北、山西的南部。

与东晋并存过的"十六国",指匈奴族建立的前赵、北凉、夏,鲜卑族建立的前燕、后燕、西秦、南凉、南燕,羯族建立的后赵,氐族建立的成汉、前秦、后凉,羌族建立的后秦,汉族建立的前凉、西凉、北燕等十六个割据政权。其中的成汉所据区域有今四川东部、重庆和云南、贵州一部分,以成都为都城,不属于中原地区政权。还有,前凉控制了甘肃、新疆、宁夏的部分地区;西秦控制了甘肃西南地区;后凉控制了甘肃、宁夏、青海、新疆的部分地区;南凉控制了甘肃和青海的一部分;北凉、西凉也控制了甘肃西部的一部分。这些政权都处于西北地区,也都不在中原。

一针见血

"四两拨千金"？

◎谢云秋

2016年11月18日《扬子晚报》B4版《钉秤》一文中写道："在我们老家，表达诚信与践诺的意思，就两个字：钉秤。……但只要这俩字一出口，那真是一个字砸一个坑，有着四两拨千金的力度，表面上不显山不露水，但心里已经在盘算如何兑现自己的许诺了。"文中"千金"应是"千斤"。

斤，本义指一种砍物的工具，现多作量词用，是重量单位之一。"四两拨千斤"是太极拳术中的一种技巧，指用小力来制大力，从中体现了道家的哲学思想。"四两""千斤"都是表示力的大小。上述引文想表达的正是这个意思。

千金，《现代汉语词典》的释义有三：①指很多的钱。②形容贵重；珍贵。③敬辞，称别人的女儿。汉语中有"一诺千金"的成语，形容信用极好，一个承诺堪比千金的贵重。"四两拨千金"则语义难解。

叔侄何来"手足之情"

◎沈阳仁

2016年12月26日《北京晚报》第33版的《寻迹故宫西路》一文里这样写道："宣德皇帝的叔叔'汉王'朱高煦，一直对侄子继承皇位感到不满……于是这位不自量力的王爷，竟然效仿起其父永乐皇帝，打出'靖难'的旗号开始造反。……这起反叛事件只用了一个多月便被朝廷平息，而朱高煦也被宣德皇帝囚禁在紫禁城的'逍遥城'里。……相比之下宣德皇帝对叔叔还有几分手足之情，在处理政务之余还专门来探望他。"这里的"手足之情"用得不妥，用"亲情"即可。

手足，顾名思义即手和脚，可以用来比喻兄弟。《警世通言·俞伯牙摔琴谢知音》："实不相瞒，舍间上有年迈二亲，下无手足相辅。""手足之情"就是兄弟间的情分。上述引文里的宣德皇帝即明宣宗朱瞻基,明仁宗朱高炽的长子,而朱高煦是朱高炽的弟弟。两人既然是差了一辈的叔侄,自然不能说他们有"手足之情"。

"捻熟"？"稔熟"！

○董秋成

2016年12月10日《绍兴晚报》A02版刊有《30年锤炼,普通机修工成长为省首席技师》一文,文中结尾一段写道:"金关华说,他想零距离研究它们,让它们真正服务医院,服务患者。通过一年的摸索学习,他对医院设备捻熟于心。"此处的"捻熟"当是"稔熟"。

"稔"读 rěn,本义指庄稼成熟,也有"年""熟悉"等义。"稔熟"的意思就是熟悉。梁斌《红旗谱》三一:"正在得意寻思,冷不丁人群里闪过一个稔熟的面影。"

捻,读作 niǎn,从手,念声,本义是用手指搓转。"捻熟"的词义难以理解。只有"稔熟于心",没有"捻熟于心"。

何来"半片生猪"

○晋 相

2016年12月14日《辽沈晚报》B16版刊出《时光菜场》一文,文章中的一段这样写道:"生猪是由屠宰场统一配送的……父亲在灯光下就开始工作,将半片生猪切割分类,排列整齐。"屠宰场怎会把"生猪"配送到猪肉摊,摊主又怎能将"半片生猪"切割分类呢？引文中的"半片生猪"应为"半片白条"。

猪(家猪)是大家都熟知的一种由人工饲养的哺乳动物。饲养到可供屠宰的肉猪,商业上称为"生猪"。"生猪"是养猪场和养猪户提供给屠宰场的,是活的猪,屠宰场不可能将"生猪"提供给猪肉摊。生猪在屠宰场经宰杀、煺毛,并除去头、尾、蹄及内脏后,被称为"白条猪"。因为通常会将猪沿背部脊骨劈开处理,所以也称为"半片白条"。

综上所述,"生猪"是活着的猪,"白条猪"是屠宰场处理后的猪肉。配送到猪肉摊继续加工的,只能是"半片白条"。

应是"尤人"而非"忧人"

◎吴导民

2016年11月1日《句容快报》第4版《珍惜生活,守住幸福》一文中写道:"曾经一度怨天忧人,埋怨老天不公平。"句中"忧人"应是"尤人"。

尤,读yóu,在"怨天尤人"中义为"责备怪罪"。"怨天尤人"的含义是既怨恨命运,又责怪别人。语出《论语·宪问》:"子曰:不怨天,不尤人,下学而上达,知我者其天乎?"

而忧,读yōu,义为"担忧、忧虑"。忧人即指担忧他人,与"怨天"的怨恨命运之义毫无关联。因此,"怨天"不能与"忧人"连用,此处应是"怨天尤人"。

卡里莫夫并未"问鼎社稷"

◎厉国轩

2016年9月14日《文汇报》第6版《塔什干权力更替令外界关注》一文说:"卡氏从1991年起问鼎社稷、治国将兵,引领年轻共和国,筚路蓝缕、以启山林,倾25年心血将乌打造成经济繁荣、社会稳定、民族和睦及上层建筑'足够稳固'的现代化国家。"这里是说,乌兹别克斯坦前总统伊斯兰·卡里莫夫(1938—2016)于1991年当选乌兹别克斯坦共和国总统后,25年中所取得的成就。但其中"问鼎"一词用错了。

"问鼎"一词最早见于《左传·宣公三年》的记载,楚庄王北伐陈兵洛水,周定王派人慰劳楚师,楚庄王打听周朝传国之宝九鼎的大小轻重,表现出夺取周朝天下之意。后来用"问鼎"一词比喻图谋篡夺政权,也泛指觊觎侵占别国,是贬义词。唐刘知几《史通·叙事》:"论逆臣则呼为问鼎,称巨寇则目以长鲸。"

卡里莫夫是通过民主选举当选总统的,以合法身份登上总统宝座,因此不宜用"问鼎"一词。

根据卡里莫夫就任乌兹别克斯坦总统的历史事实,此处如改为"1991年起就任总统、执掌社稷"就对了。

不是"稍倾"应是"少顷"

○谢三山

2016年10月27日《扬子晚报》B4版《奇芳阁下的烧饼店》一文在描述做烧饼的步骤时,这样写道:"稍倾,便用大火钳一只一只往外熟练地提拎出来。"此处"稍倾"应是"少顷"之误。

"稍"是义为略微的程度副词,"稍倾"即微微倾斜,不能用来表示时间的长短。文中此处应为表示时间的副词,义为时间不长。表达这一意思应当写作"少顷",是片刻、一会儿的意思。清林嗣环《口技》:"少顷,但闻屏障中抚尺一下,满座寂然,无敢哗者。""稍倾"与"少顷"虽音近,但意思截然不同,不能混为一谈。

"勋曲"是什么曲子

○高良槐

2016年11月2日《燕都晨报》B01版刊载的《石凯深得古典山水画意趣》一文这样写道:"欣赏石凯的山水画,最好伴随着古筝或勋曲,在古韵悠长中,使心灵回归大自然。"句中的"勋曲"令人费解,应是"埙曲"之误。

埙,读xūn,中国古代吹奏乐器。多为陶制,也有用石、骨等制成的。形制有球形、椭圆形等数种,音孔则有一至六个不等。音色古朴、浑厚、低沉,特别适宜抒发哀怨之情和营造肃穆的气氛。埙曲,即用埙演奏的乐曲,比较著名的有《楚歌》《风竹》《幽谷》等。

勋,可指功劳,又可以指勋章。"勋曲"一词难解其义。误"埙"为勋,应是音同形似所致。

庐州不在江西省

◎赵永成

2016年10月21日《报刊文摘》第3版刊有《一次由买房子引发的北宋官场大地震》一文,文章有一处说:"仁宗遂将冯京从繁华大郡扬州调到小地方庐州(今江西合肥)。"括号中的注释是明显错误的,无论古之庐州还是今之合肥,都不在江西省。

众所周知,合肥是安徽省的省会,自然不可能在江西省,江西省也没有叫"合肥"的地方。那么古代的庐州在江西省吗?庐州是合肥的古称。《通典》:"庐州今理合肥县。古庐子国。春秋舒国之地。"合肥在周朝时被封庐子国,之后名称多有变化,如庐州、庐阳等,合肥也因此简称庐。

总之,庐州和合肥是一个地方,在安徽省,不在江西省。

不是"犯奸作科",应是"作奸犯科"

◎朱炳禄

2016年第11期《杂文月刊》刊载的《何物可以壮胆》中有这样一句话:"所谓不知者不罪,其实是借口遁词,为自己或他人犯奸作科洗白开脱,实乃'有知'装作'无知',借'无知'横行霸道浑水摸鱼,达其不可告人之目的——形迹已近乎或等于无耻了。"其中的"犯奸作科"应是"作奸犯科"之误。

诸葛亮《出师表》:"若有作奸犯科及为忠善者,宜付有司论其刑赏。"奸,是狡诈邪恶之义。作奸,指做坏事。科,指法规刑律。犯科,则指违犯法律。"作奸犯科"四字连起来,指为非作歹,违法乱纪。

"犯奸作科"是不理解字义造成的词形错乱。

李连英"殡天"?

◎李华山

2016年10月26日《北京晚报》第35版《大太监李连英最后的日子》一文,讲到李连英之死时写道:"他四月初四日'殡天'"。这里的"殡天"系"宾天"之误。

人们忌讳说"死",要委婉地换个词,"宾天"就是其一。"宾"是客人,作动词用是做客的意思,"宾天"就是到天上做客去了。过去用"宾天"来说帝王之死,后来泛指尊者之死。"殡"是停放灵柩待葬之意,我们平时说的"出殡",即把灵柩运到埋葬或安厝的地点去。"殡天"一词是讲不通的。

说不通的"风流俏侃"

◎温守江

2016年11月16日《齐鲁晚报》B1版刊载了《之于村上的鲍勃·迪伦:"我们都将年老"》一文,其中写道:"老是每个人必然参与的一个节目。哪怕再风流俏侃,也总要步履蹒跚……"文中的"风流俏侃"应为"风流俶傥"。

俶傥(tìtǎng),形容卓越出众洒脱不羁。汉司马迁《报任安书》:"唯俶傥非常之人称焉。"成语"风流俶傥",指英俊潇洒、不拘礼法。文中即为此义。

侃,有戏弄义。汉语中有"调侃"一词,指用言语戏弄,但没有"俏侃"。"风流俏侃"词义难解。

"开元通宝"和年号钱

◎黄鸿森

《咬文嚼字》2002年第2期刊有《开元通宝并非年号钱》一文,文中纠正了《新民晚报》一篇报道中把唐初就开铸的"开元通宝"作为唐开元年间(713—741)铸造的铜钱的错误,这是对的。

这种错误也曾见于别的出版物中。中州古籍出版社1984年版《河南地名漫录》中"焦作市"一节说:

英商的十四号矿井下曾挖出唐代的开元铜钱。"开元"是唐玄宗的年号,相当于公元713年至741年,说明早在一千二百多年前人们就在这里采煤了。

何以犯同样的错?因为不了解我国的钱币史。古人也在年号钱上出过错。

年号钱始于何时

关于"开元通宝"和年号钱的关系,明末清初大学者顾炎武在《日知录·开元钱》中说:"自宋以后,皆先有年号而后有钱文,唐之开元,则先有钱文而后有年号。"这里的"自宋以后",顾氏指的是南朝刘宋,有位注释家却加了这样的注:"〔杨氏曰〕今有乾符钱,则唐之僖宗时有年号而后有钱文,不必'自宋以后'。"(《日知录集释》,岳麓书社1994年版第405页)杨氏误认为"自宋以后"的"宋"是赵宋,所以举唐僖宗乾符钱为例,试图纠正顾氏之误。其实,顾氏没有错,杨氏理解错了。何以见得?顾氏在《日知录·钱法之变》中说:"宋孝武帝孝建初,铸四铢,文曰'孝建',一边为'四铢'。""孝建"是宋孝武帝的年号,起于公元454年止于公元456年,这里的"宋"当然是南朝刘宋之"宋"。另一位注释家在此加了注:"〔沈氏曰〕钱载年号始于此。"(同上书第409页)这个注注得好,捍卫了顾氏,否定了杨氏。

"开元通宝"创造了两个词:通宝、元宝

开元通宝的文字是唐代大书法家欧阳询制定和书写的。《旧唐书·食货志》记载:"开元钱之文,给事中欧阳询制词及书,时称其工。其字含八分及隶体,其词先上后下,次左后右读之。自上及左回环读之,其义亦通,流俗谓之开通元宝钱。"(《旧唐书》,中华书局点校本1975年版第2095页)因为既可读作"开元通宝",又可读作"开通元宝",于是"通宝""元宝"两词便成为后世铸币的名称。

用"通宝"作铸币名称最为常见。例如,五代十国之一南唐国铸"唐国通宝",宋太祖赵匡胤铸"宋元通宝",明太祖朱元璋铸"洪武通宝",以及清代的"康熙通宝""宣统通宝"等。

用"元宝"作铸币名称始于唐代安史之乱祸首之一史思明。据《新唐书·食货志》记载,他入据洛阳后,先后铸造了"得一元宝"和"顺天元宝"两种铜币。以后宋太宗赵炅曾铸造"淳化元宝",南宋理宗赵昀铸"大宋元宝"等。笔者童年生活在银元时代末期,见过铸有"光绪元宝"字样的银元,用过铸有"光绪元宝"字样的铜元。元宝用来指称银锭始于元朝。后来,银元宝、金元宝多呈马蹄形,两侧翘起,中间凹下。

作为重量单位的"钱"源于"开元通宝"

秦汉至隋唐,长度和容量

说 "榆"

◎陈运舟

榆树,乔木,皮褐色,叶椭圆形。此树何以称"榆"呢?榆树的得名,在于它可以使人愉快。《修真录》书里说:从前有一个女子,喜欢吃一些花草。一天,她来到一株树下,摘了一些叶子吃了,不久便昏昏入睡。她醒后觉得精神特别好,"殊愉快,因名其树曰愉,后人改以从木,即今榆树也"。榆树叶食后之所以能使人精神倍添,在于它的安神作用。晋人张华《博物志》说:"啖榆,则眠不欲觉也。"嵇康《养生论》:"豆令人

单位都实行十进制,只有重量实行非十进制:24铢为两,16两为斤,30斤为钧。不过各个朝代的量值是不同的。开元通宝的大小和轻重,《唐会要》是这样记载的:"武德四年(621)铸开元通宝钱,径八分,重二铢四絫(累)。"每枚开元通宝的重量2铢4累,等于1/10两。

顾炎武《日知录·以钱代铢》说:"古算法,二十四铢为两。……近代算家不便,乃十分其两,而有'钱'之名。此字本是借'钱币'之'钱',非数家之正名。"由此可知,作为1/10两重量单位的"钱",本来是从开元钱那里借来的。借用的时间长了,借用的人多了,约定俗成,"钱"就产生了表示重量单位的新义。到宋朝初年,朝廷确认1两 = 10钱,"钱"成为法定重量单位名称。1两 = 10钱的衡制,行用千年,直到1979年中医处方改用公制计量单位,作为重量单位的"钱"才退出历史舞台。

重,榆令人瞑。"李时珍《本草纲目》也说,榆树的皮和叶制成的药物,可以"疗不眠"。

榆,不仅与愉有着密切的关系,它和告知、说明、理解、明白的"喻"和"谕",也是分不开的。古代典籍中,愉和喻、谕相通。这是因为,古人认为,语言是表达思想的,语言和思想、心情密切相关。事情说清楚明白了,人也就愉快了,同样,愉快的心情,也需要用语言表达出来,所谓"心服口服""心悦诚服"。《孟子·公孙丑上》:"以德服人者,中心悦而诚服也。"心悦诚服,是说心中高兴,嘴里信服。《广雅·释训》:"喻喻,喜也。"《庄子·齐物论》中讲了一个"庄周梦蝶"的故事:"昔者庄周梦为胡蝶,栩栩然胡蝶也,自喻适志与!"唐陆德明《经典释文》引李颐云:"喻,快也。"是说庄子梦见自己变成了一只蝴蝶,他很高兴,因为蝴蝶自在飞舞就是他的追求。"自喻"即"自愉"。《吕氏春秋·异用》:"文王得朽骨以喻其意。"东汉高诱注:"喻,说(yuè),说民意也。"是说周文王怀仁慈之心安葬一具无名尸骨而得人心,使民高兴。"喻其意"即"愉其意"。《吕氏春秋·察今》:"口惛(wěn,通"吻")之命不愉。"杨树达《拾遗》:"愉,当读为谕……言殊俗口吻所发声音不同,不相晓谕也。"是说各地方言不同,人们互不理解,因为听不懂。"不愉"即"不谕"。

病愈的"愈",与榆也有关系,病痊愈了岂不令人高兴?《广雅·释诂》:"愉,说(yuè)也,字亦作愈。"晋庾亮《让中书令表》:"今恭命则愈,违命则苦。"王念孙《读书杂志》:"愈即愉字。""恭命则愈"是说谨守王命则令人高兴。愈又与喻、谕相通,《淮南子·齐俗》:"瞽师之放意相物写神愈舞而形乎弦。"马宗霍《旧注参考》:"愈通作谕。"是说盲人琴师虽看不见外部世界,但他能理解舞者动作,而将之通过琴弦表现出来。"愈舞"就是"谕舞",理解其舞。这样说来,榆、愉、喻、谕、愈实为一组同源字。

"押着"不是"压着"

◎蔡维藩

电视剧《好先生》第22集中,男主角陆远煞费苦心策划让刘静、佳禾这对母女相见。快到会面地点时,佳禾又反悔了,此时陆远用右臂推着迫使她往前走。佳禾于是说:"你别这么压着我。"(字幕同步显示)这里"压着"的使用值得一议,笔者认为用"押着"更为妥当。

押,可指押送、解送。如《老残游记》第二十回:"将许、吴二人都用绳子缚了,陶三押着解到历城县衙门口来。"电视剧中佳禾被陆远推着后背前行,无论从动作形式上,还是从被强迫推着前进的意味上,用"押着"来形容,都是符合情景的。

压,指从上往下加力,如压碎、压垮、用铜尺把纸压住等等。再如陈毅《冬夜杂咏·青松》:"大雪压青松,青松挺且直。"剧中两人并行,一人推着一人后背,位置上即使有前后之分,却无上下之别。用"压着"来描述显然不合适、不准确。

"零零总总"?"林林总总"!

◎浦东轩

上海教育电视台2016年12月11日午间播出《健康大不同》栏目,荧屏字幕同步打出了嘉宾的一段话:"因为我们经常会出去采访,会有零零总总的事情。"何谓"零零总总"?应是"林林总总"吧!

林林总总,言众多之貌,出自唐柳宗元《贞符并序》:"唯人之初,总总而生,林林而群。"林,从二木,取木与木相连不断的意思,泛指人或事物会聚、汇集在一起。"总"也表汇聚之义。"林林总总"属于同义叠用。清王韬《欧洲各都民数》:"四大洲中,林林总总当不知其凡几,而欧洲不过二百数十兆,中国一国则得四百余兆,然则生齿之繁,莫如中国。"

零,本义为徐徐而下的雨。零零,指滴落。清黄小配《大马扁》第八回:"但觉金风飒飒,玉露零零。"也可作象声词,形容轻细、圆润的声音。《敦煌曲子词·茶怨春》:"柳条垂处也,喜鹊语零零。"汉语中没有"零零总总"一词。

美国大选,与"龙"何干

◎雷 冰

2016年9月15日深圳卫视《直播港澳台》节目中特约嘉宾说道:"这背后的原因就在于,在美国选民看来,这一次的美国总统大选,已经不再仅仅是民主党与共和党的龙象之争。"(字幕同步显示)此处的"龙象之争",应该是"驴象之争"。

美国著名漫画家托马斯·纳斯特(1840—1902)在19世纪70年代创作的政治漫画中,多次用驴来象征民主党,用大象来象征共和党。这两个形象得到公众的认可,逐渐成为两党的标志,对美国的政治生活产生了深远影响。虽然民主党在2010年推出了正式党徽作为标志,但"驴"的形象已深入人心,仍然被广大选民用来指称民主党。

"龙象"一词也非生造。佛家以为,水行中龙力大,陆行中象力大,故用"龙象"喻阿罗汉中修行勇猛有大能者。后也指高僧、罗汉像。唐王勃《四分律宗记序》:"将使龙象缁服,维明克允。"不过"龙象之争"就令人莫明其妙了。

编校差错扫描(二)

◎王 敏

错例：闲遐之际，阅读报刊是我生活中不可或缺的"精神食粮"。

简析："闲遐"应为"闲暇"。"遐"与"暇"都是形声字，两者形符不同，含义有别。"遐"形符为辶(chuò，奔走)，本义指远，如"遐迩闻名"即远近闻名，"遐方绝域"即边远偏僻的地方。"暇"的形符是日，本义即空闲。《说文解字》："暇，闲也。"显然，与"闲"搭配的应当是"暇"而不是"遐"。另，"阅读报刊"与"精神食粮"搭配不当，可将"阅读"二字删除。

错例：汤婆子重现江湖 捂热冬季保暖市场(标题)

简析："捂"应为"焐"。"捂"读 wǔ，从手，本指用手遮盖，引申指严密地遮盖、封闭，隐瞒真相，如"捂盖子"就比喻掩盖矛盾。"焐"读 wù，从火，指用热东西去接触凉东西，使之变暖。汤婆子又叫汤婆、汤壶，是盛热水放在被窝中取暖用的扁圆壶，用铜锡等制成。汤婆子让冬季保暖市场变热，用"焐热"是比喻的说法，用"捂热"则于理不合。

错例：大自然时空结构无限折迭(fold catastrophe)、迭代(iteration)让尺度的大小失去了意义。

简析："折迭"应为"折叠"。"叠"曾简化为"迭"，但 1986 年重新发表的《简化字总表》恢复"叠"字，2013 年发布的《通用规范汉字表》以"叠"为规范字。

"迭"表示动作、现象在时间上的前后关系,如一次又一次地兴起叫"迭起",不断循环、不断替代叫"迭代";"叠"表示事物在空间上的上下关系,如上下相加为"重叠",上下折连为"折叠"。

错例:(不少女性)摄于领导权威或无形的压力,在"大贪"的示范效应下,加入共同犯罪的阵营……

简析:"摄于"应为"慑于"。"慑"从心,本义指恐惧,如"慑服"就是指因恐惧而屈服。引申指威胁,如"威慑力"就是指威胁对方、使对方感到恐惧的力量。"摄"从手,本义指引持,如"摄弓"即张弓注矢做射击准备。由持有引申出获取的含义,如"摄取、摄食"等。"慑于压力"指震慑于、屈服于某种强大的外力,而"摄于"指拍摄于,如"照片摄于泰山"。

错例:我会牢记老师的教悔,刻苦钻研,勤奋进取,顽强拼搏,矢志不渝,成为一个合格的人民警察。

简析:"教悔"应为"教诲"。"诲"读 huì,本义为教导。《说文解字》:"诲,晓教也。"如"诲人不倦"就指教导人特别耐心,从不厌倦。"悔"读 huǐ,本义为悔恨、懊悔。《说文解字》:"悔,恨也。"如"悔过自新"指悔改错误,重新做人,"九死不悔"则指纵然死很多回也不后悔。"教诲"指教导训诫,错成"教悔"当是音形相近致误。

错例:戏剧的日渐式微与没落只能让我们渭然兴叹却也无可奈何。

简析:"渭然兴叹"应为"喟然兴叹"。"喟"读 kuì,是形声字,形符为口,本义指叹息。《说文解字》:"喟,大息也。"如"喟然"指叹气的样子,"喟然长叹"指因感慨而深深地叹气。"渭"读 wèi,是水名,指渭河,源出甘肃,流入陕西,会泾水入黄河。"渭"与叹气无关。

错例：一时间人心惶惶,各种问题接憧而至。

简析："接憧"应为"接踵"。"踵"读zhǒng,作名词指脚后跟。《释名》:"踵,足后曰跟,又谓之踵。"如"举踵"指抬起脚后跟,"接踵而至"指后面人脚尖触到前面人脚后跟,形容来者很多,接连不断。"憧"读chōng,从心,本义指心神不定。《说文解字》:"憧,意不定也。"引申指往来不定、摇曳不定,如"人影憧憧"。用于"憧憬"则表示向往。"接憧"说不通。

错例：为了规避国会对发展新能源产业的制肘,拜登副总统特意强调通过吸引私人资本和地方政府融资,并把这些融资转化成为新能源产业发展的种子资本,促进新能源领域的大发展。

简析："制肘"应为"掣肘"。"掣"读chè,是形声字,从手制声,本义指牵引、拉,如岑参《白雪歌送武判官归京》:"纷纷暮雪下辕门,风掣红旗冻不翻。"其中的"掣"即指拽、拉。引申指快速闪过,如"掣电"即闪电,"风驰电掣"形容像疾风闪电一样迅速。表示受到阻挠、牵制的"掣肘",字面含义是拉拽胳膊肘,写成"制肘"就没有这个意思了。

《天宫二号》参考答案

1. 备分——备份
2. 孪生——孪生
3. 超极——超级
4. 接合——结合
5. 、和——和
6. 五分之1——"五分之一"或"1/5"
7. 950°——950℃
8. 具烈——剧烈
9. 泻露——泄露
10. 保秘——保密

牧师念"弥撒"吗

◎李景祥

2016年10月17日《辽沈晚报》A12版刊载有《布拉格寓言》一文,其中有这样一段话:"传说为考验一个从罗马跑到这里来的牧师(大概也是如我们一样到这里来游玩的),魔鬼特意在这里点燃了三根蜡烛,如同我们这里的很多人逢庙就烧香磕头一样,牧师立刻对着蜡烛虔诚地念起了弥撒。"这里所说"虔诚地念起了弥撒"的恐怕不是牧师,而是神父。

弥撒是天主教和东正教的主要宗教仪式,为拉丁语missa的音译,义为"解散,你们离开吧"。本为该仪式主体部分开始之前遣散尚未受洗礼者,并于仪式结束时遣散全体与礼者的话,后来逐渐成了该仪式的名称。弥撒亦称"感恩祭",在教堂的祭台上由神父或主教主持,将面饼和葡萄酒"祝圣"后,表示已变成了"圣体"和"圣血",然后进行分食(教徒仅食面饼)。弥撒一般在每个星期日以及重大的节日,如圣诞节、复活节举办,并由神父读《圣经》讲道,教徒参与仪式称为"望弥撒"。由16世纪欧洲宗教改革而产生的基督教新教,虽然保留了圣餐礼,但不称为"弥撒",仅称"做礼拜"。

随着基督教传入中国,其各个宗派的用语都有了区别翻译。上述引文中的"牧师",是用来称呼新教宗派里主持仪式、管理教务的人员,而新教是不举行弥撒的。将"牧师"改为"神父"即能讲通了。神父,又称"神甫",是天主教、东正教的神职人员,通常为一个教堂的负责人,协助主教管理教务。

治水开挖的是"碱河"吗

◎木子

2016年11月25日《沈阳日报》T7版刊发了《刘春烺：心怀天下的辽东诗人》一文，其中说道："1896年，辽河发大水……刘春烺上书朝廷，提出'挑河治水'方案，建议'循冷家口故道，别浚碱河'……用人工开挖河道，通向大海，称为碱河。""碱河"一词后文也多次出现，其实皆为"减河"之误。

减河是一种用人工开挖的河道，用途是分泄河流洪水，防止漫溢或决口。开挖出的河道可以入海、入湖或在下游重新汇入干河。古时也称之为"减水河"。引文中说的正是为了治理水患而开挖减河。将"减河"误写为"碱河"，可能是音同形似所致。

哪有"德国首相登兴堡"

◎李光羽

2016年5月25日《新民晚报》A22版《平流层飞艇》一文中写道："1937年，以德国首相命名的'登兴堡'飞艇飞往美国降落时，气囊因氢气突然着火，造成36人罹难"。该飞艇的名字应该是"兴登堡"号，而且"兴登堡"也不是德国首相。

"兴登堡"号是以德国政治家、军事家保罗·冯·兴登堡（1847—1934）的名字命名的。兴登堡曾参加普奥战争、普法战争，在一战中因击败俄军，晋升陆军元帅。1925年，兴登堡当选为魏玛共和国总统。

德国是共和制国家，其元首称为"总统"，而并非"首相"。因此，人们说到兴登堡时，称他为"将军""元帅"或"总统"，而不会称呼为"首相"。

孟昶"用大红宣纸"写联吗

◎辜良仲

2016年10月29日《华西都市报》第12版刊载了《花蕊夫人谜案》一文,其中有一段这样写道:"孟昶的字大概也是写得不错的。相传有一年春节,他在宫门前东看西看,总觉得缺少一点什么。然后命人取来笔墨,用大红宣纸亲笔写了'丰年纳余庆,嘉节号长春'几个字贴在宫门两边——这就是中国第一副春联。"此处描述多有臆测。

我国历来有在春节写春联的习俗,其源头似是由桃符演变而来。清梁章钜《楹联丛话全编》:"尝闻纪文达师言,楹帖始于桃符,蜀孟昶'余庆''长春'一联最古。"桃符为古时习俗,用桃木板写神荼、郁垒二神名,悬挂门旁,以为能压邪。由

此可见,孟昶用来写联的不是"大红宣纸",很可能是写在桃木板上的。至于将春联写在红纸上,应是传播过程中产生的演化。

此外,上文在引用对联时也有一字之误。据《宋史》记载:"末年,学士辛寅逊撰词,昶以其非工,自命笔题云'新年纳余庆,嘉节号长春'。"

当"拿云"不当"挈云"，可"呜呃"不可"呜咽"

◎阎德喜

《诗欢文爱》（上海书店出版社，2007年7月出版）一书收入的文章《怀江庸老人》中写道："每次过梵王渡路，一段少年时代的春愁总是悄悄涌上心头，几番回首'少年心事当挈云，谁念幽寒坐呜咽'的心路历程。"这里的"挈云"当是"拿云"，"呜咽"应为"呜呃"。

上述文章中明显引用了唐李贺所作《致酒行》中的诗句，原文为"少年心事当拿云，谁念幽寒坐呜呃"。"拿云"即凌霄揽云，常用来比喻志向高远。挈，义为提，"挈云"代入句中难以理解。"呜呃"表示悲叹，而"呜咽"则指低声哭泣。用"呜咽"不符合诗的意境。这两句诗表达了少年人应当壮志凌云，而不应该遇到困难就整日悲叹。既然是引用诗歌，还是不要擅改为好。

网言网语·人生

当你紧握双手，手里什么也没有；当你打开双手，整个世界都在你的手中。所以，有时要懂得放弃，放弃之后才会真正拥有。

（崔国胜/辑）

"老莱子"误为"老菜子"

◎得 喜

《诗欢文爱》(上海书店出版社,2007年7月出版)中收入的《一世文章未尽才——哭诗人王昌耀》一文,在写到昌耀决定死后要和母亲葬在一起时说道:"魂而有知,请入我梦,见到你老母亲之后,可学老菜子斑衣?!"文中的"老菜子"乃"老莱子"之误。

陈少梅《二十四孝图》之《戏彩娱亲》

老莱子,春秋时期楚国的隐士。楚王曾召其出仕,他不愿就任,便偕妻迁居江南。老莱子有孝行,年七十时还穿五色彩衣、作婴儿状,以此取悦父母。《艺文类聚》卷二十引《列女传》:"老莱子孝养二亲,行年七十,婴儿自娱,著五色采衣。尝取浆上堂,跌仆,因卧地为小儿啼。"由这个故事而产生出"老莱衣"一词,表示孝养父母。《二十四孝》中的《戏彩娱亲》说的便是此事。

上述文章想要表达昌耀的孝心,"老莱子斑衣"显是借用"老莱衣"的典故。将"老莱子"误为"老菜子",大概是手民误植吧。

咬嚼日记摘钞（11）

◎郝铭鉴

祇·祗·祇·衹

读到一篇评《苏东坡传》的文章，题目是《神祇的笑容》，脑子里立刻紧张起来："祇"字左边是示字旁还是衣字旁？右边有一点还是没一点？这也许是一种职业的恐惧吧。

祇、祗、祇、衹——这四个字都是有的，但它们的关系错综复杂，古今用法又多有变化，如果不是从事古籍研究的人，真不必钻进这迷魂阵。然而，在现代语文运用中，这四个字还是碰得到的，似有必要把它们的关系理理清楚。

祇，音qí，本义为地神。同样是神，古人加以细化：天神曰灵，地神曰祇，人神曰鬼。后来祇可以泛指神灵。又可读zhī，通"祗"，义为恭敬。还可读zhǐ，范围副词，义为除此以外，没有别的。此义宋以后用"只"。

祗，音zhī，从金文字形看，像以酒浇地敬献鬼神，由此引申出恭敬义，如《左传》"父不慈，子不祗"。现代带有文言色彩的书信中也见应用，如"祗候回音""祗颂文祺"。又可读qí，通"祇"，义为神灵。还可读zhǐ，范围副词。

祇，音tí，同"缇"，本义为橘黄色的丝织品。又可读qí，用于"祇衼"一词，指僧尼穿的法衣，如袈裟之类。还可读zhǐ，在古籍中，"祇"和"衹"常通用。1955年12月发布的《第一批异体字整理表》中，"祇"被定为"衹"的异体字。1964年5月发布的《简化字总表》中，"衹"又被定为"只"的繁体字。

袛,音dī,义为贴身穿的短衣。《说文解字》释义时用了一个颇为陌生的词"袛裯":"袛,袛裯,短衣。从衣,氐声。"扬雄《方言》对"袛裯"作了考证:"汗襦,自关而西或谓之袛裯也。"裯,音dāo,袛裯,相当于今天的汗衫吧。

以上所述,就我自己来说,已是力求简明,但看的人也许仍会头大如斗。那么,从应用的角度再来简化一下:

一、义为神灵时,用祇,读音为qí。用"衹"也可以,但不是首选字。

二、义为恭敬时,用祗,读音为zhī。用"衹"也可以,但不是首选字。

三、用作范围副词时,表示仅仅、只有,读音为zhǐ。历史上衹、祇、祗三者皆可用,但自宋代开始,已出现改用"只"的趋势;《简化字总表》明确规定用"只",其他用法是不规范的。繁体字排印的图书应首选"衹"。

四、"袛"是一个用途比较单一的字,只用于表示短衣的"袛裯",读音为dī。千万不要因为形似,在该用祇、祗、衹的时候用"袛"。

回到开头提到的题目,"神袛"应改为"神祇"为是。

"后娘养的"

"后娘养的"是一句惯用语,比喻受歧视、受冷落的人。遇到自己觉得不公的事,人们常会愤愤不平地说上一句:"难道我们是后娘养的?"对此有人感到不解:后娘者,继母也。有娘的孩子是个宝,没娘的孩子是棵草。后娘对于自己养的孩子应该百般宝贝才是呀!受欺负的理应是前娘养的。

这话貌似有理,其实陷入了理解误区。

"后娘养的",不是后娘生的!一个是带养,一个是亲生,不是一回事。原配过世或者离婚以后,丈夫续弦或者再娶,原配生的孩子便落到后娘手里,这些孩子往往不受待见。正是依据这样的生活经验,社会上逐渐形成了"后娘养的"这种说法。

且看书证:《汉语大词典》在解释"后娘"时,引用了杨沫《青春之歌》第二部第九章中的一句:"我是后娘养大的,她待我不好。"这里明确说"养大"的,足见不是亲生的。《语海》收有"后娘养的"词条,例句出自祖慰的《马克·吐温,你说错了一半》:"风,怒发冲冠,十分妒恨地说:'人类太偏心眼了!海是亲骨肉,而我,是后娘养的!'"既然和"亲骨肉"对举,"后娘养的"自然不是后娘生的。

随着社会文明程度的提高,更多的后娘会对前娘的孩子视同己出,"后娘养的"这句惯用语或许会失去用武之地。

"猕猴桃"和"奇异果"

端午节聚会,到外甥女家做客。众人围桌聊天时,外甥女端出一盆猕猴桃。她向大家郑重宣布:"这是进口的正宗的新西兰奇异果!"每次听到"奇异果"三字,我总会感慨系之。

奇异果者,猕猴桃也。中国种植猕猴桃的历史,可谓源远流长。早在《诗经·桧风》中,便有关于猕猴桃的描写:"隰有苌楚,猗傩其枝。"——湿地里长着猕猴桃,它的枝条显得婀娜多姿。"苌楚"说的便是猕猴桃。唐代岑参在《宿太白东溪李老舍寄弟侄》一诗中,直接用到了猕猴桃这一俗名:"中庭井栏上,一架猕猴桃。"李时珍《本草纲目》中,曾就猕猴桃的得名做了解说:"其形如梨,其色如桃,而猕猴喜食,故有诸名。"

猕猴桃是上天的厚赐,然而,在漫长的岁月中,我们似乎并未充分认识到它的价值。世界上有三大果树原生地,除了南欧以外,其他两处便是我国的华北和华南。桃、李、梨、柿、枣等,是我国最早培育的果树品种。尤其是桃,在古代典籍中有大量记载,比如《齐民要术》一书,便对桃的特性、繁殖方法、栽培技术留有详细记录。而猕猴桃却似乎不入国人法眼,始终只是荒山野果,至多视为可供观赏的庭院种植,即使说到可食,也只是猕猴可食。

1904年,新西兰有一位名叫伊莎贝尔的女教师来到中国。她是来探望在中国传教的妹妹的。她对猕猴桃大感兴趣,临别时带回了一包种子,后来长成了三株猕猴桃,在新西兰广为传播。经过一年又一年的精心培育,猕猴桃脱胎换骨,终于育出了一个叫"海沃德"的品种,果子个头大,果形可爱,口感酸甜适中,而且储藏性能好,在常温下可保存30天。自上世纪40年代开始,新西兰的"奇异果"走向世界,迅速垄断了国际市场。在全世界的销售总量中,新西兰占有80%以上。

作为猕猴桃的故乡人,在品尝奇异果时,难免会别有一番滋味在心头。

奇异果的成功,离不开栽培技术,也离不开市场智慧。奇异果的取名便可见一斑。猕猴桃在新西兰结出第一批果实时,新西兰人称之为"中国醋栗"。这可能和当时的口感有关。这样的名称当然很难走向世界。后来曾发起征名活动,最后定名为"kiwi fruit",我国译为"奇异果"。"kiwi"其实是新西兰国鸟的名称。这种鸟是世界三大奇鸟之一,它是鸟而不会飞,个头虽不大,但能生出鸟类中最大的蛋,一个蛋赛过五个鸡蛋。把猕猴桃称为"kiwi果",借助"kiwi"的世界知名度,奇异果迅速驰名全世界。

猕猴桃不敌奇异果,其中也许和语文有那么一点关系吧。

粉丝的分化

◎徐默凡

"粉丝"是个外来词,是英语 fans 的诙谐音译,已经在网上流传多年。类似的诙谐音译有不少,如把 exciting 译作"一颗赛艇",把 go die 译作"狗带"等,但都是一种语言游戏,不登大雅之堂,估计喧嚣一时就会归于沉寂。"粉丝"却不同,流传多年,早已进入日常语言,并且在2012年作为一个新词语进入《现代汉语词典》第6版,标志着正式被学界专家所认可。究其原因,主要还是汉语中并没有专门的词来描写这个新生概念:"拥趸"太古奥,"崇拜者"太正式,"追星族"范围有点窄,"迷"是受限的单音节词……"粉丝"也就脱颖而出了。另外,选用"粉丝"这个现成的汉语词来音译,倒也不算纯粹的搞怪,有其巧妙的地方:作为食品的"粉丝"和作为崇拜者的"粉丝",两者都是朴实无华的芸芸之物,而且集束扎堆的形象也颇有契合之处。

随着通俗文化的兴盛,粉丝现象越来越发达,甚至形成了一种粉丝文化。而商业力量的加入,又形成了专门针对粉丝的"粉丝营销"和"粉丝经济"。与此同时,"粉丝"的外延也在不断扩大,只要是对某人怀有喜爱之情,就可以用"粉丝"来称呼。在微博、微信这些自媒体平台上,"粉丝"还延伸出一个类似术语的用法,只要关注了某人,就成为了某人的粉丝。越来越多的人成为粉丝,也有越来越多的人拥有了粉丝。

"粉丝"外延扩大的结果就是内涵缩小,"粉丝"本身的语义特征越来越少,成为一个表意模糊的泛义词。于是,词语就不够用了,各种类型的人不甘于只用一个模糊的"粉丝"来自称和他称,正名的办法就是把"粉丝"简缩为一个语素"粉",在前面加上各种修饰语,形成了一系列新词。

脑残粉:"脑残粉"的字面意思是脑子有病的粉丝,一开始是用来讽刺那些不经过大脑思考就盲目崇拜偶像的粉丝。他们疯狂地喜爱偶像,凡是偶像说的就坚决拥护,凡是反对偶像的就势不两立,为了偶像一颦一笑愿意付出一切甚至伤害自己。后来,"脑残粉"也被用来自称,但"我是某某的脑残粉"带上了一些自嘲的意味,"失去理智"的含义有所淡化,"特别喜爱"的含义则被突显出来。

亲妈粉:"亲妈粉"的兴起和少年偶像团队TFBOYS有关,该团队由三个十几岁的少年组成,一出道就迅速蹿红。在他们的粉丝队伍里,出现了一批中年女性粉丝,年龄足够当他们妈妈的,也像爱护自己的孩子一样无微不至地爱护着自己的偶像,因此被戏称为"亲妈粉"。后来这个称呼就流传开来,并且逐渐超越了年龄的限制,只要是对偶像嘘寒问暖、关怀备至的粉丝,不管年龄大小都被称为"亲妈粉"。

后妈粉:有"亲妈粉"就有"后妈粉","后妈粉"是在"亲妈粉"的意思上衍推出来的。在中国传统文化中,"后妈"一直是一个被人诟病的角色,她们往往对非亲生的子女不够爱护,而且还时有虐待的传闻。照理说,"后妈"的文化意义是和"粉丝"冲突的,一个虐待偶像的人如何成为粉丝呢?原来这里的"虐待"只是一种表面形式,她们经常毫不手软地抹黑自己的偶像,却是在用冷嘲热讽的方式来勉励自己的偶像做得更好。这就像有些后妈,虽然不对子女假以辞色,甚至还经常批评责难,但心底她们还是爱孩子的,仍希望子女变得更好。所以"后妈粉"也和年龄无关,只和对待偶像的态度有关。

高冷粉:顾名思义,"高冷粉"就是一群高傲冷艳的粉丝,他们内心可能也是非常喜欢偶像的,但在言行举止中却一点也不会表露出来,甚至还有可能对偶像无动于衷。网上有一个段子专门描写高冷粉的冷漠。一日,某高冷粉与偶像在餐厅巧遇,偶像好意客套一下:"你从哪里来的?"结果,这位高冷粉面无表情地回了句:"吃饭的时候不要说话。"

后宫粉:"后宫粉"往往是女性,整天幻想着成为偶像的老婆,通常使用"我老公""我男人"这样的亲热话语来称呼偶像。因为这样的"花痴"粉丝不是一个两个,而是像皇帝的老婆一样是一个后宫群,而且经常拉帮结派,所以被称为"后宫粉"。

除了以上这些常见的粉丝类型,在专业的粉丝圈里还有"前线粉"(扛着高级照相机出没在偶像活动第一线)、"爬墙粉"(经常变换自己的崇拜偶像)、"私生粉"(跟踪、偷窥、偷拍,甚至骚扰偶像)等等类型。

语言永远是现实生活的一面忠实的镜子,"粉丝"类词语的滋生是对现实世界中"粉丝文化"兴旺发达的如实反映,不管你是否喜欢,是否看得惯,它们就在那里默默地生长。

网言网语·人生

一个小和尚问老和尚:"如果前进一步是死,后退一步则亡,该怎么办?"老和尚回答:"你往旁边站啊!"遭遇困境时,如果换一个思路也许就能明白:世界上的事并不一定都是非此即彼,路的旁边往往还有路。

(蔡 玫/辑)

"吃藕"会变丑吗

◎王璐瑶

网上曾经流行一个笑话,问:吃什么会变丑?答案是藕。为什么说吃藕会变丑呢?其实你只要跟着我念一遍"吃藕——丑"就会明白了,原来这是网友们在用"吃藕"委婉地表示"丑"呢!

"吃藕"一词源于百度贴吧,某网友发帖问一个游戏中的人物是不是很丑,不小心把"丑"打成了"吃藕"。从此,以"吃藕"表示"丑"的用法,在网上流行起来。比如:

"今天被老板忽悠剪了个吃藕的发型。"

"有一个特别吃藕的男朋友是什么体验?"

"为什么我发啥样的照都说我吃藕?"

"吃藕"的网络用法与中国传统注音方法"反切"不谋而合。所谓"反切",就是用两个汉字来拼注另一个汉字的读音,基本要求是切上字取声母,切下字取韵母和声调。例如"东,德红切"、"替,他计切"。根据这个规则,"丑"正好是"吃藕切",也就是取上字"吃"的声母 ch,再加下字"藕"的韵母 ou 与上声声调组合而成。

在古代,反切除了在读书识字时用于注音外,由于其隐蔽性,还大量运用于制作"隐语"。宋代就有根据反切原理制作的竞技游戏"击鼓射字",将汉字的反切按声、韵、调编码,再用击鼓的次数把信息传递给对方,这就要求游戏双方要非常熟悉汉字的反切法。明朝著名将军戚继光也曾把它运用于军事密码的编制。他编了两首诗歌作为"密码本",一首是:"柳边求气低,波他争日时。莺蒙语出喜,打掌与君知。"另一首是:"春花香,秋山开,嘉宾欢歌须金杯,孤灯光辉烧银缸。之东郊,过西桥,鸡声催初天,奇梅歪遮沟。"取前一首中的前3句15字的声母,依次编号1—15;取后一首36字的韵母,依次编号1—36;再将当时字音的八种声调依次编码1—8。使用时依照反切注音法来编码和解码,如果密码是"5-25-2",5就是反切上字"低",25是反切下字"西",2是阳平,也就是现在声调的二声,"5-25-2"就可切出"敌"字。这种反切码实用科学,极难破译,已经是相当先进的密码技术了。而近年来,流行于小商小贩、江湖艺人中间的隐语行话——"反切秘密语",也引起了相关人士的注意,有些甚至已经成为了我国的非物质文化遗产。

把"丑"表示为"吃藕",就是利用反切原理制作的"隐语"。这种反切隐语可以使词义的表达更加隐晦含蓄,不仅大大加强了语言的新奇感和神秘感,还隐藏、消解了"丑"字原先的攻击性,甚至带有了调侃、自嘲的意味而显得"萌萌哒"。清代小说《镜花缘》中就曾写过这样一个运用"反切"来进行嘲讽的小故事:主人公多九公在黑齿国卖弄学问,被当地学生以"吴郡大老倚闾满盈"相对,多九公一时摸不着头脑,后来仔细一琢磨才发现自己被人用"反切"骂了。原来这个学生说的正是"问道于盲"四字的反切,借此来暗讽多九公的无知卖弄呢!由此可见,"吃藕"反切嘲讽的用法是有其渊源的。

此外,还值得一提的是,现今网络语言中还存在着一种与反切类似的语音应用——合音。例如"酱(这样)"、"造(知道)"等,都是"合两字之音急读而成一音"的合音字。同反切语一样,合音字也是汉语中自古已有的现象。比如古汉语中的常用兼词"诸"就是"之于"的合音。而在一些方言中,人们常常把"不用"说成"甭",也是

被"玩坏"的语言

◎ 徐妍薇

在纷繁的网络世界中,语言真可说是被"玩坏"了!不论是语音语义的演变,还是语法规范的破坏,网络语言以叛逆的姿态挑战传统语言,离经叛道却也不乏趣味。我们今天要说的"玩坏"这个网络词语,本身也是被"玩坏"的结果。

"玩坏"本来是一个述补结构,"坏"作为"玩"的最终状态,补充说明了"玩"的结果。在许慎的《说文解字》中,"玩"的本义是"以手玩弄(玉)","玩"在诞生之初就将具体的被玩物(玉)包括在了词义之中。发展到现代汉语,"玩"的意义发生了泛化,变成了"通过获得非直接利益来娱乐自身",可以玩纸牌、玩手机、玩猜谜、玩捉藏……但是,"坏"说明的总是物质性对象的损坏,因此运用到具体语境中,"玩坏"仍然是一个玩的人针对一个玩的物体的行为。例如:淘气的小朋友把玩具玩坏了。

时至今日,"玩坏"发生了新的意义变化。且看实例:

一只会模仿主人任何表情和动作的柴犬,感觉被玩坏了!

一只家养柴犬被主人捏出了人类一样的"沮丧"表情,"坏"在这里并非物体的损伤,而是违背柴犬的本能,"玩坏"则是指超常的逗弄宠物的行为。

感觉我把自拍玩坏了。

这个把自拍"玩坏"的女孩,使用特殊软件使照片中的自己呈现出卡通人物形象,"我"

……

合音现象。

不管是反切语还是合音字,其实都体现了汉语文化的博大精深。如果对这些知识不够了解,就有可能闹出笑话来。如果某天有人说你"吃藕",你可不要像多九公一样摸不着头脑呀!

成了一个陌生的"我"。说起来是"玩坏",但其实在照片主人看来,这个"我"比真实的"我"更可爱,因此才会选择在社交网络中公开展示。

帝都的雾霾天被网友们玩坏了,这脑洞太大了。

雾霾笼罩城市的照片被加上了不明飞行物、科幻片中的怪兽,其实这是网络中常见的修图行为,但它改变了照片原来的真实性,透出一些吊诡的幽默感。

从自拍到雾霾天,"玩"的意义发生了明显的泛化,它的对象不再是某个具体可感的事物,或是约定俗成的游戏,它所指向的范围被大大延伸。这让人不禁想起另一个动词"做",做手工、做作业、做家务、做学问、做人……"玩"正和"做"一样,成了一个不能被单独释义的词,需要被置于不同语境中才能做出具体解释。如果说传统的"玩"还侧重于单纯的双手操作,这里的玩则涵盖了绘画、软件制图、视频剪辑、逗宠物等行为,几乎一切皆可"玩",一切皆可被嘲讽。"玩"得尽兴,导致的结果则是一个"坏"。被"玩坏"的事物留给人的直观印象或荒诞幽默,或神秘吊诡,或奇特瑰丽,或滑稽可笑,它们都超越了一般的心理期待,挑战着惯常的认知。

不过,被玩坏的事物给人带来的往往是惊喜与快乐。从这一点来看,玩并没有脱离其"通过获得非直接利益来娱乐自身"的含义。"玩坏"绝非出于恶意,它不是破坏性的"玩坏",相反正是创造性的"玩坏"。当人们说某物被"玩坏"时,某物往往以一种全新的面貌呈现在大众面前。"玩坏"以戏谑、嘲讽的呈现方式,带来感官上的夸张、荒诞效果,某种程度上正迎合着网络世界对娱乐文化的快餐式消费。

回到语言,当语言进入互联网的那一刻,语言就在一步步走向被"玩坏"的境地,形形色色的网络用语都可说是被"玩坏"的结果。对语言来说这究竟是祸是福呢?且交给时间来判断吧。

首相，还是总理？

[中国内地]郭　熙

全球华语媒体中，马来西亚政府首长的中文名称很引人注意。中国称"总理"，马来西亚华文报刊则称"首相"。其他国家和地区的华文媒体则是五花八门，有"首相"，也有"总理"，还有既"首相"又"总理"。

马来西亚华人朋友对中国称其首相为"总理"时有抱怨。他们认为，马来西亚是君主立宪国家，政府首脑应称"首相"。还有朋友说，中国的译名原则是"名从主人"，既然马国称"首相"，中国也该称"首相"。

马来西亚实行君主立宪制。与其他君主立宪国家一样，马来西亚的元首是国家权威的象征，并不掌握实际权力。不同在于，马国的元首由各州苏丹轮任。因此称呼政府首脑为"首相"也是有道理的。至于用"名从主人"来要求中国用"首相"则有些牵强，因为"名从主人"是指人名地名应按该人该地所属的国家（民族）的读法来译。

其实，"首相"或"总理"有纠葛的不光马来西亚。各地华文媒体在对君主立宪制国家政府首脑的称呼上，除对英国和日本均称"首相"、对泰国均称"总理"外，对其他国家如荷兰、丹麦、西班牙、挪威等都是"首相"或"总理"混用。在中国大陆，主流媒体对荷、丹、西、挪等国都称"首相"，民间则二者都有。有的本来使用"总理"又冒出"首相"，或先是"首相"又冒出了"总理"。

"首相"或"总理"的对错似乎已不那么重要了。英国、日本"首相"一边倒，自有其道理。英国君主立宪早，译名既定，后人也就不再改了。日本是中国近邻,又使用汉字,中国容易照搬。其他的,主流媒体各有主张,民间则听得少,见得也少,还有的国家内部制度变来变去,中国人当然弄不清,也就人云亦云。

进入网络时代,各地华语交流频繁,多种形式并用自然不可避免。说到底,怎么称呼是个习惯,要想划一,有点儿难。

(作者是中国暨南大学教授,海外华语研究中心主任)

从猪仔到马劳

[马来西亚] 邓月璇

谈起马来西亚华人先辈们下南洋的辛酸史,总离不开"卖猪仔"这个词。

清末民初,中国南方福建、广东沿海一带的农民或渔民为求生计,纷纷往外寻找出路。由于南洋殖民地需要大量劳工垦殖,因此好些人通过所谓"猪仔"的贩卖方式到南洋谋生。这些出国的劳工都会跟雇主签约,称为契约华工(indentured labor)。这种雇佣方式俗称"卖猪仔"。"猪仔"成了马来亚劳工早期的代称。

"猪仔"来到南洋各地后,多数在园丘或矿场做苦工,一些则在码头或港口从事搬运等重体力劳动,这些工人也被称为"估俚"。

估俚:苦力,英语coolie的福建话音译,马来语叫kuli,泛指当时从印度和中国来的廉价劳工。由于当时在码头或港口当劳工的大多是福建人,"估俚"一词就这样叫开了。

虽然今天已没多少人记得"估俚"曾是国家建设的重要人力资源,但在马六甲就有一条"估俚街",就是因那里曾是"估俚"聚集地而得名。并且还有一所"估俚间"文物馆,记录着码头工人们当初的生活。

马来西亚华人在这片土地上所走的路十分坎坷,尤其是劳动阶级,他们是命运最跌宕起伏的一个群体。

上世纪70年代初开始,许多马来西亚人陆续到新加坡工作,他们在电子工厂或是建筑工地工作,庞大的劳动队伍为新加坡经济做出了贡献。这些作客他乡的工人,都被称为"客工"。

在80年代,全球经济不景气,本地区流行的一个词语叫"跳飞机","跳飞机"不是说打开机舱门往外跳,而是指乘坐飞机到外国,然后在当地逾期逗留非法打工的行为。而这些"跳飞机"的人也被称为"伞兵"。一些"伞兵"被中介拐骗的处境就如现代版的"卖猪仔"般可怜。"跳飞机""伞兵"也成了当时新闻报道中的热词。

自1997年亚洲金融风暴后,到新加坡工作的马来西亚人再掀热潮。每日往返新加坡打工的马来西亚人约有14万。不知从何时开始,这些在彼岸工作的"客工"被该国媒体称为"马劳"。"马劳"是马来西亚劳工的缩写,以前的"客工",一下子全变成"马劳"了。

(作者是马来西亚《中国报》助理编辑主任)

逼仄

[马来西亚] 杜忠全

"逼仄"(bīzè)形容(地方)狭窄,常用在书面语里,是个文言词语(见《现代汉语词典》第7版第65页)。《全球华语大词典》对"逼仄"的解释跟《现汉》大体相同。

但是在马来西亚华语中,"逼仄"是个常用的闽南方言词,几乎成了华人的口头禅,通常用以形容内心局促不安。可是说话的人大多未意识到,表示这个意思所用的汉语词,就是普通话里的"逼仄"。

二三十年前老一辈讲方言,指地方狭窄或进退两难时,往往就说"逼仄",这跟词典的解释相一致。另一方面,如若面对无法解决的事而心里不痛快,或者与人沟通或共事时出现不协调的情况,就会以"逼仄"来表达自己的感受。这一用法显然是"逼仄"的引申义：仿佛被逼进死胡同，动弹不得，而且找不到出路，因而感到十分郁闷。

如今，老一辈已很少使用这个词了，南来的第一代移民都已谢世，反倒是本土化的年轻人把"逼仄"接了过去，在口语中也在网络上频繁使用，作为一时心情之写照。只是，人们多以罗马字母来拼写口语，而不晓得用上固有的汉语词"逼仄"。

"逼仄"的闽南音与北马通行的槟城闽南话有差异，这是有蛛丝马迹可寻的。比如"逼"字，按《闽南方言常用小词典》（福建人民出版社，2007）的标音，是以声母 p 发音（332 页），但槟城都发成浊声母 b；"仄"字的厦门与漳州话是以不送气的 ts 声母发音（367 页），槟城则说成送气的声母 tsh。不送气音与送气音之间的转换，"仄"字绝对不是特殊的例子，只是"仄"字在日常口语中迹近消失，以致人们不知该用哪个字。

有人提出，上述表达内心局促不安的马来西亚闽南口语，可能是"逼切"一词的闽南音。但"切"有"近"义，"逼切"是形容某种情况迫在眉睫；此外，也可用以形容有所期盼的心情。然而如今人们常说的"逼仄"，那是一点儿欢迎的意思都没有，并且带有强烈的排斥之情呢！可见二者在词义上大相径庭。

（作者是马来西亚拉曼大学
金宝校区中文系主任）

热闹的"醒狮采青"

[中国香港] 刘　健

春节是中国人民的传统节日。世界各地的炎黄子孙也都会以自己独特的方式来庆祝，港澳特区也不例外。在欢度新春的庆祝活动中，当推"醒狮采青"最为特别。

"醒狮"即"舞狮"。"舞狮"一词在台湾地区和新加坡、马来西亚等国华人社区常用,但是,"醒狮"与"舞狮"在词义上色彩不同。"舞狮"作动词,意思是表演狮子舞,但在香港粤语中,"舞"与"无"音近,表示什么都没有,这可是个忌语。而"醒"在粤语中有醒目、聪明、活泼、精力充沛、振奋兴旺等意思,其色彩带褒义。

"醒狮"活动中每头狮子通常由两人表演,一前一后。表演者大多功底深厚,不乏一些托举、翻腾等动作,将狮子的灵动、神气全都表现出来了。

值得一提的是,香港的"醒狮"活动的场合与内地不同,不仅在郊野、围村等地区,而且延伸到各个社区、商业大厦、团体机构等。春节期间,"醒狮"活动十分频繁。平常日子,店铺开张、长者寿宴等喜庆场合,也会有"醒狮"活动助兴。

"采青"是狮子舞动一段时间之后,最为精彩的环节,是整个活动的精髓所在。"采青"的意思是采摘绿色的植物,"青"通常为新鲜的绿色蔬菜,最为常见的便是生菜了。香港人凡事讲究好彩头,"生菜"谐音"生财",寓意生意兴隆、财源广进。

"采青"过程大致可分为寻青(狮子寻找绿色蔬菜)、采青(采摘)、戏青(嬉戏)、吞青(吞下绿色蔬菜)、碎青(咀嚼绿色蔬菜)、吐青(从口中吐出绿色蔬菜)等动作环节。主人家会用一条红色的线绳系住绿色蔬菜并把它吊在大门的门框上,两头"醒狮"在寻找、嬉戏等环节之后,由其中一头咬下生菜,趴在地上将生菜"咀嚼"。通常表演者会将生菜撕成碎片,然后再从狮嘴里对着东主"吐出",其实就是表演者将生菜洒向主人家。生菜洒满地面,象征遍地黄金,步步生财,为人们带来美好的祝愿。

"醒狮"活动在震耳欲聋的锣鼓声中进行,营造了喜庆热闹的场面,让人感受到新春的喜悦。

(作者是香港浸会大学持续教育学院兼职讲师)

外国人笔下的"洪荒之力"

◎陆建非

傅园慧一夜蹿红确实始料不及,她是一个非冠军的游泳选手,但以喜剧感爆棚的表情和另类段子手的特征,不仅让国人的网络被刷屏,就连海外网民和记者也统统被圈粉。她的经典之作就是接受记者采访时的那段话。当记者告诉她成绩是58秒95时,她很吃惊:"58秒95?啊?我以为是59秒。我有这么快?我很满意!"在记者追问半决赛是否有所保留时,她气喘吁吁地直摇头,"没有保留,我已经……我已经……用了洪荒之力了!""我用了三个月做了这样的恢复,鬼知道我经历了什么,真的太辛苦了,有的时候感觉我已经要死了,奥运会训练真的生不如死。"顿时"洪荒之力"传遍五洲四海。

讲到"洪荒之力",人们联想到的是开天辟地、造人构物的上帝之力,然而此处的洪荒之力只是现代人的杜撰之作——流行玄幻电视剧《花千骨》中出现的一种邪恶的、毁天灭地的可怕力量,一旦拥有这种力量,所向披靡,天下臣服。同名网络小说中,这种力量谓之"妖神之力",可能编剧认为这一名称不够雅观、不够出挑,在电视剧中就改成了"洪荒之力"。随着电视剧的流行,这一说法也渐渐走红,但没有火爆到如今的程度,以至《咬文嚼字》将它列为2016年十大流行语之首。作为一个90后女孩,傅园慧也许看过这部电视剧,在采访中脱口蹦出这个词,不足为奇。但她不会料到,随口说说,竟成网红,让人们再次领略到"洪荒之力"的魅力和魔力。

问题是外国记者如何将它译成英语,既不失剧中原意,又传递出"洪荒少女"那种特有的语气和表情。这是一道不可逾越的五星级难题,不信请看下列例证:

英国《每日邮报》(The Daily Mail)采用了意译的方法,去掉了原古文化色彩浓重的"洪荒"一词。"I have played my full potential, used all my strength!"这一译文只是表达出该词所含的普通意义,并未传达出傅园慧在使用该词时那种自嘲、戏谑、夸张的语气,英语读者会纳闷:如此一句普通的话语为何能在媒体和公众中引起火爆式的反响。

美国影视杂志《综艺》(Variety)则译成"prehistoric energy",并配以解释,说它类似《星球大战》电影中的 The Force(原力),这是"直译"加"类比",有那么一点点效果,多少传递了那种原始和宏大的感觉,契合傅园慧的"逗"和"萌",但还是无法保留原汁原味的神韵。

英国《卫报》(The Guardian)把"洪荒之力"译作"mystic energy"(神秘的能量),但外国人没有中文底蕴,对这个词组自然不会产生震撼的感觉。同样是英国媒体,BBC 就将其释为"powers strong enough to change the universe"(强大到能颠覆宇宙的力量),冗长且绕口,虽凸显了力量的强大,但未交代时间,过于直白,失之拖沓,要想紧扣"天地玄黄,宇宙洪荒"的典故出处,若没有一定中文功底,怎么拿捏到位?也许意识到了这一点,BBC 在之后的报道中改译为"prehistoric powers",意为"史前力量"。该译法简洁有余,而"力度"不足,只说明了时间之早。澳大利亚的新闻网站 News.com.au 也采用这一译法。

美国《华尔街日报》(The

Wall Street Journal）的译法则是"primordial power"。"primordial"意为"原始的、原生的"，与BBC的译法雷同，缺憾也类似。

香港《英文虎报》（English Standard）相对BBC要简单一点，译为"power of the universe"（宇宙之力）。这么一说，觉得小傅有点像造物神，有悖原意。

中国官媒央视英语频道、新华网英语频道和《中国日报》（China Daily）均统一译为"prehistoric power"（史前力量），由此生成一个"中国英语"（China English）的单词。老外也跟着学，却不知暗藏玄机，都被"洪荒之力"搞蒙。

其他五花八门的试笔者之作也不少，如Ultimate Universe Power（缩写UUP，大宇宙力量）、Almightypower（全能的力量，大能）、big-bang-energy（宇宙大爆炸之能）、superpower（超级力量）、Power of Titan（泰坦之力）、biblical might（圣经之能）、mythological power（神话的力量）、the power of Nature（大自然之力）、the mystical powers that can change the universe（改变宇宙的神力）等等。

最偷懒的莫过于澳大利亚《悉尼先驱晨报》（The Sydney Morning Herald），直接用拼音"honghuangzhili"，如同以前处理"面子"（mianzi）、"关系"（guanxi）、"户口"（hukou）、"不折腾"（buzheteng）一样。有些外刊来了个折中译法：Honghuang power。

当然，英语中要表达"极尽全力"的意思，选项相当多，如：

I've swum out of my super power.

I have given my full play.

I've done my utmost to swim.

I've endeavored to do the best.

最为简单的还有一句：

I've tried my best.

当然，也就平淡无奇，通俗而无力了。

能教有格成无格(上)

◎江更生

灯谜中出现谜格,实在是不得已而为之的事。因为要拓宽谜材,不同程度地将不理想的谜底进行改造,使之利用别解能达到底面扣合。有的是在谜底字序上进行调整,有的是在文字字形上加以改造,有的则是从字的读音上实施掩饰,等等,不一而足。谜格,固然对制谜者扩充谜底有好处,然而对猜谜者而言,无疑设置了不少障碍。因为你得熟悉各种谜格的解法和规矩,否则只能望谜兴叹,一筹莫展。

一些善解人意的灯谜作者,慧心独运地将需用谜格方可制作的谜底材料,巧行谋划,使它即使不用谜格也可成为底材,配置出相应的谜面,让人猜乐。

我们先来看看需要调动字序方能成为谜底材料的例子。比如有一味中药叫"牛黄",如果逆读成"黄牛"就是很好的材料,当然得标示"秋千格"才行。倘若是须逆读三个字以上的,那就得指明"卷帘格"方可。现在不用这些谜格,仅在谜面文字中隐示猜者须要倒过来扣合,猜者如能领悟此意,那么谜底也就昭然若揭了。有这么一条谜:"掉头望见票贩子"(打二字中药名一)。谜面前四字"掉头望见",分明在暗示解谜时须逆向看,"票贩子"俗称"黄牛",逆向(掉头望)便见"牛黄",正是谜底。在此,自然省却了用"秋千格"了。又如"转身看到汴梁城"(打二字电商一)。"转身看到"也是作者交代须逆着猜的意思,汴梁城(今河南开封),宋代称为"东京",逆看则为谜底"京东",也节约掉了一个"秋千格"。再如"回顾香岛好祥和"(打三字外国地名一)。谜面上的"回顾"别解为"回头看"之义,这里也是交代须逆看解底:"香岛"指香港,扣"港";"好祥和",即"大大吉祥"之义,扣"大吉"。将"港大吉"三字倒看,则是孟加拉国地名"吉大港",便为谜底。自然也就不消"卷帘格"出场了。

有的谜格是巧用谐音的,如谜底全部用谐声字取代的叫"谐声格"(又称"梨花格"),个别字读谐声的,首字者叫"白头格",还有"粉颈""玉带""鹤膝""粉底"诸格。有位制谜者别出心裁地省掉"谐声格",以"闻道对枰已失利"打香港影星一。他在谜面上用"闻道"二字点出解谜须听字音的关键。而后五字"对枰已失利"是说下围棋已经输掉,也就是"输棋"之意,此二字字音同"舒淇",故而相扣。还见有人以"听上去羞人答答"打国名一。作者用"听上去"暗示读谐声,"羞人答答",腼腆之义,与其谐音的国名"缅甸"为谜底。也有用格名"白头"来隐指谜面上关键字的首字读谐声的,如以唐代元稹《行宫》中的诗句"白头宫女在"为谜面,要求打七笔字一。"白头"指"宫女在"三字中的首字"宫"须用同音"白字"(谐声字)来代替。我们可取一"公"字,再让"女"字在其旁,则为谜底"妐"(注:读 zhōng,丈夫的父亲或兄长)。同样手法,同样谜面,还可打京剧名一,谜底为《红娘》。这里的"红"别解为"女红"的"红",古汉语中同"工"字,与"宫"同音;"娘"作年轻女子解,故而相扣。(待续)

《火眼金睛》提示

图1,"至知"应为"致知"。
图2,"杨帆"应为"扬帆"。
图3,"无恶不赦"应为"无恶不作"或"十恶不赦"。
图4,"踌就"应为"铸就"。

以"字"扣"名"的灯谜

◎刘茂业

有次谜会上,猜谜朋友问我一谜:"囚禁张学良"(打元代戏剧家名一),谜底:"关汉卿",如何扣合?我解释说,"囚禁"是"关押"的意思,少帅张学良字汉卿,所以底面相切。

由此想到了灯谜中常见的以"字"扣"名"法。现在我们说某人的名字叫什么,与旧时所谓的"名"和"字"是不一样的。过去人们既有名还有字,两者使用时也有所区别。而"名"和"字"的这种关系,就给灯谜创作提供了"回互其辞"的余地。类似的谜例还有很多,如:"羊祜幼年"(打称谓一)"小叔子",西晋名将羊祜,字叔子,"小"指"小时候";"骆宾王的座驾"(打旅游交通工具名一)"观光车",唐代诗人、"初唐四杰"之一的骆宾王,字观光,"座驾"即"车";"胡汉民回忆录"(打《武林外传》人物一)"白展堂",谜面是一本陈述、介绍胡汉民事迹的书,谜底"白"别解为"陈述、说白",国民党元老胡汉民字展堂;等等。

要猜出这样的灯谜,不但要了解这些历史名人,还必须熟悉他们的字。所以说,猜灯谜要掌握的知识亦不少。

每月二谜

1. 各式货币多极了(打三字古典文学名词一)
2. 空管(打四字成语一)

上期答案

1. 酿资购房(打三字古代词集一)花间集(注:花,消费;间,房间;集,集资)
2. 想调头寸一星期(打四字常言一)考虑欠周(注:欠周,欠款一周)

天宫二号

(文中有十处差错,你能找出来吗?答案在本期找)

◎望 岷 设计

"天宫二号"全长10.4米,最大直径3.35米,太阳翼展宽约18.4米,重8.6吨,设计在轨寿命2年,具备支持2名航天员在轨工作、生活30天的能力。

"天宫二号"原本是"天宫一号"的备分飞行器,她们长得很像,可以说是一对"孪生姐妹"。不过,改造过的"天宫二号"已成为我国第一个真正意义上的空间实验室,其设备既有科幻色彩,又具使用价值,适合开展多种空间科学和应用实验。

超极量天尺——"空间冷原子钟",将激光冷却技术和空间微重力环境接合,能实现约3000万年误差1秒的超高精度,是目前在空间运行的精度最高的原子钟。

天宫之炉——由"材料实验炉""材料电控箱"、和"材料样品工具袋"3个单机构成,整个装置共约27千克,最大功耗不到一般电水壶的五分之1,相当于2个100瓦的白炽灯,却能实现真空环境下最高950°的炉膛温度,是不是令人惊叹?

偏爱伽玛暴的小蜜蜂——"天极"望远镜,是一个伽玛射线偏振探测仪,主要探测宇宙中最具烈的爆发现象——伽玛射线暴,能实现高精度、系统性的测量,深入研究恒星演化、黑洞形成的物理机制。

天机不可泻露——"量子密钥分配终端",通过高精度自动跟瞄系统与量子密钥分配终端配合,在地面站与目标飞行器之间建立起量子信道,进行空地密钥分配。目标是为载人航天的空地间量子保秘通信,以及未来实用化天地一体广域量子通信网络建设打下基础。

少了引号,多了误解

屠林明

翻阅手头的旧报纸,发现某报有个专版,版面大标题是《爱我中华 璀璨上海 劳模眼中的申城摄影展》。

某事某物,在不同人的眼中,可能有不同的呈现。比如春节吧,在大人眼中和小孩眼中,所看到的就有不一样的内容。然而,以"爱我中华 璀璨上海"为主题的"申城摄影展",难道在"劳模眼中"有什么不一样吗?劳模为何对这个摄影展投以青眼?

我一下愣住了,赶紧阅读。整版登载的是反映申城新面貌的获奖摄影作品,而这些作品的拍摄者皆为上海的劳模和先进工作者。恍然大悟,原来是我"老糊涂了",误解了标题的意思,是"'劳模眼中的申城'摄影展",而非"劳模眼中的'申城摄影展'"!近几十年来,上海快速发展,举世瞩目,劳模无疑做出了重要贡献。在劳模眼中,申城自然是一个不一样的申城。

不过,我又想,要是多用一对引号,把标题改成《爱我中华 璀璨上海 "劳模眼中的申城"摄影展》,不就不会让人误解了吗?可见,"小蝌蚪"有时是少不得的。

火眼金睛

图中差错知多少？
（答案在本期找）

王东超　杨通沂　尚景友　顾银乔　提供

	1	
2		4
	3	

YAOWEN-JIAOZI

咬文嚼字

04 / 2017

西文为Hyacinthus，得名源于希腊神话。Hyacinthus是阿波罗所钟爱的一个美少年，被阿波罗误伤而失去了生命。在他鲜血染红的土地上开出了美丽的花，此花便是Hyacinthus。Hyacinthus译为"风信子"有两个原因：一因二者音相近；二因此花花朵长长的一串串，像一条条长长的信子。

风信子

欢迎至邮局订阅本刊 邮发代号 4-641
国内统一刊号 CN 31-1801/G
定价：5.00元

上海世纪出版集团

看图说话

"百蚊不如一盾"？

单志文

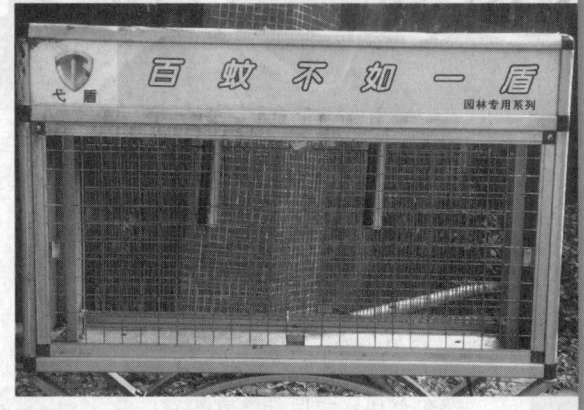

为了吸引眼球，引起消费者注意，商家常常套用成语、俗语制作商品广告语。图片中的"百蚊不如一盾"，是弋盾牌室外园林专用灭蚊灯的广告，明眼人一看便知，它套用的是"百闻不如一见"这个成语。

"百闻不如一见"的意思是，"一百次听说"还不如自己"一次看到"，即眼见为实，耳闻为虚，亲眼所见远比听说的可靠。"百闻"和"一见"是比较的两个对象。然而，"百蚊"和"一盾"可以做类似比较吗？难道是说，"一百只蚊子"所造成的伤害还不如"一个灭蚊灯"？伤害力如此巨大，谁还会购买？

在社会上，许多学者对商品广告套用成语的做法是持反对意见的，认为这是对成语的"篡改"，"对社会公众尤其是未成年人会产生误导，必须坚决予以纠正"。在此，我们不打算对这一问题发表意见。然而，就算"套用"，也要遵从"文从字顺"的原则，要讲得通，让人明白意思。否则，怎能达到"广而告之"的目的？

杨小楼机智救场

张楚翘/文 臧田心/画

一次,杨小楼在北京第一舞台演出《青石山》,讲的是神仙捉妖的故事。杨小楼扮演关平,演周仓的老搭档有事告假,临时由其他演员代替。此人喝了点酒,昏头昏脑地登台,竟忘记了挂胡子。坏事了!杨小楼灵机一动,加了一句台词:"呔!面前站的何人?"此演员稍一愣,慌忙应答:"俺是周仓——"这时得做一个动作:捋胡子。这一捋,他被吓醒了。此人还算机灵,顺着往下说:"——的儿子!"杨小楼接过话头继续演:"咳,要你无用,赶紧下去,唤你爹爹前来!""领法旨!"那演员立马下台挂胡子去了。

《咬文嚼字》
2017年4月1日出版

4
总第268期

主管：上海世纪出版集团
主办：上海咬文嚼字文化传播有限公司
编辑、出版：《咬文嚼字》杂志社
集团网站：http://www.shwenyi.com
E-mail：yaowenjiaozi2@163.com
官方微博：
http://weibo.com/yaowenjiaozish
电话传真：021-64330669
发行电话：021-60878388
邮购电话：021-60878392
地址：上海市打浦路443号荣科大厦17楼
邮政编码：200023
发行：上海市报刊发行局
发行范围：国内外公开
订阅处：全国各地邮局
邮发代号：4-641
ISSN 1009-2390
CN 31-1801/G
印刷：上海文艺大一印刷有限公司
广告经营许可证：沪工商广字
3100320050020号
定价：5.00元

名家语画	杨小楼机智救场 张楚翘/文 臧田心/画 / 1
语林漫步	从诺贝尔文学奖说到歌曲的语言艺术价值　施南仁 / 4
探名小札	"馄饨"与"乌冬面"　钱　伟 / 7
	探名"问政笋"　吴福堂 / 8
锁定名人	莫扎特与郑板桥有没有交集　张大同 / 9
	"素未蒙面"的相亲对象？　梁卓尧 /10
一针见血	"购钱"查拿？　杨昌俊 /11
	行刑的人是"侩子手"吗　江城子 /11
	"扦格"不可作"讦格"　阎德喜 /12
	大堡礁生活着"懦艮"？　思无邪 /12
	《千金翼方》?《千金冀方》!　晋　相 /12
	奔跑的马"鬃毛飞舞"？　谢云秋 /13
	腊八"概莫能外"？　韩学燕 /14
	"腹"岂能死在"胎"中　得　喜 /14
	应为"漏卮"　杨宏著 /15
	是"苟延残喘"而非"狗延残喘"　曹景坤 /15
	《滕王阁序》是诗？　盛祖杰 /16
	孙中山何曾改"正朝"　李光羽 /16
	"兜黎"何物　居容人 /17
	何谓"乐不可滋"　浦东轩 /17
朝花夕拾	咬嚼日记摘钞（12）　郝铭鉴 /18
	"跳蚤市场"探名　/18
	"装嫩"的秘诀　/19
	话说"春节"　/21
学林	汉字里的指事号和记号　苏培成 /22

栏目	篇名	作者/页码
时尚词苑	勿小看"小目标"	刘东怿 /25
	迎来"高光"时代	吴梦捷 /27
向我开炮	此夜明月胜玉盘	袁玉柱 /29
	误把公历当农历	汪仁学 /30
	《明月几时有》作者来信	/31
文章病院	"沛公之意不在酒"吗	陈两森 /32
	"杏坛"之"杏"不是"银杏树"	辜良仲 /33
	"篷豆"？"筵豆"！	肖遥生 /34
	满月不是地球影子造成的	李景祥 /35
	"耽于……声望"？	邓 菊 /36
	兰亭能看到"茂陵修竹"吗	阎南岗 /37
网语漫谈	我可能写了一篇假文章	徐默凡 /38
	我们为什么爱"打脸"	丁 欣 /40
	"污"不仅仅是污染	邓安琪 /42
检测窗	编校差错扫描（三）	王 敏 /44
华语圈	香港美食车	汪惠迪 /47
	香港的"二楼书店"	李 斐 /48
	一张"登记"几许心酸	邓月璇 /49
	一尺有多长	杨欣儒 /51
	大 马	杜忠全 /52
东语西渐	中国人教了老外哪些英语	陆建非 /54
谈联说谜	能教有格成无格（下）	江更生 /56
	说说"元宵晚会"的灯谜	刘茂业 /58
	台湾灯谜简介	柳 叶 /59
向你挑战	拾起人生的碎片	梁北夕 设计 /60

顾 问
张 斌　濮之珍
何伟渔　陈必祥
金文明　姚以恩

名誉主编　郝铭鉴
主 编　黄安靖
副 主 编　王 敏
特约编委
汪惠迪(中国香港)
田小琳(中国香港)
林国安(马来西亚)
吴英成(新加坡)

责任编辑　施隽南
发稿编辑　历 环
　　　　　　何中辰
通 联　张 炜
封面设计　王怡君
特约审校
蔡维藩　陈以鸿
李光羽　王中原
张献通

凡本刊录用的作品，其与《咬文嚼字》相关的汇编出版、网上传播、电子和录音录像作品制作等权利即视为由本刊获得。上述各项权利的报酬，已包含在本刊向作者支付的稿酬中。如有特殊要求，请在来稿时说明。

语林漫步

从诺贝尔文学奖说到歌曲的语言艺术价值

◎施南仁

诺贝尔奖的揭晓,无疑是每年全世界最大的文化新闻。按照节奏,去年10月6号应该揭晓文学奖,但这天瑞典文学院没有公布得奖人,吊足了世人的胃口。10月13日结果终于出炉:美国知名歌手鲍勃·迪伦获得诺贝尔文学奖。

文学奖居然颁给一位歌手,让人们大跌眼镜。法国小说家阿索利纳心中充满了怒气,他认为瑞典文学院的决定很可笑,是对作家的蔑视。奥地利作家彼得·汉德克则说:"文学是要阅读的,而鲍勃·迪伦的作品是不能被阅读的。诺贝尔文学奖评委会的这个决定,其实是在反阅读。"等等。 在我国,也有许多人表达过相似观点。

依据现在的学科分类标准,文学和音乐确实是两个不同的领域,把文学奖颁给音乐家,似乎真的离谱。然而,文学和音乐之间,真的有一条"楚河汉界"吗?

文学、音乐都起源于原始歌谣,有共同的来源。鲁迅先生曾说:"我们的祖先的原始人,原是连话也不会说的,为了共同劳作,必须发表意见,才渐渐地练出复杂的声音来,假如那时大家抬木头,都觉得吃力了,却想不到发表,其中有一个叫道'杭育杭育',那么,这就是创作。"(《门外文谈》)说到底,我们先祖所创作出的"杭育杭育",不仅是最早的文学作品(诗),也是最早的音乐作品(歌)。

语言发明以后,"诗"和"歌"更是长时间保持着"难分难解"的关系。现今"诗""歌"并举,以"诗歌"泛指诗,其实就透射出了"诗"与"歌"之间的不解之缘。《墨子·公孟》："诵诗三百,弦诗三百,歌诗三百,舞诗三百。""诗三百"就是《诗经》中的三百零五篇诗;《墨子》此言的意思是,《诗经》中的诗,可以诵(朗诵),可以弦(用乐器演奏),可以歌(歌唱),可以舞(伴舞)。有学者说,先秦诗本来都是有乐谱曲调的,但随着"采诗"制度的消失,都"相继失传而嗣响无闻"了。先秦出现了"诗""歌"分途发展的趋势和萌芽,但二者还没有完全分离开来。

汉魏六朝时,"诗""歌"最终实现分离,各自成为独立的艺术门类。大量个人创作的文人诗,都只"诵"不"歌"。不过,当时的乐府诗还是"诗""歌"合体的,既可诵也可唱。班固《汉书·艺文志》:"自孝武(汉武帝)立乐府而采歌谣,于是有代赵之讴,秦楚之风,皆感于哀乐,缘事而发。"由于没有科学的记谱法,乐府诗的曲谱全靠乐工代代口耳相传,随着时间的推移,大都失传,仅歌词(诗)流传后世。

唐代是我国诗歌发展的全盛时期。绝大部分唐诗都是文人诗,基本上都不入乐,只吟不唱。不过,乐府诗也并没有在唐代消失。唐初,曾一度继承前代的"采诗"制,但采来的诗并非都来自民间,其中有很大部分为朝臣所做,基本上都是些颂谀之词,乐府诗本来的"讽喻"功能基本丧失。正因为如此,中唐时白居易等倡导"新乐府"运动,主张发扬《诗经》和汉魏乐府的讽喻传统,使诗歌起到"补察时政""泄导人情"的作用,并创作了大量"新乐府诗"。据学者研究,唐初所采集的乐府诗大都能入乐,可以唱。但白居易等人的"新乐府诗"都不入乐,只吟不唱。

中唐以后,"诗"彻底从"歌"中分离出来。此后,逐渐产生了一种新的与音乐相结合的语言艺术形式——词。词兴于唐,盛于五代十国时期,宋代达到顶峰。宋代出现了一大批彪炳文学史的词坛大家。宋代的许多词人不仅是作词大家,也是作曲大家,周邦彦即其中之一。《宋史·文苑传》云:"邦彦好音乐能自度曲,制乐府长短句,词韵清蔚传于世。"过去有人认为,宋词中只有柳永、李清照等婉约派词可以唱,而苏轼、辛弃疾等豪放派词不能唱。现在一般认为,不管是婉约派还是豪放派,都可以唱。

宋以后,词逐渐脱离音律,变成了只吟不唱的纯语言艺术形式。与此同时,又逐渐产生了新的与音乐相结合的语言艺术形式——元明散曲、戏曲。元明曲是语言艺术与歌舞完美结合的综合艺术形式。在中国文学史上,又出现了一批巨人,如关汉卿、郑光祖、马致远和白朴等等。

在西方,"诗"和"歌"同样具有类似的紧密关系。如《荷马史诗》,一般也认为,是职业乐师的演唱歌词。

可见,在文学和音乐之间,不存在不可逾越的鸿沟。

鲍勃·迪伦不仅是优秀的歌手,也是"优秀的作曲家,天才的词作者"。获得诺贝尔文学奖的理由,是他在歌词创作上的成就,因为他在美国传统歌曲中"创造了新的诗意表达"。歌词创作是语言艺术创作,因此成就而获文学奖,有何不可?

对鲍勃·迪伦获文学奖的质疑,与现代社会的审美倾向有关。现代歌唱艺术,本应是文学和音乐的完美结合,由曲作者、词作者、演唱者共同演绎而成。遗憾的是,现代社会有重乐律冲击而轻语言感染的倾向,演唱者的光芒被过度放大,而词作者的作用受到严重轻视。看看那些狂热的歌迷,他们追捧的无一不是歌手,词作者很少有人去关注。也正因为如此,现代歌坛缺乏把歌词创作当成真正的艺术创作的动力,以致错误、粗制滥造的歌词大量出台。

把歌词排除在文学之外,是不正常的现象,对音乐、对文学,都是一种伤害。但愿鲍勃·迪伦的获奖,能引导现代社会审美倾向的转变,引起世人对文学和音乐边界的反思,让人们重新认识到歌曲的语言艺术价值。

"馄饨"与"乌冬面"

◎钱 伟

乌冬面与荞麦面、绿茶面并称日本三大面条。很多人都以为乌冬面是源自日本本土的食物,其实,它的真正起源可能在中国,其名称也与中文有关。

说来话长,我们还得先从中国的传统小吃馄饨说起。

在广东,当地人按照方言的发音习惯将馄饨称作"云吞"。此外,广东人还创造出了云吞和面同食的"云吞面"。随着中日民间交往的增多,得风气之先的广东人和广东文化开始进入日本,日语中遂有了"ワンタン(wantan)",即"云吞"。毫无疑问,这是一个汉语外来词。

有趣的是,日语中还有一词"うどん(udon)",日文汉字写作"餛飩"。看到"餛飩"二字,千万别以为它就是馄饨,实际上它是与馄饨大不相同的面条,即大名鼎鼎的"乌冬面"。这可真是名不副实啊!

对此,早在1932年,留日文人陈以益(1889—1962)就在《馄饨与云吞》一文中写道:"日人呼面曰'udon'(乌冬面),疑其音之与馄饨相似,料系日人在昔留学吾国,讹面为馄饨矣。"陈说:"旋游日本,见面店招牌,果书馄饨(此等面店并不兼卖馄饨)。"而真正的馄饨,日本人则以馄饨的广东方言"云吞"来表示。陈以益还说,馄饨在"中华料理店,一律写作云吞,日本语呼为wantan(云吞),现代日本虽三尺童子亦知云吞之可供狼吞也","云吞之称,原为广东方言,日人最喜广东料理,以此代表中华料理,遂以云吞为馄饨"。陈以益先生的说法,是可信的。

探名"问政笋"

◎吴福堂

近日从图书馆借来一本写美食的书,书名叫《鲜味》(北京时代华文书局,2015年4月出版)。书的第一篇写食笋,其中引用了袁枚《随园食单》中笋的相关论述。袁枚在食单中介绍了一道名为"煨三笋"的菜:"将天目笋、冬笋、问政笋,煨入鸡汤,号三笋羹。"这里的"问政笋",很多人不知所指,连《鲜味》的作者也坦言自己"不得而知"。其实问政笋因地得名,在徽菜中颇有名气。

袁枚所著《随园食单》详细介绍了清代汉族饮食状况和烹饪技术,甚至衍生出被称为"随园菜"的菜式。虽然袁枚是大家,但他在《随园食单》中关于"煨三笋"三样食材的分类,却存在逻辑混乱的问题。笋的分类,可以按产地,也可据产季。袁枚说的三笋,即天目笋、问政笋和冬笋,前二者按产地呼之,而后者按出产时间呼之。一般而言,春天产的笋叫"春笋",冬天产的笋叫"冬笋",夏秋季节产的笋叫"鞭笋"。天目笋和问政笋,若按季节不同,都有"春笋""冬笋"和"鞭笋"之分。

《随园食单》中有对天目笋和问政笋的描述。对天目笋,袁枚说"多在苏州发卖";对问政笋,袁枚在讲述"问政笋丝"时说"即杭州笋也"。显然,袁枚并没讲它们的得名缘由。天目笋的原产地是浙江天目山,故名。问政笋产自安徽歙县的问政山,故称问政笋。问政山位于歙县歙城东门。《歙县志》载:"春笋以问政山为冠,红箨白肉,坠地即碎。"

莫扎特与郑板桥有没有交集

◎张大同

赵丽宏在《唯美之舞》(文汇出版社2001年1月出版)中有这样一句话:"当欧洲的莫扎特在穷困潦倒中谱写他那些不朽的美妙旋律时,中国的郑板桥、金农和其他几位'扬州八怪'的画家们,正在用他们的画笔宣泄愤世嫉俗的激情。"从时间上考量,这里把莫扎特与郑板桥、金农及其他几位"扬州八怪"相提并论,似有不妥。

欧洲古典主义音乐家莫扎特生于1756年,卒于1791年,一生创作了近700首曲子。1781年,莫扎特辞去宫廷乐师的职务,前往维也纳谋生。而这"穷困潦倒"的日子正是他创作的高峰。1791年,莫扎特完成《魔笛》等作品后,开始创作大型宗教音乐作品《安魂曲》。《安魂曲》尚未完成,莫扎特就于1791

扬州八怪纪念馆,位于扬州市驼岭巷18号金农故居西方寺内。"扬州八怪"是清代中期活动于扬州地区一批风格相近的书画家的总称。究竟是哪八位,有不同说法。据李玉棻《瓯钵罗室书画过目考》,"八怪"为罗聘、李方膺、李鱓、金农、黄慎、郑燮、高翔、汪士慎

年12月5日0时55分离奇去世,终年35岁。

郑板桥生于1693年,卒于1765年。郑板桥去世时,莫扎特才9岁。金农生于1687年,卒于1763年。金农去世时,莫扎特才7岁。其他六位"扬州八怪",分别是罗聘(1733—1799)、黄慎(1687—1768后)、李方膺(1695—1754)、高翔(1688—1753)、李

"素未蒙面"的相亲对象?

◎梁卓尧

2016年12月13日《作家文摘》刊登了当代青年女作家蒋方舟的一篇随笔《我的相亲史》。该文最初发表在微博上,引发热议,转发量颇高。文中有一小段话说:"在地铁上,我都在反思自己哪个环节做得不对,没有获得这个素未蒙面的87属兔男生的青睐。"其中的"素未蒙面"应是"素未谋面"之误。

素,即平素、向来、旧时。素未,义为从来没有。蒙面,即遮饰脸面,后引申有厚颜无耻之义。"素未蒙面"只能解释为从来没有遮饰脸面,或从来没有厚颜无耻。无论采用哪种解释,用"素未蒙面"来形容上述语境中的80后小青年,都不符合作家想要表达的意思。

其实,用"素未谋面"就对了。谋,本义为考虑、谋划,后又有会合、接触之义。柳宗元《钴鉧潭西小丘记》:"枕席而卧,则清泠之状与目谋,潜潜之声与耳谋,悠然而虚者与神谋,渊然而静者与心谋。"这里的"与……谋"即"与……接触"。谋面即见面、相识。如《官场现形记》第九回:"陶子尧虽久在山东,同王道台却是从未谋面。""素未谋面"的意思是从来没有见过面,相互不认识。文章中用"素未谋面"是恰到好处的。

"购钱"查拿?

◎杨昌俊

《新周刊》2015年第17期刊有《民国的鸿门宴》一文,其中提到了1912年9月11日孙中山、黄兴与前清皇族的一次尴尬饭局:"或许它会像中国历史上那场典型的杀机四伏的鸿门宴一样,这些前朝亲贵暗中设伏,专待这两位曾被购钱查拿的叛党逆贼自投罗网,一雪亡国之耻?"引文中的"购钱查拿"让人费解,其实是"购线查拿"的误写。

购,本义是重赏征求,重金收买,后与"买"同义,表示采购、收买商品之意。"购线"一词,意为征求破案的眼线。清代黄轩祖《游梁琐记·内黄大盗》:"总镇悬赏购线,竟莫弋获。""查拿"一词,意为搜查捕拿。《二十年目睹之怪现状》第八一回:"上台便通行了公事,到各府、厅、州、县,一律严密查拿。"购线与查拿,是古代官府缉捕人犯的方法。"购钱"则难以索解。

行刑的人是"侩子手"吗

◎江城子

2016年4月17日《人力资源报·旧闻周刊》第19版刊有《神医》一文,其中写道:"当侩子手举起寒光闪闪的大刀,砍向瑟瑟发抖的张仲景时,曹操一声低喝说,且慢!"引文中的"侩子手",显然是"刽子手"的误写。

刽,读作guì,本义是断,砍断。"刽子手"旧时指执行死刑的人,后也泛称以各种方式杀人的凶手。

侩,读作kuài,义为说合买卖之间的价钱以成交。《玉篇·人部》:"侩,合市也。"旧时也指买卖的居间介绍人,以拉拢买卖成交从中获利。

"刽"与"侩"字形有些相近,但语义、用法相差甚远。不少人把"刽"误读为"侩"字之音,把"刽子手"误写成"侩子手",或许与形似相关。

"扞格"不可作"讦格"

◎阎德喜

《书屋》2016年第10期刊载的《〈近古变局:五百年明清文化蠡测〉序》一文,说到了明清政治制度的双重功能:"为明、清后时代提出维护'一统'与突破'专制'这颇相讦格的两大使命,中国近代化进程因以崎岖错综。"其中的"讦格"实乃"扞格"之误。

"扞(hàn)格"义为抵触,格格不入。在上文中,"维护'一统'"与"突破'专制'"本来是对立的,可是却要齐头并进,同时进行,用"扞格"来形容这两件互相抵触的事是合适的。

讦,一读作jié,义为揭发、攻击他人的隐私、过错或短处,如攻讦、讦告。一读作jì,义为直言无讳,多见于古汉语中。无论取哪种义项,"讦格"都说不通。

大堡礁生活着"懦艮"?

◎思无邪

2016年10月17日《参考消息》第7版《美媒发表大堡礁"讣告"》一文中说:"大堡礁拥有世界上数量最多的懦艮以及最大的绿龟栖息地。"其中"懦艮"应该为"儒艮"。

儒艮(gèn)拉丁学名为Dugong dugon,哺乳纲,海牛目,儒艮科,俗称美人鱼。它的前肢呈鳍形,后肢退化,体呈纺锤形。栖息河口或浅海湾内,喜集群,以藻类或其他水生植物为食。把"儒艮"误为"懦艮",应是"儒""懦"形近所致。

《千金冀方》?《千金翼方》!

◎晋相

《北京晚报》2016年10月27日第38版《古人爱选什么样的健身方式》一文中有这样一句话:"《千金冀方》记载,孙思邈有'食后摩腹'习惯:'平日点心饭后,即自以热手摩腹。'"这里《千金翼方》,当是《千金翼方》之误。

被后世誉为"药王"的唐代医学家孙思邈(581—682),总结唐以前的医学理论和临床经验,于永徽三年(652)著成《备急千金要方》一书。他认为"人命至重,有贵千金",故将"千金"二字用于书名之中。该书又名《千金要方》《千金方》,被后世誉为中医临床百科全书式的大作。永淳元年(682),孙思邈又著成《千金翼方》一书,以补早年所著《千金要方》之不足。两部著作的名称大同小异。《千金要方》之"要"是重要、主要,《千金翼方》之"翼"是辅助、补充。用"翼"字表示后书为前书之续,是补前书之不足。《千金翼方》共30卷,计189门,取材广博,内容丰富,为传世之中医要籍,是我国宝贵的文化遗产。

《北京晚报》文章中把书名《千金翼方》误为《千金冀方》,应是"翼""冀"两字形似致误。"冀"有希望之意,还是河北省的简称,但与医药方剂无关。

奔跑的马"鬃毛飞舞"?

◎谢云秋

《扬子晚报》2016年12月23日B4版《老手艺人》一文中写道:"他在鞋垫上绣花,一朵朵牡丹跃然而上;他在布上绣马,一匹奔跑的马,鬃毛飞舞,活灵活现。"句中的"鬃毛"一词应是"鬃毛"之误。

鬓毛,即鬓发,指鬓角的头发。贺知章《回乡偶书》中有名句:"少小离家老大回,乡音无改鬓毛衰。"鬓毛通常只用于人,而不用于动物,文中将"鬓毛"用于马,显然是用错了对象。马身上飞舞的不是"鬓毛",而是"鬃毛"。鬃是马、猪等颈上的长毛。马在急速奔跑时会带动颈上的长毛向后呈飞舞状。文中所说应是"鬃毛飞舞"。

腊八"概莫能外"?

◎韩学燕

2017年1月7日《今晚报》第1版所刊《由腊八"暖心粥"想到的》一文中说:"中国的节一般与吃有关系,腊八也概莫能外。"乍看这句话说得挺对,但细细想想,这个成语"概莫能外"用得对吗?

概有全、一律的意思。概莫能外即一概不能例外,表示所有的都在所指范围之内。毛泽东《矛盾论》三:"否认事物的矛盾就是否认了一切。这是共通的道理,古今中外,概莫能外。"再如:"在法律面前人人平等,概莫能外。"

"概莫能外"是指所有的、全部的一概如此,没有例外,针对的是一个集合群体。而"腊八"是个体,不存在"所有的""全部的"的问题,即与"概"无关。二者如何搭配?如果去掉"概"的意思而说成"腊八也不例外"就通顺了。

"腹"岂能死在"胎"中

◎得 喜

《黑龙江广播电视报》2016年11月14日—11月20日刊登有《宁泽涛揭奥运失利背后的"黑幕"》一文,文中讲了这样一件事:宁泽涛本来计划和宝马汽车合作,由于他跟随中国游泳队出席了吉利的活动,"宝马方面了解情况后表示不满,最后合作腹死胎中"。文中的"腹死胎中"用得不对,正确的用词应是"胎死腹中"。

"胎"的一个义项是,人或哺乳动物孕于母体内的幼体。人正常情况下,"十月怀胎,一朝分娩"。但也有例外,胎儿还没有生下来就死在肚子里了,即"胎死腹中"。引申比喻计划、方案等尚未实施就失败或取消。上文中宁泽涛与宝马汽车的合作最后告吹,用"胎死腹中"来形容,非常恰切。

"腹"在外,"胎"在内,"腹死胎中"显然说不通。

应为"漏卮"

◎杨宏著

《民国文事·民国"百美图"》(北岳文艺出版社 2015 年 10 月出版)第 96 页谈到民国时期上海漫画家丁悚(丁聪之父)曾经画过的《百美图》(已逸)及《丁悚绘百美图外集》时说:"其作一画一诗,画为白描构图,诗为竹枝词样。绘劳动妇女在水龙头前淘米者曰:'谁遣奔湍入漏厄,碎沙淘尽但凭伊。……'"其中"漏厄"应是"漏卮"之误。

"卮"也作"巵",读作 zhī,是古代的一种酒器。《说文》:"卮,圆器也。"《庄子·寓言》:"卮言日出",成玄英疏:"卮,酒器也。""漏卮"也作"漏巵",本指底部有孔的酒器。如《淮南子·氾论训》:"今夫雷水足以溢壶榼,而江河不能实漏卮,故人心犹是也。"后常用来比喻利权外溢。如清代夏燮《中西纪事·盐茶裕课》:"国家财赋之入,自地丁外,则盐课其最也。然五百七十余万之岁额,其漏卮为不少矣。"厄读作 è,义为灾难、困苦,也指险要的地方。"漏厄"一词难以索解。

是"苟延残喘"而非"狗延残喘"

◎曹景坤

商务印书馆出版的《大书特书》(乔·昆南著,陈丹丹译,2014 年 12 月出版)第 116 页有这样一句话:"当我们再次造访,这座小镇已经变了样,丑到认不出来了,书店也只能说是狗延残喘。"句中的"狗延残喘"显系"苟延残喘"之误。

苟有暂且、勉强之义。苟延即勉强延续。"苟延残喘"是个成语,义为勉强拖延一口没断的气,比喻勉强维持生存。这个成语出自宋朝欧阳修《与韩忠献王》:"遽来居颍,苟存残喘,承赐恤问,敢此勉述。"这个词和狗这种动物并没有什么关联,其"苟"不能换成"狗"。

《滕王阁序》是诗？

◎盛祖杰

2016年12月28日沪昆高铁全线运营当天，央视网新闻频道刊发《来了！中国最美高铁今天全线通车》一文，文中提到滕王阁时说："因初唐诗人王勃诗句'落霞与孤鹜齐飞，秋水共长天一色'而流芳后世。"可是，这《滕王阁序》中的千古绝唱不能称为"诗句"。

滕王阁故址在今江西省南昌市，前临赣江，是游览胜地。唐代贞观十三年（639），唐太宗弟李元婴受封滕王。他曾官至洪州都督，滕王阁是他在洪州时所建，故称洪府滕王阁。唐高宗时的一天，洪州官员在滕王阁宴饮，王勃路过于此，参与宴会，即席做成《秋日登洪府滕王阁饯别序》，后简称《滕王阁序》。其中描绘了滕王阁四周景物及宴会盛况，意境开阔。从其题目可以看出，此作是"序"，而不是"诗"。序是古代的一种文体。唐初，亲友别离，赐言规勉，乃为序，故也称赐序。王勃的这篇序用骈体写成，通篇词采绚丽，对仗工整，声韵和谐，多用四字、六字句。"落霞与孤鹜齐飞，秋水共长天一色"则是其中少有的七言句，其前是四言，后接四六对偶句。按照现在的文体分类，王勃此序可归在散文中，如朱东润《中国历代文学作品选》就是这样处理的。《滕王阁序》既然不是诗，其中的句子自然就不是诗句了。

孙中山何曾改"正朝"

◎李光羽

2016年最后一期上海作家协会内刊《上海作家》中刊有《孙中山与上海》一文，其中写道："（孙中山）主持召开了同盟会的最高层干部会议，讨论并决定了三条措施，（一）改正朝为阳历……"此处的"正朝"应该是"正朔"。

正，此处应读 zhēng，指的

是农历正月。朔,音 shuò,此处指的是每月的初一。"正朔"就是指农历正月初一,常指帝王颁布的历法。孙中山就任中华民国临时大总统,宣布以西历1912年1月1日为中华民国元年元旦,称之"改正朔"是对的。

"兜黎"何物

◎居容人

2017年《国家人文历史》1月(上)刊有《盛唐重器:"明光铠"与"锁子甲"》一文,其中写道:"这种'步人甲'源自唐代的'步兵甲',头戴兜黎,身甲用带联扣在双肩位置,两肩所覆披膊作兽皮纹,腰带下垂有两片很大的膝裙,上面有几排方形的甲片。"其中的"兜黎"应写为"兜鍪"。

兜,指古代武士戴的头盔。朱骏声《说文通训定声·需部》:"胄所以蒙冒其首,故谓之兜。"鍪,读作 móu,指古代战士戴的头盔,也指形似头盔的帽子。"兜鍪"指古代武士戴的头盔,秦汉之前称为胄。后借指士兵。辛弃疾《南乡子·登京口北固亭有怀》:"年少万兜鍪,坐断东南战未休。"

"兜鍪"是古人作战时头部的防护具,如今可以在一些博物馆中见到,而误写成"兜黎",则让人不知为何物。

何谓"乐不可滋"

◎浦东轩

2016年10月20日《东方葵园》B4版《潜心丹青心自高》一文说,中国当代著名画家徐放"最是服膺新罗、虚谷、八大、任颐的人品、画品,一页在手,反复摹写不辍,或有悟及,乐不可滋"。其中"乐不可滋"应是"乐不可支"。

"支"即支撑。"乐不可支"即快乐到了不能撑持的地步,形容快乐到了极点。

"滋"有生长、滋养、汁液、味道、喷射等义。"乐不可滋"难以索解。

咬嚼日记摘钞（12）

◎郝铭鉴

"跳蚤市场"探名

有朋自远方来，给我看一个颇为别致的贵族族徽，说是在巴黎的跳蚤市场淘到的。这不禁又让我想起了在国外逛"跳蚤市场"的情景。

有一年去英国，同行者中有两位，每到一地必访跳蚤市场。一位青睐的是烛台，一位寻觅的是瓷器。我于收藏缺乏常识，但喜欢跟在他们后面，看他们讨价还价。

一次淘货归来，我曾向他们请教过一个问题："跳蚤市场"这个古怪的名称是怎么来的？"烛台"告诉我说："在昆虫中，跳蚤的身体是很小的。所谓跳蚤市场，就是小型市场。跳蚤形容的是一个'小'字。"他说得挺自信。

"瓷器"另持一说："跳蚤的特点是善于跳跃。外国的市场管理，同样是有城管的。你今天在这里设摊，城管会来干涉；明天到那里设摊，城管还会来找碴儿。这类卖旧货的市场，只能搬来搬去，没有固定位置，所以称为'跳蚤市场'。"回国后我查过工具书，果然有这方面介绍，《辞海》中关于"跳蚤市场"的释义，第一句话便是："摊位不固定、出售的大多是价格低廉的小商品的零售市场。"

后来偶然在报上读到一篇文章，让我发现了"新大陆"。这篇文章说"跳蚤市场"起源于法国。公元1884年，巴黎市政府整顿市容，立法禁止在市区堆积垃圾，责令贫民区的垃圾堆搬到郊区一个叫圣旺的地方。一时垃圾堆积成山，垃圾中混杂着不少破旧的生活用品，包括衣服鞋子等等。有人挑挑拣拣，在当地随手出卖，两年以后，居然形成了一个旧货集市。由于这里出售的旧衣物上常有跳蚤，人们便称之为"跳蚤市场"。这则掌故有时间，有地点，说得有鼻子有眼，看来是比较靠谱的。

来访的朋友走后，我脑子里还在想着"跳蚤市场"，便和在国外的女儿通了个电话。谁知她提供了一种截然不同的说法：据美国语源学家克里斯汀·安默尔研究，"跳蚤市场"不是源于法国，而是源于美国。这个专门出售旧货的市场，位于纽约的曼哈顿地区。它在1775年美国独立战争时期便已存在。为什么称"跳蚤市场"呢？原来该市场的名称最初是荷兰语Vliy或Vlie，意思是山谷，荷兰语的发音和英语跳蚤"flea"相似，后来讹变为"flea market"，并传播到欧洲地区。中国人意译为"跳蚤市场"，其实和跳蚤无关。

一个词语在最初出现时，是有清晰的源头的，在长期运用的过程中，有时会变得扑朔迷离，甚至无迹可寻。这是一个很有趣的语言现象。

"装嫩"的秘诀

我们社会原本是崇老的，人们以老为尊，见人总是"您老您老"地叫。上了年纪的人，自可倚老卖老；一点儿不老的人，也可装得少年老成。称人"李老""王老"，其中这个"老"字，不但指称年龄，还意味着社会地位。苏东坡写《江城子·密州出猎》词："老夫聊发少年狂，左牵黄，右擎苍。……"诗人自称"老夫"，其实那年不过40岁。

而今我们转而求嫩，连广

告里也这样说:"今年二十,明年十八。"帅哥靓妹成了让人羡慕的风景线。正是在这样的背景下,整容业疯狂生长。有些求嫩心切的人,还到国外去整容。一句"抓住青春的尾巴",让多少人怦然心动。于是,"原装"还是"重组",经常成为话题,特别是在演艺界。

整容毕竟投资高,风险大。聪明的人发现,语言也有"装嫩"的功能。有时,一句话会让人年轻十岁。根据我的观察,语言"装嫩"有三大秘笈:

一是称谓的低龄化。过去称人大爷大娘,会让人觉得亲切,现在再这样叫,难免遭到白眼。老太太被人叫小姐,这也许是和国际接轨,不必细说;我们还有很多本土发明,比如称这位艺人叫"波波",称那位歌手叫"春春",让你顿时会联想到爷爷奶奶叫孙子孙女的乳名。继"男生女生""男孩女孩"风靡之后,"宝宝"横空出世,几乎成了当代年轻人的"共名"。称谓的低龄化,由此达到了一个新的境界。

二是词语的叠音化。从小孩子的口中,经常可以听到"吃糖糖""洗手手""睡觉觉"的说法,叠音是语言童化的一个显著标志。有些人深得其中三昧,把这种手法用得出神入化。电视台主持人中便有不少这方面的高人。我曾读到过某女作家的一段文字:"街口新开了一家店店,遛狗狗时进去买了一个包包,挺时尚的包包。中午赶到老妈那里吃饭饭,吃完后还要上班班呢。我上的可是很苦的班班……"撒娇之态可掬。

三是语音的童稚化。小孩子牙牙学语,往往会吐字不清,咬字不准。有些成年人刻意模仿,并极尽夸大之能事。"非常好"会说成"灰常好","我喜欢"会说成"偶稀饭","心好慌"会说成"心好方","我的妈"会说成"额滴妈"……这类音变可能和打字便捷有关,也可能和方言模仿有关,但更多的还是为了表现自己的奶声奶气。语言之为用可谓大矣!

话说"春节"

读到一篇文章,是谈过年习俗的,题为《400年前的春节》。文章挺有知识性,只是这个题目,似容易让人误解,以为400年前便有"春节"这一说法。其实,"春节"的得名至今不过百年的历史。

"过年"古已有之。它源于原始社会的"腊祭"。一年农事既毕,为了报答神的恩典,人们举行隆重的祭祀庆祝活动。甲骨文"年"字,便是谷穗低垂的形象。不过,何时"过年",汉以前并不固定,直到汉武帝时创制了"太初历",才确定夏历正月初一为"岁首"。这一天,也称"元旦"。南宋吴自牧《梦粱录·正月》:"正月朔日,谓之元旦,俗呼为新年。"正月朔日即农历一月一日。

1911年辛亥革命后,为了便于国际交往,利于财会结算,我国和世界接轨,从1912年起改以公历1月1日为元旦。这样便有了公历年和农历年之分。公历年岁首称元旦,农历年岁首也称元旦,同一名称指称不同的节日,未免让人有点尴尬。

袁世凯任大总统时,时任内务部总长的朱启钤看到了这一问题,曾上书《定四季节假呈》。其中有云:"我国旧俗,每于四时令节,游观祈献,比户同风,固作息之常情,亦张弛之至道。"为此,朱总长提出应定"四季节假":"阴历元旦为春节,端午为夏节,中秋为秋节,冬至为冬节。"袁大总统接到呈文后,当即批示"照准"。这是我国第一次把农历年称为"春节"。

尽管春节、夏节、秋节、冬节已成为法定假日,但随着时间推移,后来"四节"中只有"春节"这一名称,因有区别公历元旦的现实需求,一直流传至今,而其他三节因原有端午、中秋、冬至之本名,用不着多此一举,也就无疾而终。

汉字里的指事号和记号

◎苏培成

汉字里的指事号与记号是两个不同的术语,容易相混,要加以区别。区别这两类符号对汉字结构的分析很有好处。指事号来自传统汉字学,用于指事字;记号是现代汉字学里的概念,用于造字法领域。

指事字是六书里的一类,是在象形符号上加注指事号构成的。指事号指示字义的所在,产生新字,兼起区别字形的作用。指事号不独立使用,是指事字的组成部分。在发展中不少指事字的指事号与象形符号融合为一体。下列带指事号的字都是指事字:

甘。甲骨文甘字是在口内加一短横指事号,表示口含着甘美的东西,演变为后世的甘字。

刃。金文刃字是在刀的刃部加一短横指事号,指明刀刃之所在,演变为后世的刃字。

勺。小篆包裹的包字作勹,在勹内加一短横指事号成为勺,指勺中有舀取的东西,演变为后世的勺字。

亦。小篆的大字象正面站立的人形,在人的两腋处各加一短横指事号,成为腋的初文,后来演变为亦字。亦假借为副词,如"学而时习之,不亦说(yuè)乎"的亦,于是另造从月(肉)夜声的腋字。

本。小篆本字是在木字的下部加一短横指事号,指树根。本字后来转指树干,于是另造根字表示树根。

末。小篆末字是在木字的上部加一短横指事号,指树梢。

朱。小篆朱字是在木字的中腰部加一短横指事号,指赤心的树,后来演变为朱字。

玉。小篆王字和玉字相似,中间的横画靠上是王,中间的横画居中是玉。到了隶书两个字的中间横画位置都居中。为了显示区别,就在王的右下加一点的指事号成为玉。

乂。义字是義字的简化字,与乂字相似。乂读yì,意思是治理、安定。二者的区别只在义字有一点的指事号。

旧。旧字是舊字的简化字,与日字相似。二者的区别只在旧字的左边有一竖画的指事号。

下列象形字里的指事号只起区别字形的作用,不产生新字,仍是象形字:

日。甲骨文的日字是象形字。因为刀刻的缘故,圆形的日常刻成四边形。甲骨文的丁字是个方块,日与丁容易相混。为了区别这两个字,于是在日中加一横画的指事号,逐渐演变为后世的日。

月。甲骨文里的月和夕形体相同,都是半月形。为了区别月和夕,其中有一个字加上了一竖画的指事号,另一个字不加。后来,带指事号的是月,不带指事号的是夕,逐渐演变为后世的月和夕。

下面再说记号。汉字的基本构成单位是字符,字符有三种,就是意符、音符和记号。和整字的意义有联系的是意符,和整字的读音有联系的是音符,和整字的意义和读音都没有联系的是记号。例如,休字指人在树下休息,其中的木是意符;沐字指洗头,其中的木是音符;样是樣的简化字,本指橡树的果实,假借为式样的样,其中的木是记号。记号有的成字,有的不成字,记号独立成字就是记号字。裘锡圭指出:"在文字形成过程的开始阶段,可能有少量长期沿用的记号吸收到文字里来,古汉字里 ×、∧、+、八(相当于后世的五、六、七、八——苏培成注)等数字大概就来自这种记号。除此之外,用记号造字的情况就很难找到了。但是在汉字发展的过程

里,由于字形和语音、字义等方面的变化,却有不少意符和音符失去了表意和表音的作用,变成了记号。"例如:

異。杨树达著《积微居金文说》:"甲文異字作人头上戴物,两手奉(捧)之之形。異盖戴之初字。"甲骨文異字是会意字。隶变以后头上戴的物件变成田,两手捧着变为共,合起来成为異字。田和共两个字符既不表意也不表音变成记号,異字成为记号字。異简化为异,异也是记号字。

年。小篆年字是从禾千声的形声字,隶变后意符禾和音符千融合在一起成为年字,年是记号字。

春。小篆春字是从艹、从日、屯声的形声字。隶变后艹和屯讹变为 夨。夨既不表意又不表音,变成记号。春字是半意符半记号字。

香。小篆香字是从黍、从甘的会意字,指气味芬芳。隶变后甘讹变为日,成为香字。香里的禾是意符,日是记号,香字是半意符半记号字。

意符和音符分别具有表意和表音的功能,自然很重要,而既不表意又不表音的记号似乎是个可有可无的东西。其实不然,记号在构字里是不可缺少的,它的作用主要是表示与相关的字的区别。

《拾起人生的碎片》参考答案

1. 首府——首都
2. 手屈一指——首屈一指
3. 璀灿——璀璨
4. 运抵——运抵
5. 战战惊惊——战战兢兢
6. 恼羞成怒——大发雷霆
7. 不记其数——不计其数
8. 咋咋称奇——啧啧称奇
9. 肢离破碎——支离破碎
10. 幻发——焕发

勿小看"小目标"

◎刘东怿

"目标"是个常用词。可以单用,比如"目标,正前方高地,开炮!"也可以加上定语,比如"明年的目标""本公司的目标",人们还喜欢说"长远目标""远大目标"。不过似乎从来没有出现过"小目标"这一说法。如今,不但有"小目标",而且相应地又有了"大目标"。《人民政协报》2016年12月28日《航天白皮书定位发展新坐标》一文中就有如下用例:

(1)未来五年,我国空间基础设施建设要实现怎样的"小目标"?

(2)"大目标不是梦":2030年左右跻身航天大国之列。

那么,"小目标"一说,来自何方呢?

2016年8月26日,全新真人秀式访谈节目《鲁豫有约·大咖一日行》首次播出,第一期请到的嘉宾是万达集团董事长王健林。节目中,谈到"很多年轻人想当首富"的话题时,他表示:"想做世界首富,这个奋斗的方向是对的,但是最好先定一个能达到的小目标,比如我先挣它一个亿。"此话一出,围观网友纷纷表示被"一个亿的小目标"震惊了。"小目标"瞬间成为人们议论的焦点,成为当红流行词。

"一个亿"对于中国首富来说确实是一个"小目标",然而对于普通人而言,"一个亿"却是一个遥不可及的天文数字。因而,起初人们在网络上说到"小目标"往往是带有调侃色彩的,指的是正好与本义相反的、普通人难以达到的目标。不久以后,人们开始用理性的眼光重新审视"小目标",从中看到

了满满的正能量,它是激励人们努力奋斗的力量。例如:

(3)"小目标"在考验你的心态。很多人觉得这个"小目标"太不切实际,行动起来太难而不去做。但是他们忘记了奋斗过后的结果终究会比现在好。"就算你挣不到一个亿,你挣五千万也好啊。"(《北京日报》2016年12月9日)

(4)在感谢了众人的支持与祝贺后,成龙还玩起了不久前爆红的王健林的"小目标"梗:"而且我还有个'小目标',那就是希望这座小金人不是我的最后一座,奥斯卡应该没规定拿完终身成就奖就不能再拿别的奖了吧,哈哈哈。"(《京华时报》2016年9月3日)

目前,"小目标"的词义已回归到本义,指的是人们在一定时间内通过努力能够达到的目标。例如:

(5)定一个"小目标":吃好早餐。(《上海大众卫生报》2016年12月13日)

(6)福建提前完成了易涝小区地下配电站房搬迁改造2016年度任务。在台风暴雨多发的福建,涉及的578个小区、17万多户居民实现"小目标",防洪防涝有了"大保障"。(《中国能源报》2016年9月12日)

(7)从那时起,她就在心中设下一个"小目标":申请到去中国留学的机会,学习中国语言和文化,回国后成为一名缅甸本土的中文教师。(《人民日报海外版》2016年11月14日)

不得不提的是,由于"小目标"成为当红流行词,人们开始越来越重视"小目标"的设定,更加地懂得"不积跬步无以至千里"的道理。《解放日报》2016年12月9日刊登了一篇《"传奇奶奶"的4个有生"小目标"》,这是山东省巨野县姜淑梅老奶奶(60岁前是文盲)的演讲稿,她讲述了她的传奇经历。这儿摘引几句:"我60岁以前的小目标就是活着。""我60岁的小目标是学认字、学写字。""我75岁的小目标是学写自己的故事。""现在我80岁了,

迎来"高光"时代

◎吴梦捷

"高光",本是美术用语。物体最亮的部分叫作高光。比如素描,高光指画面调子最亮的一个点。又比如化妆,在一些部位打上高光,让脸部看上去有轮廓鲜明的效果。

近年来,"高光"进入了体坛,词义也发展了。请看:

(1)日本足球在伦敦迎来了"高光时刻"。(《新民晚报》2012年8月5日)

(2)胡安弗兰罚丢点球,成就了C罗最后一射奠定胜局的高光时刻。(《南方日报》2016年5月30日)

例(1)中的"高光时刻"可以理解为"最辉煌的时刻",例(2)中的"高光时刻"可以理解为"最精彩的时刻"。不管"辉煌",还是"精彩",都如同光线聚集的所在,是引人注目的。与美术用语"高光"相比,我们发现:它的词义从"物体最亮的部分"引申为"受瞩目的、精彩的、难忘的",它的词性从名词转化为形容词。因此,"高光"不只是一个专业用语了,它被赋予了更多的含义,可以形容更多的人或事物。例如:

(3)首先是心态,以前你作为体育明星,可能因为成绩突出,一直高高在上,这样的明星运动员一开始进娱乐圈,可能会很高光,但是你要立足,首先你要交出作品,不然名气就会消沉,会被遗忘。(《广州日报》2016年9月23日)

....

80岁的小目标是要学画画。""我写了4本书,现在是作家,要是老天爷能给我时间,我的梦想是90岁以前成为一名画家。"

勿小看"小目标","目标"不在大小,只要有奋斗的方向,从实际出发,一步一个脚印地打下基础,就能收获成功。

（4）"红军都是钢铁汉，千锤百炼不怕难"，长征是共产党员和红军将士意志、勇气、力量集中迸发的高光时刻。（《人民日报》2016年9月26日）

例（3）中的"很高光"即"备受瞩目、关注"的意思。而例（4）的"高光"跳出了体坛，高度赞扬了长征独具的历史意义。

除了"高光时刻"以外，"高光表现"也是一种使用频率较高的搭配，意为"出色的表现"或"抢眼的表现"。例如：

（5）博阿斯能够入主上港队当然与他的履历和冲劲有关，他与球队头号球星胡尔克的渊源也成了另一个重要原因。……令人称奇的是：每每当博阿斯担任主帅时，胡尔克都能踢出高光表现。（《文汇报》2016年11月5日）

（6）部分"神作"甚至能够辐射影视、游戏、动漫等多个行业，实现全版权开发。如此高光表现，自然引得互联网巨头纷纷投身其中，跑马圈地。（《人民日报》2014年2月21日）

例（6）中的"神作"指的是网络文学。原文指出：网络文学由原生时代进入资本时代，在多个行业领域形成了一系列的商业链，故称得上"高光表现"。

有趣的是，我们还发现："高光"的词义发展可能跟英语中相对应的词"highlight"有一定的联系。"highlight"的基本义是(图画、照片等中)光线最强处；在《牛津高阶词典》里另一个义项是：最好(或最精彩、最激动人心)的部分。这个义项可谓与汉语"高光"的引申义有异曲同工之妙。

"高光"原是美术专业用语，词义引申之后，使用范围也随之扩大，成了人们喜闻乐见的一个褒义词。另外，通过跟英语对应词的比较，我们隐约看到了当今汉语词汇发展的新动向。看来，词义引申的途径正日趋多元化，新词语的演变迎来了"高光"时代。

此夜明月胜玉盘

◎袁玉柱

夜阑人寂,捧读2017年2月份的《咬文嚼字》,读到郝铭鉴先生的《明月几时有》。先生在文中提及胡适的婚期为其生日——农历十二月三十日,这天是看不到月亮的。胡适博士在婚礼期间所作关于"大月亮"的对联和诗句,违背了生活常识。

读罢全文,我不禁心生疑问。胡适是一个认真、求实的人,为何会被这"大月亮"连撞两下腰呢?于是我查找资料。资料显示:胡适的生日为公历1891年12月17日,而这一天农历为十一月十七。胡适在其自传中写道:"我母亲于1889年结婚,时年十七,我则生在1891年12月。"这个生日是确凿可信的。《胡适传》里也写道:"是年(1917年)冬大约于12月16日胡适离京返里结婚。同月30日(旧历十一月十七,即胡的生日)在家举行文明婚礼。""胡适因老母在家,不便将妻子带走,所以这次江冬秀仍留在老家,侍奉母亲。他自己顾不得在家过年,于腊月中旬便匆匆离家上路了,沿途都有书信,寄家报平安。"胡适又怎能于大年三十在家结婚呢?

由此可见,胡适博士的婚期应该是公历1917年12月30日,此时农历为十一月十七,为其虚龄二十七岁的生日。"十五的月亮十六圆,十六不圆十七圆",此夜正应是明月中天胜似玉盘,良辰美景花好月圆。"三十夜大月亮,廿七岁老新郎",这确实是胡适博士对自己新婚之夜的真实写照,既非博士谬误,也非博士想象。

误把公历当农历

◎汪仁学

2017年第2期上的《明月几时有》一文,拿"三十日"的月亮说事,称"我们的胡适博士,看来也会万宝全书缺只角的"。初读文章,以为方家弄乌龙这类事常有,正想冲郝先生会心一笑,但我又很好奇胡适怎么会犯这种低级错误,于是进行了文献查阅。

郝先生在文中提到,胡适与母亲经"双方妥协,将婚期定在胡适的生日这天——农历十二月三十日"。查万年历就可以知道,公历1917年为农历丁巳年,而丁巳这一年十二月没有三十日,这一年的除夕是二十九日。胡适和母亲两人为什么要选一个没有的日子作为婚期呢?

于是我又百度查找了《胡适传》,传记中明确写到"婚期定在12月30日,正逢农历十一月十七日,是胡适27岁(实足年龄为26岁)的生日"。这就豁然开朗了,这个12月30日只能是公历,而绝非郝先生所谓的"农历十二月三十日",而万年历上查得这一天的农历正是十一月十七日。

为防网络上的文档有错,我又查阅了胡适的《四十自述》。在此书中,胡适提到他"生在光绪十七年十一月十七日(1891年12月17日)"。这是一个有力的佐证。

俗云:"十五的月亮十六圆。"十六再过一晚上,只要那天是个晴天,看到中天明月还是很稀松平常的。这样看来,胡适写"三十夜大月亮,廿七岁老新郎",写"且牢牢记取这十二月三十夜的中天明月"还

《明月几时有》作者来信

谢谢转来的纠错稿件。在此之前,已收到老作者叶才林的短信。他们的意见是对的。建议在《向我开炮》栏刊用。

造成这一差错,完全是我的责任。我只看到胡适把婚礼定在"农历生日"这天,便想当然地以为"三十日"是农历日期。当时也觉得这个日子结婚有点奇怪,但想到胡适是个新潮人物,不在乎什么好日子坏日子,心中随即释然。没想到一不小心,犯了一个低级错误,教训极为深刻。

在此,谨向胡适先生致歉,向广大读者致歉,向编辑部同仁致歉。感谢来信来电纠错的新老朋友。

为防差错继续流传,恳请在印制合订本时,撤掉这篇东西。

(郝铭鉴)

是算不得万宝全书缺只角的,虽然他可能在其他方面缺了角。

我们要敢于怀疑前辈方家,在这一点上,郝先生怀疑胡适缺少点儿常识是值得称道的。而可能是鉴于郝先生在业界的威望和影响力,栏目编辑就少了点敢于怀疑郝先生的勇气。其实这篇文章的错误还是比较明显的。农历十二月三十日是除夕,在传统礼教还比较严格的时代,一般不会有人将婚礼安排在这一天。这一点虽不足以证错,但是至少足以让人产生怀疑。

"沛公之意不在酒"吗

◎陈两森

中篇小说《地下钱庄》(壬甲丁著,武汉出版社2012年4月出版)第109页有这样一段文字:

一说打升级,圈里人都能说上高建明的大名。自然,很多人都愿意和高建明为搭档,只要有高建明,总会把对方打得屁滚尿流。但事实上大家都是沛公之意不在酒,赢多少输多少并不在意。

出现在这段文字中的"沛公之意不在酒"有点不伦不类。沛公,即刘邦。《史记·项羽本纪》记载,刘邦和项羽在鸿门会面,酒宴上,项羽的谋士范增让武将项庄舞剑助兴,想趁机杀死刘邦,刘邦的谋士张良对樊哙说:"今者项庄拔剑舞,其意常在沛公也。"这就是成语"项庄舞剑,意在沛公"的由来。后来便用这个成语比喻说话或行动虽然表面上有一套名目,但其真实意图却在对某人某事进行威胁或攻击。这个典故的情节透露的信息是:项庄舞剑的真实意图不在为酒宴助兴,而在趁机刺杀沛公。要说有什么"意"的话,那也是"项庄之意",而非"沛公之意",更未涉及"沛公之意不在酒"的事情。

这个"沛公之意不在酒"可能源自"醉翁之意不在酒"这个成语。"醉翁之意不在酒"出自欧阳修《醉翁亭记》:"醉翁之意不在酒,在乎山水之间也。"后用来表示本意不在此而在别的方面。"醉翁之意不在酒"用在上述文章中是符合语境的。无奈作者错把"沛公"当作"醉翁",这就让众读者找不着北了。

"杏坛"之"杏"不是"银杏树"

◎辜良仲

《光明日报》2017年1月22日《光明讲坛》载有一篇《孔子的社会生活观》,其中《仁爱万物,乐山乐水》一节是这样介绍"杏坛"的:"孔子一生爱树,他在自家的院落中筑了一个土坛,坛前栽有几棵银杏树,就在自家的院落里领着同学们边弹琴边讲课,和学生一起研讨学问。银杏树结果特别多,孔子是想以银杏的多果实,寄寓弟子满天下。""杏坛"相传为孔子讲学之处,其坛有杏树,而非银杏树。

"杏坛"典见《庄子·渔父》:"孔子游乎缁帷之林,休坐乎杏坛之上。弟子读书,孔子弦歌鼓琴。"后人附会杏坛在今山东曲阜市孔庙大成殿前。顾炎武《日知录》卷三十一:"今之杏坛,乃宋乾兴间四十五代孙道辅增修祖庙,移大殿于后,因以讲堂旧基,甃石为坛,环植以杏,取杏坛之名名之耳。"后杏坛也泛指聚徒讲学处。王禹偁《赠浚仪朱学士新知贡举》诗:"潘岳花阴覆杏坛,门神参谒绛纱宽。"

那么,"杏坛"之"杏"到底是不是"银杏"呢?

杏和银杏是两种不同的植物。杏,落叶乔木,开淡红色或白色花。果实也称杏,圆形,皮金黄微红,肉暗黄色,味酸甜。银杏,也是落叶乔木,树体生长缓慢,树龄可达千余年。银杏树,也称白果树、鸭脚树。李时珍《本草纲目》:"原生江南,叶似鸭掌,因名鸭脚。宋初始入贡,改呼银杏,因其形似小杏而核色白也。今名白果。"可知,"银杏"之名始于宋,而"杏

"篷豆"？"笾豆"！

◎肖遥生

《国家人文历史》2016年12月（上）刊有《无电时代的"空调"与"冰箱"——紫禁城冬日冰事》一文，其中写道："每当宗庙大祭祀时，冰不但能够用来保鲜贡品，其本身也是首位的上荐供品，人们把冰盛放在鉴内，奉到案前，与篷豆一列，史称'荐冰'。"引文中的"篷豆"似是"笾豆"的误写。

笾、豆是古代祭祀和宴会时常用的两种礼器。《礼记·礼器》："三牲鱼腊，四海九州之美味也；笾豆之荐，四时之和气也。"笾，读作 biān，是盛果脯的竹器，形状像木制的豆。豆，是古代一种盛食物的器皿，亦用作装酒肉的祭器，形似高足盘，大多有盖，多为陶质，也有用青铜、木、竹等制成的。后来，笾豆也用来借指祭仪。

篷，读作 péng，是张盖在车船等上面，用来遮蔽风雨和阳光的设备，多用篾席或布制成。如，车篷、帐篷。

笾与篷，可谓风马牛不相及的两样物品。把"笾豆"写成了"篷豆"，一方面是形近致误，一方面也与今人不熟悉古代名物有关。

坛"见于先秦，"杏坛"之"杏"不可能指"银杏"。在古今汉语中，"杏"即"杏"，"银杏"即"银杏"，两者各有所指，从未混为一谈。"杏坛"即"杏坛"，而非"银杏坛"，其"杏"是"杏"而非"银杏"，无疑也。古人留下许多吟诵曲阜孔庙"杏坛"的诗句，如明代郭正域《谒圣庙恭记》："坛上杏花红，林前洙水黑。"清代孔继汾《六十代赠衍圣公题杏坛》："独有杏坛春意早，年年花发旧时红。"等等。这也可以证明，"杏坛"之"杏"是"杏"而非"银杏"，因为"银杏"是不会开红花的。

满月不是地球影子造成的

◎李景祥

央视科教频道2016年9月11日播出《快乐汉语》,其主题字是"满"。传道导师在解释"满月"时说道:"地球绕着太阳转,月亮绕着地球转,实际上我们看到的月亮圆和不圆,主要就是地球投在月亮上的影子到底到什么程度,每个月一个周期。"(字幕同步显示)地球运行到太阳与月亮中间,地影遮蔽月亮时,那是月食。除非出现月食,其他时刻,是不会有"地球投在月亮上的影子"的。

月亮是地球的卫星,绕着地球转的同时也还自转。地球带着月亮绕着太阳公转,同时也自转。

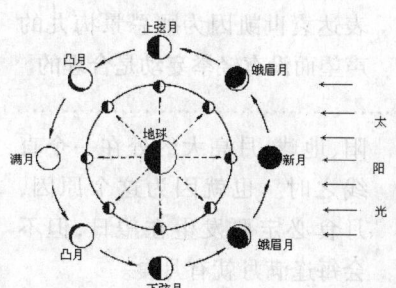

月亮本身不发光,但能反射阳光。太阳、月亮、地球三者位置变换,使月亮把太阳之光反射到了地球上。月亮的自转周期与绕地球动的周期相等,所以它永远以同一面对着地球。从地球上看到的月亮是太阳所照到的那一面。地球、月亮都在不停地转动,太阳照月亮的角度不同,看到的月亮的面积也就有了多种不同的形状变化。月亮盈缺变化的形状,就是"月相"。月相有新月、蛾眉月(上蛾眉月、下蛾眉月)、上弦月、凸月(盈凸月、亏凸月)、满月、下弦月等等。这不同的月相都与"地球投在月亮上的影子"无关。

月球绕地球转动的周期约为27.3天。夏历月初之日,月亮位于太阳和地球中间,月亮受到阳光照射的那一面正好背着地球,我们看不到月光,那就是朔。朔日之后约7.4天为上

"耽于……声望"?

◎邓 菊

《名人传记(上半月)》2016年第11期刊登的《景梅九:可抵十万大军的"辛亥元勋"》中写道:"耽于景梅九的声望,袁世凯未敢轻举妄动。"句中"耽于"一词用得不妥,应用"惮于"。

耽,义为沉溺、迷恋。《晋书·胡奋传》:"泰始末,武帝怠政事而耽于色。"说的就是晋武帝司马炎怠惰政事,沉湎女色,腐化奢靡。而"耽于"用在上述文章中却词不达意。惮,义为畏惧、畏难。《鲁迅书信集·致许寿裳》:"我虽不惮荒凉,但若购买食物,须奔波数里,则亦居大不易耳。"景梅九是辛亥革命的元老之一,早年赴日留学,并在日加入了中国同盟会。民国成立当选第一届国会众议院议员,一直坚持反袁立场。民国二年,袁世凯派人暗中刺杀了国民党代理理事长宋教仁,举国哗然。景梅九在自己主持的《国风日报》上发表了程家柽声讨袁世凯的文章《袁世凯黄粱梦》。袁世凯派人逮捕了《国风日报》的经理和编辑多人,并查封了报社。只因景梅九既是社会名流,又是国会议员,袁世凯恐滋物议,不敢贸然下手。因此,用"惮于"来表达袁世凯因为顾忌景梅九的声望而没有轻举妄动是合理的。

弦,约14.8天在地球上能看到满月,那天是望,约22.1天为下弦……这样周而复始地循环。我们每每能看到满月,都是太阳、地球、月亮大约处在一个直线之时。也就因为这个原因,月食必定要发生在望日,但不会每逢满月就有月食。

兰亭能看到"茂陵修竹"吗

◎阎南岗

孙郁先生的随笔集《文字后的历史》(春风文艺出版社2001年9月出版)中《绍兴气味》一文有这样一段话:"我在兰亭的那个下午,看茂陵修竹,听潺潺流水,很有回到古代之感……"文中的"茂陵修竹"错矣,正确的应是"茂林修竹"。

兰亭位于浙江绍兴西南,是著名的历史古迹。东晋穆帝永和九年(353),王羲之和谢安、孙绰等四十多位名士在兰亭聚会,饮酒赋诗,事后王羲之把这些诗篇汇编成集并作序一篇,这篇序就是在文学和书法领域都拥有极高价值的《兰亭集序》。序中有对兰亭以及这次聚会的精彩描写。"此地有崇山峻岭,茂林修竹",就是其中的名句。"茂林修竹"即茂密的树林和修长的竹子。上述文章中,"我"在兰亭看到的应是"茂林修竹"。这既是现实,又合古意。

茂陵,陵墓名,在中国有两处。一是汉武帝陵墓,在陕西兴平市东北。二是明宪宗成化帝陵墓,在北京市昌平区北天寿山。这两处陵墓都离浙江甚远,在兰亭是无论如何也看不见的。

网语漫谈
我可能写了一篇假文章

◎徐默凡

在《现代汉语词典》中,"假"的释义是多方面的——"虚伪的;不真实的;伪造的;人造的",我们各举一个例子如下:

假道学——虚伪的道学

假消息——不真实的消息

假名牌——伪造的名牌

假头发——人造的头发

但是这些释义都无法解释近来在网络语言中出现的新用法:

(考试没考好)我可能复习了假书。

(汉语试题做不出)我可能学了假汉语。

(收入少)我可能收到了假工资。

可以发现,这些用法中的"书""汉语""工资"其实都是真的,既不是虚伪的,也不是伪造的,它们被称为"假"的共同之处仅仅在于"使用效果不佳"。"假书"之"假"在于复习以后对考试没有帮助,"假汉语"之假在于学习了以后不能做对汉语试题,"假工资"之假在于收了之后不够花。

随着广泛应用,"使用效果不佳"很快就进一步泛化,发展出了"违反常理,不符合预期"的意思。如:

(妈妈不关心我)我可能遇到了一个假妈。

(没有发现美景)我可能去了假桂林。

(男友没有送礼)我可能交了一个假男友。

这里的"妈""桂林""男友"也都是真的,不过这些对象存在一种常识性的预期:"妈妈都是关爱子女的""桂林山水甲天下""男友都要送礼的",一旦这些常识预期没有实现,我们就可以用"假"来形容。

"效果不佳"和"超出预期",既可以用来形容名词性的事物,也可以用来说明动词性的行为,因此"假"的新用法也很快扩展到动词。如:

聊天都没有用表情,我可能聊了一次假天。

我可能吃了一次假饭,肚子里一点都没有感觉。

你们都考成这样,看来我上了一个学期的假课。

春节我回了一次假家,一个红包都没有收到。

这里"效果不佳"的是"聊天""吃饭""上课","超出预期"的是"回家",都是一种行为,而不是"天""饭""课""家"这些事物。但为什么要用拆分的方法把"假"嵌入进动词内部去表达呢?恐怕是为了和"假"的原有意义相区别。如果我们说"假聊天""假吃饭""假上课""假回家"就很容易被理解为这些行为是假装的,即没有真正地"聊天""吃饭""上课""回家"。试比较"假唱"(根据录音对口型没有唱歌)和"唱了一次假歌"(唱了但效果不佳),"假睡"(闭上眼睛没有睡觉)和"睡了一个假觉"(睡了但效果不佳),就可以明白了。

综合比较旧词"假"和新词"假",主要的区别在于前者是事实有无的客观评判,后者是效果好坏的主观感受。前者区分的是客观事实是否存在,有就是真的,没有就是假的;后者是行为发生以后的主观体验,符合预期是"真",不符合预期就可以称其为"假",因此往往客观的"真"在主观感受上依然可以是"假"的。

"假"的新用法已经成为社会流行语,"我可能××了假××"成了一个可以随处套用的格式,在上述语义变迁的表象之后,可能还反映了两种心态:一是假冒伪劣盛行,甚至于事实上是真的,其效果仍然可能是假的;二是世事不尽如人意,这些假事假效果都被我碰到了,因而明显带有一种调侃自嘲的口吻。

我们为什么爱"打脸"

◎丁 欣

打脸,字面意义是击打脸部,但网络语言中的"打脸",显然是使用它的比喻意义,指的是:某人自信满满地断定事态的发展,但之后出现了完全相反的结果,这个时候大家都会纷纷吐槽,就像一记耳光重重打在某人脸上。如"说好的早起,结果睡到中午,被狠狠打脸,真疼"。

使用"打脸"一词的时候,被打脸的对象不限。指他人时,用于表达自己并不看好此事,得到验证以后的嘲讽心态;指说话人自己时,则是以戏谑的方式缓解尴尬,会产生自嘲的效果。一般来说,"脸"本是人才有,人才能被"打脸"。但随着该词的流行,无生命的对象也可以被"打脸"。比如"时隔不到4个月,三星note7从好评第一到差评第一,当初给它好评的媒体也是被打脸了"。

"打脸"的用法并不复杂,值得讨论的是为什么"打脸"发展出了这些引申义。"打脸"是直接击打脸部,通常说成"打耳光"。为什么网络语言不用打耳光而用"打脸"呢?

先说"脸","脸"是一个个体身上最容易辨识的部位,因而成为个体的象征。"脸"就此发展出了一个比喻义,代表着一个人的尊严。"要脸""不

......

与此同时,新用法带来的语言游戏性质也为它的流行起到了推波助澜的作用。

不知读者朋友们是否认同我的分析——毕竟我可能写了一篇假文章。

要脸"成为有无尊严最通俗的说法,与"脸"有关的俗语还有"打人不能打脸""光着屁股上吊——死不要脸""上嘴唇挨天,下嘴唇着地——没有脸"等等,都反映了这种对"脸"的理解。"脸"往往还和人的心理感受联系在一起,如"儿子考了一百分,父母脸上有光","脸上有光"说明父母因为儿子优秀而骄傲自豪;而"儿子考试作弊,父母感到没脸见人","没脸见人"说明父母感到惭愧羞耻。

再说"打",这一动作是迅速有力的,被打的滋味肯定不好受。"打"这一动作发生时,手掌狠扇过去毫不犹豫,打过之后肌肤火辣辣地疼痛,随即在心理上产生强烈的负面情绪——惊愕、难过、痛苦……这些都是由"打"联想到的生理与心理的双重折磨。追溯"被打"的原因一般不是毫无缘由的,通常是做出了与社会规范、道德标准截然相反的事情。

由此,"打"的激烈加上"脸"的内涵,用"打脸"来表示情况逆转的网络词语就自然而然演变出来了。

为什么"打脸"一词可以长久不衰?首先,"脸"代表个人形象的用法深入人心,本应该悉心维护,却被无情扇打,这一反差形成了新奇的表达效果,也和当今人们追求"简单粗暴"的心理倾向有关。其次,"打脸"这一行为的画面感非常强,网上有许多关于打脸的漫画和表情包,对这个词义的流行也起到了推波助澜的作用。最后,"打脸"一词简洁易懂,形象表达出事件发生大逆转的态势,因而被许多新闻报道特别是新闻标题所选用,如:特朗普打脸奥巴马——上任第一天就废除TPP。

因此,我们预测"打脸"并不是一个昙花一现的流行词,它还能在新词层出不穷的网络上驰骋多年,甚至逐渐成为人们习惯的日常语言。至于这个预测是否将来也会被"打脸",那就需要时间来验证了。

"污"不仅仅是污染

◎邓安琪

提起"污",人们的印象可能是大街小巷的排水井盖上大大的"污"字,也可能是新闻媒体热烈宣传的"治污减霾"计划。不过,近来在网络世界中流行的"污"可不是污水、污染的意思。

网络词语"污"最早来自一句网络流行语"要优雅,不要污"。"污"有着与"优雅"相对的猥琐、低俗的含义,往往被用来描述带有性暗示的内容。如果有谁在论坛上或者聊天室中当众开黄腔,人们就会群起而攻之:"要优雅,不要污!"在这则流行语走红以后,"污"开始作为独立的网络词流行起来,比如前段时间费玉清的荤段子视频在网络上大火,网友们便打趣道:"老司机费玉清,污污污污!"

当这类"玩笑"再进一步达到了色情以至于伤风败俗的程度,人们又难以找到恰如其分的词语来表达看法时,也会用"污"这个词,比如:官微发色情广告,广告画面太污影响极坏。这里使用"污",既指出了某些官微存在的色情问题,又一改新闻往常的表达方式,用接地气的语言风格吸引了读者的注意。

除了形容低俗、色情,"污"还有不廉洁的含义。社会的黑暗、政治的不洁,都可以用"污"来形容。有篇文章名为《这个世界好污:政客们为了自己的钱都做了什么》,内容是揭露国际名人金融交易事件。"污"在此就恰如其分地讽刺了政客们蝇营狗苟的行为。

在汉语中,"污"自古以

来就代表着不洁的事物,从一开始就是具有负面意义的语言符号。贪污、玷污、污染、污秽……人们只要提到"污"就会联想到不洁不净的事物。我们碰到不堪入目的事物,就仿佛受到了精神污染一般,会产生抗拒、厌恶的情绪。用"污"来形容这种体验可以说是恰到好处,既体现了事物本身的性质,又强调了发话者的主观感受。难怪人们会觉得用"污"来形容网络直播平台和金融交易的某些问题那么贴切。

当人们使用"好污"这一新奇表达方式来表达概念时,更多追求的是一种巧妙的语言效果,而不是语言的精准确当。所以,"污"作为网络词的负面意义并不像它在日常口语中的负面意义那么明确。换言之,"污"不总是贬义词,它还可以贬义褒用。当网民们打趣费玉清是"污王"时,并不是在讽刺他,反而还因他随时随地"开污"的性格被圈粉。当朋友之间互相调笑"要优雅,不要污"时,也只是一种亲昵的交流,不一定真的反感对方掉节操无下限……在普通的交际语境中,用"污"来形容人或物,既不是脏口也不是国骂,更像是一种借助语言的变化达到社交或者娱乐目的的语言游戏,拉近双方关系的同时也避免了坦率直言可能造成的尴尬境地。

"污"的流行是大众心理在网络语言世界中的投射,在一定程度上反映出社会的开放度和包容度越来越高。不过,人们在展现开放的社会心态的同时,也要注意限度,不要让这些"污"的东西真的成为了精神污染。

《火眼金睛》提示

图1,"麻将"应为"麻将"。

图2,"吐啖"应为"吐痰"。

图3,"蒜苔"应为"蒜薹"。

图4,"糕粿"应为"糕团"。

编校差错扫描(三)

◎王 敏

错例：①近日，集团批复同意在欧洲控股和北美控股分别增设散货业务部门，藉此进一步完善集团的全球产业布局……

②他(卡尔·波普尔)恰逢量子革命，并从中探获"科学是籍由'猜想与反驳'(其代表作的书名)而前行进展"的金针。

简析：例①中"藉此"应为"借此"。例②中"籍由"应为"借由"。"藉"，草字头，是多音字。念jí，常指杂乱，如"狼藉"；念jiè，指作衬垫的东西，如"枕藉"，引指抚慰，如"慰藉"。"藉"(jiè)在繁体字中还指借助、凭借，但简化后不再有此义。所以，"借此"不能写成"藉此"。更不能将"借由"写为"籍由"。"籍"(jí)，本指书册，没有借助、利用的意思。

错例：他们将以"默成、典雅"为题，推出积十数年的精品力作以飧新老听客。

简析："以飧新老听客"应为"以飨新老听客"。"飧"(sūn)是会意字，从夕从食，本义指晚饭。"飨"(xiǎng)，会意兼形声，从食从乡，乡亦声，本义指乡人相聚宴饮，引申指设盛宴待宾客，又引申指享受。"以飨读者"是用好文章款待读者，"以飨听客"是让听众获得美好的听觉享受。另，"积十数年的精品力作"宜改为"积十数年心血的精品力作"。

错例：三天打渔，两天晒网，注定一事无成。

简析:"打渔"应为"打鱼"。"鱼"是象形字,在甲骨文中为游鱼的形状。《说文解字》:"鱼,水虫也。象形。鱼尾与燕尾相似。""渔"是会意字,从水从鱼,本义指捕鱼。"鱼"是名词,"鲤鱼、鲢鱼、鱼鳍、鱼鳞"的"鱼"不能写成"渔";"渔"是动词,"渔港、渔业、竭泽而渔"里的"渔"不能写成"鱼"。"打鱼"就是捕鱼,也不能写成"打渔"。

错例:园内有两块宋代奇石——仙人峰、倚云峰,相传是宋代花石岗的遗物……

简析:"花石岗"应为"花石纲"。"纲"(gāng)本义指提网的总绳,如"提纲挈领",引申指事物的关键,如"大纲、纲要"等。唐代中期,江河运输中每十船编为一纲,成批编组运货称为"纲运"。后成批运货的组织亦称"纲",如"盐纲"就指大批运盐的编队。北宋"花石纲"因宋徽宗而起,指批量运送花石的船队。"岗"(gǎng)义为岗位,与运输方式无关。

错例:既要肯定成绩又要指出问题和不足,敞开心肺,坦诚相见,多做自我批评。

简析:"敞开心肺"应为"敞开心扉"。"扉"读fēi,本义指门扇。《说文解字》:"扉,户扇也。""心扉"即心的门扇,喻指人的内心或思想。"打开心扉"指袒露胸怀、不加掩饰。"肺"读fèi,是呼吸器官,常与"心"同用,如"没心没肺"比喻没心眼儿、不用心,"狼心狗肺"比喻心肠狠毒、贪婪。"敞开心扉"不能写成"敞开心肺"。

错例:(心形热水袋)可用作暖手袋,外出携带小巧方便。

简析:"暖"应为"暖"。"暧"是形声字,从日爱声,本义指昏暗不明的样子。如"暧暧"指的就是远景模糊、看不分明;"暧昧"本指光线昏暗、模糊不清,引申指态度不明朗或行为不可告人。"暖"也是形声字,从日爰(yuán)声,意思是温暖,如"暖风、暖意"等,也可作动词,指使温暖,如"暖心话、暖酒"等。

"暧"与"暖"形近,容易混淆。

错例:(大陆与台湾)消弭了界限相互映称,彼此辉映,才能组成一片完整而美丽的风光。

简析:"映称"应为"映衬"。"衬"形符为衣,本义指外衣内的单衫,引申指附在衣服鞋帽里的布,如"帽衬、鞋衬、领衬"等,再引申指衬托,如"白雪衬红梅"。"称"是多音字,读 chèng 指称量物体轻重的器具(后写作"秤");读 chēng 表示测定重量(如"称重"),叫作(如"自称"),述说(如"声称"),赞扬(如"称赞")等;读 chèn 表示符合、相当(如"对称、称职、称心如意")等。"称"无衬托义,"映衬"不能写成"映称"。

错例:巴黎卢浮宫和伦敦大英博物馆保存有公元二世纪前后用蜡画法绘制的埃及人俏像,色彩和表面历经近两千年都保存完好。

简析:"俏像"应为"肖像"。"肖"(xiào)从肉(月)小声,本义指相似、相像。《说文解字》:"肖,骨肉相似也。"如"肖子"指在志趣等方面与其父一致的儿子。"俏"(qiào)也是形声字,从人肖声,本义指相貌美好,如"俊俏、俏丽"等。"肖像"指用绘画、雕刻、塑造、摄影、刺绣等手段表现的人像,一般指画像或照片,不能写成"俏像"。

错例:白坯看上去很粗燥,最后经过白色实色涂装,产品最终马马虎虎还过得去。

简析:"粗燥"应为"粗糙"。"粗"与"糙"都是形声字,形符均为米,本义均指没有经过精碾的粗米。"粗糙"连用则泛指不光滑、不细致、草率,如"皮肤粗糙""做工粗糙"等。"燥"也是形声字,读 zào,形符为火,本义指干燥。《说文解字》:"燥,干也。"如"燥热、口干舌燥"等。"粗糙"常被误读为"粗 zào","粗燥"之误,与此有关。

香港美食车

[中国香港]汪惠迪

2017年2月2日下午,落实香港"美食车先导计划"(Food Truck Pilot Scheme)的开幕典礼,在九龙尖沙咀香港文化中心露天广场举行,首批11辆港式"美食车"同场亮相。次日,3辆美食车分别在尖沙咀梳士巴利公园、湾仔金紫荆广场和黄大仙广场开业,分别售卖鲜忌廉(奶油,英语cream的粤语音译)菠萝包、美式叉包(融合美、港风味,使叉烧包别具一格)、五色饺子(饺子皮儿分别呈白、黄、绿、红及紫色),受到市民和游客的热烈欢迎。

所谓"美食车"(Food Truck),就是在指定地点专售精美香港品牌饮食的流动快餐车。香港特区政府在2015—2016年度的财政预算案中提出将欧美流行的"美食车"引进香港,旅游事务署研究后拟定了"美食车先导计划",目的是承载香港传统的街头小贩文化,并加入现代饮食元素。这项计划试行两年,共有16个商家参与。

这16辆"美食车"会轮流在8个旅游景点营业,每两周更换一次。这8个景点是中环海滨活动空间、湾仔金紫荆广场、海洋公园、迪士尼乐园、尖沙咀艺术广场、梳士巴利公园、起动九龙东一号场和黄大仙广场。公众可通过"HK Food Truck"流动应用程序追踪美食车的位置和浏览各美食车公示的信息。有的"美食车"提供"微信支付"及"支付宝"等电子付款方式,以方便内地游客。

经营"美食车"的商家需向食环署(食物环境卫生署)、环保署、运输署、消防处和机电工程署等5个政府部门申请营业许可证,以确保食物、烹调、环境、交通等各方面的卫生或安全。

"美食车"供应的食物除上述几种外,还有萝卜猪软骨红油云吞(馄饨)便当、神级烧鱿鱼、火龙果沙冰水果捞、黯然销魂汉堡、花胶瑶柱羹(花胶:鱼鳔的干制品;瑶柱:江珧柱)、魔厨捞面、叉烧脆和樱花虾豆豉酱炒饭,等等。

东方之珠香港的美食光谱将因"美食车"而拓宽并显得更加璀璨亮丽。

(作者是本刊特约编委)

香港的"二楼书店"

[中国香港]李 斐

在香港若要找文史类书籍,人们最常去的地方是"二楼书店"。

说是"二楼书店",其实并非全在二层,这类书店多数集中在旺角一带中式唐楼(旧式楼房,没有电梯)的二层或更高,"二楼"是个代称。店面不大,多数是两开间。店内四面靠墙摆满书架,中间见缝插针地堆满了书。老板大多兼伙计。当你翻阅或寻找书本时,他坐在那里自顾看书,不甚理人。除非你开口询问,他才手脚利落地帮你找到你要的书。

记得有次我要找一本董同龢先生的《上古音韵表稿》,在多家大书店遍寻无着,就去旺角碰碰运气。这本书是研究上古音韵领域中的经典之作,民国时期曾出版过,但印数少,颇为难寻。我在大学修读音韵学时,复印过这本书,找到原著一直是我的心愿。问过两家"二楼书店"均无此书,便去后街一家专卖文史旧书的二楼书店,遍寻无踪,遂问老板,他竟然从柜台下面抽出一本品相绝佳的版本,说是有人寄卖的。价钱公道,于是赶紧付款离店,生怕老板觉得卖得便宜而反悔。

"二楼书店"有些地址不太固定,全靠熟客相互介绍去光顾。中环半山,酒吧遍地,华洋杂处,在港工作的老外多居于此处,故外文书店特多。很多开在楼上的二手英文书店租期多为一年,地址年年更换,叫作floating book shop(流动的书店)。2010年我在一家这样的书店里买到一本加拿大女作家 Alice Munro(艾丽斯·芒罗)的小说《RUNAWAY》(《逃离》),扉页上还有作者的亲笔签名。三年后作者荣获诺贝尔文学奖,此书是她最为重要的代表作。

香港的铺租不断升高,二楼书店也随之越升越高,有的开在六楼或更高层,有的则远离闹市,搬到背街冷巷甚至郊野离岛,但都依然设在"二楼",继续服务读者。

"二楼书店"是香港闹市中的一景,是香港读书人的集体回忆。这些小小的书店仍然坚持着最初的那份理想,为读书人提供一个可以随意翻书的地方,也为高度商业化的城市保留了几缕淡淡的书香。

(作者是香港岭南大学中国语文教学与测试中心博士、高级语言导师)

一张"登记"几许心酸

[马来西亚]邓月璇

12岁时领取身份证,父亲千叮万嘱:"好好保管你的'登记',千万别弄丢了。"

"登记"是马来西亚老一辈对身份证的俗称,分为蓝和红两种颜色。蓝色是公民,红色是永久居民。父亲起初只能申领"红登记",后来才有资格申领"蓝登记",得来不易,所以对"蓝登记"格外珍惜。

"登记"本指记录、注册,以备查考,是动词。而本文所说的"登记"指的是身份证。说起它的由来,又得回顾历史了。

马来亚本无"身份证"之设,英殖民政府在1946年1月提出"马来亚联邦"计划,正式登记侨民。但最初被登记者不具备"公民"身份。那时马来西亚还没有独立建国,从中国来的侨民对自己的国家认同十分单纯,那就是中国,南洋只是暂时落脚谋生之地,多数人的心愿是"叶落归根",回到祖国(祖籍地)。况且在动荡的年代,移居南洋的中国人(新客),多数文化程度不高,"公民权"意识淡薄,终年辛劳,流血流汗,只为养家糊口。

后来,新宪制纷纷出笼,非马来人要申请公民权,条件苛刻,申请者须通过马来语口试,并且有居住年限的规定,令人望而却步。

虽然在马来亚独立后及马新分家时曾有过两次放宽申请公民权的机会,然而期限极短,许多华人错过了申请"蓝登记"的时机。由于时局转变,要回中国已不可能,于是只得拿着"红登记"在异国他乡落地生根了。

因为没有公民权,持"红登记"者很难找到好的工作,更无法享有国家福利,也没有投票权,出国旅行更是一种奢望。回想起来,好不辛酸。

马来西亚已经独立60周年了,"蓝登记"几乎成为历史名词,因为蓝色身份证早已改称"大马卡"(MyKad)。但是仍有10万名华裔老人的身份证不能将"红"转"蓝"。这批"红登记老人"的遭遇是残酷的历史结果。直至最近,内阁终于亮了绿灯,批准那些在马来西亚独立前就已在此生活的70岁以上长者,可以简化手续,申办公民权,领取"大马卡"。

超过半个世纪的等待,爷爷奶奶们总算在迟暮之年盼到一道"蓝色"的希望之光。(编者按:新加坡也有人把身份证叫作"登记",只是新加坡的身份证红色是公民,蓝色是永久居民,跟马来西亚的相反。)

(作者是马来西亚《中国报》助理编辑主任)

一尺有多长

[马来西亚]杨欣儒

一尺有多长?中国香港、新加坡和马来西亚因曾被英国殖民政府统治过,所以在公制推行前,度量衡都是英制。根据英制,1英尺(呎 foot)=12英寸(inch),一码(yard)=3英尺,1英里(哩 mile)=1760码=5280英尺。容积方面,1加仑(gallon)=4夸特(quart),1夸特=2品脱(pint)。笔者在学生时代上数学课时就得死记硬背这些度量衡单位。

马来西亚于上世纪80年代开始推行国际单位制,度量衡终于和世界接轨。政府开始采用公里、公斤作为法定度量衡单位。公路旁的里程碑和时速限制牌从英里逐步改为公里,加油站的容量由加仑全面改为公制的升。

不过英制度量衡单位并没有完全退出使用领域。在中国香港、新加坡和马来西亚,部分英制单位仍广泛使用,如计算重量用"盎司"和"磅";计算长度用"码""呎""吋";计算面积,例如房地产交易仍然使用"平方英尺",较大面积的土地则以"依格"(acre 英亩)计算,1依格=4046.86平方米。应当看到,国际上有些领域还沿用英制。例如电视机、手机屏幕的大小还是按英制来计算的。

马来西亚的华文媒体经常有类似这样的报道:从10尺处坠下。10尺指的是10英尺呢,还是10公尺(米)?须知即使用公制,马来西亚迄今仍然叫旧称的"公尺",不叫"米"。如果是10英尺,折合3.048米,还不算很高。所以用华语来报道新闻,如果度量衡用得不准确,一国两"制"造成的误解就经常发生。

按中国旧制,1市斤是16两。1959年6月25日,中国国务院发布《关于统一我国计量制度的命令》,1市斤16两改为1市斤10两,折合500克。马来西亚沿用旧制,1斤为16两,600克,中药店的称重也是1两37.5克,1两10钱,1钱3.75克。这样,问题来了,马来西亚人到中国旅游,在购物时往往以1斤600克来计算,结果时常产生不必要的误会。

(作者是马来西亚华语规范理事会副主席)

大　马

[马来西亚]杜忠全

马来西亚简称大马,但大马以何为大?论国土面积,马来西亚固然不算小,但相对世界大国而言绝非幅员广大,至少在东南亚区域内,比大马领土面积大的邻国有的是,为何独以马来西亚为大?这是否为一种自尊自大的心理?这一奥妙,不光外人不理解,就是年轻一代的大马人,每每也难以理解。

大马之为"大",指的不是幅员之大,其含义得从马来西亚之国家概念来探究。

1957年8月31日,推动独立建国的第一任首相东姑阿都拉曼(Tunku Abdul Rahman),在吉隆坡独立广场带领现场群众高呼三声"默迪卡"(独立,马来语),宣布脱离英国殖民而独立的,那是马来亚联邦,范围只包括马来半岛之11个州属。马来半岛南端的新加坡岛,当时依然是英国殖民地。除了现今的新移民，新加坡人迄今仍称越过新柔长堤到彼邦工作的大马人为联邦人，即与此有关了。

1963年9月16日，在原殖民宗主国英国的献议下，早前已独立的马来亚联邦进一步扩大，与前英国殖民地的新加坡及婆罗洲北部的沙捞越和北婆罗洲（即沙巴），再行组成一个比马来亚联邦更大的国家，这就是马来西亚。

据此，大马之大，不是土地面积之大或国民心理之自尊自大，而是将1963年之后的国家概念跟之前的马来亚联邦相比，因此谓之大——这是在国家概念上相对之大。马来西亚的国家概念被提出，是让大英帝国在东南亚的前殖民地先后独立；英国人的原概念是要将这些地区都组合成一个国家，但文莱最终无意加入，两年后新加坡也退出，于是形成了目前马来半岛11州属与婆罗洲北部的沙沙两州联组的马来西亚。

马来西亚早前曾简称"泛马"，"泛"即英语的Pan-，意思与"大"一样。由于"大马"的使用率趋高，"泛马"逐渐少见，如今只有一些1960年代或1970年代注册成立的公司行号，还保留这一历史性称呼。

新加坡的老百姓口头上大多使用"大马"，但是媒体统一使用"马国"。中国台湾地区和港澳特区的媒体也常用"大马"作为马来西亚的简称。

（作者是马来西亚拉曼大学金宝校区中文系主任）

网言网语·职场

世界上最管用的不是优秀的理念，而是脚踏实地的实干。实干的关键是趁早。所以，说干就干，不要等到明天，明天太遥远。

（张 蓉/辑）

中国人教了老外哪些英语

◎陆建非

英语大师陆谷孙对中式英语(Chinglish)不但不拒绝,而且还兴致勃勃地研究并加以改造。他曾经推荐《你必须知道的27个才华横溢的Chinglish Words》。他说:"都说我们中国人缺乏创新力,看了下面这张词表,你不能不佩服构词者的创新力。我敢说,'达人'们对下面列出的词,都已熟悉,说不定有些还是他们首创的。造出这些词的人,英文造诣肯定相当不凡。"笔者记得其中有Smilence(笑而不语)、Propoorty(房地产)、Sexretary(女秘书)、Z-turn(折腾)等等。

中国人教老外英语很起劲,老外接受中式英语也很谦虚,于是就有了诸如"you can you up"等等一连串畸形英语,这些中式诙谐英语传入海外后,网上一直很走红。

"you can you up"的流传特广,这一"中国制造"的出处如今已无从考证。有人说最早出自几个NBA球队的贴吧,意思为"你行你上啊",其后往往还要紧跟一句"no can no BB"才更显力度。BB=BIBI,是中文音译,东北地区的土话,是带有侮辱意味的词语。"no can no BB"的意思是"不行就别瞎嚷嚷"。此语已被收录到美国在线俚语词典(《Urban Dictionary》)中了。这句话在英语中很流行,例如:

甲:That person does not deserve the award.(那个人不应该得奖的。)

乙:You can you up, no can no BB.(你行你上啊!不行就别瞎嚷嚷。)

还有一句也挺火爆的,那

就是"no zuo no die"。

这句话来自汉语网络流行语"不作死就不会死",意思很明确,就是——不自己去找死的话,你就不会死,或者,不没事找事,你就不会倒霉! 2013年,"no zuo no die"红极一时,几乎成了一个人人都在说的口头禅。"no zuo no die"也被正式收录进美国在线俚语词典。

毫不夸张,中式英语确实丰富了英语词库。英语经过1500多年的演化,将迎来一个重要的时刻,即第一百万个单词的诞生。英语词汇爆炸式地递增,得益于中式英语及西班牙式英语、日式英语、印度式英语等60余种类似"语言"的广泛应用。英语最近新增的两万个单词中,20%来自中式英语。

2013年,黄金价格大幅波动,中国大妈疯狂投资黄金,震动了华尔街。但没想到的是,随后黄金市场持续低迷,不少中国大妈都被套牢。中国大妈被称为"影响全球黄金市场的主力军"。dama这个汉语拼音进入英语词汇库,现身《华尔街日报》。在英语中,dama被视作"热情但冲动、精力充沛但经常盲从、擅长利益计算但缺乏能力和眼光的群体"。

tuhao(土豪)的风头丝毫不逊色于dama。英国广播公司曾做了一期节目,专门介绍tuhao这个词的词义、来源及风靡一时的原因。不少老外在交流中,也已经习惯地将guanxi(关系)、mianzi(面子)等等当作英语单词了。一名牛津大学出版社的工作人员表示:"这些词汇还没有正式加入牛津词典,不过其流行程度令人印象深刻。"牛津大学出版社正在考虑将dama、tuhao、hukou(户口)等等收入《牛津英语词典》。

老外在吸收外来语时,也特别注重尽量让它契合英语的构词规则,使其本土化,即英语化,如gelivable(给力的)就是由汉语拼音geili+英语后缀able构成。例如:The company's year-end awards is so gelivable.(公司年终奖太给力了。)

能教有格成无格(下)

◎江更生

谜格中有一种"遥对格",又叫"鸳鸯格",是从对联中移植过来的产物。它犹如袖珍对联,谜面仿佛是上联,谜底据谜面对出下联,只是不似传统对联那样严格——上联的末字必须是仄声字,下联的末字一定要平声字。但求平仄相对,结构相同,别解后的词性一致就行。这种入谜的对联,当以"无情对"最佳,谜面与谜底意思越风马牛不相及越有趣。如以观赏植物名"文竹"(遥对格)打《水浒传》梁山好汉"武松"。"文"对"武",名词对名词;"竹"对"松",植物对植物;声调平仄对仄平。这谜必须标明"遥对格",不然猜者无从下手。不过,有的灯谜作者却采用在谜面上写明要"对"一下才行,这就将谜格简略掉了,倒也不失为聪明之举。例如以"必须面对申城人"为谜面,要求打三字《水浒传》中梁山好汉的诨号一。谜面前四字是暗示应该与谜面中的"申城人"相对偶,如同对对联一般,视此三字为上联,据此相对。我们细加寻思,第一字"申"可别解为地支名,需用地支"丑"与其相对,且以仄声对平声;次字"城"为地区名词,不妨以"郡"与它相对,仄声对平声;末字"人",则能用"马"相对,名词对名词,仄声对平声。如此一来,谜底跃然而出,为"丑郡马"(梁山好汉宣赞的诨号)。还有一条也很有趣,它以"遥对石家庄"为谜面,要求打《三国演义》人名俗称一。谜面上的"遥对"隐示须用对偶形式,当以"石家庄"为题,求出对偶词语。首字"石"仄声,作姓氏解,可用平声"乔"相对;次字"家"平声,可以仄声"国"相对;末字"庄"平声,作道家代表人物庄子简称解,可用仄声"老"相对,也作道家代表人物老聃的简称解,世以老庄并提,二者相对,铢两悉称。所以,谜底应为孙策、周瑜的老丈人"乔国老"。

除了上述这些谜格外,要数去掉左右相同偏旁后扣合的"徐妃格"和掩去上下相同部首的"摘遍格"最让制谜者费心耗神了。前者如"依然故我"(徐妃格,打树木一),谜底:"梧桐"。解谜时,按格法掩去相同的木字旁,以"吾同"扣合谜面,别解为"我还是相同的我"。后者如"不相上下"(摘遍格,打蔬菜名一),谜底为"茼蒿"。解谜时,按格法去掉相同的草字头后,以"同高"扣合谜面,别解为"同样高度"。遗憾的是,只要一标出这两个格名,猜的人马上就会想到谜底中的字皆为部首相同者,难度顿减,兴味随之也就索然了。于是,不少灯谜作者就回避去掉相同部首的做法,尽量不用这两格,另辟蹊径,化有格为无格。例如以"双方未曾相遇"为面,打日式调味品"味噌",将两个"口"字看成两个方格,以"双方"(两个口字旁)与"未曾"二字相遇,组成谜底。无独有偶,也有人以"水下技艺颇精"打广东地名"湛江"。谜面暗示将水字旁撤下,则是"技艺颇精"之意,故扣"甚工",别解为"非常工于、精通"。两谜皆省去了"徐妃格"。此外,笔者还见过一条放弃"摘遍格"的趣谜,谜面为"早为人母四十载",打水果名一,谜底为"草莓"。作者以"四十"来代替两个草字头,"载"作添加之意,加在"早每(人母)"之上,绾合成谜底,既曲折有致,又避免了标示谜格露出相同部首的尴尬,真是明智之举。

说说"元宵晚会"的灯谜

◎刘茂业

吃汤圆、赏花灯、猜灯谜，是每年正月十五闹元宵的"标配"。今年央视"元宵晚会"上，主持人也奉献了多条灯谜助兴。然而，灯谜同对联等其他文字游戏一样，有其"游戏规则"，央视这些似是而非的"灯谜"，违背了灯谜的一些基本规则，很是离谱，令人扫兴。

仅举其中的几条为例：1."春暖百花争吐艳"（打成语一）"万紫千红"。灯谜的第一大规则就是必须要有"别解"，所谓别解，就是故意将灯谜中的字或词不做原意解释，利用汉字歧义，而做别的解释。"万紫千红"仅仅是对谜面的一种释义，并无别解，像这样可直接诠注谜面的成语有很多，比如姹紫嫣红、五彩缤纷、五颜六色、五光十色，等等，都完全可以猜作谜底。但如此猜射，不过是语文意义上的答题，毫无灯谜的趣味。2."黄鹤楼上黄鹤去，庄子名篇不见游"（打桂林新景点一）"逍遥楼"。此谜以"抵消法"来扣合："黄鹤楼上"去掉"黄鹤"，剩下"楼"；庄子名篇《逍遥游》不见"游"，剩下"逍遥"。且不说灯谜最基本的要求是"谜面通顺"，而这两句话前言不搭后语，连在一起，不知所云；更致命的是，灯谜的游戏规则不允许"露面"（即谜底中出现的字不能泄露在谜面上），这里谜面谜底里都出现了"楼"字，显然是不合格的。3."煎饼不在店里做"（打上海景点一）"外滩"。"摊煎饼"的"摊"和"外滩"的"滩"，同音不同义，若用同音字替代，谜法中需要动用谜格"谐声格"，而用格谜并不适合这样大型的晚会。

台湾灯谜简介

◎柳叶

在我国宝岛台湾,痴迷中华传统灯谜文化的大有人在,像台北、台中、台南、高雄、澎湖等地的许多市县,都成立有灯谜研究会,他们对灯谜的热情,丝毫不亚于我们大陆的爱好者。以往有观点认为,台湾谜作不如大陆灯谜这样流派众多、风格迥异,其整体风格仍崇尚"古风",坚守典雅的传统。但经过二十多年双方互相交流融合,两岸灯谜创作的风格已日趋接近。去年10月,台湾谜学研究会创办发行了《台湾谜学月刊》,下面选择创刊号上的几条灯谜做一简介。

如:"刚被太阳收拾去,却叫明月送将来"(打影视用词二)"息影、复出",谜面出自苏轼《花影》诗,意思说花影在落日时分刚刚退去,明月升起后却再度出现,谜底解释为"停息的影子复又出现";"令"(打欧阳修《送杨寘序》句一)"其能听之以耳",此谜是说"令"若要能变成"听",必须加"耳"成为"聆"(聆听);"挂念哥哥"(打字一)"兢","挂"指放到上面去,"念"取"廿"的意思,扣两个"十","哥哥"即两个"兄";"从小就要讲实话"(打中药名二)"童便、白果","便"别解为"便要、就要","白"指"说白","果"解释为"真的、确实";"宛陵相较东坡岁"(打电视剧人物一)"梅长苏",北宋诗人梅尧臣,世称宛陵先生,他的出生日期比苏东坡稍早,谜底中"长"由"cháng"异读作"zhǎng"音,意谓梅尧臣的年岁要长于苏东坡。

以上数例谜作,或雅致浑成,或通俗易懂,俾使我们能一窥今日台湾灯谜之全豹。

每月二谜

1. 染料涨价(打三字流行语一)
2. 多人失明已复明(打四字常言一)

上期答案

1. 各式货币多极了(打三字古典文学名词一)元杂剧(注:元,钱;剧,厉害)
2. 空管(打四字成语一)闲来之笔

拾起人生的碎片

（文中有十处差错，你能找出来吗？答案在本期找）

◎梁北夕　设计

去过伊朗首府德黑兰的朋友都知道，在古列斯坦王宫博物馆，可以见到手屈一指的"马赛克"建筑。其天花板和四壁，就像镶嵌了一颗颗硕大的钻石，流光溢彩。仔细观看，你会惊奇地发现，这些璀灿夺目的"钻石"，其实就是一块块玻璃碎片。

据说，当初宫殿的设计者打算镶嵌的，并非这些玻璃碎片，而是一面面大镜子。但是，当镜子从国外运抵工地后，工人们发现，它们被严重毁坏了。承运人只好忍痛把这些破碎的镜子丢进垃圾堆，并战战惊惊地将这个坏消息告知建筑设计师。

设计师当时也很遗憾，但并未因此恼羞成怒。更令人惊讶的是，建筑师随后让工人将所有丢弃的镜子重新捡回，并将这些残破的镜子敲成更小的碎片。建筑师修正了自己的设计方案，把墙壁和天花板上的装饰材料，由镜子改成了玻璃碎片。于是，破碎的镜片便变成了完美无瑕的艺术品。置身在这座金碧辉煌的宫殿里，面对由不记其数的小小玻璃碎片点缀的四壁及天花板，不禁为设计师的巧思咋咋称奇。

在人的一生中，难免遭遇挫折与失败。当我们的梦想被命运的惊涛骇浪拍打得肢离破碎时，千万不要以为世界末日来临，千万不要把人生的碎片扔进垃圾堆。你应该拾起那些碎片，重新上路，去追寻新的梦。生命的碎片，可以装饰你未来的大厦，可以让你的人生幻发出新的辉煌。

书窗

"老"朋友,"新"相见
—— 《咬文嚼字》2016年合订本出版

精装:38元
平装:30元

历年合订本均在热销中
邮购电话:021-60878392
邮购地址:上海市打浦路443号荣科大厦17楼
邮政编码:200023

更多优惠请登录:http://yaowenjiaozi.taobao.com

广角镜

咬文嚼字讲习所招生

携一堆问号过来　　带一双慧眼回去

特点
解决实际问题
辨析典型差错
研究出错规律
总结纠错方法

是"绝不让步"还是"决不让步"?
"一袭长发"可以说吗?
该写"登陆网站"还是"登录网站"?
"致词"还是"致辞"?
"垂帘听政"是用耳朵听吗?
"载(zǎi)人飞船"还是"载(zài)人飞船"?
……

开班时间
2017年5月22日—26日

咨询、报名电话
021-60878388
**　　60878392**

还在为这些问题头疼吗?
快来参加讲习所吧!

图中差错知多少？ 楚山孤 段羡菊 余华 邱天 提供

（答案在本期找）

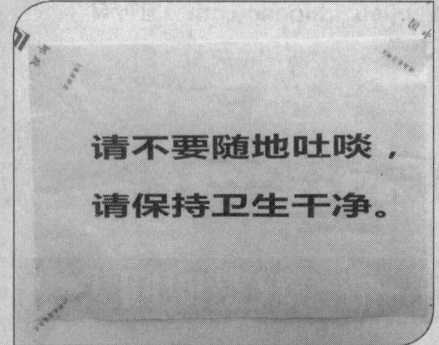

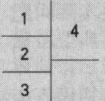

咬文嚼字

YAOWEN-JIAOZI

05 2017

石竹科石竹属的多年生草本，花色艳丽，是将香石竹经人工培植改良后产生的杂交种。"康乃馨"是按其英文名 Carnation 音译得来，这个词本是肉红色之义，康乃馨的花大多为这种颜色。

康乃馨

欢迎至邮局订阅本刊 邮发代号 4-641
国内统一刊号 CN 31-1801/G
定价：5.00 元

上海世纪出版集团

书窗

花自远方来,香飘云天外

知道吗?"茉莉花"虽在中国唱颂,却原产印度;作为香料的丁香原产自印尼,不同于中国的丁香花。这是套针对中国的外来植物的有趣丛书,全面介绍历史各个阶段以不同方式传入中国的花卉、香料、蔬菜和水果,图文并茂,知识丰富。

《远方的茉莉花——中国的外来植物·花卉》
晓蓓/著 定价/38元
《舌尖上的丁香——中国的外来植物·香料》
姚欢远/著 定价/38元

热销中
邮购电话:021-60878392
邮购地址:上海市打浦路443号荣科大厦17楼
邮政编码:200023
更多优惠请登录:http://yaowenjiaozi.taobao.com

广角镜

咬文嚼字讲习所招生

携一堆问号过来 带一双慧眼回去

特点
解决实际问题
辨析典型差错
研究出错规律
总结纠错方法

是"绝不让步"还是"决不让步"?
"一袭长发"可以说吗?
该写"登陆网站"还是"登录网站"?
"致词"还是"致辞"?
"垂帘听政"是用耳朵听吗?
"载(zǎi)人飞船"还是"载(zài)人飞船"?
……

开班时间
2017年5月22日—26日

咨询、报名电话
021-60878388
**　　　60878392**

还在为这些问题头疼吗?
快来参加讲习所吧!

老师与学生"眉来眼去"

唐慈新/文　臧田心/画

李抱枕曾获美国哥伦比亚大学音乐教育博士学位,为我国音乐教育事业做出了重要贡献。一次,在排练合唱节目时,李抱枕发现学生只看谱不看指挥,导致歌声"此起彼伏",严重不整齐。李抱枕幽默地说:"好的合唱团员把谱记在脑袋里面,不好的合唱团员把脑袋埋在谱里。我恳求各位在唱的时候多'赏'我几眼,别老是'埋头苦干',在演出时我们不能说话,只能'眉来眼去'。"大家哈哈大笑,眼睛再也不离指挥了。

| 名家语画 | 老师与学生"眉来眼去" | 唐慈新/文 臧田心/画 | 1 |

| 语林漫步 | 由《中国诗词大会》想到古人的语言运用观 | 武陵仁 | 4 |

| 时尚词苑 | 怼:老树发新枝 | 刘东怿 | 7 |
| | 流行语"正确打开方式"的来历 | 吴梦捷 | 9 |

一针见血

沁入心"脾"?	李光羽	12
"豕突"从哪来	王宗祥	12
滤酒怎么能少"筘"	高连宝	12
石膏制成的不是"磨具"	周振	13
十二岁当上卿的是"干罗"吗	朱建芳	13
周有光先生有《朝文道集》吗	高良槐	14
"重蹈"的是"旧辄"吗	方德佺	14
大渡桥横铁"锁"寒?	康永禄	15
"下家人"是什么人	张仙权	15
"见过"指的是来访	沈阳仁	16
人类最早的身份是农民?	钱辉	16
四川哪儿来"梅山市"	辜良仲	17
杜甫何曾念诗给老妇听	曾小云	17
"成如容易却艰辛"是谁说的	汤生根	18

文章病院

不是"莘荑"是"辛夷"	李景祥	19
"三吏""三别"并非作于天宝年间	晋相	20
何来"茉莉花茶"	高鸿儒	21
殷末何来"缂丝"	木子	22
李世民与安史之乱	冼竹	23

| 学林 | 多音字和异读字的区分 | 苏培成 | 24 |

栏目	文章	作者	页码
追踪荧屏	劝酒须"将"（qiāng）	古 桥	/27
	贺知章不是宁波人	李华山	/28
	初三夜不会有"月上东山"的景象	廖 宁	/29
	《楚辞》是屈原创作的吗	陈福季	/30
	杀人罪的追诉没期限吗	李友平	/31
朝花夕拾	咬嚼日记摘钞（13）	郝铭鉴	/32
	"暴发"和"爆发"		/32
	"牛鬼蛇神"		/33
	每逢元宵见"瘦辞"		/34
检测窗	编校差错扫描（四）	王 敏	/36
网语漫谈	比心	孙汇泽	/39
	前方高能预警！	周遥君	/41
	另类"洗地"	姜欣幸	/43
东语西渐	跨文化聊鸡年	陆建非	/45
华语圈	不是"红毛"就是"番"	邓月璇	/48
	谈谈"因应"的词性	马毛朋	/49
	马来西亚食品译名漫语	杨欣儒	/50
谈联说谜	谜人会战张家港	江更生	/52
	《花月痕》中的"书信谜"	刘茂业	/54
	常州猜谜庆元宵	老 乔	/55
八面来风	语言：沧桑与选择	王 蒙	/57
向你挑战	请接受善意	伯 淮 设计	/60

顾问 张斌　濮之珍　何伟渔　陈必祥　金文明　姚以恩

名誉主编 郝铭鉴

主　编 黄安靖

副主编 王敏

特约编委 汪惠迪(中国香港)　田小琳(中国香港)　林国安(马来西亚)　吴英成(新加坡)

责任编辑 历环

发稿编辑 施隽南　何中辰

通　联 张炜

封面设计 王怡君

特约审校 蔡维藩　陈以鸿　李光羽　王中原　张献通

凡本刊录用的作品，其与《咬文嚼字》相关的汇编出版、网上传播、电子和录音录像作品制作等权利即视为由本刊获得。上述各项权利的报酬，已包含在本刊向作者支付的稿酬中。如有特殊要求，请在来稿时说明。

语林漫步

由《中国诗词大会》想到古人的语言运用观

◎武陵仁

今年春节期间,央视播出的《中国诗词大会》第二季,受到社会各界广泛关注。

"点赞"者有之。有人说:中国是"诗"的王国,中华民族是"诗"的民族,中国人自古以来就善于以"诗"表情达意,《中国诗词大会》受追捧,说明国人生命的底层潜藏着"诗"的"基因"。有人说:《中国诗词大会》让亿万观众感受到了"诗词"之美,再一次点燃了国民的"诗词"热情,为古典诗词的"现代复兴"创造了契机。还有人说:古典诗词是传统民族文化精华中的精华,《中国诗词大会》展现了传统民族文化的魅力,为传统民族文化的传承、弘扬树立了榜样。

"吐槽"者有之。有人说:《中国诗词大会》其实就是中国诗词背诵大会,武亦姝夺冠就充分说明了这一点,因为9至18岁是记忆力最强的时期,并且女生比男生有优势。有人说:《中国诗词大会》太"简单",所涉及诗词基本以中学语文教材为主,仅略微有扩展,根本比不出掌握古诗词的真正水平,北大博士陈更被武亦姝"打败"就是很好的说明,因为不管是古诗词知识的广度还是深度,博士的水准都应该远远高于高一学生。还有人说:古诗词的核心能力是创作,但《中国诗词大会》毫无涉及,连节目组所聘请的专家都不擅长诗词创作,有嘉宾所吟作品毫无"诗味",甚至格律失调。

其实,古诗词能力是综合能力,包括记忆能力、鉴赏能力和创作能力等等,要想在一台节目中全部囊入,既无可能也没必要。作为一台文化节目,能引起社会各界广泛关注,激发国人的"诗词"热情,效果已经不错了。况且,"吐槽"者从记忆、鉴赏、创作等角度对古诗词这一文化瑰宝进行了深入系统的思考,这本身就是节目所产生的价值。

古诗词作为传统的文学体裁,我们究竟应该如何传承?要不要进行"现代转型"?如果要的话,如何转?作为传统文化中的精华,如何思考其"现代意义"?等等。这些问题,分析的角度不同,结论也会不一样,目前还难以形成统一看法。作为一名语言文字工作者,从语言运用角度看,笔者认为,古诗词创作中的"语言运用"传统,是值得现代人借鉴与学习的。

古人作诗讲究锤炼,提倡在语言文字的运用上下足功夫。杜甫云:"为人性僻耽佳句,语不惊人死不休。"作出"语惊人"的"佳句",是古人"死不放弃"的追求。要达到这一目标,必须字斟句酌,必须进行遣词造句上的锤炼。锤炼往往是一个"呕心沥血"的过程。唐代释归仁《自遣》:"日日为诗苦,谁论春与秋。一联如得意,万事总忘忧。"道出了古人诗歌创作中的"苦吟"状态。古诗词虽然很美,但古人创作的过程大都不轻松,作得很"苦"。

古人在诗词创作中对语言的锤炼,主要体现在"炼字"和"炼句"两个方面。

炼字,即推敲用字,以求准确、生动。古人认为,"诗以一字论工拙",一字用得不好,"足害一诗之意"。诗歌创作,字必须用"活"。"人活则立,人死则卧",作诗也一样,必须"字字立于纸上",不可"字字卧于纸上"。作诗把字炼"活",就能"平字见奇,常字见险,陈字见新,朴字见色",从而准确、生动地表达诗情、诗意。

宋代阮阅《诗话总龟》所载"推敲"的故事大家都很熟悉:唐代诗人贾岛吟得诗句"鸟宿池边树,僧敲月下门",觉得"敲"字不好,想改成"推",便在驴背上一边吟哦一边做着"推""敲"的手势。思想走神,竟撞上韩愈的车骑。知晓情况后,韩愈思考了好一会儿,说:用"敲"字好。这就是"推敲"一词的来历。这个故事一直为后世津津乐道,被视为"炼字"的经典案例。宋代魏庆之《诗人玉屑》中"一字师"的故事也广为人知:晚唐期间,诗僧齐己写了一首《早梅》诗,去向郑谷求教。诗中有一联云:"前村深雪里,昨夜数枝开。"郑谷看后说:既然是"数枝"就说明不是"早梅"了,不如"一枝"好。齐己深为叹服,便将"数枝"改为"一枝",尊郑谷为"一字师"。在古诗词创作中,类似的故事举不胜举。

炼句,即推敲词句运用,使之精练、形象。古人同样认为,"一句之辞,足害一篇之意",因此主张"琢句",且"琢句须工",诗句必须是"工句"。"工句"即"含情而能达,绘景而生心,体物而得神"之句。唐代方干《赠喻凫》云:"才吟五字句,又白几茎须。"可见,要想"炼"出理想的诗句,同样要下"苦"功夫。为了写出"佳句",可能要"炼"几年时间。贾岛《题诗后》:"两句三年得,一吟双泪流。"

广义的炼句,还包括整首诗的构思布局。古人创作诗词,绝不重复别人的"陈言""旧句"。如果同一题材前人已有作品,而自己又不能超越的话,宁愿放弃不写。唐代诗人崔颢曾登临武昌长江之畔的黄鹤楼,并留下了千古名作《黄鹤楼》,此诗出类拔萃,被后人推为"唐人七律第一"。传说,后来李白过武昌,登黄鹤楼,也想题诗抒怀,但见崔颢诗句,叹服不已,自感难以超越,便搁笔离去。李白的《望庐山瀑布》也是一首为人称道的千古名作。有学者研究,宋代大诗人苏轼也曾来到当年李白的驻足之处,看到了李白当年看到的风景,本来也想作诗一首,但想到李白的诗句,也作罢了。稍后,他来到西林寺,写了一首《题西林壁》。

当代作家,特别是当代年轻作家,如能在下笔前多想想古人的语言运用态度,对文学、对语言,无疑均有重要意义!

怼：老树发新枝

◎刘东悍

怼，原本是个文言用字；在现代汉语里，则不是常用字。但是眼下，"怼"作为当红流行语，身影随处可见，不仅出现在网络论坛、报纸杂志、广播电视中，还常出现在人们的日常对话中，可谓是"一言不合就开怼"。请看：

（1）日前，"丽江市古城区委宣传部官微怼网友"一事，引发网友质疑。（《中国青年报》2017年3月2日）

（2）（在电视剧《锦绣未央》中）李未央因为背负着国仇家恨而潜伏在敌国仇府，在成长蜕变之路上展开了与叱云柔为首的叱云家、心怀不轨的李家的斗智斗勇。李未央也因开启攻守兼备模式，找准敌人漏洞"怼"回去，被观众戏称为"李怼怼"。（《深圳晚报》2016年11月25日）

"怼"字在《说文解字》中释义为："怼，怨也。从心对声。"可见，"怼"字有怨恨之义。在演变为流行语之前，"怼"常与"怨"字组词，常见的有"产生怨怼""心生怨怼""心怀怨怼"等用法。例如：

（3）社保基金"库存"不足，只能要求提高缴费标准，但企业和职工却缺乏这样的能力，对越来越高的社保缴费心生怨怼，这成了一个难以调和的矛盾。（《北京青年报》2015年1月11日）

（4）但是众多的磨难并没有使她心怀怨怼，她依然优雅、乐观，始终固守自己的情操。一个内心明亮的人，决不会被

阴郁的生活所击倒。(《人民日报海外版》2000年4月17日)

然而,作为流行语的"怼",有对抗、对着干之义[见例(1)、(2),又见例(5)、(6)、(7)]。这可能与方言有关。在河南方言中,"怼"读作duǐ,常作动词使用,表示"打、撞、弄、干架"之义,如"怼啦,怼到人啦,怼到树上了"等。这大概便是"怼"的流行义的由来。请再看几例:

(5)又是一年逼婚时,你准备好这样怼回去了吗?(《工人日报》2017年1月20日)

(6)(特朗普)废除奥巴马政府医改法案、与媒体"互怼"甚至称《纽约时报》等媒体为"全民公敌"也惹来众多质疑,对美国社会造成严重的"撕裂"。(《解放军报》2017年2月22日)

(7)俄回怼驻美大使"间谍"论:秀下限(标题,《新闻晨报》2017年3月4日)

"怼"的另一个引申义是"批评"。例如:

(8)中国乒乓球队直通世乒赛选拔赛……第一阶段结束时被总教练刘国梁"怼"为"最不满意球员"的许昕连挫两名队友,取得第二阶段"血战到底"的参赛资格。(《新民晚报》2017年3月10日)

在"怼"的流行过程中,还引申出了开玩笑、调侃之义,更多地带有幽默风趣的色彩。例如:

(9)"你刚才演了吗?怎么毫无痕迹啊?说明可有可无嘛!"几句话怼得王自健哑口无言,脱口秀达人就这样拜倒在表情包鼻祖的吐槽下。(《新快报》2017年2月4日)

(10)青曲社的苗阜和王声将带弟子献上群口相声《金鸡迎春》,现场互怼,段子不停,非常有节日气氛。(《华商报》2017年1月24日)

流行语"怼"含义多变,网友们常用"互怼""被怼""怼来怼去"等进行对话,可见"怼"已经走进了人们的语言生活。至于这个"怼"究竟能流行多久,就要交给时间来检验了。

流行语"正确打开方式"的来历

◎吴梦捷

近两年来,有一个新奇的短语"正确打开方式"常常出现在新闻报道的标题中。许多老年读者不明所以,纷纷质疑:只说"正确方式"不行吗?为何还要加上"打开"二字?

请先看几个新闻标题:

(1)献爱心,您有正确打开方式吗(《人民日报》2016年6月2日)

(2)第26个"全国土地日"——寻求土壤修复的"正确打开方式"(《文汇报》2016年6月26日)

(3)"剩饭剩菜"的正确打开方式(《北京青年报》2017年2月19日)

上例中的"献爱心""土壤修复""剩饭剩菜"似乎都跟"正确打开方式"毫无瓜葛,何必"打开"呢?

说来话长。"打开方式"这一说法出自网络和计算机。当网站视频的打开方式不正确,视频就会无法播放。计算机上的文件、程序要用匹配的软件才能打开,若打开的方式不正确,则无法进行下一步的操作。比如:你要打开一个文字文档,就不能使用制作表格的 Excel 软件,而要用 Word 软件才行。

如今,"正确打开方式"已经走红,简直成了"百搭"流行语。作为流行语,"正确打开方式"用的并不是适用于网络或者计算机的本义,而是比喻义——指处理事情或解决问题所采取的最佳方式、方法或途径。

就拿上引的例(3)来说吧。

"'剩饭剩菜'的正确打开方式"是文章的标题,怎么理解呢?只要看一看正文中的三个小标题就一清二楚了:

(3)A.剩菜:荤菜分装收纳,蔬菜当餐吃完

(3)B.剩主食:米饭冷藏,面食冷冻

(3)C.剩汤:煮沸盖严,及时冷藏

可见,所谓"剩饭剩菜的正确打开方式",就是处理剩饭剩菜的具体而有效的做法。依此类推,例(1)是说"献爱心"的多条途径,例(2)是说"土地修复"的几种办法。

"正确打开方式"能够跟多种语法功能的词或短语搭配,比较自由。可以是动词性词语,像例(1)的"献爱心";可以是名词性词语,像例(3)的"剩饭剩菜";还可以是形容词性词语,像例(4)的"淡定"。

(4)"淡定"的正确打开方式(标题,《新民晚报》2017年2月20日)

今年春节期间,《中国诗词大会》十分成功,取得了人人称道的效果。于是如何学习古诗词成了社会舆论关注的重要话题,许多文章不约而同地都用上了"正确打开方式":

(5)然而,比赛中也暴露出一些选手只知背诵,不知其意,不懂平仄对仗,甚至不知道诗词中一些字的正确写法,这样的问题发人深省——中国古诗词的正确"打开方式",难道就只是"背诵"吗?(《新闻晨报》2017年2月9日)

(6)理解,让诗词活起来,才是古诗词的正确"打开方式"。(《北京日报》2017年2月15日)

学习古诗词的"正确打开方式"是什么?例(5)说的是不能止步于"背诵",例(6)说的是要重视"理解"。

"打开方式"和"正确打开方式"都还算不上固定短语,所以有时候可以变换语序,灵活运用:

(7)张军不想"为当代而当代",寻找正确方式打开昆曲

(标题,《新民晚报》2017年3月22日)

既然有"正确打开方式",自然也会有它的对立面,即"错误打开方式"。《新民晚报》2016年8月18日刊登了一篇文章,题目是《澳大利亚媒体总结不利健康小细节——早晨七大"错误打开方式"》。正文中列举了早晨七项不利健康的细节,如"第一,刚醒来就查看手机;第二,用一杯咖啡代替早餐;第三,不拉开窗帘;……"

除此之外,还有既不说"正确",也不说"错误",径直用"打开方式"来表达的。比如全国人大代表、上海市第六人民医院院长贾伟平在今年全国两会上说:"就医难?换种打开方式试试。"(见《文汇报》2017年3月7日)按照贾代表所说,所谓"换种打开方式试试",就是病员不必都挤到大医院去("排队排半天,就诊开方只有三分钟"),可以利用分级治疗网络,走上寻医问诊的"绿色通道"。

"正确打开方式"这种诙谐而又接地气的说法,不仅仅源于网络带给人们的影响,还源于人们思维方式的变革,并且反映了人们处理事情的积极态度。如今,寻求事物的"正确打开方式",正成为我们工作和生活中必不可少的课题。

网言网语·职场

员工辞职的原因林林总总,但只有两条最真实,一是钱没到位,二是受委屈了。归根结底只有一条:干得不爽。但走的时候,大都会费尽心思找些看起来靠谱的理由。其实,这是在给老板留面子,不想说出这里有多糟糕,他有多失望。真是人性本善啊!作为管理者,定要好好反思。

(黄文志/辑)

沁入心"睥"?

◎李光羽

在2016年12月1日《新民晚报》B3版上有《粗果细蔬》一文,在描写荸荠(bíqi)时说它"淡淡的土香,沁入心睥,极受用"。这个"睥"用错了,应用"脾"。

"脾"是"月"字旁,和肉相关;"睥"是"目"字旁,和眼相关。"睥"的原义是眼睛的余光,与"睨"(斜视)近义,故常联合组成"睥睨"一词,表示高傲,看不起别人,甚至是厌恶。"脾"指脾脏。"心脾"即心脏和脾脏,亦指心。清袁枚《随园诗话补遗》:"诗能入人心脾,便是佳诗,不必名家老手。"

"睥"(pì)与"脾"(pí),音近且形似,但字义迥然不同,"沁入心脾"可不能写作"沁入心睥"。

期上的短篇小说《盛夏夜,或盛夏夜忆旧》中有一段文字这样写:"我觉得胸口发闷,于是将窗户打开一角。雨还没停,路上行人,仍狼奔豸突。"这里的"狼奔豸突"应为"狼奔豕突"。

豕,读shǐ,义为猪。汉语中有"狼奔豕突"这一成语,即狼和猪东奔西跑,形容坏人成群乱窜。陈登科《赤龙与丹凤》一:"匪首把大盖帽往脑后推推,握着指挥刀,逼着匪兵,狼奔豕突,想夺下一个村子据守。"这个词含贬义,用来形容雨天行人匆忙赶路的样子究竟是否适合且不去管它,但把"豕"换作"豸"是绝对错误的。

"豸"读作zhì,是古书中记载的无足之虫,"虫豸"可作虫子通称。"豸"无法"突",汉语中无"狼奔豸突"一词。

"豸突"从哪来

◎王宗祥

刊载于《收获》2017年第1

滤酒怎么能少"筹"

◎高连宝

新世界出版社2009年11

月出版有《宋词里的衣食住行》一书,第83页上引用了南宋王迈的《南歌子·谢送菊花糕》一词,头两句是:"家里逢重九,新熟浊醪。"明显读不通,应是漏了一字。

查阅原文,这首词开头两句是"家里逢重九,新篘(chōu)熟浊醪"。"篘"是指竹制的滤酒器具。这两句说的是时逢重阳节,用新篘来滤刚刚酿成的浊酒。少了一个"篘"则句意难以索解。

石膏制成的不是"磨具"

◎周　振

2016年11月9日《报刊文摘》第5版刊登的《朱松林:修复恐龙》一文有这样的话:"脊椎动物骨骼对称,残缺的部分可以参照另外一块,先用泥巴塑形,然后在上面刷上石膏,再将其做成磨具,用树脂倒模后,粘连起来,再在上面刷上丙烯颜料,一块骨头就算修复完毕。"其中的"磨具"当为"模具"之误。

所谓"模(mú)具",即生产上使用的各种模型。"模"在这里是模子之义。工业上经常要用到模具,而石膏是模具制作的常见材料。修复骨头时用泥巴和石膏做成的用具正是"模具"。

磨,读mó,磨制、摩擦义。磨具是用来磨削的工具,一般用高硬度材料制成,而不会用泥巴、石膏。修复骨头也用不到磨具。

十二岁当上卿的是"干罗"吗

◎朱建芳

2015年9月9日的《读者报》第17版刊有一篇题为《乾隆皇帝买"四时"》的文章,讲到某掌柜引经据典巧应乾隆的刁难时,说:"干罗十二岁为上卿……"12岁当上卿的应为甘罗,而不是"干罗"。

甘罗是战国时楚国人,秦

相甘茂之孙。据《史记》载,甘罗十二岁便是秦相吕不韦的家臣。在吕不韦打算攻打赵国时,他自请出使赵国,劝说赵王割地与秦。因为功劳大,甘罗被拜为上卿。史书中未见有名为"干罗"者"十二岁为上卿"的记载。

周有光先生有《朝文道集》吗

◎高良槐

2017年1月16日《新京报》在C02版以《"利用拼音,帮助汉字"》为题,刊发了周有光先生的6条语录,文末注道:"——整合摘录自《周有光百岁口述》《朝文道集》《文化学丛谈》《从世界看中国:周有光百岁文萃》"。这里要说的是,周有光先生虽著作等身,却并未写过一部《朝文道集》,倒是有部《朝闻道集》。

《朝闻道集》辑录了周有光先生的39篇文章,其中包括他百岁之后的23篇新作。《朝闻道集》共分五辑:华夏思古、读史纪实、文化演进、语文探新、笔尖畅想,涵盖了经济学、语言学、人类学等领域的内容。周先生在为《朝闻道集》所写的后记中,用"朝闻道,夕死可矣"作结,书名由来不言而喻。这句话出自《论语·里仁》,体现了对追求真知的渴望。

显然,周有光先生的《朝闻道集》是不能写成《朝文道集》的。

"重蹈"的是"旧辄"吗

◎方德佺

《新课程研究》2016年12月上旬刊发表了一篇题为《语用范式,最是"应用"能致远》的文章,其中有这样一个句子:"如果每一个知识点都教……想必只有重蹈'讲课文'的旧辄,充其量只能是'教过',并不一定'教会'。"句子中的"旧辄"应为"旧辙"才对。

"重蹈"和"旧辙"连用,应

该是在化用成语"重蹈覆辙"。辙,即车轮辗过留下的痕迹。旧辙,可理解为走过的老路。"重蹈旧辙"可理解为走过去的老路。

辄,指古代车厢的左右两板,也称车耳。"旧辄"可没法"蹈"。误"辙"为"辄"应是音同形近所致。

大渡桥横铁"锁"寒?

◎康永禄

《〈七律·长征〉：一首诞生在通渭的伟大诗篇》是刊登在《兰州晨报》2016年8月20日B03版的一篇文章。文章的前言部分全文引用了毛泽东同志的诗《七律·长征》："红军不怕远征难,万水千山只等闲。……金沙水拍云崖暖,大渡桥横铁锁寒。……"此处引用误把"大渡桥横铁索寒"写成了"大渡桥横铁锁寒"。

据《现代汉语词典》,"索"指大绳子或大链子,如"船索""铁索桥"等。《七律·长征》原诗中"大渡桥横铁索寒"的"索"即取此义。而"锁"则是指安在门、箱子、抽屉等的开合处或铁链的环孔中,使人不能随便打开的金属器具。显然,"索"与"锁"截然不同。诗文中的"铁索",指的是红军长征中强渡大渡河时的铁索桥,和"铁锁"全无关系。

"下家人"是什么人

◎张仙权

《西南联大行思录》(生活·读书·新知三联书店2013年出版)一书的第120页写道："云南人把外地人叫作'下家人'。"此处的"下家人"应为"下江人"。

"下江"是地区名,古称长江自南郡(治今湖北荆州市荆州区)以下为下江,在不同的时期和地区也有不同的含义。今多为西南地区人对长江下游地区的泛称,包括江苏、安徽、浙江等省。茅盾《船上》:"其实不待她开口,光看那种风度,就知道她是下江人了。"有时"下江人"还被西南地区人民用来作所有外地人的泛称,《西南联大行思录》中提到的即这种情况。这种称呼的由来,也可能与西南地区总体地势较高又多江河不无关系,因为地理上外省人多处在"下游"。"下家人"的说法莫明其妙。

"见过"指的是来访

◎沈阳仁

《老同志之友》2017年第3期刊出之《刘禹锡诗词赏析(二)》一文,讲析了题为《元日乐天见过因举酒为贺》的一首五言律诗。文章的第一句为"此诗是刘禹锡为元日拜访白居易所作……"这里恐怕弄错了主客关系,应是白居易拜访刘禹锡才是。

要辨明谁是访客,谁是主人,只要弄清"见过"的意思即可。"见"有多义,用在动词之前表示对我如何,有客气、谦逊之意。现在也时常这么用,如"见赐""见惠"都是说别人赠言、赠物与己。"过"亦有多义,其中有一个为探望、拜访。"见过"的意思是客人来访,是个谦辞,不能用于造访别人。弄明白"见过"的用法,诗名的意思就很明确了。

"乐天"是白居易的字,他与刘禹锡是好友,世人将他们合称"刘白"。他们晚年经常唱和,有《刘白唱和集》问世。刘禹锡的诗题为《元日乐天见过因举酒为贺》,可知是白居易拜访了刘禹锡。

人类最早的身份是农民?

◎钱 辉

在《原乡记忆》(大连出版社2014年10月出版)中的《井冈山的标语》一章里,有这样一句话:"人类最早的身份无一例外都是农民。"此一论断值得商权。

我们知道，所谓农民（也称农人）是指从事农业生产的人。但人类并非从最初就从事农业生产。查阅《人类简史》（中信出版社2014年出版），书中说："人类曾有长达250万年的时间靠采集及狩猎维生。"该书中还说："（人类）从采集走向农业的转变，始于大约公元前9500—公元前8500年……"这本书中的观点也是现今人类学的主流看法。既然人类最早是靠采集、狩猎为生，自然不能说"最早的身份"是"农民"。

四川哪儿来"梅山市"

◎辜良仲

2017年1月6日《光明日报》09版的报道《彭山江口沉银遗址水下考古发掘启动》，配有一幅资料图片——《梅山市彭山区江口镇岷江河道遗址》。显而易见，"梅山市"是"眉山市"之误写！

眉山市位于四川省中东部、岷江中游，因峨眉山而得名，古称眉州。2000年经国务院批准设立眉山市，现辖东坡区、彭山区和仁寿、洪雅、丹棱、青神四县。上述文章所说的"沉银遗址"正在眉山市彭山区江口镇。

"梅山"在我国也是有的，只不过是在安徽省。安徽金寨县的梅山镇地处大别山北麓，有著名水利工程梅山水库在其辖境。

杜甫何曾念诗给老妇听

◎曾小云

2017年2月6日《中国艺术报》第8版刊发了《奖金一个亿，莫非是真的？》一文，文中这样写道："但是今天坐在光芒闪烁的'城中香格里拉'，看着一千万、五千万和一个亿的支票模型，我却认真想到了杜甫老先生写诗之后要拦路念给老妇听，看看人们有无共鸣的佳话……"写诗念给老妇听,应是出自"老妪能解"的故事,但所涉诗人是白居易,不是杜甫。

"老妪能解"的故事载于多部宋人笔记,最初见于宋孔平仲《谈苑》:"白乐天每作诗,令一老妪解之,问曰解否?妪曰解,则录之;不解,则又改之。"其后,僧惠洪《冷斋夜话》、彭乘《墨客挥犀》亦有载。今天人们谈到或引用这个故事,常用来例证诗歌要浅切平实、明白易懂才好。

白居易作诗"老妪能解"的故事可以见诸文字;但所谓杜甫写诗念给老妇听一事,却不见记载。

"成如容易却艰辛"是谁说的

◎汤生根

中华书局2012年4月出版的《我是人间惆怅客:听杨雨讲纳兰》一书有篇序言,其中写道:"元好问说:'成如容易却艰辛。'我从杨雨这本书中,仿佛读出了她曾经付出的苦苦思索,也仿佛看出了她灵感突发时愉悦的神情。"(第2页)此处所引的"成如容易却艰辛"一句其实并非元好问所说,它是王安石的诗句。

唐代有位诗人张籍(约767—约830),字文昌,苏州人,曾任国子司业,故世称张司业。王安石很推崇他的诗,曾写《题张司业诗》予以评论和赞扬。诗的全文是:"苏州司业诗名老,乐府皆言妙入神。看似寻常最奇崛,成如容易却艰辛。"意思是张籍的乐府诗已达到"妙入神"的境界。看起来平常,其实独特不凡;成诗似乎容易,其实过程艰难。这是对张籍的赞扬,又何尝不是王安石自己创作体会的深刻总结?

元好问(1190—1257),字裕之,文学家,历史学家,金元之际北方文学代表。金亡不仕,工诗文,以"丧乱诗"最为有名。"成如容易却艰辛"并非他的诗句。

不是"莘荑"是"辛夷"

◎李景祥

《北京晚报》2017年1月6日第18版的《被淡忘的京味儿民俗》一文,介绍了"手工毛猴儿"这种工艺品。此文写道:"因为其浑身披毛,形态又很像猴,所以被称之为毛猴儿……传说清道光年间,南城一家药铺的小伙计,因不满掌柜的欺压,就用蝉蜕(知了壳)、莘荑(玉兰花毛绒状的花蕾)等中药做了个毛猴儿……""小伙计"所用"莘荑",应该是"辛夷"。

辛夷,指辛夷树或它的花。辛夷树属木兰科,落叶乔木。《楚辞·九歌·湘夫人》:"桂栋兮

毛猴儿,北京特有的手工艺摆件。一般用辛夷做出躯干,用蝉蜕做出头部和四肢,然后用白及进行黏合。通常还会用木通等材料制作小道具,体现各种生活场景。毛猴儿的基本制作材料在药铺里都可以获取,便于制作又形象生动,因而深受人们喜爱

兰橑,辛夷楣兮药房。"洪兴祖补注:"《本草》云:辛夷,树大连合抱,高数仞。此花初发如笔,北人呼为木笔。其花最早,南人呼为迎春。"现多用"辛夷"作为木兰的别称,或特指其干燥

"三吏""三别"并非作于天宝年间

◎晋 相

《人民日报》2017年1月5日第24版刊出《说给每一颗走向"明天"的心》,文中说:"天宝年间,唐玄宗远遁西蜀,山河破碎,时任右卫率府胄曹参军的杜甫感时伤怀,写下惊世名篇'三吏''三别'。"这里的记述有误,杜甫写下"三吏""三别"不是"天宝年间"的事。

天宝十四载(755)杜甫在长安初次为官,由于不想做河西尉,朝廷让他改任右卫率府兵曹参军(一说胄曹参军)。当时他还写下了"不作河西尉,凄凉为折腰。老夫怕趋走,率府且逍遥"这样的诗句。也正是在这一年的十一月,安禄山造反,唐朝陷入了前后历时七年多的动乱,国力由盛转衰,史称"安史之乱"。至德元年(756),唐肃宗在灵武即位,杜甫前去投奔,拜左拾遗。乾元元年(758)他又被贬为华州司功参军。乾元二年(759),杜甫去洛阳探亲。在他返回华州的途中,目睹了因战乱而饱受苦难的百姓,有感而发,作"三吏"(《新安吏》《石壕吏》《潼关吏》)、"三别"(《新婚别》《垂老别》《无家别》)六首诗,传诵至今。

的花蕾。辛夷可入药,性温、味辛,主治风寒头痛、鼻塞、鼻渊、鼻流浊涕等症。

辛夷作为植物名和中药材自古便为人所知。"药铺的小伙计"拿来制作毛猴儿的材料当是辛夷,不是什么"莘荑",实际上也没有"莘荑"一物。

何来"茉莉花茶"

◎高鸿儒

在家中的一个茶盒上赫然发现了"茉莉花茶"四个大字,不禁哑然失笑。这里明显是将"茉莉"错写成了"茉莉"。

茉,读作wèi,一种药材,即五味子。茉莉的"茉",则读作mò。茉莉,一种植物,常绿灌木,木樨科。亦指这种植物的花。茉莉是常见的盆栽植物,夏季开花最盛,秋季也开花,花白色,有浓香。清魏源《江南吟十首》之一:"春风玫瑰夏杜鹃,午夏茉莉早秋莲。"原产印度,现中国各地都有栽培。茉莉可用来熏制花茶,也可作提取芳香油的原料。

"茉"和"茉"均系形声字。茉,从艸(cǎo),未声;茉,从艸,末声。作为声旁的"未""末"两字之细微差别在于,"未"的两横是上短下长,而"末"的两横是上长下短。其实只要稍通造字之法,并知道"茉莉"二字的正确发音,"茉"字是不会错写成"茉"字的。

殷末何来"缂丝"

◎木 子

《沈阳日报》2017年1月6日T7版《辽东大地,遥远的炊烟》一文中讲到殷末思想家箕子,说其率旧部驻留辽东,在当地传播中原文化。其中有一段写道:"他们混居于当地的各族群众中间,将'田蚕织作'的奥义演说,注释成立竿见影的收获。惯于逐水草而居的土著,在开荒作田、养蚕缂丝的试探中,半是惊讶半是欣喜。"此处的"缂丝"应改为"缫丝"。

明代缂丝《仙山楼阁图》

缫,读sāo,从糸,巢声,义为从蚕茧中抽出丝。"养蚕缫丝"这一技术,是我国古代劳动人民智慧的体现。据考古发现,商周时期我国就有了多种丝织品。上述引文说箕子在辽东传播养蚕缫丝之法,是有可能的。

缂,读kè,织纬义。缂丝,也称刻丝,是我国特有的传统丝织手工艺。织造时,以细蚕丝为经,彩色的蚕丝作纬,用小梭引纬线在图案需要处与经线交织。经丝纵贯织物,纬丝不贯穿全幅,旧时称"通经断纬"。这项技术盛于宋代,清故宫中有五代缂丝遗物。

缂丝工艺虽历史悠久,但可考遗物距今不过一千多年。殷末的箕子传播"缂丝"之法恐怕不可能。

李世民与安史之乱

◎冼 竹

刊载在2017年2月13日《人民日报》第24版上的《看字》一文写道:"李世民离开蒲州不久,或者说李世民死后不久,有了安史之乱,时任平原太守的颜真卿率军抗击。"此处对时间的描述不妥,"安史之乱"并非发生在"李世民死后不久"。

唐太宗李世民是唐朝第二位皇帝,在位期间国力日盛,史称"贞观之治"。贞观二十三年(649),李世民驾崩,唐高宗登基。唐高宗死后,中宗、睿宗相继登基,接着武后改唐为周自立为帝。神龙元年(705),宰相张柬之等老臣发动政变夺回李唐江山,中宗、睿宗相继复辟。先天元年(712),唐睿宗禅位于李隆基,即唐玄宗。唐玄宗即位后励精图治,开创了"开元盛世"。然而之后因政策失误、用人不当,在天宝十四载(755)爆发"安史之乱"。

综上所述,从李世民去世到安史之乱爆发,历经百余年时间,五个皇帝先后在位,唐王朝也逐渐由盛而衰。这样一段时间,不宜说是"不久"吧?

网言网语·哲理

不吃过头的饭,不讲过头的话,不走过头的路,不做过头的事。过头,虽能侥幸骗得当下,但它的代价是失去未来。

(乔 桥/辑)

多音字和异读字的区分

◎苏培成

多音字和异读字是汉字读音中的两种不同现象,正确地区分对于规范汉字读音、减少误读有切实的帮助。

多音字也叫多音多义字,指一个汉字具有一个以上的读音,而不同的读音联系不同的意义。如"给"字有两个读音:一个读 gěi,基本义是交付、送与等,如:给他一本书;另一个读 jǐ,意思是供应,如:给养、自给自足。又如"行"字也有两个读音:读 xíng 时基本义是走,如:出行、行走、日行千里;读 háng 时基本义是道路,如:高山景行,引申为行列,如:单行、双行、杨柳成行。异读字则不同,指的是一个字具有一个以上的读音,而不同读音表示的意义相同。如"波"字,一般读 bō,也有人读 pō;意思相同,基本义指的是因振荡而有起伏的水面,如:波浪、波涛、波澜壮阔。又如"颐"字,一般读 yí,也有人读 yì;意思相同,指修养、保养,如:颐和园、颐养天年。异读与误读有别。误读是个别人或少数人的读音,异读是社会群体的读音。多音字和异读字都是一字多音,二者的区别就看表示的意义是否相同:不同的是多音字,相同的是异读字。

从使用上说,多音字必须根据它表达的意义来确定读音,这可以叫"音随义转"。如果把读音和意义的配合关系搞错了,就是误读,可能造成误解。如:"中间、时间、空间"的"间"读 jiān,"间隙、间歇、间谍、间隔、离间、亲密无间"的"间"读 jiàn。如果把"间隙、间歇、间谍、间隔、离间、亲密无间"的

"间"读 jiān,就是误读。多音字的存在可以节省字数,对语言的表达有积极作用;而异读字的存在只会增加读音的混乱,对于语言的表达没有积极的作用,应该加以规范。异读字的形成有多种原因,有的是由误读造成的。如"标识"本指表明特征的记号或事物,应该读为 biāozhì。因为"识"是多音字,用作记号义读 zhì,用作知识、常识义时读 shí;有的人受了多音字的影响把"标识"误读为 biāoshí。因为这样误读的人较多,有的辞书于是就承认 biāoshí 这个读音为规范读音,这种做法值得商榷。

自古至今多音字有许多变化,十分复杂,阅读古代文献时要留心古今的差别。例如《广韵》里"过"是多音字,有两个读音,表示的意义也不同。《戈韵》:"过,经也,又过所也。"指经过。古禾切,折合为今音读 guō,平声。《过韵》:"过,误也,越也,责也,度也。"指过错。古卧切,折合成今音为 guò。杜甫诗《天末怀李白》:"文章憎命达,魑魅喜人过。"按五律的平仄格式"过"应该是平声。到现代经过义改读去声 guò,只在古国名、古姓氏义仍读平声 guō。又如"行"是多音字,它的音义关系除了上面说过的以外,"言行、品行、德行、操行"等的"行"古代读 xìng,现在并入 xíng。"行行"指刚强的样子。《论语·先进》:"子路,行行如也。"其中的"行"古代读 hàng,现代不用。异读字虽然属于共时范围,彼此间纠结的地方也不少。

如果把不同时代出现的多音字或者异读字累计起来,数量会大得惊人;如果只就一个时代的情况看,多音字、异读字没有这么多,而且都是有增有减,大体保持动态平衡。下面略做说明,先说多音字的增加。如"卡"字大约产生在清代,本指设兵守卫或设站收税的地点,读 qiǎ,后来音译英语的 truck 为"卡车",card 为"卡片",增加了 kǎ 的读音,成为多音字。因为 kǎ 的读音影响很大,哨卡的"卡"本应读qiǎ,可是读kǎ的越来越多。又如"茜"字本指茜草,读qiàn。现代也用来音译外国女性的名字,如茜茜公主,增加了xī音,成为多音字。再如繁体字"發"读fā,"髮"读fà,现在合并简化为"发",成为有fā和fà两个读音的多音字。再说多音字的减少。如"滑"字本有huá和gǔ两个读音,huá用于"滑动、滑冰、滑翔、油滑、打滑"等词语,使用频率很高,而gǔ只用于"滑稽"一词。后来"滑稽"的"滑"改读为huá,"滑"成为一音字。又如"养"字在古代是多音字。《广韵·养韵》:"养,育也。"指养育。馀两切,折合今音为yǎng。《广韵·漾韵》:"养,供养。"指供养、奉养。馀亮切,折合今音为yàng。如《论语·为政》:"今之孝者,是谓能养。"现在把"供养"的"养"改读为yǎng,"养"成为一音字。

下面说异读字的增加。例如,北京"西苑"的"苑"本读yuàn,不少人读yuán。"坦克"的"坦"本读tǎn,不少人读tǎng。"暂时"的"暂"本读zàn,有些人分不清z和zh,把"暂"读为zhàn。"糊涂"本读hú·tu,不少人读hú·du,这个"涂"成为异读字。异读字减少的例子也很多。如"呆板"的"呆"字,有dāi和ái两读。dāi用于"呆傻、发呆、呆头呆脑"等词语,ái只用于"呆板"。1985年12月修订的《普通话异读词审音表》把"呆"统读为dāi,减少了异读。"缔造"的"缔"有dì和tì两读,《审音表》审定统读为dì。"引导"的"导"有dǎo和dào两读,《审音表》审定统读为dǎo。这都减少了异读。

《火眼金睛》提示

图1,"立生之本"应为"立身之本"。

图2,"誓死如归"应为"视死如归"。

图3,"唥"应为"尝"。

图4,"农付产品"应为"农副产品"。

劝酒须"将"（qiāng）

◎古 桥

浙江卫视播出的电视连续剧《双刺》第30集中有一场戏，两名军官在饮酒时，一个说："此时此刻，李太白的《将进酒》，那是再适宜不过啦。"另一个接着就朗诵了起来："人生得意须尽欢，莫使金樽空对月。"这里演员把"将（qiāng）进酒"的"将"错念成了jiāng。

此时此刻 李太白的将进酒

"将"是个多音字，在读qiāng时作动词，表示请、愿之义。《广雅·释言》："将，请也。"《诗·卫风·氓》："将子无怒，秋以为期。"毛传："将，愿也。"剧中所引李白的诗《将进酒》，诗名便是"请喝酒"之义，诗的内容是李白向两个好友——岑勋和元丹丘劝酒。其中便有一句直接进行了点题："岑夫子，丹丘生，将进酒，杯莫停。"

"将"读jiāng时有多个义项。可以作动词，指搀扶、保养、用言语刺激对方；可以作副词，表示将要、且、勉强达到某种程度；可以作介词，有拿、把等义。不过这些义项显然都不符合该诗的诗意。劝人"进酒"的"将"只能读qiāng。

贺知章不是宁波人

◎李华山

2017年1月29日央视播出了《中国诗词大会》第二季第一场,其中一题选自贺知章的《回乡偶书》,嘉宾在点评时说道:"贺知章,'四明狂客',四明山,他是宁波人了,离家五十载,他年轻时候考中了状元,在朝廷里面做秘书监……唐玄宗给他很高的礼遇,在家乡赐给他一面湖,镜湖……"(同步字幕显示)查阅资料可知,贺知章应是杭州人,而不是宁波人。

贺知章(659—约744),字季真,自号四明狂客,唐代著名诗人。他的故乡是越州永兴,今天的地理位置在浙江省杭州市的萧山区。贺诗今存二十余首,《回乡偶书》(其二)中有一句"惟有门前镜湖水,春风不改旧时波"。镜湖地处今浙江绍兴的会稽山北麓,是古代大型水利工程,面积最大时西至绍兴钱清镇,与杭州相邻。这也间接显示了贺知章的老家位置。

宁波余姚的四明山很有名,嘉宾很可能因贺知章号"四明狂客"就推断他为宁波人,但这

初三夜不会有"月上东山"的景象

◎廖 宁

2017年2月5日中央电视台综合频道播出《中国诗词大会》第二季第八场,嘉宾在点评白居易《暮江吟》中"可怜九月初三夜,露似真珠月似弓"时说:"可能从薄暮冥冥的时候……继而他看到了月上东山……"(字幕同步显示)事实上,在农历"九月初三"的夜晚是看不到"月上东山"的景象的。

月亮东升西落,严格地说,农历初三的月亮也经历了这个过程。不过,这天月亮从东山升起的时候正好是大白天,人们根本看不到。如果天气好,农历初三日落后的傍晚,形如蛾眉的月亮正好运行到西边的天空上,过了多久就会从西山落下。"月上东山"的景象一般出现在望日的前后几天。苏轼《前赤壁赋》中"与客泛舟"的那天恰逢"七月既望",也就是农历七月十六日,因此其中有"月出于东山之上"的描写。从这以后,也可看到"月上东山"的景象,不过看到的时间就一天天往后推了,月末时要到第二天凌晨才能看到。

白居易诗中的"九月初三夜"是看不到"月上东山"的。

....

并不准确。贺知章与宁波确有渊源,笃信道教的他想来也对道教名山四明山很喜爱。但最主要的原因是,古时四明山,加上会稽、诸暨、山阴等地,同属越州。直到仪凤二年(677),才从会稽、诸暨两处分出永兴县。也就是说四明山确实在贺知章的家乡越州境内,"四明"之号其来有自。

《楚辞》是屈原创作的吗

◎陈福季

2016年11月3日央视播出的《国宝档案》中主持人如此介绍:"楚国著名诗人屈原创作的《楚辞》是中国最早的辞赋之一。"(字幕同步显示)这里用了书名号,显然是将《楚辞》当作屈原的作品名了,这是不对的。

"楚辞"有三种含义:一是指战国时代我国南方楚地的一种歌谣;二是指屈原吸收楚地特有文化创作的一种辞赋样式;三是指将以屈原为代表的一众诗人创作的辞赋编集而成的总集名称。既然字幕中使用了书名号,当是指第三个义项。《楚辞》最早为西汉刘向所辑,共16卷。东汉王逸增入己作《九思》而成17卷。《楚辞》中除屈原的作品外,还收录了战国时楚人宋玉和汉代淮南小山、东方朔、王褒、刘向等人的辞赋,这些都承袭了屈赋形式。虽然屈赋在《楚辞》中占了大多数,但不可说《楚辞》是屈原创作的。

其实,只要将字幕中的书名号去除,将楚辞作为一种文学形式,就可以了。

杀人罪的追诉没期限吗

◎李友平

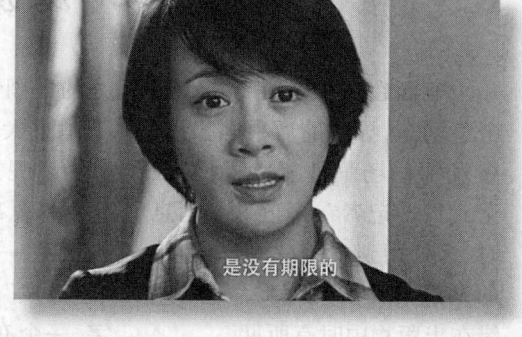

电视连续剧《美丽的谎言》第36集中,一位女演员这样说道:"故意杀人罪的追诉期是没有期限的。"这句话并不合我国刑法的相关规定。

对过往的犯罪行为进行起诉和追究刑事责任,叫作追诉。刑事诉讼中有追诉时效这一概念,指的是刑法规定的追诉期限,过了法定期限则不再进行追诉。对于追诉时效,《中华人民共和国刑法》第八十七条规定:"(一)法定最高刑为不满5年有期徒刑的,经过5年;(二)法定最高刑为5年以上不满10年有期徒刑的,经过10年;(三)法定最高刑为10年以上有期徒刑的,经过15年;(四)法定最高刑为无期徒刑、死刑的,经过20年。如果20年以后认为必须追诉的,须报请最高人民检察院核准。"不难看出,刑法的追诉时效是以法定最高刑的年限来计算的,而不是以罪名来确定的。

电视剧中提到的故意杀人罪,最高刑为死刑,那么其追诉时效应当为20年。需要指出的是,在追诉期内再次犯罪,追诉期将会重新计算。

咬嚼日记摘钞（13）

◎郝铭鉴

"暴发"和"爆发"

车辆在行驶途中，突然一个急刹车，导致前后乘客相撞，爆发了一场争吵，最后演变成全武行。记者在报道这一消息时，多处用到"爆发"一词，遗憾的是都错成了"暴发"。这一差错在出版物中时有所见。

"暴发"和"爆发"的区别在哪里？有人说前者强调的是速度，后者强调的是力度。上述冲突是在急刹车的瞬间发生的，照理应该用强调速度的"暴发"，为什么正确的是"爆发"呢？某词典上说，"暴发"侧重于突发性，多用于洪水、传染病等；"爆发"侧重于猛烈性，多用于火山、重大事件等。这和上述说法大同小异。它提供了一定的判断思路，但还是存在很大的模糊性。车厢争吵总不至于是重大事件吧，为什么要用"爆发"呢？

华夏出版社田娟华编审曾告诉我一个辨析方法："暴发"和"爆发"的区别在于一个"火"字，一个有火，一个无火。凡是和火有关的，一律用"爆发"；火山爆发，熔岩喷浆，地火奔突，用的是"爆发"；战争爆发，枪炮齐鸣，弹火纷飞，用的是"爆发"；夫妻吵架，疾言厉色，心火燃烧，用的还是"爆发"……可见，无论是自然之火，还是社会之火，是有形之火，还是无形之火，只要能称之为"火"的，用"爆发"无疑。

与火无关的，比如山洪，用"暴发"；各种传染病流行，用

"暴发"；突然发财得势，成了"暴发户"之类，当然还应该用"暴发"。

仔细想想，前面说的力度或者猛烈性之类，其实都包含在这个"火"字之中。田编审的辨析方法，可谓抓住了关键点，合理而又可行。

"牛鬼蛇神"

下午在上海图书馆讲课。我的题目是："为语言生活把脉"。在谈及语言和生活的关系时，举了个"毒草"的例子。"长亭外，古道边，芳草碧连天。"在自然界，草可以喂牛，草可以肥田，没有什么毒与不毒之分；但自从冒出了"毒草"一词，人们在生活中也改变了对草的态度。房前，屋后，跑道旁，操场边，小草摇曳生姿，人们却常常必欲锄之而后快，而且要斩草除根，寸草不留。语言不知不觉地干扰了生活。

由此，我又想到了"牛鬼蛇神"一词。

1966年6月，"文革"的旋风刚刮起，《人民日报》发了篇社论：《横扫一切牛鬼蛇神》。一夜之间，"牛鬼蛇神"这条有点怪异的成语席卷全国。当时有些人并不熟悉这条成语，我就听到一位同学在批判会上说："不管你是牛是鬼是蛇是神，统统横扫在地，再踏上一只脚，让你永世不得翻身！"在他的眼中，"牛鬼蛇神"四者是并列的。

其实，"牛鬼蛇神"是鬼神并列——牛头的鬼，蛇身的神。这本来是用来衬托文学想象能力的。唐代诗人李贺是一个怪才，他的诗句充满了神奇的想象。他写太阳，——"羲和敲日玻璃声"，太阳是玻璃做的，敲上去脆脆有声。他写月亮，——"玉轮轧露湿团光"，月亮如车轮轧过空中的水汽，连发出的光都是湿漉漉的。……奇思妙喻,出神入化。杜牧在《李贺集序》中说:"鲸呿鳌掷,牛鬼蛇神,不足为其虚荒诞幻也。"即使你能想出牛鬼蛇神这样的怪异形象,还是不能反映出李贺的想象能力。这就是"牛鬼蛇神"一词的出典。

自从"牛鬼蛇神"成了社论语言以后,这个出自文学想象的词语,便被对象化、现实化。尽管不少人说不出这条词语的来龙去脉,但并不妨碍他们揪斗"牛鬼蛇神"的疯狂热情。转眼之间,一批学者专家,成了"牛鬼蛇神",被挂着牌子游街示众。他们被隔离的场所,也就顺理成章地成了"牛棚"。"牛"从此有了一个新的义项,指被妖魔化了的人。有些人够不上"牛"的等级,于是被称之为"羊",又一个"文革"新词——"羊棚"应运而生。

不但"造反派"视学者专家为"牛",学者专家也会自我异化。复旦大学流传着一个故事:"文革"一开始,赵景深教授在劫难逃,被关在一个空屋接受审查,"造反派"轮流看管。一天,看管者临时有事离开,把赵景深一个人留在屋里。恰巧有人来"外调",找到了这个临时"牛棚"。来人敲门问:"里面有人吗?"赵答:"没有。"来人觉得奇怪,又问:"你不是人吗?"赵脱口而出:"我是牛!"

"牛鬼蛇神"——不过是一条成语,竟给社会生活留下了累累伤痕。

每逢元宵见"瘦辞"

今天是正月十五,农历的元宵节。唐人崔液咏元宵诗曰:"谁家见月能闲坐,何处闻灯不看来?"看灯是元宵节的重头戏。自从宋代灯彩下面挂上谜条,元宵猜谜又成了文化习俗。谜语的特点如刘勰所说,"回互其辞,使昏迷也",所以古代又称"隐语""廋辞"。这些年来,随着传统文化升温,报上常有关于灯谜的介绍,然而遗憾的是,在谈及灯谜历史时,总会有人把"廋辞"误为"瘦辞"。

"廋"和"瘦"读音相近,"廋"音sōu,"瘦"音shòu,普通话水平不高的人,听不出有太大的区别。在字形上也只是两点之差,称之为孪生兄弟,并非夸张之辞。汉字运用中遇到这种情况,往往会把陌生的字误为熟悉的字。这几乎已成为别字的第一成因。

"廋"和"瘦"的共同点是,都有一个"叟"字。"叟"既是声符,又有表义作用。从最初的字形看,"叟"字本写作"叜",上面是房子,中间是火把,下面是人的右手。手持火把在房子里寻找,不是搜索的意思吗?所以有的文字学家认为这是"搜"的本字。如果换一个视角,火在初民的生活中是极其重要的,有火才能熟食,有火才能取暖,因此,只有生活经验丰富的老人,才有资格生火、持火、护火。手持火把的人,不言而喻应是一个老人。可见,"叟"字既有指行为的动词义,又有指人物的名词义。

"廋"中的"叟"用的是动词义。在"广"这座大屋子里,有人正在寻寻觅觅地"叟",说明东西是藏得很深的。"廋"表示的正是藏匿义。苏东坡描写贫家有两句诗:"德人抱衡石,铢黍安可廋?"在"衡石"面前,一铢之黍也无法藏匿。谜语之所以称为"廋辞",因为谜底是藏起来的。藏得越深,谜艺越高;藏得愈巧,谜味愈浓。人贵直,谜贵曲,此之谓也。

"瘦"中的"叟"用的是名词义。在古人的观念中,肌肉不丰是一种病态,所以"瘦"字是病字头。而老人胃纳退化,饮食衰减,身体往往干瘪,完全符合"瘦"的特征。"瘦"字以"叟"为形象代言人,无疑是十分传神的。

编校差错扫描（四）

◎王 敏

错例：此时阴雨霏霏，湖面万倾茫茫，更觉滇池烟波浩渺，空阔无边。

简析："万倾"应为"万顷"。"顷"读qǐng，田地面积的单位，等于一百亩。"万顷"指百万亩，常形容面积广阔，如"一碧万顷"。"倾"读qīng，本义指偏侧，如"倾斜"；引申指倒下，如"倾倒"；又指倒出来、用尽，如"倾囊相助、倾家荡产"等。"万顷茫茫"形容空间辽阔旷远，一望无际，"倾"不能表示这样的意思。

错例：2008年全年营业额是500多万，在以后的几年里逐年增加，在2012年增至1000多万，基本翻了一翻……

简析："翻了一翻"应为"翻了一番"。"翻一番"指成倍增加一次，"番"指次数、遍数，和"三番五次、思量一番"中的"番"一样。"番"不指"倍"，"翻两番、翻三番"不是增加两倍、增加三倍，而是成倍增加了两次、成倍增加了三次。"翻一翻"表示一个短促的动作，指"翻一下"，如"拿起书本翻一翻"。

错例：街的出口和入口斜斜对开，状似螃蟹猛张开的两鳌，因其形得名"螃蟹夹"，近年来才改为"潮人街"。

简析："鳌"应为"螯"。"螯"是螃蟹等节肢动物变形的第一对脚，形状像钳子，可取食并作防卫之用。"鳌"是传说中海里的大龟或大鳖。皇宫大殿前石阶上刻的鳌头，状元可踏在上面。"独占鳌头"比喻占首位或取得第一名。上例中街道因形得名"螃蟹夹"，其形状是像

"螯"(钳子),而不是"鳌"(龟鳖)。

错例:笔者亲身体验到中国当前的司法腐败,造成更严重的官商勾结,有法不依的普遍现象,蚕食到无远弗介的恶劣地步!

简析:"无远弗介"应为"无远弗届"。"届"有到达的意思,"无远弗届"指没有什么地方是到不了的,"届时"指到时候。"届"还作量词,说明周期性事件的"次"或"期",如"第二十八届奥运会""十一届三中全会"等。"介"字是象形字,甲骨文字形是人的两边各有两点,象人身上穿着铠甲,本义即铠甲。后假借指介入、居中,如"介绍、介于两者之间"等。

错例:马占林,一个剥藏铃羊皮的小老头……

简析:"藏铃羊"应为"藏羚羊"。"羚"是形声字,形符为羊,指羚羊,哺乳动物,种类很多,藏羚羊是其中的一种。传说羚羊夜晚睡觉时,以角悬树,足不着地,猎人难以找到它的踪迹。因此"羚羊挂角"被用来比喻诗文意境超脱,不露雕琢痕迹。"铃"也是形声字,形符为金,本义指金属制成的响器,形似钟而小,它与羚羊是没有关系的。

错例:依照亚氏,鄙夫就是野兽,超人即是神祇,当然无论是野兽还是神祇,他们都不具备人性和人的尊严,有的只是兽性或神性。

简析:"神袛"应为"神祇"。"祇"是形声字,从示氏声,读qí,本义指地神。《说文解字》:"祇,地祇。""神祇"本指天神和地神,泛指神明。"袛"也是形声字,从衣氏声,读dī,《说文解字》解释为"短衣"。"神祇"误为"神袛",当是形近致误。

错例:该文件着重阐明了人类在环境保护与可持续发展之间应做出的决择和行动方案。

简析:"决择"应为"抉择"。"决"和"抉"都是形声字,音同形近,但它们形符不同,含义有别。"决"的形符是水,本义指疏通水道,使水流出去,由此引申指冲破堤岸,如"决堤",并进而引申指断裂、决断、决定、判决等。"抉"的形符是手,本义指挑出、挖出,引申指挑选、选取。"抉择"不是判决,不能写成"决择"。

错例:他看到天下读书人齐聚长安,颇为自豪地说:"天下英雄尽入吾彀中矣。"

简析:"入吾彀中"应为"入吾彀中"。"彀"是形声字,读gòu,形符为弓,指张满弓弩。"彀中",指箭的射程范围。"入吾彀中",指进入我的射程范围,比喻进入所设的圈套或在我掌握之中。"天下英雄尽入吾彀中",这是唐太宗李世民的名言。"榖"也是形声字,读gǔ,形符为木,指的是一种落叶乔木,又叫构树。"入吾榖中"说不通。

错例:希腊危机本已让欧元区焦头烂额,今年西班牙又"捅出"银行业危机的篓子。

简析:"捅篓子"应为"捅娄子"。"娄"读lóu,指物体是中空的。《说文解字》:"娄,空也。""娄子"指乱子,"捅娄子"则指闯祸。与此类似,"漏子"指毛病、事故,"捅漏子、出漏子"也指闹出事端。"篓"读lǒu,即"篓子",指盛东西的器具,用竹或荆条等编成,一般为圆桶形。"篓子"没有事故的意思,"捅娄子"不能写成"捅篓子"。

错例:第二方面是课程标准负责的范筹和教科书负责的范筹混在了一起。

简析:两处"范筹"均应为"范畴"。"畴"是形声字,形符为田,本义指已耕作的田地。《说文解字》:"畴,耕治之田也。"引申指同类、类别,"范畴"即领域、范围、类型,各个学科的基本范畴是人的思维对客观事物本质的概括反映。"筹"也是形声字,形符为竹,本义指计数用的竹签子,引申指算计、策划等,没有范围的意思。

比　　心

◎孙汇泽

宋朝朱熹在他的《朱子语类·大学三》中曾经讲道:"俗语所谓将心比心,如此则各得其平矣。"此处"将心比心"中蕴含的"比心",意思是"设身处地为别人着想",其中"比"的意思是"比较、对比"。

但是在今天的网络语言中,已经产生了一个全新的"比心",它的意思是"用手比一个心形"。此时的"比"也不再是"比较"的意思,而是"比画"的意思。这一词语描述的是用身体部位来比画出一个爱心的动作,最初的动作是将双手上举,置于头顶,通过两个手臂摆出一个爱心的形状。另一种传统的"比心"方式是将双手的大拇指和其余四个手指弯曲相抵,组成爱心的形状。但现在诞生出了新的"比心"手势,开始流行使用拇指和食指相交,单用两个手指模拟爱心的形状。最初这个手势出自韩国的一个视频,一个姑娘对路人做了这样的手势,此后在韩国娱乐圈开始流行。明星上台表演中有时会向观众比这个手势,表达对粉丝或是朋友的爱意。用手指比心的动作相比过去用手臂比心或是用双手比心更加方便,也更为可爱,因而也被越来越多的人所接受,甚至开始成为广受欢迎的拍照手势了。

随着"比心"动作的流行,"比心"一词也成为了新兴的网络用语。在网络用语中,"比心"这个词语已经从传统意义上的行为动词逐渐转变为一种表示情感的语言符号。"比心"一词往往在句子结尾处使用,有"感谢""祝福""庆贺"等含义。如:"很感谢你今天的帮助,比心。""祝贺你得奖哦,比心。"

在这个意义上,"比心"与曾盛行一时的"么么哒"类似,有时其实并没有什么特别具体的含义或是指称对象,只是用于日常语言交际中拉近对话双方的距离,增加亲密度。同"么么哒"一样,"比心"的流行一方面表现出了网民对话交流时的热情,但是另一方面也在一定程度上表现出了人们情感的随意化。在现实生活中对亲密的人都很难表达的爱意,在网络上却能够以如此轻描淡写的方式向任何一个陌生人表达,这也说明了人们试图以玩笑化的方式,寻求对生活中日益复杂的人际交往压力的轻松排解。

然而,"么么哒"与"比心"的深层内涵也不尽相同。二者相比,"么么哒"一词所表示的是亲吻的动作,但"比心"则去除了直接的身体接触,适当注重了交往中的礼节,虽然表示的情绪依旧亲昵,但是一定程度上略微减轻了可能会令人尴尬的自来熟成分。

归根结底,"比心"一词的流行还是因为它可以完美适应各种不同的语境,并且增加语言使用时的亲和力。在现在这个依靠互联网构建起来的地球村里,人与人之间虽然隔着一个屏幕的距离,但是仍然可以通过给彼此"比心",感觉对方仿佛就在自己的眼前一般亲切。

《请接受善意》参考答案

1. 化妆——化装
2. 诚肯——诚恳
3. 亲身经历——亲眼看到
4. 抱以——报以
5. 巅沛流离——颠沛流离
6. 松驰——松弛
7. 疲备——疲惫
8. 听了勘弥的解释,让友人更为佩服——听了勘弥的解释,友人更为佩服
9. 不亏为——不愧为
10. 至以——致以

前方高能预警!

◎周遥君

如今打开各大视频网站,弹幕吐槽已经成为了播放器的一种特色功能。弹幕是以字幕形式直接显示在观看画面上的评论,起源于日本视频网站,现在受到了国内网友的热情欢迎。在弹幕比内容更精彩的环境下,"前方高能"成为其中出镜率最高的一句台词,常用的完整句式是"前方高能!非战斗人员请火速撤离!"使用者可以在出人预料、恐怖奇异的画面或者大反转情节出现的前几秒或十几秒将其发出,对观众进行剧透。例如当观看恐怖电影时,"前方高能"就会出现在血腥、惊悚画面的前几秒:"前方高能!胆小者请迅速撤离!"当然,如果接下来是情侣间的热吻,"前方高能"同样适用。"前方高能"被用作对观众的提示,使其做好心理准备,迎接冲击性画面。这种用法是已观影者就所知内容对未观影者的提示与预告,同时也不透露任何具体内容,依旧保持了剧情的神秘感,容易为后来的观众所接受。

究其词源,"前方高能"是"前方高能反应"的简化,一般认为最早出自日本动画《机动战士高达》系列,后来在《EVA》《超时空要塞》《宇宙战舰大和号》等科幻类动漫作品中均有出现。宇宙舰队在太空航行的过程中,由侦测员时刻对前方的宇宙空间进行能量侦测。前方如果有敌方的能量武器攻击,则会被侦测到强烈的能量反应,侦测员便可提醒舰长进行规避。因此"前方高能"最开始表示的是"前方有高能量反应",后来在视频弹幕、贴吧长文中使用,逐渐引申为对接下来情节、内容的提示,由此衍生出一系列网络流行语,如"高能预警""前方核能""全程高能"等。

"前方高能"被用到文本中后,本来只是被用来提示下文亮点,其使用范围也主要集中在动漫、游戏以及弹幕视频网站、贴吧等地。但其本身新奇的性质以及吸人眼球的使用效果,使其逐渐成为了一些新闻标题的常客。例如:

前方高能!成龙领衔《铁道飞虎》魔性表情包剧照

成龙的新电影《铁道飞虎》即将上映,为达到宣传效果发出一系列剧照,处于首位的"前方高能"在这里"先声夺人",为接下来的夸张照片向读者做个预告,不仅达到了吸引读者注意的效果,同时也体现了与读者之间的交流。

风舟驭金:前方高能!油市绝地反击,再战美联储,终极战役打响!

在这里使用"前方高能"一方面是对事件突然的反转性发展表示惊讶,一方面也是引发读者对接下来内容的兴趣,使读者拥有充分的想象空间,从而提高新闻的浏览量。

随着"前方高能"在新闻标题中的大量运用,为了满足各方面的需要,其形式逐渐简化为"高能",出现位置也随之灵活多变。例如《欧足联放出高能宣传片 欧冠16强强势入镜》《恶作剧之吻刷爆朋友圈好评不断 树琴夫妇先虐后甜持续恩爱高能》中,"高能"在句子中作定语或者谓语,虽然失去了提示下文的效用,但其本义没有改变,依旧体现了出人意料、逆转、亮点等意义,演变为"高能"这样的普通形容词后,使用范围更加广阔。

在"前方高能"的发展过程中,视频网站上弹幕功能的大众化起到了关键的作用,从网

另类"洗地"

◎姜欣幸

"洗地"原本指用水清洗地面。我们生活中常见的洗地车、洗地机器人等等,就是用来清洗地面的机器。然而随着网络的发展,"洗地"在网络交际中逐渐产生了不同的意义。试看下边的例句:

知乎大V帮百度洗地被永久封号。

在抄袭圈,你觉得哪个抄袭作品的粉丝最无耻洗地,最爱洗白?

平时都骂某人的脑残粉无脑洗地维护偶像,但换一个圈子看,粉丝们本质都差不多嘛。

显然,这些句子里的"洗地"不再表示"把地面清洗干净",这个词在使用过程中产生了与原来不同的意义。

那么,"洗地"经历了什么样的变化过程,它的新义又是如何产生的?

"洗地"这个词,作本义讲时,使用频率比较低。这个词被人们广泛注意,要从周星驰的电影《功夫》说起——电影开头,斧头帮的大哥坤哥杀了其对头鳄鱼帮的老大,血流得满地都是,斧头帮二当家在杀人完毕之后大喊了一句"警察,出来洗地了!"此时,收了赃款,对杀人事件视而不见的警察才走出来,为其清洗现场,并且做好了善后工作。"洗地"从此正式

络用语逐渐走向新闻标题同样也体现了其旺盛的生命力。随着使用群体与使用范围的扩大,我们有理由相信,"前方高能"将会出现更多的变体,同时也会具有更加丰富的内涵。

走进人们的视野。

可以看出,电影里的"洗地",意义仍然是其本义"把地面清洗干净",但是电影里的情境已经为这个词附加了一层隐含的意思,即:某人因为收了好处,与做坏事的人沆瀣一气,为其清扫现场并进行善后和收尾。从此,人们在使用过程中,不断强化这一层意思,开始用"洗地"形容为了谋求利益而为某个恶性事件清扫残局、掩盖事实的行为,也可以简单概括为:收了好处,替人掩盖错误。上例"知乎大V帮百度洗地",就是这个意思:知乎网站的一些有影响力的用户拿了百度的好处,为百度所犯的错误寻找一些冠冕堂皇的借口。

伴随社会的发展,"洗地"的意义又产生了新的变化。随着追星文化和粉丝文化的兴盛,网络上各路明星的粉丝团如雨后春笋般层出不穷。在明星们的一些有损形象的行为被曝光并且受到批评的时候,粉丝们会站出来对批评自家偶像的声音进行反驳,并且用一些没有说服力的牵强理由为自己的偶像进行辩解。比如某明星的演技广受诟病,其粉丝却说:"不许侮辱人!你知道我的偶像有多么努力吗?你知道我的偶像走到今天多么不容易吗?"这种不分青红皂白地为别人强行辩白的行为,也被称为"洗地"。这里,"洗地"不再指收人好处替人善后,而是指失去客观性、不加思考地维护某个对象的行为。

值得一提的是,现在在网络上,只要有人对某人或者某机构的过失进行辩解,不管此人是否与本事件有利害关系,也不管辩解的理由是否站得住脚,他的行为都极有可能被指责为"洗地"。这种指责一旦出现,就相当于一方对另一方的行为做了定性,双方因此失去了继续交流的可能。因此,"洗地"这个词在很多时候变成了理性交流的最大绊脚石,也成了当下网民交际心态的侧面折射。

跨文化聊鸡年

◎陆建非

今年是鸡年,于是大家就非常关注平日不太起眼的"鸡族"。有些人赶时髦,喜欢用英语写贺卡来传播中国的生肖文化,那么问题就来了,中文的"鸡",在英语中至少有四个选项:cock,chicken,hen,rooster。

上世纪70年代初,我收听广播自学英语,记得有一篇题为《The Cock Crows at Midnight(半夜鸡叫)》的课文,是根据高玉宝的小说改写的。讲的是地主周扒皮每天半夜里学鸡叫,引得全村的公鸡纷纷跟着啼叫,他就把刚刚入睡的长工们喊起来下地干活。这个故事后来便成为讲述地主如何剥削农民,农民如何抗争的经典之作。打那以后,我便对"cock"(公鸡)这词少有好感。再说,cock源于美国英语,可用来指人体性器官,是一个高度敏感的词。无奈的是,说到"鸡尾酒"时,就又得借用cock的尾巴,才能酝酿美味,即cocktail。

说来也巧,在英语文化视域下,cock常带贬义,如cocky(趾高气扬的)、cockeyed(斜的、愚蠢的)、cocksure(狂妄自负的)、cock-and-bull story(无稽之谈)等。

至于hen(母鸡),有点像"很、狠、恨"的汉语拼音,容易记住。在苏格兰很多地区,妇女被称为hen,如How are you then, hen?(妇人,你好吗?)old hen常指中老年妇女,通常是在说话者认为女性并不优越的时候用这个词。而mother hen意为"过分宠溺孩子、过分担忧孩子的妈妈"。

chicken则为公鸡和母鸡的

总称,是个集合名词。初学英语时,常和 kitchen（厨房）混淆,要花好长时间才能将它们掰开。菜名中多用此词,如 roast chicken（烤油鸡）, fried chicken（炸鸡）, braised chicken（焖鸡）。最著名的一道菜就是作家杰克·坎菲尔将"心灵慰藉"喻为"心灵鸡汤"（Chicken Soup）,现在广泛流传。此外, chicken 还有"胆小、因害怕而放弃做某事"的意思,如 chicken hawk, 译成"胆小的主战派"或"主张战争却不参战的人"。又如 spring chicken（乳臭未干的毛头小孩）, as timid as chicken（像小鸡一般易于驯服）。

应该说 rooster 在英语文化中较受欢迎,此词来自美式英语。很多产品或机构以此冠名,所以,鸡年应译成 the Year of the Rooster。金鸡牌闹钟原先译成 Golden Chicken,显然不妥,后换成 Golden Rooster。电影金鸡奖的英译名是 Golden Rooster Award。

在西方世界,鸡含有深刻的宗教寓意。公元9世纪,教皇尼古拉斯曾颁布敕令,要求所有教堂的屋顶须安放一个公鸡的形象。迄今许多教堂还保留着这一公鸡模样的风向标,象征希望、光明与复活。法国人对雄鸡钟爱有加,他们叫作高卢雄鸡,是法兰西共和国的象征,在一些历经沧桑的古堡、破旧大门上依稀可见雄鸡图案。1998年法国举办世界杯足球赛,吉祥物选定大公鸡,以至于有人感叹:巴黎是花都,法国是鸡棚。

记得当年在大学学英语时,老师叫我们大量背诵含有动物的习语,既可从跨文化的角度理解某一动物的寓意,又可在翻译时恰当引用蕴意大体相同的配对词（即 equivalent 或 counterpart）。有的中文习语带"鸡",但译成英语时变成其他动物了;有时英语习语中的"鸡"译成中文时,又得换成别的动物。印象特别深刻的至今还记得几个,如"宁为鸡口,无为牛后"（Better be the head of a dog than the tail of a lion.），英语出现的却是"狗头"和"狮尾"。"杀鸡儆猴"（Beat the dog before the lion.），"鸡""猴"变成了"狗""狮"。"热锅上的蚂蚁"（like a hen on a hot girdle），"蚂蚁"在英语里换成了"母鸡"。"有其父必有其子"（爹懒儿好闲）转译成英语，最好的选择就是"As the old cock crows, so doth the young."中文的"妻管严"用英语表达，那就是"hen-pecked husband"，惟妙惟肖，十分传神。"缘木求鱼"在英语中也有一个类似的表达"seek a hare in a hen's nest"（在鸡窝里找兔子）。"地头蛇"在英语中对应词也许就是"a cock of the loft（dunghill）"。现在实行"二孩"政策，有人说还是一个孩子省心，英语有一说法很有道理"One chick keeps a hen busy."（一雏足以扰其母），意为一个孩子也照样让娘不省心。在翻译"A cock is bold/valiant on his own dunghill."（原意是公鸡总是在自己的粪堆上称雄）时，中文的选项就比较多，如"夜郎自大""窝里横""狗是百步王，只在门前狠"等。

美国第31任总统赫伯特·克拉克·胡佛的竞选口号打的就是鸡招牌。他鼓励养鸡商业化，实现食鸡普及化。1928年，胡佛竞逐总统，其政纲之一为"人人有鸡吃"（A Chicken for Every Pot），在经济衰退期之初致力改善民生，这是他顺利当选美国总统（1929—1933）的重要原因之一。第一次世界大战后市面兴旺的时代由此被称为"Chicken-in-the-pot Era"（人人有鸡吃时代）。

最后说句俏皮话，史学界最难解开的谜题也与鸡相关，那就是"Which came first, the chicken or the egg？"（先有鸡，还是先有蛋？）若得到答案，那就成了"hen's teeth"（母鸡的牙齿，即绝无仅有之事）!

不是"红毛"就是"番"

[马来西亚]邓月璇

南洋一带在19世纪曾是欧洲列强的殖民地,马来亚先后受到葡萄牙、荷兰及英国的殖民统治。对金发碧眼的洋人,当地华人一律称之为"红毛"。闽南语为Ang Moh。

对源自西方的名物,皆前加"红毛",例如当时学校有英校和华校之分,上英校的就叫"读红毛书"。

在西方殖民初期,本地人用木板树叶等搭建的简陋房子叫亚答屋。"亚答"是一种灌木,叶宽大,马来语atap的音译。洋人则用"红毛灰"(水泥)盖"红毛楼",洋人聚居的海港称为"红毛港",殖民政府所建造的桥梁叫"红毛桥"。

由"红毛"所衍生的词语可真不少。单是水果,就有红毛丹、红毛榴梿、红毛沙梨、红毛荔枝,这些热带水果营养丰富且消暑解渴。除了红毛丹果皮上长着许多红色软毛,可望"形"生义外,其他三种都是绿皮水果。但前面都冠以"红毛"二字,并非无迹可寻。

红毛丹马来语叫rambutan,rambut是毛发之意。果壳上的红色软毛犹如人身上的毛发,叫作"红毛",既直接,也挺恰当。rambutan是由rambut加后缀an组成,尾音读tan,直译为汉语的"丹",也很传神。红毛丹果肉洁白如雪,外观红色,因此"红毛丹"音意兼译,显得非常贴切。

另有一种外皮带刺、与榴梿相似的"红毛榴梿",马来语是durian belanda,意译应是"荷兰榴梿"。华人可不管它是不是荷兰人引进的水果,冠上"红毛"以与榴梿(durian)区别。

在华人眼里,非我族类者不是"红毛"就是"番"。下南洋谋生的被称为"过番客",与土生华族女子结婚叫娶"番婆"。虽然"番婆"含轻视义,不受欢迎,但吃起来满口芳香的"番婆饼"却是人见人爱。还有"番薯"和"番石榴"也都让人吃得津津有味儿。

祖辈们在"番邦"谋生营商,不但把家乡的土地神带来,还与当地的"地主公"结合为"唐番地主财神"。"唐"指中国,"番"指南洋,感谢这两位不同国籍的神祇庇佑安居乐业。现今很多马来西亚华人家中还供奉着"唐番地主财神"呢。

(作者是马来西亚《中国报》助理编辑主任)

谈谈"因应"的词性

[中国香港]马毛朋

2005年6月出版的《现代汉语词典》第5版增收了"因应"一词,标注为动词,释义是:①适应(变动的情况);顺应。②采取措施应付。第6版、第7版的解释相同。根据《现代汉语词典》的解释和例句,"因应"是及物动词,带不带宾语都可以。例如报章上有这样的句子:这种健康和美味兼具的德式热狗,也因应了当下健康饮食消费的市场需求。这句话里的"因应"是谓语,后带宾语"需求",这是典型的及物动词的用法。"因应"也可以不带宾语,比如"该组织主导全球紧急应变,拥有足以控制埃博拉疫情的专业技术,却未迅速妥善因应"。

在有些句子中,除了"因应"外,还有其他的动词作谓语,而以"因应"组成的短语表示原因或根据,这时的"因应"更像是一个介词而非动词,比如"杭州因应楼市变化,果断采取连踩三次刹车,即一次比一次紧急的调控政策"。这句话中,"因应楼市变化"是"采取调控政策"的原因或根据,如果把"因应"替换为介词"根据",句子仍然成立。再如"从前濑粉的配料也很单调,他因应现代人的口味变化,增加了叉烧、鱿鱼丝、冬菇、花生、鸡蛋丝等配搭材料"。这句话里的"因应"也可以用"根据"来替换。实际上,现代汉语大部分的介词都是从动词虚化而来的,当某一个动词逐渐主要表示另一个动词的动作或行为的原因、目的、条件或方式等等的时候,就慢慢虚化为介词了。

在香港,"因应"就可以用作介词,比如"因应大众需要的改变,东华三院与时并进,积极拓展服务范畴,对社会贡献良多"。

目前,在华语社区"因应"的介词用法,已经被广泛接受。所以建议《现代汉语词典》再修订时,为"因应"增补"介词"的词性。

(作者是香港岭南大学中国语文教学与测试中心博士、高级语言导师)

马来西亚食品译名漫语

[马来西亚]杨欣儒

马来西亚和新加坡有一种马来人的食物叫 rojak,食材是凤梨(菠萝)、芒果、莲雾、番石榴、黄瓜、沙葛(芫菁)、绿豆芽等,配以虾膏、辣椒酱和甜酱搅拌而成,这是一种把水果和蔬菜混杂在一起的风味小食。

rojak 的华文译名真多,有"罗惹""罗也""罗吔""罗加"等不下10个,最常见的就是"罗惹"。这个译名并不好,却沿用了几代。译名向来讲究"信、达、雅","罗惹"这个名称译得不信、不达,更不雅。

为了统一和规范当地水果和食品译名,马来西亚华语规范理事会曾于2009年召开"本地水果与食品译名工作营",对当地的水果与食品的华文译名及华裔食品的马来文译名进行了深入的讨论。成果都收录在《华文译名手册2》中。

在这本手册中,rojak 改译为兼顾音义的"罗杂"。这样既接近原音,也指它是一种杂拌式的食物。还有一种传统的马来小食,以面条为主要食材,配以薄荷、黄瓜、生菜和鱼肉酸辣汤,马来语叫 laksa,译作"叻沙",我们把它正名为"辣沙",兼顾音义。他如具有马来风味的饮品,马来语叫 cendol,原译"煎堆",而"煎堆"在粤方言中指的是麻球,容易产生歧义。有些小贩摊子上写的是"煎蕊",也不大恰当。我们把它改译为兼顾音义的"珍露"。还有咖椰(kaya)、峇拉煎(belacan)、杂杂糊(bubur caca)、多多糕(dodol,榴莲糕)、甲必丹鸡(ayam kapitan)等都正了名,以为规范。直接从马来语意译的有:虾膏、虾面、千层糕、竹筒饭(马来人食品)、印度煎饼(也叫"印度甩饼")等。泰国著名的传统汤菜 tomyam,译名不一,我们译为"东炎"。

除了马来族和印度裔的食品,规范理事会也把华裔食品转换为马来文译名,如豆腐、豆浆、包子、薄饼、年糕、鱼丸、汤圆、炒粿条、猪肠粉、海南鸡饭等等。这对促进民族交融极有帮助。(编者按:新加坡和马来西亚一水相隔,两国华语中有些源自马来语的词语,译名并不一致。本文中的 laksa、cendol、tomyam、bubur caca,在《全球华语大词典》中,分别以"叻沙""煎蕊""冬养贡""摩摩喳喳"为主条。)

(作者是马来西亚华语规范理事会副主席)

谜人会战张家港

◎江更生

今年的阳春三月,在江苏张家港市保税区(金港镇)内秀美醉人的香山旅游景区,举办了一场"长三角城市灯谜团体邀请赛"。活动由金港镇与该市文联联袂主办,笔者有幸附骥,忝列评委,躬逢其盛。

参加谜赛的共有12支代表队,他们分别是:常州队、常熟队、杭州队、合肥队、南京队、南通队、上海队、苏州队、太仓队、无锡队、吴江队和张家港队。采用大屏幕亮题,选手使用电控抢答器进行角逐。先由12队通过预赛比出6队进入决赛,再按决赛成绩排列名次。参赛选手必须在30秒内完成猜射一道谜题,其难度可想而知。

整场预赛有谜题50道,参赛成员大多为久经沙场的射虎(灯谜又名文虎、灯虎)高手,猜谜水平颇高,几乎是抢到答题权后,脱口报出谜底,常常引来满堂掌声。谜题以正宗会意体者居多,例如"绍兴戏行头"打影视品种"穿越剧"。"行头"即戏曲服装,谜底应别解为"是穿在越剧上的"意思。又如"前演《西厢》传柬婢,后饰许仙共枕人",打花卉名二,谜底为"一串红、一串白",别解为"一会儿串演红娘,一会儿串演白娘子"。再如"每日书写几行"打形容词"天文数字"。"天"在此作"每天"解;"文"这里作动词"书写"解;"数字"则当"几个字"解,故而相扣。还有如"温州还是那个温州"打陈忠实长篇小说《白鹿原》(注:温州又名"白鹿城")、"闲来唱曲呷杯茶"打市招(即市上招贴广告语)"空调加液"(注:空,空闲;调,曲调)、

"曾母暗沙内乃我疆域"打北京名胜"中南海"、"乡间立碑清明时"打日本作家"村上春树"（注：树，作动词用，树碑）、"婚房筑在黑土地"打成语"爱屋及乌"（注：及，作动词"到"解；乌，黑）及"通话闲聊乱侃诗"打小家电"电吹风"等，皆以拢意相扣。当然，也有用"增损离合"拆字手法的，例如以"上元张灯移寓前"打化学品"丁烷"。"上"作写上解，"张"作张开（分开）解，"寓前"为宝盖头，"移"作抱合之用，因此扣合。更有用方位加拟声手法的："山谷里，传歌声"打一"个"字。"山"里为一竖，"谷"里为一"人"，相拼为"个"，与"歌"的读音相仿，故扣。

参加决赛的6支劲旅为南京、南通、合肥、常州、杭州及吴江各队。谜题仍为50道，只是增加了一些手法迥异、谐趣浓郁的灯谜。例如"旧版玉堂春"，要求打饮料一，谜底为"老白酒"。此谜运用谜面别解手法，"玉堂"在这儿应视作清代小说《七侠五义》中"锦毛鼠"白玉堂的名字，以此扣姓"白"；"春"作酒解，"旧版"扣"老"，所以谜底为"老白酒"。又如"谀夸西后身清健"，打四字常言一。此处的"西后"应视为西文中的王后，英语王后作"Queen"，简作"Q"（如扑克中的Q）；"身清健"是说人很精神，而"谀夸"即阿谀，可扣"阿"，因而谜底为"阿Q精神"。上述两谜皆是用的谜面别解障眼法，前者被选手猜中，后者也许是中西合璧之故，竟然瞒过猜者。竞赛十分激烈，比分非常接近，最后以三道"风险题"押分后再猜的方式决一雌雄。押分分三档：10分、20分、30分。押后猜中者如档加分，猜错如档扣分。结果冠军被有新手加盟的吴江队夺得，实力雄厚的合肥与南京两队，只得屈居第二，另三队仅获三等。这真是：香山三月艳梅芳，十二精强射虎忙。赛事从来凭智勇，夺金黑马出鲈乡。（注：金港有"香山梅岭"胜景；吴江，因张翰思莼鲈而归，故又称鲈乡）

《花月痕》中的"书信谜"

◎刘茂业

清朝魏秀仁所著《花月痕》，是一部描写咸丰、同治年间文士歌伎悲欢离合的长篇言情小说。它和当时前后出现的《品花宝鉴》《青楼梦》等一样，是传统的才子佳人小说由《红楼梦》到近代鸳鸯蝴蝶派小说过渡时期的代表作品。作者受《红楼梦》的影响十分明显，在书中同样设置了联句、行令、猜谜等不少情节。

小说的打灯谜场景出现在第三十二回《秋心院噩梦警新年 搴云楼华灯猜雅谜》中，主人公们元宵前夕在太原赏灯射虎，其中以一封长长的相思"书信"作为谜面，设计出的19条灯谜，别具一格。如："竟使目断长途"（打《四书》一句），谜底是"望道而未之见"，"目断"犹言望断，一直望到看不见的意思，"途"即"道路"，谜底出自《孟子·离娄下》；"定于仲春上浣，谨择良辰"（打《诗经》一句），谜底是"二月初吉"，"仲春"是农历二月，"上浣"指上旬，所以扣"初"，"良辰"就是吉时，谜底出自《小雅·小明》；"油壁先迎"（打药名一），谜底是"车前"，"油壁"是古人乘坐的一种车子，因车壁用油涂饰而得名，南齐时钱塘才女苏小小曾有诗句"妾乘油壁车，郎骑青骢马"，"先"和"前"意思相同；"坚如前约"（打药名一），谜底是"信石"，"信"指诚信，"石"指坚定，等等。

除了"书信谜"，这一回中还有用《浪淘沙》词一阕为题，隐谜10条，也很有特色。全书共计29条灯谜，有16条并未揭晓谜底，读者朋友如有兴趣，可翻阅原著试射一下。

常州猜谜庆元宵

◎老 乔

千百年来,猜灯谜成了人们欢度元宵佳节不可或缺的娱乐活动。根据宋代笔记书《东京梦华录》《都城纪胜》和《武林旧事》等记载,在宋代,由于朝廷的提倡,元宵期间金吾不禁,大放花灯。于是有"好事者",在纱绢灯上剪贴谜语,从此"灯"与"谜"结下了不解之缘,还诞生了"灯谜"这个名词,流传至今。

现在的神州大地,已是"元宵无谜不成欢"。今年正月十五,笔者有幸与上海谜家谢煜明应邀去常州凤凰谷大剧院联袂主持一场"庆元宵灯谜联欢会",与当地人士共度传统灯节。

谜会在雅致温馨的"艺术沙龙"举行。一开始,我们出了些具有"本地风光"的灯谜。例如:"部队入城"打常州的区名"武进"(它也是常州的别称);"后山"打常州剧院名"凤凰谷"(注:后,别解为"皇后",故扣"凤凰";山,山谷);"太阳普照大地"打常州籍名人"汉语拼音之父""周有光";"常州名糖生产工场"打成语"寸金之地"(注:常州麻酥糖,又名"寸金糖")等。这些颇接地气的灯谜均被参猜者一一射中,台下的气氛顿时热烈起来。

见到下面有不少年轻人,谢主持便因人制宜地出了如下灯谜:"严禁泄露"打时尚名词"维密"(注:维持保密);"《西厢》物色女二号"打流行称谓"网红"(注:别解为"网罗红娘扮演者");"小吃一流"打流行语"点赞"(注:对点心的赞誉);"开业不必择吉日"打金庸小说人物"张无忌"(注:张,开张)等,也都很受青年朋友的欢迎。

笔者先是出了条应节灯谜："相聚在温泉"，要求打年节食品一，也许是谜底的范围过窄，一下子就被揭穿为"汤圆"（注：汤，温泉；圆，团聚）。接着出了条"聊天不讲荤段子"打西式食品译名一，乍一听猜者有点纳闷，经过解释便明白原来是一物两叫法，于是谜底也就迎刃而解了，它是"白脱、黄油"，应别解为"说话得脱离黄色和油滑的东西"。此谜引来了哄堂大笑。

最后，我们应群众要求，出了两条难度较高的。第一条为："天京演奏胡琴"，要求打国名一。猜了好久卡住了，后经启发知道"天京"乃洪秀全任天王时，将南京改名"天京"以为国都，演奏胡琴即拉胡琴，这么一来谜底"洪都拉斯"便昭然若揭了。斯，在此作文言指示代词"这个"解。第二条是："入赘必须敞心扉"，打四字市招一。市招，指市上各业张贴的广告用语。后被一位老伯猜破，谜底为"上门开锁"，别解为"做上门女婿者，开启闭锁状态"。常州不愧为文化名城，文化名人辈出，就近而言，如清代词人张惠言，诗人黄景仁、洪亮吉，画家恽南田等，现代则有谢稚柳、刘海粟、周有光等大师、学人。当地群众的文化素养与猜谜水平都很高。当天一个半小时谜会下来，所出诸谜竟被全部猜中，台上奖品已悉数领完。今年的元宵，我们能与高水平的常州猜谜群众一起过，很是开心。这真是：灯谜嘉名起上元，良宵射覆至今存。毗陵同好垂青眼，惭愧吾侪纸虎村。（注：毗陵，常州古称；虎，文虎，灯谜别称；村，粗野）

每月二谜
1. 鸵鸟避祸（打二字季节用语一）
2. 这位手上桂枝香，那位手上柳梢青（打四字成语一）

上期答案
1. 染料涨价（打三字流行语一）颜值高
2. 多人失明已复明（打四字常言一）数目可观（注：数目，好多眼睛）

语言：沧桑与选择

◎王 蒙

语言文字，是生活与文化中稳定的符号，它的基本发音、词汇、语法、书写都是相当稳定的；同时，它的表述，一些新解、一些变通、一些流行口语，又日新月异。回忆一下语言的沧桑变化，也许会百感交集。

一个"好"字，七十多年前说"棒""恣儿"，二战刚结束时说"帅"，说"得"（读děi），20世纪50年代说"份儿"，60年代说"盖""盖帽儿"，改革开放了说"潮"，说"狂"，近年则是"牛"。台湾的所谓"京片子"则至今说"好棒哎"，京片子离了京，语言就少了点儿与时俱化。

七十多年前，小学生尤其是男生们已经爱调侃小骂"神马东西"了；近年，网络用语出现了"神马都是浮云"，无他。"什么""甚么""神马"的发音相近，声母相同，其实没有创造更没有新意。

七十多年前，北京街上有挑着挑子卖雏鸡的。外来品种、个儿大、下蛋多，连母鸡都有不小的冠子的，叫"油鸡"，土种、瘦小的叫"孱鸡"。现在，农家放养、蛋黄更黄、味道更好、个儿稍小一点的叫柴鸡。一个chán，一个chái，发音靠近，写法不一，含义相反。

北京话里戏谑小骂的话"yātǐngde"，本是"丫头养的"的速读，"头养"快读便音变成为tǐng。现在呢，知道什么叫反切的人越来越少了，还有望文生义、自作聪明的人给我讲，"丫挺的"的意思是未婚怀孕，挺起了大肚子的意思。

出"yāo'ézi",一会儿规范为"妖蛾子",一会儿写成"幺蛾子",但我所知的似应是"幺鹅子",它的来源是玩纸牌或骨牌,牌中的"幺鹅"大体如当今麻将牌中的"幺鸡",出"幺鹅子"是说一个人不按牌理出牌,在那里搅局。词典里将它解释成出"馊主意",就离题更远了。对于这个问题,我想请教方家。

"雄关漫道真如铁,而今迈步从头越",它的意思是莫道雄关如铁难越,如今我们大踏步地迈过去。正如《红楼梦》中的名言:"漫言不肖皆荣出,造衅开端实在宁",是说不要说不肖子孙出在荣国府,造孽的、闯祸的其实是宁国府那边冒头。如今更多的人以为"雄关"与"漫道"是指雄壮的关隘与漫长的道路了。怎么办呢?

北京话中的"mǎnshìjia"或"ráoshìjia"现在写成"满世界""绕世界"了。这乃是"满是价""满是介""饶是价""饶是介"的误写。这儿的"shì"即"是",是泛指代词,犹如every、any,如说"是人就比他强",就是说人人比他强。"价"或"介",应读轻声,是表示情态动作的虚词,戏曲本子里用得很多,如"笑介""饮介"。写成"世界",太超前也太严重了。

至于当前网络中的新鲜用语,有的可爱。如"翠花,上酸菜","你妈叫你回家吃饭",不管用意如何,语言本身是亲和温暖的。把"悲剧"叫成"杯具",也是一种别字解构法,电视广告里常有这种利用同音字的方式,如"咳(刻)不容缓"。1994年初我写过一篇游戏性的小说《白先生的梦》,大用了一番别字。语言有煽动性、膨胀性、加温性,也有消解性、发散性、游戏性。一个自以为遭逢了悲剧命运的人,如果想想自己纯粹是一个杯具,也许能缓和一下心态。只要不是用得太过,也还无伤大雅。

有一些词则很恶心。比如"小鲜肉",用这种词我个人觉得还不如明明白白地探讨性知识、性道德、性责任、性乐趣。颜值云云，则是对人格的降低，是把人性的、人文的、人格的、风格的美学元素变成市场交易元素。唯值是图，唯利是图，唯钱是图，这样张扬，不感觉丝毫的羞耻吗？

还有些常用的媒体语言，什么"隆重推出""天王天后""学霸戏霸"，这种将文化彻底粗鄙化、商业化的语言，还是不学样的好。

汉语的莫名其妙的简称缩写，一直发展到"喜大普奔"（喜出望外、大快人心、普天同庆、奔走相告）、"不明觉厉"（不明真意，仍觉厉害）……有她的趣味性，意思不大，近年已经不像四五年前用得那样多了。时间是无情的，根底浅、腹中空、耍贫嘴式的语言，来得快，走得急，不过是万事万物都会起的泡沫而已。小风吹过，沫息泡裂，也就嘛事没有啦。

可以保持对语言变化的兴趣，至少是为了解闷。尤其是对于写作人，更重要的是有所选择，择其佳者佳之用之，择其恶者恶之弃之，同时不妨有所思考：一个新词的出现，到底意味着什么，不要稀里糊涂地被庸俗鄙俗下去。

（选自《语言战略研究》2017年第1期）

网言网语·人生

在这个世界上，没有一劳永逸、完美无缺的选择。你不可能同时拥有春花和秋月，不可能同时拥有硕果和繁花。不可能所有的好处都是你的。要学会权衡利弊，学会放弃一些，然后才可能得到一些。要学会接受命运的残缺和悲哀，然后心平气和地走向未来。因为，这才是人生的本来面目。

（蔡　玫/辑）

请接受善意

（文中有十处差错，你能找出来吗？答案在本期找）

◎伯 淮 设计

在一次演出中，勘弥饰演一位徒步远行的旅人。

化妆完毕后，勘弥正要上场，却被一个刚入门的学徒拉住。学徒在勘弥的耳边诚肯地提醒道："先生，您的草鞋带子还没系。"勘弥低头看了下草鞋，微笑着答道："谢谢你，我这就系好。哦，你不是有事吗，你忙去吧！"说着弯腰系紧了鞋带。

徒弟走远后，勘弥又俯下身子，将刚系好的鞋带松开，然后才登台表演。勘弥的一位好友，刚巧在一旁，亲身经历了这一过程。

演出很成功，观众抱以热烈的掌声。

勘弥走下舞台，友人表示了祝贺，并好奇地问道："你此前为什么又把系好的鞋带给松开呢？"勘弥笑着回答："我表演的游人巅沛流离，吃尽了千辛万苦，松驰的鞋带，正好体现他的疲备之态。这样角色更形象，人物更有张力。"

听了勘弥的解释，让友人更为佩服，不由赞叹："表演如此细腻，不亏为艺术大师！"友人想了想，发现心中的疑问并未完全消除，又问道："既然不系鞋带是有缘由的，为什么您不告诉徒弟，并顺便指点他一下呢？我觉得这正是一个好机会啊。"

勘弥笑了笑，答道："如你所说，当时确实是可以做出解释，并给他适当指点。然而，他表现出的关切和善意，也是需要接受并至以谢意的。在今天的这个场合，我认为后者更为重要。"

看图说话

"兄恭弟谦"是中华传统？

陈瑞曾

笔者在山东潍坊市东风东街富华游乐园附近，看到有一则公益广告，上面"中华传统 兄恭弟谦"八个大字特别醒目。乍一读，似乎文从字顺。细想，不禁顿生疑惑：中华传统文化中，真有这样的观念吗？

熟悉传统文化的朋友都知道，我国古代有"五常之教"——"父义、母慈、兄友、弟恭、子孝"五种道德教育，即父亲（对子女）讲道义，母亲（对子女）慈爱，哥哥（对弟弟）友善，弟弟（对哥哥）恭敬，子女（对父母）孝顺。"五常之教"对父、母、兄、弟、子提出了明确的伦理要求，是中国古代重要的道德规范。

古代长幼有序，尊长爱幼是基本的伦理原则。"兄"为长，"弟"为幼，因此，兄长要对弟弟友善，爱护弟弟，弟弟要尊敬兄长，对兄长恭敬。而"兄恭"（兄长对弟弟恭敬）"弟谦"（弟弟对兄长谦虚），不合古代长幼原则，也未在典籍中见到这种说法。

火眼金睛

图中差错知多少？

（答案在本期找）

邹正明　王春桥　臧思越　路钧　提供

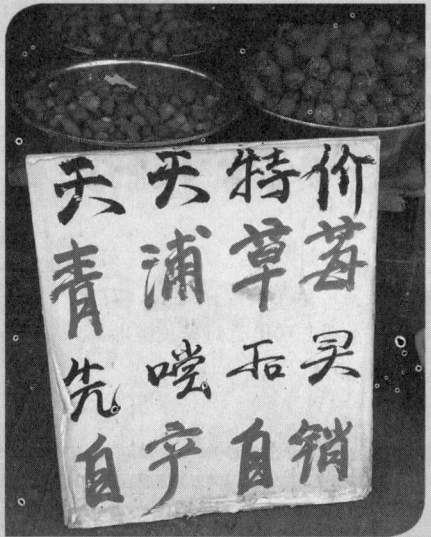

1	2
3	4

ISSN 1009-2390

咬文嚼字

YAOWEN-JIAOZI

06
2017

睡莲科睡莲属多年水生草本植物。其花姿清丽，具有极高的观赏价值。据唐段成式《酉阳杂俎》等记载，睡莲的花白天开放，晚上闭合，昼舒夜卷似睡，故名。

睡莲

欢迎至邮局订阅本刊 邮发代号 4-641
国内统一刊号 CN 31-1801/G
定价：5.00元

上海世纪出版集团

书窗

花自远方来，香飘云天外

知道吗？"茉莉花"虽在中国唱颂，却原产印度；作为香料的丁香原产自印尼，不同于中国的丁香花。这是套针对中国的外来植物的有趣丛书，全面介绍历史各个阶段以不同方式传入中国的花卉、香料、蔬菜和水果，图文并茂，知识丰富。

《远方的茉莉花——中国的外来植物·花卉》
　　晓蕾／著　　定价/38元

《舌尖上的丁香——中国的外来植物·香料》
　　姚欢远／著　　定价/38元

热销中
邮购电话：021-60878392
邮购地址：上海市打浦路443号荣科大厦17楼咬文嚼字发行部
邮政编码：200023
更多优惠请登录：http://yaowenjiaozi.taobao.com

书窗

做人类智慧的点灯人

书籍是人类智慧的灯光，编辑就是传承灯光的使者。《出版的灯光》正是一本编辑随笔集，记录了作者多年来对出版界热点现象的思考，从《纽约时报》以到"万宝全书"，从日本的报纸读到莫言的萝卜，意蕴隽永，耐人寻味。

《出版的灯光》郝铭鉴／著　　定价/25元

热销中
邮购电话：021-60878392
邮购地址：上海市打浦路443号荣科大厦17楼咬文嚼字发行部
邮政编码：200023
更多优惠请登录：http://yaowenjiaozi.taobao.com

名家语画

"聂耳"的故事

陶慈明/文　臧田心/画

聂耳原名聂守信。年轻时，聂守信对音乐特别敏感，不管什么曲子，只要从耳朵听进去，他都能准确无误地从嘴里唱出来。大家因此称他"耳朵"。据说，在一次联欢会上，聂守信表演的节目深受大家喜爱，有人当场送他礼物，还称他"聂耳博士"。聂守信笑着对大家说："你们都要送我一只耳朵，好吧，四只耳朵连成一串，像炮弹，正好用来打敌人。"（"聂"的繁体字为"聶"）从此以后，聂守信便改名为"聂耳"。

名家语画	"聂耳"的故事	陶慈明/文 臧田心/画 / 1
语林漫步	潘金莲,别胡闹!	施南仁 / 4

追踪荧屏
误读"校书"　　　　　　　　　盛祖杰 / 7
求福用"祈"不用"祁"　　　　　禾　宝 / 8
北宋还没"程朱理学"　　　　　周启德 / 9

一针见血
"冰"与"碳"并不对立　　　　　阎德喜 /10
"繁褥"可以形容纹饰吗　　　　居容人 /10
"罢黜"?　"罢黜"!　　　　　　温守江 /11
中国历史上没有"令伊"官职　　李光羽 /11
"迎刃有余"是杂糅　　　　　　李可钦 /12
庄子敲的是锣吗　　　　　　　刘曰建 /12
不是牡蛎是牡蛎　　　　　　　董宝林 /13
广东"僻处边陲"?　　　　　　肖遥生 /13
谢灵运是"南宋"诗人吗　　　　李悠然 /14
《闺怨》是谁写的　　　　　　汤生根 /15
鸡会"足传距"吗　　　　　　　浦东轩 /15
周有光"经历过太平天国"?　　得　喜 /16

学林
人民币上的文字　　　　　　　苏培成 /17

时尚词苑
称赞语"厉害了我的'×'"　　　刘东怿 /20
丰富多彩的"金句"　　　　　　赵丽华 /22

锁定名人
死在逼死坡的是建文帝吗　　　张仙权 /24
"斥侯"?"斥候"!　　　　　　　杨昌俊 /25
"女为悦己者容"是孔子说的吗　江城子 /25

检测窗
编校差错扫描(五)　　　　　　王　敏 /26

文章病院

"坝桥"风雪有诗思?	阎心士	/29
选拔官员仅科举?	周 振	/30
误用"陈年"	谢三山	/31
同咏西湖美,杨诗误姓苏	深 根	/32
农历何来"花招日"	谢云秋	/33
"孤决一掷"怎么掷	毛志英	/33
"滑冰竹马"究竟是谁发明的	李景祥	/34
是"无晴"非"无情"	阎南岗	/35
"桃代李僵"?"李代桃僵"!	辜良仲	/36

借题发挥

"民宿""名宿"两相异	厉国轩	/37
"最迟应在24小时内发声"?	屠林明	/38

网语漫谈

"良心"为什么会"痛"	余郎婷	/39
"吃瓜"和"围观"	祝 早	/41

华语圈

"硬净"和"好打得"	汪惠迪	/43
从义山谈生论死	邓月璇	/44
异动和变动	田小琳	/46
甘榜鸡	杜忠全	/47

东语西渐

"吃瓜群众"在英语中的影子	陆建非	/49

谈联说谜

藏着地名的灯谜	江更生	/52
毛泽东诗词灯谜	柳 叶	/54
一谜制猜四法门	刘茂业	/55

重读经典

关于错别字(一)	王 力	/56

向你挑战

甘甜的海水	梁北夕 设计	/60

顾　问　张　斌　濮之珍
　　　　　何伟渔　陈必祥
　　　　　金文明　姚以恩
名誉主编　郝铭鉴
主　编　黄安靖
副主编　王　敏
特约编委
　　汪惠迪(中国香港)
　　田小琳(中国香港)
　　林国安(马来西亚)
　　吴英成(新加坡)
责任编辑　施隽南
发稿编辑　历　环
　　　　　何中辰
通　联　张　炜
封面设计　王怡君
特约审校
　　蔡维藩　陈以鸿
　　李光羽　王中原
　　张献通

凡本刊录用的作品,其与《咬文嚼字》相关的汇编出版、网上传播、电子和录音录像作品制作等权利即视为由本刊获得。上述各项权利的报酬,已包含在本刊向作者支付的稿酬中。如有特殊要求,请在来稿时说明。

潘金莲,别胡闹!

◎施南仁

《我不是潘金莲》是一部广受好评的喜剧片,冯小刚凭它一举夺得第53届金马奖最佳导演称号。影片根据刘震云同名小说改编,讲了这样一个故事:李雪莲是一个纯朴的农村妇女,经历了一场荒唐的"假离婚变真离婚"的家庭变故。前夫曾说她是潘金莲,为了找回公道,洗刷这个"不白之冤",这个"本来怯生生、娇滴滴"的女子,在十多年里不停地告状、打官司……

令人没想到的是,广东有一个真叫潘金莲的女子不高兴了,认为这部电影损害了自己的名誉,特别是片中称"潘金莲是不正经的女人",更是对她人格的侮辱。"红颜一怒",此女子将冯小刚、刘震云等告上法庭,要求他们道歉,并进行精神损害赔偿。"潘金莲"告"潘金莲",各界一片哗然。

今年4月19日,北京朝阳区法院驳回起诉,认为"本案中的原告潘金莲仅是与上述文艺作品(《我不是潘金莲》)中的人物形象同名,与小说《我不是潘金莲》及同名电影、预告片并无直接利害关系,不符合起诉条件"。

相信看到相关新闻的许多朋友,都会觉得好笑。不过,在现实生活中,类似的"艺术作品侵权案"还真不少,并且不少案件都得到了法院的支持。

艺术源于生活。如果作品中的人物形象,是根据现实生活中的真实人物塑造而成,千万要注意了,切莫对原型人物造成伤害,如果闹到法院,性质与"潘案"完全不同,相关人等有可能要负法律责任。

2007年,热播电视剧《杨三

姐告状》被诉就是一例。大家都知道,"杨三姐告状"是一个真实事件。民国初年,河北滦县浪荡子高占英与人勾搭成奸,将妻子杨二姐杀害,并假称暴病身亡。杨二姐的妹妹杨三姐前去吊唁时看出破绽,认定杨二姐是被人加害而亡的,于是告到县衙。高家"以钱消灾",此案草草了结。杨三姐不服,越级上告,真相最终大白,沉冤得以昭雪。1962年,根据这个故事创作的评剧《杨三姐告状》引起轰动,"杨三姐"成为全国家喻户晓的艺术形象。电视剧《杨三姐告状》也是根据此故事演绎而成,但其中虚构了"杨三姐沦落妓院、贿赂官员"等情节,惹怒了杨三姐的后人,将电视剧《杨三姐告状》的出品、发行等单位告上法院,索赔100万元。据媒体报道,最后此案达成庭外和解,原告在获得经济赔偿后撤销了起诉。

　　类似纠纷是世界性的,国外也时有发生。克里斯蒂娜·安格特被称为"法国刺激小说皇后",在《小毕迪》(Les Petits)小说中,她以自己男朋友的前任情人爱丽丝·比多伊特为原型。比多伊特称,《小毕迪》侵犯了她的隐私,毁了她的全部生活,因为此事她甚至烦恼到企图自杀。安格特被诉至法院。法院判安格特和小说的出版商向比多伊特支付4万欧元的赔偿。美国著名影星斯嘉丽·约翰逊,也曾将一名法国畅销小说作家告上法庭。这位法国作家在一部小说中塑造了一个女性角色,长得跟斯嘉丽十分相像,小说中有人第一眼见到时还真以为她就是斯嘉丽。但这个角色男女关系十分混乱,是众多男人的性幻想对象。法国的一家法院认为,这个角色损害了斯嘉丽的形象,判斯嘉丽胜诉,小说作家赔偿斯嘉丽2500欧元。

　　"潘案"则不同。潘金莲,本是《水浒传》中的人物形象,后被《金瓶梅》引入。《水浒传》成书于元末明初,《金瓶梅》成书于明中后期,潘金莲这个文学形象的诞生至今已有数百年时间。《我不是潘金莲》中的"潘金莲",

显然指的是《水浒传》《金瓶梅》的"潘金莲",与现实生活中的真实人物无关!此"潘金莲"非彼"潘金莲"。可以断言,冯小刚等在创作自己的作品时,根本就不知道在广东某地还真有个女子叫潘金莲。法院不支持此案,是在情在理的。

也许是出于"职业"习惯吧,我由此案想到的,是取名问题。

在中国传统取名习俗中,本来有忌讳与人同名的倾向,特别忌讳与尊长同名。明末的湖广巡抚宋一鹤,有一次去参见总督杨嗣昌,发现杨嗣昌父亲大名中也有一个"鹤"字,便在名帖上将自己的名字改成了"宋一鸟"。皇帝名号是旧时最大的"禁忌",如果"冲撞",会被视为"大不敬",重者将处以死刑,并殃及九族。

现代社会提倡人人平等,人们早已不忌讳与尊长同名了,并且还有人故意以名人、伟人的名号为名。查阅权威资料发现,全国叫李白的有近4000人,叫杜甫、王安石的有近1000人,叫欧阳修、苏轼、黄庭坚的有100多人。甚至还有人叫刘邦、唐太宗、朱元璋、孙中山、毛泽东、邓小平……

不知是"审丑"心理在作怪,还是想"借光"以增加"名气",或者是兼而有之吧,还有人以历史上的"大坏蛋"为名,比如"秦桧""严嵩""袁世凯""汪精卫"等等。

因此,有人叫潘金莲千万不要觉得奇怪。请查资料,全国有近2000位潘金莲,遍布广东、广西、湖北、湖南等10多个省区市。继续查,还可查到西门庆、武大郎、孔乙己,甚至朱八戒。这些都是经典文学形象,鲜明的性格特征"深入人心",知名度绝对不亚于历史上的"大坏蛋",自然会成为许多人的取名资源。

就算人人拥有充分的"姓名权",但"唐太宗""汪精卫""潘金莲"等还是应该回避吧。如此取名,虽然能在一定程度上赢得"知名度",难道就不会失去什么吗?不能不深思啊!

误读"校书"

◎ 盛祖杰

央视电视剧频道首播的连续剧《破晓》,讲的是上世纪30年代发生在上海的一个故事。女主角出场时,字幕中有个如今罕见的称谓"女校书"。众多演员统统读成"女xiào书",一读到底。

校是个多音字,读作jiào时,本义是古代刑具枷械。引申指抗争、抵抗。再引申指考核、考察。进一步引申指订正、考订等,如现在我们常用的词语"校对""校雠"等。"校书"的本义即校勘书籍。古代将掌校理典籍的官职以"校书"命名,汉称"校书郎中",唐为"校书郎"。

至于"女校书"之称,则与唐代女诗人薛涛有关。薛涛是我国历史上著名的才女,她天资聪颖,性敏慧,八九岁能诗。幼年随父流寓蜀中,后父死家贫,十六岁入乐籍,因容貌秀丽,能诗文又多才艺而名动一时。相传韦皋任剑南西川节度使时,拟奏请朝廷授她校书郎官职。虽未实现,但人们就此传称她为女校书,直至刻在墓碑上。后"女校书"词义泛化,成为妓女的雅称。

求福用"祈"不用"祁"

◎禾 宝

央视新闻频道2017年1月5日《共同关注》栏目播出了一段有关腊八粥的报道,字幕显示的新闻标题为《慈云寺布施腊八粥祁福纳祥好兆头》。这里将"祈福"错写成了"祁福"。

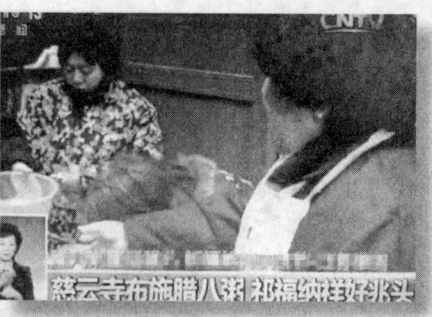

祈,读作qí,从示,斤声。《说文·示部》:"祈,求福也。"所谓"祈福"就是(向神明)求福之义。《礼记·月令》:"(季夏之月)令民无不咸出其力,以共皇天上帝名山大川四方之神,以祠宗庙社稷之灵,以为民祈福。"腊八粥,来源于佛教寺院。腊八即夏历十二月初八,相传释迦牟尼于此日成道。在这一天寺院会用果子杂拌煮粥,分食僧众,后来渐渐转变成一种民间习俗。周密《武林旧事》卷三:"八日,则寺院及人家用胡桃、松子、乳蕈(xùn)、柿、栗之类作粥,谓之'腊八粥'。"

"祁"也读qí,但通常用作地名或姓。"祁福"语义难解,汉语中没有这个词。

"校"读xiào时,词义多与学校、校官有关联。而在这部电视剧中,女主角何如是出场时的身份是一名高级妓女,这里的"女校书"的"校"显然应读作jiào。

北宋还没"程朱理学"

◎周启德

电视连续剧《五鼠闹东京》第38集中,包拯夫人对太后说了这么一段话:"太后,咱大宋朝遵从儒术,以程朱理学教化臣民,把三纲五常纳入基本国策。"(字幕同步显示)这儿有个问题:北宋朝时真"以程朱理学教化臣民"吗?

包拯夫人说的"程朱理学"是宋代理学的主要派别。"程"指的是北宋的程颢(1032—1085)、程颐(1033—1107),兄弟二人学于周敦颐,世称"二程"。"朱"则指南宋的朱熹(1130—1200),他是"二程"的四传弟子,也是该学派集大成者。"程朱理学"提倡性理,认为理为宇宙之本原,人性为理的体现,断言"理"是离开事物独立存在的客观实体,由它派生和主宰万事万物。因为他们的学说基本一致,后人称"程朱学派",亦称"程朱理学"。

《五鼠闹东京》电视剧演义的故事背景是北宋仁宗(1023—1064)时期,以仁宗最后执政的嘉祐年间(1056—1064)来算,程颢、程颐不过是二三十岁的青年,他们的理学体系还未形成。此时距朱熹的出生尚有近百年,而"程朱理学"的提法是朱熹死后才出现的。所以,北宋仁宗时期不可能有"程朱理学"。

"冰"与"碳"并不对立

◎阎德喜

在《哈耶克评传》(商务印书馆2007年6月出版)中,有对当代著名经济理论和政治哲学家哈耶克著作中自相矛盾之处的分析:"他(哈耶克)同时为方法论的个人主义和群体选择唱赞歌,而这两种立场往往形同冰碳。"文中的"形同冰碳"错了,正确的应是"形同冰炭"。

成语"形同冰炭"也作"冰炭不同器"。"冰炭"是指冰块和炭火,两者性质相反,若置于一器,或冰块被炭火融化,或炭火被冰水熄灭,二者难以共存。多用于比喻对立的事物不能同处,或比喻矛盾冲突。语本《韩非子·显学》:"夫冰炭不同器而久,寒暑不兼时而至,杂反之学不两立而治。"前文中,方法论的个人主义和群体选择,是两种截然不同的立场。而哈耶克却为它们唱赞歌,都坚持,这不是自相矛盾吗?把上述两种不同的立场称之为"形同冰炭"是符合实际的。

"碳"为非金属元素,符号C。碳元素不同的分子结构会构成金刚石、石墨、富勒烯等同素异形体。碳元素化学性质稳定,是构成有机物的主要成分。显然"冰"与"碳"并不对立。它们完全可以"和平共处"。

"繁缛"可以形容纹饰吗

◎居容人

2017年2月(上)的《国家人文历史》刊有《通神之器,良渚玉琮:如何使用至今还是一个谜》,其中写道:"这块'玉琮之王'不但器体大,更重要的还是纹饰特殊。……四肢上均填刻繁褥纹饰。"引文中的"繁褥"应为"繁缛"之误。

繁,有多、盛、杂之意。缛,读作rù,本义是繁密的彩色装饰,引申出繁重、细致、琐碎的意思。"繁缛"原用来形容采饰富丽,文辞华丽,后多用作表达繁多、繁琐之义。褥,也读作rù,是坐卧的垫具。根据前文文意,用"繁缛"来描述玉琮的纹饰才恰当。

"罢黩"?"罢黜"!

◎温守江

《齐鲁晚报》2016年12月14日《青未了·随笔》专栏刊有《张居正的"拙于谋身"》一文,其中写道:"明神宗立即下旨颁行,要求严格执行,对不遵守者立刻罢黩、不徇私情。"文中"罢黩"应为"罢黜"。

黜,音chù,有贬降、罢免、革除之义。如黜免,义为降官或革职;黜昏启圣,义为贬退昏庸之辈,开启圣明;等等。罢黜有两义,一是废除排斥,西汉武帝在思想文化领域推行的"罢黜百家,独尊儒术",即废除其他学派思想,尊奉儒家学说。还有一义即罢免、去官。前文中想表达的应是对不遵法令者立即罢免官职之意,用"罢黜"是比较恰当的。

黩,音dú,义为玷污或滥用、轻率、轻举妄动,如"穷兵黩武"即滥用武力,肆意发动战争。"罢黩"难以索解。

中国历史上没有"令伊"官职

◎李光羽

《冰鉴·冰窖·冰箱》是一篇长知识的好文章,刊载于2016年8月28日的《新民晚报》B7版。文中介绍古人怎样防暑降温时,讲到《左传》记载的一件趣事:"楚国有个叫子冯的官员,被楚王封为令伊,是嫌官小,还是有其他什么原因,这个子冯就闹起情绪来。对于楚王要他当令伊的任令,他抗旨不从……"

我国古代有"令伊"这个官职吗?恐怕没有。不过倒是有个官职叫"令尹"。令,义为发出命令;尹,义为主管、治理。

令尹,春秋、战国时楚国的最高官职,执掌军政大权,职位相当于宰相。上述引文写的是《左传》中的故事,其中的"子冯"是楚国著名令尹孙叔敖的侄子,楚王要他担任的官职就是"令尹"。误"尹"为"伊"可能是音近形似所致。

"迎刃有余"是杂糅

◎李可钦

《黄河晨报》2016年5月23日06版《三朵梅花同登场 满台锦绣竞芬芳》一文报道了蒲剧《玉蝉泪》的演出盛况:"随着时间推移,两朵梅花拿捏有度、迎刃有余,将观众深深带入了那个封建专制摧残下的凄美爱情故事。"这里的"迎刃有余"让人费解,应是"游刃有余"之误。

"游刃有余"语出《庄子·养生主》,讲的是庖丁出神入化的解牛技术,刀刃在牛骨缝隙之间移动游走,没有一点阻碍(有活动余地),后用以比喻做事熟练,轻而易举。报道中的那句话是想说两位演员的演技精湛、熟练、到位地运用各种表情、动作等,深深地吸引了观众,这里用"游刃有余"是很恰当的。

迎刃,义为迎向刀锋,喻不可阻挡之势。常用成语有"迎刃而解",比喻事情容易解决。"迎刃有余"从意思上难以说通,出现这样错误的用法应是将"游刃有余""迎刃而解"两条成语混杂糅合在一起了。

庄子敲的是锣吗

◎刘日建

《家庭·长寿》2016年第12期刊登《说"老"》一文,说庄周丧妻,"本当'悲莫悲兮生别离',他偏敲着锣唱挽歌"。庄子唱的是不是挽歌不得而知,但他敲的肯定不是锣。

这个典故出自《庄子·至乐》:"庄子妻死,惠子吊之,庄子则方箕踞鼓盆而歌。惠子曰：'与人居，长子老身，死不哭亦足矣，又鼓盆而歌，不亦甚乎！'"可见，庄周是"鼓盆而歌"而非"敲着锣唱挽歌"。盆是一种较浅的口大底小的盛器，而锣是一种金属类的打击乐器，古时多用于军营。于情于理，庄周都不可能在丧妻时敲锣。并且"鼓盆"因庄周之故，已经成为一个固定词，用以指丧妻。

不是牡蜊是牡蛎

◎董宝林

《辽宁日报》2016年9月19日刊登了《辽宁省海洋保护区生态风貌展示》一文，在介绍大连海王九岛海洋景观自然保护区时写道："海王九岛海岸曲折，海域广阔，海况条件优越，水产资源丰富，盛产刺参、扇贝、牡蜊、海螺、赤甲红蟹和各种经济鱼类，素享'天然鱼仓'之美誉，属最佳品尝海鲜之地。"其中"牡蜊"是"牡蛎"之误。

牡蛎，又称"蚝"，为双壳纲牡蛎科软体动物，肉质鲜美，壳可入药。中国养殖历史悠久，宋代即有"插竹养蚝"的方法。蜊，通常指蛤蜊(géli)，是双壳纲蛤蜊科软体动物。宋代梅尧臣《前日》："前日扬州去，酒熟美蟹蜊。"蛤蜊与牡蛎为同纲不同科的两种动物，不应混为一谈。

广东"僻处边檄"？

◎肖遥生

2016年11月(上)的《国家人文历史》刊有《广东：民主革命"大本营"》一文，其中写道："正如黄兴所言，是因为广东'远在岭外，僻处边檄'，但'交通便利，海外归国较易'……"引文中的"边檄"，应为"边徼"之误。

徼是一个多音字，读作jiào时，有边塞、边界之意，亦指边境亭障。《汉书·邓通传》："人有告通盗出徼外铸钱。"颜师古注:"徼,犹塞也。""边徼"一词,与边境、边塞同义。《梁书·萧藻传》:"时天下草创,边徼未安。"

檄,读作xí,是古代官府用以征召、晓谕、声讨的文书。《汉书·高帝纪》:"吾以羽檄征天下兵。"也泛指信函,引申作动词,义为用檄文征召、声讨。

相对于中原地区来说,广东地处岭南,古人视其为蛮荒、偏僻之地,可以称其为"边徼"。"边檄"不见用例,不知所云。

谢灵运是"南宋"诗人吗

○李悠然

"南宋时候有一个大诗人,山水诗的开山祖师谢灵运。"这是2016年12月13日《解放日报》第12版《抽"诗"剥茧,读出不一样的意境》一文中的一句话。谢灵运是大诗人,但他并非生活在"南宋时候"。

谢灵运(385—433)是东晋名将谢玄之孙,袭封康乐公。他善于用精丽的文字来刻画自然景物,诗歌大多描写山水名胜,是山水派的创始人。东晋末年,大将刘裕(363—422)因战功卓著,被封为宋王。元熙二年(420),刘裕代晋称帝,即宋武帝,定都建康(今南京),国号宋,史称刘宋。后世将南北朝时期中国南方的宋、齐、梁、陈四朝称为南朝(420—589),所以刘宋又称南朝宋。谢灵运虽然出生在东晋时期,但他的主要成就是在刘裕建宋之后取得的,历史上通常将他看作南朝宋人。

960年,后周大将赵匡胤发动陈桥兵变,代后周称帝,建立宋朝,定都汴梁(今河南开封),史称北宋。北宋末期,金兵南犯,1127年,宋高宗即位,后渡江往南定都临安(今浙江杭州),国号仍为宋,史称南宋。

南朝宋和南宋不能混为一谈,谢灵运绝非"南宋时候"的人。

《闺怨》是谁写的

○汤生根

清华大学出版社2013年8月出版的《多少事 欲说还休》中有这样一段文字:"'门外谁扫残红?夜来风。'问得妙,答得也妙。风扫残红,春去无情,令人想起那首相似的闺情春怨诗:'忽见陌头杨柳色,悔教夫婿觅封侯'(王维《闺怨》)。"(第144页)此处的括注把王昌龄的《闺怨》误说为王维的诗了。

王昌龄的《闺怨》全诗为:"闺中少妇不知愁,春日凝妆上翠楼。忽见陌头杨柳色,悔教夫婿觅封侯。"此诗细腻而含蓄地描写了少妇的心理变化,是作者久负盛誉的代表作。

王维(701?—761)与王昌龄(?—约756)是同时代的大诗人。王维早年写过一些边塞诗,但最为人们熟知的是他的山水田园诗。王昌龄则是著名的边塞诗人,尤擅七绝,他的诗气势雄浑、格调高昂。另外,他的宫词多写女性的幽怨之情,也为世人称道,《闺怨》正是其中之一。

鸡会"足传距"吗

○浦东轩

2017年1月10日《中国集邮报》第8版刊有《阮峰:鸡有五德 佳作传神》一文,其中引有《韩诗外传》中的一段话:"夫鸡,头戴冠,文也。足传距,武也。见敌而斗,勇也。得食相呼,义也。鸣不失时,信也。"此处的"足传距"当是"足傅距"之误。

傅,古通"附",有加上、附着之义。距,从足,巨声,义为鸡、雄等的腿部后面突出像脚趾的部分。《六书故·人九》:"距,鸡爪也。斗则用距。"所谓"足傅距",就是脚上附着距的意思。

中国古代流传着"鸡有五德"之说,源自西汉韩婴《韩诗外传》卷二里所记述的名士田饶对鲁哀公说的话:"君独不见夫鸡乎?首戴冠者,文也;足傅距者,武也;敌在前敢斗,勇也;得食相告,仁也;守夜不失时,信也。"对比后可知,上述文章在引用时有多处不符原文,特别是"足传距"让人莫名其妙。鸡"足傅距"被视作勇武的表现。

"传"的繁体字是"傳",和"傅"形体十分相似,这可能是致误原因。

周有光"经历过太平天国"?

○得喜

《黑龙江广播电视报》2017年1月23日—1月29日刊登的《周有光,一位超高龄逝者的奇人奇事》中写道:"生于1906年的周有光,原名周耀平,江苏人。他一生经历过太平天国、抗日战争、文革浩劫等大风大浪……"读之疑窦顿生:生于1906年的周有光先生,有可能"经历过太平天国"时期吗?

太平天国运动是中国近代全国规模的农民起义。洪秀全、杨秀清等于1851年在广西桂平县金田村率众起义,建立"太平天国",1853年在天京(今南京)定都,建立政权。1864年在清朝政府和外国势力的联合镇压下"太平天国"失败。如果从"太平天国"失败之日算起,到周有光出生,时间已过去40多年。无论如何,周有光都是无法经历"太平天国"的。

为什么错得竟然如此离奇?从上述文章中知道,作者此说所依据的是周有光自述材料。而自述材料中所讲述的则是他的曾祖父在太平天国时的经历:"我的曾祖父原来在外地做官,后来回到常州……南京成立太平天国,隔了两年又打来常州,就打下来了,我的曾祖父投水而死。"作者大约是没看清人物关系,误把周有光曾祖父的经历安到了周有光的头上。

人民币上的文字

◎苏培成

人民币上有五种文字,就是:汉字、蒙文、藏文、维文和壮文。下面以面值一百元的人民币为例略加说明:

汉字是国家通用文字,是国内各民族间交际的工具。汉字是汉民族的祖先创造的文字,自殷商甲骨文算起已有三千四百多年,一直延续至今,未曾中断。汉字记录的是汉语的语素,所以叫语素文字;构成汉字的字符主要是意符和音符,所以也叫意音文字。例如,"沐"字记录的是汉语"沐"这个语素;它的意义指洗头,由"水"和"木"两个字符组成,"水"表意,是意符,"木"表音,是音符。汉字数字有大写和小写两套,小写是"一二三四五六七八九十百千万",大写是"壹贰叁肆伍陆柒捌玖拾佰仟萬"。人民币上用的是大写数字。大写数字里的"贰陆"是简化字,相对应的繁体字是"貳陸"。新中国建立后,对汉字进行了简化。人民币上"中国人民银行"里的"国"和"银"是简化字,和简化字相对应的繁体字是"國"和"銀"。人民币上还有辅助汉字的汉语拼音,用在背面两个地方,"中国人民银行 100"写作"ZHONGGUO RENMIN YINHANG 100",另一个地方是"圆"写作 YUAN。

人民币背面的右上角有四种少数民族文字,意思是"中国人民银行 100"。这四种少数民族文字左上是蒙文,右上是藏文,左下是维文,右下是壮文。从形体上,这四种民族文字比较容易分辨。蒙文从上向下竖写,行款是从左向右。藏文印刷体辅音的上部都有一横,基本齐平。维文是流线体,从右向左书写。壮文用的是拉丁字母,与汉语拼音字母相同。

蒙文也叫蒙古文,用来记录蒙古语。蒙文创始于 13 世纪,字母读音、拼写规则、行款都和回鹘文相似,称作回鹘式蒙文。蒙文经过陆续改进,字母数目逐渐增多,拼写法日趋严密,到 17 世纪发展成为现行蒙文。现行蒙文有 29 个字母,其中 5 个是元音,24 个是辅音。蒙文字母的写法在词首、词中、词末各有一定的变化,更便于连写。蒙文基本上是按词为单位拼写。在清代,蒙文和满文几乎享有同等崇高的地位,许多皇家建筑的牌匾都是用汉、满、蒙、藏四种文字合璧书写。这一时期为我们留下了卷帙浩繁的《蒙文大藏经》。

藏文是用来记录藏语的。公元 7 世纪,松赞干布建立吐蕃王朝后,派他的大臣图米桑布札赴天竺(古印度)学习梵文和佛法,学成回国后仿照印度梵文的天成体创造了藏文。藏文是表音文字,有 34 个字母,其中有 4 个元音和 30 个辅音。藏文自左向右横排。词不分写,音节后加点表示音节界限。藏文的正字法进行过三次大的变革,使藏文更加简明,最后形成了现在的藏文。藏文字母的数量和单词拼写法都适合藏语的特点,至今使用了 1400 多年。历史上用藏文书写和编译的文献十分丰富,对于藏族文化的发展起了很大的作用。著名的"长庆会盟碑"建于唐长庆三年(823)。元代已编成《甘珠尔》和《丹珠尔》两大佛学丛书。

维吾尔文简称维文,是用来记录维吾尔语的。公元7世纪,维吾尔族就用突厥文作为文字。到了10世纪,随着佛教的传入,回鹘文代替了突厥文。11世纪,随着伊斯兰教传入新疆,阿拉伯文代替了回鹘文,成为现代的维吾尔文,自右向左横写。维吾尔族在1965年至1982年间推行过以拉丁字母为基础的新文字,主要在学校中使用。1982年9月起恢复使用老文字。现行的维文有32个字母,其中有8个元音,24个辅音。为了便于连写,字母在独用或出现在字首、字中、字末时有不同的写法。

壮文,是用来记录壮语的。壮族原有一种方块壮字,是借用汉字或者仿照汉字自造的汉字类型的字,有很多异体字,各地写法不统一,掌握的人数很有限,没有成为正式通行的文字。1955年创制了以拉丁字母为基础的拼音壮文,1957年开始用来扫盲。"文革"时停止推行。1980年5月,广西壮族自治区党委和政府积极筹备恢复壮文培训、出版和推行等有关机构,同时对壮文方案做了部分修改,废除26个拉丁字母以外的字母。修订后的壮文方案于1982年3月20日公布推行。壮文在学校教育、科学培养、新闻出版、文艺创作、壮族研究、对外交流等方面都发挥了很大的作用。

网言网语·职场

假如你热爱工作,你的生活就是天堂;假如你讨厌工作,你的生活就是地狱。不是工作需要你,而是你需要工作。不要总是把工作当成手段,有时不妨把它当作目的。

(张 蓉/辑)

称赞语"厉害了我的'×'"

◎刘东怿

2016年,"厉害了我的哥"在网络上开启了刷屏的节奏。据说,"厉害了我的哥"出自口头禅:一名中学生在军训时玩"王者荣耀"(一款游戏)被教官抓住了,然而教官却帮他把这游戏玩完了,并且在游戏过程中,开启了大杀特杀的模式,同学们纷纷夸赞:"厉害了我的哥!"很快,这个口头禅被广泛传用,成为当红流行语。说话人常用这句话来称赞对方十分厉害,抒发对对方的钦佩之情。例如:

(1)厉害了我的哥,你们石门店村被确定为乡村旅游扶贫重点村,等咱们退伍或转士官休假时,你家就成风景区了……(《解放军报》2017年1月16日)

(2)厉害了我的哥,别的上市公司在市场内浮浮沉沉苦苦挣扎,这里找标的那里磋磨着资源整合,但是利润还不及你卖两间房子。(《证券时报》2016年9月30日)

随着"厉害了我的哥"的流行,不久以后,"厉害了我的×"就成了一个流行构式,即"厉害了我的"后面的"×"可以替换为其他词语,形形色色,不一而足。

"厉害了我的×"这个流行构式中,关键词是"厉害"。"厉害"是个多义词,《现代汉语词典》(第7版)列出了三个义项:①难以对付或忍受;剧烈;凶猛。②了不起。③严厉。显然,此处应取义项②"了不起"。说得具体一些,"厉害了"是指某人在学习、工作、体育、生活等某一方面的能力或本领达到了较高的水平,达到了令人赞赏的程度;又指某事、某物或者某地、某国明显超过了一般标准,值得夸奖、赞美。

"厉害了我的×"的"×"常常用单音节词来替换,比如"姐、弟、妹、爸、妈、山、河、花、树、家、厂、国"。例如:

(3)为国家扶贫的深度、精度、广度点赞,厉害了我的国!(《人民日报》2017年3月8日)

(4)对此,不少网友惊呼,"厉害了我的团"。"虽然我已经到了退团的年纪,但我还是来关注了一波"。(《扬子晚报》2017年1月5日)

(5)笑一笑,十年少!厉害了我的笑!(《新民晚报》2017年3月6日)

现在,"厉害了我的×"中的"×"已不局限于单音节词,既可以是双音节词,也可以是多音节词。例如:

(6)"海外网友看两会"活动圆满落幕:厉害了我的祖国。(《人民日报海外版》2017年3月22日)

(7)"厉害了我的中国教育报,报纸玩起了视频,新媒体延伸了传播,为中国教育报的新尝试点个赞!"(《中国教育报》2017年3月16日)

由于"厉害了我的×"简明扼要有趣味,能明确地表达说话人赞赏的情感,并能吸引听话人的注意,因而,该构式标题化用例与日俱增,请看几个新闻标题:

(8)"老战士"玩转黑科技,厉害了我的炮!(标题,《科技日报》2016年11月23日)

(9)厉害了我的京津冀!未来三年居然要发生这么多事(标题,《人民日报》2017年2月22日)

(10)厉害了我的银联卡,出境好用还有多种优惠(标题,《新闻晨报》2016年12月16日)

当下许多报纸为了吸引读者阅读正文,往往采用长标题来提升标题的信息量。像例(10)便是:第一分句说"厉害

丰富多彩的『金句』

◎赵丽华

2017年全国两会期间,习近平总书记在同代表、委员的交流中讲了不少脍炙人口的话语:"少搞一些'盆景',多搞一些惠及广大贫困人口的实事";"扶贫先扶智,坚决阻止贫困现象代际传递";"绝不能搞数字脱贫"……不少主流媒体将这些话语称作"扶贫金句"。"金句",这个新兴词引人注目,它是什么意思呢?

"金"是一个多义词,"金句"中的语素"金"专指黄金(俗称"金子"),黄金是一种珍贵的金属。"金句"属于比喻式造词,语素"金"是个比喻,表示"像黄金一样珍贵"。类似的用"金"构成的词还有不少:金点子、金饭碗、金婚、金领……

从当下流行的"金句"来看,大抵可分为三类。第一类是公众人物所说的含义丰富而深刻的语句。比如,"喊破嗓子不如甩开膀子"、"大众创业,万众创新"等,这些"金句"简洁明了,却直抵人心,传递了满满正能量。又如:

(1)"各级政府要坚持过紧日子""绝不能'新官不理旧账'""使小企业铺天盖地、大企业顶天立地"等政府工作报告"金句"在互联网热传,不少网民称赞报告民本情怀满满。(《人民日报》2017年3月8日)

(2)"大家撸起袖子加油干";"天上不会掉馅饼,努力

了我的银联卡",紧接着第二分句就点明"厉害在哪里"——"出境好用还有多种优惠"。例(8)例(9)也有异曲同工之妙。

"厉害了我的×"作为一个新兴的构式,在网络论坛中、报章杂志中、广播电视中怒刷着存在感。该构式的流行,显示出现代人更愿意直白地表达对人、对事、对物的赞美之情。

奋斗才能梦想成真"……新年前夕,国家主席习近平发表的2017年新年贺词,"金句"频出,迅速走红网络。(《人民日报海外版》2017年1月6日)

说起"金句",不免让人们联想到另一个与之读音相近的词:警句。"警句",是指简练而含义深刻动人的语句。例(1)例(2)中的"金句"似乎都可以看作"警句"。凡是"警句",它一定传达了一个深刻的道理。譬如,高尔基曾说过:"我书读的愈多,就愈亲近世界,愈明了生活的意义,愈觉得生活的重要。"这简短的话语,就向我们阐明了读书与生活的关系,意义深刻,耐人寻味。

其实,"金句"的范围比"警句"更为广泛。第二类"金句"是指风趣逗乐的话语。例如:

(3)马云谈应用:AlphaGo赢了,"So What！"今天峰会上,马云凭借其"段子手"的潜质,一上台就"金句"不断,赢得阵阵掌声。(《南方日报》2017年4月4日)

(4)一路上哈尔滨给人们留下了质朴幽默的剪影,无论是热情扭秧歌的阿姨,还是在冰河中捞鱼的大叔都使人联想到新春的喜庆富足。幽默的哈尔滨司机在行程中也是连连金句:"汪峰的歌嘛,多酷！"(《人民日报海外版》2015年2月27日)

当下新闻报道中,"金句"已然成为了新闻媒体中的高频词,有些争议性的却又意味深长的语句也被贴上了"金句"的标签,那便是第三类"金句"了。例如:

(5)"清华北大,不如胆子大。"近日,王健林又有金句火了,成了网络热点话题。(《华西社区报》2017年1月13日)

在这个"金句"频出的时代,不乏"干货"多、含金量高的"金句"。《新京报》2017年3月3日刊登了一篇题为《成功的发布会不只留下"金句",对媒体公众撒谎的人不聪明》的文章。它向我们讲述了这样一个道理:在通向成功的路上,我们不应只空喊"金句",更要将其转化成动力,埋头实干,砥砺前行。

死在逼死坡的是建文帝吗

◎张仙权

汪曾祺在小说《职业》中提到了昆明的逼死坡。他写道："他每天都是这时经过逼死坡（据说这是明建文帝被逼死的地方），他很爱看这些马。"（载于《晚饭花集》第165页，河南文艺出版社2016年3月出版）其中"明建文帝"为"明永历帝"之误。

查《昆明地名博览辞典》（云南人民出版社2005年1月出版）"逼死坡"词条："又名篦子坡、升平坡。……因吴三桂缢死明永历帝朱由榔于坡头金蝉寺，时人称为逼死坡。清政府定名为升平坡。"（第270页）在坡头西侧花园立有石碑，系1911年云南都督蔡锷所立，碑文为"明永历帝殉国处"。据此，逼死坡是明永历帝殒身处无疑了。

明昭宗朱由榔（1623—1662），因在位时年号永历，又称永历帝。朱由榔是神宗之孙，思宗堂弟，袭封桂王。1644年，李自成攻破北京，明王朝失去对全国的统治权。明朝宗室在此之后于南方建立了若干政权，史称南明，永历政权也是其中之一。1662年，逃亡缅甸的朱由榔被清军所俘，后被吴三桂杀害于昆明。逼死坡便因永历帝之死而得名。

上述小说括注中所说建文帝，应指明惠帝朱允炆，1398—1402年在位，建文是其在位的年号。建文元年（1399），燕王朱棣以"靖难"为借口发动政变，史称"靖难之役"，朱允炆在战乱中下落不明。建文帝比永历帝早了两百多年，和昆明逼死坡无关。

"斥侯"?"斥候"!

◎杨昌俊

茅盾文学奖得主徐贵祥的长篇小说《特务连》(作家出版社2007年7月出版)第四章中这样写道:"……譬如明朝刘基提出的,行兵之法,斥侯为先,实际上就是说,在诸多兵种中,侦察兵的地位是第一重要的,斥侯就是侦察兵……"(第174页)此处的"斥侯",应写为"斥候"。

斥,有探测、侦察之义。候,有伺望、侦察之义。"斥候"即侦察、候望,后引申指侦察、候望的人。《三国志·吴志·诸葛恪传》:"复远遣斥候,观相径要,欲图寿春,权以为不可。"上述小说明确指出"就是侦察兵",显然应用"斥候"。

"女为悦己者容"是孔子说的吗

◎江城子

贾平凹的长篇小说《白夜》(安徽文艺出版社2010年9月出版)中有这样一段话:"谁爱上我啦?我也不想让人爱上,孔圣人说女为悦己者容,我悦我自己,所以这房子里镜子多。""女为悦己者容"是句"名言",常与"士为知己者死"对举,最早说这句话的人是古代著名的刺客豫让,而非"孔圣人"。

豫让是春秋四大刺客之一,本为晋国智氏的家臣。公元前453年,赵氏联合韩氏、魏氏打败了智氏,智氏宗主智伯被杀,其头颅被赵襄子做成饮器使用。豫让逃到山里,发誓说:"士为知己者死,女为悦己者容,吾其报智氏之仇矣。"其后,豫让隐姓埋名,想方设法,寻找各种机会刺杀赵襄子。"士为知己者死,女为悦己者容"的意思是,"志士为了解自己的人而牺牲,女子为喜欢自己的人而打扮"。

编校差错扫描（五）

◎王 敏

错例：受到外在环境与他人的影响，是在正常不过的一件事情了。

简析："在正常不过"应为"再正常不过"。"再"本义指第二次。《说文解字》："再，一举而二也。"如"一而再再而三"。如今"再"常用作副词，表示事情或行为重复、继续，如"再讨论、再思考"。"再"还能表示更加，如"再高一点"。"再正常不过的事"即"没有什么事比这事更正常"。"在"本义指存在。《说文解字》："在，存也。"如"父母在，不远游"。现常作介词，用于时间、地点之前，如"在早上、在屋里"，没有"更加"的意思。

错例：句尾用入声韵处，会飘出一个较固定的旋律及其变体，用以填补嘎然而止的间歇。

简析："嘎然而止"应为"戛然而止"。"戛"读jiá，其本义为矛，另有敲击之义。古时候演奏乐曲，将要结束时，须"戛敔以止之"。敔（yǔ）是古代乐器，形如伏虎。"戛敔以止之"，意思是击敔使乐曲停止。"戛然而止"即由此而来，指声音突然停止，引申指事情突然停止。"嘎"是象声词，读gā。不少人把"戛"误读成gā，所以把"戛然"误写成了"嘎然"。

错例：耳熟能详的经典剧目搭配美仑美奂的舞台制作，带来的是一场场视觉盛宴和一个又一个不眠之夜。

简析："美仑美奂"应为"美轮美奂"。"美轮美奂"语出《礼记·檀弓下》。春秋时晋国大夫赵武新屋落成，前往祝贺的张老说:"美哉轮焉,美哉奂焉。"("美啊,房子真高! 美啊,房间真多!")轮,指轮囷(qūn),一种圆形的仓库建筑,其特点是高大;奂,指众多。如今,"美轮美奂"词义扩大,可用于形容建筑物之外的精美事物,但"轮"不能写成"仑"。

错例:这种谈话体天生具有的诸如罗嗦、重复、轻率、含混以及浅尝辄止等特质,在他的文章里一个不缺。

简析:"罗嗦"应为"啰唆"。汉语原有"囉唆"一词,亦作"囉嗦",指说话絮絮叨叨,喋喋不休,又指办事不痛快,使人感觉麻烦。"囉"字曾被简化为"罗","囉唆"也简化为"罗唆"。但1986年国家语委重新发布《简化字总表》时,将"囉"字类推简化为"啰",2013年发布的《通用规范汉字表》也以"啰"为规范字。因此,"罗嗦"的写法已不符合现行规定,写成"啰唆"才规范。

错例:小猴回到家乡,看见了天翻地覆的变化:以前的枯枝烂叶变成了苍天大树,以前的坑洼路变成了又宽又平的盘山公路……

简析:"苍天大树"应为"参天大树"。"参(cān)天"是高耸在天空中的意思,"参天大树"指的是高耸到空中的大树,与上例中的"枯枝烂叶"构成鲜明的对比。"苍天"即上天、上苍、老天爷,"苍天大树"不知所云,无法说明小猴家乡的变化。

错例:格陵兰岛上的乌玛纳克是世界冰上高尔夫球竞标赛指定场地之一……

简析:"竞标赛"应为"锦标赛"。"锦标赛"指获胜的团体或个人取得锦标的体育单项比赛。"锦"是形声字,从帛金声,本义指有彩纹的丝织品。"锦标"即锦制的标旗,后泛指授给竞赛优胜者的奖品,如锦旗、奖杯等。"竞"是会意字,繁体字为"競",其甲骨文字形象二人竞逐,本义指竞争、角逐。"竞标"

指通过投标的方式竞争标的，与"锦标"不是一个概念。

错例：热水对食物余渣的浸泡澎化，使餐具表面油污、残渣及食物余渣迅速分解与脱落。

简析："澎化"应为"膨化"。"膨"是形声字，从肉（月）彭声，本义指胀大，如"膨胀、膨大"。"膨化"指谷物等在受热、受压时突然减压而膨胀，如"膨化食品"。"澎"也是形声字，从水彭声，本义指波涛发出冲击声。"澎湃"则指波浪猛烈地冲击，如"波涛澎湃"，也形容声势浩大雄伟，如"澎湃的革命浪潮"。误"膨化"为"澎化"，当是形近致误。

错例：使用真空封口机将配制好的酪蛋白溶液密封与聚乙烯袋中，注意不留气泡……

简析："密封与"应为"密封于"。"于"（yú）多作介词，用法如下：①引进时间、处所，相当于"在"，如"生于北京"；②引进对象，相当于"向、对、给"，如"问道于盲、有益于身体、荣誉归于老师"；③引进起点，如"取之于民"；④表比较，如"重于泰山"；⑤表被动，如"限于水平"。"与"（yǔ）多作连词，即"和、同"，表示并列，"密封与"说不通。

错例：由于传统管理模式的强大贯性在某种程度上制约了政府渔业管理职能转变，目前我国政府渔业管理职能转变尚未实质性启动……

简析："贯性"应为"惯性"。"贯"是会意字，从毌（guàn）从贝，本义指穿钱的绳子，作动词则指把钱贝串连起来，引申指穿通、连续等，如"贯通、贯穿"。"惯"是形声字，形符为心，本义指习惯、惯常。《尔雅》："惯，习也。""惯性"是物理学名词，指物体保持自身原有的运动状态或静止状态的性质，用于日常生活中相当于"习惯"，不能写成"贯性"。

"坝桥"风雪有诗思?

◎阎心士

《诗欢文爱》(上海书店出版社 2007 年 7 月出版)收入的《不老的岁月不老的诗》中写道:"诗思远不在唐人坝桥风雪驴子背上……"文中的"坝桥"错了,正确的应是"霸桥"。

霸桥亦作"灞桥",位于陕西省西安市霸水上。霸水发源于秦岭北坡蓝田县,是黄河支流渭河的支流,古名滋水。春秋时秦穆公不断向外扩张,称霸西戎后欲显耀其武功,将滋水改名霸水。霸水两岸从秦汉时期就开始广植河柳,汉、唐时长安人送客东行,多到霸桥折柳赠别,黯然伤怀,故霸桥又名"销魂桥"。据《三辅黄图·桥》记载:"霸桥在长安东,跨水作桥。汉人送客至此桥,折柳赠别。"因而,霸桥作为一个表达伤情别离的经典意象,频频出现在文人墨客的作品之中,如黄滔的"惆怅灞桥路,秋风谁入行",陆游的"灞桥烟柳,曲江池馆,应待人来",等等。

前文中提及关于"诗思"之语,其实也是化用古人之言。《北梦琐言》中记载,晚唐有一位叫郑綮的宰相,善作诗,一次有人问他:"相国近有新诗否?"对曰:"诗思在灞桥风雪中驴子上,此处何以得之?"意思是只有骑着毛驴在飞絮满天的霸桥上才能找到写诗的灵感。霸桥因其丰富的情感内涵成为文人心中的诗思之助。世上之桥多矣,也许有叫"坝桥"的,但是"坝桥"与唐人所言"诗思"没有关联。据文意,此处"坝桥"应写作"霸桥"。

选拔官员仅科举?

◎周 振

《书刊报》(绿色版)2016年10月31日07版刊登的《古代公务员考试中的"作弊"与"反作弊"》一文,开篇语为:"中国封建王朝以'开科取士'作为选拔官员的唯一办法,读书人为了博取前程,都在挤'独木桥'。"其中的"开科取士"无疑是指科举制度,而说"开科取士"的科举制度是"中国封建王朝选拔官员的唯一办法",则不符合历史事实。

一般认为,中国在战国时期就开始进入封建社会。秦朝是中国第一个统一的君主专制中央集权的封建王朝。而"开科取士"的科举制度开创于隋朝,唐代加以完善,沿用至清末光绪三十一年(1905)。

在"开科取士"的科举制度出现以前,历代封建王朝使用多种办法选取官员。

秦朝主要是沿用商鞅变法时开创的办法:奖励耕战。即按农业生产产品的多少和军功的大小授予相应的官爵。

汉代有察举、征辟、太学擢选等等方式。察举制始于汉文帝,至汉武帝时期成为一种比较完备的制度。即由公卿、列侯、刺史及郡国守相等推举人才,经过朝廷考核后任以官职。征辟,也称公府辟士,朝廷招聘为征,三公以下召布衣入仕为辟,此法始于西汉,盛于东汉。太学擢选则是为最高学府设置的选拔体系,太学生可以通过参加考试来获得官职。

魏晋南北朝时期盛行九品中正制。由朝廷中负责选

误用『陈年』

◎谢三山

2017年3月1日《扬子晚报》B4版《二月春风似剪刀》一文中说:"母亲取出家里的旧帆布包,里面密密挨挨码着许多吃的,大多是陈年就备了的。鸡是腊月风好的,肉丸是除夕那天炸的,年糕是除夕前一天打的……"文中的"陈年"一词被误用了,应该是"年前"才是。

陈,有旧的、时间久之义。陈年,义为积存多年的,年代久远的。如"陈年老酒""陈年老账"等。腊月风的鸡、除夕炸的肉丸、除夕前一天打的年糕显然不是积存多年的食物,用"陈年"是脱离语境的。如用"年前"就对了。年前,即过年前的一段时间,上述引文中所说到的东西应是"年前"备好的。

择"贤有识鉴之士"的官员,兼任本郡的"中正"官,察访与他们同籍的散在各地的士人,评列为从上上到下下九品(等),作为吏部任官的依据。然而时间一长,"中正"官与被举"士人"之间逐渐形成故吏门生关系,由此滋生了庞大而腐朽的门阀士族势力,至南北朝末期,严重地阻碍了历史的发展。隋朝为避免重蹈覆辙,遂开创了"开科取士"的科举制度。

"开科取士"的科举制度开创、完善、盛行以后,封建王朝以此作为选官的主要办法,但也不是唯一的选官办法。此外还有捐纳、世袭、恩荫、赏赐等等。前述《书刊报》所刊文章中"中国封建王朝以'开科取士'作为选拔官员的唯一办法"句,如改为"隋唐开始,中国封建王朝以'开科取士'作为选拔官员的主要办法",就妥当了。

同咏西湖美,杨诗误姓苏

◎深 根

中华书局2011年8月出版的《唐诗鉴赏大辞典》中有一篇鉴赏李商隐诗的文章,其中有段文字这样写道:"在中国古典文学作品中,……'接天莲叶无穷碧,映日荷花别样红'(苏轼《西湖绝句》)之类的荷塘盛景也不少读到……"(第1276页)文中所引两句诗确实是描绘西湖荷塘盛景的千古名句,但熟悉古诗的朋友都知道,这不是苏轼所作,诗题也错了。

查阅资料,不难发现这两句诗出自南宋杨万里(1127—1206)的《晓出净慈寺送林子方》。全诗为:

毕竟西湖六月中,
风光不与四时同。
接天莲叶无穷碧,
映日荷花别样红。

西湖美景历来是文人墨客争相吟咏的对象,杨万里为送别好友而作的诗,描绘了西湖六月的独特风光。诗的后两句形象生动地描绘了西湖上的荷花盛景,至今仍是脍炙人口的佳句。

北宋豪放派诗人苏轼(1037—1101)曾在杭州任通判,也留下不少以西湖为主题的诗歌。比较著名的描写西湖的绝句有《饮湖上初晴后雨二首》之二:

水光潋滟晴方好,
山色空濛雨亦奇。
欲把西湖比西子,
淡妆浓抹总相宜。

同为宋朝诗人,又同样描写西湖,但著作权还是要分清的。

农历何来"花招日"

◎谢云秋

2016年12月《散文选刊》刊发了一篇文章《娘心》,其中有一段话说:"娘在19岁那年,农历二月十二花招日,嫁给了一个抗美援朝复员军人为妻,那人便是我的父亲。"这"花招日"是什么日子?恐怕应是"花朝日"才对。

花朝节,简称"花朝",也被称为"百花生日""挑菜节"等,是中国古代一个传统节日。节期因地而异。有以农历二月十五日为期的,宋吴自牧《梦粱录·二月望》:"仲春十五日为花朝节,浙间风俗,以为春序正中,百花争放之时,最堪游赏。"也有以农历二月二日或二月十二日为期的,《广群芳谱·天时二》引《翰墨记》:"洛阳风俗,以二月二日为花朝节",又引《诚斋诗话》:"东京二月十二日花朝,为扑蝶会"。上述文章中便是以农历二月十二日为花朝的。

"孤决一掷"怎么掷

◎毛志英

《中国剪报》2017年第3期第3版有一篇《文天祥孤往的悲壮》,其中这样写道:"南宋灭亡的命运,文天祥看得清清楚楚。他的忠诚,是以一腔热血,作孤决一掷。"这"孤决一掷"应当是"孤注一掷"之误。

"注"有赌注之义,即投入赌博的资财。孤注一掷,指的是赌博时将所有的筹码全部一次投入,以求获得最后胜利。比喻倾全力冒险行事,期望能侥幸成功。巴金《新生·四月八日》:"拿自己的生命作孤注一掷,来做这一种试验,也算痛快的事。"

"决"的本义是疏通水道,现多用作决定、坚决。"孤决"不成词,"孤决一掷"难理解。

"滑冰竹马"究竟是谁发明的

◎李景祥

《老同志之友》2016年第23期中刊有《古人的冰雪运动》一文，其中有这样一段话："早在隋唐时期，我国北方的少数民族中，就掌握了冰雪运动。东北地区的女真族曾经发明了一种滑冰竹马，人踏在竹马上，手执曲棍，在冰面上滑行。这是中国人最早的滑冰的方式之一。"根据史料记载，隋唐时期在我国东北地区确实出现了"冰雪运动"；不过，说发明"滑冰竹马"的少数民族是"女真族"就不准确了。

"女真"为我国古代少数民族族名，是生活在我国东北地区及西伯利亚南部地区的古老民族。据《金史·本纪第一》所述："金之先，出靺鞨氏。靺鞨本号勿吉。勿吉，古肃慎地也。"通常认为女真出自周时的肃慎，汉晋时称挹娄，南北朝时称勿吉，隋唐时称靺鞨，五代时始称女真。北宋末（12世纪初），完颜阿骨打统一女真各部，建立金政权。后属辽，因避辽主耶律宗真讳，改称女直。到了明末（17世纪上半叶）女真的主要部落先后被努尔哈赤和皇太极统一，建立"后金"政权。后来皇太极改"后金"为"清"，改"女真"为"满洲"。1644年，清军入关，不久统一全国。

隋唐时期，我国东北地区还没有"女真族"，上述文章的说法无疑不够严密。

不过，说"女真族"擅长"冰雪运动"是符合历史事实的。据文献记载，明熹宗天启五年（1625）正月初二，东北建州女

是"无晴"非"无情"

◎阎南岗

2017年2月13日《黑龙江广播电视报》上刊有《〈诗词大会〉热播,董卿为啥火了?》,其中说:"董卿不仅喜欢阅读,还有摘录的习惯……'回首向来萧瑟处,归去,也无风雨也无情。'每句话的后面,都被她完整地记下出处和时间……"既然是摘录,"也无风雨也无情"就应抄为"也无风雨也无晴"。

董卿摘录的是宋代苏轼的词作名篇《定风波·莫听穿林打叶声》,其下阕为:"料峭春风吹酒醒,微冷,山头斜照却相迎。回首向来萧瑟处,归去,也无风雨也无晴。"风雨停歇,词人回首过往,表示无论是风雨天还是晴天,都能淡然面对,不喜也不忧。"晴"和"风雨"相呼应,误为"情",就脱离了词的语境。

真举行了盛大的冰上运动会。这天清早,福晋(妃嫔)、贝勒(部落之长,后为满洲、蒙古贵族的爵号,位在郡王下、贝子上)等,簇拥着努尔哈赤来到浑河冰场,观赏冰上竞技。努尔哈赤以金银重赏参赛者,优胜者赏银二十两、金一两,落后者也领到三至五两不等的赏银。比赛结束后,努尔哈赤还在冰上设宴款待众人,直到黄昏才乘兴回宫。入关以后,清人还将他们的民族传统体育项目带入了内地,每年都从各地挑选"善走冰"的能手入宫训练,于冬至至"三九"在太液池上(现在北京的北海和中南海)表演。乾隆年间宫廷画家张为邦、姚文翰的《冰嬉图》,就是根据当时宫廷冰上运动的盛况而绘制的。

可见,如说"女真族"的祖先"靺鞨族",在隋唐时期发明了"滑冰竹马",还是有一定可信度的。

"桃代李僵"？"李代桃僵"！

◎辜良仲

2017年1月13日《光明日报》第14版载有肖复兴先生文章《城南吟》，文末这样写道："每次路过小肠陈的时候，总会让我想起当年把着南横街东西两个街口卖烀白薯的周氏兄弟。或许，是让小肠陈桃代李僵，替换他们兄弟俩的位置吧，让人们别把过去关于这条老街残存的那一点儿记忆完全斩断灭绝。"此处的"桃代李僵"应是"李代桃僵"。

"李代桃僵"是汉语中一个常用的成语，典出《乐府诗集·相和歌辞三·鸡鸣》："桃生露井上，李树在桃傍。虫来啮桃根，李树代桃僵。树木身相代，兄弟还相忘。"僵，即枯死。诗歌借李树替桃树挡虫害而死的事，来劝告兄弟间应同甘共苦、互帮互助。后"李代桃僵"指以此代彼或代人受过。譬如《二刻拍案惊奇》卷三十八："诗云：'李代桃僵，羊易牛死。世上冤情，最不易理。'"郭沫若《集外·从典型说起》："甚至把作者的姓名任意改换，李代桃僵，偷梁换柱。"

后来，著名的《三十六计》中也有"李代桃僵"之计，指在敌我双方势均力敌，或者敌优我劣的情况下，用小的代价，换取大的胜利。

"桃""李"互换显然有违"原典"。

《火眼金睛》提示

图1，"牛子裤"应为"牛仔裤"。
图2，"敕义"应为"就义"。
图3，"千阙"应为"千阕"。
图4，"一颗"应为"一棵"。

借题发挥

"民宿""名宿"两相异

◎厉国轩

2016年11月28日《新川沙》报第1版有一篇题为《名宿怎么建？新镇开门听规划》的报道。这个标题中的"名宿"应为"民宿"。

民宿，指的是一种旅居方式，指生活在乡野的民家，以为旅客提供住宿房间和饮食来经营的副业。民宿通常都地处远离城市或靠近自然景观的地方，因住宿地就在居民家中而得名。民宿在英国、日本等地较常见，近年来我国各地在发展旅游业时也多有民宿建设。上述报道中说的，正是要建"民宿"的事情。

宿，除了可指住宿的地方，也可指有名望的人。"名宿"即素有名望的人。冰心《晚晴集·我的故乡》："不久，海军名宿萨鼎铭将军，就来了一封电报。""名宿"是人不能建，能按规划建的是"民宿"。

名宿怎么建？新镇开门听规划

本报讯 11月14日，六灶社区连民村村民活动中心会议室内坐了近百人，以"连民村特色民宿发展"和"五灶港河道水系综合整治"为主题的"开门听规划"意见征询会议正在热烈进行中。

去年3、4月间，民宿业在川沙初露端倪，引起了区政府的高度重视，运营或相关行业经营经验的企业来开发。

民宿怎么建？老百姓如何想？新镇这次"开门听规划"意见征询会议将为民宿的良性发展提供有益的思路。

意见征询会引起了各方的重视。新镇领导亲自带队，镇职能部门参

"最迟应在24小时内发声"?

◎屠林明

2016年8月13日《新华每日电讯》第1版有一条报道,标题为《对重特大突发事件,最迟应在24小时内发声》。其中"最迟应在24小时内"的表述不妥。

"最迟"后要跟一个具体的时间点,如"最迟明天上午10点到上海""完成这项任务最迟不超过10天"等等。而"24小时内"是一个时间段,可以指向这个时间段内的任何时间点。因此,"最迟"和"24小时内"搭配,语义不明确。

删掉"最迟"二字,把标题改为《对重特大突发事件,应在24小时内发声》就对了。因为按国办通知,在"重特大突发事件"发生后"24小时内"的任何时间点上"发声",都符合规定,只要在这个时间段里,或早或晚,皆可。或者删掉"内",把标题改为《对重特大突发事件,最迟24小时发声》也可,因为"24小时"可指向时间点,和"最迟"搭配,语义也是明确的。

"良心"为什么会"痛"

◎余郎婷

2017年,"你的良心不会痛吗"流行起来。

我们听到这句话,并不会有太大的理解困难。根据语境,我们可以判断这句话是要表达"你过意得去吗""你这么做对得起大家吗"的意思,不过,如果我们追溯到"良心"的本义就会发现——"良心"会"痛"还真是一件奇怪的事情。

"良心"这个词早在先秦就已出现。在孟子"性善论"的学说中,"良心"主要是指一种天然的善良心性。《孟子·告子上》有言:"虽存乎人者,岂无仁义之心哉?其所以放其良心者,亦犹斧斤之于木也。"朱熹解释这句话中的"良心"为:"良心者,本然之善心。即所谓仁义之心也。"因此,"良心"原本是一种抽象概念,并非指实际存在的人体器官,更谈不上有"痛"感了。这种抽象含义后来被理解为一种对是非善恶的判断与认识,一种素质。由于最初包含有"本然存在"的概念,"良心"便多与"丧失""发现""泯灭"等动词搭配。

然而"良心"中"心"的含义却在人们使用过程中逐渐发生改变:由"抽象的意识功能""心性"向着具象化的"心脏"靠近,"良心"整体也随着"心"字含义的实体化而显得越来越具体。

依照"良心"的本义,我们也能说"凭良心说话做事",这里的"凭良心"和"凭本事""凭人品""凭信誉"等用法相似,其指称还是比较抽象的。但是在口语中,我们往往会将这句话表达为"摸着你的良心说话",这样的表达方式具有生活色彩,同时生动形象,而在这句话中的"良心"似乎也变得可以触摸,类似于一个实体了。再如,民间俗语有"良心被狗吃了"的说法,尽管"良心"本义并没有改变,但这句话实际上利用了"心"抽象的和具体的两个意义而产生了双关效果。2015年,某电视台制作了系列节目,名为《噗通噗通的良心》,表情包中也有配字为"我的良心活蹦乱跳",这些用法中"良心"几乎可以和"心脏"这一人体器官等同,既带有原本词语就含有的"良知""天然善性"的意思,同时又似乎是一个具体可感的身体脏器了。

再来看和"良心"搭配的"痛"字。疼痛感是一种不舒适的感官刺激,往往让人联想到"难受""痛苦""憋屈"。原本我们就有"痛心"这个词语,表达"伤感难过"的意思,通常是发生了不好的事情让人感受到心理上的痛苦难受。后来随着网络上对于这种情感的玩味,"心好痛"与"心好累""心好塞"一起半带自嘲半带调侃地风行了一段时间。由于"良心"还包含了一层"良知"的意思,"痛"的感觉在和良心一起出现的时候也变得更加具体,一般意义上的"痛苦"随之细化为"被谴责""被声讨"的负罪感和悔恨感,于是"你的良心不会痛吗"便不出意外地被大家理解并接受了。

和许多其他表情包用语一样,"你的良心不会痛吗"也逐渐在向调侃的方向发展。近期知乎上的一篇帖子更是再一次提升了这句话的热度。某网友在知乎上提问道:"很重视的友情对方却不看重是一种怎样的体验?"有网友回复杜甫给李白写了10首诗,而李白只写了一首《赠汪伦》。由于回答简短幽默,这个帖子被不断转发点赞,并标上了醒目的标题:《李白,你的良心不会痛吗》。当然,李杜二人的关系肯定不是一个段子能概括的,该网友也澄清这篇回复只是一次"抖机灵"的创作,但还是在网络上引起了不

"吃瓜"和"围观"

◎ 祝早

闲暇时刷刷论坛,你的视野里是不是充满了"吃瓜"的表情?"不明真相的吃瓜群众""目睹了整个事件的吃瓜群众""赶紧买个瓜围观""我在吃瓜我不知道",诸如此类层出不穷,为什么人人都热衷于"吃瓜"?

在网络语言中,"吃瓜"表示对事情不甚了解,因而只做旁观者,持围观态度。其实,"吃瓜"吃的也并不是"瓜",而是"瓜子"。"吃瓜"最初来自"前排出售瓜子"的说法,是网络论坛"占楼"文化的产物。论坛上把发帖回帖比喻为造楼房,发帖的是"一楼",第一个回帖的就是"二楼",然后是"三楼""四楼"……所谓"占楼",就是网友们在有潜力的帖子刚刚发布时争先回复,以便帖子火了后自己也能得到大家的关注。"占楼"文化造就的最红流行语就是"抢沙发",因为"二楼"是第一个回帖的,位置最好,因此被比喻为"沙发",以此类推,抢到三楼就是"坐板凳",接下来四楼就只能"坐地板"了。此后发帖的楼主们为了吸引网友观看自己的帖子就想出了"前排出售瓜子"这样的说法。但光售卖还不行,买了还得吃,于是围观的网友发出了"板凳瓜子

小的风浪,再结合这句话本身具有的非正式色彩,"你的良心不会痛吗"已经不再是一种严肃的指责,更多的是一种调侃戏谑的讽刺。

现在,在使用"你的良心不会痛吗"的时候,我们可以调侃涨价的奢侈品,我们可以吐槽制作不够好的节目,或者指责一个伤害相对较小的行为,但是这样的语言已经明显不再适合严肃重大的社会事件,若有新闻想借此来吸引眼球,还是谨慎衡量这句话的分量为妙。

可乐已备好,坐等大神直播"的呼喊,简而言之就是"前排吃瓜子"。为了加快输入速度,"瓜子"的"子"慢慢不见了,省略成了"前排吃瓜",并且进一步简化为"吃瓜"。

因为"吃瓜"的都是看热闹的普通网友,"吃瓜"又与之前已经较为流行的"不明真相的群众"结合,变成"不明真相的吃瓜群众",当下最热的"吃瓜群众"也正来源于此。因为"吃瓜群众"的流行,一段时间内,"吃瓜"几乎被用作定语,单独使用作谓语的情况反而比较少见。但随着词语的流行,"吃瓜"自身有所发展,发展出"吃面、吃饼、喝水、啃鸡腿"等有关"吃"的变体。随之"吃瓜"也独立出来,等同于"围观",可以单用作谓语了,例如"你们不要老是吃瓜,也要采取点行动"。"吃瓜"作为旧词就此产生了新义。那么广大网友为什么会选择"吃瓜"来表示"围观"的意思? 也许我们可以追溯到中国自古以来的瓜子文化。一群观众喝着茶,嗑着瓜子,围坐在一起看戏,多么悠闲自在!

有人批评"吃瓜"显现出一种事不关己、没有责任心的冷漠,在对待公众事件时,这简直就成了鲁迅笔下"看客"的现代版化身。这当然是有道理的,不过在今天这个繁杂混乱的信息时代中,安安静静地"吃瓜"也有其可取的一面。"吃瓜群众"就像一种隐形的力量,虽然有时缺乏担当而默不作声,有时缺乏主见而人云亦云,但有时也是一种无言的监督,默默审视着周遭的一切。吃瓜群众数量之庞大使得"吃瓜"的力量不容小觑,已经成为网络中一股特殊的舆论力量。不过,这力量能救人亦能害人,如果我们对事件不清楚就盲目跟风、听信一面之词,那极有可能对无辜的人造成难以想象的伤害。所以,我们还是要在"吃瓜"围观时加入一点理性思考,在真相未明时不随意发表自己的意见,"让子弹先飞一会儿",待到尘埃落定时再对事件作出理性判断,为正义方发声。

"硬净"和"好打得"

[中国香港]汪惠迪

2017年3月26日是香港第五任特首选举投票日,林郑月娥击败两位竞选对手以777票胜出。全票1163张,得票率为66.8%,可谓高票当选。4月11日上午,李克强总理在中南海紫光阁颁发《国务院令》予林郑月娥,委任她为香港特区第五任行政长官,接任日期为7月1日。

林郑59岁,1980年加入政府政务职系,公务员生涯长达36年。选举前,她任政务司司长,是香港特区政府的二把手。如今她成为香港首位女特首,为7月1日香港回归祖国20周年庆典营造了良好的气氛。

林郑月娥当选特首主要是她符合中央政府关于行政长官必须爱国爱港、中央信任、有管治能力及港人拥护这四大标准。她的"有管治能力"表现在哪里呢?用港人的话来说就是"硬净"和"好打得"。这两个都是粤方言词语,现已成为热词。内地媒体在新闻中解释说"一个指的是她够坚强、有原则,一个指的是她敢担当、能任事"。

把"硬净"解释为"够坚强、有原则"当然不错,但不及词典精准、专业。那么词典是怎么解释的呢?内地出版的普通话词典不收"硬净",但是《全球华语大词典》(北京商务印书馆2016年4月出版)收录了。有两个义项:①结实;强壮:身材~|经过几个月的锻炼,他变得越来越~。②坚强;坚韧:个性~|我很佩服她可以这么~,跟病魔斗争了一次又一次。这部词典还注明这个词的使用地区主要是港澳。林郑月娥巾帼不让须眉,处理棘手问题绝不畏葸不前,而是直面以对,坚韧不拔,直至解决为止。这个"坚韧"跟"好打得"正好对上号。

"好打得"不是一个词,而是一个短语,关键是个"打"字。"打"是个动词,后加助词"得",构成"打得",意思是"能打""善打""经打";然后前加副词"好",表示数量多、范围大、程度深,相当于"很"。同样的结构,在粤语里常见的还有"好做得""好倾(谈)得""好揸(挨)得""好使(用)得"等等。

"好打得"常用作嘉许语。媒体形容林郑月娥的处事作风"好打得",自然不是说她真有武林功夫,而是有胆识,无所畏惧,果断干练,是经"木人巷"训练和长期浸淫的结果。

(作者是本刊特约编委)

从义山谈生论死

[马来西亚]邓月璇

有人说,想知道华人什么时候在马来西亚落脚,到"义山"走走就可找到答案。

义山就是用于公益的坟场,也叫"公冢""义冢"。客家人和福建人把大伯公当作保护神,一般会馆的义山都会设大伯公祠,所以也俗称"大伯公山"或"公司山"(在印尼新马,"公司"有一起、共同的意思,"公司山"即公共墓地)。

马来西亚最古老的义山位于马六甲三保山,是一座已有600年历史的墓地。义山的辟设,源于早年南来的华人,他们自行结社,共襄善举,其一便是为去世的同乡送葬,让逝者入土为安。

吉隆坡开设义山,也为病入膏肓的贫苦同乡提供临终栖身之所,以便妥善料理他们的后事。

华人下南洋的大多是贫穷的农民。有些人辛苦了一辈子,只挣得三餐温饱,最后"叶落归根"梦碎,只得终老异乡。由于华人的迷信及对死亡的忌讳,于是有善人筹建"大难馆",作为无依无靠的老人寄宿及善终之所,一旦他们逝世,便就近安葬在义山。华人忌讳说死,便委婉地称之为"大祸临头"。"大难馆",究其实是一种委婉说法,顾及人们的语用心理。

百年前的新加坡硕莪街,便是"大难馆"的聚集地;而在马来亚北部的槟城一带便有"卫生所"之设施。"卫生所"原本是会馆为漂洋过海到南洋谋生的乡亲们提供的养病的地方。楼上是病房,并有专人照顾病人,病愈就可回家。但有些病逝者孤身一人,于是会馆就在楼下为逝者施棺治丧。久而久之,"卫生所"就变成了办丧事的地方。然而不管是"大难馆"或"卫生所",在英殖民政府眼中,这种馆所的设施和运作都不符卫生规定。经过无数次明令禁止与取缔,"大难馆"终在上世纪60年代初全部关门大吉。

在"大难馆"走入历史的当儿,"卫生所"也停办医疗事务,只作丧殓场所。"卫生所"根植于北马华人社会,成为"殡仪馆"的异名词语,而语言用户更习惯用"卫生所"。

(作者是马来西亚《中国报》助理编辑主任)

异动和变动

[中国香港]田小琳

台湾一位老师发来电邮,说她的任教单位异动为高雄师范大学文学系。"异动"的这一用法立刻引起我的兴趣。在内地,说工作换了单位,只会用"变动",不会用"异动"。那么,台湾的用法有什么根据吗?

最快的办法是查词典。先查去年出版的《现代汉语词典》第7版,"异动"是动词,有两个义项:①异常行动:军事~。②异常变动:股价~|市场~。再查"变动",也是动词,含有"变化"和"改变"两个义项,但是不含"异常"的语素义。《全球华语大词典》(2016年4月)对"异动"和"变动"的释义,与《现代汉语词典》第7版基本相同。而《两岸常用词典》(2013年)、《现代汉语学习词典》(繁体版,2015年,香港三联书店)、《国语活用辞典》(2013年,台北)、《新编国语日报辞典》(修订版,2013年,台北)都没有收录"异动"。

最后,在《全球华语词典》(2010年)里找到答案。"异动"是动词,释义为"更改;变动。多指人事方面"。例子为"机构~|节目~|人事~|受米勒台风影响,两机场间的班机多所~。"并标注这种用法的使用地区为"台湾、新马泰"。原来朋友工作单位异动,就是更改、变动的意思,并无异常。

意犹未尽,我再发电邮去问那位老师,很快收到答复,果然台湾对"异动"一词的用法和通常有区别。她说:"我也可以说工作变动,但比较不自然,少用。异动是书面语,例如职务异动,工作异动。"她还为我举了两个有说服力的例子:

桃园国际机场设有"异动

航班"的查询页(网址略)

远通电收公司设有"预约用户—申办/异动服务"(网址略)

这两个例子里的"异动"都是正常变动的意思,并非有什么异常的情况。

这样,我们可以确定,工作变动,在台湾,在新马泰三国的华人社区,都可以说成工作异动。以后再见到这种说法,就不会大惊小怪了。

深想一步,"变动"和"异动",区别在构词语素"变"和"异"上。"变"和"异"作为近义语素,又可以组成"变异"一词。可见"变动""异动""变异"是有相通点的,可以泛指跟以前的情况相比发生变化。同中有异,异中有同,各地的用法也有区别,汉语构词、用词的奥妙可见一斑。

(作者是本刊特约编委)

甘榜鸡

[马来西亚]杜忠全

现代人的物质生活比从前好得多了。从前逢年过节才有荤食,现在天天如过年,连鸡肉都不是什么引颈期待的节日美食了。如今市场上供应的鸡肉大多是所谓"农场鸡",也就是关在笼子里集体饲养的鸡。于是乎乡村自然放养的鸡供不应求。人们追求鸡肉的原味与口感,"走地鸡"成为抢手货,餐馆也以供应"走地鸡"招徕顾客。

《全球华语大词典》收录"走地鸡",释义是"在田野或山林里放养的鸡"(第2039页,北京商务印书馆,2016年4月)。这种鸡因四处走动觅食而得名。在马来西亚,大多叫作"甘榜鸡"。

"甘榜"是马来语 kampung 的音译,也就是乡村的意思。住在乡村的华人或马来人,都是将鸡自然放养的。马来村民养鸡,大多将鸡巢筑在吊脚楼下,任由它们在屋子周遭觅食啄食;有时母鸡带着一群小鸡满村子觅食,天黑了才回窝。如果是华人,多数是在屋子周遭的空地上围一个鸡圈,把鸡散养在里头,任由它们走来走去。因为是在乡村养的,故称"甘榜鸡",也叫"山芭鸡"。

"山芭""泛指偏僻的地方;乡下"(同上,第1321页)。"山芭鸡"之得名跟"甘榜鸡"一样,所不同的是前者放养在"甘榜",后者放养在"山芭"。此外,还有地域性的特殊叫法,如在福州人居多的东马沙捞越诗巫一带,人们也管"走地鸡"叫"本地鸡",以别于当地的农场鸡。

在台湾地区,则有"土鸡"之称,指"放养于野外,非以人工饲料为主食喂养的土种鸡,肉质结实鲜甜"(《重编国语辞典修订本》网络版)。"土鸡"跟"农场鸡"相比,显然要"接地气"得多。(编者按:鸡年说鸡,还大有文章。"走地鸡"使用地区最广,马来西亚还有说"菜园鸡"的,内地则有说"竹园鸡"的,因散养在菜园或竹林中得名。无论散养在甘榜、山芭、菜园或竹林,最重要的是"走地",接地气。)

(作者是马来西亚拉曼大学金宝校区中文系主任)

《甘甜的海水》参考答案

1. 台风——飓风
2. 沧茫——苍茫
3. 亦步亦趋地——蹒跚着
4. 祁祷——祈祷
5. 风平浪静——万里无云
6. 饮鸠止渴——饮鸩止渴
7. 太渴了吧,"——太渴了吧。"
8. 烟烟一息——奄奄一息
9. 10几天——十几天
10. 不可思异——不可思议

"吃瓜群众"在英语中的影子

◎陆建非

"吃瓜群众"入选《咬文嚼字》杂志社发布的"2016年十大流行语",这一热词在英语世界也引起不小共鸣。《国际先驱导报》(International Herald Leader)2016年8月29日的报道说,"不知从何时起,'吃瓜群众'这个在词典里找不到的词火了,甚至成了'霸屏'的常客"。无独有偶,在英国广播公司(British Broadcasting Corporation,即BBC)《2016横扫中国互联网的热词(The words that ruled the Chinese internet in 2016)》一文中,"吃瓜群众"荣耀入选,并被直译成"Melon-eating masses"。BBC对此词的理解是:A term whose closest equivalent is possibly "popcorn gallery", its fullest expression is "the melon-eating masses who don't know what's really going on"。(与"吃瓜群众"最接近的解释或许莫过于"popcorn gallery"了,此词的完整表达是"不明真相的吃瓜群众")。BBC认为,Its origin is unclear, but netizens often use this—sometimes derogatorily—to describe a passive group of bystanders at a major incident or event。(虽然不清楚此词的来源,但网民常用这个词——有时含有贬义——来描述对于重大事件的一群消极旁观者。)

"popcorn"即爆玉米花，"gallery"特指"趣味通俗或低俗的一般观众"，"popcorn gallery"非常形象地描绘出一边吃着爆玉米花，一边看戏或看电影的普通观众的样子。美国人的说法中，甚至还出现此词的缩略形式"cornery"，不少大众店铺还以此缩略语冠名。

当然，英语中也有不少表示"吃瓜群众"这一特殊含义的词。如"bystander"，意为"a person who is standing near and watching something that is happening but not taking part in it"（只看看热闹、不插手的旁观者）。又如"onlooker"和"spectator"，意为"someone who watches something that is happening in a public place but is not involved in it"（在公共场合围观但不参与其中的人）。"吃瓜群众"在热点事件中总表现出"咸吃萝卜淡操心"的样子，也是观众中的一个大类，故可译作"spectator"。这一群体难免显露出一种看客心态，就如鲁迅所写的《药》中的那群人，"颈项都伸得很长，仿佛许多鸭，被无形的手捏住了的，向上提着"。"吃瓜群众"有时就是一群哪儿有热闹往哪儿走，哪里有事往哪里看的人，从这个角度审视，译作"onlookers"也是恰当的。

一般认为，"吃瓜群众"来源于网络。现实生活中，人们常一边嗑瓜子一边听人闲聊。在网络论坛中，便把只看热闹不发表意见称为"吃瓜子"。为了加快输入速度，"吃瓜子"后被简称为"吃瓜"。也有人说，"吃瓜群众"源于一条公路新闻。2016年有位记者去采访一个老伯，老伯说"我什么也不知道，我当时在吃西瓜"。之后传到网上，顿时成为热词，于是有人干脆就将"不明真相的吃瓜群众"用于形容围观某事物的人们。后来此词就几乎等同于"群众"一词，可以用任意形容词来修饰，例如"目睹了整个事件的吃瓜群众""然而吃瓜群众早已看穿了一切""吃瓜群众的眼睛是雪亮的"等等。

纵览国内外社交媒体,无不活跃着"吃瓜群众"的身影,此词的内涵与外延不断变化。人们发帖讨论问题时,往往有那么一大拨人排队跟帖,或发表主见,或不着边际地闲扯。而"吃瓜群众"指的是那些"不发言只围观"的网民,"事不关己、不表态仅围观的状态"彰显无遗。其实,"吃瓜群众"不仅体现在生活状态上,更是一种心态的表露,他们身份卑微而又渴望认可,寻求的是存在感、归属感和成就感,在网民中占据多数。但要注意,有时"吃瓜群众"指的就是"草根群众",特别喜欢寻常百姓喜闻乐见的东西。所以不少外媒更多的是用"netizens"或"internet users"(网民)来指代"吃瓜群众"。

其实,在不同语境中,"吃瓜群众"指不同对象,这时可直接将所指对象译出,选用恰当的词语,大可不必一刀切。

抓住"吃瓜群众"从众或跟风心理的特征,可译成"people with the herd/mob mentality",或"the big crowd who is watching everything"。比如"试穿紧身泳衣的吃瓜群众"(这里"吃瓜群众"指购物者),可译成"shoppers who are trying on close-fitting swimwear"。又如"那个演员的人品怎么样?听听看吃瓜群众怎么说",这里"吃瓜群众"指的是"粉丝",因此可译成"What's that actor like? Hear what the fans have to say"。

"吃瓜群众"有时也可理解为"暗中关注一切的广大群众"(the big crowd who is watching everything),事实上他们有监督和约束作用。这让我想起了英国左翼作家乔治·奥威尔创作的长篇政治小说《1984》(Nineteen Eighty-Four)里的一句名言:The big brother is watching you(老大哥正看着你)。"The big brother"是一种无处不在的威慑力,有点像"吃瓜群众"的那种存在感。

谈联说谜

藏着地名的灯谜

◎江更生

经常猜射灯谜的朋友,想来会遇到一些在题面上出现地名的灯谜。有的是用今名,有的是用古名,更有写上誉称和别称的。大概内中知识含量蕴蓄不少,因而特别招引资深爱谜人士围猜和追捧。记得笔者曾在上海微信猜谜群《微谜会》公众号上出过一谜,谜面为"太原买来八仙桌",打四字商业名词一。此谜颇受射谜者错爱,居然有近千位谜友应猜,中"的"者竟达数百之众。经揭晓,谜底为"并购方案"。原来山西太原,古称"并州",如那里出产的剪刀很有名,人称"并剪"。谜底里的"并"在此已别解为太原的别称。"八仙桌"是一种方形大桌子,故以"方案"(案,别解为桌子)称之,所以谜底为"并购方案"(注:由"并"地购得方桌)。"并"已作为解

破此谜的关键字,谜界人士仿诗家"诗眼"之说,称作"谜眼"。下面再介绍一条以地名别称为"谜眼"的作品:"参观浙江瑶琳胜境",要求打晚清大臣一。此谜的机关在"浙江",须知它因水道曲折蜿蜒,犹如"之"字一般,故呼浙江为"之江",它还有个名字叫钱塘江。"参观"是看的意思,可扣姓氏中的"张"(如"张望"之张),"瑶琳胜境"为石灰岩溶洞,因此谜底应为"张之洞"(注:看之江畔的溶洞)。

运用古称地名扣合的趣谜还真不少,例如:"落户潞州好多年"打成语"长治久安"、"辽宁奉天当秘书"打现代作家"沈从文"、"曾在南昌把手牵"打国名"洪都拉斯"、"温州还是那个温州"打陈忠实的长篇小说《白鹿原》、"楼书地标锦官城"打隋代人名"宇文成都"等,皆是巧

用地名古称或别称的灯谜。其中第一条的"潞州"即现今山西长治的古名,谜底"长治久安"借此已作别解:"在山西长治市长久地居住着"。第二条里的"奉天"乃辽宁沈阳市的旧名,这儿的"沈"已由姓氏别解成地名沈阳的简称,谜底"沈从文"至此已别解为"在辽宁沈阳从事文书工作"。第三条内的"洪都"已别解为江西南昌的古称,语见"初唐四杰"之首王勃传世杰作《滕王阁序》中的"豫章故郡,洪都新府"。谜底"洪都拉斯"可别解为"在南昌拉过这个手","斯"在此作文言文指示代词,从而与谜面相扣。第四条谜底中的"白鹿"应作浙江温州的别称解,相传温州筑城时,有一白鹿衔花跨城而过,过处鸟语花香,一片祥云飞天,故以"白鹿"称之。谜底《白鹿原》于此应别解为"白鹿城温州犹是原样"之意。最后一条题面上的"锦官城",系四川成都的别称。据说,三国蜀国盛产织锦,时称"蜀锦",后在都城设锦官与锦官城,以保护蜀锦生产,于是留下了这个地名别称。谜底中的"宇文"原为复姓,今别解作"楼宇文书",整个谜底应为"这楼宇文书是标示成都的地盘",这里的人名已巧妙地转身为地名了。

不过,根据笔者主持谜会的经验和体会,似乎以简称扣地名的灯谜更受一般群众欢迎。例如下面的几条例子,如:"苏州工匠"打现代画家"吴作人"(注:吴,苏州简称;工匠,又称作匠)、"定是吴门莫置疑"打花卉"苏铁"(注:吴门,苏州;铁,铁定)、"上海常来常往"打明代大臣"申时行"(注:申,上海简称)、"湖北盛产此物"打内蒙古地名"鄂尔多斯"(注:鄂,湖北简称;尔,作语末助词;斯,这个)、"游宝岛"打话剧《戏台》、"曾母暗沙内乃我疆域"打北京胜迹"中南海"(注:中国的南海)等,均是悬后无多时即中的纸老虎(灯谜又名"文虎"与"灯虎")。看来,多了解一些地名的称呼对于猜谜是大有裨益的。

毛泽东诗词灯谜

◎柳 叶

今年春节,央视《中国诗词大会》第二季火爆荧屏。本季"诗词大会"内容拓展至毛泽东诗词,引发了一波毛泽东诗词热潮。而毛泽东诗词亦是灯谜创作的好题材,这里就介绍几条相关的谜作。

如以毛泽东词《沁园春·雪》中"大河上下,顿失滔滔"为谜面打字一,"大河上下"解释作"大河"两字上下排列,"顿失滔滔"是指"失去了滔滔水势",所以要去掉"水(氵)",恰组成谜底"奇";以《沁园春·长沙》中"看万山红遍"为面,打河北、内蒙古地名各一"望都、赤峰",谜底"望"解释为"看","赤"解释为"红色",意谓"看上去都是红色的山峰";以《六言诗·给彭德怀同志》中"谁敢横刀立马",打中外网球运动员各一"彭帅、大威",此谜用承上启下法扣合,诗的下句是"唯我彭大将军",谜底可解释成"彭元帅非常威武";以《七律·长征》第一句"红军不怕远征难"作面,打两位作家"莫言、路遥",谜底以"不要说路途遥远"之意与谜面缉合。

以毛泽东诗词为谜底的灯谜有:"生死之交一碗酒"打《渔家傲·反第一次大"围剿"》一句"同心干",谜面出自刘欢演唱的《好汉歌》,谜底中的"干"别解为"干杯";"邱"打《西江月·井冈山》一句"山下旌旗在望",谜面左边的"丘"泛指"山",右边的"阝"犹如一面旗帜;"谁在月下追韩信"打《减字木兰花·广昌路上》一句"此行何去",用萧何追韩信的故事成谜,谜底中"何"成了"萧何"的借代,意谓"此次出行是萧何去的"。

一谜制猜四法门

◎ 刘茂业

猜制灯谜的法门林林总总,而能在一条谜作中同时运用到数种法门的灯谜,却不多见。

旧灯谜中就有一条杂糅了好几种扣合法的谜例,很是别致。请看:"梅香,泡茶。晓得,去泡哉!"打《千家诗》一句"春到人间草木知",此谜谜面犹如江南吴语地区一户人家主仆俩的对话,而以对白形式挂面,别开生面。元明杂剧中多以"梅香"为婢女之名,所以可将"梅香"作婢女的代称,像《西厢记》第一本中便有"偌大一个宅堂,可怎生没别个儿郎,使得梅香来说勾当"句。谜底"春到人间草木知"系宋代张栻《立春偶成》中名句,因梅花是报春的使者,被人誉为"东风第一枝",故用"春到"扣合面上的"梅香","茶"的上中下三部分可拆成"人间(在中间)、草、木","知"就是"晓得"的意思,平正通达。至此,谜底七字通过一步步分扣,已一网打尽,然反观谜面,尚有"泡"和"去泡哉"意思不甚了了,似乎意犹未尽。原来此谜还暗设一个与众不同的机关,即谜面上采用了让人意想不到的"抵消法"(将底面中没有扣合意思的多余字自行抵消),面上多衍生出一"泡"字,再不动声色、自然而然地把它去掉(即"去泡哉")。

此谜熔会意、拆字、分扣、抵消等四种谜法于一炉,从容自然,井井有条,因此不愧为灯谜中的经典之作。

每月二谜

1. 不是人人患便秘(打四字成语一)
2. 买卖的学问(打二字古书一)

上期答案

1. 鸵鸟避祸(打二字季节用语一)
   谜底:头伏
2. 这位手上桂枝香,那位手上柳梢青(打四字成语一)
   谜底:各执一词(注:桂枝香、柳梢青,皆为词牌名)

关于错别字(一)

◎王 力

错字是笔画有错误的字,别字是误写成另一个字。为了正确地使用文字,我们必须消灭错别字。

1. 错别字的种类

错别字可以大致分为形近而误和音近而误两大类。

形近而误。——汉字的成分是多种多样的,其中有许多互相近似的成分,很容易引起书写上的错误。现在举出一些常见的例子:

厂广　厅厨厢厦厕压;庐库府庭庄

冫氵　凉冷冻凄凌凝凛冽决减冲净凑况冯冶准;浅沙沃污治淮

阝阝　叩印卯柳却即;那邮郊部都郭邵

冖宀　冠写罕冤冥军;寇实宝宿

巳巳己　危卷犯;巷祀异导;起岂改

几凡　汛讯迅;帆巩恐筑

弋戈　式试拭弑武斌鹉贰腻;哉载战

丷 少　步涉陟;抄秒秒

大犬　庆类契奕;厌哭臭

户卢　庐驴芦炉沪;颅鲈轳泸

木术　杀杂朵;述怵

小米　恭慕忝添舔;泰暴漆滕滕藤

仑仓　论沦轮抡;枪沧舱抢

今令　吟含念岑;冷岭领

毌母　贯惯;每海毒

印卯　仰抑迎昂;柳铆聊

収収　坚贤紧竖;监鉴览

氏氐　纸袛舐;抵邸鸱诋

砥底

予矛　野预豫；茅蟊鸷

礻衤　社礼福；初裕被袖

东冻　冻栋；练炼拣

癶癶　登凳澄瞪；祭察蔡擦

束束　枣策刺棘；速赖辣喇

艮良　痕很狠银；朗郎廊；粮狼浪

臽舀　陷馅焰谄阎；稻滔蹈韬

段叚　段缎锻；假蝦暇遐霞

如果把"冷"写成"泠"，把"含"写成"含"，把"段"写成"叚"等等，都是形近而误。

还有一种错字是由于受上下字的影响而造成的。例如：

辉煌——辉＊煌
糟蹋——糟＊糯
模糊——＊模糊
绫罗绸缎——绫＊绺绸缎

形近而误，绝大多数是错字，但也有一些形近而误的别字，误写成另一个字去了。现在举出一些形体上容易相混的字为例：

己(自己)——已(已经)

毋(wú 不要，别)——母(母亲)

戍(shù 卫戍)——戌(xū 地支名)

灸(jiǔ 针灸)——炙(zhì 烤)

沪(hù 上海的别称)——泸(lú 泸州)

沦(lún 沦陷)——沧(cāng 沧海)

抡(lūn 抡大锤)——抢(抢劫)

竞(竞赛)——竟(竟然)

肓(huāng 病入膏肓)——盲(máng 瞎)

折(折断)——拆(拆开)

析(分析)——柝(tuò 打更用的梆子)

呜(wū 呜呼)——鸣(叫)

钓(钓鱼)——钧(jūn 三十斤)

侯(hóu 王侯)——候(hòu 时候)

梁(房梁,桥梁)——粱(高粱,黄粱)

销(推销)——锁(锁门)

辨(辨别)——辩(辩论,辩证)

别字的问题比错字的问题更为严重,因为别字既是误写成另一个字,就有引起误解的可能(如"睡炕"误为"睡坑"),甚至造成很大错误(如"开幕"误为"开墓")。所以我们必须极力避免写别字。

音近而误,有些形近而误的别字,同时也是音近而误,如"竞"与"竟"混,"侯"与"候"混,"梁"与"粱"混,"辨"与"辩"混。但是,多数的情况是,字形并不近似,只因读音相同或相近,也就误写了。例如:

部署——*布署 *步署

驱使——*趋使

即使——*既使

既然——*即然

夹杂——*加杂

带来——*代来

刻苦——*克苦

残酷——*惨酷

安排——*按排

首屈一指——*手屈一指

变本加厉——变本加*利

生活艰苦——生活*坚苦

按部就班——按*步就班

任劳任怨——*认劳*认怨

汗流浃背——汗流*夹背

一唱一和———一唱一*合

音近而误的别字,比形近而误的别字更为有害,因为中国方言复杂,甲地同音的字,乙地不一定同音,同音别字容易妨碍全国语言的交际。例如上文所举的"部署——*布署""驱使——*趋使""即使——*既使""夹杂——*加杂""带来——*代来""残酷——*惨酷""一唱一和———一唱一*合",在吴、粤、客家等方言里都不同音,这些方言地区的人读到这一类别字简直是莫名其妙。反过来说,各方言地区也都有自己的同音别字,如吴方言区的"生平——*身平""责无旁贷——*职无旁贷""不即不离——不*接不离",粤方言区的"整风——*井风""彻底——*切底",也都是别的地区的人所不能理解的。

形声字的造字原则是那样深入人心,以致历代都有人造出一些新形声字,如房梁、桥梁的梁写成"樑",诋毁的毁写成"譭",注解的注写成"註",等等。比较晚起的,未经字典正式承认的则有尝味的尝写成"噌",背驮的背写成"揹"等。这些字,现在《新华字典》都作为异体字来处理,规定照原来的字形书写了。有些字,像模糊的模字写成"糢",虽然一度在报纸杂志上出现过,但是字典没有收它,只能算作错字。现在比较流行的,但是仍然应该认为错别字的,则有:

家具——*傢具、*傢*俱("傢"是异体字,"俱"是别字)
安装——*按装
包子——*饱子

这一类错别字,都是应该避免的。(下期待续)

(选自《王力论学新著》,广西人民出版社1983年出版。文章有删节,原文标题为《正字法浅说》)

网言网语·职场

人生没有真正的绝望。树在秋天落光了叶子,心很疼。但它并没有放弃,而是用整个冬天,在平静中积蓄力量。春天一到,芳华依然。只要生命还握在手心,人生就没有绝望。对于一生来说,一时的成败得失不过是来了一场小感冒。心若累了,就让它休息一会,灵魂的修复是人生永不干枯的希望。

(乔 桥/辑)

甘甜的海水

（文中有十处差错，你能找出来吗？答案在本期找）

◎梁北夕　设计

一艘轮船，在大西洋上遭遇台风，数百人遇难，只有8名船员幸存下来。

这8位船员游啊游啊，但大海沧茫，看不到尽头。就在快要绝望的时候，一个小岛出现在他们的眼前，求生的欲望又被重新点燃。除了大块的石头，岛上还有一片小树林。几个人高兴极了，亦步亦趋地走到树林里，想找些野果充饥解渴。可是，除了叶子，树上根本没有任何果子！海水咸涩，不但不能解渴，还会引发致命的疾病。怎么办？

他们躺在小岛上，默默地祈祷，希望有船经过此处，把他们从这死寂的小岛上救走。几天过去了，海面上不见一只船经过。天空中也风平浪静，没有丝毫要下雨的迹象。时间在一天一天地推移，因缺水缺食物，船员一个个死去。

最后一个船员绝望地扑进大海，他大口大口地喝海水。心想，反正都是死，不如来个饮鸩止渴，死个痛快。奇怪的是，这位船员觉得海水甘甜可口，一点儿也不苦涩。"大概是因为我太渴了吧，"他想。喝饱之后，他躺在海滩上，等待着死神的降临。然而，仿佛有吸收海水的特异功能，这位船员竟然靠着喝海水，生命一天一天地延续着。终于有一天，一支船队从孤岛边经过，烟烟一息的船员得救了。

人们听说这位船员靠喝海水活了10几天，都感到不可思异。直到一天一位科学家把这里的海水取来一化验，才真相大白。原来，小岛的地下水不断地注入这片海域，这位船员喝的"海水"，其实是可口的泉水！

"坐享其人之福"？

邹享昌

"左拥右抱，坐享其人之福。"这是江西抚州某楼盘售楼部门前竖起的一则广告。相信大部分朋友看了，都会觉得莫名其妙，不知何意。

经打听，原来商家想表达的意思是：这个楼盘地段优越，既能享受完善便捷的购物体验，也能欣赏温馨浪漫的主题街景，住户能充分享受楼盘带来的福分。相信没有多少人会明白这个意思！为什么要用"词不达意"的广告语呢？千万别认为是语文水平低，人家在用典呢。

汉语中有个叫"齐人之福"的典故，出自《孟子》。一个齐国人家中有一妻一妾，他每次外出都是酒足饭饱后回家，并炫耀都是同有钱有势的人一起吃喝。妻对妾说：丈夫每次都和有钱有势的人一起吃喝，但没有一个这样的人到咱家来，我打算偷偷跟着去看看。妻一早就悄悄跟在丈夫后面，发现他竟然是去墓地，向扫墓人乞讨祭品吃。故事本来是鞭挞那些为了追求功名富贵而不择手段、出卖灵魂的无耻之徒。后人多用"齐人之福"形容有妻有妾的富贵生活。

广告前半句说"左拥右抱"，后半句说"坐享其人之福"，但两相对照不难发现，其本意是想说"左拥右抱，坐享齐人之福"。如此广告语，可悲乎，可叹乎？

火眼金睛

图中差错知多少？

岑 稳　刘二奎　杨顺仪　闫慧斌　提供

（答案在本期找）

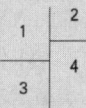

ISSN 1009-2390

咬文嚼字

YAOWEN-JIAOZI

07 2017

茄科曼陀罗属一年生草本，得名于梵文音译。也意译为悦意花。原产于印度，现广泛分布在世界温带至热带地区。《法华经》中载，佛说法时，"是时天雨曼陀罗华"，因此曼陀罗在印度被视为神圣之花，常栽种于寺院。全株有毒，含莨菪碱，可作药用，有镇痛、麻醉的功能。

曼陀罗

欢迎至邮局订阅本刊 邮发代号 4-641
国内统一刊号 CN 31-1801/G
定价：5.00元

上海世纪出版集团

为了贯彻落实"全民阅读工程"工作部署,推动青少年阅读更多精品报刊,国家新闻出版广电总局开展了"全国少年儿童喜爱的百种优秀报刊"评审推荐活动。今年5月,推荐活动结束,《咬文嚼字》名列其中。

 我们搬家啦

7月,《咬文嚼字》杂志社搬到了上海市绍兴路7号,邮政编码为200020,热线电话不变,仍是021-64330669,发行、邮购电话为021-64372608转。

绍兴路与繁华的淮海中路、瑞金二路、陕西南路为邻,有多家享有盛名的出版单位位居于此,是上海著名的文化地标。1995年,《咬文嚼字》创刊于绍兴路74号,绍兴路是《咬文嚼字》的诞生之地。这里环境优雅,文化气息浓郁,欢迎读者朋友前来坐坐。

"郁达夫的妻子叫郁达"

崔国强/文　臧田心/画

　　廖冰兄的漫画《猫国春秋》在重庆展出,郭沫若等各界名人应邀参加首展剪彩仪式。郭沫若问廖冰兄:"你的名字为什么这么古怪,自称为兄?"版画家王琦抢过话头代为解释:"他妹妹名冰,所以他名叫冰兄。"郭沫若听后哈哈大笑,说:"噢,我明白了,郁达夫的妻子一定叫郁达,邵力子的父亲一定叫邵力。"满堂宾客捧腹大笑。

名家语画	"郁达夫的妻子叫郁达"	
	崔国强/文 臧田心/画	/1

语林漫步	魔都：魔性十足的大上海	余双人 /4

追踪荧屏	配药讲究"君臣相佐"？	梁德祥 /7
	陆游不住江阴	李景祥 /8
	莫高窟是"非物质文化遗产"吗	赵旭国 /9
	"灭此朝食"的"朝"不读 cháo	朱建芳 /10

一针见血	何为"鸡爪槭"	甄文亮 /11
	鱼会产"籽"吗	朱建中 /11
	安徽有"黟县"无"黔县"	王宗祥 /12
	生气岂有"不愠"色	王德彰 /12
	"家缠万贯"怎么"缠"	浦东轩 /13
	"履险为宜"？	高良槐 /13
	升职当用"晋升"	古 辛 /14
	"如唔"应是"如晤"	新 德 /14
	"虢夺"？"褫夺"！	杨昌俊 /15
	"惘然不顾"非"罔顾"	国 轩 /15
	90岁尚不称"期颐"	达式东 /16
	味浓称"酽"无关"俨"	居容人 /16
	"区"和"县"的区别	李延春 /17
	"甫"误为"卜"	刘曰建 /17

微型讲坛	略论"谥法"和"谥"字	苏培成 /18
	大象在中国	陈运舟 /20

时尚词苑	"水逆"来袭，更须逆水而行	徐靖怡 /22
	"拉黑"就是拉入黑名单	吴梦捷 /24

栏目	文章	作者	页码
热线电话	"你好,我是64330669……"(56)	姚博士	/26
	"值勤"和"执勤"		/26
	"语文科代表"和"语文课代表"		/27
文章病院	成吉思汗的马鞭指不到北冰洋	钱 辉	/29
	沈阳故宫何来"文漱阁"	江城子	/30
	"琵琶"会开花吗	辜良仲	/31
	周朝是"周姓"王朝?	夏祥平	/32
	土豆是马铃薯的"籽实"吗	石 磊	/33
	"郑人买履"何曾削足	郑文安	/34
网语漫谈	这口"糖"甜不甜	余 琪	/35
	微店和微广告	田小琳	/37
	谁是"大大"	孙汇泽	/39
华语圈	香港的"两文三语"	田小琳	/41
	香港报上绰号多	汪惠迪	/42
	"发财巴"与"僵尸车"	程祥徽	/43
	香港繁体字形小议	李 斐	/45
	fāng还是fáng?	马毛朋	/46
东西语渐	"一带一路"英译名的精妙之处	陆建非	/48
谈联说谜	合"时"而作的灯谜	乔山浩	/51
	《春谜大观》一百年	刘茂业	/53
	献谜书城乐众人	江更生	/54
重读经典	关于错别字(二)	王 力	/56
向你挑战	老人	伯淮 设计	/60

顾　　问　张　斌　濮之珍
　　　　　　何伟渔　陈必祥
　　　　　　金文明　姚以恩
名誉主编　郝铭鉴
主　　编　黄安靖
副 主 编　王　敏
特约编委
　汪惠迪(中国香港)
　田小琳(中国香港)
　林国安(马来西亚)
　吴英成(新加坡)
责任编辑　何中辰
发稿编辑　施隽南
　　　　　　历　环
通　　联　张　炜
封面设计　王怡君
特约审校
　蔡维藩　陈以鸿
　李光羽　王中原
　张献通

　　凡本刊录用的作品,其与《咬文嚼字》相关的汇编出版、网上传播、电子和录音录像作品制作等权利即视为由本刊获得。上述各项权利的报酬,已包含在本刊向作者支付的稿酬中。如有特殊要求,请在来稿时说明。

魔都：魔性十足的大上海

◎余双人

"名称"与"称呼"是词汇中一对孪生兄弟，意义相通或相关。"名称"是事物的名字，用作名词；"称呼"是对事物的称说或呼叫，可作名词也可作动词。比方说"长城"，既是事物的名字，也可用于称说和呼叫（如"长城啊长城"）。一个事物，除了正式的名称、正式的称呼之外，还可能有别称、简称、俗称、美称（像苏州、杭州享有"天堂"之美称）等；如果是人，则还有尊称、爱称、昵称、憎称（如"狗腿子"）等。

本文所说的"上海"是正式名称、正式称呼，简称"沪"，另一个简称为"申"（上海早期的一份著名的报纸叫《申报》，老百姓曾亲切地称它"老申报"）。今年，我们在一些报刊上常常看到用"魔都"来指称上海。这叫作戏称，即戏谑性的称呼，很有趣，很发噱。

比如《新民周刊》2017年第11期有两篇文章的标题都用上了"魔都"一词：

（1）魔都这些奇怪的路名你知道它们的来历吗？

（2）方言让魔都更具"魔性"

比如《新闻晨报》自2017年3月起，开设了《魔都大事件》小栏目：

（3）魔都大事件：带娃上班可以有！上海今年拟新增50家机关企事业单位"托育点"！（3月8日刊出）

（4）魔都大事件：重磅！大世界将于今年3月31日正

式对外开放,……票价只有60元哦!(3月21日刊出)

又如作家徐策新创作了一部长篇小说——《魔都》。(参见《联合时报》2017年3月10日)

又如上海电台交通广播从2017年3月18日起开播新节目——《魔都生活手册》,每周六、日9:00—10:00播出。(参见《每周广播电视》2017年第11期)

人们不禁要问:"魔都"是什么意思?为何把上海称作"魔都"?许多读者虽然觉得挺新鲜,可接受;可是,又感到莫"明"其妙,不了解其中的奥秘。

其实,称上海为"魔都"并非自今日始,它有着悠久的历史渊源。

早在上世纪二三十年代,上海就是远东第一大都市。那时候便有"世界四大魔都"之说。除了英国伦敦、美国纽约、日本东京(一说法国巴黎),上海也是"魔都"之一。伦敦、纽约、东京这三个城市,资本主义高度发展,社会阶级严重分化,贫富悬殊,上流社会极度繁华奢靡,下层社会极度贫穷苦难。而上海自开埠就是半殖民地半封建中国的上海。一方面,英租界、美租界、法租界、公共租界等地区,比东京更新潮,比香港更时尚,洋人和有钱人过着灯红酒绿、纸醉金迷的生活;另一方面,非租界地区依然贫穷落后,帮会林立,流氓横行,劳苦大众处于水深火热之中。一方面,上海被称为"东方巴黎""冒险家的乐园";另一方面,上海正是中国共产党的诞生地。如此独特、奇异的都市用一个"魔"字来形容真是再贴切不过了。所谓"魔都",就是魔幻之都、魔力之都。

一个城市由于某一突出的特点被称为"×都"的,并不限于上海,在全国范围内还有一大批,其中影响较大的有"花都"昆明、"雾都"重庆、"冰都"哈尔滨、"神都"洛阳……最搞笑的是将天津称作"嘟都"。

如今,差不多时隔100年,

上海的媒体和上海人的口中又重提"魔都"这一称号了。因为改革开放之后,上海这个城市真的是魔性十足,既有魔力,又多魔幻。"魔幻"是个形容词,表示神秘而富于变幻的;"魔力"是个名词,有两个义项:一是神奇而巨大的力量,二是比喻使人着迷的吸引力。在这儿,且不说"一年一个样,三年大变样"这句口号早在1990年的上海就已变成现实,且不说以成功举办世博会为代表的一个又一个魔力四射的上海大事件,且不说以黄浦江两岸的滨江直通道建设为代表的一项又一项魔幻式巨变的上海大工程,本文仅从《中国共产党上海市第十一次代表大会报告》(以下简称《报告》)中采撷若干要点,来试着解说戏称上海为"魔都"之缘由。

其一,《报告》指出,上海要继续当好全国改革开放排头兵和创新发展先行者。《报告》的标题就强调:勇当排头兵,敢为先行者。

其二,《报告》告诉我们,上海将要基本建成"四个中心"(国际经济中心、国际贸易中心、国际金融中心和国际航运中心)和社会主义现代化国际大都市。

其三,《报告》要求:全面提升城市的吸引力、创造力、竞争力。可以说,这三种"力",正是"魔都"上海之"魔力"的具体化。

其四,《报告》描述了上海未来愿景,要成为卓越的全球城市,即有活力的创新之城,有温度的人文之城,更怡人的生态之城。上海党代会上,"城市始终是有温度的"这句话,温暖了所有上海人。

上海,是中国的上海;"魔都",是中国的"魔都"。祝愿上海万众一心,砥砺奋进,继续为国家、为全国人民当好排头兵和先行者。

配药讲究"君臣相佐"?

◎梁德祥

君臣相佐

央视电视剧频道播出的《女医明妃传》第15集中,剧中人物王道士有段台词说:"食药就是同源的,既然配药讲究的是君臣相佐,那做饭也是一样了……"(字幕同步显示)这段话里的"君臣相佐"令人疑惑,或许是"君臣佐使"之误。

所谓"君臣佐使",是古代中药配方中讲究的搭配原则,用君、臣、佐、使这四种地位来比喻药物起到的作用。针对主症起作用的主药视为君,辅助主药发挥效用的药物则为臣,治疗兼症或消除主药副作用的药物是佐,而引药直达病所或调和诸药的药物为使。古代中医对这四种药物的配比也有要求。《重修政和经史证类备用本草》卷一:"'药有君臣佐使,以相宣摄合和。宜用一君、二臣、三佐、五使,又可一君、三臣、九佐使也。'右本说如此。今按用药犹如立人之制,若多君少臣,多臣少佐,则气力不周也。"

"君臣佐使"是中医配药的基本规则。电视剧中的"君臣相佐"显然说得不准确。

陆游不住江阴

◎李景祥

2017年2月4日央视播出的《中国诗词大会》第二季第七场比赛中,一位嘉宾在点评陆游的诗《十一月四日风雨大作》(二首其二)时说:"写这首诗的时候,陆游68岁……但是这么一个衰老的状况,他还想着什么呢?想着为国戍边。轮台在哪儿?轮台在新疆,他自己在江阴,他还想着到新疆去为国戍边。"(字幕同步显示)此处对陆游的住地描述有误,当时他身处的不是江阴,而是山阴。

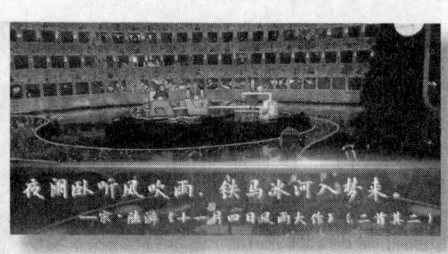

在古汉语中,山的北面水的南面称阴。山阴是地名。一为山西省朔州市辖县,辽设河阴县,金改称山阴县,沿用至今;二为秦代设置的县名,因为在会稽山的北面而得名,隋改名会稽,唐又分为会稽和山阴两县,到了1912年,两县合并称绍兴,即今浙江省绍兴市。宋代的著名爱国诗人陆游(1125—1210)生于越州山阴,即今日的绍兴市。他在创作《十一月四日风雨大作》时,正处于被朝廷罢官、蛰居故乡的时期,自然是"在山阴"了。

江阴同样是地名,最早为南朝梁所设县,地处江苏省南部,北濒长江,因为处在长江之南岸而得名,辖境大约为今江苏省江阴市。查陆游的生平,并未有他客居江阴的记载。

莫高窟是"非物质文化遗产"吗

◎赵旭国

被列入了世界非物质文化遗产

2017年4月8日央视一套的《朗读者》节目中,主持人在介绍莫高窟时说道:"1987年,中国的敦煌莫高窟被列入了世界非物质文化遗产……"此处说得不准确,莫高窟列入的是"世界文化遗产",而非"世界非物质文化遗产"。

世界文化遗产是经联合国教科文组织世界遗产委员会确认,从历史、艺术或科学角度看,在世界范围内公认的,具有突出的普遍价值的建筑群、人类工程和考古遗址等。1972年,联合国教科文组织在世界文化遗产总部巴黎通过了《保护世界文化和自然遗产公约》,成立联合国教科文组织世界遗产委员会。我国在1985年12月12日加入《保护世界文化和自然遗产公约》的缔约国行列。1987年,我国的长城、莫高窟、明清皇宫、周口店北京人遗址、秦始皇陵及兵马俑坑一起被列入《世界文化遗产名录》。

2003年10月,《保护非物质文化遗产公约》在联合国教科文组织第32届大会上通过,我国于2004年8月加入该条约。非物质文化遗产指各族人民世代相承、与群众生活密切相关的各种传统文化表现形式,主要包含:口头传统和表现形式,包括作为非物质文化遗产媒介的语言;表演艺术;民俗活动、礼仪、节庆活动;有关自然界和宇宙的民间传统知识和实践;传统手工艺。汇集大量我国古代佛教艺术珍品的莫

"灭此朝食"的"朝"不读 cháo

◎朱建芳

江西卫视播出的电视剧《长沙保卫战》第34集,其中一个女记者读到了某国民党军将领的家信,很受感动,说:"恨不得杀死鬼子,灭此朝食。"剧中演员将"灭此朝食"的"朝(zhāo)"读作了 cháo,显然不对。

"灭此朝食"的意思是消灭了敌人再吃早饭。这个成语典出《左传·成公二年》:"齐侯曰:'余姑翦灭此而朝食。'不介马而驰之。"后人常用来形容斗志坚决,想要立刻消灭敌人。毛泽东《中国革命战争的战略问题》第五章第八节:"然而不应该打算明天就会成功。'灭此朝食'的气概是好的,'灭此朝食'的具体计划是不好的。"

"朝"是个多音字,可以读作 cháo,有朝廷、朝见、朝代、向着等义项;也可以读作 zhāo,意思是早晨。"灭此朝食"的"朝食"是指吃早餐,"朝"显然应该读作 zhāo。

何为"鸡爪槭"

◎甄文亮

2017年3月13日《东方卫报》的A04版刊有《药大免费开放"药用植物园" 珙桐、红豆杉等"国宝级植物"都有》一文,该文末尾写道:"该校后勤集团的工作人员特别制作了一份药大赏花观果时间表:……十一月有鸡爪械、红豆杉、榉树……"这里的"鸡爪械"让人莫名其妙,不知何物。

查阅《辞海》《中国高等植物图鉴》等工具书,可推断上述引文说的是鸡爪槭。"槭"是槭树科槭树属植物的泛称,具有对生叶和双翅果,常见的有鸡爪槭(鸡爪枫)、平基槭(元宝树)等。由于其叶的颜色会在秋季变红,深受文人骚客的喜爱,是一种很受欢迎的观赏植物。鸡爪槭叶形美观,掌状,裂片具锯齿,形似鸡爪。十一月的鸡爪槭叶片正红,正是观赏的好时节。有些种类的槭树即人们俗称的枫树。

"械"可指刑具、武器,也泛指各种器具。误"槭"为"械"恐怕是手民误植。

鱼会产"籽"吗

◎朱建中

2017年3月17日《东南商报》04版上有一篇报道《每公斤300元 象山港马鲛鱼零星上市》,其中有段文字:"……每年清明前后,象山港蓝点马鲛鱼(俗称为川乌)会洄游到象山港海域交配产籽,产籽完即游归大海……"读到这里不禁疑惑,鱼难道会产"籽"吗?应是产"子"才对。

"子"是象形字,最初指的是幼儿。在使用过程中也开始指动物的幼儿或卵,如虎子、雁子、鱼子等。也可以指植物的果实或种子,如松子、莲子等,使用非常广泛。上述报道中马鲛鱼产下的便是鱼子。

籽,专指植物的种子,如菜

籽、花籽、籽棉。《中国谚语资料·农谚》中收录有"籽丢匀,步走缓,等距全苗能增产"的谚语。鱼作为一种动物,只会产"子",不能产"籽"。

安徽有"黟县"无"黔县"

◎王宗祥

2017年2月19日《新民晚报》C1版上刊登有《孙平:为剪纸求变创新》一文,其中一段写道:"后来,孙平去安徽黔县参加摄影活动,被宏村这个青山绿水环抱的小山村深深吸引……"此处的"黔县"是"黟县"之误。

"黟"读作yī,古代有座山称"黟山",即现今的黄山。黟县就是因黟山而得名。《说文·黑部》:"黟……丹阳有黟县。"段玉裁注:"今安徽徽州府黟县是其地。"黟县位于安徽省南部,新安江上游。秦置县,今属黄山市。黟县境内有西递、宏村等古民居建筑群(属世界文化遗产)。上引语句提到了"宏村",确定是黟县了。

黔,读qián,也可以指地名,是贵州省的简称。上述文章所讲,无疑与此无关。

生气岂有"不愠"色

◎王德彰

在2017年3月12日的《燕赵都市报》第15版上,一篇题为《口头禅》的文章中说:"说者无心听者有意,小周张嘴闭嘴的'知道了吧',让对面的领导像接受训诫的小学生,脸上渐露不愠之色。……领导一挥手,没好气地说:'我不知道!'扭头就走了。"这里的"领导"脸上露出的是"不愠之色"吗?说反了吧。

"愠"是形声字,从心,昷声,读作yùn,义为含怒、怨恨。"愠色"便是形容怨怒的神色。《论语·公冶长》:"令尹子文,三仕为令尹,无喜色;三已之,无愠色。"说的就是子文三度被任命为令尹,却不显得欣喜,三度被罢官免职,也不显得怨怒。所谓"不愠之色",便是"不怨怒的神色",这显然不符合上述文章的意思。想要说愤怒之神色,应用"愠色"才可。

"家缠万贯"怎么"缠"

◎浦东轩

在2017年3月30日的《文汇报》第8版上有一篇题为《伊朗人的婚姻观正悄然改变》的文章,其中写道:"据称这位邻居家缠万贯,为每个妻子都购置一处房产。"这里的"家缠万贯"应是"腰缠万贯"之误。

贯,本义指串起钱贝的绳子。为了方便计算,古人每千枚钱币串成一贯,所以"贯"也作量词,"万贯"就是一万贯铜钱。贯钱要随身携带可不是易事,古人通常会将其缠在腰上。成语"腰缠万贯"即腰上缠满了钱,极言一个人的富有。《儿女英雄传》第五回:"再要讲到夜间严谨门户,不怕你腰缠万贯,落了店都是店家的干系,用不着客人自己费心。"

搞清贯钱的含义,自然能明白"家"搭配"缠"是说不通的。不过,"万贯"可形容家资富有,原文中改为"家财万贯"或"家产万贯"也是可以的。

"履险为宜"?

◎高良槐

2017年2月28日《大众日报》第8版有篇连载文章《历史不糊涂(19)》,文末写道:"李俶后来果然渡尽劫波、履险为宜,最终当上了皇帝。"这里的"履险为宜"当改成"化险为夷"。

"险"和"夷"两字相对。险,即险阻、阻难;夷,即平坦。"化险为夷"指的是将困难险阻变为平安坦途。郭澄清《大刀记》第十一章:"现在,刚刚挖墙越狱的梁永生,为了掩护阶级兄弟们化险为夷安全脱身,他只身一人又被敌人围在这座粉坊里。"上述文章中李傀既然"渡尽劫波"并"最终当上了皇帝",那自然是"化险为夷"了。

"宜"是适宜、适当的意思。"履险为宜"从字面看似乎指行险路是适当的,显然不合文意。汉语中有成语"履险如夷",指行险路和走在平地一般,用来比喻不畏艰难或本领高强,用在上述引文中庶几可通,但不能把"如夷"改为"为宜"。

升职当用"晋升"

◎古　辛

2016年9月8日的《人民政协报》在第10版载文《左宗棠比曾国藩"差一级"》,其中有一句话这样说:"随后的时间里,已晋身为封疆大吏的左宗棠逢人便说曾国藩的短处。"这里的"晋身"无疑是"晋升"之误。

晋,本义是进,《说文》:"晋,进也,日出万物进。"也指升,如晋级。"晋升"一词由两个同义语素组合而成,表示提高(职位)。曹禺《王昭君》第一幕:"(姜夫人)熟悉后宫的礼仪,懂得一些如何晋升的门路。"

"晋身"一词难以索解,汉语里没有这个词。误"升"为"身"可能是音近所致。

"如晤"应是"如晤"

◎新　德

2017年3月7日的《家庭生活报》B04版刊有文章《诗词大会火了　背诗成育儿"硬指标"?》,其中写道:"见字如面、见信如晤。一封信件所携带的意义是作者的情感和可信度。"这里的"如晤"错了,应当是"如晤"。

"晤"是个形声字,从日,吾声,读wù,本指受启发而明悟。

也可作动词表示相遇,见面。《正字通·日部》:"晤,人相见曰晤。"如晤,便是如同相见的意思,是个书信用语。清林觉民《与妻书》:"意映卿卿如晤:吾今以此书与汝永别矣。"

唔,也读作 wù,通常用作象声词,如咿唔。误"晤"为"唔"可能是音同形似所致。

"虢夺"?"褫夺"!

◎杨昌俊

2017 年第 8 期《财经》杂志有篇封面报道文章《迎战!肿瘤君》,开篇写道:"每天,有 7700 人的生命被癌症虢夺。癌症,是中国城市居民的头号杀手,在农村居民死因中也位居第二。"其文中的"虢夺"应为"褫夺"。

"褫"读 chǐ,《说文》:"褫,夺也。从衣,虒声。"本义是剥去或解下(衣服),泛指夺去、解脱。"褫夺"一词为书面语,指夺取、剥夺。

虢,读作 Guó,周代的古国名,即史称"晋假道于虞以伐虢"的"虢",也用作姓。把"褫夺"写成"虢夺",让人不知所云。

"惘然不顾"非"罔顾"

◎国　轩

2017 年 4 月 7 日《文汇报》第 8 版有篇报道《安理会激辩叙利亚化武事件》,其中说:"……不惜干涉联合国与禁化武组织联合机制的调查,甚至操纵调查结果,与此同时,却惘然不顾叙利亚恐怖分子使用化学武器的事实。"这里的"惘然不顾"宜改为"罔顾"。

"罔"有很多义项,作副词时可用来表示否定,意思相当于"不"。清王引之《经传释词》卷十:"罔,犹不也。"顾,即顾及。所谓"罔顾",便是不顾及的意思,上述文章正是要表达此义。

惘,义为怅然失意、精神恍

惚，如怅惘、迷惘。"惘然"有很多解释，可以指失意貌、疑惑不解貌、不知所措貌、空无所有貌等。上述语境与这些意思都无关联。"惘然不顾"与"罔顾"丝毫不搭界。

"颐"就是"颐养天年"。既然尚未满百岁，自然不能称"期颐之年"。

那么，90岁的老人该如何称呼呢？称呼很多，常见的有"耄耋之年""鲐背之年"等等。

90岁尚不称"期颐"

◎达式东

2017年4月11日《中老年时报》第3版刊有《十六年热血洒西藏》一文，文章导语中这样写道："朱婉筠，90岁，期颐之年……"90岁可以说是"期颐之年"吗？

"期颐"是古人对百岁老人的称呼。这个说法出自《礼记·曲礼上》："百年曰期，颐。"郑玄注："期，犹要也；颐，养也。不知衣服食味，孝子要尽养道而已。"孙希旦集解："百年者饮食、居处、动作，无所不待于养。方氏慤曰：'人生以百年为期，故百年以期名之。'"简而言之，"期"就是已满百年之期，

味浓称"酽"无关"俨"

◎居容人

2017年3月4日的《人民日报海外版》第11版中刊有《我喝下整个世界》一文，其中写道："在我老家，所有人都喝这种茶，它如此浓俨，琥珀色荡漾在大碗里。"此处的"浓俨"应为"浓酽"。

浓，本义为露多，引申出密、厚之义。酽，读作 yàn，义为味厚、汁浓。"浓酽"形容汁液黏稠，味道浓厚。叶圣陶《倪焕之》二四："这些想头无异浓酽的酒，把暂时的无聊排解开了。""浓"和"酽"为同义语素。

"俨"读作 yǎn，指恭敬、庄

重,如俨然、俨正。用"浓俨"来形容茶语意难通。

"区"和"县"的区别

◎李延春

2016年12月1日《中国电视报》B24版有一篇《赣榆的清晨和落昏》,其中写道:"我们经过海边,到了比较繁华的赣榆县。……我们继续上路,去赣榆区的其他县。""赣榆"到底是"区"还是"县"?其辖区里还有"其他县"?

赣榆在江苏省东北部,东临黄海,有秦山、吴山、夹谷山、徐福祠等名胜古迹。西汉时置县,现属连云港市。2014年7月9日撤县设区,如今的正式名称是连云港市赣榆区。赣榆区下辖10多个镇,辖区里并无"其他县"。"县"和"区"都是我国的行政区划,下辖有县的区只可能是自治区,作为市辖区的赣榆下面是不会有县的。

"甫"误为"卜"

◎刘曰建

2017年4月17日《北京青年报》的B1版刊文《造一座园林,自己住》,其中一段说:"这座园林的主人叶放,……建造了一个名为'达园'的苏州园林,作为'给马可·波罗的礼物',卜一亮相就引起轰动……"文中的"卜一亮相"是"甫一亮相"之误。

甫,读作fǔ,本义是古代男子的美称。在用作书面语时,可作副词用,指刚刚,如惊魂甫定、年甫二八。"甫一亮相"就是"刚一亮相"的意思。

"卜"是个多音字。读bǔ时义为占卜,如卜辞、卜卦;也读bo,即"萝卜"的"卜"。"卜一亮相"让人莫名其妙。

略论"谥法"和"谥"字

◎苏培成

先说"谥(shì)法"。中国古代,帝王、诸侯、卿大夫等有地位的人去世以后,朝廷根据他们的生平行为给予一种称号以褒善贬恶,称为谥号。有名望的学者去世后其亲友门人给加的谥号称为私谥。谥号来自自称,用的都是好字眼。根据学者的研究,周代的文王、武王、成王、昭王等都是生前的自称,后来由自称演变为他称。他称的谥号,有褒有贬。谥号用的是一些固定的字,这些字被赋予特定的含义。谥号可以多于一个字,如赵武灵王、魏安釐王等。《逸周书》的《谥法解》是有关谥法的重要文献。文章的开头就说:周公旦与太公望开创成王的基业,在牧野建立了功勋。安葬武王完毕,就制定了谥号,序明了谥法。接着它说明了谥号的含义和形成:"谥者,行之迹也;号者,功之表也;车服,位之章也。是以大行受大名,细行受小名;行出于己,名生于人。"这几句话的大意是:谥,是行为的遗迹;号,是功绩的标志;车子、服饰,是地位的纹饰。所以,大行为得大名号,小行为得小名号;行为出于自己,而名号生于别人。接下去列举了180多个谥号和它们的含义。其中有褒义的,如:慈惠爱民曰文、克定祸乱曰武、尊贤贵义曰恭、大虑敬民曰定、辟地有德曰襄、温柔圣善曰懿；有贬义的，如：内外从乱曰荒、使民折伤曰愍、动祭乱常曰幽、不悔前过曰戾。

再说"谥（shì）"这个字。益是谥的本字。西周穆王时期铸造的铜器班簋里的"益"就是"谥"。班簋的铭文说："班非敢覓（抑），唯作邵（昭）考爽益曰'大政'。"意思是：班不敢隐藏，于是做昭考明谥，称为"大政"。（班：人名。覓：同抑，指隐藏。昭考：去世的父亲。爽：明。益：同后世的谥。"大政"是谥号）"益"是由水和皿构成的会意字，表示水满了，从器皿中溢出。本义指多，富饶。这个本义后来写为"溢"。表示谥号的"益"是它的引申义，表示增加。因为人已经有名有字，谥号是另外再增加的名称。《广雅·释诂》："益，加也。"为了从字形上把本义和引申义区分开来，为表示增加的引申义加上意符言形成"谥"字。东汉许慎著的《说文解字》简称为《说文》，是传统文字学的经典。《说文》收有"谥"和"謚"两个形音义都不同的字。《说文》指出："谥，笑貌。从言，益声。"伊昔切，读 yì。《说文》又指出："謚，行之迹也。从言兮皿。"神至切，读 shì。这和古代文献里的用法不同。按照《说文》的解释，谥号的"谥"意思是"笑貌"，而谥号的意思应该写作"謚"。这是怎么回事呢？清代的文字学家早已指出《说文》文本在流传过程中发生了讹误。他们发现在唐代虞世南辑录的《北堂书钞》里保留了《说文》对"谥"字的解释，那里说："谥，行之迹也。"他们认为"谥""謚"是一个字，"謚"是"谥"的草书。古代传抄《说文》的人把它们当成了两个不同的字。把"謚"作为了正体，把"益"错成了兮和皿，讲不出形义的联系。又根据其他资料把"谥"解释为"笑貌"。《说文》里的这个错误到清代学者手里才得到纠正。1955年12月22日，文化部和文改会联合发布的《第一批异体字整理表》规定"謚"为规范字，"谥"为淘汰的

大象在中国

◎陈运舟

长鼻,大耳,憨态可掬的庞然大物——象,如今大量繁衍生息在非洲及东南亚国家。3000多年前,在我国的黄河流域,也处处可见它的足迹。

1973年,甘肃省庆阳市马莲河畔发掘出一具大象化石,装架后的古象身高4米,体长8米,门齿长3.03米。因该象化石出土于黄河流域,故定名"黄河象"。黄河象化石对古代甘肃庆阳地区黄土高原生态环境的研究,提供了难得的资料。

甲骨文中有"象"字,字形十分形象:胖体、长鼻,活脱脱一幅大象的简笔画。甲骨卜辞中,有不少记载商人捕象的事,最多一次捕获竟达7头之多,《甲骨文合集》37365:"获象七,雉三十。"可见,在商人聚居的黄河流域,大象是普遍存在的。今天河南省简称"豫",原因就是其地古时候产象。"豫"字的本来意思就是象,《说文》:"豫,象之大者。"有人据此推测,那时的黄河流域曾是森林茂密、气候温润的地方。

后来,随着林木的大量砍伐及气候变冷,大象逐渐南迁,至战国时,我国北方已经

异体字。这是延续了《说文》的错误。"文革"后印制出版的《第一批异体字整理表》对此做了修改,把"谥"作为规范字,"諡"作为异体字。《新华字典》《现代汉语词典》在字头"谥"的后面附上繁体字"諡"和异体字"諡",这样处理很正确。

见不到象的踪影了。这一点,在《韩非子·解老》中有反映:"人希(稀)见生象也,而得死象之骨,案其图以想其生也,故诸人之所以意想者,皆谓之象也。"因为人们见不到活象了,只能根据死象的骨骼揣摩其形象。这就是"想象"一词的来源。

秦汉时,我国广西地区有着大量的象。秦始皇三十三年,设置"象郡",在今广西崇左县境,贾谊《过秦论》提到此事:"南取百越之地,以为桂林、象郡。"象郡也是以象而得名。

我国古代人民把大象视作吉祥物。殷墟出土文物中,有玉象、象尊等,造型玲珑可爱。古代,达官贵人佩戴象牙饰物以显示身份。象箸、象枻、象环、象簟都是名贵之物。参观故宫时,可以见到慈禧所用的象牙编制的席子,精美绝伦,令人叹为观止。过去把豪华的筵席称为"象筵",意含吉祥富贵。民间年画中,有童子骑象持如意图、象背驮花瓶图,也是取"吉祥如意""太平有象"之意。

"象"象征着吉祥欢乐,"豫"也是。《尔雅·释诂》:"豫,乐也。"《易经》中六十四卦之一的"豫卦",是吉利之卦。《易·豫》:"象曰:'雷出地奋,豫。'"春天,雷声震动,万物复苏,自然界一切顺祥、和乐。欧阳修《伶官传序》中"逸豫可以亡身",则告诫人们不要耽于享乐。上海有著名的"豫园",园主人潘允端。他年轻时将住宅西面的菜田一角聚石凿池,构亭艺竹,建造园林。后入仕途,曾任四川布政使。潘允端还乡后,全力以赴修建园林,称为了让父母安享晚年,故取名"豫园",有"豫悦老亲"之意。

商朝时候,人们用象帮助劳作,甲骨文的"为"字就是手牵象的会意字。用象干活,这就是"为"。后来"为"成为一个应用广泛的万能动词,这也说明了象与我国文化的渊源。

"水逆"来袭，更须逆水而行

◎徐靖怡

在朋友圈、微博中常常看到有人发出"水逆怎么还不结束"的哀叹，"水逆"一跃成为人们的吐槽新宠。许多报纸杂志上也不断出现"水逆"的身影。例如：

（1）如今，生活、工作中的各种不顺都可以用一个原因来解释——"水逆"。（《中国青年报》2016年9月30日）

（2）让人大跌眼镜的是，内地电影市场随后进入"水逆期"，无论是暑期档、中秋档，还是国庆档，皆表现不佳。（《羊城晚报》2016年11月18日）

"水逆"是个新词，对于多数读者来说，十分陌生，现有的词典都未将它收为词目。原来，"水逆"是"水星逆行"的缩略语。所谓"水星逆行"，倒不是水星真的在逆行，而是指由于水星运行轨道与地球自转的黄道角度差所带来的视觉上的轨迹改变。这种视觉效果上的逆行现象并不是水星独有的，但人们却偏偏让水星背锅。在希腊神话里，水星墨丘利是信使之神，水星逆行会对其掌管的交通、通信产生影响。占卜学中水星逆行期间会出现的交通干扰、信息错乱等状况，无疑都会给人们的日常生活带来极大的不便。因此在星座占卜时，人们顺理成章地将"水逆"一词用来描写一个或多个特定的星座在水星逆行期间遭遇不顺。例如：

（3）天蝎座事业运不稳，水

逆开始,事务进展也横生波折,尤其创意性的想法,将被曲解,状况不好,只好等待。(《齐鲁晚报》2013年2月25日)

(4)在这次水逆中,不少星座都会受到来自家庭、事业、健康、人际等各方面的打击。(《齐鲁晚报》2013年10月21日)

"水逆"成为流行词之后,使用范围拓宽,不再局限于特定星座群体在所谓水星逆行时的不顺遂。凡是一段时间中生活不如意的都被看作是"水逆"带来的影响。于是人们情绪的低落、事业的不遂心等各方面的不顺都会拿"水逆"来说事。例如:

(5)这段时间,大众肯定是犯了"水逆":在美被罚,总裁下岗,股票暴跌,还有数以百亿美元计的罚款以及数不尽的口诛笔伐在后面等着它。(《广州日报》2015年9月28日)

(6)要想克服水逆,短期实现自己的影帝梦,小李子可以换个玩法,之前他入围奥斯卡的影片口味都比较重,而他本人自带的清秀俊逸气质其实更有观众缘,若干年之后,或许没有人记住莱昂纳多是奥斯卡影帝,但必然能记住他是《泰坦尼克》里的杰克。(《华西都市报》2016年1月12日)

现在,"水逆"一词还可以用来解释另类言行或是令人吃惊的现象的原因。例如:

(7)许是水逆波及时尚圈,近期国内外女神们的着装竟然失常状况频出,无论是红毯还是街拍都屡屡"翻船",周迅几度成大妈,孙俪满是土豪风,高圆圆都能穿得不伦不类……(《光明日报》2014年10月16日)

(8)而沦落为群演"不知名小偷"的孟子义,似乎因为错过女一心情不佳依旧犯水逆,一反常态在片场频频犯错。(人民网2016年11月17日)

"水逆"期间人的情绪低落,因此常常会有反常的表现。像例(7)中女神们的着装搭配失误,例(8)中孟子义的"一反常态",也被媒体认为是受"水逆"的影响,可见只要是行为异常的

"拉黑"就是拉入黑名单

◎吴梦捷

"拉黑",即"拉入黑名单"。这个词最早出自腾讯QQ,是当今网络社交软件的一种功能:把某个联系人拉到黑名单以后,就相当于屏蔽了此人的所有言论和消息,形同陌路人了。请看下例:

(1)网络时代,我们看似接受着海量、全面的信息,可你是否意识到,你所订阅的微博、微信公众号,浏览的朋友圈等,其实只是你偏好的信息,而你反感、厌恶、不在意的人或信息,早已被你屏蔽、拉黑。(《生命时报》2017年2月17日)

如今使用网络社交软件已成为人们必不可少的交流方式,但每天过剩的垃圾广告、信息等也会给我们带来烦恼,所以就有了"拉黑"某些联系人(或微信公众号)的需要。有时"某某拉黑某某"即表示二人关系破裂。例如:

(2)俄车臣总统"拉黑"奥巴马(标题,《新京报》2014年7月28日)

这里说的是俄车臣总统把奥巴马拉入社交的"黑名单",即表明他当时对奥巴马的立场持否定态度,认为美国要为乌克兰的悲剧负责。

除了"拉黑某人"之外,还有"某人拉黑某事(物)",用来表达主观厌恶的情绪。例如:

(3)巩俐"归来"拉黑金

现象都可以用"水逆"来解释。

"水逆"一词的走红折射的是现代人的焦虑,当工作、生活中遇到不顺时,"水逆"这一带有调侃性质的说法便成了对自己最温柔的宽慰。然而,"水逆"也只能作为偶尔调剂情绪的玩笑话来看待。"水逆"来袭,更须逆水而行,直面现实、勇于承担才是我们的正确选择。

马奖　质疑评奖业余且不公正（标题，《北京青年报》2014年11月26日）

例(3)正文中说,演员巩俐"拉黑"金马奖,对评奖结果提出质疑,并表示今后不再参加金马奖的评选。这儿,"拉黑"的适用范围扩大了,它的对象已经不局限于人,还可以是具体的事物。

今年3月15日,全国两会刚闭幕,国务院总理李克强在北京人民大会堂答中外记者问时指出:"我们要给优质产品'点赞',把不良奸商'拉黑'。"总理说的"拉黑"不再是指简单的社交软件功能了,而是指彻底打击假货,把"不良奸商"驱逐出市场。"拉黑"跳出了"社交"的圈子,语义也发生了变化。又如:

(4)120首网络音乐被"拉黑"　作品一律下架　违者依法查处（标题,《人民日报》2015年8月11日）

(5)今年央视3·15晚会拉黑的第一家企业,新三板刚挂牌企业"互动百科网",节目播出后不到半小时,北京海淀分局稽查大队已雷霆出击,对这家企业进行调查。(《深圳晚报》2017年3月16日)

例(4)说的是"网络音乐"涉及不良内容,被有关部门列入了"下架"的名单,依法查处。例(5)"拉黑"即严厉打击这家违法企业,不再允许其进入市场经营。

当今社会日新月异,网络社交占了人们社交方式的很大比例,并改变和影响着人们生活的方方面面。"拉黑"原是"拉入黑名单"的简缩,是一种社交软件的功能。由于这个缩略语简短有力,很快就被人们广泛使用。其中的"黑"一开始专指人际交往的"黑名单",现在可以指人们厌恶的事物的集合清单。总之,"拉黑"表达了人们想跟某人或某事物撇清关系的极端态度。不过,无论在网络社交还是现实生活中,我们都提倡理性的"拉黑",避免冲动和情绪化导致的"拉黑"。

"你好,我是64330669……"(56)

◎姚博士

"值勤"和"执勤"

问:"大街上有一名执勤警察在处理一起突发交通事故……",这是我最近正在编发的一部书稿中的一个句子,其中的"执勤"用得对吗,要不要改成"值勤"?

——成都 彭华

答:在这个句子的语境中,用"执勤"可以,不必改动。

在古汉语中,我们没有查到"值勤",但"执勤"很多,意思是从事、劳作,如《后汉书·班超传》:"班超,为人有大志,不修细节。然内孝谨,居家常执勤苦,不耻劳辱。"这显然与现在人们常说的"执勤"不是一回事。

在现代汉语中,"执勤"和"值勤"是一对动宾结构的近义词。"勤"指勤务,即公家分派给的某些事务,这是"执勤"和"值勤"共同的名词性宾语语素。区别在动词性构词语素上,一个是"执"一个是"值",而这正是这对近义词词义细微区别产生的主要缘由。

执,即执行、从事。执勤,即执行勤务,如:战士们在江边执勤。值,即在轮到的时间内从事某项工作。值勤,指在轮到的时间里处理勤务(即值班),如:交通要道上有警察值勤。这两个词都多用于部队中的人员或负责治安、保卫、交通等工作的人员。

现实生活中,其实存在两种性质的勤务。绝大部分勤务是日常的,由人轮流负责,承担这种勤务,就是值班,即值勤;而有些勤务是突发的、偶发的,临时机动指派人员负责,承担这种勤务,不属值班性质,则只能称作执勤。这就是汉语中既有"值勤"又有"执勤"的理据。说到底,用"值勤"的地方,基本上都可以用"执勤"来替换,只是语义侧重点略有区别;但用"执勤"的地方,不一定能用"值勤"来替换,如属值班性质也可说"值勤",否则只能是"执勤"。

彭华先生所说的上述语句中,处理突发交通事故的警察,无疑是在执行勤务,称他"执勤警察"没有问题。如果他是在值班的过程中处理这起交通事故,称他"值勤警察"也可以;如果是临时机动来处理这起事故,此行为的发生并不是在他值班的时间和地点,则称他"执勤警察"比较准确。

"语文科代表"和"语文课代表"

问:我是一个中学的班主任,常被一个用词问题困扰着,即到底是"课代表"还是"科代表"?学校填表格,时而使用"课代表"时而使用"科代表",很混乱。

——贵阳 张 敏

答:一般用"课代表",说"科代表"也不误,两种说法的侧重点略有不同。

区别"科代表"和"课代表",先要弄清楚"学科"和"课程"的不同。

科,本指品类、等级,也指学术的分类。学科,是按照知识的性质而划分的门类。如自然科学中的数学、物理学、化学、生物学等;社会科学中的文学、语言学、历史学、经济学、政治学、哲学等。现代教育,以社会科学和自然科学中某些特定学科为教学内容,如语文、英语、历史、政治、地理、数学、物理、化学、生物等等。学校教育按教学内容划分的科目也称学科,语文老师教授语文学科知识、数学老师教授数学学科知识、英语老师教授英语学科知识、历史老师教授历史学科知识、地理老师教授地理学科知识、政治老师教授政治学科知识、物理老师教授物理学科知识、化学老师教授化学学科知识、生物老师教授生物学科知识等等。

课,本指检验、考核,也引申指讲授、学习。在学校教学中,任何学科知识的传授,都是以教师"讲授"、学生"学习"的方式在课堂上进行的。因此,学校教学的学科科目,通常也称课,如语文课、数学课、英语课、历史课、地理课、政治课、物理课、化学课、生物课等等。每学期开始,学校都会统一排定课程表。

学校的教学内容,如果着眼于学科分类,可称语文学科、数学学科、英语学科、历史学科、地理学科、政治学科、物理学科、化学学科、生物学科等等,如果着眼于课堂教学,可称语文课、数学课、英语课、历史课、地理课、政治课、物理课、化学课、生物课等等。

同理,学校各教学班负责跟某学科或课程教师沟通联系的学生代表,如果着眼教学内容的学科分类,可称科代表,如果着眼于课堂教学,可称课代表。

不过,在现在校园的语用环境中,"语文课""英语课""数学课"等等的使用频率似乎大于"语文学科""英语学科""数学学科"等等的使用频率,"课代表"的使用频率似也大于"科代表"的使用频率。这一点都不奇怪,因为学校的教育教学活动,以课堂上的课程教学为核心,学校的许多物件、项目、活动等等,也都以"课"命名,如"课本""课文""课桌""课时""课间操""课件""课题""课外活动"等等。因此,"课"的使用频率大于"科"的使用频率。

成吉思汗的马鞭指不到北冰洋

◎钱 辉

作家出版社2012年出版有《旅顺口往事》一书,其中有一篇题为《不冻港:一把太平洋总管的交椅》的文章,文中说:"彼时,成吉思汗的马鞭所指之处,疆域无不归之,向北一直到北冰洋岸边,向东一直到白令海和库页岛。"事实上,成吉思汗马鞭下的疆域并没有那么大。

铁木真(1162—1227),古代蒙古首领,杰出的军事家、政治家。1206年建立蒙古汗国,称成吉思汗。至元二年(1265)被元世祖忽必烈追尊为元太祖。铁木真在统一了蒙古诸部后,多次发动对外战争,大幅扩张了蒙古汗国的疆域。他于成吉思汗十四年(1219)开始西征,占领了中亚大片土地。二十二年(1227),成吉思汗在灭亡西夏后病逝于六盘山。

查阅资料可知,铁木真的领土扩张主要是往东南和西部方向,"北冰洋""白令海""库页岛"都不在其控制下。虽然"成吉思汗的马鞭"没指到那么远,但其继承者最终还是把疆域扩展到了这些地方。后来,西伯利亚地区纳入了元朝疆域,铁木真之子窝阔台曾派人到北海,据信到了北冰洋沿岸。库页岛,元朝时称骨嵬,在多次征战后也被纳入元代辽阳行省辖下。据说,辽阳行省最东,也可能延及太平洋最北端的白令海峡。不过,这都不是铁木真时候的事。

沈阳故宫何来"文漱阁"

◎江城子

2017年第4期的《国家人文历史》在第94页上刊有《〈百骏图〉中西结合的最早实践》一文,其中在提及故宫文物南迁时写道:"1932年8月8日,湖南石门市民多奇云致函故宫博物馆,大概意思是东北沦陷后,原存沈阳的文漱阁本《四库全书》落入日本人控制的伪满洲国……"这里的"文漱阁"当为"文溯阁"之误。

清乾隆皇帝在下令编纂《四库全书》后,也同时规划修建藏书阁来收藏这些书。他首先让人在北京故宫内修建文渊阁,之后又相继修建了圆明园内的文源阁、承德的文津阁和沈阳的文溯阁,以上四阁也被称为"北四阁"。此外还有镇江的文宗阁、扬州的文汇阁和杭州的文澜阁,称"江南三阁"。这七座藏书阁历尽沧桑,文宗阁、文汇阁都已毁于战火,文源阁遭英法联军洗劫被毁。剩下的四座中,文渊阁所藏现存于台北"故宫博物院";文溯阁所藏现属甘肃省图书馆;文澜阁曾一度被毁,重建后属浙江省图书馆;文津阁的藏书则归于国家图书馆。

上述引文所涉"原存沈阳"的《四库全书》,当是收藏于辽宁沈阳故宫的"文溯阁"内,"溯"取"溯源求本"之意。"漱"指含水洗荡口腔,不存在什么"文漱阁"。

"琵琶"会开花吗

○辜良仲

2017年4月19日《华西都市报》A10版载有《隐居浣花溪的一段爱情 薛涛与元稹姐弟恋》一文,其中写道:"薛涛被贬松州之后,曾写了数十首诗献给韦皋。……回到成都后,她立即脱离了乐籍,退隐于西郊浣花溪之锦浦里,种琵琶花满门,时年二十岁。"薛涛种的是"琵琶花"吗?应是"枇杷花"吧。

枇杷,蔷薇科,常绿小乔木。叶片革质,表面皱缩,背面密被茸毛。圆锥花序顶生,有锈色绒毛;花冠淡黄白色,有芳香。果球形或椭圆形,橙黄或淡黄色。品种颇多,有软条白沙、大红袍、照种、青种、大钟等。果味甘酸,可供生食、制蜜饯和酿酒用。枇杷既是果树也是观赏树木,我国湖北、四川、重庆、福建、浙江、江苏、台湾等地都有广泛栽种。上述文章的内容应出自唐王建的绝句《寄蜀中薛涛校书》:"万里桥边女校书,枇杷花里闭门居。扫眉才子知多少,管领春风总不如。"薛涛是唐代名妓,因她在隐居处满栽枇杷,后人就称妓女的居处为"枇杷门巷"。薛涛显然是"种枇杷花满门",而非"种琵琶花满门"。

琵琶是我国传统的拨奏弦鸣乐器,木质结构,由琴箱和琴柄组成,设覆手或弦码。琵琶在我国历史上形制颇多,主要分为四弦的曲项琵琶和五弦的直项琵琶。琵琶最初叫"批把",向前弹作"批",向

周朝是"周姓"王朝?

◎夏祥平

读《秦汉制度史论》(山东大学出版社 2002 年 9 月出版)一书,发现其第一章中有这样一句话:"在周朝,周姓大家族控制着国家政权……周天子既是国家政权的国君,也是周姓宗法大家长。"由此看来,文章认定周朝由"周姓"人掌权了,这是不符合历史事实的。

"周"是我国的朝代名,在公元前 1046 年由周武王姬发建立,定都镐(今陕西西安)。周朝分为西周和东周,以公元前 770 年周平王东迁到洛邑(今河南洛阳)为转折点,历史上由西周改称东周。周王室始终以姬为姓,《康熙字典》引《说文》:"黄帝居姬水,以姬为氏,周人嗣其姓。"周朝为什么以"周"为国号呢?周的先祖古公亶父率部迁至周原(今陕西宝鸡),周原是周的发祥地,"周"源于"周原"。可见,周朝是"姬姓"王朝。

据研究,周姓的主要来源为周王朝最后一任国王周赧王姬延的后裔改姓,以及周公姬旦的后裔改姓,还有一部分外族的改姓。

"姬姓"的部分后人虽然姓了"周",但掌握周朝政权的,始终是"姬姓"家族而非"周姓"家族。

后挑作"把"。有些版本的《释名·释乐器》中将"批把"写作"枇杷",但能开花的"枇杷"从未被称作"琵琶",种植"琵琶"更是天方夜谭。"琵琶"开不出花来!

土豆是马铃薯的"籽实"吗

◎石 磊

2017年2月20日的《人民日报》在第24版刊文《土豆兄弟》,其中说:"土豆一直在地下行走着,那些拳头大小的籽实,很低调地放在泥土的里面,不去声张,静静等在那里,让手握锄头的乡亲们,刨出一地的惊喜。"土豆"一直在地下"的部分不是"籽实",而是它的"茎"。

土豆,又称马铃薯、洋芋、地蛋等,是茄科多年生草本植物,是我们都很熟悉的粮食作物。土豆在地下长有块茎,其形状为扁圆形或长圆形,皮为红、黄、白或紫色。块茎富含淀粉,可作为淀粉工业的主要原料,人们通常食用的也是这部分。由于土豆对土壤的适应性很强,可作一年一季甚至一年两季来栽培,所以成了山区

土豆的根、茎、叶、花和果实

的主粮之一。土豆原产自南美洲,如今中国各地都有广泛种植。

籽实,一般指的是稻、麦、谷、高粱等农作物穗上结的种

"郑人买履"何曾削足

◎郑文安

《字解人生：汉字中的生命智慧》（中国纺织出版社2015年5月出版）在第233页介绍了"郑人买履"："郑人买履这个成语，讲的是一个郑人买到的鞋太小，于是就把自己的脚削小。""郑人买履"的故事真的是讲郑人削小自己的脚吗？

成语"郑人买履"典出《韩非子·外储说左上》：有一个想要买鞋的郑国人，他先量好自己脚的尺码，然后就把尺码放在了自己的座位上。等到了集市，他已经拿到了鞋子，才想起来，说："我忘记带量好的尺码了。"于是返回家取尺码。等到他再次赶去的时候，集市已经散了，他最终没有买到鞋。有人问："你为何不用你的脚去试试鞋呢？"他回答说："宁可相信量好的尺码，也不相信自己的脚。"这则故事讲的是一个郑国人买鞋的经过，故事中的郑人并未"把自己的脚削小"。

上述文章当是和另外一个成语"削足适履"弄混了。《淮南子·说林训》："夫所以养而害所养，譬犹削足而适履，杀（犹削）头而便冠。"后世便用"削足适履"或"削趾适履"，形容人不顾客观实际，一味地强行凑合。

.....

子。土豆也会开花结果，其浆果为球形，是其地面上的部分，也不会长到"拳头大小"。上述引文乡亲们要刨地挖出的，当是泥土里的"块茎"，而不是什么"籽实"。

这口"糖"甜不甜

◎余 琪

糖,是家庭生活中必不可缺的厨房调味品,也是老少咸宜的休闲小零食。有趣好玩的泡泡糖,色彩鲜艳的波板糖,或是童年记忆中想起来就要流口水的糖葫芦外面那一层晶莹剔透的冰糖,无不给人以甜蜜的舌尖体验和幸福愉悦的心理感受。近年来,一种崭新的与糖有关的表达在网络上盛行,年轻的小姑娘们兴奋地把"快看!某某和某某发糖了!好甜啊!"挂在嘴边,引得旁观者云里雾里——这是哪里来的糖?又是怎么吃进嘴里的呢?

实际上,这里的"糖"已经不再是以实物状态存在的糖了。热爱追星的粉丝们聚集在网络空间,用"糖"来指称人物之间温馨的场景或是甜蜜的互动:"发糖"是明星们主动向粉丝们展示彼此之间亲密的关系;"撒糖"则是"发糖"的进阶版本,形容明星们在短时间内呈现许多粉丝们喜闻乐见的行为举止,仿佛是婚礼上新人们向八方宾客撒糖一般;"吃糖"则更为形象地指称粉丝们观看或欣赏的过程。

探寻"糖"这一网络表达的产生机制,主要是基于糖的味觉体验与温馨场景的情感体验在心理上的共通性。糖因其甜蜜的味道以及可爱的外观而给人以愉悦、开心的感觉。粉丝们也常常会把他们喜爱的并且认为很般配的明星人物凑成一对,他们之间亲昵的互动满足了粉丝们对人物之间关系的美好想象。这种情感关系恰好与糖这一调味品给人带来的甜蜜感觉吻合,于是厨房中朴素的糖摇身一变,凭借衍生意义在网络平台上流行开来。

由糖出发,我们在网络空间上可以看到很多与糖相关的表达。在实际生活中,人们吃了糖所产生的生理感觉是甜,网民们将这个生理感受移植到心理上来表达一种愉悦开心的感情,把观看了明星发的"糖"的感觉形容为"甜",如"某某和某某昨天牵手了,好甜!"将"甜"的程度再加深,如同吃了太多糖后喉咙不舒服的感觉,粉丝们把这样的情形称为"齁(hōu)",如果拥抱可以称为"甜"的话,那么比拥抱更为亲密的行为——亲吻就可以形容为"齁"。当然"糖"也不仅仅只能用来形容亲密的互动,"糖里有玻璃渣"是网民们对"糖词汇家族"具有创造性的发明。当粉丝们曾经以为两个人物之间关系非常近,但后来突然发现他们的关系并没有想象中的那么好,就仿佛在吃糖的时候突然咬到了玻璃渣,剌破了嘴,疼的同时还有糖果遗留的甜味,这用来形容粉丝们从高峰跌入谷底的复杂心情再合适不过了。

"糖"这一表达在瞬息万变、"喜新厌旧"的网络用语领域中已经流行了很久,并且还有继续成为"网红"的潜质。究其原因,一方面,在"糖"流行之前,粉丝们并没有什么用来形容人物间亲密互动的较为精简的词语,而"糖"一个字就可以涵盖人物间互动的甜蜜以及粉丝们内心愉悦欢快的感情,生动形象且精简实用。另外,粉丝们对"糖"这一表达的热爱与粉丝本身的特性有关,符合追星的年轻人单纯天真的心理。不如说,粉丝们所喜欢和热爱的正是明星偶像们人为地创造出的梦想乌托邦,这就如同给孩子们的糖果和童话,甜蜜而虚幻。粉丝们热衷于使用"糖"这个词,说明他们对这种追星的本质也有所自知,却宁愿沉溺于其中,做一场美梦。

所以,当有人再说"发糖"的时候,可不要傻傻地伸出手等待。也许,这是一颗只能用眼睛去品味的梦幻糖果。

微店和微广告

◎田小琳

一位香港友人阿英到美国纽约居住十年,最近通电话,又连上了微信,我问她在做什么,她说开微店,就是在微信上开的店。我又问,微店这个词你说是哪里来的?她干脆说:中国马化腾。我说你成了微商了。过去中国有著名的徽商,是指安徽的商人;现在微商跨洋过海了。

接着,在我微信上的朋友圈里,便充满了她微店的货色。微店,微店,就是些小商品吧,我想。果不其然,水果、海鲜、服装、皮带、手袋、首饰、非处方药品、化妆品、营养品、保健品、减肥食品,陆续出来。凡是比较新潮的货色,有时前面冠以"微潮品",或者"御品""必备神器",再不然是"强烈推荐""反复推荐肯定是好东西""回头客百分百""要的赶紧动起来"云云,这些广告词分明是为引起注意。可以说,图文并茂,琳琅满目。

忽然,一幢三层房屋映入了眼帘,广告词是:"投资自住的最好选择。单边砖,合法,三家庭,加半土库(地下室)""不需装修,步行三分钟地铁站,Gas、电表全部分开。售165万",最后还用上了香港话"全交吉"。香港话里有许多避忌的词语,空屋和凶屋粤语音近,所以把可以立即交付的空屋改叫为吉屋(吉利的房屋)。"全交吉"就是可以交给你全部的空房子。哇!还可以卖房子!原来微店不微,什么都可以上微店交易,小到食品百货,大到二手房屋。

我还发现微店零售、批发均可。广告里说"大家砸单吧""微我吧""私我吧""现货已到",

这多是零售；及至发现说"原版货，走专柜无压力"，那就是可以批发了。厉害！微店还可以批发。这微店，什么时候营业？什么时候关门？广告回答说"开微店，什么时候都可以营业"。

人类真是进入了互联网时代，一个人，一个手机，一个微店，不用门面，不用营业员，全天候营业，邮寄快递，送货上门。还大小生意不拘，微来微去，私来私去，大小通吃。这也是创新的行业吧！

朋友阿英的货品广告词，也很会运用修辞手法。"微"由形容词活用为动词，可以带宾语说"微我"；"砸单"比起"下单"有稳、准、狠、快的多种意味；"御品""神器"自然是夸张。我就通称为"微广告"了！

"微"显然已经有了构词能力。《现代汉语学习词典》（北京，商务印书馆，2010）设有知识窗"微博、微信与微时代"："网络用语的'微'正在改变人们的生活方式及思维模式，例如微博、微信、微盘、微购、微群、微电影、微新闻、微直播、微话题、微传播等，社会正在迈进'微时代'，'微'也成为了一个时代的标签。"由阿英的微店，我们不是看到了在美国的华人圈里，中国流行的网络词语"微"也在发挥着威力吗？

《老人》参考答案

1. 总算——最终
2. 早已夭折——早已去世
3. 负一大笔费用——付一大笔费用
4. 一棵——一颗
5. 纷至踏来——纷至沓来
6. 不到两个星期多的时间——不到两个星期的时间
7. 气喘嘘嘘——气喘吁吁
8. 老人笑着摇头道：——老人笑着摇头道，
9. 不只300万——不止300万
10. 寡居——独居

谁是"大大"

◎孙汇泽

2014年9月9日上午,习近平主席到北京师范大学和全国教师代表座谈时,一名来自遵义的教师向他提问:"我叫您'习大大'可以吗?"习主席听后十分爽快地回答道:"Yes!"于是"习大大"这个最初在网络上兴起的称呼,正式得到了官方的认可。那么,这个"大大"为什么能流行起来呢?其背后又有怎样的内蕴?

"大大"这个词存在于中国北方一些地区的方言之中,用来指父亲或者伯父这些长辈。"大"原本是"爹"的俗字。在《广韵·哿韵》中提到:"爹,北方人呼父。"现在在山东的一些方言中,"大大"仍保留了父亲的意思。在安徽一些地区的方言中,"大大"如果读轻音,是泛指任意一位伯父;如果有排序"大大""二大"……,则"大大"是指自己父亲的长兄,即大伯父。除此之外,"大大"在不同方言中还有"大娘""爷爷""哥哥"等等不同的含义。而习主席对"习大大"这个称谓之所以认可得如此爽快,也与"大大"的方言义有关。因为他是陕西人,在陕西方言中,"大大"就是对父亲的尊称。将习主席称作"习大大",包含了人民对他的期待与信任。

现如今,随着语言的发展,"大大"这一称呼的流行范围已经不仅仅在方言内部。网络用语中的"大大",一般认为从动漫圈子开始流行,源头应该是台湾网友在BBS上对仰慕者的敬称——大人。如"某某大人,讨教一个问题",就是这样的口吻。后来觉得"大人"这一称谓太正式,于是改为更为亲切的称呼——"大大"。起先,"大大"主要出现在一些小说网上,是对知名作者的尊称加爱称。而随着粉丝文化的日益流行,在很多的粉丝群体中,"大大"也开始流行,一般具有剪辑视频、画图、写文等等特殊技能,能够为偶像的作品提供更多衍生作品的粉丝,往往也会被其他粉丝称为"大大"。而这些"大大"级别的粉丝,也往往能收获更多的关注度,甚至更有可能与偶像近距离接触。此后,"大大"的语义进一步泛化,几乎等同于"高手、能人",逐渐演变成为一种社会泛尊称了。

那么,"大大"为什么能在这么多领域流行呢?一方面是受到了方言的影响。方言进入网络用语的情况并不罕见,如"伐开心"等。方言进入网络语言,会让网民觉得有趣好玩。而且,北方方言中"大大"的所指对象,无论是"父亲"也好,"伯父"也好,都是在传统礼仪规范中受到尊重的长辈。"大"这个字本身也有崇高伟岸的意思,因此"大大"虽是方言词,但是文字和意义之间关联性较为清晰易懂,更容易被广泛接受和运用。另一方面,"大大"这个词能够完美地表现出网民们对网络高手的顶礼膜拜之情。通过叫一声"大大"表现对作者的真心称赞,一下子拉近双方的距离,还能够缓解两个陌生人开始交流时斟酌称谓的尴尬,可谓一举两得。

其实,在网络世界中每个人都有可能成为"大大"。做一个众人尊敬的"大大",你准备好了吗?

《火眼金睛》提示

图1,"谨严慎行"应为"谨言慎行"。

图2,"抢完即至"应为"抢完即止"。

图3,"沾辱"应为"玷辱"。

图4,"棕垫"应为"棕垫"。

香港的"两文三语"

[中国香港]田小琳

"两文三语"是香港常见的数字缩略语,"两文"指书面语的中文、英文,"三语"指口语的粤语、英语、普通话。在香港社会的语言生活中,流通"两文三语"。这也是特区政府的语言政策。

《中华人民共和国香港特别行政区基本法》第一章总则第九条规定,"香港特别行政区的行政机关、立法机关和司法机关,除使用中文外,还可使用英文,英文也是正式语文",即中文、英文都是香港法定的正式语文。这当然是由香港的区情决定的。香港回归二十年来,这一规定得到落实。

改革开放以来,常来香港公干和旅游购物的内地朋友,对于香港社会口语变化的情况,一定有切身的感受。地铁和巴士上都用三种"语言"报站,先说粤语,接着普通话、英语,大大方便了各地来的乘客。

粤语是香港的强势方言。据香港政府统计处《2016 中期人口统计简要报告》(2017 年 2 月)披露,全港总人口 733 万多,有 88.9% 的人在家里用粤语交谈,另有 5.7% 的人能说粤语,加起来有 94.6% 的人口能使用粤语。因此,粤语是香港社会最为流通的语言。在教育领域里,人们常说"母语教学",这"母语"指的是香港人的自然母语粤语。作为教学语言,粤语与英语相对。

英语在香港也是较为普及的,受过初中以上教育的人,多半可以说英语。当然程度参差不齐。大学和相当多的中学都以英语为教学语言。上述的《简要报告》里,统计到5岁及以上人口有53.2%的人能说英语。口语里英语普及的程度,在全国城市中首屈一指。

普通话的地位,回归后逐年提高。《简要报告》里,提供的5岁及以上人口有48.6%的人能说普通话,快赶上能说英语的人数了。2016年10月我们纪念国家普通话水平测试在香港开展20年,参加过该测试的香港人已有12万人次了。现在,内地同胞到香港,商铺里的店员大多能用普通话接待。

我国是多民族语言多方言的国家,语言文字的多元化是社会的常态。"两文三语"这个数字缩略语,言简意赅地反映了香港特区的多元语言生活面貌。

(作者是本刊特约编委)

香港报上绰号多

[中国香港]汪惠迪

香港人口730余万,92%是中国人,每天出版的主流中文报纸有十多种,都是厚厚的一份,几十大版。

香港报纸新闻语言有诸多特色,拙文只谈使用绰号。请看:

(1)胡须政客相 "今我"打"昨我"(标题,香港《文汇报》2017年3月22日A2版)

即使不介绍新闻背景,光看标题,受众也能明白,"胡须"是一个人,编者借人物特征代替人,用了借代手法。"胡须"何许人也?曾俊华。

去年12月12日,曾俊华请辞香港特区政府财政司长之职,今年3月1日,获提名为第五届香港特区行政长官选举候选人,因蓄短髭,香港媒体送他个外号"胡须"。

再看:

（2）研协调查：最符中央标准 林郑胜薯片(同上,A3版)

上例中的"薯片"，关心今春香港特首选举的受众一定知道指的又是曾俊华。曾俊华怎么被称作"薯片"了呢？那是由于美国有个叫品客(Pringles)的马铃薯片品牌，商标是个留着咖啡色大胡子、打着红色领结的人脸，也叫"翘胡子洋芋片"。曾俊华嘴唇上边留的胡须跟"翘胡子"何其相似，所以得此雅号。

最后一例：

（3）昔任财爷拒减税　今乞选票扮慷慨(同上,A2版)

这个标题出了一位"财爷"，"财爷"是"财神爷"的简称，所指何人呢？还是曾俊华。财政司是政府的理财部门，所以香港媒体历来都把这个部门的首长称作"财爷"，老百姓也跟着叫。曾俊华于2007年7月出任财政司司长，到离任，当了9年多的"财爷"。这是香港传媒界所起的最雅、让人听了最爽的外号。

同一份报纸，同一天里评论同一个人，却用了三个不同的绰号。香港媒体如此拥抱绰号，醉心于使用绰号，于此可见。环顾周边国家或地区的中文媒体，这种现象难得一见，香港却司空见惯。"特区"之"特"，此亦一例也。

新闻语言不禁绝绰号，但是使用时得有个度。香港似已到了无度的地步。

（作者是本刊特约编委）

"发财巴"与"僵尸车"

[中国澳门]程祥徽

澳门一所大学给学生的语文作业问：澳门有多少个赌场？想不到学生交上来的答案是：澳门没有赌场。没有赌场有什么？只有"博彩公司""娱乐场""娱乐集团""度假村"或"综合度假村"。

澳门是靠赌业而发达起来的，但"赌博"应该算是贬义词吧，至少不能算褒义词。为了减少"赌博"这个词的副作用，澳门人运用了"博彩""娱乐""度假""综合度假"等词语，并且真的在赌场建造一些文化设施，开设一些文化项目，掩饰或淡化赌博的形象。例如赌场内开设河流游艇、修建现代化剧场和球类赛场等，更重要的是运用一些文明度很高的词语，提升文明形象，"发财巴"就是一个最显眼的用词。"发财巴"，其实是赌场开往关闸、码头接送游客和赌客的巴士，如同香港旅行社往来接送乘客的"通天巴士"。

香港的"通天巴士"造词很讲究，"通天巴士"是酒店或旅游公司开往飞机场接送客人的巴士，但用的词语不是"接客、送客"，而是"通往蓝天的巴士、通往蔚蓝色天空的巴士"。澳门的"发财巴"跟香港的"通天巴士"一样，是赌场接送游客来澳门赢钱发财的巴士，人人喜欢乘坐。

这类吉祥词语在澳门运用得很多。三十六年前我初抵澳门教书，过海关时官员问我来澳门干什么，我说："教书。"那位官员说："好啦，别教我！"我觉得很奇怪，一个政府公务员怎么这样对待来澳门教书的老师？当地人告诉我："书"就是"输"，他不要你教他"输"，他要你教他"赢"。这类因为避免忌讳而用反义取代的词语在粤语中早已存在，例如广州话把"通书"（日历、月份牌、黄历）叫作"通胜"。在港澳方言中这种造词方法似乎更多，例如"空屋"叫"吉屋"，"空车"叫"吉车"，因为粤语"空""凶"同音，谁会拿钱去租个或买个"凶屋"？于是用反义的"吉"取代"凶（空）"。

说到"发财巴"，想起这些年澳门还出现了一些新词，最显眼的是"僵尸车"。"僵尸车"

指乱停别人车位的车,而且找不到乱停车位的人是谁,这车就像僵尸一样躺在那里。这种车位多属公家部门的车位。澳门人赞扬"发财巴",憎恶"僵尸车"。

(作者是澳门科技大学顾问,特聘教授)

香港繁体字形小议

[中国香港]李 斐

香港回归祖国后,依然使用繁体字,简体字一直处于一个灰色的地带。随着香港与内地交流的增多,港人对简体字的认知度也越来越高。香港政府网站的中文页面,同时提供繁体和简体两个版本。香港考评局对汉字书写的字体,亦持开放态度,容许考生以正确的简体字作答。

香港所使用的繁体字字形大部分和内地常见的繁体字形一致。其繁体字形的主要依据是香港特别行政区教育局2007年颁布的《香港小学学习字词表》,该表收字3171个,附录《常用字字形表》收字4721个,这两个表收字互有重合,均以繁体字为纲,若有简体字则附在其后。同时还有香港三联书店2015年出版的《现代汉语学习词典》(繁体版)可作参考,该繁体版词典收字约11000个,繁体字作字头,若有简体字则加括号列于其后。

和内地相比,香港繁体字形有以下特点:

第一,绝大部分繁体字形,两地一致。例如"个"的繁体字形,无论在内地还是香港都是"個"。

第二,某些字的字形,在内地无简繁分别,但和香港的字形有细微差别。例如"沉"字,在内地不存在简繁之分。在香港的繁体字形中,"沉"的右下角不是"几",而是"儿"。再如,"没"在香港写作"沒","没"和"沒"笔画数相同,但右上角的形体不同。

第三,某些字的字形,在内地没有简繁体的区别,但是在香港的字形系统中,却有简繁之分。例如在内地,"黄"字无繁简之分,但在香港,"黄"是简体字,繁体字写作"黃":上面不是"共字头",而是"廿"下加一横。这两个形体看似区别不大,但从语文教育的角度来看,笔顺和笔画数都不相同,在教学中应予提醒。

这三个对应关系中,最易忽视的是最后一种,因此再举两个典型的例子。"吕"在内地写成双口,6画;香港写成"呂",7画。"奂"和"奐"在内地是正体和异体的关系,但在香港"奐"是规范的写法,"奂"是简体字,二者不是正异体的关系,而是互为对应的简繁关系。

(作者是香港岭南大学中国语文教学与测试中心博士、高级语言导师)

fāng还是fáng?

[中国香港]马毛朋

"工作坊"一词,现在香港的人们已经很熟悉了,就是围绕某一主题的小型研讨会。

"工作坊"的"坊"应该怎么读,似乎大家并没有疑问,大部分人都会读作"fāng",这大概是受"坊"的声旁"方"的影响。《全球华语词典》(2010年5月)收录了"工作坊",注音为"gōng zuò fáng"。《现代汉语词典》则尚未收录该词。《现汉》收录"坊",有fāng和fáng两个读音。读fāng时,"坊"有三个意思:①里巷(多用于街巷名)。②店铺:书~。③牌坊:贞节~。读

fáng时，意思是小手工业者的工作场所。《全球华语词典》大概是着眼于"工作场所"之意，将"工作坊"的"坊"标为第二声。

"工作坊"的"坊"应读fāng还是fáng，关键在于这个词的意思。"工作坊"是英文workshop的翻译。根据《牛津高阶英汉双解词典》，workshop的第一个义项是制造或维修机器的房间或建筑物，就是中文"车间""工厂"的意思。这个义项与读第二声的"坊"的意思基本相同。Workshop的第二个义项是针对某一问题的研讨会或讲习班，这个意思中文翻译作"工作坊"。由此可见，"工作坊"中"坊"已经产生了《现汉》中不管是标作fāng还是fáng的"坊"都没有的新意义。不过，workshop的两个义项具有引申关系，由实体的场所引申出在该场所进行的活动，这是词义常见的引申方式。从这个角度考虑，中文的"工作坊"也可以当作"工作场所"的引申义，所以《全球华语词典》为其标fáng是有道理的。

不过，当我们查检《广韵》时，有一个更有趣的发现，原来《现汉》为"坊"标注了fāng和fáng两个读音值得商榷。根据《广韵》，折合成普通话，读fáng的"坊"，等于"防"字，是"提防""防范"的意思，例见《礼记》。这个意思，现代汉语已经不使用了。折合成普通话读fāng的"坊"，包括了《现汉》标作fāng和fáng的"坊"的所有义项。换句话说，现代汉语"坊"只有fāng一个读音。王力先生主编的《王力古汉语字典》正是这样标音的。那么，"工作坊"的读音就非常清楚了，应读作fāng。我们建议国家语委在审音时将"坊"改为统读fāng，辞书在"工作坊"条下增补"研讨会"这一义项。

（作者是香港岭南大学中国语文教学与测试中心博士、高级语言导师）

东语西渐

"一带一路"英译名的精妙之处

◎陆建非

2013年9月和10月,国家主席习近平出访中亚和东南亚期间,首次倡议与沿线国家共建"丝绸之路经济带"和"21世纪海上丝绸之路",贯穿亚欧非大陆,一端是活跃的东亚经济圈,另一头是发达的欧洲经济圈,而中间广大腹地国家经济发展潜力巨大。到2016年底,已有100多个国家和国际组织共同参与,40多个国家和国际组织与中国签署了合作协议。世界如何理解中国这一想法,在很大程度上取决于精妙的中文表达和关键词语的翻译技巧。

没多久,这一想法统称为"一带一路"倡议,简称"一带一路"。如此重大的国际化战略构想,自然需要严谨、贴切的英文翻译。2015年9月24日国家发改委会同外交部、商务部等部门,共同发布了"一带一路"英文译法的官方规范。在对外公文中,统一将"丝绸之路经济带和21世纪海上丝绸之路"的英文全称译为"the Silk Road Economic Belt and the 21st-Century Maritime Silk Road","一带一路"简称译为"the Belt and Road",英文缩写为"B & R"。更关键的是将"倡议"一词译为"initiative",且使用单数。不使用"strategy"(战略),此词源于希腊语"strategos",原意为军事将领、地方行政长官。后演变为军事术语,指作战的谋略。直到现代"战略"一词才被引申至政治经济领域,泛指统领性、全局性以及左右胜败的谋略、方案和对策。可见,"strategy"一词太强势,难以获得西方社会的认同,与我国外宣指导方针不符。而"initiative"一词强调的是"倡议",表明"一带一路"并非中国单边的外交策略,而是对沿线国家及国际社会都有益的倡导和举措。两者相比,"initiative"更佳。也不建议用"project""program""agenda"等表示"项目、规划、计划、议程"的措辞,因为这些词显得过于功利和具体。

鉴于"一带一路"出现频率较高,在非正式场合,除首次出现时使用英文全称外,其简称译法可酌情灵活处理,除可使用"the Belt and Road Initiative"外,也可使用"the land and maritime Silk Road initiative",其中关键词语的首字母需大写,其他译法不建议使用。

之前有人曾译为"one belt and one road",招来质疑,这次没把"一"翻译出来,避免了刻板的逐字套译,试图找到一种得体精妙的表达,诚然,"一带一路"汉语本身所寓意的和谐与美感也荡然无存。坊间也有不少人将它译成"One Belt and One Road Strategy",其实也不够准确。这不仅是英语文法的问题,而且"一带一路"并非只有一条经济带或一条海上道路,也不是一元化的平台,它是一个多层次、多维度和多元化的网络。有外媒评价说:"如果将'一带一路'比喻为亚洲腾飞的两只翅膀,那么互联互通就是双翼的血脉经络。"(If the "Belt and Road" are likened to the two wings of a soaring Asia, then connectivity is like their arteries and veins.)

今年5月14日至15日,"一带一路"国际合作高峰论坛在北京举行,论坛的英语名称最后定为"The Belt and Road Forum for International Cooperation",简洁而达意。

汉语博大精深,若要精准

译出"一带一路"这四个字所负载的精髓并非易事。澳大利亚前总理陆克文表示,在向世界介绍这一战略性构想时,中国面临的更多是沟通理解上的挑战。他觉得"一带一路"所倡导的想法很明确,即扩大中国与世界的联通性,也是对之前东盟理念的延伸。只有当你用大写的"Belt"来翻译"带"的时候,别人才会意识到你是在说经济上的互联互通(而非用来拴紧裤子的皮带)。陆克文提议用"泛亚联通计划"来诠释这一概念,避免歧义。但中国的倡议也想得到欧洲和非洲的支持,他们也急需一个帮他们走出经济泥沼的路径,若这个倡议太强调泛亚互联互通,就不会引起广泛呼应。

根据具体语境,"一带一路"有时也可译为"Modern Silk Road"(现代丝绸之路)。而如要强调这一概念所指的连通性及基础设施建设,也可译成"Asia-Africa-Europe Infrastructure Plan"(亚非欧基础设施建设计划)。

在翻译策略的选择上有归化(domestication)和异化(foreignization)之别,强势文化的排外性与强制性是选用前者的最主要原因。西方媒体对"一带一路"常使用归化译法,即"China's Marshall Plan"。马歇尔计划对西方人来说耳熟能详,非常容易令西方读者有先入为主的错误印象,造成理解偏差,且该词带有贬义,不利于中国对外形象的建构。与归化相对应的异化策略,即通过在翻译中保留原文语言和文化的特色,让读者感受到异域风情和文化的独特魅力,以此作为对强势文化实行"驯化"政策的一种抵制,争得一席之地。纵观国内外媒体对"一带一路"的英译,大部分以异化策略为主,译法较多,其中之一为"New Silk Road Initiative"(新丝绸之路倡议),"silk road"在西方知晓度大,容易产生联想和比照,且丝绸之路自古以来就是东西方经济、政治、文化交流的重要纽带,具有积极正面的国际形象。

谈联说谜

合"时"而作的灯谜

◎乔山浩

如果你经常猜谜的话,会发现一个有趣的现象,那就是时间的元素在灯谜中出现的频率是很高的。有的是直接使用,然而大多数却是转弯抹角地亮相。例如笔者儿时猜过的一条人名灯谜:"年年二三月"(打明代大将一),谜底:常遇春。"二三月"是春天,年年如此,经常遇到之意,故而相扣。这是直截了当地点明时光。但是,出谜的人却喜欢与你玩捉迷藏游戏,故意绕个弯子,也就是《文心雕龙·谐隐》上说的"回互其辞"。那猜的人就得仔细寻思,从中窥破端倪,揭穿谜底。这就需要我们尽量多地掌握有关时间的知识,这样才能有备无患地对付狡黠的出谜者。

比如,我国传统的历法"农历",又称阴历、夏历、汉历等,对于每个月里不同的日子有着不同的叫法,如月头"初一"称"朔",月中"十五"称"望",月底称"晦"等。假使谜条上有着"初一""十五""三十"或"月底"等字样,很可能"朔""望""晦"会隐匿在谜底里。请看下面三条灯谜:一、农历初一日出时(打广西地名一),谜底:阳朔;二、十六成亲(打成语一),谜底:大喜过望;三、晦(打花卉一),月季。第一条显豁易明,第二条稍微变化了一下,十五称"望",十六则当然为刚过了"望",因而以"过望"相扣,"大喜"是结婚的意思,故扣。第三条的变化更大了,"晦"是月末,一个月最后的意思。谜底中的"季"应别解为最后的意思,如清朝末年,我们称为"清末"或"清季","季"有"末期"这个义项,所以"月季"别解为"月末"与"晦"相扣。也有用月份的民间俗称入谜的,例如把六月称为"伏天",十一月叫作"冬月",十二月呼为"腊月"等。下列三谜就是用这些词语的例子:"时逢'处暑'"打科技名词"光伏","十一月货车停运"打少数民族乐器"冬不拉","时交十二月"打宋代农民起义首领"方腊"。这里首条中的"处暑"是农业"二十四节气"之一,为伏天过了后的一个节气,故扣"光伏"(注:作伏天过完解)。次条谜底应别解为"冬月不拉货"之意,末条谜底应别解为"方始到了腊月"。

此外,尚有以民俗中特定日子的称谓为谜材的。众所周知,元宵佳节,又称"灯节",通常张灯赏灯有六天之久,即定正月十三为上灯日,十八为落灯之日。当你见到谜面有"上灯日"或"落灯日"时,谜底中准有"十三""十八"之数。例如"上灯日已过"打古书合称《十三经》(注:经,经过)与"落灯日闲聊神侃"打京剧《十八扯》(注:扯,扯淡)。

还有九月初九"重阳节"、七月初七"乞巧日"等,也是灯谜爱好者关注的对象。例如"重阳佳节谁不知"打对台关系名词"九二共识"(注:九二,指九九);又如"米寿诞期乞巧时"打俗语"七七八八"(本义为零零碎碎,各式各样),"乞巧"扣"七七",另外俗称"八十八岁"为"米"寿,因米拆开为"八十八",故扣。

由此看来,这些合"时"而作的灯谜还是颇有知识含量、耐人寻味的,希望读者能喜欢。

每月二谜

1. 孕妇日记(打二字《唐诗三百首》篇目一)
2. 婉拒馈赠(打二字《唐诗三百首》篇目一)

上期答案

1. 不是人人患便秘(打四字成语一)

   谜底:有的放矢(注:矢,古汉语中通"屎")

2. 买卖的学问(打二字古书一)

   谜底:易经(注:易,交易)

《春谜大观》一百年

◎刘茂业

在海派灯谜的形成和发展过程中,一百年前问世的《春谜大观》(上海进步书局1917年初版)是一部重要的灯谜著作。这本清末民初沪上著名灯谜社团"萍社"谜家的谜作汇辑本,分上下两卷,收录灯谜共计5000余条,谜作者多达58位,并几度再版,影响巨大,沾溉数代海上谜人。

《春谜大观》主编王文濡,字均卿,别署新旧废物等,是著名的"南社"诗人。他有感于当时坊间所刻的谜书粗制滥造,贻误学者,因而与"萍社"同人"商略而行之",遂编成此书。我们来看书中的谜例:"城外面饼极多"打唐诗句"野火烧不尽",谜底须顿读作"野/火烧/不尽","野"指"城外、郊野","火烧"系北方人对面饼的称呼,"不尽"就是"极多"的意思;"京中骤雪"打曲牌名"忽都白","忽"解释为"忽然",扣合谜面上的"骤","都"是"京都","白"指"白雪";"孩"打《西厢记》句"一时半刻",把谜面视作两部分,"子"是"第一个时辰","亥"是"刻"的一半;"兄弟之后"打汉代人名"第五伦",古代以君臣、父子、夫妇、兄弟、朋友为"五伦","兄弟"在五伦中排列第四,所以它的后面是"第五伦";"《廉吏传》"打京戏名《清官册》,"廉吏"就是"清官","册"即书册;"小人勿用"打中药名"使君子",用反扣法成谜,"小人"对应的是"君子","使"别解为"使用"。

上述这些谜作,制谜手法多样,已有别于传统的古典灯谜模式,颇具海派风格。

献谜书城乐众人

◎江更生

每年的春节,位于上海文化街福州路的上海书城,总要举行"迎春灯谜会"以款待来自各方的读者。笔者有幸被邀为谜会的供稿者兼主持人,从2000年起,迄今已有17年了。今岁欣逢金鸡纳吉之春,大年初二下午二时整,七楼演讲室里坐满了人,他们都摩拳擦掌地等待猜射灯谜。谜会采用在书写板上逐条露布大字谜题的形式,让猜者寻思后举手求射,主持允许后方可报出谜底,倘若猜中,还需讲出扣合的道理或与题意有关的文化知识,然后方可获得奖品。这样可使众多的灯谜爱好者领略个中谐趣以及汲取百科知识,大有"寓教育于娱乐之中,获知识于课堂之外"的功效,因而深受广大读者欢迎,常常是家长带着孩子前来,甚至全家出动参猜的盛况。

为了迎接鸡年降临,我出了两条与鸡有关的"鸡谜":一条是以"转眼鸡年今又到"为谜面,要求打字一。这条谜上有两个隐藏的机关:"转眼"与"鸡年今又到"。前者应别解为"倒着看",后者暗指今年的干支纪年"丁酉"。将"丁酉"转过来一看,不正好为"酉丁"吗,所以谜底为"酩酊大醉"中的"酊"字。另一条是"浦东鸡",要求打美国篮球名将一。这条谜猜了好久没中,一位白领小伙子猜了一宿,第二天到我为书城五角场店主持的谜会上,报上谜底,即为NBA效力多时的"海伍德"。原来根据汉代韩婴的《韩诗外传》所载,鸡有"文、武、勇、仁、信"五德。即头戴鸡冠谓之

"文",足有利爪谓之"武",善于格斗谓之"勇",有食呼伴谓之"仁",司晨守时谓之"信"。浦东鸡为上海著名家禽,谜底别解为"上海的五德之禽"(注:海,上海,如"海派"之海;伍,作五的大写解),故扣。

在书城出谜,自然少不了要悬几条与书有关的灯谜,如以"祥子掉泪"打台湾女作家三毛的名作《哭泣的骆驼》。此谜运用老舍小说《骆驼祥子》的人名绰号扣合。又如以"二人拥吻"打王安忆获奖小说《天香》,这则采取分扣手法,"二人"合而为"天",沪语接吻称"香面孔",香在此作动词吻解,"拥"则为谜面上起粘连作用的"抱合字"。还有如以"文从字顺"打朱起凤先生编撰的工具书《辞通》(注:别解为"文辞通顺")等。

也许是经常猜我灯谜的缘故,猜者摸熟了谜路,全场所出35条灯谜,仅两条幸免,其余均被揭穿。限于篇幅,现择录几条以博读者一粲:1. 反认故乡为异乡(打成语一),谜底:不明就里(注:里,故里);2. 石匠交流技艺(打成语一),谜底:言之凿凿(注:凿凿,别解为"手凿凿子");3. 忧心如焚,急中生智(打动力设备一),谜底:内燃机(注:机,机智);4. 岳父的气度(打动词一),谜底:丈量;5. 舍侄居然也博士(打《水浒传》人名一),谜底:阮小二(注:阮,侄子,典出"竹林七贤"中"小阮"阮咸之谓;古称店小二为"茶博士"或"酒博士",故扣);6. 聊天不讲荤段子(打西式食品冠别称一),谜底:白脱(黄油)(注:白,说话;脱,去掉;黄油,黄色与油腔);7. 风韵犹存(打教育名词一),谜底:留美;8. 萦怀难释金牌梦(打疾病一),谜底:冠心病(注:冠,冠军)。

至于未被猜中的,除了上述一条外,尚有"齐夷让国"(打二字新词语一),因为用了伯夷、叔齐恐怕承袭国君之位,互相推让最终出逃首阳山的故事,而且未标明新词语的范围,故而成了"漏网之鱼",谜底应为"恐袭"二字。

关于错别字(二)

◎王 力

(本文接上期)

2. 造成错别字的原因

形近而误，多半是由于平日不留心字的笔画。有些字，只是一笔半画之差，如己(jǐ)、已(yǐ)、巳(sì 地支名)，戊(wù 天干名)、戌(xū)、戍(shù)，风(fēng)、凤(fèng)。有些字，写得端正时容易辨认，写得潦草一点就容易混淆，如"天、无"，"处、外"，"归、旧"，"极、板"，"合、会"。有些成分也只是一笔半画之差，一不小心就容易出错，如"厅""厨""厢""厕""厦"等字误从广，"凉""冷""冻""凄""净""决""减""况"等字误从氵，"印""却""即"等字误从阝，"冠""写""冤""冥"等字误从宀，"危""卷""犯"等字误从巳，"汛""讯""迅"等字误从凡，"式""武""腻"等字误从戈，"冷"误从今，"含""念"误从令，"纸"误从氐，"初""裕""被""袖"等字误从衤，"刺""策""棘""枣"等字误从束，"抢""枪""舱""创"等字误从仑，"痕"误从良，"陷""焰"误从舀，"段"误作"叚"，"恭""慕""添"等字误从氺，"庄""庆""类""杀"误加一点，"压""厌"误缺一点，等等。

音近而误，多半是由于没有了解字的意义。单音词的别字是比较少见的，因为单音词的意义(除了生僻的以外)是比较好懂的，但若不留心字义，也会出错。例如以"向"代"像"，就是因为平日没有注意"向"字并不表示"相似"的意义。又如以"代"代"带"，也是因为平日没有注意"代"字并不表示"携带"的意义。更多的、更常见的同音别字则是在合成词或成语中出现的。合成词在汉字上表现为两个以上的字,成语则常常表现为四个字。在合成词和成语中,为什么容易出现同音别字呢?这是因为合成词和成语包含有古代的字义,这些字义已为现代一般人所不了解,人们在学习这个合成词和成语的时候,只是作为一个囫囵的整体接受下来,没有深入了解其中某一个字的实在含义,于是就在某些情况下写了别字。同音别字并不是随便写一个同音字,而是写字的人满心以为有理由写这个字。例如"残酷"之所以被写成"惨酷",是由于写字的人认为"残酷"的概念和"悲惨"的概念有关,他不知道"残"字在古代有"凶恶"的意思,这个古义在这个合成词中保存下来了。又如"首屈一指"之所以被写成"手屈一指",是由于写字的人认为屈指是属于手的事情,他不知道首先弯下一个大拇指才是表示第一的意思,音近而误,可能还有其他原因,但是对字义的不了解,则是主要的原因。

3. 消灭错别字的方法

要消灭形近而误的错字,主要靠平日注意字的笔画,一笔不苟。注意容易相混的成分加以区别。

形近而误的别字,与认字有关。有些比较生僻的字,常常容易写错。例如:

棘手——*辣手
形容事情难办,像荆棘刺手。也叫"扎手"。

病入膏肓——病入膏*盲
我国古代医学上把心尖脂肪叫膏,心脏和膈膜之间叫肓(huāng 荒),认为是药力达不到的地方。

鬼鬼祟祟——鬼鬼*崇*崇
指偷偷摸摸,不光明正大。

祟（suì岁），迷信说法指鬼神带给人灾祸。

音近而误，如上文所说，主要原因是写字的人不了解字义。因此，消灭同音别字的方法就在于深入了解字义。例如：

绝对——*决对

"绝对"是跟"相对"相对的。没有相对，叫绝对。"绝"在此是没有的意思。

贡献——*供献

古时官吏或人民献东西给君主，叫作"贡"。

"贡"和"献"同义。

至少——*止少

"至"是"最"的意思，不能写成"止"。

精简——精*减

"精简"来自"精兵简政"，不能写成"精减"。

粤、客家、闽南等方言，"简""减"不同音。

挖墙脚——挖墙*角

挖墙脚是把基础挖掉，不是只挖一只墙角。南方许多方言，"脚""角"不同音。

权利义务——权*力义务
国家权力——国家权*利

权利是公民或法人依法行使的权力和享受的利益，跟义务相对，如选举权，言论集会结社的自由，都是我国人民的权利。权力是政治上的强制力量，或者是职责范围内的支配力量。南方许多方言"利""力"不同音。

变本加厉——变本加*利

"厉"在这里是"严重"的意思。"变本加厉"语出萧统《文选序》。萧统原来的意思是说：冰是积水所成，但是积水改变了本来的性质，变为更加严重（更冷）了。现在这个成语被用来表示人的缺点错误比原来更加严重。粤、闽北、闽南等方言

"厉""利"不同音。

按部就班——按*步就班

按部,是按照规定的部位;就班,是站到指定的班次。"按部就班",原是各就各位的意思。现在这个成语被用来表示办事要按照一定的程序。

任劳任怨——*认劳*认怨

"任"是"担当"的意思,所以不能写成"认"。

粤、客家、闽南等方言"任""认"不同音。

汗流浃背——汗流*夹背

"浃"(jiā 加)是"湿透"的意思,所以不能写成"夹"。

一唱一和———唱一*合

"和"(hè 贺)是"跟着唱"的意思,不能写作"合"。吴、粤等方言就是"和""合"读音相差很远。

由此看来,要避免别字,必须认真了解字义,不能囫囵吞枣,不求甚解。在词和成语被写错了的情况下,不能认为我们真正掌握了这些词语,也就是说,我们学习语言还没有学好。我们要学好语言,消灭错别字是必要条件之一,决不可以等闲视之。

(选自《王力论学新著》,广西人民出版社 1983 年出版。文章有删节,原文标题为《正字法浅说》)

网言网语·友谊

以金相交,金耗则忘;以利相交,利尽则散;以势相交,势去则倾;以权相交,权失则弃;以情相交,情逝人伤。以心相交,静行致远。

(细 雨/辑)

老人

◎伯淮 设计

(文中有十处差错,你能找出来吗? 答案在本期找)

老人的身体每况愈下,日常生活不能自理,总算到了难以为继的地步。妻子早已夭折,又没有子女,老人只能选择住进养老院。进养老院须负一大笔费用,他必须变卖他积攒一生的财产——他的房子。

那房子是老人在年轻时亲手建造的。它的一砖一瓦,一石一木,甚至每一棵榫头、钉子,他都抚摸过。他在这栋房子里住了大半辈子,他最大的愿望,是在这栋充满回忆的房子里安度晚年。然而,好梦难圆,老人不得不离开这栋房子。

房子以150万元的底价挂牌出售,一大批买房者纷至踏来。由于地段优越,在不到两个星期的时间,楼房的竞价就超过了300万元。这笔钱已经够老人住进养老院了,但老人依依不舍,不想马上搬离。

在一个阳光明媚的早晨,老人正气喘嘘嘘地将一把沉重的椅子搬出屋子。这时,一个年轻人走进院子,立即上前帮忙。年轻人将椅子搬到了庭院。老人坐在椅子上,惬意地享受着阳光的照射。年轻人靠近老人,说:"老人家,我很想买您的房子,但我现在只能拿出200万。""这恐怕不行,"老人笑着摇头道:"现在房子已不只300万了,而且我急需这笔钱去养老院。"

年轻人诚恳地说:"我很喜欢这栋房子,买下它是我的梦想。如果您肯卖给我,我会让房子维持原样。您也不必去养老院,您继续住下去,我会像照料父亲一样照料您。"

寡居多年的老人听到这个提议,看看眼前这个朴实、忠厚的小伙子,眼中亮起了光芒。仅仅犹豫了一会儿,他便答应了年轻人的请求。

书窗

花自远方来，香飘云天外

知道吗？"茉莉花"虽在中国唱颂，却原产印度；作为香料的丁香原产自印尼，不同于中国的丁香花。这是套针对中国的外来植物的有趣丛书，全面介绍历史各个阶段以不同方式传入中国的花卉、香料、蔬菜和水果，图文并茂，知识丰富。

《远方的茉莉花——中国的外来植物·花卉》
　　晓蓓/著　　定价/38元

《舌尖上的丁香——中国的外来植物·香料》
　　姚欢远/著　　定价/38元

热销中
邮购电话：021-64372608
邮购地址：上海市绍兴路7号2楼咬文嚼字发行部
邮政编码：200020
更多优惠请登录：http://yaowenjiaozi.taobao.com

书窗

做人类智慧的点灯人

书籍是人类智慧的灯光，编辑就是传承灯光的使者。《出版的灯光》正是一本编辑随笔集，记录了作者多年来对出版界热点现象的思考，从《纽约时报》谈到"万宝全书"，从日本的报纸谈到莫言的萝卜，意蕴隽永，耐人寻味。

《出版的灯光》 郝铭鉴/著　定价/25元

热销中
邮购电话：021-64372608
邮购地址：上海市绍兴路7号2楼咬文嚼字发行部
邮政编码：200020
更多优惠请登录：http://yaowenjiaozi.taobao.com

火眼金睛

图中差错知多少?

张文梅 陈瑞 董榜 易念祖 提供

(答案在本期找)

谨严慎行 宽厚忍让
勤恳做事 踏实做人

限1000支,抢完即至

唯恐沾辱先祖

床垫厂
专业订做
席梦思
棕　　垫
真皮沙发

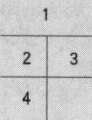

1	
2	3
4	

ISSN 1009-2390

YAOWEN-JIAOZI

咬文嚼字

08 / 2017

原产北美，大约在明代引入中国。花叶随太阳转动，特性与锦葵、蜀葵、秋葵等相似，故名"向日葵"。又名朝阳花、太阳花等。

向日葵

欢迎至邮局订阅本刊 邮发代号 4-641
国内统一刊号 CN 31-1801/G
定价：5.00元

上海世纪出版集团

雾里看花

"串访"干吗

晋 相

这是沈阳街头的一个店招。上面有"鳕鱼""鸡胗"等,此店应该是个小餐馆。汉语中本有"串访"一词,意思是"挨次访问"。吃个饭,干吗"串访",如何"串访"?猜猜看,答案见本期。

书窗

和能生物,同则不继

《碰撞与融合——跨文化笔谈》

陆建非 / 著　　定价788元(上、下卷)

本书贴近跨文化交流的理论与实践,内容分为"咬字嚼词""说礼道俗""刨根问底""采光撷影""题序撰评"五大部分。作者陆建非教授多年来参与大量对外交流与合作活动,出访过40多个国家和地区,对文化外交如何服务于国家发展战略颇具心得。文集涉及国外礼仪习俗、风土人情,英汉双语及双文化的异同体察、比照联想,把对文化现象的认识和盘托出,把母语与目的语以及它们的特定文化背景进行不同视角、不同层面的剖析和对比,探索文化外交的蕴意与实现路径。

热销中
邮购电话:021-64372608
邮购地址:上海市绍兴路7号2楼咬文嚼字发行部
邮政编码:200020
更多优惠请登录: http://yaowenjiaozi.taobao.com

"错杀良民"

周桃芝/文　臧田心/画

　　清末著名粤剧大师邝新华，为粤剧的中兴和发展做出了重大贡献，在社会各界享有崇高声誉。年过七十高龄，邝新华还登台演出。据传，一次他扮演将军，在战场上挺枪杀敌，不料一时老眼昏花没看清，竟误向锣鼓手那边杀去，全场哗然失笑，大喝倒彩。邝新华知道杀错了，立即按枪疾声道："不好了！沙尘滚滚，错杀良民，如何是好？"台下掌声骤起。

咬文嚼字

2017年8月1日出版

8 总第272期

主管：上海世纪出版集团
主办：上海咬文嚼字文化传播有限公司
编辑、出版：《咬文嚼字》杂志社
集团网站：http://www.shwenyi.com
E-mail：yaowenjiaozi2 @ 163.com
官方微博：
http://weibo.com/yaowenjiaozish
电话传真：021-64330669
发行电话：021-64372608
邮购电话：021-64372608
地址：上海市绍兴路7号
邮政编码：200020
发行：上海市报刊发行局
发行范围：国内外公开
订阅处：全国各地邮局
邮发代号：4-641
ISSN 1009-2390
CN 31-1801 / G
印刷：上海文艺大一印刷有限公司
广告经营许可证：沪工商广字
3100320050020 号
定价：5.00 元

栏目	篇名	作者	页码
名家语画	"错杀良民"	周桃芝/文 臧田心/画	1
语林漫步	"诡异的光"真的"诡异"？	白岩尖	4
校园丛谈	并非是"何人不起故国情"	马丽川	7
	何来"舍君"	孙凯	9
一针见血	"亦步亦驱"？	韩学燕	11
	地方人民法院没有"最高"	陈关春	11
	"属意"？"授意"！	周平果	12
	"怡"不可"甘之"	阎德喜	12
	"真知酌见"？	李可钦	13
	不是"棉里藏针"	阎南岗	13
	陈忠实是"关东人"？	刘曰建	14
	不是"芫荽"是"芫荽"	贾清妍 李莉莉	15
	砝码，还是筹码？	屠林明	15
	韩愈有《韩诗外传》吗	辜良仲	16
	何为"宫秩"	温守江	16
	"结余"和"节余"	张志达	17
	是"诿过"而非"透过"	陈汇舒	17
	赵构做过"皇太子"吗	杨西仑	18
时尚词苑	跨界的"重口味"	吴梦捷	19
	流行构式"一言不合就××"	绯荔榭	21
锁定名人	"祖裼裸裎"？"祖裼裸裎"！	厉国轩	23
	"鹤唳九泉"？	杨昌俊	24
微型讲坛	谈"获益匪浅"的"匪"	苏培成	25
	说"零"	陈运舟	27

栏目	标题	作者	页码
追踪荧屏	"煮豆"燃的是"萁"吗	李景祥	/29
	"千真万确"不正确	黄殿容	/30
	何来"康熙词典"	姜伟光	/31
	不是斜振是谐振	雷冰	/32
文章病院	"兔起鹘落"应为"兔起鹘落"	王宗祥	/33
	宁古塔在开原吗	李华山	/34
	"艺器"？"褻器"！	孙利政	/35
	"干戈玉帛"成为"金戈铁马"？	张怡春	/36
	《楚辞》中没有水仙	遐观	/37
	误将"毛边"作"毛皮"	李光羽	/38
借题发挥	45年前，"中美三个联合公报发表"？	周振	/39
	"牴犊"怎会"情深深"	康丽丽	/40
网语漫谈	说"尬"	岳怡欣	/41
	信息时代的"手动"	姜欣幸	/43
	你有一颗少女心吗	陈婉婷	/45
华语圈	港式中文小议	田小琳	/47
	澳门的"三文四语"	程祥徽	/48
	特朗普、川普和清儒钱大昕	竺家宁	/49
	台湾的"魔人"	高婉瑜	/51
	组屋	汪惠迪	/52
东语西渐	"中国梦"与"美国梦"	陆建非	/54
谈联说谜	凭君传语报平安	刘茂业	/57
	嵌有人名的灯谜	江更生	/58
向你挑战	文学创作与"吃鱼"	梁北夕 设计	/60

顾问 张斌 濮之珍 何伟渔 陈必祥 金文明 姚以恩

名誉主编 郝铭鉴

主编 黄安靖

副主编 王敏

特约编委
汪惠迪(中国香港)
田小琳(中国香港)
林国安(马来西亚)
吴英成(新加坡)

责任编辑 施隽南

发稿编辑 何中辰 朱恺迪

通联 张炜

封面设计 王怡君

特约审校
蔡维藩 陈以鸿
李光羽 王中原
张献通

凡本刊录用的作品，其与《咬文嚼字》相关的汇编出版、网上传播、电子和录音录像作品制作等权利即视为由本刊获得。上述各项权利的报酬，已包含在本刊向作者支付的稿酬中。如有特殊要求，请在来稿时说明。

"诡异的光"真的"诡异"?

◎白岩尖

每年的高考,都会成为社会各界热议的话题。

今年浙江卷的一篇现代文阅读,无疑拔得头筹,赚的眼球最多。阅读材料是巩高峰的《一种美味》,这是一篇能"令人遐想"的美文,适合做阅读材料。文中讲了这样一个故事:在物质匮乏的年代,一个6岁的孩子在小河沟里抓到一条鱼,高高兴兴地捧回家交给母亲。母亲特意用黄豆种子换了半瓷碗过年才能吃的豆腐做搭配,烧了一大锅鱼汤。于是,一大家子美美地吃了一顿平时难以吃到的豆腐鱼汤。吃好后,睡觉的去睡觉,干活的去干活。小孩在灶前添柴火煮猪食,抓到一个黏黏的、软软的东西,凑到火光里看,是那条鱼!原来它早已从锅里蹦出来了,大家喝的汤中根本没有鱼。文章最后说:"现在,它早已死了,只是眼里还闪着一丝诡异的光。"阅读的最后一问是:设置这个意外的结尾有什么好处?

许多考生觉得此题很难回答,纷纷到巩高峰的微博上留言,问"诡异的光"表达的到底是什么,文章结尾有什么意义?谁知巩高峰在微博上这样回答:标准答案没出来,我怎么知道表达的是什么?我哪里知道结尾有什么意义?一下子炸翻了天,网友纷纷吐槽:连作者自己都不知道,学生如何能回答?这个"诡异的光"太"诡异"了!

作者不能回答以自己文章为材料设计的阅读题,真的就说明题目设计有问题?

在我国阐释学领域,有"诗

无达诂"的说法。"诗无达诂"源于"《诗》无达诂",《诗》是指《诗经》。《诗经》是先秦儒家经典,自汉代开始,经学家纷纷为之做注。然而,翻阅古注不难发现,注家各持己见,意见众说纷纭。董仲舒因此提出了"《诗》无达诂"的概念,意思是《诗经》没有一成不变的解释,因时因人而异。宋代,一些注《诗》者挣脱"经学"桎梏,开始把《诗》当成文学作品来阅读、来鉴赏,于是"《诗》无达诂"泛化为"诗无达诂"。"诗无达诂",即文学作品的文本没有确定不变的含义,对同一文学作品的理解,可以见仁见智。具体地说,"诗无达诂"主要包括两个含义:第一,读者的理解可以与作者的原意不一致。正如欧阳修《唐薛稷书》所说:"得者各以其意,披图欣赏,未必是秉笔之意。"第二,同一作品,不同的读者可以有不同的理解。据姚元之《竹叶亭杂记》记载,钱箨石与翁覃溪交往甚密,每次相见必谈杜诗,但意见每每不合,争吵甚烈,有时甚至拳脚相向。

那么,是什么导致《诗》无达诂"或"诗无达诂"现象的呢?

从语言哲学角度看,语言符号具有多义性,任何形式的语言符号所表达的内容都不是单一的。比如"老头子"既可以指年老的男子,也可用于称别人或自己的丈夫,旧时还有人用来称帮会的首领。"走"既可以指离开,还可以作婉辞用,指人去世。那么,"老头子走了"是什么意思呢?很难判断。语素、词、句子、语段及篇章等,其实都具有多义性,仅从文本分析文本,其含义都难确定。

作者注入在文本中的含义,仅是文本含义的一种。如果要还原文本中的作者原意,除了对文本进行语义分析外,还要结合文本创作的时代背景以及作者的社会经历、心理倾向等等因素。而这些背景材料,一般难以准确、全面弄清楚,如作者创作文本的心理情感背景,时过境迁后甚至连作者自己也难以准确还原。因此,有学者提出,作者的创作原意,根本就不可能还原,就是作者自己也不行。阅读文本,阅读的是文本含义,而非作者原意。

文本的多义性,给不同的阅读者,提供了"各自解读"的空间,甚至相同的人在不同的时空阅读,也可能出现不同的理解,得到不同的感触。这恰恰就是文本的魅力所在。试想,一首诗、一篇散文、一部小说,如果在任何情况下阅读,都只能有一种解读,只能有一种感触,其价值是不是打折扣了呢?文本的多义性,是导致《诗》无达诂或"诗无达诂"的缘由。

可见,作者不能回答或不能完全准确回答以其作品为材料而设计的试题,很正常,符合阐释学、语言哲学的理论。围绕浙江高考语文试卷阅读题所产生的争议,其实是个误会。不过,以下问题是值得深思的:

首先,既然文本具有"多义性",那么,对文本的理解就是开放的,没有所谓的"标准答案",答案"合理""合情""合事"即可。语文学科中的阅读理解,有利于启发学生的发散性思维。然而,在现在的阅读教学及考试中,往往要求学生以"标准答案"答题,有时甚至严格到不能有一字之差。这不仅违背文本的"多义性"特征,不符合语文学科特点,也与阅读理解的教学目标背道而驰。

其次,在现在的语文阅读教学和考试中,常常出现类似"某某词表达了作者什么思想感情""某某句子揭示了作者什么样的思想观点"的题目设计,其实最好不要提及作者,只说"某某词表达了什么思想感情""某某句子揭示了什么样的思想观点"即可。文本的创作是在一定时空背景下有意或在潜意识状态下进行的,随着时空转移,很可能连作者都说不清楚当时的创作意图,就像巩高峰说不出"诡异的光"的含义一样。读者理解的是文本的含义,而非作者的原意。

浙江高考语文阅读题中的"诡异的光",其实并不"诡异"!

并非是"何人不起故国情"

◎马丽川

上海教育出版社《文言文全译与训练》七年级第一学期，收有李白的《春夜洛城闻笛》一诗：

谁家玉笛暗飞声，
散入春风满洛城。
此夜曲中闻折柳，
何人不起故国情。

后两句真的是"此夜曲中闻折柳，何人不起故国情"吗？

查阅安旗主编的《李白全集编年笺注》（中华书局2015年版）、郁贤皓编选的《李白集》（凤凰出版社2014年10月版），以及詹锳主编的《李白全集校注汇释集评》（百花文艺出版社1996年版），此联都为"此夜曲中闻折柳，何人不起故国情"。

李白这首《春夜洛城闻笛》大致写于开元二十二年（734）。全诗写的是一个春天的晚上，夜深人静，喧闹了一天的繁华洛阳城安静了下来，一曲悠扬的笛声传入了诗人的耳朵。这悠扬的笛声不知是从谁家传出，它随着徐徐的晚风，飘散在茫茫的夜色中，仿佛传遍了洛阳城的每个角落。笛声正是《折杨柳》曲，聆其曲调，使人不禁黯然神伤，生出了思乡之情。

《折杨柳》，是汉代横吹曲名，内容多写离别之恨。古人离别时，有折柳枝相赠的风俗。如汉乐府《折杨柳歌辞》："上马不捉鞭，反拗杨柳枝。下马吹横笛，愁杀行客人。"隋唐时，除了继续保持折柳赠别的习俗外,也常以折柳表达对远离的家乡或亲友的思念。如隋末无名氏《别诗》:"杨柳青青着地垂,杨花漫漫搅天飞。柳条折尽花飞尽,借问行人归不归。"又如李白《书情寄从弟邠州长史昭》:"绿杨已可折,攀取最长枝。翩翩弄春色,延伫寄相思。"再如李贺《致酒行》云:"主父西游困不归,家人折断门前柳。"可见,古人在离别时折柳相送,在思亲怀乡时也折柳寄情。这样,"折柳"的含义得以延伸,寓含着"怀远""思乡"的意思。

洛阳城多宦游者,随风传入诗人耳中的《折杨柳》曲不知是何人吹奏,也许是他乡游子在借曲遥寄对故乡亲人的思念,这正好打动了同在洛阳的诗人的思乡之情。袁行霈说:"折柳代表一种习俗,一个场景,一种情绪,折柳几乎就是离别的同义语。它能唤起一连串具体的回忆,使人们蕴藏在心底的乡情重新激荡起来。"李白的老家在四川,长期游历在外,在春夜里听闻《折杨柳》,自然会想起自己离乡的场景,想起家乡的故人。《春夜洛城闻笛》一诗,传达了诗人对故乡的思念。

"故园"即"往日家园""故乡""家乡"的意思。唐人诗句如韦应物"故园渺何处,归思方悠哉"(《闻雁》)、岑参"遥怜故园菊,应傍战场开"(《行军九日思长安故园》)等,都以"故园"指故乡、家园。而"故国"的意思是"祖国",也可表示已经灭亡的国家、旧都等义。古人常在诗词中以"故国"寄托"旧国情怀",如李后主"小楼昨夜又东风,故国不堪回首月明中"(《虞美人》)等。

可见,"故国情"与"故园情"的意思不同。李白《春夜洛城闻笛》一诗传达的是思乡之情,无疑是"故园情",而非"故国情"。

何来"舍君"

◎孙 凯

人民教育出版社《语文》③必修《教师教学用书》第165页有如下文字:"如,儿女对父亲通称'爸爸',表示尊敬时称'亲爱的爸爸''俺爸';向第三者表示谦逊时称'家父''舍君';在父子关系不正常时,又称'老头子''老不死'。"这里的"舍君"说法有误,说成"家君"才正确。

家君,一义指春秋时代卿大夫封地的基层官员。《墨子·尚同下》:"卿之宰又以其知力为未足独左右其君也,是以选择其次,立而为乡长、家君。"还有一义指父母。《易·家人》:"家有严君焉,父母之谓也。"后作为谦称,称己父为家君。明高濂《玉簪记·追别》:"我有白玉鸳鸯扇坠一枚,原是我家君所赐,今日赠君,期为双鸳之兆。"

我们使用"谦称"和"敬称"时,有一个习惯——"家大舍小令外人"。"家""舍"是谦称,只用于自己的亲属;"令"是敬称,只用于对方的亲属。用"家""舍"作为谦称,大致始于三国时期。曹植常在诗文中用"家"谦称自己的亲属,如《宝刀赋序》中"家父魏王"、《叙愁赋》中"家母见二弟"、《释思赋序》中"家弟出养"等等,其中的"家父"指父亲曹操,"家母"指母亲卞氏,"家弟"指弟弟曹整。曹丕《与钟大理书》中有"舍弟子建"一语,"舍弟"指曹丕的弟弟曹植。自明代开始,"家"字族谦称词开始缩小使用范围,仅用来称家族中的长辈或年龄比自己大的同辈亲属。这样一来,"家""舍"明确分工:辈分比自己高的以及和自己同辈但年龄比自己大的用"家",如对人称自己父母为家父、家母,对人称自己的岳父为家岳,对人称自己兄长为家兄,等等。辈分比自己低的以及和自己同辈但年龄比自己小的用"舍",如对人称自己的侄子为舍侄,对人称自己的弟弟为舍弟,对人称自己的妹妹为舍妹,等等。而"令"则不分辈分和年龄,其使用范围相当于"家"和"舍"的范围之和,如称对方的妻子为令阃,称对方的儿子为令郎,称对方的母亲为令堂,等等。

家、舍、令等字用在父、弟、妹等称谓语之前,相当于一个前缀,已经表示了与说话人的关系,因此不必在它们之前再加上人称代词。使用谦敬词要遵循一些特殊习惯。如敬称对方的父母为"令尊""令堂",一般不称"令父""令母"。谦称自己的父母,既可称"家父""家母",也可称"家严""家慈"。敬称对方的子女为"令郎""令爱",一般不称"令子""令女"。谦称自己的子女也不是"舍子""舍女",而是"犬子""小女"。"令"除敬称对方的亲属外,也可以称第三方的亲属。第三方也是"外人",这并不矛盾。

可见,称自己父亲为"舍君",不符合汉语中的谦称习惯。父亲是长辈,谦称应用"家"而非"舍"。参看人民教育出版社《语文》⑤必修第29页王勃《滕王阁序》中"家君作宰,路出名区"一句的注解,"家君"就是"家父"的意思。

《文学创作与"吃鱼"》参考答案

1. 斩露头角——崭露头角
2. 声名雀起——声名鹊起
3. 不文一名——不名一文
4. 风糜——风靡
5. 笔耕不缀——笔耕不辍
6. 出人投地——出人头地
7. 天份——天分
8. 既没有——不仅没有
9. 而且鱼骨——而鱼骨
10. 哄堂大笑——哑然失笑

"亦步亦驱"?

◎韩学燕

2017年5月14日《今晚报》第9版《扇底文坛有清风》一文中有这样一段话:"乔老拎着菜篮,跟在夫人身后,亦步亦驱,成了方庄夕阳下的一道风景线。"这里的"亦步亦驱"应该是"亦步亦趋"。

"亦步亦趋"出自《庄子·田子方》:"夫子步亦步,夫子趋亦趋,夫子驰亦驰。"步,走;趋,快走。句中的意思是,老师走学生也走,老师快走学生也快走,老师跑学生也跑。后常用"亦步亦趋"比喻没有主张,或为了讨好,事事效仿或依从别人,跟随人家行事。以上引文是想说,"乔老跟随着夫人一步不落地走",用"亦步亦趋"既符合场景,又暗含有一种幽默的语气。而"驱"本义是鞭马前进,后又引申有驱赶、驾驭、行进、迫使等义。"亦步亦趋"不能写作"亦步亦驱"。

地方人民法院没有"最高"

◎陈关春

《解放日报》2016年12月29日第10版刊有《难忘的〈知青之歌〉》一文,其中写道:"任毅有空写了许多份翻案书,通过管教干部子女的渠道寄出去,分别寄给最高人民法院、江苏省最高人民法院、南京市中级人民法院上诉。"此处"江苏省最高人民法院"中的"最高"是误用,正确的用法应是"高级"。

《中华人民共和国宪法》中关于人民法院有这样的条文:"中华人民共和国设立最高人民法院、地方各级人民法院和军事法院等专门人民法院。"这里所说的"最高人民法院"即全国人民法院系统的最高层级法院,是国家的最高审判机关。《中华人民共和国人民法院组织法》第一章总则第二条这样写道:"……地方各级人民法院分为:

基层人民法院、中级人民法院、高级人民法院。"由此可见，中央有最高人民法院；地方分设基层人民法院、中级人民法院和高级人民法院，省、自治区、直辖市一级的人民法院统称为"高级人民法院"。地方没有"最高人民法院"。

"属意"？"授意"！

◎周平果

2017年3月20日《书刊报》（红色版）第10版刊有《古代丝绸之路演变内情》一文，在讲述张骞第二次出使西域的历史时，文中有这样的话："因为军事形势已发生了根本性变化，张骞便在武帝的属意下出使西域……"在这段话中，"属意"一词使用不当。

属（zhǔ）意，归心，着意，意向专注于（某人或某事）。如刘琨《答卢谌诗并书》："不复属意于文，二十余年矣。"又如，他退休后属意环境保护事业。后属意也有倾心之义，指男女相爱悦。引文中，张骞是接受汉武帝的旨意出使西域，用"属意"不准确，不如改用"授意"。授意，就是把自己的意图告诉或暗示给别人，使人照办。用这个词表示张骞奉旨出使更加合适。

"怡"不可"甘之"

◎阎德喜

2017年第22期的《黑龙江广播电视报》02版上有一篇文章《"六一"怀旧节》，其中写道："成长，就像一层厚厚的壳，把真实的我们严严实实地包裹起来，住进这个牢笼，我们或甘之如怡、或面壁思过……"此处的"甘之如怡"应为"甘之如饴"。

饴，读作yí，指糖稀，由麦芽中的糖化酶作用于碎米中的淀粉所制成的一种糖。甘，本义为美味，也指五味中的甜，作动词表示以……为甘。《淮南子·泰族训》："仪狄为酒，禹饮而甘之。"清蒲松龄《聊斋志异·寒月芙蕖》:"客饮而甘之,固索倾酿。""甘之如饴"的意思是,感觉到像糖一般甜美,形容甘愿承受艰难困苦。

"怡"也读yí,和悦貌,指喜乐、安适。误"怡"为"饴"当是音同形近所致。

"真知酌见"?

○李可钦

2016年4月18日《德江报》04版刊有《人生要有大见识》一文,文章用这样一段话形容有见识的人:"他们不唯书、不唯上,也不人云亦云,随波逐流,而是有自己的真知酌见,用最浅显的语言将道理朴素地表述出来,从而实现大道至简。"其中"真知酌见"有误,应为"真知灼见"。

灼,本义为烧、炙,引申有照亮、明白、彰著等义。灼见,即明白透彻的见解。真知灼见,意为正确而透彻的见解。清代江藩《汉学师承记·顾炎武》:"多骑墙之见,依违之言,岂真知灼见者哉!"

"真知灼见"是由定中结构的"真知"和"灼见"并列而成。"真"与"灼"都是形容词,分别以定语的形式修饰中心语"知"和"见"。而"酌"本义为斟酒,除去与宴饮相关的各种义项,还有选择、衡量等引申义。"酌"不作形容词用,不能与"见"形成定中结构的修饰关系,其意思也扞格难通。"酌见"与"真知"搭配,语义语法都有问题。

不是"棉里藏针"

○阎南岗

《讽刺与幽默》2017年1月13日刊载《重蹈覆辙》一文,其中说:"从回信中我能够感受到他当时一定很不满意,字句间棉里藏针地批评并提醒我……"文中的"棉里藏针"错了,正确的写法应是"绵里藏针"。

绵里藏针，即丝绵里藏着针，比喻柔中有刚，也用来比喻外貌柔和，内心刻毒。棉是一年生或多年生草本植物或灌木，果实中的棉纤维是重要的纺织原料。从特点和使用功能上看，棉和绵相似度很高，那为什么不能说"棉里藏针"呢？"绵里针"的说法，在南宋初期就出现在诗歌中，那个时期棉花虽然已经传入中国，但是尚未在中原地区普及，很多人还不知道有棉。当时的汉语中没有"棉里藏针"或类似说法。后来，虽然棉花的使用范围已远远超过丝绵，但是"绵里藏针"之类的说法已经先入为主进入人们的语文生活，地位也就无法动摇了。

陈忠实是"关东人"？

◎刘曰建

《杂文月刊》2017年2月（下）刊出《诤言的"魅力"》一文，文中说：陈忠实"有一种关东人骨子里的倔强，发誓要写出一部能垫棺材做'枕头'的小说"。这里把陈忠实划为"关东人"，其实是搞错了地域概念。

"关东"泛指一般关隘以东地区。在我国历史上，在不同朝代，"关东"所指代的地区也有所不同。秦、汉、隋、唐等定都于今陕西的王朝，称函谷关、潼关以东的地区为关东。自清朝开始，关东指山海关以东一带地区，包括今辽宁、吉林、黑龙江三省。陈忠实是我国著名的作家，是陕西西安人，西安无论哪个时期都未被划入"关东"。说陈忠实有关东人的特性，真是无从说起。

上述引文中的"关东"可能是"关中"之误。汉语中有"关中"的说法，所指范围不一。可泛指函谷关以西战国末年秦国的故地，有时包括秦岭以南的汉中、巴蜀一带，有时还包括陕北、陇西等地。现在陕西渭河流域一带，也称关中。陈忠实无疑是关中人。

不是"芜荽"是"芫荽"

○贾清妍　李莉莉

知识出版社 2016 年 5 月出版有儿童读物《看得见的文明史——十六世纪大帆船》一书,第 41 页上写道:"十七世纪,东印度群岛的香料贸易繁荣发展,与中国通商的规模也越来越大……"这段话旁边有一幅插图,上面画了不少海运商品,并配有图注说明:"1.肉桂;2.姜;3.胡椒;4.芜荽……"这里的"芜荽"有误,应是"芫荽"。

芫荽(yánsuī),又称"胡荽",伞形科,一二年生草本,叶互生,羽状复叶。因为其茎和叶有特殊香气,可以调味,所以俗称"香菜",是常见的蔬菜。芫荽的果实可提取芫荽油,可制成香料,还可入药。原产地中海沿岸,现中国各地都有栽培。元秦简夫《东堂老》第三折:"卖菜也,青菜白菜赤根菜,芫荽胡萝卜葱儿呵。"对照插图中画的植物,当是"芫荽"无误。

"芜"读作 wú,指草长得多而乱,如荒芜、芜杂。误"芫"为"芜"当是形似所致。没有"芜荽"这种东西。

砝码,还是筹码?

○屠林明

"离异女子陈某遇上了事业有成的男子李某。两人同居一段时间之后,李某提出分手,陈某却以肚中的孩子为'砝码'要和李某结婚,而李某却玩起了失踪。"这是 2017 年 4 月 25 日《上海法治报》B02 版《同居生女婴"逼婚"男友逃避玩失踪》中的一段话。这里"砝码"一词的用法有误,可改为"筹码"。

筹码,原为古代投壶计算胜负的用具,后在赌局中沿用。由此,筹码也用来借指在对抗或竞争中可以凭借的依据和条件。引文中的陈某就是凭着肚子里有了孩子,要求与李某结婚,这肚中的孩子就成了陈某与李某谈判较量的筹码。

砝码,是天平上作为质量标准的物体,通常为金属块或金属片,可以称量较精准的质量,也可比喻事物的关键和标准。砝码主要作用是称重,将其作为决定博弈结果的凭据,是不合适的。

诚然,在天平一端的盘子里增加砝码会打破平衡,使天平倾斜。或许可以说,陈某肚中的孩子增加了与李某较量的砝码,却不能说"以肚中的孩子为'砝码'"。

韩愈有《韩诗外传》吗

○辜良仲

《四川画报》2017年1、2月合刊载有《鸡年说鸡大吉大利》一文,文中写道:"古人认为鸡有五德,是文武兼备、勇敢仁义又可信赖的动物,杜甫誉其为'纪德名标五,初鸣度必三',韩愈在其《韩诗外传》中也记述了鲁国田饶的一段话……"《韩诗外传》的著者是韩婴,而非韩愈。

韩婴,西汉人,生卒年不详,是今文诗学"韩诗学"的开创者,著有《韩诗外传》和《韩诗内传》。南宋后仅存《韩诗外传》。《韩诗外传》由360条趣闻轶事、道德说教等不同内容杂编而成,每条皆引用《诗经》中的句子做结,以支持其观点。《韩诗外传》是研究西汉今文诗学的重要资料之一。

韩愈(768—824),唐代文学家,字退之,河阳(今河南孟州)人,因自谓"郡望昌黎",世称韩昌黎、昌黎先生,是"唐宋八大家"之首,有《昌黎先生集》传世。《韩诗外传》并不是韩愈的著作。

何为"宫秩"

○温守江

《齐鲁晚报》2016年12月14日刊载的《张居正的"拙于谋身"》一文中写道:"(张居正)终被神宗……下令抄家,削尽其宫秩,剥夺生前所赐玺书、四代诰命,以罪状示天下。"文中"宫秩"一词不通,应为"官秩"。

秩,有俸禄之义,《荀子·强国》:"官人益秩,庶人益禄。"也可指官职、品级。官秩即官吏的职位或依品级而定的俸禄,《史记·秦本纪》:"遂复三人官秩如故,愈益厚之。"

引文中所说张居正死后被明神宗论罪之事,见于《明史·张居正传》:"诏尽削居正官秩,夺前所赐玺书、四代诰命,以罪状示天下,谓当剖棺戮死而姑免之。"可见,"宫秩"是"官秩"之误。

"结余"和"节余"

◎张志达

上海市中等职业学校《暑假生活 语文》(上海教育出版社2016年1月出版)第2页有句云:"他平时省吃俭用,把全部结余都捐给了灾区的希望工程。"其中的"结余",改成"节余"更加合适。

"结余"之"结"是结算、结账的意思,"结余"即账目结算后剩余,也指剩下的钱、物等,多用于财会领域。而"节余"之"节"是节省、节约和节制之类的意思,故"节余"是指由于节约而剩下,也指节约剩下的钱、物等。可见,"结余"和"节余"虽然都是指有一定的余额,但产生的途径不同,适用的场合也不同。引文中说"他平时省吃俭用",表明"都捐给了灾区的希望工程"的善款是由于"他"节省日常个人和家庭开支才剩余下来的。无论是语义还是情感表达,这里用"节余"都更符合语境。

是"诿过"而非"透过"

◎陈汇舒

《张宁:自己写自己》(作家出版社1998年8月出版)中这样写道:"不久,他死了,作为长辈,知错能承认,比那些知错透过,千方百计诬陷他人的人不知强多少倍,他仍是一位勇敢的将军。"(第349页)其中"透过"应是"诿过"。

"诿",读wěi,《说文解字》:"累也。"其本义是劳累,后引申为推脱、推卸。洪深《电影戏剧的编剧方法》:"此外如一切诿之命运,说超脱话……遇到极困难的环境,自会发热生病等等,这些都经剧作者描写过。"诿过,即把过失推给别人。魏源《圣武记》卷二:"朕自少时见三藩势焰日炽,不可不彻,岂因三桂背叛,遂诿过于人?"

"逶",读wēi,曲折连绵的样子。《文选·潘岳〈笙赋〉》:"修桂内辟,余箫外逶。"李善注:"逶,逶迤,渐邪之貌。""逶过"不成词,将"诿过"误为"逶过",应是形近音近所致。

赵构做过"皇太子"吗

◎杨西仑

2017年5月25日《平顶山晚报》A16版《微历史》最后一段这样写道:"公元1127年五月,逃至南京的皇太子赵构宣布即皇帝位,宋高宗赵构开启了南宋时代。"此处有误,赵构从没当过"皇太子"。

皇太子,即由皇帝所选定的继承皇位的皇子,一般由嫡长子担任。北宋政和五年(1115),宋徽宗赵佶立长子赵桓为皇太子。宣和七年(1125)金兵南下,徽宗于年底(1126)传位赵桓,宋钦宗继皇位,改元靖康。靖康二年(1127),金兵攻破汴京,徽宗和钦宗皆被俘,北宋灭亡,史称"靖康之变"。

宋高宗赵构(1107—1187),是宋徽宗第九子、宋钦宗异母弟,初封康王。在徽宗和钦宗被俘后,赵构在南京(今河南商丘市南)继位,改元建炎。由于金兵继续南侵,高宗赵构一路南迁,最后在临安(今浙江杭州)定都,史称"南宋"。

赵构虽然登基当了皇帝,却未曾当过皇太子。

跨界的"重口味"

◎吴梦捷

且从"口味"说起。什么叫"口味"？食物入口的滋味（人的味觉）就是"口味"，像咸味、甜味、酸味、苦味、辣味、涩味，乃至鲜味，均属"口味"。人们对"口味"的好恶各不相同，有人好辣，有人喜酸，有人爱鲜，有人却忌辣怕酸。所谓"重口味"，指的是某些人对某物过甜、过咸、过辣等的味觉感受。例如：

（1）因……偏爱辣、甜等重口味饮食，引发胃火，导致口臭、口腔溃疡、反胃、长痘、便秘等。（《健康时报》2017年4月5日）

"重口味"还有一种"迁移"用法，用来形容煎、炸、烤、焖之类大量用油并高温加热的烹饪方法（区别于蒸、煮、炖等较温和的烹饪方法）。例如：

（2）长时间储存也易滋生细菌，所以冰冻虾适合较重口味的烹调，如油焖、爆炒等。（《生命时报》2017年3月24日）

近年来，"重口味"还经常用于影视界，成为影评、剧评中的常用词，这儿用的是比喻义。例如：

（3）新片出征戛纳之际，片方日前再度曝光一组刘德华手持骷髅拔枪探案的"重口味"剧照。（《华西都市报》2013年5月9日）

（4）秋意渐浓总是睡不醒的你，或许需要一部重口味电影来醒醒神。专注炮制重口味影片30年的邱礼涛，这次携新片《凶手还未睡》回归。（《信息时报》2016年10月21日）

例（3）的"手持骷髅拔枪探案"的大尺度剧照在视觉上会给观众带来惊悚、恐惧的感觉；例（4）中电影《凶手还未睡》以"女性受侵害事件"为主线，并运用家暴、强奸等暴力元素，在题材和表现方式上都颠覆了一般电影，带给观众强烈的视觉冲击。

"重口味"原本专用于味觉，形容浓重的口味；跨出"烹饪界"进入"影视界"以后，焦点转移到视觉感官上，用来形容那些尺度较大、冲击人的视觉神经并令人感到不安的东西，如一些包含血腥、黄色、暴力、恐怖之类的素材。后来，"重口味"的使用范围继续扩大，引申为精神层面的"口味"，多用来形容那些给人带来惊悚感受的、颠覆传统观念的、或超越道德底线的、涉及社会禁忌的内容。这种"重口味"的东西尤其不适合儿童和青少年。这个义项上的"重口味"与"小清新"可构成一对临时反义词。请看：

（5）《闺蜜》这个名字使得不少观众认为这会是一部小清新电影，但看完之后记者发现，该片可以说是小清新和重口味一样一半，笑点和泪点齐飞。（《重庆商报》2014年7月21日）

我们发现，在口语交际中，许多年轻人常常将"重口味"简化为"重口"，意义不变。双音节词"重口"偶尔也会出现在纸质媒体上：

（6）范冰冰在臭水里泡5天不算啥？徐若瑄当年的遭遇更"重口"（标题，《信息时报》2016年7月12日）

上例的"重口"是"重口味"的缩略形式，也是用来形容带给人惊悚感受的事物。从味觉到视觉再到内心的感受，从"烹饪界"到"影视界"再到其他领域，"重口味"的"跨界"是流行语演变的常见途径。不过，话又要说回来，在现实生活中，无论是何种"口味"，我们都提倡清淡、健康，不欢迎为了标新立异或追求强刺激的"重口味"。

流行构式"一言不合就××"

◎绯荔榭

"一言不合"本来是一个四字格词语,意为:一句话说得不投机。在日常交际中,人们有可能因为各自不同的立场而产生意见分歧,对于那些突如其来的语言分歧,我们会用"一言不合"来形容。它与"就"搭配使用后可以组成一个带标记的紧缩复句形式"一言不合就××",表示条件关系。如:

(1)人非圣贤,肯定有七情六欲,但一言不合就拳脚相向,与"丛林社会"何异?(《人民日报》2014年12月19日)

(2)你在网上一言不合就开骂,搬回到现实中去,你也不可能是一场争吵中的那个冷静的人。(《钱江晚报》2016年8月4日)

以上两例的"一言不合"是条件,"拳脚相向"和"开骂"是结果。"一言不合"竟然导致"拳脚相向"或"开骂",表明当事人粗暴、鲁莽、没有修养。但是这种事件是客观存在的,或者说是合乎情理的,合乎逻辑的。本文要介绍的是当下流行的另一种"一言不合就××",从字面上看,它是不合情理的,不合逻辑的。

自2015年年末的一场电子竞技大赛的热评引发轰动以来,另一种"一言不合就××"火速走红,其中的"一言不合"的意义完全虚化,不再表示"意见不合,话不投机",取而代之的是几项全新的含义。请看:

(3)因此,这一次一言不合就加薪,让人们嗅到了一丝不同寻常的气息。(《北京晨报》2016年11月28日)

例(3)的条件和结果不存在原来的逻辑联系了,"加薪"

是一件值得高兴的事,不可能是"一言不合"的结果。此时,"一言不合就××"只表现事件的突发性,有"无缘无故就××"的意思。

"无缘无故"是没有任何原因、没有任何理由的意思,再进一步,就成了"任性"了,想怎么干就怎么干了。因而"一言不合就××"又可以表示"一任性就××"的意思。例如:

(4)近期老天爷相当任性,一言不合就散雾霾,昨天早晨本市局部地区能见度甚至不足100米。(《北京晨报》2016年11月6日)

(5)事实上,喜剧的创作和表演门槛很高,那些一言不合就想跨界过来的演员,如果没有准备好,很可能不尽如人意,徒添尴尬和笑话。(《广州日报》2016年9月13日)

如果一个事件或现象频繁地发生,也可以用"一言不合就××"来表达,表示"动不动就××"的意思。例如:

(6)现在真是一个一言不合就直播的时代。(《华西都市报》2016年7月3日)

(7)一言不合就跳舞,这是大家对印度电影的既有印象。(《京华时报》2016年7月26日)

"动不动"一般用来形容因冲动、不理性而产生的行为或情况,也可以形容很容易产生的行为或情况。例(6)的"直播"是时下非常流行的一种交际方式。当今的年轻人常常使用"直播"来宣泄情绪、发表见解或分享自己的生活等。例(7)的"一言不合就跳舞"反映了舞蹈在印度文化中的重要地位,印度电影中往往会出现"跳舞"的桥段。

从表示条件关系的紧缩复句到流行构式,"一言不合就××"在2016年保持着鲜活的生命力。这个流行语的兴盛跟当今都市人冲动、思考欠周等浮躁的社会风气有关。面对社会压力,我们还是要理性、沉着地应对,迎接各式各样的挑战。

"袒裼裸裎"？
"袒裼裸裎"！

◎厉国轩

2017年5月4日《文汇报》第11版《笔会》刊有王蒙先生的《重读李大钊之〈青春〉》一文，文中引用了李大钊先生的一段话："袒（jiē）裼裸裎，去来无挂，全其优美高尚之天……此固人生唯一之蕲（祈）向，青年唯一之责任也矣。"在李大钊的《青春》中，是"袒裼裸裎"，而非"袒裼裸裎"。

袒，读tǎn，脱衣露出上身；裼，读xī，袒开或脱去上衣，露出身体；裎，读chéng，脱衣露体。袒裼裸裎，即赤身露体，谓粗野无礼。语出《孟子·公孙丑上》："尔为尔，我为我，虽袒裼裸裎于我侧，尔焉能浼我哉？"朱熹集注："袒裼，露臂也。裸裎，露身也。"也引申为

无拘无束之义。李大钊《青春》一文写于1916年，刊登于《新青年》第二卷第一号，文中呼吁青年脱绝浮世虚伪，保持独立的人格、自由的灵魂，"袒裼裸裎，去来无挂（阻碍）"，担当

"鹤唳九泉"?

◎杨昌俊

莫言在长篇小说《食草家族》(上海文艺出版社2005年6月出版)的《第二梦 玫瑰玫瑰香气扑鼻》中,这样写道:"我看着黄胡子黄胡子看着纸烟,头上顶着蓝瓦瓦的天,天上布满鱼鳞云,云中鹤鸣尖利,从食草家族的红色沼泽深处传来。鹤唳九泉,声闻于天!"(第119页)其中"九泉"应是"九皋"之误。

皋,读作gāo,指沼泽,亦可指水边的高地。"九皋"意为曲折深远的沼泽。"鹤鸣九皋",语出《诗经·小雅·鹤鸣》:"鹤鸣于九皋,声闻于天。"大意是说,白鹤在深泽长声鸣叫,鸣声嘹亮能传到九霄云外。后用来比喻贤士身隐名著。

九泉,常用以指人死后的埋葬处。《家》三二:"大少爷,像你这样好心肠,梅芳在九泉也会感激你。"也可指地下极深处或深渊。《西征赋》:"贯三光而洞九泉,曾未足以喻其高下也。"

把"九皋"写成"九泉",应是"皋"与"泉"形近致误。

起建立新国家的重任。其中的"祖裼裸裎",显然是"无拘无束"之意。

祖,是个多音多义字。读jù时,有爱美的意思;读jiē时,为地名用字。这个字如今已不太常用,《辞海》《现代汉语词典》均未收此字。"祖"与"裼裸裎"搭配,讲不通。误"袒"为"祖"当是形似所致。

谈"获益匪浅"的"匪"

◎苏培成

有的朋友对我说:"获益匪浅"的意思我懂得,就是受到很大的益处或启发,可是这和匪徒的"匪"有什么关系?能不能改为"不"呢?下面就对这个问题谈点浅见,请朋友指正。

我们先看《说文》对"非"和"匪"的分析。《说文·非部》:"非,违也。从飞下翅,取其相背。"可见"非"是动词,意思是违背。是象形字,由飛字下部表示翅膀的部分构成,取两翅相背的意思。例如,《韩非子·功名》:"非天时,虽十尧不能冬生一穗。"(违背天时,即使是十个尧也不能让庄稼在冬天生长出一个穗子)再说"匪"字。《说文·匚(fāng)部》:"匪,器,似竹筐。从匚,非声。《逸周书》:'实玄黄于匪。'"(把黑色的、黄色的束帛装在竹筐里)"匪"是名词,指一种类似竹筐的器具。从匚,非声,是形声字。在上古,"非"和"匪"读音相同,都是滂母微韵。中古以后声韵相同,只是声调不同:"非"读平声,"匪"读上声。这两个字的本义不常用,常用的是假借义。下面仅就它们的常见的假借义来谈一谈。

汉语的句子,根据谓语的性质可以分为三类:名词性谓语的句子叫判断句,例如:"我是北京人。"动词性谓语的句子叫叙述句,例如:"我同意。"形容词性谓语的句子叫描写句,例如:"今天冷。"在文言里,判断句的肯定式不用系词。《史记·管晏列传》:"管仲夷吾者,颖上人也。"(管仲管夷吾是颖上人)否定式用系词"非"或"匪",意思相同。"非"或"匪"这时用的都是假借义。《庄子·秋水》:"子非鱼,安知鱼之乐?"(你不是鱼,怎么知道鱼的快乐?)《诗经·邶风·柏舟》:"我心匪石,不可转也。"(我的心不是石头,不可以随便移动)叙述句和描写句的否定式用否定副词"不"。《论语·宪问》:"信乎,夫子不言,不笑,不取乎?"(是真的吗,他老人家不言语,不笑,不取?叙述句)《论语·子路》:"君子泰而不骄,小人骄而不泰。"(君子安详舒泰却不骄傲,小人骄傲却不安详舒泰。描写句)叙述句和描写句有时也借用"非"或"匪"表示否定,相当于"不"。《左传·文公七年》:"非威非怀,何以示德?"(不显示声威和不显示关怀,用什么显示德行?)《诗经·小雅·正月》:"鱼在于沼,亦匪克乐。"(鱼在水池里,也不能够快乐。叙述句)《诗经·大雅·烝民》:"夙夜匪懈,以事一人。"(从早到晚不懈怠,来侍奉天子。描写句)

白话文里,判断句用"不是",叙述句、描写句用"不"。鲁迅《故乡》:"阿!这不是我二十年来时时记得的故乡?"(判断句)老舍《骆驼祥子》:"自己穷到这样,不能再教心上多个黑点儿!"(叙述句)老舍《骆驼祥子》:"祥子摇了摇头,'不要紧!'"(描写句)现代白话文里,某些成语里也出现否定词"匪",这个"匪"是由古代沿用下来的假借义。例如:"夙夜匪懈"(日夜勤劳,勤奋不懈)、"匪夷所思"(指事物怪异或人的言行离奇,不是一般人按照常理所能想象的)等。"获益匪浅"不是典型的成语,它的出现不早于清末,其中的"匪"字是仿古。可以改为"非"或"不",写作"获益非浅"或"获益不浅"。

最后再说"匪"字的强盗义。这是它的假借义。大约产生在宋元之际,古代并没有这个意思。《大宋宣和遗事》前集:"他有三千粉黛,八百烟娇,岂

说"雩"

◎陈运舟

高中语文课本中,有《子路、曾晳、冉有、公西华侍坐》(选自《论语·先进》)一篇,孔子问四人的志向,曾晳表示希望在暮春的时候,与五六个成年人、六七个小孩子,"浴乎沂,风乎舞雩(yú),咏而归"。这里的"舞雩"是怎么回事呢?

雩祭是商周时代一种求雨的祭祀,由舞师(即巫师)主持。祭祀时,舞师头戴用鸟羽装饰的帽子,带领童男童女各八人在土坛上翩翩起舞,祈求上苍普降甘霖。其间,要击鼓、奏乐,舞者在舞蹈时还要不停地大声呼号"啊啊",以求得到上天的悲悯。《礼记·月令》:"大雩帝,用盛乐。"郑玄注:"雩,吁嗟求雨之祭也。"

有趣的是,这一切,从雩字的字形字音中都得到了反映。《说文》:"雩……从雨,于声。"从"雨"说明与雨有关;而"于"和"於"古代相通,段玉裁《说文解字注》:"凡《诗》《书》用于字,凡《论语》用於字,盖于、於二字在周时为古今字。"而"於"就是"乌"字的形变,指乌鸦,二者本是一个字。《说文》:"於,象古文乌省。"《穆天子传·卷三》

肯慕一匪人?"这个句子里的"匪人"指妓女,意思是品行不端的人,后由行为不端的人引申为强盗。《清雍正八年正月二十八日密旨》:"纵令匪徒布散妖言,亦岂能摇惑万一。"在白话文里,强盗义是"匪"的常用义。

中周穆王告别西王母时说："比徂西土,爰居其野。虎豹为群,於鹊与处。"意思是等到前往西土,将在野地里露宿,与虎豹为群,与乌鹊相处。于、於、乌古时最初的发音都接近现在的"啊 ā",由乌鸦的叫声而来。近代学者刘师培说:"乌鸦二字之音近于乌鸦之声。"所以古人感叹时常呼的"呜呼",实际是"啊啊",与今人无异,这符合人的自然发声。《说文》:"乌,取其助气,故以为乌呼。""乌呼"又作"於乎",《诗经·大雅·云汉》:"王曰:'於乎,何辜今之人!'"

雩,又写作䨞,说明与羽毛有关。《说文》:"雩,䨞或从羽。"《周礼·地官·司徒》:"舞师……教皇舞,帅而舞旱暵(hàn,干旱)之事。"郑司农注:"皇舞,蒙羽舞,书或为䍿。"郑玄注:"旱暵之事,谓雩也。皇,析五采羽为之。"舞师所戴鸟羽装饰的帽子叫"皇",这种舞蹈就叫皇舞。皇字本义是指王者所戴鸟羽装饰的帽子,皇的异体字䍿,可证明这一点。《说文》:"䍿,乐舞,以羽䍿自翳其首,以祀星辰也。从羽,王声,读若皇。"《礼记·王制》:"有虞氏皇而祭。"远古时代,有虞氏首领祭祀时头戴"皇",后来巫师祭祀时也要戴这种帽子,实为古代遗风。皇字后来有了许多引申义,这些词义都由王者雩祭时头戴五彩鸟羽装饰的帽子而来。至于求雨之祭为何要戴羽冠,《释名·释天》的说法是:"雨,羽也,如鸟羽,动则散也。"《春秋繁露·五行·五事》:"雨者,水气也,其音羽也。"雨、羽二者不仅读音相同,意义也有关联,祭者求雨,企盼的是雨水如轻盈的羽毛般漫天散落。

现在广东省简称"粤",此字与雩在古文中是一字,容庚《金文编·卷五》:"《盂鼎》粤,从雨,雩字重见。"林义光《文源》:"粤音本如于……字作雩。其形由雩而变。"清王引之《经传释词·卷二》:"《尔雅》曰:'粤,于也。'又曰:'粤,於也。'"广东、广西古为百粤之地。粤的得名可能与这种求雨的祭祀有关。

"煮豆"燃的是"箕"吗

○李景祥

2017年5月21日,央视中文国际频道播出的《快乐汉语》节目,主题字为"豆"。在"随堂大测验"的第二个环节中,学员大卫得到的是"煮豆燃箕"四个大字,他回答:"本来就是两个兄弟嘛,但是呢,相煎何太急,就是这样的一个结果。"(字幕同步显示)学员的回答没什么大问题,但是题板上的字却写错了,"箕"应为"萁"。

"煮豆燃萁"典出《世说新语·文学》:"文帝(曹丕)尝令东阿王(曹植)七步中作诗,不成者行大法。应声便为诗曰:'煮豆持作羹,漉菽以为汁。萁在釜下燃,豆在釜中泣。本是同根生,相煎何太急。'帝深有惭色。"萁(qí)就是豆秆、豆秸,豆粒与豆秆本是同根所生,烧豆秸煮豆子,即煮豆燃萁,比喻兄弟相残。

箕,音jī,指簸箕,是舂米后扬米去糠的用具。也指畚箕,即畚除垃圾的用具。后来,伸开两腿坐着,形状如簸箕,即称箕踞、箕坐。箕还是星宿之名,为二十八星宿东方七宿之一。不管哪种解释,"煮豆燃箕"都无法说通。

"千真万确"不正确

◎黄殿容

央视中文国际频道4月10日播出《今日亚洲·新闻眼》,其中转播了一段朝鲜中央电视台的新闻报道。朝鲜女主播道:"有人主张,美国对叙利亚的此次军事打击是针对朝鲜的什么'警告',但朝鲜不会为此心中打鼓。当今现实证明,只能以实力对抗实力,朝鲜空前加强核武装的选择是千真万确的。"(字幕同步显示)仔细推敲,朝鲜女主播似乎应说"万分正确",而不是"千真万确"。

"千真万确"是个成语,表示非常真实确凿、不容置疑。朝鲜至今多次进行核试验是众所周知的事,实际上朝鲜官方也从未对此讳言。既然朝媒对"加强核武装的选择"始终采取广而告之的态度,再用"千真万确"来加以强调实属不必。

结合语境来看,这则新闻是朝鲜应对美国军事行为所做出的回应。在国际社会普遍谴责朝鲜发展核武力的背景下,朝媒想要为自身的行为辩解,强调行为的合理性,那么用"万分正确"即可。"千真万确"强调的是"真确",而不是"正确"。笔者估计,上述字幕里的表述,可能产生于对朝鲜语的不当翻译。

何来"康熙词典"

◎姜伟光

电视连续剧《我们的纯真年代》第17集中,一个老人准备为外孙女起名字时,这样说道:"我查查辞海查查康熙词典。"(字幕同步显示)这里犯了一个常识性错误,"康熙词典"乃"康熙字典"之误。

我查查辞海查查康熙词典

字典和词典都是语文生活中经常会用到的工具书。字典汇集的是字,并以条目的形式注明字形、读音、意义和用法等,如《新华字典》《汉语大字典》等。词典汇集的是词语,以条目的形式对其做出说明,提供有关的信息。

《康熙字典》是由清代张玉书、陈廷敬等奉诏编纂的字书。以明代《字汇》《正字通》为基础,吸收了历代字书、韵书的成果,历时六年完成,于康熙五十五年(1716)问世。这部字典共四十二卷,共收字47035个,分为12集,214部。在相当长的时期里,是我国收字最多的一部字典。清代曾颁布法令,凡科举应试,用字须以《康熙字典》为标准。《康熙字典》具有很大的社会影响力,在古汉语研究中至今仍有

不是斜振是谐振

◎雷 冰

2016年2月10日上海电视台纪实频道播出的一期《沙场》,专门对飞机雷达进行了详细介绍,兼具知识性与趣味性。其中一句话说:"人家(指的是有源相控阵雷达)看的不是反射波,看的什么波呢?看的是斜振波。"(字幕同步显示)这里的"斜振"应该是"谐振"。

谐振是一个专业名词,无线电接收机中调谐回路的振荡频率与无线电发射台的振荡频率相同时,接收机就可以收到发射台的无线电波,这种现象叫作谐振。由此延伸还有谐振腔、谐振频率、串联谐振等相关词语。"谐振"常在物理学和数学中见到。

《沙场》的节目常介绍高科技在现代军事中的运用,所涉及的技术性专业词汇并不鲜见,这可以理解。不过,既然用了,就应该用准。你说呢?

"兔起鹊落"应为"兔起鹘落"

◎王宗祥

2017年3月8日《新民晚报》A22版刊有《潇潇竹》一文,文中引用了苏轼的一段话:"气起从之,振笔直遂,以追其所见,如兔起鹊落,少纵则逝矣。"其中"兔起鹊落"应为"兔起鹘落"。

苏轼是北宋著名的文学家、书画家,引文中苏轼所言出自其散文《文与可画筼筜谷偃竹记》:"故画竹必先得成竹于胸中,执笔熟视,乃见其所欲画者,急起从之,振笔直遂,以追其所见,如兔起鹘落,少纵则逝矣。"这是文与可(苏轼表兄,擅诗文书画,深为司马光等人赞许,尤受苏轼敬重)教给苏轼的画竹技巧。成语"胸有成竹"即源于此。

鹘(hú),隼的旧称,是一种猛禽,飞速善袭,过去猎人经常饲养这种禽类,帮助他们猎捕鸟兔。"兔起鹘落"的意思是兔子一出窝,鹘立即降落捕捉,极言动作敏捷,亦比喻作书画或写文章下笔迅捷。苏轼文中所言,即画竹先要在心中形成完整的竹子画面,再落笔迅速捕捉竹子的形象。"兔起鹘落"既表达了速度之快,也蕴含着一种力量。

鹊即喜鹊,是鸟纲鸦科的一种,杂食性,常在旷野和田间觅食,繁殖期捕食昆虫、蛙类等小型动物,兼食瓜果、谷物、植物种子等。鹊是没有能力捕食兔子之类动物的,"兔起鹊落"不符合实际。

宁古塔在开原吗

◎李华山

2017年4月28日《沈阳日报》T6版刊出《"流人"文胆沈水情》,文章开头部分写道:"据有关材料记载,清初东北约有'流人'三十多万,基本被关押在黑龙江的卜魁(齐齐哈尔)、铁岭的尚阳堡、开原的宁古塔、奉天及辽阳。"其中"开原的宁古塔"说法有误。

"宁古塔"是满语的音译,相传清皇族远祖有兄弟六人居住在此,"宁古"为满语"六","塔"为满语"个",故称其地为"宁古塔贝勒",简称"宁古塔"。据吴桭臣《宁古塔纪略》记载:"其地寒苦……八月中即下大雪。九月中,河尽冻。十月,地裂盈尺,雪才到地即成坚冰,虽白日照灼不消。初至者必三袭裘,久居即重袭可御寒矣。"可见当时宁古塔气候之恶劣。从顺治年间开始,清廷就将宁古塔作为流放人员的接收地之一。浙江崇德(今浙江桐乡)吕留良后人因吕留良的著作触怒清廷,家中主仆男男女女、老老少少共111人均被发配到宁古塔。被流放至此的还有明兵部尚书张缙彦、郑成功之父郑芝龙等等。

宁古塔究竟在何处?宁古塔本在今海林市海浪河南岸旧街镇。因旧城年久颓坍,又处在虎尔哈河旁,所以康熙五年(1666)迁建新城,即今宁安市。旧城遂废。宁安与海林两市,现都隶属于黑龙江省牡丹江市。而开原在辽宁省铁岭市北部、辽河中游东岸,邻接吉林省。不论宁古塔新城旧城,都距离开原很远,说"开原的宁古塔"显然是不妥的。

"艺器"？"亵器"！

◎孙利政

中华书局2013年出版点校本《刊误》（唐代李涪著），卷上"侍中仆射官号"条说："侍中当西汉掌乘舆服御，下至艺器、虎子之类。虎子，溺器也。"

这句话说，西汉时侍中的职责除了掌管车乘、服饰外，还兼及"艺器""虎子"一类的东西。"虎子"就是"溺器"，即我们今天所说的便壶，因形作伏虎状，故名。虎子多以陶、瓷、漆或铜制成，汉代的王室贵族也有用玉制作虎子的。汉、魏、南北朝古墓中常常以虎子作为随葬品。那么"艺器"又是什么呢？是指艺术品吗？

其实，这里的"艺"为"亵"

之误。亵有污秽之义。"亵器"指溲便之器，与"虎子"功用相似，有时也用来指古代洗沐用具。《周礼·天官·玉府》："掌王之燕衣服、衽、席、床、笫，凡亵器。"郑玄注："亵器，清器、虎子之属。"

可见，引文中说的应该是"亵器"。造成这个错误，可能是"艺"的繁体字"藝"，与"亵"的繁体字"褻"相似，两者形似致误。

"干戈玉帛"成为"金戈铁马"?

◎张怡春

"刚才还称兄道弟的两人，就着酒劲说出的话却像决堤的洪水收不住。老钱一激动从裤兜里掏出那副精致的象棋啪啪啪地摆在桌面上要见真章。谁怕谁？钱鑫钿梗着脖子。于是，干戈玉帛成为金戈铁马。"这是刊载于《微型小说选刊》2017年第8期上《下棋》一文中的一段话。其中"干戈玉帛成为金戈铁马"什么意思？

汉语中有"化干戈为玉帛"的说法。干，古代指盾牌一类的防具；戈，则指用于进攻的类似矛的武器。因此，干戈一词被用作兵器的通称，后又代指武力、战争。玉帛，指圭璋和束帛。古代诸侯会盟时常执玉帛，故"玉帛"一词又用以表示和好。"化干戈为玉帛"比喻使战争转变为和平。"金戈铁马"也是一个常见成语，金戈为金属制的戈，铁马为披铁甲的战马，用来借指威武雄壮的军队，也指战争或军旅生涯。

"干戈玉帛"能成为"金戈铁马"吗？

从意思上说，"干戈"可与"金戈""铁马"归为一类，与"玉帛"所表之意完全相反，将"干戈"和"玉帛"强行并列，想表达的意思是"战争与和平"吗？那"干戈玉帛成为金戈铁马"不就是"战争与和平成为了战争"的意思吗？这成什么话？拧成一团了！

从上下文来看，文中想说的应该是，这两人由生活中的友好相处变为对弈上的激烈厮杀。如说"玉帛变干戈"庶几可通。

《楚辞》中没有水仙

◎返 观

《散文》杂志2017年第2期刊发了《古意》一文,其中有一句说:"水仙、蒿、菊、菖蒲、灯芯草、野薄荷等等,这些在《楚辞》里摇曳的香草,都是屈原一次次从溪边经过时认识的,然后,心疼地,和着眼泪移植到诗里。"此处列举的几种植物,屈原真的都写进诗里了吗?至少水仙是没有的。

水仙,是石蒜科水仙属的一个变种,多年生草本植物。具卵圆形鳞茎,叶直立而扁平,带肉质。冬季抽花茎,花苞开后出花数朵,伞状叶序,花被白色,中心黄色,有芳香。据《辞海》说,水仙产于中国浙江、福建等地,也有人认为是从海外引进的。"水仙"作为植物名,比较早见的文献有唐段公路《北户录》卷三:"孙光宪续注曰,从事江陵日,寄住蕃客穆思密尝遗水仙花数本如橘,置于水器中,经年不萎。"宋钱易《南部新书》中也有相似记录。而水仙开始受到人们的关注与喜欢,差不多也是在宋代。在唐以前未见有对水仙的记载。

查阅《楚辞》中的屈原辞赋,其中并无"水仙"出现。《全

误将"毛边"作"毛皮"

◎李光羽

《上海采风》2016年10月刊载有《"画坛流寇"谢春彦:画画要有点"意思"》一文,文中写道:"比如上世纪八十年代初,刘海粟先生从黄山特意给我寄来一封信,写在6张毛皮纸上,用毛笔写的。"这里提到的"毛皮纸",应是"毛边纸"。

毛边纸,是一种供毛笔书写的米黄色手工纸,原产于江西、福建等地。用石灰等处理嫩竹来制作出原浆,加入黄色染料后用手工制造而成。随着技术发展,也有用带竹帘的圆网造纸机来制造的所谓"机制毛边"。毛边纸具有柔软、吸水性强、有帘纹印记等特点,主要用于书法、记账和印刷古籍等。毛边纸在使用毛笔书写的年代很流行。

"毛皮纸"从字面上看似是指毛皮制作的纸,事实上也确实存在这种纸张。在中国的纸传入前,欧洲各地都广泛使用羊皮纸作为书写材料。羊皮纸是对鞣制过的皮革进行拉伸、干燥等作业后制成。虽然译作"羊皮纸",实际上除了羊以外,也会使用牛、鹿等动物的皮。羊皮纸在中国不曾流行过。考虑到时代背景等,上述引文中刘海粟先生用来写毛笔信的纸不大可能是"毛皮纸",当是"毛边纸"。

......

宋诗》中载赵蕃的《水仙》诗云:"楚辞香划费磨研,何独无言到水仙。"可见,古人早就察觉到《楚辞》中没有水仙的身影。

45年前，"中美三个联合公报发表"？

◎周 振

2017年2月27日《书刊报》（红色版）头版刊有《45年前，中美三个联合公报发表》一文。标题以偏概全，不符合历史事实。

"中美三个联合公报"是指《中华人民共和国和美利坚合众国联合公报》(《上海公报》)、《中华人民共和国和美利坚合众国关于建立外交关系的联合公报》和《中华人民共和国和美利坚合众国联合公报》(《"八一七"公报》)，这是中美关系的三个指导性文件。然而，这三个文件并不都是在"45年前"的1972年发表的。

1972年2月，中美两国在上海发表了《中华人民共和国和美利坚合众国联合公报》，标志着中美关系开始走向正常化。1978年12月16日，中美两国发表了《中华人民共和国和美利坚合众国关于建立外交关系的联合公报》，美国宣布断绝同台湾的所谓"外交关系"。1982年8月17日，中美两国发表《中华人民共和国和美利坚合众国联合公报》，美方承诺"它向台湾出售的武器在性能和数量上将不超过建交以来近几

"牴犊"怎会"情深深"

◎康丽丽

2014年第3期《名人传记》所刊《刘建：我在爷爷朱德身边十五年》一文中，在写到朱老总关心晚辈、爱护战士时用了个小标题《牴犊情深深，爱兵意切切》。这里"牴犊"不对，应该是"舐犊"。

犊，即小牛。牴，读音dǐ，本义为触，即用角顶，引申指彼此对立、排斥等意思。现已作为"抵"的异体字废除。按照这样的意思理解，"牴犊"就是"用角顶小牛"，这明显是攻击性的行为，又怎么能表现"情深深""意切切"呢？

舐，读音shì，义为以舌舔物。"舐犊"就是"老牛用舌舔小牛"，后喻人之爱其子女。"舐犊情深"是个成语，形容对子女关心、疼爱的感情非常深。

上述文章小标题之下的内容，是说朱德对晚辈悉心教导，对战士百般呵护，说"舐犊情深"是恰当的。

牴犊情深深，爱兵意切切

　　那是一个久远的回忆，那是一个充满幸福的回忆，十五个春秋的教诲，十五个寒暑的关爱，朝夕相处，耳濡目染，爷爷对我的巨大影响于有声与无声之间，在我脑海中回旋……

说"尬"

◎岳怡欣

当人们第一次看到"尬舞"这个词时,不免会问:"什么尬舞?尴尬的舞?"这时懂行的人就该笑话了,因为"尬舞"释义为"斗舞",有挑衅的含义,是街舞专门用语。追本溯源,"尬舞"一词来源于台湾,在闽南话中"尬"有"切磋""较量"的意思,与此同类的词还有"对尬""尬车""尬一下"。

方言词语被广泛传播成为网络流行语的例子不胜枚举,例如去年走红的"蓝瘦香菇"(广西话)、几乎过气了的"猴赛雷""母鸡"(粤语)等等。而"尬舞"的"尬"却与此略有不同。"蓝瘦香菇""猴赛雷""母鸡"等都原汁原味地继承了词语的原意,但"尬"不仅保留了"切磋"的方言意义,同时增加了汉语普通话中"尴尬"的语义要素。

"尴尬"本为南方方言词,在客家话、吴语皆有所见,后被收入普通话。通常是说一种让人感觉很难为情、无所适从的处境。《说文·尢部》段玉裁注:"尲尬,行不正也。""今苏州俗语谓事乖剌者曰尲尬。""尲尬"即"尴尬",是双声的联绵词,两个音节连缀成义不能分割,因此不能拆开解释。正是由于这一词的不可拆解性,我们在词典中检索"尬"字时会见到"见'尴'",而对"尴"字的解释则为"尴尬"的词义。由于我们总爱把"尬"自动复原为"尴尬"来求得语义,因此也就给"尬舞"增加了一个新的语义特征,即形容他人看来尴尬之至、舞者却自得其乐的舞蹈。

"尬舞"这一意义的演进是

一个渐进的过程,如"周杰伦尬舞纽约街舞教父""厉害了小哥!好燃的尬舞!",这里仍然是"尬舞"的本义"切磋舞技"。而"爆笑慎入!《舞法天女》一言不合就尬舞!""完整版杀马特尬舞全集!全程笑得肚子疼!"这些例子中的"尬舞"显然已不仅是"切磋舞技"的原义,而带上了一些"尴尬之舞"的意思。

随后,"尬"又发展出了其他一些复合词,如:"尬聊"(尴尬的聊天)、"尬剧"(剧情尴尬的电视剧)、"尬王"(场面中最尴尬的人)等。在这些例子中,"切磋"的含义完全丢失了,"尬"直接变成了"尴尬"的意思。为什么在传播过程中"切磋"义逐渐被消解?显然,新传入的方言词相比于标准普通话来说是弱势的一方,不明词源的网民在认词时首先便接受了强势方的意义。所以"尬"在逐渐走红时,其意义逐渐因误解而含混,最终凝定在被人普遍认知的"尴尬"义上,原先的"切磋"义却因过于小众而被忽视,从而硬生生地把具有"不可拆解性"的联绵词"尴尬"拆成了可以单用的"尬"字。

从"尬"的意义发展中可见,对词语的多义化使用是形成"新解"的重要机制。网友不再满足于一词一义的干巴巴解读,而着眼于制造各种语言文字游戏,这符合了网络流行语对表达多样性和趣味性的追求。当提及"尬"时,网友们关注的不是它作为方言词的原初意义,而是将其有意曲解以求娱乐效果,由此还带来了一个联绵词拆出单字用的副作用。语言的变化真是奇妙。

《"串访"干吗》解疑

这家店以卖烤串为主业。东北人把吃烤串称为"撸串儿",店招上的"串"指的是肉串、烤串。"访"是个别字,应写作"坊","坊"即"店铺"。原来这家店,应叫"和顺串坊"。

信息时代的"手动"

◎姜欣幸

对大多数人而言,"手动"这个词并不陌生:手动挡、手动模式、手动开关……但是现在当我们上网时,扑面而来的"手动"难免让人一头雾水。试看下边的句子:

你知道吗?其实养猫的时候还要给猫充电!手动滑稽。

游戏竟然输掉了,气死宝宝了!(手动大哭)

手动支持钟汉良!

这些例子中的"手动",到底是什么意思呢?让我们从"手动点赞"说起。相信很多人都在微信、微博等社交网络上看到过"手动点赞"的评论。这个"手动点赞"是什么意思?现在社交网络大多有点赞功能,用户完全可以直接通过点赞按钮表达赞美,联络感情,为什么还要多此一举,再写一条看起来和点赞功能重复,又没有传达任何新消息的评论呢?

原来,在点赞功能风靡之后,有的网站或者个人,为了让更多的人注意到自己,会专门通过一些机器或者软件为自己发布的消息点赞,这种点赞方式被称为机器点赞或者软件点赞。与此相对,手动点赞就是来自一个个真实用户的点赞。因此,人们在网络平台中会发出评论"手动点赞",以此表明自己是真实用户,增加自己点赞的含金量。

后来发展到实名制的熟人社交圈,人们不再需要验明正身,却仍然会在别人的状态下评论"手动点赞"。与简单地按下点赞按钮不同,打字评论的操作要更加复杂,因此,人们通过这种更加复杂的输入方式来展示自己表达赞赏的诚意。

此外,"手动"的特殊用法还有一个可能的来源。随着"表情包"文化的盛行,有的网站会设计一些自己独有的表情。百度贴吧就发明过一个挤眉弄眼,看起来充满嘲讽意味的表情,将其命名为"滑稽"。"滑稽"表情曾在贴吧用户间风靡一时,在各种帖子里被广泛使用。然而这个表情使用权仅限于百度贴吧,因此到了贴吧之外的平台,人们遇到一个情境想使用这个表情时,往往会用"手动滑稽"四个字来代替。以此为代表,当人们想使用某个不便获取的表情时,通常会用"手动+表情名称"的方式来代替,比如:手动小花、手动doge、手动鼻孔等等。

到后来,即便是某个表情能够获取,人们也会用"手动+表情名称"的方式进行表达。新浪微博上常常出现的"手动呵呵"就是一个实例。在新浪微博,表情"呵呵"很容易获取,人们却放弃使用表情,采用复杂的操作,意在表示自己更加强烈的情绪。

在网络发展的过程中,除了"点赞"和以"滑稽"为首的表情名称可以"手动"之外,慢慢出现了更多可以"手动"完成的行为:手动支持、手动厌恶、手动表白……"支持、厌恶、表白"这些心理状态和实际行为,似乎用不着动手,又何来手动一说?随着"手动"的广泛使用,网民们似乎赋予了它更多的意义:首先,网络世界里所有的元素都离不开人的手动操作,人们操控电脑或者手机,通过打字、发图片等方式来传递信息,因此"支持、厌恶"这些看似与"手动"无关的状态也都能与"手动"联系在一起;其次,"手动"这个词,从"手动点赞"开始,具有了展示诚意的功能,到了现在,"手动"的意义已经泛化,人们用它来表示与礼仪性、社交性的行为相区别的"真心诚意",同时也增强了某种情绪的正式程度。

你有一颗少女心吗

◎陈婉婷

自古以来,少女一直是一种美好纯真的形象。古人用"娉娉袅袅十三余,豆蔻梢头二月初"来形容少女初长成的清纯,也用"倚门回首,却把青梅嗅"来描写情窦初开的羞涩。近现代的诗人们更是以各种独具一格的少女形象装点了无数人的梦境,戴望舒的"丁香般的结着愁怨的姑娘",徐志摩那"像一朵水莲花不胜凉风的娇羞",拜伦的"她走在美的光影中,像夜晚皎洁无云而且繁星满天",那些多情的诗人们都无一例外地用了"少女"来抒发朦胧美妙的情感。

近年来,网络语言中出现了"少女心"这个词语,也是对少女形象的演绎,不过更侧重于少女的心理特征。少女正处于青春期这样一个特殊的时期,心理上包含了喜爱幻想、脱离实际、多愁善感、心思细腻等诸多特征。由此而来的"少女心",其含义也是多变的,可以细分为三种。

第一种含义指的是幼稚不成熟的少女心态,即使年纪已经不小了,行为性格仍然像个小孩子,主要表现为拒绝长大,永远沉浸在需要别人照顾迁就的心理状态。比如很多男性抱怨自己的女朋友年纪不小了,但"少女心"太足,不像女朋友反而更像自己的女儿。

第二种含义表现的心理特征比前者客观中性一些。进入青春期的女孩子情窦初开,往往被爱情小说中男女主角的纯爱所吸引,并由此引发种种对浪漫爱情的幻想和对未来幸福的憧憬。此外,这使得"少女心"也强调女性在行为、爱好等方面体现出对自我性别身份特征的认同和强调,如喜欢鲜艳的颜色、精致的蕾丝以及可爱的毛绒玩偶。于是就出现了类似"拍照必备,可爱少女心彩虹灯""少女心炸裂!电视剧《老九门》佛爷帅到犯规!""这么可爱的小短裙,我的少女心又一次蠢蠢欲动!"等青春洋溢的表达。

少女心的第三种含义则更进一步向褒义靠拢,逐渐发展为一种积极的社会心理。"少女心"表现为一种善良乐观、阳光向上的处事态度和生活方式,它依然保留了少女在行为和情感上的一些特质,但少了一些青春期的幻想,多了一些成长后的真诚和努力。此时的"少女心"包含着对女孩子的赞美,比如有爱心——喜欢小孩子,看到一只小猫会蹲下来抚摸喂食;比如细腻温柔——对生活观察细致,会被任何一个小细节温暖打动;再比如乐观坚强——即使见过很多黑暗与艰辛,依然选择用微笑和善意面对这个世界。有时,少女心还体现在一些可爱的小习惯里,比如会随手捡起一片树叶夹到书里,仔细地记录下每天生活的点滴等等。真诚而有情趣地生活,是"少女心"在这个阶段最主要的特征。

值得一提的是,第三种积极含义的"少女心"所体现出的态度逐渐发展为一种普遍的心理,跨越了年龄甚至超越了性别。很多早已告别少女时代的女子依然会不时地在可爱的饰品面前走不动路,或者每天朝气蓬勃地为自己打气加油。与此同时,越来越多的男生也开始毫不避讳地承认自己拥有少女心,具体表现就是充满爱心,富有童真。

所以,少女不一定拥有少女心,拥有少女心的人也不一定是少女。少女心不是公主病也不是玻璃心,它是一种对周围一切保持热情和初心的生活态度。那么,不知此时的你是否拥有一颗少女心呢?

华语圈

港式中文小议

[中国香港] 田小琳

假如你到过香港,一定会注意到街头的报摊上各种各样的中英文报纸、书刊琳琅满目,色彩缤纷。如果你有兴趣买一份报纸或杂志看看,就会很快发觉有些说法看不明白,有的汉字不认识。原因何在?原来在香港地区的中文书面语里,流行一种带有当地语言特色的港式中文。

港式中文是香港中文书面语的一种形式。特点是在通用中文的基础上,时而夹用粤语,时而夹用英语,或者兼而有之。各举一例如下:

(1)对于近年加入"炒散"行列的人有上升趋势,人事顾问公司总经理指,"做完又可以啩吓去旅行,唔够钱又可以炒一排"。(夹用粤语)

(2)不少人说,葡萄酒,红也好,白也好,还不是差不多味道?威士忌,单一麦芽也好,Bourbon 也好,不也是烈酒的滋味,用得着 make a big fuss 吗?(夹用英语)

(3)"唔会因批评、冲击而忘却初衷,始终我就系我——如果想做啲嘢阻止我,sorry, you cannot do that。"他强调将竭力于任期完结前完成已承诺的政策。(夹用粤英)

港式中文没有固定的模式。文中掺用粤英语句的数量可多可少,全由书写者决定,因而具有宽泛性。港式中文拥有众多的作者和读者,拥有众多媒体发表的平台,因而具有广泛性。

港式中文的形成,与香港人的口语有密切关系。香港政府统计处出版的《2016 中期人口统计简要报告》(2017年2月)披露,在香港 730 多万人口中,五岁及以上人口,能说粤语的占94.6%,能说英语的占53.2%,能说普通话的占48.6%。口语交流中长期流通的粤语和英语,必然影响到书面语。可以说,港式中文夹用粤英语句是港人"我手写我口"的直接反映。

香港基础中文教育推崇规范中文,认为港式中文不标准,写作教学一直排除港式中文的干扰。要使港式中文这一具有社区特色的文体得以保留,需要教育界、学术界、出版界共同研讨,引导它向完善方向发展,而且港式中文文体的形成需要有名家名作作为典范。否则,充其量只能在香港一区流通,上不了全球华语圈中文书面语的台面。

(作者是本刊特约编委)

澳门的"三文四语"

[中国澳门]程祥徽

香港、澳门是中国的土地,语文运用跟内地一样,文字用汉字,语言用汉语。来到港澳,会粤语最好,不会粤语就说普通话。由于洋人入侵港澳,带来了外国的语言和文字,香港成了"两文三语"的地方:中文和英文,粤语、普通话和英语;澳门与香港相比,多了葡语和葡文,成了"三文四语"。

澳门地小,只有六个清华大学那么大,人口可多,有60余万,语言异常多,有人称它"语言博物馆"。葡萄牙400多年前"借用"澳门,带来了葡萄牙语;后来趁英国占领香港的机会"霸占"了澳门,葡萄牙语也就成了澳门的正式官方语言,甚至离谱到成了唯一的官方语文,直至1992年。

当年政府文件都用葡文表述,连邮局电报纸都只用葡文立项,华人只好从邮局拿回一张,把表格上的项目翻译成中文以便采用。可笑的是,政府向市民催税的通知列有中文!我常常想,中国人实在太善良:郑和七次下西洋,不仅不占领那些地方,反而送去中华民族的传统美德和文化。

1997年香港回归祖国。回归活动中汉语汉文开展了一次精彩的表演:首届特首董建华接受中央任命时用普通话,与市民共庆回归时用粤语,接受外国传媒采访用英语,参加苏浙同乡会活动用上海话。澳门回归活动的语文运用同样精彩。

澳门语文状况究竟是怎样的?不错,葡萄牙语现在还是澳门特区的官方语文,那是因为基本法规定,一国两制五十年不变,法律依然认可用葡文写成的文件,所以今天的中文报章还残留着葡式中文的影子。另外,澳门许多街名、文化地名在书面上依然保留葡文的影子。"圆形地"(Rounda)是一个最好的例证。葡萄牙给澳门带来了这个交通建筑类型,又给澳门汉语增添了圆形地文化。澳门回归前有15处圆形地,现在增至40多个了,说明它具有强大的生命力。

我一直在想,一个民族的强大与自信,一定会体现在它的语言运用上。现在澳门酒店服务员多数有外文名字,电台播音员主持人开口一声"哈啰",闭口一声"OK""拜拜",将来会不会有些变化呢?

(作者是澳门科技大学顾问,特聘教授)

特朗普、川普和清儒钱大昕

[中国台湾]竺家宁

环顾周边国家及地区的华文媒体,现任美国总统,有称为特朗普的,也有称为川普的,二者译音相去甚远,很可能被误认为两个人。原来,这个译音来自英文的Trump。这个声母tr-为什么会有两种译法呢?其间的道理,清代语言学家钱大昕(1728—1804)早就注意到了。

钱大昕提出"古无舌上音"的音变规律。意思是说,有一些现代念作zh-、ch-声母的字,原本是念作d-、t-的。例如"知、猪、中、竹、丑、抽、耻",普通话都念zh-或ch-声母,可是古代都念作d-、t-声母。现代闽南语还保留着这个念法。

为什么d-、t-会演化成zh-、ch-的呢?现代声韵学家李方桂作了解释。原来是介音[-r-]造成的。也就是说,上举例字,古代汉语都念作[tr-]一类音。古代念d-、t-的字,在介音[-r-]的条件下,就会演变成现代的zh-、ch-。如果没有介音[-r-]的字,就保留原有的d-、t-的发音不变。这种语音分化,在唐代就已经完成了,可是闽南话因为介音[-r-]很早就失落了,所以到今天都没变成zh-、ch-。于是,上举例字,闽南语仍保留d-、t-念法。

了解这个道理后,我们再来看特朗普、川普Trump的问题。原来,印欧语言也曾经历过钱大昕提出的这个音变过程。古英语和现在许多欧洲语言Trump中的[t]还没有演化成类似ch-的音,仍旧念成t-的音,正如同今天的闽南语把"丑、抽、痴、耻"的声母念成t-一样。所以,依据现代法语、德语,念起来是"特朗普"。如果依据现代英语,[tr-]就演化成近似"川"ch-的音了。所以"特朗普"的译名是依据法语、德语来的,"川普"的译名是依据英语来的。前者保存了印欧语言古老的念法,后者反映了现代英语的变化。正如中文"丑、抽、痴、耻"等字的声母,念成t-是保存了古汉语的念法,念成ch-的音,反映了现代汉语的念法。

所以,Trump翻译作"川普"或"特朗普",原来是"一音之转",并非两个不同的音。而且这种不同,两百多年前的钱大昕就已经揭开了其中的奥秘。在清代,中国语言学的研究,领先西方一百年。印欧语言学类似的知识,直到19世纪末才发展起来。

(作者是台湾政治大学中文系教授)

台湾的"魔人"

[中国台湾]高婉瑜

台湾媒体流行"×魔人"短语,如"正义魔人""道德魔人""键盘魔人"等等,这类"魔人"鲜见于中国大陆的媒体与口语。

此类"魔人"前接的名词表示一种品格或行为,"×魔人"指沉迷于该品格或行为的人。他们以自己的想法为准,用激烈的方式批评别人,或迫使别人就范,故具贬义。如:"一名饮料店店员在网络上po文,表示遇到两名警察上门要求外送饮料,原来警察是怕饮料挂在机车上,会被正义魔人误会,让网友们看了都感到很不舍。"再如:"社会上有一些喜欢指点、纠正别人的大妈,未必全是坏事。但如果变成'道德魔人',有时就不免违背人性,出现反文明行为。"又如:"当事人是我,你们有在现场吗?……一堆只会当键盘魔人的。"

与"正义魔人"类似的是"正义哥",如《正义哥狂追肇逃 不忘关心伤者!》,再如《贼偷爆浆餐包 超商店长化身正义哥逮人》。这两个标题的"正义哥"是正面形象,并无贬义。显示"正义魔人"与"正义哥"之别在于色彩义。透过最小对比,影响"正义魔人"与"正义哥"色彩义的关键是"魔人"与"哥"。"魔"有沉迷着魔之义,"魔人"即沉迷着魔之人,与"正义"组成的"正义魔人",用以指称对自以为正义之事过分沉迷到着魔程度的人,因此具有贬义。反观"哥"是表男性的语素(或类词缀),表示某一类人,属中性色彩,由此组成的"正义哥"指有正义感的人或展现正义的人,为中性义,或倾向褒义。

话说回来,"正义魔人""道德魔人"反映的不是真正的美德,而是一种假道德之名的霸凌。在这种扭曲的社会现象中稍可庆幸的是,台湾社会"正义哥"还是多于"正义魔人"的。从谷歌新闻中搜索,"正义魔人"约有77900条,"正义哥"约有325000条,后者的使用频率大大高于前者,区别立显。

(作者是高雄师范大学国文学系副教授)

组 屋

[中国香港]汪惠迪

放眼世界,新加坡是全球人民拥屋率最高的国家之一。新加坡政府从1964年起实施"居者有其屋"计划,如今"居者"基本上已"有其屋"。全国超过90%的人民居住在由政府建造的"组屋"里,其中至少有九成是业主。组屋已成为新加坡社会和谐、稳定的基石。

口语里说zǔwū,外人还以为是"祖屋":祖辈留传下来的房子(闽南话叫"祖厝")。新加坡人说的"组屋"是英语HDB flats 的意译,HDB是新加坡人使用频率很高的字母词,它是Housing Development Board(建屋发展局)的简称。建屋发展局简称建屋局,成立于1960年2月1日,是个为人民的住房规划、营建、编配、管理的法定机构,隶属于国家发展部。

新加坡的组屋类型有一房式（客厅、饭厅和卧室一体，23~33平米）、二房式（一个客厅、一间卧室，37~45平米）、三房式（一个客厅、两间卧室，54~70平米）、四房式（一个客厅、三间卧室，75~95平米）、五房式（一个客厅、一个饭厅、三间卧室，95~125平米）、公寓式（一个客厅、一个饭厅、四间卧室，130~150平米）和双层公寓（下层为客厅、饭厅等，上层为卧室，160~195平米）。所有屋型都另有厨卫设施。

申请购买组屋以家庭为单位，成员只需两人。房型选择与收入挂钩。现在的规定是月入在新币12000元以下者可购买三房、四房或五房，月入14000元者可购买公寓。首付和分期还贷都用公积金，首付20%，分期最长30年。

公积金是国家规定的强制性储蓄。公积金缴交的比率现在是55岁以下的雇员为薪金的17%，雇主为20%，合计37%，最高时曾达到50%；每月还贷金额不超过40%。低收入家庭无力购买组屋可以租赁，租金约为市价的十分之一；月入低于800元的家庭租住一房式组屋，每月租金30元左右。98%的中低收入家庭都买得起组屋。

未婚男女须年满35岁才可购买三房式组屋。组屋购买后5年内不得转让，也不能做商业用途。老旧组屋或拆除重建，或予以翻新，翻新后的组屋几可与新组屋媲美。在组屋区内，超市、巴刹（菜市场）、小贩中心等生活设施齐全，民众十分方便。

（作者是本刊特约编委）

《火眼金睛》提示

图1，"狳酥"应为"桃酥"。
图2，"其力断金"应为"其利断金"。
图3，"提昌"应为"提倡"。
图4，"逛言"应为"狂言"。

东语西渐

"中国梦"与"美国梦"

◎陆建非

2012年底,习近平总书记上任后不久便提出了"中国梦",并把它定义为实现"中华民族伟大复兴"之梦。2013年3月,在全国人大会议的闭幕式上,习总书记9次提及"中国梦",展现出今后施政的主轴。"中国梦"进入官方词库并迅速蹿红的理由在于,这个梦有一个共同的支点:一个梦想,十分付出,万千担当,13亿人期待的是富国强兵,生活改善,公平正义,民主法治,文化繁荣,科技创新,国家统一,世界和平。

"中国梦"一词,让人直接联想到太平洋彼岸的"美国梦"(the American dream)。上世纪70年代读大学时,我曾听到美国教师对"美国梦"的通俗解释:有一对夫妻生几个小孩,组成一个核心家庭(a nuclear family),住一幢小别墅(a house),前面有个花园(a garden),后面有个车库(a garage),周末开着车去超市买东西(do shopping in a supermarket)或上教堂做礼拜(go to church),晚上喜欢开派对(have a party)。

相比"中国梦","美国梦"更强调个人奋斗,核心主张在于:美国是一个希望与机会之地,只要努力拼搏,便能成功。酗酒成性的皮鞋推销商的儿子里根和嗜酒如命的汽车推销商的继子克林顿都能登上总统宝座。当然,更神的是一个为肯尼亚的老爸所生、被单身老妈拉扯大、靠在社区打工起家的黑人奥巴马拼搏奋进,杀出重围,当了两届美国总统! 2011年奥巴马发表国情咨文,在演说中他重提"美国梦",说:"我们可能有不同的见解,但我们都坚持一个共同的信念:在这个国家里,只要你努力尝试,你就有可能成功;我们可能来自不同背景,但我们抱有同一个梦想:在这个国家里,任何想法都可能成为现实,无论你是谁,也无论你来自何方。"

有人说"中国梦"跟"美国梦"有相似之处,"美国梦"英语是"American dream","中国梦"自然就以形容词加名词形成组合,叫"Chinese dream"。然而,有人持反对意见,认为"美国梦"强调个人主义,"中国梦"多从国家层面出发,两者有本质区别,故用"China dream"才比较接近实际。

其实,China 和 Chinese 均可作定语,就语法及词法而言,两者皆可。关键是英文里含 Chinese 的词组贬义比例偏高,如 Chinese restaurant syndrome(中国餐馆综合征)、Chinese whispers(扭曲原意的传话游戏)、a Chinaman's chance(胜算很小)、Chinese Mom(爱攀比,在孩子的教育上永远以别人为标杆的中国母亲)、Chinese fire drill(乱七八糟的局面)、Chinese copy(与原物一模一样的复制品)、Chinese English/Chinglish(中式英语)等,这类词的贬义不少是西方的偏见造成的。而含 China 的词组则比较中性。

"中国梦"的英译之争似乎还未停息,举足轻重的英文网络百科 Wikipedia(维基百科)对此也摇摆不定,该词目库内"中国梦"用的是"Chinese dream",而内文却在"Chinese dream"和"China dream"之间切换。

毋庸置疑,语言歧见看似小题大做,无关紧要,然而有时一字之别,传达的讯息却可能偏差较大,甚至南辕北辙。事实上,在国内外媒体和官方的各种文本中"Chinese dream"和

"China dream"时常交替出现,如果说表达者的视角有什么差别的话,"Chinese dream"比较偏向于"中国人的梦",是一个中国人希望国家富强、生活富裕的梦;"China dream"则不然,它是"对中国的梦",多半是外国人想来中国发展,想在中国功成名就的梦。

在表达时若要更严谨,"中国梦"的真正规范英文应该是"(the)Chinese Dream",其中的定冠词the在广告用语或书名中可省略;因为是专有名词,"Dream"的首字母一般大写。如此翻译,更看重的是重要概念的实质内容:中国梦不仅是国家梦,更是民众梦。

语言问题不可作简单的是非判断,即非黑即白,一个标准答案。用China,还是Chinese仅是一个频次比例多寡的现象。英文不是我们的母语,英语世界的选择和诠释,我们应该理解,并予以尊重。即便看官方媒体China Daily(《中国日报》),有时两种译法也交替使用。如"When Xi Jinping was inaugurated as China's president during the National People's Congress, he gave a speech on 'the Chinese dream'".(习近平在全国人民代表大会上就职国家主席时,发表了一篇关于"中国梦"的演讲。)但该报在之后的解释是,"China dream is a phrase appearing during and after establishment of the new Chinese leadership in 2012–2013 used by the government and journalists in the People's Republic of China to describe the aspiration of self-improvement in Chinese society".(中国梦这个词语是继中国新一届中央领导集体成立后在政府和媒体中频繁使用的一个词语,它用来激励在中国社会中实现自我提高的那些人。)

从注重个性发展角度来看,"美国梦"对"中国梦"具有启示意义;从强调和谐共赢、发掘集体力量的角度而言,"美国梦"应借鉴"中国梦"。

凭君传语报平安

◎刘茂业

近代被誉为"谜圣"的张起南有一灯谜名作:"凭君传语报平安"打外国文学家"托尔斯泰"。谜面见盛唐边塞诗人岑参的七绝《逢入京使》,诗的后两句为"马上相逢无纸笔,凭君传语报平安",意思说,途中在马背上与回京城的使者邂逅,欲写封家书却没有纸和笔,就托你回家带个口信,报个平安。谜底"托"解释为"嘱托","尔"解释为"你","斯"作助词,"泰"解释为"安泰",与谜面诗意契合。

清季著名学者俞樾在其编纂的谜书《隐书》(载《春在堂全书·曲园杂纂》第四十九卷)中,也有类似妙构:"凭君传语报平安"打《孟子》句"言不必信",谜底出自《孟子·离娄下》,解释成"捎话就不修书信了"。

现代也有不少以岑参此诗句作谜面的谜作。比如用其打成语"言而无信",和上述俞樾之作如出一辙;再如打四字历史名词"行中书省",原指元朝开始实施的直属中央政府管辖的一级行政区,现别解为"在出行途中书信就省略了";又如打德国数学家"康托尔",解释作"报安康就托付于你"。这些趣作,都堪称与"凭君传语报平安"诗谜合璧。

每月二谜

1. 不敢下箸(打二字传统节日一)
2. 代步(打四字成语一)

上期答案

1. 孕妇日记(打二字《唐诗三百首》篇目一)

   谜底:述怀(注:怀,怀孕)

2. 婉拒馈赠(打二字《唐诗三百首》篇目一)

   谜底:送别(注:别,不要)

嵌有人名的灯谜

◎江更生

我们在猜灯谜时,常常会碰到嵌有古今各色人等名字的谜面。不必为这些发愁,相反这却能为猜者提供很好的破谜线索。不妨从人名入手,顺藤摸瓜,从而揭穿谜底。

较为习见的是题面显示人的名字(包括笔名、艺名等)或外号(包括誉称、昵称等),那就可以由此联想到他或她的姓氏、本名或别称等,这些意思的文字估计十有八九会隐藏在谜底中。求出这些后,再琢磨谜面中其他文字意思,更进一层地叩开谜底之门。例如有这么一条谜,谜面为"茅盾当编辑",要求打已故现代作家一。大家知道,写有著名长篇小说《子夜》等的作家茅盾,本名沈德鸿,字雁冰,于此很容易让人想到谜底中会寓藏其姓氏"沈"。谜面上的"当编辑"乃"从事文字工作"之意,这么一来,谜底便迎刃而解了,应为"沈从文"。再看一条:"《鲁迅全集》价不菲"打成语一,谜底为"大费周章"。也是以笔名扣姓氏的,鲁迅的本名为周树人,谜底中的"周章"别解为"周树人的文章",正好与面上的《鲁迅全集》相扣;"价不菲"是费用开支大的意思,恰跟谜底中的"大费"切合,故而相扣。笔者还见到过一条以笔名扣合连名带姓本名的灯谜:"作家三毛乃笔名"打现代文学学者一。倘若你熟悉台湾女作家三毛,一定知道其原名为"陈平",那谜底便昭然若揭了,他便是写过《中国现代学术之建立》等的"陈平原"(注:别解为"'陈平'为其原名")。

然而,出现频率较高的还是誉称、封号、别称等。例如下列三谜:一、"'昭和棋圣'称雄棋坛"打电影导演"吴子牛";二、"'鉴湖女侠'华夏英烈"打节令誉称"中秋佳节";三、"松雪道人事后朝"打已故语言学家"赵元任"。第一条的"昭和棋圣"是指"吴清源",谜底应别解为"吴清源的棋子真'牛'"之意。第二条中的"鉴湖女侠"系辛亥革命女英烈秋瑾的自称,此谜谜底则作"中华秋瑾乃有佳名之英杰"解。第三谜中的"松雪道人"是南宋末书画大家赵孟頫的号,赵孟頫后来出仕元朝,谜面即以此事为题,谜底当作如是解:"赵孟頫在元朝担任了官职"。至于用诨号与封号挂面的,也不乏其作。例如以"延平王赐联拜收"打航天名词"成功对接"、用"弱秦何以变强秦,全仗铁腕始皇帝"打国际名词"地缘政治"、拿"美髯公大名"打科技名词"人工合成"者。前者"延平王"为明末民族英雄郑成功的封号,谜底在此别解为"郑成功的对联接受了"之意。中者"始皇帝"为秦朝嬴政的自封号,故世称"秦始皇",谜底中的"政"也是作人名解,即"嬴政",整个谜底当别解为"那地方就因为嬴政在治理","缘"作"因为"解。后者"美髯公"乃古典小说《水浒传》里梁山好汉"朱仝"的诨号,"美髯公"的大名为"仝",所以扣谜底"人工合成",稍微拐了个弯,因此有趣多了。

当然,那些直截了当以人名与字号互扣的灯谜似乎更受猜者欢迎。像以"汉司马相如"打唐代诗人"刘长卿"(注:汉代帝王姓刘,世称"刘汉",故"汉"可扣"刘";汉代文学家司马相如,字长卿)、"蔡文姬传"打苏州吴中评弹团演员"陈琰"(注:东汉才女蔡琰,字文姬;"陈"作"陈述"解)、"董小宛香闺"打京剧《白门楼》(注:明末清初秦淮名妓董小宛,名"白",故扣)等,皆因较为显豁,通俗易懂,特别吸引一般的爱好者。

文学创作与"吃鱼"

（文中有十处差错，你能找出来吗？答案在本期找）

◎梁北夕　设计

马克·吐温是美国著名的作家，也是赫赫有名的幽默大师。他出身于一个贫苦的家庭，原本是一个商人，但生意做得并不成功，还亏了钱。后来马克·吐温转向文学创作，不久就斩露头角，声名雀起，一下子由不文一名的小人物，变成了腰缠万贯的大作家。

马克·吐温的成功，引发了一股风靡全美的文学创作热潮。大量热爱文学创作的人，更加坚定信念，认为只要笔耕不缀，梦想一定会实现。甚至一些缺乏文学创作才能的年轻人，也开始做起了"文学梦"，认为自己也能像马克·吐温一样，出人投地。罗杰尔就是当中的一个。

罗杰尔天份平平，但是他总是自以为是，认为自己天生就是当作家的料。在遭遇出版社一次次退稿之后，罗杰尔既没有幡然醒悟，而且认为是出版社看不懂自己的作品，埋没一位天才的作家。于是，他把自己的稿子寄给马克·吐温，想让马克·吐温为自己说说公道话。同时，他给马克·吐温写了一封信，信中充满了对出版社的抱怨。

有趣的是，罗杰尔还在信末写了这么一段话："听说，磷脂非常有益于大脑，而且鱼骨是含磷最丰富的东西。所以我天天都吃鱼，以便能够早日成为像您那样伟大的作家。请问您吃过多少鱼？吃的是哪一种呢？"马克·吐温看过这个青年的稿子和信之后，哄堂大笑，于是提笔给这位年轻人回了一封短信，其中说："照你的稿子看，你得吃一对鲸鱼才行。"

"距离"如何"打开"

王川

这张图片是我的一位朋友发给我的,他说:这是一家刚开张的书店的大幅墙壁广告,上面的"阅读,打开与世界最近的距离"很别扭。但问题出在哪里,他说不清楚。

"阅读,打开与世界最近的距离"的主干是"阅读打开距离"。典型的主谓宾结构。"打开"即"揭开""拉开""解开",而"距离"指空间上的相隔长度(如北京和天津的距离大约120公里);"打开"搭配"距离"成句,语义上显然不通。

"打开"可以以"门"作宾语,如果一定要说"打开"的话,广告语可说成"阅读,打开通向世界的门"。"距离"可以与"缩短"搭配,如果一定要说"距离"的话,广告语可说成"阅读,缩短与世界的距离"。如果既要说"距离"又要说"最近"的话,广告可说成"阅读,把与世界的距离缩短到最近"。

也许是拟写广告语时,"打开""距离""最近"等等关键词一起涌现,而有关人员没有仔细斟酌各自的搭配特征,一不留神,似通非通的广告语就出台了。

火眼金睛

图中差错知多少?

吴明 杨兴山 刘远云 罗舟 提供

（答案在本期找）

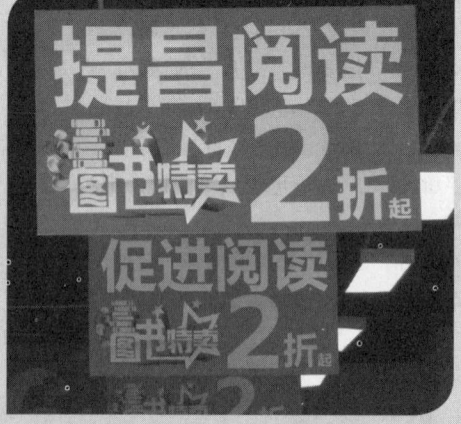

1	4
2	
3	

YAOWEN-JIAOZI

咬文嚼字

09
2017

夹竹桃科，落叶小乔木，原产热带美洲。夏秋开花，极香，可供观赏。花冠裂片倒卵形，外面为白色，内面基部呈黄色，像去壳的鸡蛋。花可提取芳香油，代茶或供药用。

鸡蛋花

欢迎至邮局订阅本刊 邮发代号 4-641
国内统一刊号 CN 31-1801/G
定价：5.00元

上海世纪出版集团

提高语文素养从孩子抓起

编写本书,意在培养学生从小就具有咬文嚼字的意识、习惯和能力。《小学生咬文嚼字手册》结合教材,结合学生的写话、作文实际和学习、生活实际,选取了学生容易混淆、经常误用的字,编成163组,从音、形、义方面逐组进行辨析,并设计了自测题。

《小学生咬文嚼字手册》

主编 / 葛全德　定价 / 18元

热销中
邮购电话:021-64372608×243
邮购地址:上海市绍兴路7号2楼咬文嚼字发行部
邮政编码:200020
更多优惠请登录:http://yaowenjiaozi.taobao.com

和能生物,同则不继

《碰撞与融合——跨文化笔谈》

陆建非 / 著　定价 / 88元(上、下卷)

本书贴近跨文化交流的理论与实践,内容分为"咬字嚼词""说礼道俗""刨根问底""采光撷影""题序撰评"五大部分。作者陆建非教授多年来参与大量对外交流与合作活动,出访过40多个国家和地区,对文化外交如何服务于国家发展战略颇具心得。文集涉及国外礼仪习俗、风土人情,英汉双语及双文化的异同体察、比照联想,把对文化现象的认识和盘托出,把母语与目的语以及它们的特定文化背景进行不同视角、不同层面的剖析和对比,探索文化外交的蕴意与实现路径。

热销中
邮购电话:021-64372608×243
邮购地址:上海市绍兴路7号2楼咬文嚼字发行部
邮政编码:200020
更多优惠请登录:http://yaowenjiaozi.taobao.com

名家语画

老舍"凑"诗一首

杨广深/文　臧田心/画

一些青年人来到老舍家里,请教作诗之道。老舍说:"我不会写诗,只是瞎凑而已。"在众人提议下,老舍当场"瞎凑"道:"大雨洗星海,长虹万籁天;冰莹成舍我,碧野林风眠。"诗句把孙大雨、冼星海、高长虹、万籁天、冰莹、成舍我、碧野、林风眠等八位文化界名流揽入其中,且意境开阔,余味无穷。青年们听了,无不赞叹叫绝。

名家语画
老舍"凑"诗一首　　　　　　　　　杨广深/文 臧田心/画 / 1

语林漫步
笔顺的稳定与微调　　　　　　　　　　　　　　于　荟 / 4

锁定名人
《周礼》未载"礼不下庶人"　　　　　　　　　陈晓云 / 6
男女交合不称"媾和"　　　　　　　　　　　　杨宏著 / 7

一针见血
"叉板"是什么板　　　　　　　　　　　　　　李景祥 / 8
"但悲不见九州同"是杜甫的诗句？　　　　　　郑文安 / 8
"16、7万"是几万　　　　　　　　　　　　　　张震东 / 9
"廉"是"放禾苗的仓库"吗　　　　　　　　　　古　辛 / 9
"吕台伯"是谁　　　　　　　　　　　　　　　王树凡 /10
"钱镠"不可写作"钱缪"　　　　　　　　　　　杨昌俊 /10
不是"介时"，应是"届时"　　　　　　　　　　谢云秋 /11
"赦令"和"敕令"　　　　　　　　　　　　　　得　喜 /11
街道焉能"纵横捭阖"　　　　　　　　　　　　沈阳仁 /12
词可分为"上阙""下阙"吗　　　　　　　　　　辜良仲 /13
受冷未必"寒碜"　　　　　　　　　　　　　　李光羽 /13
我国地名没有"雾都"　　　　　　　　　　　　杨顺仪 /14
养生当需"调适"　　　　　　　　　　　　　　张志达 /14
周岂能"讨商汤"　　　　　　　　　　　　　　张应族 /15

文章病院
"七十二候"是日本创立的吗　　　　　　　　　盛祖杰 /16
长春何时成了"盛京"　　　　　　　　　　　　李福唐 /17
"自挂东南枝"的到底是谁　　　　　　　　　　晋　相 /18
不是《幼学篇》是《劝学篇》　　　　　　　　　李华山 /19
青鸟不是"南方神鸟"　　　　　　　　　　　　木　子 /20
"颔联""颈联"莫混淆　　　　　　　　　　　　阎德喜 /21
李煜会吟"多情自古伤离别"吗　　　　　　　　陈两森 /22
为死者"节哀"？　　　　　　　　　　　　　　古　桥 /23
"云霓"未必"有别"　　　　　　　　　　　　　江城子 /23

咬文嚼字
2017年9月1日出版
9
总第273期

主管：上海世纪出版集团
主办：上海咬文嚼字文化传播有限公司
编辑、出版：《咬文嚼字》杂志社
集团网站：http://www.shwenyi.com
E-mail：yaowenjiaozi2 @ 163.com
官方微博：
http://weibo.com/yaowenjiaozish
电话传真：021-64330669
发行电话：021-64370935
邮购电话：021-64372608×243
地址：上海市绍兴路7号
邮政编码：200020
发行：上海市报刊发行局
发行范围：国内外公开
订阅处：全国各地邮局
邮发代号：4-641
ISSN 1009-2390
CN 31-1801 / G
印刷：上海文艺大一印刷有限公司
广告经营许可证：沪工商广字
3100320050020 号
定价：5.00元

栏目	标题	作者
时尚词苑	大大小小"朋友圈"	徐靖怡 /24
	不畏挑战,"满血"出发	刘东怿 /26
借题发挥	是"谦和"不是"谦合"	周 振 /28
	"休止符"如何"奏响"	严志清 /29
学林	汉语拼音由国内标准发展为国际标准	苏培成 /30
追踪荧屏	开国大典前怎么会有国徽	邓晓冬 /33
	"晋献文子"并非国君	陈明洁 /34
	是"邹鲁"不是"周鲁"	王重阳 /36
	打兔子惹不来一身臊	阎南岗 /37
	"湘江"不在香港	厉国轩 /38
网语漫谈	"黑科技"之"黑"	徐 瑞 /39
	说"怼"	庾仲雯 /41
	"小目标"真的小吗	胡寻儿 /43
华语圈	发夹弯	高婉瑜 /45
	阿里巴巴 VS 阿里爸爸	邓月璇 /46
	"爸"的故事	汪惠迪 /48
	生命庆祝会	田小琳 /49
	制 水	杜忠全 /50
东语西渐	友谊的小船说翻就翻	陆建非 /52
谈联说谜	赛谜鲈乡迎"八一"	江更生 /54
	"一"字谜趣谈	刘茂业 /56
重读经典	推广普通话的重要性	王 力 /57
向你挑战	求 职	伯 淮 设计 /60

顾问　张斌　濮之珍　何伟渔　陈必祥　金文明　姚以恩

名誉主编　郝铭鉴
主编　黄安靖
副主编　王敏
特约编委
汪惠迪(中国香港)
田小琳(中国香港)
林国安(马来西亚)
吴英成(新加坡)
责任编辑　何中辰
发稿编辑　施隽南　朱恺迪
通联　张炜
封面设计　王怡君
特约审校
蔡维藩　陈以鸿　李光羽　王中原　张献通

凡本刊录用的作品,其与《咬文嚼字》相关的汇编出版、网上传播、电子和录音录像作品制作等权利即视为由本刊获得。上述各项权利的报酬,已包含在本刊向作者支付的稿酬中。如有特殊要求,请在来稿时说明。

笔顺的稳定与微调

◎于 荟

上午,参加语委办召开的一个小型座谈会,讨论《通用规范汉字笔顺表》。

汉字重视笔顺,其目的有二:一是求便。笔顺合理,在书写时笔势自然,笔程流畅,可以有效提高书写速度,符合汉字运用的经济原则。二是求美。鲁迅先生说过汉字有"三美",其中就包括形美。笔顺合理,横竖撇点折有序搭配,可以使形美得到更充分的展示。

在《通用规范汉字表》颁布以后,研制汉字笔顺表,至少有三方面的现实意义:第一,这是一项语文法规的配套工程,它可以扩大《通用规范汉字表》的影响,推动《通用规范汉字表》的运用。第二,它可以提高学校语文教学的质量,特别是呼吁重视笔顺教学,纠正学生中目前存在的错误书写习惯。第三,汉字有"定形、定量、定音、定序"的"四定"任务,笔顺直接和定序有关,它的研制有助于提升汉字的规范化水平。

语文研究是一个历史过程,笔顺研究也不例外。当前研制汉字笔顺表,似应遵循两条原则:一是不能大改,二是不能不改。所谓不能大改,就是要尊重已有的研究成果,比如在社会上具有广泛影响的《现代汉语通用字笔顺规范》,就应成为研制笔顺表的基础,凡是合理的都要继承下来。所谓不能不改,就是要把社会上已经发现的问题,通过研究进行微调,不能率由旧章,原地踏步。前者是为了书写的稳定,后者是为了规范的深化。

比如"万""方"二字,社会上有不同的写法,有的人是先撇后折,有的人是先折后撇。原来的规定是先折后撇。大家知道,汉字笔顺有先横后竖、先撇后捺、从左到右、从上到下的约定俗成的规定,按照从左到右的习惯,"万""方"二字能否调整为先撇后折呢?

比如"乃""及"二字。"乃"字二笔,先折后撇;"及"字三笔,前两笔和"乃"字有相似之处,却是先撇后折。相似的字形,有不同的笔顺规定,不免有一点乱的感觉。能否统一到"及"字的写法,都是先撇后折呢?

比如"车"字,单独写时,末笔是竖。作左偏旁用时,末笔却是由横转变的提。同一个"车"字,有两种不同的笔顺规定,在语文教学上设置了人为的障碍。其实"车"字单独写时,按照笔势,显然是先竖后横更自然一点。能否把两种笔顺择优汰劣、简化为一种呢?

以上只是随便想到的几个例子。总之,研制笔顺表是一个难得的机会,既不能轻举妄动造成混乱,也不能回避矛盾无所作为。

网言网语·人生

智者,凡事都往好处想,以欢喜的心想欢喜的事,他自然能成就欢喜的人生。愚者,凡事都朝坏处想,愈想愈苦,越想越悲,他自然将铸成烦恼的人生。世间的欢乐苦悲,其实都在自己的一念一想之间。圣人云,一个人的念想,既可以把他带进天堂,也可以把他带入地狱。诚哉斯言!

(黄文志/辑)

《周礼》未载"礼不下庶人"

◎陈晓云

《钱文忠解读〈三字经〉》(中国民主法制出版社2009年2月出版)上册第85页有这样一段文字:"随便跟大家举一个例子,我们平时都挂在嘴上,今天还经常可以在报纸上读到的一句话就出自《周礼》,就是'礼不下庶人,刑不上大夫'。……《周礼》的本意是什么呢?'礼不下庶人,刑不上大夫'本意是,礼法、礼仪不应该排斥平民,刑法并不能优待大夫。但是,我们后来理解这句话时,把它理解成为对老百姓不用讲礼法,对官员不可用刑法,把这个'下'和'上'两个动词理解错了。"此说确实有趣,但出处搞错了。"礼不下庶人,刑不上大夫"出自《礼记》,而不是《周礼》。

《礼记》是儒家重要经典,相传为西汉戴圣编纂,故又称《小戴记》或《小戴礼记》。《礼记》是中国古代典章制度的选集,其中论著大率为孔子弟子、再传以及三传弟子等所作。书中记录了先秦各种礼制,不仅是研究文物制度的重要参考,也是儒家思想的资料汇编。《礼记》分为《曲礼》《檀弓》《王制》《中庸》《大学》等四十九篇,东汉郑玄有《礼记注》。"礼不下庶人,刑不上大夫"一句便出自《礼记·曲礼》。

《周礼》是搜集周王室官制和战国时各国制度并添附了儒家政治思想的经书,共有《天官冢宰》《地官司徒》《春官宗伯》《夏官司马》《秋官司寇》《冬官司空》等六篇,其中《冬官司空》已佚,汉代补以《考工记》。作为儒家经典,历代学者对《周礼》做过深入研究,如东汉郑玄

男女交合不称"媾和"

◎杨宏著

王立群先生有本著作《王立群智解成语3》(大象出版社2014年12月出版),第2页上有这样一段文字:"《野有蔓草》一诗,历来有不同的主题阐释,有人认为这是一首'淫奔之诗',有人认为这是描写艳遇的诗篇,这一艳遇,可以是一夜情,也可以是野外媾和。"这里的"媾和"不妥,写作"媾合"才对。

媾,读作gòu,从女,冓声,本义指重叠交互为婚姻,即亲上加亲,泛指结亲。"媾"也可指交合。《正字通·女部》:"媾,合也。"唐李白《草创大还赠柳官迪》:"造化合元符,交媾腾精魄。""合"字也有交合义。因此"媾合"便指男女交合。《元典章·户部四·丁庆一争婚》:"令吴江洲议拟徐伴哥强取丁阿女媾合。"上述著作中正是要表达这个意思。

汉语中也有"媾和"一词,但表达的是不同的意思。"媾"有交好、讲和的义项。《史记·平原君虞卿列传》:"不如发重使为媾。"司马贞索隐:"求和曰媾。""媾和"指交战双方缔结和约,也指交战国之间为结束战争状态所进行的一系列活动,包括提出媾和建议,双方进行谈判等。和,即"和解"的意思。发生艳遇的男女间不存在什么战争,自然谈不上有"媾和"的行为。

"媾和"与"媾合"读音相同,为了避免发生混淆,须分清"和"与"合"的意思。

有《周礼注》、唐贾公彦有《周礼义疏》等。通读《周礼》,其中未见"礼不下庶人,刑不上大夫"之语。古人将《周礼》《仪礼》《礼记》这三部儒家经典合称"三礼",作为礼制研究的重要依据。误《礼记》为《周礼》,可能缘于此。

"叉板"是什么板

◎李景祥

2017年6月12日《辽沈晚报》第11版上有一篇文章《一凉一热"夏"酒菜》,其中写道:"接着上来的凉菜拌四丝:泡得熟透了的粉丝、白菜丝、黄瓜丝、胡萝卜丝。白菜丝切得细细长长,刀工妙然。黄瓜丝、胡萝卜丝都是东北特有的叉板叉的,根根长短一样,粗细相同。"这里的"叉板叉的"有误,应是"礤板擦的"。

礤,读作cǎ,义为粗石。有一种处理食材的器具叫作"礤床",多在木板的中间嵌入金属片,片上开有许多窟窿,向一边翘起形成鳞状薄刃,可以用来刨刮蔬果,使其变为丝状。"擦"有个义项就是将蔬菜、瓜果刨成丝状,利用的工具就是礤床。礤床多为板状,所以也叫"礤板"。上述引文提到的"黄瓜丝、胡萝卜丝"无疑是"礤板擦的"。

"叉"指的是一端有两个或更多长齿的长柄器具,如渔叉。作动词指用叉取东西。"叉板"不知为何物,似也难以用它将瓜果"叉"成丝。

"但悲不见九州同"是杜甫的诗句?

◎郑文安

《汉字的文化解读》(商务印书馆2012年10月出版)一书第57页上写道:"人们后来用'九州'指代整个国家,杜甫也有诗云:'死去元知万事空,但悲不见九州同。'"吟出这诗的是陆游,而非杜甫。

"死去元知万事空,但悲不见九州同",出自南宋诗人陆游的诗《示儿》。陆游(1125—1210),字务观,号放翁,是我国著名爱国诗人。他生于北宋灭亡之际,一生都主张抗金,收复中原失地,并将这种信念表达在他很多诗歌里。《示儿》是陆游的代表作之一,作为临终前的绝笔诗,表现出了他强烈渴望国家统一的热情。

杜甫(712—770),字子美,是唐代著名诗人。虽然他亲身经历了"安史之乱"给国家带来的战祸,但在有生之年就看到了战乱被平定。国家既然并未分裂,杜甫自然不会有"不见九州同"的遗憾。

"16、7万"是几万

◎张震东

2017年5月19日《报刊文摘》第6版刊有《谁在"算计"连战的退休金?》一文,文中写道:"连战原本只能以'行政院长'一职退休,每月领取约16、7万的退休金。"这里的"16、7万"应改为"十六七万"。

《出版物上数字用法》明确规定,数字连用表示的概数和含"几"的概数应采用汉字数字。并且数字间不用顿号,如十一二个、三四十岁等等。

上述引文中的"16、7万"显然不合规范。

"廉"是"放禾苗的仓库"吗

◎古 辛

2016年《廉政瞭望》第20期刊载了《纪检干部要懂点历史》一文,文中说道:"比如'廉'字。'广'字头下面一个'兼'字,《说文解字》上说'廉'是放禾苗的仓库,因为仓库四壁修得笔直,所以说'廉'与'直'是相关的。"此处说得不准确。

"廉"的本义是厅堂的侧边。《仪礼·乡饮酒礼》:"设席于堂廉东上。"郑玄注:"侧边为廉。"引申泛指边。再引申为事物的棱角,如《周礼·考工记·轮人》:"进而眠之,欲其帱之廉也。"用来形容人,则是比喻人禀性方正、刚直,如《韩非子·五蠹》:"今兄弟被侵必攻者,廉也。"现在常用的不贪、廉洁等意义就是由此引申而来。无论是古义还是今义,"廉"都没有"放禾苗的仓库"之义。《说文解字》不可能这样说。

"吕台伯"是谁

◎王树凡

《安徽老年报》2017年2月20日第3版刊有《以雄伟壮观的牌坊群闻名于世——棠樾村》一文，文中介绍说："村名'棠樾'二字，来源于《诗经·甘棠》篇周贤吕台伯的故事。"其中所说的《诗经·甘棠》篇"周贤吕台伯的故事"令人费解，"吕台伯"应是"召伯"之误。

召（Shào）伯，姬姓，名奭，谥号康，西周宗室、大臣。因采邑在召（今陕西岐山西南），故称召伯，也称召公、召康公、召公奭，先后辅佐周成王、周康王，为政时政通人和，深受百姓爱戴。《史记·燕召公世家》记载："召公巡行乡邑，有棠树，决狱政事其下，自侯伯至庶人各得其所，无失职者。召公卒，而民人思召公之政，怀棠树不敢伐，歌咏之，作《甘棠》之诗。"大意是说召公到乡邑巡察时，在一棵棠梨树下处理政事，其间百姓各得其所。召公去世后，民众怀念他，不舍得砍伐那棵棠梨树，作了《甘棠》以歌颂。后来用甘棠、召棠称颂守法循理的官吏的美政和遗爱。文中的"吕台伯"应该改为"召伯"。

"钱镠"不可写作"钱缪"

◎杨昌俊

长篇小说《城市表情》（天津人民出版社2011年10月出版）展现了历史文化名城"南州"建设改造中的各种矛盾和困难。在第二章中，写到了名城保护者吴一拂为留住旧城墙大声疾呼，其中有这样一段描述："只要有他说话的机会，他就说：'公元前514年，伍子胥就筑了南州的城墙……五代的钱缪，给南州建起了最早的砖城墙……'"引文中的"钱缪"，应写为"钱镠"。

镠，读作liú，本义是纯美的黄金，又称紫磨金。《尔雅·释器》:"黄金谓之鋈,其美者谓之镠。"引申出精纯、纯美之意。如,"镠铁"一词,指质地精纯的铁,用来比喻坚强。古人的名与字,常有意义上的关联。钱镠(852—932),字具美(一作巨美),"镠"与"具美"或"巨美"含义上是相通的。钱镠唐末拥兵两浙十三州,后梁开平元年(907)封吴越王,在位期间修建钱塘江海塘,又在太湖流域广造堰闸,对江浙地区的发展做出了重大贡献。

缪,多音字,读作 móu 时,指麻十束,可组词"绸缪",表示紧密缠缚,引申出修缮之意;读作 miù 时,意为错误;读作 miào 时,作姓氏用。小说中把钱镠写成钱缪,或许是"镠""缪"形似致误。

不是"介时",应是"届时"

◎谢云秋

2016 年 11 月 16 日《扬子晚报》B5 版《给垃圾开个账户》一文中写道:"由他们出资,在全国范围内创办社区垃圾银行。介时,居民只要拿着收集好的垃圾送到社区垃圾银行……"文中的"介时"应为"届时"。

届,有至、到的意思。既可以指空间上的到达,如《书·大禹谟》:"惟德动天,无远弗届。"也可指时间上到,如鲁迅《书信集·致姚克》:"届时务希与令弟一同惠临为幸。"届时,即到了时候。

"介"的义项有很多,但都不能与"时"组成"介时"一词,意义上讲不通。误"届"为"介"应是同音所致。

"赦令"和"敕令"

◎得 喜

2017 年 6 月 12 日—6 月 18 日一期的《黑龙江广播电视报》第 17 版刊有《阿城糖厂:从"中国最大"到"第一破产"》一文,其中一段文字这样写道:"1908 年 11 月,柴瓦德夫注册

100万卢布,公司采用股份制模式,由俄国沙皇赦令批准成立'阿什河精制糖股份公司'……"此处的"赦令"应为"敕令"。

敕,读作chì,本义为告诫。汉代尊长或长官对子孙或僚属进行告诫,就叫"敕"。到了南北朝,"敕"开始专指皇帝的诏令。"敕令"即由皇帝下达的命令。上述引文中开设"阿什河精制糖股份公司"一事是由俄国沙皇批准的,那确实可称"敕令"。

"赦"有宽免罪过的意思,如赦免、赦罪。"赦令"指旧时君主发布的减免罪犯刑罚或赋税徭役的命令。"赦令"和"敕令"虽然都由君王下达,但适用场合完全不同,不能混为一谈。

街道焉能"纵横捭阖"

◎沈阳仁

2017年6月15日《沈阳日报》第3版发表了一篇题为《和平区八卦街喜迎新春 全新改造静待花开》的报道,开篇就说道:"在沈阳纵横捭阖的老街中,有个街区全世界独一份,她被很多人称之为神秘街。这个街区就是位于沈阳市和平区南市地区的八卦街。"这里用"纵横捭阖"来形容街道无疑是不正确的。

战国时期有一些策士善于审时度势,而且才辩过人,他们游说列国君主,向其陈明时局利害,最终达到各自的政治目的。其中代表人物有主张"合纵"的苏秦、主张"连横"的张仪,后人称他们为"纵横家"。"捭阖"犹开合,指分化、拉拢的游说术。《鬼谷子·捭阖》:"捭阖者,以变动阴阳四时开闭,以化物纵横……此天地阴阳之道,而说人之法也。"所谓"纵横捭阖"本指纵横家的游说之法,现在泛指用辞令来打动人,在政治和外交上运用联合或分化的手段。

"纵横捭阖"作为政治手段,运用的只能是人。老街自然是不可能"纵横捭阖"的。"纵横"可以指交错貌,上述引文如删去"捭阖"或将"捭阖"改为"交错",就通顺了。

词可分为"上阕""下阕"吗

○辜良仲

2016年11月17日《读者报》刊载了《北宋名相开豪词之先河》一文,文章在分析范仲淹的《渔家傲·秋思》时写道:"词的上阕描绘出一幅开阔、苍凉悲壮的边塞风情……下阕写人抒情……"这里的"上阕""下阕"是"上阕""下阕"之误。

阕,读作què,本义是祭事结束把门关上,后来指停止。如周邦彦《浪淘沙慢·晓阴重》:"南陌脂车待发,东门帐饮乍阕。"也引申指乐终,如张衡《东京赋》:"《王夏》阕,《驺虞》奏。"由这一义项进一步引申,乐曲或词一首被称为一阕。再后来一首词的一段也称为一阕,前一段称"上阕",后一段称"下阕"。

阙是多音字,读为què时,指宫门外两边的楼台,也指宫城上的楼观,还指帝王的住所、神庙或两山夹峙的地方等。"阙"不能用来作为曲、词的量词。词的上阕、下阕不能写作"上阙""下阙"。

受冷未必"寒碜"

○李光羽

2016年11月20日《新民晚报》B9版上有《多穿两件》一文,在说到一个"穿衣服要风度不要温度"的男子时,文章这样写道:"最近,他总是感觉全身冰冷,时不时还打寒碜。"此处的"打寒碜"应是"打寒战"之误。

战,可以指发抖,如胆战心惊。寒战,指的是因受冷或受惊导致身体颤抖。周立波《暴风骤雨》第二部三:"萧队长推开关得溜严的外屋的门,一阵寒风跟着刮进来,白大嫂子给吹得打了个寒战。"也说"寒噤"等。

碜,读作chěn,指丑、难堪。"寒碜(hán·chen)"是个口语词,形容难看、丑陋,也指丢脸、不体面。也可作动词用,指嘲笑讥讽,揭人短处。汉语中没有"打寒碜"的说法。

我国地名没有"雾都"

◎杨顺仪

《南方周末》2017年6月15日刊登有《豪华荡尽，只有青山如洛——寻访南宋王朝流亡之路》一文，为了让读者更直观地了解南宋君臣的流亡路线，文章附上了一张古地图。在这张地图中部有一个地名标为"雾都"，当是"雩都"。

"雩（yú）都"是个旧县名，西汉时置，因境内雩都水得名。位于今江西省南部，赣江东源贡水中游。1957年改名为于都县，属赣州市。细看上述文章的配图，"雾都"四周被"兴国""会昌""赣州""汀州"四个地名环绕。兴国，县名，位于江西省南部；会昌，县名，位于江西省东南部；赣州，位于江西省南部；汀州，治长汀，在今福建省西部，与江西省相邻。对照现今地图，于都县北接兴国县，西邻赣县区，南接会昌县，往东则邻近福建。可断定，"雾都"为"雩都"无疑。

雾都，通常用来称呼经常起雾的城市，如英国伦敦、中国重庆、日本东京等。重庆平均每年的雾日在百日以上，是名副其实的雾都。但中国没有一个地名叫作"雾都"，于都的气候也并不多雾。

养生当需"调适"

◎张志达

《重庆日报》2017年3月1日第6版刊有《康养石柱 林业先行》一文，文中说道："'森林康养'即依托丰富多彩的森林景观……开展以修身养性、调试机能、延缓衰老为目的的森林游憩、度假、疗养、保健、康养等活动。"其中的"调试"宜改为"调适"。

"调试"可以指调教和试用，如《南齐书·长沙王晃传》："每远州献骏马，上辄令晃于华林中调试之。"也可指试验并调整，主要用于机器、仪器等，如韩少华《序曲》："一阵调试琴弦的声音乘空儿飘进门来。"

"调适"指调整使适应，如调适家庭成员关系、学会自我心理调适等。用于养生方面，则有调理、调养的意思，如《旧唐书·李珏传》："当四体平和之，长宜调适，以顺寒暄之节。""调适机能"就是调理身体机能的意思。既然文中说的是对人身体的调理、调养，就不能用"调试"了。

周岂能"讨商汤"

◎张应族

利川市龙船调公园休闲广场处有一块《利川赋》碑，碑上刻有作家野夫的作品《利川赋》，其中写道："周讨商汤，吊民伐罪……"讨，指讨伐。吊，义为慰问。这句话就是说周讨伐商汤，是为了抚慰苦难的人民，讨伐有罪的统治者。那么，周能"讨商汤"吗？

商汤，又称成汤，是商朝的开国君主。商原来是夏朝的一个小国。汤成为商的君主后，历经十一次征战，陆续攻灭邻近诸部落。商实力不断增强，成为当时的强国。而后汤联合其他部落起兵伐夏，并推翻了夏，在亳（今河南商丘附近）定都，建立了商王朝。

商汤生活在公元前17到前16世纪之间。商朝有近六百年的历史。到约公元前11世纪纣王当政时，周武王姬发率领周军，联合西南各族军队，打败商军，建都于镐（今陕西西安西南）。商朝灭亡，周王朝建立。因此，周讨伐的是商朝的末代君主纣王，不可能是比纣王早数百年的商汤。将"周讨商汤"改成"周讨商纣"，才符合史实。

"七十二候"是日本创立的吗

◎盛祖杰

2017年第9期《世界知识》杂志刊有《中国的节气，日本的"和食"》一文，其中写道："二十四节气在隋唐时期传入日本，至今已有1300多年历史……不仅如此，二十四节气还被日本细化和创新为'七十二候'，即把每个节气再分为三段，每五天为一候，例如春分包括'东风解冻''蛰虫始振''鱼陟负冰'。七十二候在日本沿用至今，是日本人对四季更替细致观察后创立的日本式节气风俗，更详细、更准确地指导日本的生产生活。"此处认为"七十二候"是日本"创立"的，显然与事实不符。

七十二候是我国古代的物候历。通过观察和总结，古人发现自然界中生物或非生物会随季节气候的变化而产生相应变化，如植物开花结果、动物蛰眠复苏、江河结冰解冻等。他们把这种周期性现象称为"物候"，并以五天为一候，三候为一气，六气为时，四时为年。由此，一年分二十四气，共七十二候。作为参照的对象有的是动物，如"蛰虫始振"（立春后五日）、"鸿雁来"（白露开始）；有的是植物，如"桃始华"（惊蛰开始）、"草木黄落"（霜降后五日）；还有其他的自然变化，如"大雨时行"（大暑后十日）、"水始冰"（立冬开始）。物候反映的是一年中物象、气候的

长春何时成了"盛京"

◎李福唐

《江苏地方志》杂志2016年第6期上有一篇题为《南京这座城市的名字——读〈南京历代名号〉》的文章,其中一处文字说"长春曾经叫过盛京"。这一说法有误。"盛京"是沈阳过去的称呼,长春不曾称为"盛京"。

后金天命十年(1625),清太祖努尔哈赤把都城从东京辽阳迁至沈阳,开始在沈阳修建皇宫。天聪八年(1634),清太宗皇太极将沈阳尊为盛京。顺治元年(1644),清人入关,在京师顺天府(今北京)定都,盛京作为留都继续存在。顺治十四年(1657)盛京设奉天府,故沈阳曾称"奉天"。

嘉庆五年(1800),清政府设立长春厅。1932年,侵华日军扶持清末代皇帝溥仪建立了傀儡政权伪满洲国。伪满政权宣布定都长春,并改称"新京"。长春在历史上从未被叫过"盛京"。

一般变化规律。七十二候起源于先秦时代,相关资料很丰富。最早见于先秦史籍《逸周书》《吕氏春秋》,汉儒列入《礼记·月令》,《魏书》列入《律历志》,但各书所举候应都互有出入。七十二候是我国古代进行农事活动的重要依据,但由于候的时间单位较小,而气候因地区、年际差异较大,故存在不符合实际的地方。

七十二候源远流长,和二十四节气一样是我国古代文明的瑰宝。

"自挂东南枝"的到底是谁

○晋 相

2017年7月3日《光明日报》第13版刊有《自缢：曹雪芹预设的黛玉之死》一文，其中写道："最著名的是民间叙事长诗《孔雀东南飞》中的刘兰芝'自挂东南枝'。"刘兰芝是投水而死，而非"自挂东南枝"。

《古诗为焦仲卿妻作》是东汉末年的民歌，被徐陵收入《玉台新咏》，后又被收进郭茂倩《乐府诗集》中的《杂曲歌辞》。因首句为"孔雀东南飞"，所以也以此为名。全诗三百五十多句，以长篇叙事诗的形式讲述了东汉末年焦仲卿、刘兰芝夫妻的悲剧故事。因人物形象生动，语言质朴动人，成为乐府诗中广为流传的佳作。

诗前的序写道："汉末建安中，庐江府小吏焦仲卿妻刘氏，为仲卿母所遣，自誓不嫁。其家逼之，乃投水而死。仲卿闻之，亦自缢于庭树。时人伤之，为诗云尔。"此处已经揭示了两人的最终结局。通读全诗，明确了刘兰芝被逼无奈，"揽裙脱丝履，举身赴清池"，而听闻此讯的焦仲卿则"徘徊庭树下，自挂东南枝"。如此看来，"自挂东南枝"的毫无疑问是焦仲卿。

《火眼金睛》提示

图1，"底现"应为"抵现"。
图2，"遗拾"应为"遗失"。
图3，"防讯"应为"防汛"。
图4，"结骨眼"应为"节骨眼"。

不是《幼学篇》是《劝学篇》

◎李华山

《北京晚报》2016年11月10日刊登了《孙中山的日本知己》一文,文中写道:"湖广总督张之洞在他著名的《幼学篇》中已经言明:'至游学之国,西洋不如东洋,一、路近省费可多遣;二、去华近易考察;三、东文近于中文,易通晓;四、西书甚繁,凡西学不切要者,东人已删节而酌改之。中东情势风俗相近,易仿行,事半功倍,无过于此。'"文章所引文字出自张之洞的《劝学篇》,而非《幼学篇》。

张之洞(1837—1909),字孝达,号香涛,是清末洋务派代表人物。历任山西巡抚、两广总督,后调任湖广总督,先后创办汉阳铁厂、湖北枪炮厂等,兴建各类学堂,如自强学堂(今武汉大学)、三江师范学堂(今南京大学)等。

张之洞在1898年(光绪二十四年)写成《劝学篇》,内篇九篇,外篇十五篇,共二十四篇。该书以"内篇务本,以正人心;外篇务通,以开风气"为宗旨,阐述了"旧学为体、新学为用"的论点,主张在维护封建统治的基础上接受西方资本主义的技术和方法,反对维新变法,集中反映了清末洋务派的思想。《劝学篇》深得清政府赏识,曾印发全国各省,并于1900年在美国纽约出版英文本,书名为《中国唯一的希望》。

青鸟不是"南方神鸟"

◎木 子

2017年第13期《老同志之友》上刊有《刘禹锡诗词赏析（七）》一文，在评论《望衡山》一诗时文中说："……承袭前代神话，借用火神祝融的居所、南方神鸟——青鸟的羽毛写山势之高与衡山地位的尊贵。"此处的"青鸟"无疑是"朱鸟"之误。

朱鸟，也称"朱雀"，是中国神话中四象之一。古代天文学上将星空分为东、南、西、北四大区，"四象"指代表四方星象的动物，分别为东龙、南鸟、西虎、北龟蛇。春秋战国时期五行说逐渐流行，认为水、火、木、金布于北、南、东、西四方。又依据五行对四象进行配色，南方属火，朱色配之，故"南方"又名"朱鸟"。同理，其他三象配为青龙、白虎、玄武（洪兴祖《楚辞补注》："玄武，谓龟蛇。位在北方，故曰玄，身有鳞甲，故曰武。"）。二十八宿体系形成后，每一象分七宿。南方七宿——井宿、鬼宿、柳宿、星宿、张宿、翼宿、轸宿相连后呈鸟形，便是朱鸟。《周礼》中记述的五大名山（五岳）中，南岳便是衡山，故以朱鸟对衡山。

在我国的神话传说中，"青鸟"也是有的。《山海经·大荒西经》："西有王母之山……有三青鸟，赤首黑目。"郭璞注："皆西王母所使也。"青鸟在传说中是为西王母取食传信的灵鸟，后逐渐成为信使的代称。查刘禹锡的《望衡山》，原诗颔联为"前当祝融居，上拂朱鸟翮"，可见是上述文章将"朱鸟"误为"青鸟"了。

"颔联""颈联"莫混淆

◎阎德喜

《人歌人哭大旗前》(生活·读书·新知三联书店2016年1月出版)的《讽刺的使命——荒芜》中,录有荒芜《长安杂咏》十七首的第一首:

千奇百怪频年事,五角六张数局棋。

告密投机新伙伴,昂头变脸老相知。

名流陆续成邦鬼,小丑仓皇戴画皮。

雾霁天开华岳出,一阳来复我吟诗。

文中对这首诗作了如此解读:"颈联则说你觉得是新朋友的,结果却是告密的投机分子……颔联的'邦鬼',即与公家相关的死者。"(第49页)对诗句的理解很到位,但是把"颔联"与"颈联"颠倒了。

这是一首律诗。律诗是近体诗的一种,起源于南北朝,成熟于唐初。因格律要求严格,故称之为律诗。一般为八句,八句以上称为排律。习惯上将律诗的四联分别称为首联、颔联、颈联、尾联。首即头,首联指律诗的头一联(一、二两句),因其居于诗的开头而得名。颔,读hàn,本义为下巴,颔联指律诗的第二联(三、四两句)。颈,即脖子,颈联指律诗的第三联(五、六两句)。尾联指律诗的最后一联(七、八两句),在一首诗的结尾处。可见,上引律诗的颔联是"告密投机新伙伴,昂头变脸老相知",颈联是"名流陆续成邦鬼,小丑仓皇戴画皮"。

上述文章是从日文翻译过来的,原作者木山英雄是日本著名中国文学研究专家,精通汉诗。出现颔联和颈联颠倒的说法,可能是一时笔误,也很可能是翻译时所产生的错误,或者是误排。

李煜会吟"多情自古伤离别"吗

◎陈两森

时事出版社2015年6月出版有《杨绛：人生最曼妙的风景》一书，第68页上有一段描写杨绛与钱锺书离别的文字："那个悲情的南唐后主如是吟叹，'多情自古伤离别，更那堪，冷落清秋节！'是啊，分离总是伤感的……""多情自古伤离别"真是南唐后主吟叹的吗？

"多情自古伤离别，更那堪，冷落清秋节"是千古名句，熟悉古诗词的朋友都知道它出自宋柳永的婉约词《雨霖铃》。柳永（约987—约1053），字耆卿，北宋著名词人，世称柳七、柳屯田等。他为人放荡不羁，终身潦倒。由于长期在市井间和歌伎一起生活，创作的词也多描写城市风光和羁旅之情。

《雨霖铃·寒蝉凄切》是柳永的代表作，下阕是"多情自古伤离别，更那堪，冷落清秋节！今宵酒醒何处？杨柳岸，晓风残月。此去经年，应是良辰好景虚设。便纵有千种风情，更与何人说？"这段文字形象生动地描写了与情人分别后的凄凉。

南唐后主，即李煜（937—978），是五代时期的南唐末代国主，擅长诗文、音乐、书画。开宝八年（975）宋兵攻破金陵，李煜出降，被押至汴京，数年后离世。南唐后主确实有段悲情的人生，也确实善诗词，但"多情自古伤离别"之句却非他所作，他也吟不了柳永的词。因为直到他去世，柳永都还没出生哩。

为死者"节哀"?

◎古桥

2017年6月28日《嘉兴日报》上有一篇题为《怀念小娘舅》的文章,第一段中写道:"……传来小娘舅去世的噩耗,我悲痛万分……在第二天早上和父母一起奔赴金光兜村庄,为小娘舅吊丧节哀。"这里的"节哀"应改为"致哀"。

致,表示给予,向对方表示(礼节、情意等)。致哀,义为对死者表示哀悼,如向烈士静默致哀。上述引文的作者亲人去世,随即到丧家祭奠,表达内心的哀思,这无疑是向死者"致哀"。

节,节制。节哀,即抑制悲哀,多用来劝慰死者家属。《初刻拍案惊奇》卷十八:"令堂天年有限,过伤无益,且自节哀。"为死者"致哀",劝丧家"节哀",都是白事的礼节,若是颠倒可能会被视为不敬。

"云霓"未必"有别"

◎江城子

《杂文月刊》2017年5月上刊有《豆腐保平安》一文,其中写道:"倘若清代的官吏都像汤斌一样,大清的结局可能就与后来云霓有别了……"此处的"云霓有别"应是"云泥有别"。

"云泥"即天空的云与地上的泥。《后汉书·逸民传·矫慎》:"仲彦足下,勤处隐约,虽乘云行泥,栖宿不同,每有西风,何尝不叹!"后世用云和泥比喻两者间差异极大、相去甚远,如"云泥之隔""判若云泥""云泥有别"等。

霓,本指虹的一种、副虹。后也指彩云、彩霞。"霓"和"云"都在天上,并不适合比喻差别大、距离远的事物。

大大小小"朋友圈"

◎徐靖怡

"圈"是一个构词能力很强的语素,它有"群体范围"的意义。"××圈"可以指同一群体的所有人,如"影视圈""学术圈""娱乐圈""骑行圈""生意圈""人脉圈""外贸圈"等。当前,"圈"族新成员"朋友圈"后来居上,十分活跃。例如:

(1)在文艺工作座谈会召开两周年之际,文汇APP策划推出了《习近平与他的作家"朋友圈"》,报道梳理整合了习近平总书记与路遥、贾平凹等作家们交往的故事。(《解放日报》2017年2月19日)

"朋友圈"这个词源自外语"circle of friends",用于因相同爱好、相同职业、相同利益、相同信仰、相同地域或相同亲缘而产生关联的人群。最初,使用"朋友圈"一词,多指人们在社会交往中由熟人、半熟人组成的关系圈。例如:

(2)社交网站用户在线朋友数量较少的,现实世界里朋友圈也较小。相反,在线朋友数量越多,线下可能拥有的朋友圈也更大。(《广州日报》2011年10月30日)

(3)杨昭在朋友圈是出了名的"超级奶爸",朋友们形容他是"女儿奴"。有过英国留学背景的杨昭在国内某媒体供职,朋友曾开玩笑似的提醒他,男人要把精力多放在事业上。杨昭则非常坦率地对朋友说:"我爱我的老婆和孩子,我女儿是我这辈子最大的事业。"(《中国妇女报》2017年2月28日)

后来,腾讯微信推出了新

功能"朋友圈",人们可以在其中发表文字、图片,分享文章、音乐。这一社交功能得到了用户的欢迎与推崇,成为日常生活不可分割的一部分,"朋友圈"也迅速成为流行词。随着网络社交的普及,越来越多的人加入其中。微信帮助人们扩大社交范围、积累人脉,"朋友圈"的人数急剧上升,很多并非"朋友"的人也出现在其中。于是"朋友圈"不再限于熟人、半熟人的范围,处于同一行业、地域等各种范围的人都可以组成或大或小的"朋友圈",甚至机器人也挤进了"朋友圈"。例如:

(4)机器人挤进人类朋友圈,市场空间巨大,未来隐患频频。(《人民日报》2017年4月12日)

习近平主席在2016年新年贺词中提出要推动"一带一路"建设,向世界敞开怀抱,让我们的"朋友圈"越来越大。"朋友圈"成为新闻媒体中常常出现的热词,它的语用范围也进一步扩大。现在,"朋友圈"不仅用于人和人之间,还用于城市和城市之间、政党和政党之间、国家和国家之间。例如:

(5)加强党际交往,拓宽工作渠道,进一步扩大我们党的朋友圈。(《人民日报》2016年12月29日)

(6)今年5月14日至15日,我国成功举办"一带一路"国际合作高峰论坛,29位外国元首、政府首脑及联合国秘书长等3位重要国际组织负责人出席相关活动,达成270多项成果。其"朋友圈"规模之大、质量之高,超出想象。(《红旗文稿》2017年5月24日)

"朋友圈"是当今信息社会的产物。大至国家、小至邻里之间都存在着各种复杂的联系,形成大大小小的"朋友圈"。人们身处其中,既获取了大量实时信息,又彼此深受影响。我们不能随波逐流,应该选择志同道合、互信友好、充满活力的"朋友圈",这才是长久之道。

不畏挑战,"满血"出发

◎刘东悸

满血,在众多流行语中称得上是经久不衰的一员。几年前,人们已经常常把"满血"一词挂在嘴边,它在报刊上也屡见不鲜。如今,"满血"仍然时不时出现在人们的语言生活中,没有随着时间的流逝而消失。例如:

(1)越来越多的中国观众用包容和自信帮助运动员卸载压力,唤醒"满血"的竞技状态。场上场下,人们共同沉醉于比赛的力与美,享受参与的激情与乐趣。(《人民日报海外版》2016年8月12日)

(2)从2016年IPO市场表现来看,证券市场的核心功能——融资已满血复活,并创下新的历史纪录。(《国际金融报》2017年2月13日)

"满血"中,语素"满"的释义为"全部充实";语素"血"指的是"血液",对维持生命起重要作用。最初,"满血"常与"复活"组成短语,即"满血复活"。"满血复活"出自游戏,指的是在游戏中因失血过多而死亡,之后通过补充血量而复活,并且使状态达到上佳。例如:

(3)玩家死后可选择花费一定数量的钱币满血复活或是免费半血复活……(人民网2015年2月16日)

由于"满血复活"很形象,并且在游戏中使用频率相当高,这个短语就常被移用到现实生活中,用来指疲惫的人经过一段时间的休息或受到某种强刺激后,一扫疲惫,充满能

量。例如:

(4)这些快餐式休息可以让人"满血复活":小憩20分钟;认真伸一个懒腰;喝一杯热茶;发呆5分钟;来个头部按摩;吃点健康零食,比如酸奶、坚果、水果;出门晒晒太阳;和别人分享一件趣事;用温水洗把脸,水温以35℃为宜。(《人民政协报》2017年5月3日)

(5)5月20日晚,仪仗女兵将参加抗战胜利70周年阅兵的消息传来,瞬间让三军仪仗队女队员们"满血复活"。(《新京报》2015年8月29日)

渐渐地,"满血"可以单独应用,表示某人精力充沛、能量满满。例如:

(6)他在前天开通的微博上上传了一组爱徒接受治疗的照片,立即吸引了数以万计的"迷妹"点赞并感谢"肖爸爸"为她们带来张继科的最新消息,大家希望偶像能够早日康复,"满血"回归乒坛。(《广州日报》2017年3月16日)

(7)能够拥有一个"满血"的C罗,对于志在卫冕的皇马来说非常重要。(《新闻晨报》2017年5月12日)

现在,与"满血"组合而成的短语越来越多,除"满血复活"外,还有"满血复出""满血回归""满血归来""满血上线""满血再战""满血出征""满血逆袭"等。例如:

(8)终场前周鹏完成了一次抢断加扣篮的一条龙表演,似乎宣告他已经"满血归来"。(《南方日报》2015年2月13日)

"满血"一词之所以能够长时间地流行,与其本身的形象性以及所带有的满满正能量有关。生活中总会有疲惫的时候,不要畏惧,休整片刻,继续"满血"出发。

是"谦和"不是"谦合"

◎周 振

《幽默与笑话》杂志2016年第12期上有一篇介绍相声名家唐杰忠的文章,题为《唐杰忠:连捧三星 毕生谦合》。这个题目中的"谦合"一词应改为"谦和"。

谦,谦虚;和,和蔼。"谦和"就是形容人谦虚平和,易于相处。《晋书·良吏传·邓攸》:"性谦和,善与人交,宾无贵贱,待之若一。"唐元稹《徐智岌右监门卫将军制》:"端介而不失人心,谦和而能宣朕命。"唐杰忠(1932—2017)是我国著名的相声演员,师从刘宝瑞,曾与马季、姜昆等搭档合作,表演过《找舅舅》《虎口遐想》等相声,深受观众喜爱。曾获中国曲艺牡丹奖终身成就奖。上述文章描述了唐杰忠谦虚、谨慎、与人为善的品行,标题用"谦和"是恰当的。

"合"的义项很多,原义是闭、合拢,也有和睦、融洽义,如百年好合。"谦合"难以索解,汉语中没有这种用法。

"休止符"如何"奏响"

◎严志清

2017年6月20日《上海法治报》A3版上刊载有一篇题为《奏响无底线校园贷的"休止符"》的文章,其中的"奏响"一词不妥,因为"休止符"是无法"奏响"的。

休止符是个音乐术语,是标注在乐谱上用以表示音乐停顿,并注明停顿时值的符号。常见的有全休止符、二分休止符、四分休止符、八分休止符、十六分休止符、三十二分休止符。文章中用"休止符"来比喻有关部门为阻止无底线校园贷(又称校园网贷,是指一些网络贷款平台向在校大学生开展的贷款业务)而采取的措施,这本来是恰当的。但休止符既然是代表音乐停顿的符号,用"奏响"就不合逻辑了,演奏都停了,如何能"响"得起来?"奏响"的只能是音符。

乐谱上的符号是画上去的,标题如改为《画上无底线校园贷的"休止符"》就合情合理了。

多部门联手暂停网贷机构开展校园贷业务

奏响无底线校园贷的"休止符"

近日,中国银监会联合教育部以及人力资源社会保障部发布了《关于进一步加强校园贷规范管理工作的通知》。《通知》称,现阶段一律暂停网贷机构开展校园贷业务,对于存量业务要制定整改计划,明确退出时间表。同时,商业银行和政策性银行在风险可控前提下,可以有针对性地开发高校助学、培训、消费等金融产品。

汉语拼音由国内标准发展为国际标准

◎苏培成

1958年2月11日,第一届全国人大五次会议批准了《汉语拼音方案》,从那时起汉语拼音就成为用罗马字母拼写普通话的国内标准。这些情况大家都很熟悉,不用多说。本文要介绍的是经过多年的发展,汉语拼音也已经成为用罗马字母拼写汉语的国际标准。

这又包括两项内容。第一项是:汉语拼音成为用罗马字母拼写中国地名的国际标准。早在20世纪60年代,联合国地名专家组就主张,应该使地球上每个地名的专名部分只有一种拼写形式,避免在国际交往中地名因语言文字的复杂而造成混乱。1967年联合国第二届地名标准化会议做出决议,要求世界各国、各地区在国际交往中都使用罗马字母拼写地名,做到每个地名的专名部分只有一种罗马字母的拼写形式,这就是"单一罗马化"(Single Romanization)原则。根据这个原则,在1977年9月7日召开的联合国第三届地名标准化会议上,我国代表提议采用汉语拼音作为中国地名罗马字母拼法的国际标准,会议通过了这个议案。例如,"北京"要拼作Beijing,不拼作Peking或Pekin。"焦作"要拼作Jiaozuo,不拼作Chiao-tso。汉语拼音开始走向世界。

第二项是:国际标准化组织(ISO)通过了《中文罗马字母拼写法》。在国际交往中,需要进行信息和文献的交流。由于使用罗马字母的信息和文献占主导地位,有必要把非罗马字母的信息和文献转换为罗马字母的信息和文献,这样会有助于图书目录的编写、图书文献的检索和分类、档案材料的管理以及计算机的自动处理。主管世界各国罗马字母拼写法标准的是 ISO/TC 46(国际标准化组织——信息与文献技术委员会)。

1979 年,周有光先生代表中国出席 ISO/TC 46 第 18 届会议,提议把《汉语拼音方案》作为用罗马字母拼写中文的国际标准。这个提议于 1982 年经各会员国投票通过。会议发布的文献是《ISO 7098 文献工作——中文罗马字母拼写法》,简称"ISO 7098(1982)"。这份文件规定:"本国际标准说明现代汉语,即中华人民共和国法定语言普通话(见国务院 1956 年 2 月 6 日颁布的《关于推广普通话的指示》)的罗马字母拼写法原则。""中华人民共和国全国人民代表大会(1958 年 2 月 11 日)正式通过的汉语拼音方案,被用来拼写中文。转写者按中文字的普通话读法记录其语音。"1991 年,王均先生代表中国出席 ISO/TC 46 第 24 届会议,这次会议对"ISO 7098(1982)"进行了技术修改,成为"ISO 7098(1991)"。这份文件规定:使用 ISO 7098(1991)的汉语拼音,可以通过拼音—汉字转换的方法输入输出汉字。这样拼音—汉字转换法就引进了国际标准。

2001 年 1 月 1 日我国开始施行的《中华人民共和国国家通用语言文字法》,从法律上确定了《汉语拼音方案》的地位。为了在国际上进一步扩大《汉语拼音方案》的影响,反映当前中文罗马化新发展和实际应用需要,有必要对"ISO 7098(1991)"做出修改。2011 年 5 月 6 日,在悉尼召开的 ISO/TC 46 第 38 届会议上,我国代表冯志伟研究员提出了修改"ISO 7098(1991)"的建议。2014 年 5 月召开的 ISO/TC 46 第 41 届全体会议上,冯志伟就"ISO

7098(1991)"的修订问题说明了中国的立场,会后向ISO/TC 46秘书处提交了"ISO 7098"的国际标准草案。2015年7月27日,ISO/TC 46秘书处进行委员会内部投票,提案获得全票通过。2015年12月15日,ISO总部正式出版了"ISO 7098(2015)",作为新的标准向全世界公布。

这次通过的"ISO 7098(2015)"有两大亮点,一个是把汉语拼音按词连写规则引入到国际标准中,这样可以降低汉语拼音产生歧义的数量。例如《通用规范汉字表》里面bei音节有31个字,jing音节有49个字。用拼音拼写这样的音节很容易出现歧义,而双音词beijing只有三个词就是"北京、背景、背静",如果把首字母大写,"Beijing"就只指"北京"一个词,消除了歧义。因为汉语拼音的按词连写十分复杂,有些问题还没有解决,还不能做到完全按词连写,而专有名词的按词连写比较容易,所以在"ISO 7098(2015)"中规定:在汉语拼音中人名、地名、语言名、民族名、宗教名这五种命名实体都要按词连写。这样就把按词连写引进了国际标准中,与"ISO 7098(1991)"比起来,这是一个重大的进展。另一个亮点是把汉字—拼音转写自动译音的方法引入到国际标准中。通俗地说,就是可以利用计算机或者加以必要的人工辅助,使这五种命名实体自动由汉字转换为合乎规范的汉语拼音。例如"鲁迅"这个笔名,以前至少有12种不同的拼写法,如法文拼作Lou Sin,罗马尼亚文、捷克文、葡萄牙文拼作Lu Sin,波兰文拼作Lu Sun等,根据"ISO 7098(2015)"自动译写为Lu Xun。

此外,"ISO 7098(2015)"在汉语拼音标调、标点符号转换等方面列出了更为具体的规则及说明,更新了参考文献和普通话音节形式总表等。修订后的标准更加符合当前信息时代发展的需要,使汉语拼音进一步走向世界。

开国大典前怎么会有国徽

◎邓晓冬

央视一套播出的电视连续剧《海棠依旧》第4集中有这样一个场景,周恩来总理接见即将在开国大典上执行防卫任务的飞行员们,拿出一张印有国旗、国徽、国歌歌词的纸,说道:"同志们,我想送你们每人一件礼物。这是我们新确立的国旗、国徽,还有国歌的歌词……"其中一个飞行员激动地说:"五星红旗,天安门、谷穗、齿轮,盘着五颗星星的国徽真庄严!"这里有个常识性问题,新中国成立时国徽并未确定下来。

国徽和国旗一样,是一个国家的象征和标志。1949年7月,《人民日报》刊出了向全国征求国旗、国徽和国歌词谱的启事。1949年9月21日到9月30日中国人民政治协商会议第一届全体会议在北京召开,决定以《义勇军进行曲》为代国歌(第五届全国人大第五次会议中定为国歌),以五星红

"晋献文子"并非国君

◎陈明洁

东方卫视2017年4月14日播出《诗书中华》节目，嘉宾在讲解成语"美轮美奂"时说道："在《礼记》里'美轮美奂'几个字不是连在一起的,是晋国有个国君,晋献文子,造房子,造

完了以后就有人赞……"（字幕同步显示）"晋献文子"并不

旗为国旗,但没有确定国徽图案。为了设计出理想的国徽,政协组织清华大学营建系和中央美术学院进行设计竞赛。最后采用了清华大学营建系的方案(后做了一定修改)。1950年6月28日,中央人民政府委员会第八次会议上通过了国徽方

案,9月20日正式公布。我国的国徽中间是五星照耀下的天安门,周围是谷穗和齿轮。

可见,在新中国的开国大典前是没有国徽的。要在建国近一年后,那个由"天安门、谷穗、齿轮"组成的国徽图案才正式诞生。

是晋国国君。

查阅《礼记·檀弓下》的原文:"晋献文子成室,晋大夫发焉。张老曰:'美哉轮焉,美哉奂焉!'"仅看这段文字,还不能确认"晋献文子"的身份。好在儒家经典一般都有前人做过注解,帮助理解其义。《十三经注疏》收录的是由汉代郑玄的注和唐代孔颖达的疏组成的《礼记正义》,其中郑玄注:"文子,赵武也。作室成,晋君献之,谓贺也。诸大夫亦发礼以往。"孔颖达正义:"'晋献文子成室'者,'献'谓庆贺也。文子,晋卿赵武也。'成室',谓文子作宫室成也。文子宫室成,晋君往贺也。"原来造房子的是文子,即春秋时晋国大夫赵武(约前589—前541),因死后谥号为"文",故称"赵文子"。而"献"在这里是庆贺的意思。"晋献文子成室,晋大夫发焉"一句,说的是赵武完成了宫室的建造,晋国的国君前往庆贺,而后晋国的大夫们也纷纷发礼致贺。

理清了原文的意思后就很清楚了,"晋献文子"哪里是什么晋国的国君!

《求职》参考答案

1. 飘泼——漂泊
2. 花废——花费
3. 急尽——殆尽
4. 自持——自恃
5. 不到一个多月时间——不到一个月时间
6. 沓然——杳然
7. 穷途陌路——穷途末路
8. 愤笔——奋笔
9. 一定要让对方看了也火冒三丈不可——"一定要让对方看了也火冒三丈"或"非要让对方看了也火冒三丈不可"
10. 直言不诲——直言不讳

是"邹鲁"不是"周鲁"

◎王重阳

2017年6月24日南京电视台新闻综合频道播出大型节目《南京》第三季《天下文枢》第一集,节目介绍孔庙的时候,受邀学者说:"温州和台州这一带,学术界和民间基本

上取得一致,俗称叫作小周鲁。小周鲁的意思也就是,这些现代的居民很大程度上是从山东鲁国这个地方的人迁移过来的。"(字幕逐字显示)这里的"周鲁"应当是"邹鲁"。

"邹鲁"原是邹国和鲁国的并称,这两个周朝国家地理位置相邻,大约在今山东省南部和西南部。邹国是孟子的故乡,鲁国是孔子的故乡,因为出了这两位儒家代表人物,"邹鲁"被后人用来指文化昌盛之地、礼仪之邦。

"温州和台州这一带"如真曾迁入大量邹鲁之地的移民,是可称作"小邹鲁"的。其实,历史上著名的"小邹鲁"是与台州市相邻的金华市。金华自宋元以降出了不少大儒,其中以宋代的吕祖谦、宋元时期的"北山四先生"和明代的宋濂、章懋最为著名。因为当地儒学发展蓬勃,故被称为"小邹鲁"。

"周鲁"之称未见于汉语典籍。可能是因"周""邹"音近,字幕误植了。

打兔子惹不来一身臊

◎阎南岗

央视8套播出的电视剧《双刺》第10集中，男主角告诫他的同事道："小心点儿，别打不着兔子惹自己一身臊。"打"兔子"能惹来一身臊吗？

俗语有言"打不着狐狸反惹一身臊"，比喻事情没办成、好处没捞到，反而惹来了一堆麻烦。狐是我们很熟悉的动物，哺乳纲，食肉目，犬科。通常栖息在森林、草原、半沙漠、丘陵等地带，以鼠类为主食，也吃其他小鸟、小兽和野果。除了我国外，日本、朝鲜半岛、蒙古、欧洲、北非、中东等地都有分布。狐的毛色呈赤褐、黄褐、灰褐等，也称"草狐""红狐""赤狐"，通称"狐狸"。为什么打"狐狸"会惹来"一身臊"呢？这和狐狸的生物特性有关，狐的尾基部长有尾下腺，能够施放恶臭。人们通常把

臭汗症叫作"狐臭"，也是由此而来。因毛皮珍贵，狐狸自古便遭到人类猎捕。但狐性机敏，不易捕获，猎人往往弄得一身臊臭也逮不到它。

兔，即哺乳纲兔科动物的统称。兔子作为草食家畜被人熟知，有毛用、皮用、肉用等多种用途，也供赏玩和实验。虽然兔子也是猎人常见的猎物，但它并没有什么明显的臊臭味。不管打着打不着兔子都不会惹来"一身臊"。

"湘江"不在香港

◎厉国轩

2017年6月30日晚,央视直播了《心连心,创未来》庆祝香港回归祖国二十周年文艺晚会。晚会上殷秀梅、莫华伦等著名歌唱家联袂演唱了一首《今夜无眠》,字幕同步显示歌词:"今夜有约,今夜无眠,今夜相会湘江,今夜——今夜真情永远。"此处的"湘江"当是"香江"。

香港位于中国南部,珠江口东侧,深圳市之南,因该地产沉香并大量出口而得名。"香江"作为香港的别称广为流传。鲁迅《而已集·略谈香港》:"若夫'香江'(案:盖香港之雅称)之于国粹,则确是正在大振兴而特振兴。"而湘江是中国湖南省最大的河流,长856千米,流域面积达9.64万平方千米,是洞庭湖水系的主要河流之一。另外,在贵州省的乌江支流也有一条名为湘江。无论哪条"湘江"都和南海之滨的香港没有关联。

《今夜无眠》是一首由朱海作词、孟卫东作曲的老歌。原歌词中并无"今夜相会香江"一句,想来是为了呼应晚会主题而做的修改。本是十分巧妙的改动,却因误"香"为"湘"反而弄巧成拙,令人生憾。

"黑科技"之"黑"

◎徐 瑞

东汉的许慎在《说文解字》中将"黑"解释为"火所熏之色也",即火焰熏烤后所留下的颜色。然而,生活中的"黑"已经远远不只是一个颜色这么简单。我们用"黑"形容非法、隐蔽的工厂,把它叫作"黑作坊";我们用"黑"形容人邪恶歹毒,把他们叫作"黑心肠";我们甚至将这些用法与"白"的含义相对,把反社会的非法组织叫作"黑社会",把留下极端负面评论的网友叫作"黑粉"。那么,如今大火的"黑科技"一词中的"黑"又该如何理解,它和以往负面的"黑"是否一样呢?

视觉上我们之所以看到黑色的物体,从光学角度分析,是因为它们吸收了所有的可见光线,所以黑色本身在光谱中是不存在的。物理学中就常常利用"黑"形容一些无法观察或难以理解的事物。例如,可以吞噬所有邻近物质的天体被称为"黑洞",无法打开且又无法直接观察内部的系统被称为"黑箱"。甚至在人类学中,黑色也常常作为神秘未知的象征。于是,"黑科技"一词最早便基于这样一些特点出现了。

1998年创作的热门小说《全金属狂潮》中,日本作家贺东招二最早使用"黑"修饰"科技"一词。他将一种秘密研制且超越当时科技真实水平的人形机动兵器技术命名为"黑科技"。2017年5月22日,《人民日报海外版》的记者孙懿将"黑科技"总结为"非人类自力研发、凌驾于人类现有科技之上的发明"。再如,《太空旅客》《星际穿越》《深空失忆》等太空科幻电影中,都有一种能让细胞停止活动并使人长时间休眠的装置"休眠仓"。该类设备以人类现有认知水平来看是不存在的,且现有科技水平无法满足制造它的条件,所以也可以被称为"黑科技"。

可是,近年来当"黑科技"作为一个外来词进入汉语语境后,意思却发生了变化。它的虚构性和未知性被大大削弱,反而成为了实际存在的技术或科技产品。2017年5月在贵阳召开的"十大黑科技"发布会上,便揭晓了包含小i机器人、光量子计算机、海云数据唇语识别、石墨烯柔性手机、京东3D商品展示在内的"十大黑科技"名单,展示了中国的高科技水准。大会甚至将"黑科技"直接定义为"具有隐藏性、突破性和开拓性,超越现有科技水平的创新型科技,具有划时代意义的高科技产品"。此时的"黑科技"就已经不再是凌驾于人类现有认知水平的事物了,而是令人感到新奇且极具创新性、未来性的"新科技"。"黑科技"中的"黑"也基于原本"无法观察或难以理解"的特点被引申为"看起来不可思议,实际上极具开拓性"的意义,也与原本"黑"自带的负面色彩大相径庭。

这样一来,原本生涩难懂的专业科技术语就可以被"黑科技"一词所代替,使得越来越多的人能够以简明有趣的方式了解最新科技动态。小到日常用品,大到军事武器,只要是网友们认为高端而厉害的新型技术或科技产品都可以被称为"黑科技"。"你还在徒手贴睫毛?睫毛订书器才是我的黑科技""黑科技降温短袖你值得拥有""AlphaGo简直黑科技,又赢了""这九大黑科技将促力中国武器腾飞"……或是惊讶于新技术的新奇性,或是感叹于它的开拓性,网友们也借"黑科技"之名表达着对新技术的独特情感。

说"怼"

◎庾仲雯

在湖南卫视的一档综艺节目《真正的男子汉》中,参与嘉宾打报告想要解手,遭到了班长的拒绝,因而笑称自己被"怼"了。节目中的班长解释道:"'怼'是对心灵的一个考验,小怼小进步,大怼大进步,不怼不进步。"此后,观众经常会在节目中看到嘉宾们"互怼"的情景,"怼"来"怼"去,好不热闹。广大的网民们自然不会放过这个"怼"字,一时之间掀起了一阵玩"怼"的热潮:"老夫纵横江湖十几年,还从没遇到怼手""怼你爱爱爱爱不完"等等,把"怼"推上了话题榜的前列。

网友们玩"怼"玩得不亦乐乎,不禁让人发问:"怼"的含义究竟是什么?

"怼"的使用最早可以追溯到《诗经·大雅·荡》中的"而秉义类,强御多怼"。这里的"怼"是形容词,"凶狠"的意思。而此后"怼"的更常见用法是动词,表示"怨恨"的意思。汉代以后,"怼"不再以单音节词的形式出现,逐渐复音化,与近义词"怨""怒"等构成复音词,如"怨怼""怒怼"等。

网络语言中复活的"怼"和古代表示"怨恨"的"怼"有一定关系,同样具有"恶待对方"的负面色彩,但语义要轻得多,用法也要灵活得多,恐怕主要还

与此同时,越来越多的商家抓住了"黑"的特点,不断研发、改进科技产品。未来,越来越多的优质"黑科技"资源也将继续颠覆你我的生活方式,给予我们更"黑"的智能生活体验。

是受到了方言的影响。

与普通话中读去声不同,"怼"在河南舞阳方言中读上声,是人们日常生活中经常使用的一个动词,类似于东北方言中的"整"或者普通话中的"搞""干"。它经常与不同的词汇进行搭配,衍生出不同的意义,如"互怼"(收拾)、"来怼个鸡腿吧"(吃)、"怼得不赖"(干)、"开怼"(开始)等等。当下网络上频繁使用的"怼"其实是由"收拾"这个含义发展而来的,这里的"收拾"不是指整理东西,而是表示批评、责骂的含义。"你为什么总怼我?"是时下人们进行网络交际时经常会提到的一句话,"怼"表达的就是一方对另一方故意找茬的行为。

人们在"互怼"的过程中,往往能够获得一种口头上的快感,正如"怼"的字形所表示的那样,故意对着来。渐渐地,"怼"的使用不再局限于两人之间的口舌之争,只要是带有反抗、反对情绪的行为都可以用"怼"来描述:

敢跟淘宝怼价格?苏州这家进口零食水果店开业。

林丹"劈腿",德比互怼,国足暂时找到了北。

"怼"进一步衍生出以上"比拼""比赛"等含义,表现出双方竞争的激烈,相互之间存在逆反心理和态度,大有一较高下之意。

纵观"怼"的使用历程,成词形式从最初的单音节词到与近义词组成复音词,又重新回归到单音节词,表达方式从书面语的形容词到网络语言的动词。"怼"在成为网络语言的过程中,意义进一步扩大,干净利落地表达出了两者之间的反对关系。因此,"怼"在使用时,常常会使"被怼"的一方受到情感上的伤害。也许只是普通的口角之争,但在"怼"来"怼"去的过程中,无形中就将双方的立场置于敌对的位置。"怼"的结果总是难免伤心,我们还是希望生活中能够少一分"怼",多一分"慰"。

"小目标"真的小吗

◎胡寻儿

大连万达集团董事长王健林在一档访谈节目中,讲到很多学生上来就说要当首富,但却没有目标。"想做世界首富,这个奋斗的方向是对的。但是最好先定一个能达到的小目标。比如我先挣它一个亿。你看看能用几年挣到一个亿。你是规划五年还是三年。到了以后,下一个目标,再奔10亿、100亿。"此话一出,"小目标"瞬间红遍互联网社交平台。

王健林的原意是将一个实现起来较为困难的大目标切分为一个个相对容易的小目标,使大目标在指定时间内分步骤实现。但是,"一个亿的小目标",广大网友不禁叹问:这个小目标真的小吗?简直是"大"得不可能实现啊!显然,"小目标"这个语言符号在不同人的认知框架中出现了不同的解读结果,通俗点说,就是个人对"小目标"的理解是依据自身情况建立起来的。而王健林与网友巨大的理解反差恰好戳中了一个现实社会的痛点——阶层的分化与撕裂。身为首富的王健林,一个亿确实算不了什么。但到了普通人眼里,恐怕要说"土豪的世界我不懂"了。这"一个亿的小目标"无意中揭开了贫富差距的伤疤。这种不平等之痛在人们的心理层面聚焦凸显,成为"小目标"走红网络的根本驱动力,各种调侃讽刺"万箭齐发":

"减肥这件事急不得,先定一个能达到的小目标,比如三天减个100斤。"

"我的小目标是在18岁的

时候,成为亿万富翁。这个目标目前完成了一半——我今年18岁了。"

"如果你月薪仅5000—8000元,你想买一套180平米的房子和奥迪A7,那么你不妨先给自己定个小目标,比如说我先活他个250年,然后向天再借500年。"

在网民这里,"小目标"实际上已经成了一种反语用法。类似的用法并不少见,"看你干的好事"(其实是坏事),"你太讨厌了"(你真可爱),"你办事速度真'快'啊"(太慢了)……这种反用形式加强了语言的讽刺与幽默意味。人们用"小目标"表达不满、宣泄情绪、释放压力,有的自嘲、有的笑谈、有的吐槽,成为大众调剂生活的一种方式。

如今,"小目标"大多以"先定一个小目标"的组合出现在网络语言中。读书学习背单词,减肥健身长腹肌,工作旅行谈恋爱,每次计划前总会来一句"先定一个小目标"。此时,"小目标真的小吗"已然不那么重要,而成为一种争相效仿的语言狂欢。人们常常不管目标的合理与否,或许也没有坚定实现的信念,只是一种自嘲的宣告罢了。心理学家塞奇·莫斯科维奇指出,个体在群体中会有意无意地将群体行为方式强加于己,力求与群体保持一致。这种强烈的归属感常常成为网络语言流行的根本原因,"小目标"发展到这里也就慢慢失去讽刺的锋芒了。

定一个真正意义上切实可行的"小"目标,在内心坚定实现目标的信心,而不是在朋友圈发布一个毫无意义的宣言。实现了小目标,可以增加自信,向终极目标迈进了一步;失败了也可以从中吸取教训,重新制定新的目标。这才是"小目标"的价值所在!

发夹弯

[中国台湾]高婉瑜

道路用语"发夹弯"(Hairpin turn)指道路如同发夹,十分弯曲,呈现U形,通常出现于山区。比赛赛车时,常见数个发夹弯的设计,考验选手过弯的驾车能力,若速度没有控制好,很容易偏离车道而出事。

政治圈也有类似U形弯的概念,指政治人物立场大幅度转变。英语称为flip-flop或U-turn,粤语称为"转軚",台湾则称为"发夹弯"。由此可知,原属道路用语的"发夹弯"在台湾衍生了新义。

立场转向是政治人物为了获得较高支持率所做的改变,过去台湾并未为此现象创造一个新词,直到去年,台湾媒体频繁使用"发夹弯"一词。因为去年台湾选出新的领导人,短短数个月执政期间竟然发生多次"发夹弯",选举前所开的"支票"与执政后推行的政策相左。由于是短时间、接二连三的大转变,加深了民众对执政党的不满与反弹,促使"发夹弯"新义的诞生。

产生新义的"发夹弯"可当名词使用,如"民进党'发夹弯运动',孰令至之"。除了执政党被嘲讽之外,在野党也有"发夹弯"政策,如"党版年改草案发夹弯 蓝委进退失据为哪桩"。

此外,"发夹弯"还有动词用法,如"希望政府未来不再发夹弯",又如"即使因此毅然决然,或者偷偷摸摸地'发夹弯',也无不可,这是一种政治上的务实,也是一种对百姓的负责"。

尽管执政者的"发夹弯"态度不被多数百姓支持,却也因为连续多次的政策转弯,刺激旧词衍生新义,快速反映社会脉动。新词新义的稳定性与其所反映的社会现象有密切的关系。"乐观"一点说,只要政客存在一天,并不断上演政策转弯的戏码,就会成为"发夹弯"新义稳定的无形推手。(编者按:央视中文国际频道有一档节目叫《海峡两岸》,应邀上节目的大陆或台湾的评论员,曾多次使用"发夹弯"一词,本文尝试诠释这个词的含义。)

(作者是高雄师范大学国文学系副教授)

阿里巴巴 VS 阿里峇峇

[马来西亚]邓月璇

早在中国马云成立"阿里巴巴"集团前,马来西亚就有Alibaba了,不过,得写成"阿里峇峇"。

"巴"与"峇"同音,但是"阿里巴巴"与"阿里峇峇"不能混为一谈。

"阿里巴巴"现在是最激动人心的词,但在马来西亚,Alibaba有另类意涵。那是华人与马来人合作做生意的一种特有的商业模式，华文名为"阿里峇峇"。

阿里（Ali）是马来人普遍采用的名字，峇峇（baba）则是早期华人与马来人联姻混血产生的特殊族群，人口虽少却非富即贵。"阿里峇峇"美其名是联营企业，不过，实际是由华人出资，马来人通常是挂名股东。

"阿里峇峇"的形成是因为政府采取保护土著族群的政策，华人企业为了突破经商的诸多限制，通过"竞租"（Rent-Seeking）的企业或经营模式求存。

"阿里峇峇"身份虽耐人寻味，"峇"也是个冷僻字，但长期以来，"峇"字已经深入本地华人民间。

生活中的衣食住行，以"峇"字对译马来文中的ba音素的名称不胜枚举。穿的有马来西亚国服"峇迪"，吃的有马来西亚特色调味品如"参峇"和"峇拉煎"。"参峇"是最具娘惹风味的辣椒酱料，是用油将干辣椒、虾米、峇拉煎和香茅等爆香，可炒菜或做蘸酱；"峇拉煎"则是马来同胞的调味品，以海虾加上盐长时间腌制，经发酵和太阳曝晒制作而成的虾膏酱。（编者按：《全球华语大词典》均已收录。）

以"峇"开头的地名，无论城市还是乡镇都有，如峇冬加里、峇章、峇株巴辖、峇都律，等等。早期华人以"峇"取名的也大有人在。"峇"字无处不在，已成为本地特色字。

至于"巴"字，则对音马来语的pa，如巴罗（paloh）、巴东勿刹（Padang Besar）、巴也隆布（Paya Rumput）。这些马来音译地名都常出现在华文媒体上。

为了方便融入以马来语为主的语言环境，南来的先贤早把"峇"与"巴"分了工，"峇"是ba的译音，"巴"是pa的译音，书写时一目了然，毫不混乱。

（作者是马来西亚《中国报》助理编辑主任）

"峇"的故事

[中国香港] 汪惠迪

拙文是上文的续貂。中国的阿里巴巴对大马的阿里峇峇,听起来读音相同,但是字面不同,意思更是大相径庭。"峇"字早已成为新马泰印尼华人语文生活中的一个常用字,具有浓郁的地方色彩。

可是在汉字的故乡中国,"峇"字罕用,近乎"死字"。《现代汉语词典》收"峇"字,释义是"峇厘(Bālí),印度尼西亚岛名。今作巴厘"。"今作巴厘",恐怕也只是在中国大陆吧?台湾地区用"峇里",港澳特区用"巴厘"或"峇里",新、马、泰、印尼都用"峇厘"。

峇厘岛素有人间天堂的美誉。一曲旋律优美的《峇厘岛》,令人陶醉于这个"诗之岛"中。但是2002年10月12日午夜时分,峇厘岛发生了一起汽车炸弹爆炸恐怖事件,189人死亡,300多人受伤。一时之间,"峇厘"成了热词。

香港某报的一位专栏作者说,峇厘的"峇"字"遍查字典不获",不得不请教文字专家,答复是:"这个字我也不太懂,有朋友说是客家话,本是乡土风俗字,故字典辞典不收,你还是请教懂客家话的专家吧!"请教客家话专家?问问新马印尼华人就可以了,他们对"峇"字再熟悉不过了,人名、地名、物名、山脉、河流、湖泊等名称都有用"峇"字的。"遍查字典",查了几部啊?《现汉》不就收了吗?

香港的专栏作者和文字专家不识"峇"字也就算了,没想到有个认识"峇"字的印尼华人,他在写给我曾服务过的一家新加坡华文报的老总的信中说,"峇"字是南洋地区华人"自己特别创造出来的","道道地地实实在在不入标准汉语之列"的"怪符号",批评我们的报纸不用"巴厘"而用"峇里"是"在文字运作上自寻死路",是"自我阉割"。

"峇"字见于《玉篇》,是南洋地区华人"特别创造出来的"吗?南洋什么时候才有华人的啊?新马的报纸不从众用"峇"而用"巴",你试试,当地的读者能接受、能答应吗?真要这样做,那才是"自寻死路"呢。

(作者是本刊特约编委)

生命庆祝会

[中国香港]田小琳

一天正在香港城市大学参加普通话水平测试工作,传来不幸的消息,一位曾在语文中心任职主任的外籍老师前一天晚上离世了,他很受师生爱戴,谦谦君子的形象留给我很深的印象。大家都很伤心,当天的晚饭聚会就取消了。

我们在等待他妻子的治丧通知。他妻子是香港人。依香港的习惯,一般是某天在殡仪馆设灵堂,晚上亲友会去灵堂致哀。正式的告别仪式在第二天,悼念、起灵、赴火葬场火化。所有仪式结束后,家属会在酒店或餐厅订桌摆"解秽酒",感谢并招待参加告别仪式的亲友。解秽酒席上一定是七个菜,所以平时请朋友吃饭,或者摆宴席,避忌点七个菜。

没有想到的是,微信上来了通知,不是到殡仪馆去道别,也不是到学校的场所开追思会,而是到她家里开先生的"生命庆祝会"。通知里说,婉拒鲜花和奠仪,若有捐款请捐给"香港血癌基金会",出席者请穿便服,不要穿黑色衣服。

有位老师参加了逝者的"生命庆祝会",主要是对逝者的生命礼赞,让大家通过逝者的一幅幅照片,回忆他丰满的一生,他的教学工作生涯。他虽然离亲人而去,他的家庭还秉持着他的精神,妻子很坚强,两个孩子也支持着妈妈,这个家庭仍然会照常生活。这是对逝者最好的纪念。家人还为参加者准备了茶点,大家在音乐声中交谈。一幅温馨的场景。

据说,在西方有的国家,大家对一个生命的逝去,会抱着这样积极面对的态度。我还是第一次听到用"生命庆祝会"这个说法送别亲人。可能这是外语词的意译。

我们中国人对待生命的逝去也有积极正面的词语,例"红白喜事"和"喜丧"。男女结婚是喜事,高寿的人逝世的丧事叫喜丧,统称红白喜事,也说"红白事"。喜丧又说"笑丧",用于高寿的人。

"高寿"有没有个标准?过去说"人生七十古来稀",现在中国人平均年龄都超过七十了。香港人的平均寿命高居世界前两位,女性87.3岁,男性81岁。所以"高寿"的含义是与时俱进的。

生命要受到尊重,生命的结束是自然规律。也许用"生命庆祝会"来送别,是逝者的希望,也是人们对生命的尊重。

(作者是本刊特约编委)

制　水

[马来西亚]杜忠全

马来半岛近来多雨,相较于旱季,水库没有水源短缺的问题,偶尔"制水",往往是旧水管破裂,才导致突发性的供水中断。

马来西亚的中文报章,从过去到现在,总会报道"制水"新闻。什么是"制水"?《全球华语大词典》解释说,"制水"即"限制用水",并指这词"用于港澳新马等地"(第1973页,北京商务印书馆,2016年4月)。

这个解释没错,"制水"的确源于"限制用水"的配水政策,跟早年的香港有关。

香港因地窄人多,20世纪五六十年代,总为饮用水不足所困扰。为了因应这局面,港英当局推出了供水管制或限制供水的制度,规定人们在特定时段只能在指定的公共水龙头取水,规定时段以外则停水,造成日常生活上的极大不便,而这也沉淀为香港人对那个年代的集体记忆。

"制水"一词保留在香港粤语方言中,并且透过粤语港片传播到新加坡和马来西亚,因此新马华人都不陌生。经典港片《七十二家房客》中众租客围着水龙头竞相取水的热闹场面,尤其让人印象深刻。据此,"制水"之说应来自香港。许冠杰创作的粤语歌曲《制水歌》,更是传唱一时,在港澳马新都脍炙人口。

"制水"的年代过去了,"制水"一词却留了下来,迄今广为使用。在大马半岛地区,如今只要碰到水务局长时间停水,人们也就不问青红皂白,统称"制水"了。

香港人说的"制水",那是水荒年代的供水制度,这种限时段乃至限区域的供水制度,让人们经常遭遇无水可用的停水时段,日常生活极为不便。因此"制水"当指有限度供水的分配制度,在这种制度下,停水是经常的事。一旦扭开自来水龙头而不闻水声,人们就会脱口而出"制水了"——制水制度下的停水。

如今"制水"已成陈年旧事,这个词却顽固地挂在人们嘴边。一旦停水,也不问是"限制用水"还是"自来水厂因故暂停供水",大家都说"制水",不会是习惯成自然了吧?

(作者是马来西亚拉曼大学
　　金宝校区中文系主任)

友谊的小船说翻就翻

◎陆建非

"友谊的小船说翻就翻"在社交网络上流行甚热。此语看似调侃,其实就是两个朋友之间委婉地说出:"哼,我不想跟你玩了。"寓意友谊经不起考验,说变就变。

"友谊的小船"来自英文"友谊"一词"friendship",这个单词拆开即 friend(朋友的)和 ship(船)。"友谊的小船说翻就翻"的流行源于喃东尼的一组漫画图片《友谊的小船说翻就翻》。碰巧的是"friendship"读起来就很像是"翻的 ship",即"翻的船"。喃东尼说:"我从未想过自己会成为热点事件的制造者。"

另有一种说法是,"友谊小船"这个梗源于由大卫·克莱恩和玛塔·卡芙曼创作的美国电视情景喜剧《老友记》中的一段对白:

"什么船是不会沉的呢?"
"是什么呀?"
"Friend ~ ship ~"

还有人说,"友谊的小船说翻就翻"的真正源头,是调侃韩剧《太阳的后裔》剧情的段子:"说分就分耿直无双。"

"友谊的小船说翻就翻"入选了《咬文嚼字》杂志发布的"2016年十大流行语"。2017年7月18日,教育部、国家语委在北京发布《中国语言生活状况报告(2017)》,"友谊的小船说翻就翻"也入选"2016年度十大网络用语",之后还成为清华大学自招考题的材料。

有研究表明,容易出问题的朋友之间,由于没有共同的追求,只有共同的利益,没有共同的信仰,只有共同的目标,相互之间的关系极为脆弱,闹掰("翻船")是顷刻间的事。船是一个具体的存在,翻船意味着一场毁灭性的灾难,将"友谊关系"与"船"比拟,是一种道德承诺。同船的若不彼此协作,生命危险就在眼前。"同舟共济"(be in the same boat)的说法也暗示着,一旦彼此建立了友谊关系,便意味着签下了生死相依的契约。在英语里,友谊(friendship)一词的后缀(ship)正是一条船。因此,"友谊的小船说翻就翻"看似平淡无奇,但突然间戳中了很多人心中的脆弱之处。

"友谊的小船说翻就翻"用英语表达,有好几个选项:

The boat of friendship tips over whenever wherever.

The friend-ship wrecks easily.

The boat of friendship sinks when least expected.

"友谊的小船说翻就翻"就是形容跟人翻脸,英语中也有现成的短语:fall out with somebody。比如:

He has a hot-temper. He always falls out with people.(他是个急脾气,经常和人翻脸。)

在英文的具体语境中,还有各种其他表达。譬如:

1. We're so over.(咱俩完了。)

2. You're nothing to me.(你对我什么都不是了。)

3. You want to step outside?(你想打一架吗?)

4. You made a right mess of that.(全让你给搞砸了。)

5. I wish I had never met you.(遇到你算我倒霉。)

这些句子所表达的意思,都与"友谊的小船说翻就翻"相似。

有人闹着玩,把"friendship"切割成三段,衍生出一个戏谑的新词组"Fri End Ship","End"是"了结""结束"的意思。广大网民的创造智慧,可见一斑。

赛谜鲈乡迎"八一"

◎江更生

为纪念中国人民解放军建军90周年,"全国中学生军事知识灯谜大赛"于今年7月31日在江苏苏州吴江人民剧院举行。此次活动由中共吴江区委宣传部及吴江区文广新局主办。参赛队伍来自上海、西安、合肥、沈阳、汕头、赣州、石狮、浏阳、常熟及苏州吴江十地。内中有8支队伍参加过央视"中国谜语大会",可见小选手们都有一定的猜谜实力和比赛经验。笔者有幸忝列评委,得以躬逢赛事之盛。比赛经过五轮紧张而热烈的抢答猜射,最终由福建石狮队夺得冠军,亚军由江苏苏州吴江队与广东汕头队双双获取,江苏常熟队、安徽合肥队与湖南浏阳队并列第三。

本次比赛的赛题皆为军事知识内容的灯谜,题材广泛,趣味浓郁,深深吸引了参赛选手和观战群众。有关于军史方面的谜题,例如:"刀耕火种之地"打军史地名"古田"(注:作"远古之田"解)、"相聚南京,探望园丁"打军史事件名"会宁会师"(注:宁,南京简称;师,别解为老师;后一"会"字作"会面"解)、"从演魔术49载"打历史事件名"七七事变"(注:事变,别解为"从事变魔术")、"擅于打仗"打历史事件名"长征"(注:作"擅长征战"解)、"表情呆滞"打长征地名"神木"(注:作"神情木然"解)、"胭脂井"打长征地名"赤水"(注:谜面为南京古迹,相传为隋将韩擒虎活捉南朝陈后主及其妃子张丽华处)等。也许是选手们事先做足了功课,上述军史谜题几乎条条都被猜中。

为适应中学生的认知水

平,赛题中设置了一些有关兵器及军事装备内容的灯谜,果然大受猜者欢迎,选手们你来我往,按键抢答,煞是热闹。例如:"点起篝火奏吉他"打武器名"燃烧弹"(注:弹,作动词"弹奏"解)、"老妈乃是掌舵人"打水上军事装备简称"航母"、"狐狸再狡猾,也斗不过好猎手"打空中武器"无人机"(注:别解为"没有人那样机智")、"中秋节发动围剿"打空中武器简称"歼十五"、"萧何荐良将"打武器配件名"引信"(注:别解为"引荐韩信")、"远方已停喇叭声"打舰艇名"辽宁号"(注:辽,远;宁,安静;号,喇叭)、"执戈挡住来客"打武器"卡宾枪",等等。

较为难猜的是军事名词灯谜,因为范围广,寻思起来颇不容易,着实让小选手们费了一番脑筋。例如:"郑成功出兵赶走荷兰侵略军"打军事名词"作战平台"(注:平台,平定台湾)、"全身发抖"打军事名词"总体战"(注:战,别解为发抖)、"烘焙月饼"打军事名词"制高点"(注:点,别解为糕点)、"闲暇写稿寄报社"打军事名词"空投"(注:空,空闲;投,投稿)等。

此外,尚有些军界人名、军衔、誉称、庆典等题材的趣谜,让选手们抢猜得不亦乐乎。例如:"东海敖广来祝寿"打共和国元帅"贺龙"(注:贺者为龙王)、"背起书包去学堂"打军衔名"上校"、"赫赫"打军事誉称"红四连"、"部队掀起读书热"打庆典活动"大阅兵"等。尤为有趣的是赛中还出现了两道图像灯谜,一条是以一位海军战士头像为谜面,要求打10笔字一;另一条是以一辆开动的坦克图片为谜面,要求打唐代杜甫的诗歌篇名一。前者的谜底为"浜"(水兵之意),后者的谜底为《兵车行》。

大赛最为出彩处,是特邀了军事专家、国防大学教授卢勇大校作为评委,为选手及观众讲解点评军事知识,使大家受到了可贵的教益。

"一"字谜趣谈

◎ 刘茂业

"一"是最简单的汉字。历来有关"一"的字谜极多,下面来介绍几条。

先说说清朝的两条名作。梁绍壬笔记《两般秋雨庵随笔》卷四《灯谜》中有一谜:"春雨连绵妻独宿"打字一,谜底就是"一"。"春雨连绵"意谓"春"有雨无日,所以要去掉"日","妻独宿"表示"夫"不在,故再去掉"夫"。"春"既无"日"又无"夫",就成了"一"。光绪年间的浙江湖州谜家温濂(字摩莲),以西汉名将李陵《答苏武书》中"无尺土之封"句为面,也是打"一"字。"封"没有"尺"(即"十寸",一尺＝十寸),没有"土",仅剩个"一",出乎意料,又妙趣顿生。上述两谜堪称清代"一"字谜的"双生花"。

另外有几条谜底为"一"的字谜也很有趣。如:"上不在上,下不在下;不可在上,且宜在下",谜面前两句意思说,"上"去掉上半部分,"下"去掉下半部分,后两句是说,在"不可"的上面与"且宜"的下面,四句话猜的都是"一"。"人有它大,天没它大","人"有了"一"就是"大","天"没有了"一"仍是"大"。"数字虽小,却在百万之上","一"这个数字很小,却在"百万"两字的上端。"尾生死前犹念伊",谜面看似借《庄子·盗跖》中"尾生抱柱"的典故说事,其实不然。这里的"尾生"别解成"'生'字的最尾一笔",和"死"字的前面相同,都是"一",而它的读音又犹如"伊"。

每月二谜

1. 访遍饱学之士(打三字俗语一)
2. 短斤缺两被人责(打四字成语一)

上期答案

1. 不敢下箸(打二字传统节日一)

   谜底:寒食(注:寒,胆怯)

2. 代步(打四字成语一)

   谜底:不胫而走

推广普通话的重要性

◎王 力

普通话是汉民族共同语,同时也是代表中华人民共和国的中国话。因此,推广普通话有极其重大的意义。把普通话推行好了,就是为四个现代化服务,为社会主义建设事业做出贡献。

普通话推广了,普及了,可以加强我国人民的民族意识。我国少数民族也都学习普通话,因为普通话可以作为民族间的交际工具。这样,非但汉族内部可以加强团结,而且整个中华民族都可以加强团结,这对于我国全国人民安定团结起的作用,是不可估量的。

为了实现四个现代化,我们需要全国人民的技术交流。将来越来越多的熟练工人和技术员要到各地传授技术,普通话可以扫除我们的语言障碍,加强我们的传授效果。我们又需要召集各种会议,如专业技术会议、经济管理会议等,普通话又是会议成功的条件之一。

学校里教师必须用普通话讲课。即使是在中小学,也不能用方言讲课,因为现在各大中城市都是五方杂处,不用普通话,学生就听不懂。至于高等学校,学生来自全国各地,那就更非用普通话讲课不可。有一位大学教授,他是苏州人,讲文艺理论课,在一小时内就多次提及"电影",学生们纳闷了:文艺形式是多种多样的,为什么专讲"电影"呢?后来才明白了,老师讲的不是"电影"而是"典型"。有一位大学讲师,他是广东人,讲课时屡次提及《西游记》,学生们纳闷了:这一堂课和《西游记》

有什么关系呢?后来才明白了,老师讲的不是《西游记》,而是"私有制"。又有一位大学讲师,他是湖南人,在课堂上大讲"头发",学生纳闷了:这一堂课和"头发"有什么关系呢?后来才明白了,老师讲的不是"头发",而是"图画"。这种情况必须改变,否则会影响教学效果。当然我们的前辈也多数有不会说普通话的毛病。有一位大名鼎鼎的教授讲《诗经》,讲到汉代有一位学者姓毛,名叫毛坑,他为《诗经》作传,所以《诗经》又叫《毛诗》。学生们笑了,知道他讲的是毛亨。他是广东人,广东话"亨、坑"同音,都念 hēng,他矫枉过正,就都念 kēng 了!我们不怪那位老教授,因为他是封建时代的人。如果我们社会主义时代的大学教师也不能用普通话讲课,那就该受批评了。

现在我国和外国文化交流日益频繁,外国常常邀请我国教师去教汉语,我们当然要用普通话教他们,不能用南腔北调教他们。目前这种合格教师相当缺乏,我们应当大力培养普通话的教师。

现在我讲讲不懂普通话的害处。语言是交际的工具。我们说话总是有目的的,或者是要求别人做一件事,或者是要把一件事告诉别人。如果你的语音说得不准确,人家就会把你的意思弄拧了,你说话的目的就不能达到,甚至带来了许多不便。一位苏州老太太住在广州,有一天她到一家商店去买盐。她用苏州话说"我要买盐 [ie]"。售货员说:"你要买乜野 [ie]?"(广州话"乜野"是什么东西的意思。)老太太重复地说:"我要买盐 [ie]。"售货员不耐烦了,她说:"我知道你要买野 [ie](广东话"野"是"东西"的意思),你要买乜野啊?"老太太说来说去,售货员始终听不懂。老太太只好用手指着盐来说,才解决了问题。一个北方人在广州买甘蔗,售货员说:"一毫子一斤(gan)。"那人付了一毛钱,就把一根甘蔗拿走了。因为广州话"斤""根"同音(都念 gan),所以闹这个笑话。另一个北方人在广州商店里买一件东西,售货员说要"十二(yi)个银钱"(即"十二块钱"),那人付了十一块钱,就把东西拿走了。据传说,蒋介石责骂一个犯错误的官员,那官员辩解了几句,蒋介石发怒说:"你强辩(bi)!"那官员赶快跪下求饶,以为蒋介石要枪毙他。有一位教授,他是广东人,快要到某工厂去讲课,向一位领导干部辞行,谈了几句话,就说他要回家收拾收拾[ʃiuʃiʃiuʃi],那位领导同志说:"是的,你该回家休息休息了!"又有一位老教授,远道从广东来,有事情找我。他的普通话讲不好,我听了半天不懂。我说:"你干脆说广东话吧,我懂广东话。"谁知道他的广东话我也听不懂,他是台山人,说的是台山话!一位四川女同志在北京商店买一条"男(lan)裤子",售货员给她一条蓝色女裤。她说:"我要的是男(lan)裤子,不是女裤子。"售货员才明白过来。听说还有一位四川女同志——这是多年前的事了——在公园湖边洗脚,一只鞋掉在水里,她高声嚷嚷说:"我的鞋(hai)子掉在水里了!"游客们听说她的孩子落水,连忙帮她打捞,捞起来是一只鞋!以上所说的这一类故事,可以举出许多。这不是笑话,其中许多都是真实的事情,有些还是我亲身经历的事情。不懂普通话,该是多么不方便啊!

有时候,不懂普通话还有严重的后果。听说有一次,某部队传令某日上午开会,传令的战士普通话不够好,把"上午"说得很像下午,结果把事情耽误了。又有一次,海军某部打旗语传信号,由于打旗语的战士普通话不够好,把旗语打错了,引起了误会。这种事情,不但部队里有,恐怕工厂里也有。同志们都可以补充一些例子。由此看来,为了四个现代化,推广普通话是急不容缓的事情。

(选自《王力语言学论文集》,商务印书馆2003年出版。文章有删节,原标题为《推广普通话的三个问题》)

求职

（文中有十处差错，你能找出来吗？答案在本期找）

◎伯淮 设计

威廉本是一个颇有名气的律师。第二次世界大战时，为了躲避战乱，他背井离乡，只身逃到了瑞典。飘泊流浪，很快，他的家底花废怠尽。

为了维持生计，威廉不得不寻找工作。他从报纸上搜罗招聘信息，并投递求职信。他自持懂得多种语言，认为找个进出口公司的秘书岗位不成问题。不到一个多月时间，威廉投了近百封求职信，但大都石沉大海，音信沓然。

这天，威廉终于等来了一封回信。他颤抖着双手剪开了信封。不料信中这样写道："先生，你寄信给我们求职，却根本不了解公司的业务是什么！别说我们根本不缺秘书，就算需要也不会要态度如此轻浮的人。你在信中夸夸其谈，声称自己掌握多门语言，真是如此吗？至少你的瑞典语就没有真正掌握，信中语句漏洞百出！"

威廉愤怒地把信扔在地上，他简直气疯了！在异国他乡陷入穷途陌路，竟还遭到如此羞辱。他立刻愤笔疾书，写了封言辞犀利的回信，一定要让对方看了也火冒三丈不可。

在把信投出之前，威廉的脑袋冷静了下来。他开始反思："我只知道那家公司招聘员工，确实没弄清他们的岗位要求。我虽然学了不少语言，但都谈不上'精通'，也许我的瑞典语确实很糟糕。"整理好心情，威廉重写了信。他在信中说："谢谢您能不厌其烦地给我回信，尤其是当你们不需要秘书的时候。您指出了我的诸多错失，感谢您的直言不海！"

寄出信后没几天，威廉意外地收到了那家公司的邀请函，约他去公司面谈。后来，他在这家公司找到了一份工作。

莫名其妙的"之于"

吕爱军

这是一家教育机构发布的广告。广告语乍读顺溜上口,细思便觉莫名其妙。

汉语中有"之于","之"作助词用,"于"相当于"对""对于"。"之于"通常放在两个名词间表示相互关系。《史记·张仪列传》:"且今时赵之于秦,犹郡县也。"意思是:况且如今赵国对于秦国,就好像郡县一般。由此可见,"之于"仅仅提示连接的两项有关系,究竟是什么关系,还需下文进行具体说明。广

告语把"之于"放在"聪明"和"教育"、"成就"和"聪硕"之间,也只能说明前后有关系,到底什么关系,还需进一步说明。然而广告语却戛然而止,没做任何交代。

广告想表达的意思,大概是"聪明源于教育,成就源于聪硕"。由于相关人员没有准确理解"之于"的含义与用法,误把"之于"当"源于",结果把意思弄拧了。

火眼金睛

图中差错知多少？

（答案在本期找）

杨勇 陈瑞 吴庆 龙启群 提供

优惠一：首次关注商城送200积分券
（满10元可以底现）

在这个结骨眼上

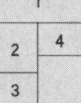

ISSN 1009-2390

咬文嚼字

YAOWEN-JIAOZI

10 / 2017

天南星科球根花卉，原产非洲。花形奇特，花苞形似马蹄，特征、习性和"莲"有类似之处，故名。有多种颜色，我国最为常见的品种是白色，常用于制作花束和花环，具有较高的观赏价值。

马蹄莲

欢迎至邮局订阅本刊 邮发代号 4-641
国内统一刊号 CN 31-1801/G
定价：5.00 元

上海世纪出版集团

雾里看花

要把购物者留在超市？

张淑晓

有次去一家超市购物，大包小包地提着，正准备离开超市打道回府，忽然看到眼前上方悬挂着一块吊牌，"无购物出口"字样十分醒目。当时心里一紧：难道买完东西还不让人出去？猜猜看，这到底是咋回事？答案见本期。

书窗

提高语文素养从孩子抓起

编写本书，意在培养学生从小就具有咬文嚼字的意识、习惯和能力。《小学生咬文嚼字手册》《中学生咬文嚼字手册》结合教材，结合学生的写话、作文实际和学习、生活实际，选取了学生容易混淆、经常误用的字，从音、形、义方面逐组进行辨析，并设计了自测题。

《小学生咬文嚼字手册》
主编/葛全德 定价/18元

《中学生咬文嚼字手册》
主编/葛全德 定价/25元

热销中
邮购电话：021-64370935
邮购地址：上海市绍兴路7号2楼咬文嚼字发行部
邮政编码：200020
更多优惠请登录：http://yaowenjiaozi.taobao.com

名家语画

"多来米饭,少来稀粥"

安 林/文　臧田心/画

李抱枕先生致力于音乐教育,是著名的音乐教育家。一次,李先生走上讲台,发现学生呵欠连天,气氛沉闷。李抱枕暂不上课,讲了一个段子。他说:早年教音乐时,学生基础很差,连音阶都唱不准,有人唱成"独览梅花扫腊雪",有的更可笑,竟唱成"多来米饭,少来稀粥"。学生捧腹大笑,课堂气氛立马活跃起来。

名家语画	"多来米饭,少来稀粥"
	安 林/文 臧田心/画 / 1

语林漫步	也谈中国菜名的翻译问题	陆建非 / 4

追踪荧屏	《尚书》中没有《禹书》	陈明洁 / 7
	是"对峙"吗	刘二奎 / 8
	"兵败"还能"如山"?	王盛渠 / 9

一针见血	"柔荑"误作"柔夷"	江城子 /10
	"顽固不冥"?	杨昌俊 /10
	令人费解的"就熟"	阎德喜 /11
	"厌盛"还是"厌胜"?	杨宏著 /11
	"言简意骇"?	李可钦 /12
	"人世几回伤往事"是刘长卿的诗句吗	汤生根 /12
	何来"捉禁见肘"	一 瞥 /13
	"莫过于天大的事"?	屠林明 /13
	鞭炮有"引芯"吗	李光羽 /14
	1959年尚无核工业部	毛纬武 /14
	"雪肓"? "雪盲"!	厉国轩 /15
	腹中有的是"剑"不是"箭"	周 振 /15
	吴起不在甘肃	李景祥 /16
	夏启铸九鼎?	古 辛 /16
	周邦彦不是"花间派"词人	陈福季 /17

文章病院	"白堤"是白居易留下的吗	辜良仲 /18
	鲥鱼游入海中就称为鲨鱼吗	温守江 /19
	"惺惺"怎可"作罢"	章桂周 /20
	张良是"圯下受书"吗	高良槐 /21
	"剡""郯"有别	马秋影 /22
	训练鹭鸶捉鱼?	王宗祥 /23

栏目	篇目	作者	页码
微型讲坛	太阳的性别	宗守云	/24
	"葬"字的演变	苏培成	/26
	"禽"含义的变异	陈运舟	/28
朝花夕拾	咬嚼日记摘钞（14）	郝铭鉴	/30
	"军令"岂能"不受"		/30
	"数九"从哪天数起		/31
	"功败垂成"说讹		/33
时尚词苑	暖人心脾的词语——"有温度"	何俊萍	/35
	齐心协力，共绘"同心圆"	刘东怿	/37
	玉陶	汪惠迪	/39
网语漫谈	"云"中生活	姜欣幸	/40
	0元党、非洲人和小学生——游戏用语中的众生相	徐默凡	/42
	"画风"变了	曲绍萍	/45
华语圈	马来西亚的三语学习	杜忠全	/47
	处处是"律"	杨欣儒	/48
	"同"的语用变异	高婉瑜	/50
	"吃"在大马	邓月璇	/51
谈联说谜	"华人中学生灯谜大会"上的字谜	刘茂业	/53
	谜目延伸谐趣增	江更生	/54
八面来风	"穿越"在方言和普通话之间	周星	/56
向你挑战	远方的星星	梁北夕 设计	/60

顾问 张斌　濮之珍　何伟渔　陈必祥　金文明　姚以恩

名誉主编 郝铭鉴

主编 黄安靖

副主编 王敏

特约编委 汪惠迪(中国香港)　田小琳(中国香港)　林国安(马来西亚)　吴英成(新加坡)

责任编辑 施隽南

发稿编辑 何中辰　朱恺迪

通联 张炜

封面设计 王怡君

特约审校 蔡维藩　陈以鸿　李光羽　王中原　张献通

凡本刊录用的作品，其与《咬文嚼字》相关的汇编出版、网上传播、电子和录音录像作品制作等权利即视为由本刊获得。上述各项权利的报酬，已包含在本刊向作者支付的稿酬中。如有特殊要求，请在来稿时说明。

也谈中国菜名的翻译问题

◎陆建非

我们常用色、香、味的标准来评判中国菜,其实还远远不够,具有审美价值的中国菜肴是一个完整的历史传承体系,还应包含盛菜的器皿、品尝的餐具等等。其中更不能忽略的是菜肴的名称。一个好菜名,会使人垂涎三尺,食欲倍增。

问题是中文菜名翻译成英语时,常常遭遇麻烦,甚至引起误会。有一张中英文双语菜单,将"童子鸡"译成"还没有性生活的鸡"(Chicken without Sexual Life),老祖宗的本意,只是想标榜材料的鲜嫩爽滑,并没有涉及鸡先生的私生活。有一个网友嘲笑说:"童子鸡翻译成'还没有性生活的鸡',这还不够准确,应该是'还没有性生活的公鸡',要是母鸡的话应该是'处女鸡'了。"

在笔者目力所及范围内,将中文菜名"硬译""直译""套译"成稀奇古怪的英语的例证比比皆是,不仅令老外食客难以理解,而且笑话连连,误会频频。例如:"四喜丸子"被误译成"四个高兴的肉团"(Four Glad Meatballs);"红烧狮子头"被直译成"烧红了的狮子头"(Red Burned Lion Head);"蚂蚁上树"被硬译成"一堆在爬树的蚂蚁"(A Pile of Ants Climbing the Tree);"夫妻肺片"被直译成"用丈夫和妻子的肺做成的薄片"(Husband and Wife Lung Slice);"麻婆豆腐"则被形象地译成"满脸雀斑的女人做成的豆腐"（Bean Curd Made by Woman with Freckles）；等等。令人啼笑皆非，甚至大倒胃口。

中餐菜名的翻译难度极大。中餐菜名源远流长，演化复杂，特色各异，翻译应契合个性，灵活得体。中餐菜名的翻译之所以闹出那么多的笑话并产生误会，首先是译者的母语不够好，仅是停留在汉语表层的理解上，其次是不少译者缺乏跨文化交际的意识和能力，没有吃透中文菜名的来龙去脉，没有关照域外食客的接受心理。

笔者认为，中餐菜名的翻译，应该要把握意译为主的基本原则，一语道破，简约明了，力争让不谙中华文化的外国宾客一眼就能看懂。比如：

"童子鸡"就可译成"Spring Chicken"，此处的"spring"意为"未成年的，新的"。

"四喜丸子"为经典的中国传统名菜之一，属于鲁菜系。由四个色、香、味俱佳的肉丸组成，寓人生福、禄、寿、喜四大喜事，常用作喜宴、寿宴等的压轴菜。译成英语时没必要深究那么多，简约地译成"Braised Pork Balls in Gravy"（肉汤中炖的猪肉丸）即可，其中的"braised"即"用文火炖熟的"，"pork ball"即"猪肉丸"，"gravy"即"肉汁"。

"红烧狮子头"其实只是一道家常菜，此处的"狮子头"只是表明肉丸子的个头很大，关键是"红烧"的意思要表达清楚，清晰的译名是"Braised Pork Balls in Brown Sause"，"brown sause"即酱油等"棕色酱料"。

"蚂蚁上树"是四川及重庆地区的特色传统名菜之一，属于川菜系。因肉末沾附在粉丝上，形似蚂蚁爬在树枝上，故名。只要把这道菜的食材说清楚就可以了，可译成"Vermicelli with Spicy Minced Pork"（辣肉末粉条），其中的"vermicelli"是"粉条"，"spicy"即"辛辣的"，"minced pork"的意思是"肉末"。至于看上去像什么，让食客自己去体验。

"夫妻肺片"属川菜系,是四川汉族特色小吃。上世纪30年代的郭朝华、张田政夫妻俩是这道名菜的创始人。最早由牛肉店废弃的边角余料做成,如零碎牛肉、牛头皮、牛心、牛舌、牛肚等等,并不限于肺。此菜制作精细,调味考究。"夫妻肺片"片大而薄,耙糯入味,麻辣鲜香,深受各地民众喜爱。译成英语时从简为妥,可译成"Sliced Beef and Beef Offal in Chili Sauce"(辣味切片牛肉和牛内脏),"sliced"即"切片的","beef"即"牛肉","offal"指动物内脏,"chili sauce"是辣酱汁。这种译法将这道菜的主体食材、形状、调料等都讲明白了。当然,也有用猪肺做成的,那就翻译成"Sliced Pork Lungs in Chili Sauce"(辣味猪肺片),"pork lungs"即"猪肺"。

"麻婆豆腐"是四川传统名菜之一,现在世界流行。制作原料主要有豆腐、肉末、辣椒和花椒等。可翻译成"Spicy Mapo Bean Curd","bean curd"即"豆腐","Mapo"为"麻婆"的音译。麻婆豆腐是外国人特别喜欢吃的中国菜肴之一,久而久之,"Mapo Tofu"这样的说法他们也接受了。近日笔者在美国波士顿讲学时,看到哈佛广场边上燕京饭店中英文菜单上的"麻婆豆腐",英语名称为"Hot & Spicy Bean Curd"(香辣豆腐),"hot"和"spicy"都是"辛辣的",被列为豆腐类的头道菜。

随着中国的强大与崛起,华夏文化正在快速走向世界。中国数不尽的美味佳肴,正在被越来越多的外国人喜爱。中国菜名的翻译问题正显得日益突出,应该引起社会各界的高度重视。

《火眼金睛》提示

图1,"殒石"应为"陨石"。
图2,"推已及人"应为"推己及人"。
图3,"九宵"应为"九霄"。
图4,"勤检"应为"勤俭"。

《尚书》中没有《禹书》

◎陈明洁

东方卫视2017年4月21日播出的《诗书中华》节目中,有位嘉宾这样说道:"(克勤)出自于《尚书·禹书》,原文是'克勤于邦,克俭于家'。"(字幕同步显示)"克勤"确实出自《尚书》,但《尚书》中并没有《禹书》篇目。

《尚书》,也称《书》《书经》,是儒家经典之一。《尚书》是中国上古历史文件和部分追述古代事迹著作的汇编,保存有商周特别是西周初期的一些重要史料。西汉初存二十八篇,因为是用汉隶书写,称为《今文尚书》。另有相传汉武帝时在孔子住宅壁中发现的《古文尚书》和东晋梅赜所献的伪《古文尚书》两种。

《尚书》可分为《虞书》《夏书》《商书》《周书》四个部分,其中《虞书》记载了唐尧、虞舜、夏禹等的事迹,有《尧典》《舜典》《大禹谟》《皋陶谟》《益

是"对峙"吗

◎刘二奎

2017年7月20日河北电视台经济频道《今日资讯》节目播出了一则有关装修纠纷的报道,其中出现这样一句话:"你把设计师找来跟我对峙。"(字幕同步显示)此处的"对峙"错了。

对峙本义为相对而立,郦道元《水经注·资水》:"县左右二冈对峙。"后引申出对抗、抗衡之义。节目中,两方并未发生冲突对抗,只是要"设计师"来跟"我"澄清事实,所以应该用的是"对质"而非"对峙"。对质,本指诉讼关系人在法庭上面对面互相诘问、辩驳,也泛指与问题有关的各方当面对证。"对质"用在节目此处是比较恰当的。

稷》五篇。"克勤于邦,克俭于家"一句就出自《大禹谟》。

嘉宾在点评时可能说的是《尚书·虞书》,因读音相近,字幕误成了"《尚书·禹书》"。

"兵败"还能"如山"?

◎王盛渠

央视一套播出的电视剧《毛泽东》第49集中,有段旁白这样说道:"与此同时,南下的解放大军一路摧枯拉朽,国民党残余武装兵败如山。"(字幕同步显示)这里的"兵败如山"是"兵败如山倒"之误。

兵,即军队。俗语"兵败如山倒",指军队溃败就像山体崩塌一样,颓势难止,不可收拾。如吕安世《二十四史通俗演义》:"张福来见此大怒,用手枪将败兵击毙,无奈兵败如山倒,只得退进长城,将城门关闭。"而"如山"即像山一样,如"军令如山"指军事命令像山一样不可动摇,必须服从、执行。"兵败如山"字面意思就是军队溃败像山一样不可动摇,这显然是无法说通的。

兵败如山

"柔荑"误作"柔夷"

◎江城子

长篇小说《另类英雄》(百花文艺出版社2003年1月出版)第235页有一段这样的描写:"失去了视觉,金善卿的其他感觉器官突然间敏锐起来,只觉得,一只古人赞叹不已的那种'柔夷',也就是一只温润柔滑的小手,拉住了他的手,带着他紧一阵慢一阵地奔跑。"句中的"柔夷"当是"柔荑"之误。

"荑"是个多音字,读 tí 时指初生茅草的嫩芽,读 yí 时指芟(shān)割田里的野草。柔荑,义为柔软而白的茅草嫩芽,荑读 tí。《诗经·卫风·硕人》:"手如柔荑,肤如凝脂。"朱熹集传:"茅之始生曰荑,言柔而白也。"古人常用柔荑比喻女子的手。如唐欧阳詹《小苑春望宫池柳色》诗:"柔荑生女指,嫩叶长龙鳞。"到了后来,女子柔润的手直接被称为"柔荑"了。唐代李咸用《塘上行》:"红绡撇水荡舟人,画桡掺掺柔荑白。"郭沫若《瓶》诗之七:"你是生了病吗?你那丰满的柔荑怎么会病到了不能写字?"

夷,是汉语中的常用字,义项很多,可指平坦、平安,也可指铲平、灭尽。古代也泛指东方的民族,或是外国、外国人。"柔""夷"组词扞格难解,汉语中没有这个词语。大概是将"柔荑(tí)"误读为"柔 yí",才会写成"柔夷"的吧。

"顽固不冥"?

◎杨昌俊

《谍·色:1938—1945 国共暗战》(作家出版社 2010 年 1 月出版)第五章中有这样一句话:"原先她是包着一层硬壳的,刀枪不入是自我保护,也有些顽固不冥的意味。"其中"顽固不冥"让人费解。

顽,本义是难劈开的囫囵木头,引申有愚妄、坚强、坚硬、迟钝等义。"顽固"一词，可指愚妄固陋，不知变通，也指坚持错误立场，不肯改变，还可指难以改变或制服。冥，本义是昏暗，也指黑夜。引申出愚昧、幽深、高远、隐蔽等义。因此，"顽固不冥"直接的字面解释是"愚妄固陋而不愚昧无知"，语义前后矛盾，难以说通。汉语中有"冥顽"一词，义为愚钝无知。孙中山《民权主义》第一讲："惜乎尚有冥顽不化之人，此亦实在无可如何！"根据文意，文章是想表达观念保守、不愿接受新鲜事物的意思，如用"冥顽不化"或"冥顽不灵"之类的词语，庶几可通。

令人费解的"就熟"

◎阎德喜

《书屋》2017年第1期刊登的《旧体诗词唱和中的鲁迅与郁达夫》，写到古代一位钱秀才，"有三子，溺爱过甚，不令就熟"。这里的"就熟"让人不知所云，当为"就塾"。

塾，本义指古时门内东西两侧的堂屋。后也用来称呼民间教读的地方，如家塾、族塾、私塾等。《礼记·学记》："古之教者，家有塾，党有庠，术有序，国有学。""就塾"即去私塾学习。文章中说的是钱秀才对三个儿子非常溺爱，到了上学的年龄也不让他们去上学，任由他们在家中玩耍。此处用"不令就塾"是符合语境的。

熟，通常指食物加热到可以吃的程度，也有成熟、丰收、精通等义，"不令就熟"语义难明，与"溺爱过甚"也毫无关联。

"厌盛"还是"厌胜"？

◎杨宏著

中国工人出版社2010年3月出版的《唐朝那些事儿（大唐开国卷）》中说："就在这次酒宴过后刘文静又做了一件他这一生中最不应该做的事——行'厌盛'之法，为自己的家里驱逐妖怪。所谓'厌盛'之法，就是请一个巫师，口中念念有词，为自己除妖驱魔。"（第154页）这里的"厌盛"应该是"厌胜"。

古汉语中厌是多音字，读yā时，指覆压、压制，也指以迷信的方法，镇服或驱避可能出现的灾祸，或致灾祸于人。《史记·高祖本纪》："东南有天子气，于是因东游以厌之。"是说秦始皇认为东南有天子之气，因此向东出巡，想压服住。厌胜，指古代的一种巫术，谓能以诅咒制胜，压服人或物。杜甫《石犀行》："君不见秦时蜀太守，刻石立作三犀牛。自古虽有厌胜法，天生江水向东流。"汉语中并没有"厌盛"一词。将"厌胜"误为"厌盛"，应该是同音致误。

"言简意骇"？

◎李可钦

《大众卫生报》2016年10月18日所刊《娄底市民爱逛"健康大观园"》一文中写道："健康知识长廊有关高血压正常值和防治小贴士，言简意骇，不时提醒他'膳食要清淡，要少盐、少油、少糖，食用合格碘盐'。"其中的"言简意骇"应改为"言简意赅"。

赅，音gāi，义为完备、齐全。言简意赅，指语言简练而意思完备，形容说话或写文章简明扼要。如朱光潜《艺文杂谈·谈书牍》："魏晋以前，著录的书牍多为吉光片羽，言简意赅而风味隽永。"过去也有人将"言简意赅"写作"言简意该"，"该"与"赅"同义。

骇，音hài，本指马受惊，后泛指害怕、惊惧。"言简意骇"显然说不通。

"人世几回伤往事"是刘长卿的诗句吗

◎汤生根

中华书局2015年11月出版有《诗境浅说》一书，书中在鉴赏孟浩然的《与诸子登岘山》时这样说道："刘长卿之'人世几回伤往事,山形依旧枕寒流'……同一临江书感,孟诗尤百读不厌也。"(第10页)实际上,这两句诗是刘禹锡所写,并非刘长卿的诗句。

刘禹锡是中唐著名诗人,字梦得,洛阳(今属河南)人,有《竹枝词》《杨柳枝词》《乌衣巷》等名篇,有《刘梦得文集》留世。刘禹锡由夔州刺史调任和州刺史时,顺江东下,途经西塞山,即景抒怀,写下了《西塞山怀古》。诗中通过追忆西晋灭东吴的往事,抒发了人事全非、山川依旧的感慨。"人世几回伤往事,山形依旧枕寒流"正是出自这首诗。

刘长卿,也是唐代诗人,字文房,河间(今属河北)人。长于五言,自诩"五言长城",有《逢雪宿芙蓉山主人》等名篇留世。

何来"捉禁见肘"

◎一 瞥

《中国社会科学报》2017年3月29日第7版刊有《中国电视剧创作的病症所在》一文,文中说道:"投资方大量的资本都砸在了个别当红演员身上,抽干了艺术生产核心环节中剧作和制作的资本,致使真正的生产环节捉禁见肘……"其中的"捉禁见肘"应为"捉襟见肘"。

襟,指上衣、袍子前面的部分。捉襟见肘,指拉一下衣襟就看见胳膊肘儿,形容衣裳破旧。引申指困难重重,穷于应付,顾此失彼。也可写作"捉衿见肘","衿"与"襟"同义。禁即禁止,"捉禁见肘"是误写。

"莫过于天大的事"?

◎屠林明

2017年5月3日《报刊文摘》第7版刊有《浙南廊桥修复记》一文,文中写道:"去年9月的台风让位于浙南闽北山坳坳的温州泰顺县一日痛失三座桥,对于有'廊桥之乡'美誉的泰顺,莫过于天大的事。"其中的"莫过于"用错了。

莫,作代词,表示没有谁、没有什么;作副词,表示不、不能。莫过于,义为不能超过,或没有谁、没有什么能够超过,如老舍《四世同堂》:"北平冷冷清清。在这胜利的时刻,全城一点动静都没有。只有日本人忙于关门闭户,未免过于匆忙。最冷清的莫过于祁家了。"文中说"一日痛失三座桥"是"莫过于天大的事",到底是想说事大还是事小?意思全拧了,让人无从判断。如将"莫过于天大的事"改为"天大的事莫过于此",意思就通顺了,文章想说的应该就是这个意思。

鞭炮有"引芯"吗

◎李光羽

《新民晚报》2017年3月21日刊有一篇《追忆逝水童年》,文中写道:"用鞋底线系住鞭炮的引芯,悄悄放在马路边的垃圾桶边,等鞋底线烧到引芯,鞭炮就会像定时炸弹一样爆炸……"但是,鞭炮只有引信,哪来"引芯"?

引信,也叫信管,《辞海》:"利用目标信息和环境信息,或按预定条件,引爆或引燃弹药战斗部装药的控制装置。"简单来说,引信是炮弹、炸弹等的引爆装置。鞭炮之所以能够炸响,正是火源通过引信点燃鞭炮内部的火药,火药燃烧使鞭炮中的气体剧烈膨胀,炸碎裹在外面的纸筒,发出了巨大的声响。汉语中没有"引芯"。

1959年尚无核工业部

◎毛纬武

《余杭晨报》2016年10月1日第8版刊登了一篇题为《邓稼先导师永远活在我们心中》的文章,文中写道:"1959年,导师被核工业部部长召见接受中国要放个'大炮仗'的任务时,心中下定决心:'为了中国的原子弹,死了也值得。'"然而,1959年尚无核工业部。

1955年1月15日,中共中央书记处扩大会议作出了中国要发展原子能事业的战略决策。同年11月,第三机械工业部正式成立,主管核工业的建设和发展工作,简称三机部。1958年2月,原先的第一机械工业部、第二机械工业部和电机制造工业部合并为第一机械工业部,第三机械工业部被易名为第二机械工业部。1982年5月第五届全国人大常委会第二十三次会议决定,将第二机械工业部改名为核工业部。所以,直到1982年才有核工业部这一名称,文中的"核工业部"应改为"原第二机械工业部"。

"雪肓"?"雪盲"!

◎厉国轩

央视四套播出的纪录片《长征》第6集中,描述红军翻越雪山的艰辛时有段旁白这样说道:"每个人都要面对高寒、缺氧、雪肓等一系列生理极限的挑战。"(字幕同步显示)这里的"雪肓"应是"雪盲"。

盲,音máng,指失明,如:盲人。雪盲,是一种阳光中的紫外线经雪地表面的强烈反射刺激眼睛而引起的视力障碍,主要症状是眼睛疼痛、怕光、流泪、视物模糊等。

肓,音huāng,古代中医以心尖脂肪为膏,以心脏与膈膜之间为肓,认为这两部分是药力达不到的地方。成语"病入膏肓"形容病重到不可救药的地步,也形容事态严重无法挽救。误"盲"为"肓",应该是形近所致。

腹中有的是"剑"不是"箭"

◎周 振

《报刊文摘》2017年5月24日刊有《重读李林甫》一文,文中写道:"(李林甫)'性沉密,城府深阻',因而留下口蜜腹箭的成语。"其中"口蜜腹箭"应该是"口蜜腹剑"。

"口蜜腹剑",出自《资治通鉴》。李林甫成为宰相后,凡才能、声望、功业超过他的人,凡被皇帝重、威胁到他地位的人,他都要千方百计地除掉。李林甫假装对他们友善,用甜言蜜语来引诱他们,暗中却陷害他们,世人都说他"口有蜜,腹有剑"。后来就用"口蜜腹剑"比喻嘴甜心毒,即嘴上说的很甜,肚子里却怀着害人的坏心肠,形容人阴险。如冰心《〈儿童文学剧本选〉序言》:"勇敢机智的三姐妹,都在这些小动物和小植物的帮助和提醒之下,打倒了'口蜜腹剑'的老狼。"

吴起不在甘肃

◎李景祥

《老同志之友》2017年第13期中有一篇文章《红军裁缝的长征路》,里面写了一位红军战士挑着台缝纫机参与长征的故事,其中写道:"1935年10月,红军裁缝葛接调挑着他心爱的缝纫机,走完了万水千山到达甘肃吴起。"这里有个问题,"吴起"并不属于甘肃省。

吴起是县名,位于陕西省西北部,洛河上游,现属延安市,其西北邻定边县,东北接靖边县,西南与甘肃省华池县为界。相传战国时的兵家吴起曾在这里戍边,县名即源于此。1935年10月19日,中国工农红军第一方面军长征到达陕北,和陕北红军于吴起胜利会师。

夏启铸九鼎?

◎古 辛

《光明日报》2017年7月30日有一篇题为《熔古铸今话金工》的文章,文中说道:"夏朝君主夏启令九州牧贡献青铜铸鼎,刻以各州形胜之地和奇异之物,以一鼎象征一州……"这里的"夏启"有误,应该是夏禹。

夏禹,即禹,也称大禹,姒

姓。原为夏后氏部落领袖，奉舜之命治理洪水。相传在治水十三年中，三过家门不入。后因治水有功，被舜选为继承人。舜死后禹即位。禹死后，其子启建立了中国历史上第一个朝代——夏。

传说禹曾收天下青铜，铸造九鼎，象征九州。夏、商、周三代都将九鼎奉为象征国家政权的传国之宝。战国时，秦、楚都有兴师到周问鼎之事。后来用"九鼎"比喻分量之重，如"一言九鼎"。

而夏启是夏禹之子，禹死后，启继任为王。由此，世袭制代替了禅让制，"公天下"变为了"家天下"。

周邦彦不是"花间派"词人

◎陈福季

《书屋》2017年第7期刊有《意淡言疏情厚细美——杨福音的艺术世界》一文，文中有这样一段话："他甚至还会有意无意营造出温庭筠、周邦彦等'花间词'派词人作品的某种场景，并且，他会抄几句宋词，强化画面意境的文学性、描写性、叙事性。"这里将周邦彦与温庭筠通通列为花间词派词人，与事实不符。

花间词派简称"花间派"，为中国晚唐五代词派，其名得自后蜀赵崇祚所编词集《花间集》。《花间集》共10卷，选录晚唐、五代词人18家共500首词，内容多为描写上层宴乐生活和闺情离思，词风靡丽。后人将收入《花间集》的这18位词人称为"花间派"词人，其中温庭筠和韦庄最具有代表性，并称"温韦"，在词这种文体的发展史上有较高地位。而周邦彦（1056—1121）是北宋词人，精通音律，曾创作了不少新词调。周邦彦的词格律严谨，语言典丽，词风确有类似"花间词"之处，但他生活年代比《花间集》的编成年代要晚100多年，其作品根本不可能被收入《花间集》，他也不可能是"花间派"词人。

"白堤"是白居易留下的吗

◎辜良仲

2017年4月21日《光明日报》刊有一篇题为《从苏堤上走过》的文章,文中写道:"公元822年,诗人白居易出任杭州刺史,他疏浚六井,拦洪植柳,在西湖上留下一条白堤,更留下千古传唱的诗声和政声。"其实,"白堤"并非白居易留下的。

西湖上的白沙堤,简称"白堤",东起断桥,向西经锦带桥,止于"平湖秋月",将孤山和北山连接在一起。白居易有一首《钱塘湖春行》,就提到了这条堤:"最爱湖东行不足,绿杨阴里白沙堤。"有人说这条堤是白居易任杭州刺史时所筑,故称"白公堤"。

其实,白堤并不是白居易主持筑造的。清代学者毛奇龄在其《西河诗话》中指出:"此堤本名白沙,或有时删去沙字单称白堤,而白字恰与乐天姓合,遂误称白公堤。"此堤到底是何人所筑,白居易本人也追问过,他在《杭州春望》中写道:"谁开湖寺西南路,草绿裙腰一道斜。"其中"湖寺"指孤山寺,"西南路"就是指通往湖中孤山的白堤。白堤的来历,现已无从考查。

白居易出任杭州刺史时,确实主持修筑过一条堤,这条堤才是真正的"白公堤"。据傅王露《西湖志》记载,其位置在钱塘门外石涵桥至武林门,今天已经无迹可寻了。

鲥鱼游入海中就称为鲞鱼吗

◎温守江

《齐鲁晚报》2017年5月17日B02版《青未了·随笔》栏目刊有《洄游鱼》一文,其中关于鲥鱼的一段叙述颇为奇特:"(鲥鱼)也是一种洄游型鱼。有趣的是,这种鱼只有在江中才叫鲥鱼,游入海中就称为鲞鱼了。鲥鱼是佳肴,鲞鱼则是极普通的鱼了,味道一点也不好。这颇有点'橘生淮南则为橘,生于淮北则为枳'的味道。"

鲥鱼属鱼纲鲱科,主要分布于中国沿海及朝鲜半岛、菲律宾沿海,春夏之交溯江产卵,是一种典型的洄游型鱼类。初入江时体内脂肪肥厚,肉味最为鲜美。苏轼曾有诗赞曰:"芽姜紫醋炙银鱼,雪碗擎来二尺余。尚有桃花春气在,此中风味胜莼鲈。"诗中银鱼即鲥鱼。说鲥鱼是佳肴,迨无疑义。问题在于,鲥鱼游入海中就会被称为鲞鱼吗?

鲞,音xiǎng,宋代范成大《吴郡志·杂志》:"吴王回军,会群臣,思海中所食鱼,问所余何在,所司奏云:并曝干。吴王索之,其味美,因书美下着鱼,是为鲞字。"可见,鲞的本义指干鱼、腌鱼,且味也美。后又引申指腌腊或加工精致的食品,如《红楼梦》中那道烹饪工序复杂的"茄鲞"。我国南方也称"鳓鱼"为"鲞鱼",北方则称"鲙鱼""白鳞鱼"。鳓鱼属鱼纲鲱科,为近海中上层水域鱼类,同鲥鱼一样也是洄游型鱼类,春季至初夏由外海至近海产卵。

引文之所以认为鲥鱼游入海中就称为鲞鱼,很可能是受了俗语"来鲥去鲞"之说的影

"惺惺"怎可"作罢"

◎章桂周

王开东老师2017年7月14日微信公众号文章《三人行，可以相师》有这样一段话："德国人非常严谨。觉得这根本不是一元钱的事，应该找回来。于是一路找过去，一点一点地搜索，不放过任何一个角落，找了很多遍，实在找不到才惺惺作罢。"这里"惺惺作罢"一词用错了。

惺，作形容词有聪明、机灵之义；作动词义为醒悟、领会、苏醒。"惺惺"是个多义词。一义为清醒貌，如陆游《不寐》："困睫日中常欲闭，夜阑枕上却惺惺。"还有一义为聪明机灵的人，如"惺惺惜惺惺"即聪明人爱惜聪明人，泛指性格、才能或境遇相同的人相互爱惜、同情。也可用在贬义词中，形容人不真诚、虚情假意，如"惺惺作态"，即指装模作样，故作姿态。

"惺惺作罢"解释不通。上述文章想表达的是，德国人努力寻找却不得，失意地停手放弃。这个意思可用"悻悻作罢"表达。"悻悻"形容怨恨失意的样子。

响，而以为它们指的是同一物。事实上，此说中的鲞鱼专指鳓鱼。鳓鱼长相、吃法虽然与鲥鱼差不多，味道也可与之媲美，但与鲥鱼相反，鳓鱼产卵后将离去时味道反而更加鲜嫩肥美，故云"来鲥去鲞"。鲥鱼、鲞鱼属于两种不同的鱼类。

此外，"鲞鱼"不管是泛指干鱼、腌鱼，还是专指鳓鱼，都有"美味"的特点，说它"味道一点也不好"是不符合实际的。

张良是"圯下受书"吗

◎高良槐

2017年3月10日《大众日报》刊有《苏轼论留侯》一文,文中这样写道:"写《留侯论》时,苏轼24岁……通过《史记》中张良圯下受书的故事,阐述自己对忍的看法。"其中的"张良圯下受书"应为"张良圯上受书"。

张良,字子房,秦末汉初杰出的谋士、大臣,汉朝的开国元勋之一,汉朝建立后被封为留侯。

"张良圯上受书",出自《史记·留侯世家》。圯,音yí,本义为桥。张良的祖父与父亲都是韩国大臣。秦灭韩后,他在博浪沙(今河南原阳东南)狙击秦始皇未中,逃亡至下邳(今江苏睢宁北)。一日,张良走在下邳桥上,一位老人故意把鞋甩到桥下,然后让张良下去捡上来。张良从桥下捡回鞋并为他穿上。老人说:"孺子可教矣。"要他五日后在此处相会。连续两次,张良都没有在老人之前来到桥上,老人让张良再过五日来此。第三次,张良终于在老人之前到了下邳桥。老人就将《太公兵法》给了张良。《太公兵法》,相传为姜太公所作的一部兵书。老人让张良十三年后去济北穀城山下,说会见到一块黄石,那就是他。十三年后,张良果然在穀城山下看到一块黄石。后来,这座桥就被称为"圯桥",这位老人就被称为"圯上老人"或"黄石公"。张良是在圯下取履,圯上受书,说成"张良圯下受书",显然不准确。

"剡""郯"有别

◎马秋影

2017年7月24日《江城晚报》08版头条《松原为啥地震了》一文中写道:"松原地处松嫩平原,处于不典型的盆地地形,又位于剡庐地震带上……导致地震不断,且地震多呈右旋走滑类型。"其中"剡"字应该是"郯"。

郯庐地震带也称郯庐断裂带,泛指北起黑龙江,南至长江,在我国境内延伸2400多公里,纵贯我国大陆东部的巨型断裂带。上世纪60年代以前,对该地震带的研究缺乏科学的统筹规划,许多考察和勘探都只局限于断裂带的某些地段,导致在不同地段断裂带产生了一些地域性的命名。如在黑龙江、吉林境内称为"依兰(属哈尔滨市)—伊通(属吉林四平市)断裂",辽宁至山东称为"开原(属辽宁铁岭市)—营口(属辽宁省)—潍坊(属山东省)深断裂",苏皖鲁境内称为"安江山(安徽—江苏—山东)断裂"等。如今我们所说的郯庐断裂带,就是上述各地段断裂带串联起来的总称,"郯"指山东郯城,"庐"指安徽庐江。

郯,音Tán,古国名,其主相传为少皞的后裔,战国初灭于越,故地在今山东郯城一带。"剡"有两个读音:读Shàn时用于地名,浙江嵊州市有剡溪;读yǎn时,用作动词表示削,用作形容词指锐利。"剡"与地震带没有关系。

《要把购物者留在超市?》解疑

经打听,原来这是超市人性化管理的举措之一,专门为没有购物的顾客设置的快捷通道。

要是改一个字,即把"无"改成"未",可降低人们的误解。"未购物出口"即没有购物的顾客的出口。

训练鹭鸶捉鱼?

◎王宗祥

《收获》2017年第2期刊有长篇小说《劳燕》,其开头部分写"我"(麦卫理)的一段回忆:"江南乡下的农民是怎样沤肥烧草木灰种茶的;靠水的人家又是怎样训练鹭鸶捉鱼的……"江南乡下的农民不可能训练鹭鸶去帮助他们捉鱼。这里"鹭鸶"恐怕是"鸬鹚"之误。

鹭鸶

鹭鸶(lùsī),因其头顶、胸、肩、背部皆生长毛如丝状,故称"鹭鸶"。鹭鸶中的白鹭是一种非常美丽的水鸟,羽毛洁白,身材修长,喜欢栖息在湖泊、沼泽地等潮湿的地方,主要靠捕食小鱼虾、浅水中的甲壳类动物为生。鸬鹚(lúcí),也是一种水鸟,俗称鱼鹰,羽毛黑色,嘴扁长,上嘴的尖端有钩,能游泳潜水,擅捕食鱼类。鸬鹚喉下皮肤扩大成囊状,捕得的鱼可以放在囊里。我国南方多饲养这种水鸟来帮助捕鱼。李时珍在《本草纲目》中对此也有所记载:"鸬鹚,处处水乡有之。……而长喙微曲,善没水取鱼,日集洲渚,夜巢林木,久则粪毒多令木枯也。南方渔舟往往縻畜数十,令其捕鱼。"

太阳的性别

◎宗守云

在客观世界中,人和物的区分是清晰的,人有思想,有道德,有情感,而物没有这些特征。但在认知世界中,人类把自己的特征赋予万事万物,从而创造了一个拟人化的世界。

从整个宇宙看,太阳只不过是一颗普通的恒星。从认知世界看,太阳对于人类实在太重要了,绝不仅仅是一颗普通的恒星。太阳为人类提供了赖以生存的能量泉源,是人类生存的保障。正因为太阳如此重要,人类把许许多多优秀的特征都赋予太阳,太阳成为有血有肉的存在,并与人类密切互动,息息相关。于是,在认知世界中,太阳有性别,有年龄,有亲属关系,并获得称谓。

在许多印欧语系的语言中,性范畴都是显赫范畴,有的语言二分为阴性和阳性,有的语言三分为阴性、阳性和中性。性范畴是文化规约的结果,不是客观存在的反映。太阳在法语中是阳性,在德语中是阴性,在俄语中是中性。

太阳不仅可以被归到某个性属,有时还具有亲属特征。美国语言学家莱科夫的经典著作《女人、火和危险的事物》谈及澳洲的一种土著语言德伯尔语,在这种语言中,男人和月亮归为一类,女人和太阳、火及危险的事物被归为一类。莱科夫说,世界各地不同人群对事物分类的种种方式,不仅使普通西方人感到莫名其妙,而且也难倒了西方的语言学家和人类学家。显然,这些奇怪的分类是文化规约的结果,而这种规约是建立在民俗文化中信仰、神话、传说等基础上的。在德伯尔文化中,太阳和月亮是夫妻关系,太阳是妻子,月亮是丈夫,因此月亮和男人归为一类,太阳和女人归为一类。太阳和火属于相同的经验领域,火是危险物,所以火和危险的事物归在太阳、女人一类中。

在汉文化中,太阳有多重属性。太阳有时被作为老年男性,称为"老爷儿"。例如:

(1)快抽,快抽,老爷儿快落了,咱们还得赶出半根垄。(周立波《暴风骤雨》)

(2)我要能把老爷儿抓住,我把它一下摔到西北山后头去,多会叫它出来再捞它出来。(刘流《烈火金刚》)

太阳还被称为"太阳公公"。例如:

(3)在这里,地球上的时钟和闹表都失去了意义,太阳公公倒是在你的身体内安了一个神奇的生物钟。(李静《一位"太空爸爸"写给儿子的信》)

太阳有时被作为老年女性,称为"阳婆"或"阳婆婆"。例如:

(4)今晚你好好歇一夜,明早再上路吧!阳婆都落下去了,我去滩里把羊吆回来!(肖亦农《灰腾梁》)

(5)今天不走运,阳婆一杆高了,他才打住四点灰鸽。(权文学《客为何来》)

(6)阳婆婆那上了丈二高,风尘尘不动天气好,哎哟跟上我妹妹去打樱桃。(陕北民歌《打樱桃》)

在认知世界中,太阳不仅被拟人化,还常常被神化。在各种自然天体中,太阳和人类的关系最为密切,因此对太阳的崇拜普遍存在于各种人类文化中。古希腊阿波罗是太阳神,是诸神之一。在波斯人的宗教教义中,太阳神密斯拉斯是光明的象征,代表光明和真理。北美大平原印第安人的太阳舞,是为祭祀太阳神而进行的规模巨大的崇拜仪式。中国

"葬"字的演变

◎苏培成

甲骨文里有▨、▨、▨、占这样的几个字,古文字学家认为是"葬"字的初文。裘锡圭说:"▨象人埋坑中而有'爿'荐之,▨象残骨埋于坑中,应为一字异体,或释'葬',似可以。"(《论"历组卜辞"的时代》,《古文字研究》第6辑)中国社科院考古所在《小屯南地甲骨》一书中认为:"▨:字从占从口。占为尸,口为棺、椁,象置尸于棺椁中,有埋葬义。"其中的口象墓坑,有的四角有交叉作▨,象棺椁。

到了春秋晚期的金文"葬"作▨,是在甲骨文"葬"字上增加义符,使表义更明确。金文"葬"的下面是由两手组成的廾(读gǒng),表示人用手把逝者下葬。上面是竹,表示覆盖在逝者身上的竹席一类的东西。中间是尸体和残骨构成的死

......

少数民族文化中,也不乏太阳神的崇拜。鄂伦春人把太阳神称为"德乐查",每年正月初一的早晨都要朝拜太阳。汉民族文化中,从上古起就有祭祀太阳星君的习俗,到唐代,朝廷设立中和节,主要就是为了祭祀日神。

客观真实世界的太阳既不是人类,也不是神明,只是一颗普通的恒星而已。而在人类的认知世界中,太阳是生命的象征,太阳不仅拥有生命,而且也孕育了生命,人类把太阳当作同类或神明,交流着,互动着,生生不息,代代相传。

字。死字的上下各有一横,这两横可能是棺椁的前后板,是口省去左右两个竖画而形成。两个竖画之所以要省去,是因为竹简的横向较窄,口字的横向过宽,书写时写不开。古文字中四框形省去左右的竖笔很常见。20世纪80年代湖北云梦县睡虎地出土的战国晚期秦国竹简里"葬"作𦱌,与春秋晚期的金文一脉相承。战国时六国文字里的"葬"变化很大,反映了"文字异形"的状况。这里无法详述。

"葬"字小篆作𦳒。《说文·茻(读mǎng)部》:"葬,藏也。从死在茻中。一其中,所以荐之。《易》曰:'古之葬者,厚衣之以薪。'"其中的"一其中,所以荐之"意思是一横是用来垫着尸体的草席。"葬"字由春秋晚期金文、睡虎地秦简发展为小篆有讹变。上面的竹和下面的卄讹变为四个屮组成的茻。中间部分从人从歹,就是古代的"死"字,"死"字上下两横只保留了下面的一横。《说文》根据讹变后的小篆字形加以解说。"厚衣之以薪"意思是用草木厚厚地包裹尸体,这并不完全符合事实,但《说文》的影响很大,以讹传讹,流传至今两千多年。《说文》用"藏"解释"葬"。这两个字古音相近,葬上古属精纽阳部,藏上古属从纽阳部。用读音相近的字解释,这叫作声训,声训解释为什么把掩埋尸体叫"葬"。《礼记·檀弓上》:"葬也者,藏也;藏也者,欲人之弗得见也。"《论语·为政》:"生事之以礼,死葬之以礼。"

由小篆演变为隶书和楷书。小篆"死"字一横本来在下面,隶楷里移到上面成为"死"。小篆𦳒到隶书楷书作葬。《广韵·宕韵》:"葬,藏也。则浪切。"《王力古汉语字典》:"葬,埋葬。"葬藏音近义通,二字同源。

"禽"含义的变异

◎陈运舟

《羊城晚报》曾载《"虫"涵义的变异》一文,文中说,古代"虫"的范围极为广泛,人、马、鹰、鳖都可称之为虫。无独有偶,"禽"的含义古今也同样有着很大的差异。《周礼·庖人》中有一份周代国君的食谱,其中单是禽类就有羊、猪、牛、鹿、雁、野鸡几种。从中我们看到周王生活的豪奢,也知道古人心目中的禽,不仅有飞鸟,还有走兽。在《国语·鲁语》中,有"川禽"一词。川禽,前人的解释是"鳖蜃之属"。你看,连甲鱼、蚌蛤之类能在水中行动的动物也在禽之列。东汉王充《论衡》:"午,亦火也。其禽,马也。"这里说的是"午"与"马"的关联,但也透露出当时的人们把马称为禽。直至三国时,禽的范围仍很宽泛,在名医华佗所创的"五禽戏"中,五禽就有虎、鹿、熊、猿、鸟。曹植《名都篇》:"驰骋未能半,双兔过我前……左挽因右发,一纵两禽连。"诗中把兔称为禽。

古人对禽的认识何以与今人大相径庭呢?这得追溯到禽字的本源。甲骨文的禽字是一个捕捉动物的工具,样子就好像一只长柄的网。后来用这种工具捕取的一切动物,包括天上飞的、地上跑的、水里游的,甚至犯人、敌人,都可以称之为禽。《白虎通·田猎》:"禽者何?鸟兽之总名。"清学者俞樾《群经平议·周易》:"按古者羽毛鳞介皆通名为禽。"是说鸟、兽、鱼及蚌、蛤、龟、鳖等都可称为禽。《管子·立政》:"道途无行禽。"俞樾《管子平议》注:"禽,犹囚也。"《管子》语的意思是,道路上看不到在押的犯人。在古人眼里,禽和兽是一回事,并不如今人所想象的那样泾渭分明。《周礼·考工记·梓人》:"天下之大兽五:脂者、膏者、裸者、羽者、鳞者。"脂者是有角的牛羊类,膏者是无角的猪类,裸者是螺、蜗牛类,羽者为鸟,鳞者为鱼。

明人焦竑《焦氏笔乘》言:"禽、兽可互文。"兽与禽的造字方式,有异曲同工之妙。禽是捕物之网,兽亦是狩猎之杆。甲骨文的兽字作 ,左边是猎犬,右边是狩猎用的叉。不错,兽就是狩。《诗经·车攻》:"搏兽于敖。"张衡《东京赋》作"薄狩于敖",意为在敖山(今河南荥阳境内)狩猎。徐灏《说文解字注笺》:"兽之言狩也,田猎所获,故其字从犬,谓猎犬也。"杨树达《积微居小学述林·释兽》:"兽,盖狩之初文也。"甲骨卜辞中,狩猎义的兽,常与禽连言,"兽禽"意为狩猎擒获,如《甲骨文合集》10613:"癸卯,兽禽……"《甲骨文合集》10308:"兽获禽鹿五十有六。""兽获禽"意为狩猎擒获。兽是狩猎,狩猎之物当然包括二足而羽的禽和四足而毛的兽,甚至鱼类、软体类;禽是擒获,对象亦包括鸟和兽。因此就有了"鸟兽之总名""羽毛鳞介皆通名为禽"的说法。可见,狩猎、擒获,以及狩猎、擒获之物,如鸟、兽、鱼等动物,就是古籍中的"兽""禽""兽禽""禽兽"的特定含义。

网言网语·成长

> 龙要游到大海里搏击猛浪,才能自如腾跃;虎要奔进森林里战胜群兽,才能尽展雄姿;鸟要飞上天空里驾驭风云,才能自由翱翔;人要走入社会里承担考验,才能快速成长。
>
> (乔 桥/辑)

咬嚼日记摘钞（14）

◎郝铭鉴

"军令"岂能"不受"

酷暑难耐，读报消遣。某报刊有一长篇通讯，介绍歌词大家乔羽先生。在谈到"乔老爷"为《上甘岭》配词时，文中有这样几句："终于，乔羽的激情像喷薄的火山，他躲到一个僻静无人的地方，用他自己的话说叫'将在外军令有所不受'，排除一切外界因素，一挥而就，一喷万丈。"《我的祖国》这首堪称经典的作品就此问世。真没想到，这里又一次碰上了"将在外军令有所不受"。

出版物中有些差错，由于错的人多了，会让人熟视无睹。"将在外军令有所不受"便是一例。"将在外"的后面，往往紧跟的是"军令有所不受"。其实只要稍微多个心眼，是不难发觉其中的漏洞的。将者，身负重任之军人也。服从命令乃军人之天职。军队的战斗力，来之于军人对军令的执行力。身既为将，无论是镇守边关，还是驰骋沙场，都应身先士卒，令行禁止，"军令"岂能"不受"？违抗军令者，当以"军法从事"，旧戏舞台上常用的一句台词是："提头来见！"何况，将可能是直接的发令者。

乔羽先生说的，应该是"将在外君命有所不受"。是"君命"，不是"军令"！

"君命有所不受"，典出《孙子·九变》。孙子说："凡用兵之法，将受命于君。"君君，臣臣，关系颠倒不得。然而"君"在皇城之内，"将"在千里之外，军情瞬息万变，急如星火，"安有千里而求战者乎？"所以，孙子接着又说："途有所不由，军有所不击，城有所不攻，地有所不争，君命有所不受。"这就是说，大将在外，一定要审时度势，随机应变，有临场的处置权，只要实战需要，正常的路可以不走，能打的敌人可以不打，攻得下的城池可以不攻，争得到的地盘可以不争，甚至，君王的命令也可搁在一边不予理会。这种一切从实际出发的军事思想，正是《孙子》的价值所在。

"军令"和"君命"，在读音上有点相似，也许这正是一错再错的原因吧。

"数九"从哪天数起

"数九天气"是一年中最冷的天气，其中尤以"三九"为甚，故有"三九严寒"之说。民间有"九九歌"，念起来朗朗上口，它是对"数九天气"的生动描述。记得读初中时，有次走进语文教研室，只听到老师们在大声争论，说别人背的"九九歌"有误，后来才知道"九九歌"有多个版本。我背过的"九九歌"是："一九二九不出手，三九四九冰上走，五九六九，沿河看柳，七九河开，八九雁来，九九加一九，耕牛遍地走。"

冬日漫漫。为了愉快地过冬，民间还创造了种种"九九消寒图"，常见的是画梅。据明代刘侗、于奕正《帝京景物略》记载："冬至，画素梅一枝，为瓣八十有一，日染一瓣，瓣尽而九九出，则春深矣，曰九九消寒图。"窗外寒风凛冽，案头日染一瓣，这画面多有诗意！在那画梅的日子里，人们的心头早已春风荡漾。

更妙的是，把"数九天气"

化为一句诗——"庭前垂柳珍重待春風"。据徐珂《清稗类钞》,这句诗是清道光皇帝作的。诗句共九个字,每个字都是九画,人们每天写一画,写完一个字便代表一个"九"已经过去。全句诗写完,九九八十一天,九尽春回,艳阳高照。陈原先生曾经说过,这句诗充满了对春天的向往,它和雪莱的名句"如果冬天来了,春天还会远吗",有异曲同工之妙。当然,诗中的"風"字必须写繁体字,不能简化为"风";"垂"也必须用旧字形,两边各是一个"十"字,当中不能连成一横。

"数九"从哪一天数起,这个问题看似简单,其实意见并不统一。人们熟悉的两本常用词典,似乎便持有不同的看法。在解释"三九"一词时,《现代汉语词典》的释文是"冬至后第十九天至第二十七天的一段时间",《现代汉语规范词典》的释文是"从冬至起第19天至第27天",一个是冬至次日数起,一个是从冬至当日数起,两者有一天之差。

如果编者确实是这么想的,两家也各有所本。"数九"的分歧并不自今日始。南朝梁宗懔《荆楚岁时记》:"俗用冬至次日数,及九九八十一日,多作九九。"这是次日派。清朝顾禄《清嘉录》:"从冬至日数起,至九九八十一日而寒尽,名曰'连冬起九',亦曰'九里天'。"这是当日派。《清嘉录》的作者在写作时已经发现这一问题,他在案语里说:"陆泳《吴下田家志》……及褚人穫《坚瓠集》,皆载冬至后九九之说,于今歌略异。《荆楚岁时记》谓从冬至次日数起,至九九八十一日,为寒尽。吴俗,则从冬至日数起,故有春打六九头之谚。"

也许,词典编者并不是这么想的。他们的释文虽略有不同,其实表达的意思并无区别,"冬至后"就是"冬至起"。这是因为,"冬至后"是一个存在歧义的说法,你可以理解为从当日数起,也可以理解为从次日数起。可问题是,在"数九"从哪一天数起存在争议的背景下,采用这种模棱两可的说法,恐怕是有失严谨的。工具书不能让读者无所适从。由此可见,编辞书是一项高难度的文化工程,它的每一句释文都需要精心打磨。这是离不开工匠精神的。

"功败垂成"说讹

俗话说:"言多必失。"电视台的主持人,以说话为职业,岂能滴水不漏?通常有两种情况:一种是忙中出错,比如"请欣赏新疆民歌《掀起你的盖头来》",有主持人一不留神说成了《掀起你的头盖骨》;一种是知识缺陷,某主持人主持旅游节目,指着一块石碑问:"知道上面是谁写的字吗?"一时无人回答。主持人大声说出答案:"米芾(shì)!"然后冲着电视观众一笑:"长知识了吧?"得意之状可掬。他把"米 fú"读成了"米 shì"。

眼前又有一例:

某电视台播出《喝彩中华》。这是一档类似《出彩中国人》的素人秀节目。这天最后登台的是 94 岁老人和 5 岁幼童搭档的"九九组合"。94 岁老人是上海京剧院鼓师王玉璞先生,他曾为周信芳、李玉茹、谭元寿、李长春、王珮瑜、史依弘等名家司鼓,在梨园有"鼓王"之称。王老甫一出场,身为评委的王珮瑜立即走下评委席,亲自搀扶王老先生走到表演区,并向观众介绍说,在京剧表演中,鼓点子极为重要,鼓师是京剧舞台表演的灵魂人物。紧接着她的话,另一位由主持人担任的评委补充说:"一台演出的功败垂成,最关键的其实就是鼓师。""功败垂成"这四个字,在荧屏上同步出现。

不难猜测,这位主持人想说的是,台上演员表演的成败,或者演出质量的高低,都和这鼓点子有关。但是,成败得失,高低优劣,是不能说成"功败垂成"的。所谓"功败垂成",就是快要成功的时候遭遇失败,以致前功尽弃。"垂"有接近的意思。换一种说法,便是"功亏一篑"。两者都可以用来表示惋惜。主持人看到了成语中的"成败"二字,但没有真正理解这条成语的意义指向。

金无足赤,人无完人。主持人的这类差错,是不必苛责的。问题是电视台如何处理差错。考虑到这类节目均为录播,我意应以删剪为原则,凡是主持人说错的,都不宜流传出去。这既是为了维护主持人的形象,更是为了保证节目的质量。如果是关键内容,无法删剪,又不能补录,怎么办呢?只能以字幕来修正主持人的错误,主持人说的是"功败垂成",字幕打的可以是"成败高下"。这是电视台应有的严肃态度。主持人怎么说,字幕便怎么打,错的也照打不误,无异于扩散差错,纵容差错。这是不足为训的。

《远方的星星》参考答案

1. 住地——驻地
2. 摄氏40度——40摄氏度
3. 寒风凛烈——寒风凛冽
4. 冷汽袭人——冷气袭人
5. 报怨——抱怨
6. 戌守——戍守
7. "我会崩溃的",——"我会崩溃的,"
8. 了望——眺望
9. 窗棱——窗棂
10. 长年——常年

暖人心脾的词语——"有温度"

◎何俊萍

2017年5月8日,中国共产党上海市第十一次代表大会隆重开幕,韩正同志向大会作了一个精彩的政治报告,其中让城市"有温度"的提法暖人心脾,引发热议。原文如下:

"(上海要)中外文化交相辉映,现代和传统文明兼收并蓄,建筑是可以阅读的,街区是适合漫步的,公园是最宜休憩的,市民是遵法诚信文明的,城市始终是有温度的。"

"温度",可以指冷热的程度。如冰心《姑姑·分》:"你将永远是花房里的一盆小花,风雨不侵的在划一的温度之下,娇嫩的开放着。"也可以指热度。如老舍《离婚》第二十:"夏天顶好不去拜访亲友,特别是胖人。可是吴太太必须出来寻亲问友,好像只为给人家屋里增加些温度。"

"温度"原本是个中性词,可是如今的短语"有温度"往往具有褒义色彩,让人感受到温暖、暖意,给人以满满的获得感。"有温度"不再只停留在物体的冷热程度和物理的热度上,而是渐渐地扩展到形容一系列以人为主体的众多领域,如教育、城市建设、法律、医学、金融等,且因为参与的主体不同,服务的对象不同,"有温度"所体现出来的语境意义和联想意义也有所区别。请看下列新闻标题:

(1)办"有温度"的乡村教育

(《光明日报》2017年1月18日)

（2）持续改善民生 让城市发展更有温度(《四川日报》2017年4月26日)

（3）良法善治，有温度的法律带来更多"红利"(《检察日报》2017年1月3日)

（4）有温度的医生(《人民日报》2016年3月14日)

（5）以客户为中心，工行甘肃分行努力建设有温度的银行(中国甘肃网2016年12月28日)

例（1）"有温度"指的是各界人士对乡村儿童的情，对乡村教师的爱，对乡村学校与乡村教育的倾力投入。例（2）指的是从"花重锦官城""厕所革命""垃圾分类"三方面加强精细化管理，努力营造高品质生活环境，提升城市品质。例（3）指的是给予公民全方位保护的法律。例（4）指的是不只看到了"病"，更看到了"人"的医生，他有一双温暖的手、一颗柔软的心，是一个尊重生命规律的人。例（5）指的是温馨、周到的人性化服务。

"有温度"是一个动宾短语，在句子中具有多种功能，既可充当句子的谓语，如"历史在身边 课堂有温度 南工大自编自导近现代史情景剧"(《新华日报》2017年6月21日)，也可作定语，修饰中心词，如"时代需要有温度的理论"(《人民日报》2016年12月12日)。"有温度"后面加上一个"的"字，构成名词性短语，可充当句子的宾语，如"城市始终是有温度的"(《解放日报》2017年5月8日)。

"有"和"温度"之间还可以适当地加上一些修饰性的词，使"温度"的内涵更为明确。如"电影节让城市更有文化温度"(《文汇报》2017年6月21日)，"让新闻更有时代温度"(《重庆日报》2017年2月17日)等。

此外，"有"和"温度"的搭配也并不是唯一的，"有"可以换成其他动词，如"充满、提升、带上"等，使用起来比较自由灵活。例如：

（6）滋养人文情怀 提升城

齐心协力,共绘"同心圆"

◎ 刘东译

2017年1月26日,习近平主席在人民大会堂举行的春节团拜会上发表了重要讲话。他用一个又一个美好的"同心圆",即"家庭和睦同心圆""小康社会同心圆""军民融合同心圆""政党合作同心圆""民族团结同心圆""民族复兴同心圆",共同编织出五彩斑斓的中国梦,表达了对祖国的祝愿之情。如今,"同心圆"一词已成为团结一心的象征,成为报纸、杂志等媒体的新闻热词,用来表达美好的祝愿之情。例如:

(1)纳入中华民族整体叙事的香港,背靠祖国、面向世界的香港,进入同心圆、诠释中国梦的香港,正在更开阔的视野下书写新的香江传奇。(《光明日报》2017年7月2日)

(2)香港广东青年总会和广东省青年联合会24日举办了"青年同心圆"足球友谊赛。(《人民日报》2017年6月28日)

"同心圆"本是一个数学概念,指同一平面上圆心相重合而半径不同的两个或两个以上的圆。因而,"同心圆"最初的引申义主要侧重在空间或结构方面,表示某些实体的外形或结构类似"同心圆"的形状。例如:

(3)北京市的所谓二环、

市温度(《新华每日电讯》2017年5月12日)

(7)让新闻带上更多民生的温度(《传媒评论》2015年第6期)

总之,短语"有温度"以人为本,以人为中心,回应人的期盼,顺应人的需要,所以在网络论坛、报纸杂志、广播电视中大量出现,且因充满了人文关怀,暖人心脾,表现出旺盛的生命力。

三环、四环、五环、六环显然属于同心圆结构。(《北京日报》2013年9月16日)

（4）独特的团圆形式，传达了此次活动"团圆"的主题，近千张餐桌以同心圆的方式围绕舞台，形成一个中秋满月的造型，打造史上最温暖、最具创意的合拢宴。(《长沙晚报》2013年9月17日)

此后，"同心圆"渐渐地由表示具体的形状或结构演变为表示抽象的形状或结构，即说话人脑海中绘制的形似"同心圆"的图像。例如：

（5）在此过程中，只要把政治底线这个圆心固守住，包容的多样性半径越长，画出的同心圆就会越大。(《湖北日报》2015年6月24日)

（6）要持续加大网上正面宣传力度，全力做好习近平总书记系列重要讲话的网上宣传，综合运用多形式、多平台、多终端，构筑网上网下"同心圆"，始终在思想上政治上行动上同以习近平同志为核心的党中央保持高度一致。(《河南日报》2017年5月24日)

"同心圆"更多地用于表达团结互助、齐心协力之情。例如：

（7）爱国主义本身就是历史情感的表现，在一定条件下可以转化为一种巨大的力量：在遭受外敌入侵的危难时刻，它可以成为众志成城的火种，是不可替代的使万众一心的同心圆。(《解放日报》2017年6月27日)

（8）中国梦是和平、发展、合作、共赢的梦，与世界各国人民的美好梦想息息相通、紧密相连，形成了凝聚人们团结奋斗的最大同心圆，时代的最强音。(《学习时报》2017年6月23日)

如果避开数学概念，我们还不妨专从字面上来理解"同心圆"："同心"即"同一颗心"，可以指共同的中心或核心，也可以指人们思想认识的一致；"圆"有圆满、完备之义。因此，将"同心圆"视作团结一心的象征确实是顺理成章的。

玉 陶

◎汪惠迪

语言随着社会的发展变化而发展变化,语言发展变化的鲜明标志是新词的产生和旧词的死亡。这是每个语言用户都能明显地感觉到的。新词通常利用固有的语素按照特定的构词方式来创造。新词出现后,要经过一段时间的应用,为语言用户所熟悉,为全社会所接受,才能在语言的词汇中扎下根来。

我国是世界上最早制陶的国家之一,大约有1.8万年到2万年的历史。在"陶"族词语中有"白陶、红陶、黑陶、灰陶、彩陶、绿陶、紫砂陶、坭兴陶",每一个都是人们认识活动的成果,代表着一定的文化,比如"彩陶"就是新石器时代的一张名片。如今陶族词语又增加了一个新成员"玉陶"。

我国的陶器以江苏宜兴紫砂陶、广西钦州坭兴陶、云南建水紫陶、重庆荣昌陶最为著名,合称"四大名陶"。宜兴紫砂陶有2400多年历史,钦州坭兴陶有1300多年历史。"玉陶"便是用广西钦州坭兴的紫红泥和绿泥为原料,用江苏宜兴传统的手工打坯成型工艺烧制而成的茶壶。

玉陶壶外观呈紫红色或栗色,色泽温润,亚光内敛;表面细腻润滑,且隐现点点金黄细砂,熠熠闪现"紫玉金砂"之光。用手轻抚,滑如珠玉。"玉"喻"陶"用料上乘,工艺精美,颜值爆表,"玉陶"是个偏正式的合成词。

玉陶是钦州坭兴陶与宜兴紫砂陶共结连理,孕育出来的新颖产品,是中华古陶文化的延续和创新。

"云"中生活

◎姜欣幸

"每天看着朋友圈里边小侄儿的视频,可以说是云养娃了,可爱极了。"

"考完了!接下来我的主业就是和易烊千玺云恋爱了!"

"又到了一年一度充任云备胎的季节,报名从速,先到先得。"

点开社交网络,"云××"的说法屡见不鲜:云恋爱、云结婚、云养猫、云吃饭……如果不了解"云"的新意义,恐怕很难在网络世界里与人沟通。

"云"的意义,在飞速发展的网络环境中,究竟产生了什么样的变化?这要从互联网的发展说起。原先,在电子通信领域中,人们作图时习惯用云朵的形状来代表远程通信网络,包括无线电、电视、电话以及计算机网络通信等等。近年来,随着互联网的飞速发展,"云"作为互联网的一种比喻说法,开始广泛地走进人们的视野。

"云计算"是其中一个典型的例子。云计算是一种基于互联网的超级计算模式,是指通过网络中的复杂系统,对用户发出的指令进行计算、搜寻和分析,然后将处理结果反馈给用户的过程。简单的云计算应用已经随处可见,比如搜索引擎、网络信箱等。在云计算过程中,提供资源的网络就是"云","云"中的资源,对于使用者而言是可以无限扩展的,有需求的时候可以随时获取。"云存储"的概念是在云计算的基础上延伸而来。它是一种新兴的网络存储技术,用户将资源保存在"云"——即互联网上,需要的时候可以随时随地联网获取数据。

随着科技的发展,许多企业纷纷展开了自己的"云"业务:阿里巴巴旗下的公司阿里云,是国内最大的公共云计算服务提供商;360云盘、百度云盘等网盘为用户提供云存储服务。"云"技术迅疾地改变着我们的生活,成为生活中的必需品。

"云"是如何由科技语言变为网民日常的交流用语的?

首先,"云"是互联网的比喻说法,云技术的载体都是互联网,具有虚拟性,因此发展到后来,人们开始用"云××"来表示以互联网为载体进行的某种活动。比如"云养娃",是指通过朋友圈、微博等社交网络看到家长分享的某个小朋友的生活和成长过程,"云吃饭"是指在网络上观看美食主播的直播或者浏览各色美食的图片。"云恋爱",即虚拟恋爱,多指一个人单方面对另一个人非常迷恋,通过关注对方的社交账号或者收集对方的照片、视频资料等方式,想象与对方进入恋爱关系。追星族有时候会用这个词进行自我调侃,表达自己对偶像的喜爱。

此外,云技术还具有另外一些特性:"云"端数据可以为不同的用户调取,用户在自己需要时可以随时随地从"云"端获取数据。"云备胎"的用法就来源于这里。"备胎"在网络交际中多指备用的男/女朋友。同时充任很多人的"备胎"的人,会被称作"云备胎"。在"共同备胎"的意义之外,"云备胎"还强化了"随时调用"的意思,这一点使得"备胎"的特性更加凸显出来。

科技发展日新月异,可以想见,我们的生活会被越来越多的"云"包围。生活在"云"中的人们,很可能会创造出更多与"云"相关的表达方式。

0元党、非洲人和小学生
——游戏用语中的众生相

◎徐默凡

网络游戏和手机游戏已经成为当今年轻人最重要的娱乐方式之一,与之相应,在这个领域里也产生了大量隐语、黑话性质的新词语,其中有一些也传入了普通人的日常语言生活,成为社会流行语。本文收集一些最常见的游戏用语,并分析背后的游戏心理。

很多游戏为了吸引玩家,往往宣称自己是免费的,但是等游戏者下载以后,就会发现世界上没有免费的午餐,很多游戏功能需要充值才能开启,很多道具不充值的话一辈子也收集不齐。而游戏开发商又是深谙大众心理的,想出各种花招来诱惑你充值,所以就诞生了一系列和游戏充值有关的网络流行语。

氪金

氪金是"课金"的谐音,"课金"来自日语,是个动词,"课"是"支付",课金就是"支付费用"。在日本的游戏语言中,"课金"专指在免费下载的游戏中充值,用来购买虚拟物品。这个词语传入中国后,和风靡一时的网络游戏《魔兽世界》中的稀有矿物"氪金"杂糅在一起,就变成了今天的模样。

大R

大R就是在游戏里大量氪金的玩家。R是"人民币"的汉语拼音缩写RMB的首字母,因此大R就是"人民币玩家",即在游戏里大量消费人民币的玩家。要成为一个游戏的大R,一般要充值万元以上。和大R对应,还有超R(至少充值几万元)和小R(充值千元以下)。

0元党

0元党则是坚持不充一分钱的玩家,网上有不少"0元党攻略",告诉玩家如何不花钱玩好游戏。与0元党类似,还有6元党和百元党。6元党就是只充6元钱的玩家,很多游戏都设置了首充福利,充值6元就能拿到不错的奖品。而百元党则把自己在一款游戏中的消费额度限制在一百元左右。

大R和0元党是互相鄙视的。大R认为是他们养活了游戏,0元党都是蹭玩的穷鬼,大爷有钱大爷最狠。0元党则认为大R都是挥霍父母钱财的富二代,除了有钱啥都不行。有不少0元党和小R看穿游戏圈钱的本质后,都不玩了。没有0元党陪衬,大R也失去了睥睨众生的成就感,游戏就运营不下去了。现在很多成功的游戏都意识到一味圈钱只是一种短视行为,因此大幅增加了技术和运气的作用,改变谁充钱多谁就是第一的格局,让更多的玩家能享受游戏的乐趣。与之相应,一些和运气和技术相关的游戏用语也应运而生。

非洲人

在民间说法中,运气不好的人会被称为"印堂发暗","脸黑"也成为运气不好的象征。这种说法在一些要靠运气抽卡或摸牌的游戏中被广泛运用,屡抽不中的玩家会被称为"手黑""脸黑"。而脸黑就很容易联想到非洲人,以至于后来"非洲人"就专门用来指运气不好的玩家。与"黑"相反的是"白",而与黑色皮肤的非洲人对应的则是白色皮肤的欧洲人,于是"欧洲人"也被类推为运气好的玩家。后来还产生了"脱非入欧"的说法,表示运气由坏变好了。

小学生

照理说,大多数电子游戏

是禁止儿童参与的,但事实上并没有严格的管理机制,所以很多小学生都参与到游戏中来。在一些需要协作的游戏中,一个成员的低劣表现会拖累整个团队,而小学生往往扮演了拖后腿的角色。渐渐地,"小学生"就用来指称技术低劣的玩家,和实际年龄不一定相关了。

手残党

很多游戏取胜的关键在于手指在屏幕上的快速操作,但是有些玩家经常发生操作失误,这就被称为"手残",而经常手残的人则被称为"手残党"。"手残"可能是对之前的流行语"脑残"的仿拟,但并不是一个侮辱人的称呼,往往用于自嘲。

其实,很多游戏玩家对沉迷游戏、浪费时间和金钱的行为也有所反省,因此把进入游戏称为"入坑",而把放弃游戏称为"弃坑"。另外,很多高大上的游戏名称也被谐音为一些贬义的称呼。比如最近非常红火的一款游戏《王者荣耀》被称为"王者农药",著名的游戏《地下城与勇士》因其英文缩写DNF而被戏称为"毒奶粉",玩相关的游戏也被戏称为"喝农药""喝毒奶粉"。这种种自嘲也成为游戏圈语言中一道别样的风景。

网言网语·人生

人生没有真正的绝望。树在秋天落光了叶子,心很疼。但它并没有放弃,而是用整个冬天,在平静中积蓄力量。春天一到,芳华依然。只要生命还握在手心,人生就没有绝望。对于一生来说,一时的成败得失不过是来了一场小感冒。心若累了,就让它休息一会,灵魂的修复是人生永不干枯的希望。

(崔国军/辑)

"画风"变了

◎曲绍萍

"画风"一词指绘画的风格,即使用不同的笔法与构图对相同的意境表现出不同的风格,给人留下不同的感受。"画风"原本是用于绘画领域的一个专业术语,用于表示一种整体的视觉感受,如"××画家画风细腻""××画家擅长哥特式画风"等。

可是最近我们发现,"画风"的身影已经侵入到了绘画之外的各个领域,在各种新闻中频频出现,例如:"日本公主画风变太快,萝莉长残惊呆网友""张璇演绎狐妖画风清奇",很显然这些新闻标题里的"画风"和我们之前熟知的大不相同。在网络世界中,不只是绘画行业在使用"画风"这个词,体育界、娱乐界甚至是房地产行业都在使用这个词,"画风"一词的含义已经悄然发生变化。那么它到底发生了什么变化呢?

首先让我们来看这个例子:

《蓝色大海的传说》演绎水下恋情,画风唯美。

这是一则关于韩国电影的报道,这里的画风是指银幕上的电影画面的风格,即"画"的指称对象演变成了影像,而"风"的含义基本没有变化,仍然是指视觉风格、视觉感受。随着网友们对电影、漫画、动漫等影视作品的关注,"画风"的这种用法越来越多,经常用来描述影视作品的视觉风格,比如:"《巫师的镜子》画风精致,演绎东欧奇幻传说。"

再看一个例子:

日小伙穿西装种田,画风清奇颠覆一般人印象。

这则新闻中贴出了几张小伙穿着优雅帅气的西装种田的照片。这里的"画"虽然从表面上看来仍是指一幅图画,但深究一下就会发现这里的"画"更多的是指由照片所能联想到的小伙种田时的情景,而"风"的含义既有视觉感受也包含了网友各方面的认知感受。

让我们再来看一则新闻标题:

楼市画风突变后,90后毕业买房族何去何从

这条新闻里,"画风"的含义发生了翻天覆地的变化:"画"不再指任何画面,"风"也和视觉风格毫无关系,"画风"的含义延伸到了楼市行情的风潮动向。

也就是说,"画风"在演变的过程中,在不同的语境制约下,"画"和"风"的含义都在原来含义的基础上扩充,"画风"已经和绘画不再发生关系,变成了"风格、格局、样态、情景"等泛化的含义。

这种行业用语泛化的情况其实是语言使用的普遍规律,深深地融入到我们的日常语言生活中。我们依然可以通过几则新闻标题来感受一下其他例子:"中国手机和铁路机车正在抢滩印度市场",抢滩原用于船只航行,现在商业中争抢市场、军事上抢占阵地也可以用这个词。"新加坡需要一针中国强心剂",强心剂原是医学用语,现在已经泛化到了政治、经济等众多领域,是"给局势或心态增加必要的稳定条件"的意思。"三星陷入困境,全球智能手机面临洗牌",洗牌原是赌博用语,现在也指"行业内重新出现排位"。类似的词语还有很多,例如光学术语"聚焦",物理学术语"充电",工程学术语"工程",等等。

"画风"目前正走在向各个领域延伸的道路上,这是现代传媒普及和社会形态愈加开放的结果,让我们以更加宽容的心态来接受各种"画风"的突变吧。

华语圈

马来西亚的三语学习

[马来西亚]杜忠全

马来西亚是个多民族及多元文化的国家。华人如果只会说华语或方言,那就难以生活了。就连上邮局寄信或到加油站加油,都得转换语码,才能完成一次交易。因此,多语学习与频繁转码,一直都是生活在这个社会里的人日常面对的现实。

20世纪中期以前,马来西亚是英国殖民地,英语是官方语言,掌握英语是一种身份的象征,有意往上攀爬的人,莫不以掌握英语为尚。

独立之后,作为国际语言的英语并未完全退出人们的生活,在高等教育及工商业领域,英语依然是主要的沟通语言。独立后的马来西亚,国语是马来语,不管在哪个语言源流的学校入学,国语都是必修科。在中等教育层级的官方鉴定考试中,除了规定国文必须及格才能考获文凭之外,如果拟任公职,还得达到一定的考级水准才有资格。因此,国语的学习是必需的。

此外,当然还有母语学习。目前马来西亚所谓的母语,是指民族的主流语言,如华人的母语是华语(中文),印度人的母语则是淡米尔语。主要由三大民族构成的马来西亚社会,国语和英语是各源流学校的必修科,双语是普遍现象。所谓三语,其实是上述国语和英语之外,再加上母语。

华人学华语,华语在马来西亚的华文小学是必修科;中学以后,在华文独立中学和国民型中学,华文依然是必修科目。华文独立中学和所谓的国民型中学,前身都是独立前的华文中学,唯在时代风潮中,前者继续自筹经费来办学,后者则接受了政府的献议和津贴,在保留华校特色的前提下纳入政府教育体制,遵照官方课纲的同时,还维持开设华文科的传统,是官方体制内的华校。然而,如果是官方主流的国民学校(人们俗称的"马来校"),无论小学或中学,在学的华裔子弟,则只能自发选修一般在课后进行的母语班,上课时数有限;一些师资不足的学校,干脆就不开设华文母语班了。

一般而言,华人子弟如是在独中和国民型中学完成中学教育,掌握三语的情况一般较佳。如果是华小毕业之后升读国民中学的,其华文程度就全看个人的努力了。

至于自小入读国民小学的华裔子弟,他们可能通过母语班来学习华文,也可能选择回避,结果成为不通晓华文的双语人了。

因此,在马来西亚,双语是常态,三语是优势,但并非必需。晚近十来年,一些双语人开始自发地学习华文,包括非华裔也期许自己向三语的优势提升,这自然是当前的新情势了。

(作者是马来西亚拉曼大学金宝校区中文系主任)

处处是"律"

[马来西亚]杨欣儒

"律",《现代汉语词典》的释义是:法律,规则;旧诗的一种体裁;约束等。可在马来西亚城镇,"律"却有特别的释义,它是"路"的音译。

原来客家和广州方言的

"律"都念成入声的 lut，读音和英语的 road 很接近。所以本地人将英文路名翻译成华语时，都按照方言把"路"一律译作"律"，例如"霹雳律"(Perak Road)、"槟榔律"(Penang Road)。霹雳州还有一个小镇叫"打巴律"呢。这种以"律"代"路"的译名大城小镇过去处处都有。

除了"律"，路名还有叫"冷"的。你知道"冷"是啥吗？原来是英文 lane（巷）的闽南方言的译名。乔治市就有不少用"冷"字的路名：霹雳冷（霹雳巷，Perak Lane）、纽冷（新巷，New Lane）等等。

马来西亚独立后，很多路名的通名"路""巷""大道"等都从英文改换为马来文了。英文的 road 改为 jalan，华文译名为"惹兰"。于是方言译法又出现了。"大街"从马来文的 Jalan Besar 被译成"惹兰勿杀"，Jalan Satu（第一条路）译成"惹兰杀度"。读起来的确"惹"人不快。巷子马来文叫 lorong，华文译名叫"罗弄"。Lorong Selamat 的华文译名是"平安巷"，可有人却喜欢音译为"罗弄色拉马巷"，有"罗弄"（巷）又加"巷"，叠床架屋，莫此为甚。

过去英国殖民地时期，很多地方按照（英）里数来命名。英里是 mile，译成马来文是 batu，可 batu 还有一个意思叫"石头"。于是本地华裔就以马来文的"石头"当里数，一英里处就叫"一条石"。以此类推，到"八条石"，一路上，处处都是"石"。

谈到了路名，这儿顺便一提有关交通的词儿。中国的"转盘"和"环岛"，我们这儿叫"交通圈"；"红绿灯"这儿叫"交通灯"；"立交桥"竟然叫作"高架公路"。中国的"卡车"我们这儿叫"罗里"，"面包车"叫"货车"(van)，"自行车"叫"脚踏车"。汽车的排挡，这儿把英文的 gear 根据方言译成"牙"，"一号排挡"叫"一号牙"。"方向盘"叫"驾驶盘"，

"刮水器"叫"扫水器"。

读者朋友如到马来西亚观光考察,可以看到更多这样的词语。

(作者是马来西亚华语规范理事会副主席)

"同"的语用变异

[中国台湾] 高婉瑜

同性婚姻是台湾社会长期关注的议题。2017年5月24日大法官公布释宪结果,确定以法律保障同性婚姻,引发许多反弹声浪。

随着议题的发烧,台湾媒体出现一批带"同"的词语,例如"同婚"与"挺同",见新闻标题《挺同大胜!大法官:现行法律未允许同婚违宪 2年内修法》。又如"恐同(症)"与"反同",如"反同国家逐年减 恐同暴力却依旧普遍"。台北市政府还曾在2000年首次编列预算,举办了"台北同玩节——同志公民活动""台北同玩节——彩虹园游会"等活动。

从语境判断,"同"类词语的"同"指"同性"或"同志",似乎"同"有了新义,是"同性"或"同志"的略称,地位从语素升格为词(名词)。但是,果真如此吗?

现代汉语实语素"同"属黏着语素,需与其他语素组成双音词,不单独使用,即便偶尔当名词语素亦是如此,如"合同""大同",因之,说"同"即是"同性"或"同志"的略称有些牵强。

其次,如果失去语境参照,"同"类词语难以确指为"同性"或"同志"。如"台北同玩节"后面搭配子标题《同志公民活动》,或暗示性字眼"彩虹"

园游会,才足以确定"同玩节"的意涵。

由此可知,"同"表"同性"或"同志"之义是种语用变异,属尚未稳固的临时义。事实上,两岸具代表性的词典如《重编国语辞典修订本》或《现代汉语词典》(第7版),均未收"同"有"同性"或"同志"义项,虽然词典的编纂总落后于语言现象,但能进入词典者,通常已是稳定义。新兴的语用变异是否能通过考验尚属未知之数,故不宜因"同"类词语的短暂高频,贸然认定"同"衍生了新义,或从黏着语素变成名词了。

(作者是高雄师范大学国文学系副教授)

"吃"在大马

[马来西亚]邓月璇

民以食为天。马来西亚有三大民族,所以一日三餐都可享受不同风味的菜肴。不管中华美食、马来或印度美食,皆令人垂涎三尺。

不过,吃货们先别食指大动,因为本文介绍的是另类的"吃"。

大马美食中有一道各族都喜爱的"咖哩"。"咖哩"吃法多样化,能配饭,能搭面,嗜辣的老饕即使吃得满头大汗,也直呼过瘾。"咖哩饭"虽然好吃,但"吃咖哩饭"还有另一种意思,那就是吃"牢饭"。这种叫法据说始于英殖民时期,监牢里囚犯们的伙食天天都是白饭拌咖哩汁,所以"吃咖哩饭"成了坐牢的代名词。"揪你去吃咖哩饭",更成为长辈警戒幼辈们勿作奸犯科的习惯用语。在狱中"吃咖哩饭",

肯定不是好滋味。

好些饕客爱吃蛇肉进补，不过，如果工作时老是"吃蛇"可就不好了，迟早被老板请吃"炒鱿鱼"的。"吃蛇"据说源自福建话"呷（食）蛇(zua)"，意即"偷懒"。至于"炒鱿鱼"嘛，就是爱"吃蛇"的下场，被"解雇"了。

在吃香喝辣的记忆里，老一辈人恐怕忘不了一段"吃大锅饭"的日子。那是1948年英殖民政府为切断马来亚共产党粮食来源而实施的紧急措施。在此政策下，新村人家里不能存粮煮饭，每一户必须按人口登记米牌，按时去公共饭堂领取食物，俗称为"吃大锅饭"。

马来西亚的华语词汇不但掺杂各种方言，也掺杂不少马来语。例如"吃风"源于马来成语的"makan angin"，意为"旅行"。makan是吃，angin是风的意思，照字面上解释就是"吃风"。本地有一本旅游杂志，刊名就叫"吃风"。此外，从"吃风"还衍生出"吃风楼"，即度假屋的意思。这种"吃"法不论在口头还是书面语，都让人觉得鲜活而接地气。

"吃"在大马的民间口头语与方言还真不少，能吃不能吃的都要吃，车子耗油叫"吃油"，贪污受贿叫"吃钱"。这些习惯用法使用频率颇高，个个都让人"吃"出惊喜啊。

(作者是马来西亚《中国报》助理编辑主任)

网言网语·修养

心中有根，就能开花结果；心中有愿，就能成就未来；心中有善，就能感化一切；心中有理，就能走遍天下；心中有德，就能涵容万物；心中有道，就能拥抱世界。

(周文林/辑)

谈联说谜

"华人中学生灯谜大会"上的字谜

◎刘茂业

第四届中华灯谜文化节今年端阳在温州举行。本次活动一大亮点是推出了"首届华人中学生灯谜大会",来自新加坡及台湾、上海、广东、福建、江苏等地的华人学生"小虎将"云集,进行猜谜比拼。文化节主办方的谜家们,精心创作了一批艺术性、趣味性俱佳的字谜,新颖巧妙,赢得谜界颇多好评。

我们来欣赏其中几条:"走就有,站就无;坐就有,躺就无;找遍乡村看不见,到城里去都有它"打一字"土",谜底在"走、坐、城"三字上都能找到,而在其他字形上则没有;"扔一半,留一半"打一字"拌","扔"的一半取"扌",再留一半,合成谜底;"是手不念手,把话说出口。初听一声啼,再听声音低"打一字"提",此谜集灯谜的音、形、义诸法于一体,"是手"提示谜底由"是"和"手"(扌)组成,但它又不念"手"的音,"提"有"说话"的意思,所以是"把话说出口",而它还有两个读音,一个听起来像"啼"(tí),一个听起来像"低"(dī);"有人收藏念珠"打一字"诸",谜底有了"人"(亻)就是"储",而"储"有"储备、收藏"的意思,谜底又念"珠"(zhū)的音;"看着似乎很一般"打一字"平",谜底看上去似"乎"字,又有"一般"之意;"主里少一点,不作王字猜;猜出这个字,说出道道来"打一字"理","主"少一点,貌似可猜"王",但谜面奥

谜目延伸谐趣增

◎ 江更生

在灯谜中,规定猜者视谜面后,提示谜底范围与多少的文字,我们称之为"谜目"。一般说来,谜目范围比较简洁与单一,例如"打字一""打成语一""打影片一",或是"打现代作家一"等,最多在数量上加码,例如"打国名二""打中药名三""打少数民族名四",乃至"打《聊目》"(即清代蒲松龄小说《聊斋志异》目录)四"等。

随着灯谜活动蓬勃开展及创作手段的日益丰富,制谜者便对谜目进行大胆拓宽,加以适度延伸,先是从旧谜中得到启发,从中窥到了可供开掘的资源。例如有这么一条谜,谜面用的是《诗经·卫风·氓》中的首句"氓之蚩蚩",打古人一,谜底为"汉张良",即冠上了朝代名的刘邦第一谋士之名字。谜面的意思是"这农家小伙子,看上去憨厚老实",谜底应别解为"这汉子望上去很好",故而相扣。又如以"卸肩"为谜面,打古代画僧一,谜底为"释担当"。"释"即为佛祖"释迦牟尼"简称,后用来指代和尚。谜底别解为"放下了担子的承当"。这种与原来单一谜底有着有机关联的成分加入后,顿使底材丰富起来,巧行别解后也酿出了更多的谐趣,这类向前延伸谜目的灯谜一经出现,便很受射者欢迎。于是制作者纷纷学样,这种"谜目前伸式"灯谜,约定俗成地在谜目中用一"冠"

妙却在"主"和"里"中,这两字少一点,正是道理的"理";"总共才五票,要对着反思"打一字"正",谜底在选票统计中是"五票",它和"反"意思又相对;"平行线、垂直线、锐角"打一字"车","车"可分拆成"二、丨、乚"三部分,恰如谜面给出的三个数学名词。

上述这些字谜,难度适中,雅俗共赏,非常适合学生和初学灯谜者猜射。

字标示。例如："次日回村"打冠朝代文学家一,谜底为"明·归庄"。也有人用"翌日张允和出阁"打冠朝代文学家"明·归有光",张允和女士为"汉语拼音之父"周有光先生夫人,故扣。还有冠两样的,如"共同宣言"打冠数量、颜色纺织物一,谜底为"一块白布"。这里的"一块"别解为"一起","白布"别解为"说话宣布"。

除了向前延伸外,谜目还有"后延式"的。通常皆用"连"或"带"表示。例如"刘铭传左右手"打娱乐品带数量。刘铭传是晚清淮军名将,曾为台湾省首任巡抚。刘脸有麻点,遂有"麻子将军"之称。"左右手"系其两个副手,因而谜底应为"麻将两副"。又如"聊天不侃荤段子"打西式食品原称连名称一,谜底为"白脱、黄油"(注:别解为"说话回避黄色与油滑")。谜目延伸应与主题词相关,切忌硬凑随意增补,而能有机结合者为上品。例如作家连作品,古典小说人名连诨号,土特产冠产地,

物品冠数量,等等。过于繁复,往往令猜者头痛怯步。我们在标示谜目时,还得尽量避免出现谜底中的字,当然实在避不开的也就只好"撞字"了。好在灯谜规则中,只禁止底面文字"相犯"。曾见有这么一条谜,谜面为"魏蜀吴鼎足势定起战事",要求打冠制造地摄影器材一,谜底为"国产三脚架"。解谜时,谜底应别解为"国家之产生,犹如鼎足三个,且在争斗、打架"。作者在谜目中不标"冠产地"而是以"冠制造地"代替,就很规范,值得肯定和效法。

每月二谜

1. 旧部遣散费(打四字新称谓一)
2. 生男生女都一样(打二字网络流行语二)

上期答案

1. 访遍饱学之士(打三字俗语一)穷大方(注:穷尽大方之家)
2. 短斤缺两被人责(打四字成语一)不足为训(注:为训,别解为"被训斥")

"穿越"在方言和普通话之间

◎ 周星

在语言文化日益呈现出多样性的现代社会,越来越多的人成为双语或多语者。用文化人类学的说法,就是不同文化之间的"语言接触"日益频繁,导致出现大面积的双语或多语现象。人们提起某位硕学大儒,往往会艳羡他懂好几国语言;夸一个小孩子聪明,有时也会说他的语文特别是英语的成绩真棒。我自己的好几位少数民族朋友,平日里,他们的汉语好得你根本不觉得他们跟自己有任何不同,可当听到他们和老家的同胞说起本民族语言时,会突然觉得他们像是变了个人,竟然会有如此非同凡响的语言能力。至于学术界的很多朋友能够娴熟地运用多国语言做研究,自然令我感佩不已。

记得在老家上小学、初中和高中时,学校里既有说普通话的老师,也有不会说普通话的老师。说普通话的语文老师,让学生站起来念课文时,学生都得尽量按照普通话来念,如果念得不够好,下课后,就会被同学们嘲笑起哄,说是"醋溜普通话"。所谓"醋溜普通话",就是听起来怪怪的、让人酸倒牙的普通话。如果是不会说普通话的语文老师,就用陕西方言来读课文,听起来也是蛮别扭的,因为那些课文的内容,大都是中央人民广播电台用稿的文体,若用方言念出来,有时也会感到不那么自然。那时候,大家还是挺羡慕从外地或城市转学而来、只会说普通话的同学,总觉得人家比较"洋气"。对于语言的这种"土"或"洋"感觉,其实就应了英国人类学家马林诺夫斯基早期的一个观念,亦即倾向于把"文明"语言和"野蛮"语言做严格区分,认为前者重在交流,后者重在实用(例如咒语的使用等)。但在今天的人类学家看来,方言和普通话的关系并不是这么回事。因为方言照样无妨交流,而普通话一样可以有接近于语言巫术的功能(例如歌功颂德)。只是它们适用的范围不同,前者局限于地域社会,后者则超越地域社会,有更广阔的覆盖。方言一般是地方上民众的语言,普通话则是国家支持的,被学校教育和公共媒体所采用。

我自己比较蠢笨,外语一直学得不太好。从小在陕西商州老家,一直说着很"土"的方言。以1977年恢复高考、自己有幸进入大学为契机,才开始说普通话,并学一点外语,大概也算是一个操双语者吧。在西北大学历史系读书时,居然就凭着高中那点可怜的基础,斗胆直接进入说普通话的状态。说实话,我说的这种"陕西普通话",在同班北京知青同学看来,总少不了有那么一点醋溜味儿。后来,到北京继续求学和工作,基本上就全讲普通话了。慢慢地,自我感觉说普通话的能力也比以前有所提高。这倒不是因为我有多聪明,主要还是在陕西方言和普通话之间,并没有那么难于贯通。陕西话属于北方方言,它和以北京语音为标准音的普通话(亦即标准语)之间,并不像吴方言、粤方言、赣方言、客家话等方言和普通话之间那样原本就有较远的区隔。按照中国人类学家童恩正的观点,中国从东北经华北、西北到西南,存在一个"半月形文化传播带",若是从方言来说,大概也不难理解,东北方言、西北方言和西南方言区的人们,在向普通话靠近时,还是相对比较容易的。

虽然自大学毕业以后,说方言的机会确实是越来越少了,但回想起来,这么多年,自己其实一直是在方言和普通话之间"穿越"往来,不时地切换着"频道"。每年到了暑假或寒假,先是从西安,后来是从北京,总要回老家探望祖母和父母,这就得切换成方言"频道",才觉得自然、亲切和不尴尬。快要开学了,吃过母亲包的"滚蛋饺子"以后,离家远行,很自然地就又要切换到普通话"频道",因为它才是我的工作语言,当然也是自己在他乡的日常生活用语。

西安是我从北京回老家时,必须要转车的地方,但若换个角度讲,这里同时也是我在方言和普通话之间转换"频道"的中继之地。在北京工作和生活,基本上是全天候的普通话;到了西安,时不时地就要说起陕西的方言了。这主要得根据对方的情形来临时判断。比如,打电话给老同学,对方如果一开始就用普通话回应,那我就很自然地和他说普通话;但如果是和亲戚长辈联系,对方一开始就是方言,那我就得以方言来应对,否则,就显得隔生或失礼了。当然,有时候如果切换得不够自然,自己也会感到不适应。

转眼几十年过去了,祖母和父母相继离世,可一有机会,我还是要回去给他们扫墓。这样,我在方言和普通话之间的"穿越",至今仍在继续。每次给祖母上坟烧纸时,都会想起她老人家看见我走进家门时,总是会满心欢喜地说:"哎呀,额星儿回来啦!"这一句方言,就那么刻印在我的脑海里,永远都是那么清晰而又亲切。普通话能使我们生活在一个更广阔的生活世界,但方言却使我们可以温存一个更亲切的生活世界。亲戚家的孙子辈儿都长大成人了,他们都叫我"星叔",和我说话时,有的人说方言,有的人直接就说普通话。伯父家的孙子正在上高中,他说一口标准的普通话,完全没有我当年说"陕西普通话"时那种酰溜味儿。他告诉我,现在学校里的老师都会讲普通话;二姑家的外孙女想当教师,也已经通过了普通话水平考试。但根据我的观察,他们和父母、祖父母说话时，自然而然地多会选择方言。我想，不久的将来，如果他们离开家乡，去了外地甚或异国工作和生活，大概也会和我一样，需要在方言和普通话甚至在汉语和外语之间"穿越"往来吧。

上述这些很个人化的经验微不足道，且没有什么特别之处，但它仍然是我们这个国家所处状况的些微反映。从清朝末年的"官话"到民国时代的"国语"，再到现在的"普通话"，能够超越各个地方性方言的"共同语"始终伴随着国家的发展而成长。现在，无论我们走到哪里，即便是去少数民族的社区里调查，基本上使用普通话就能够疏通意思和交流感情。想想看，海峡两岸的同胞，双方之间的语言沟通没有任何障碍，这是两岸非常重要的一个文化共享基础。

孙中山先生早年曾经设想过，伴随着国家铁路计划的实施，国人之交际日增密切，将会"使伊犁与山东恍如毗郊，沈阳与广州语言相通，云南视太原将亲如兄弟焉"，现在，可以说这一理想大体上已经实现。不过，孙先生当年的另一论断，也就是统一的国语有可能使各地的方言归于消灭，则似乎不太对。在我看来，普通话和方言并不是零和关系。近一个世纪之久的普通话普及运动，确实是极大地改变了中国人民的语言生活格局，但另一方面，全国各地的方言，包括少数民族的民族语言，作为地域性或族群性生活文化的载体与表象体系，蕴涵着各地、各族人民的情感和智慧，所以，它们不会消亡，不仅如此，它们还将源源不断地为普通话提供着词汇和表现形式的滋养。我相信，普通话和方言将一直处于并行发展的轨道，也因此，今后仍将有无数同胞会和我一样，需要体验在普通话和方言之间的"穿越"。这或许就是我们的宿命，但或许也正是我们的幸福。

（原载《语言战略研究》2017年第2卷第4期）

远方的星星

（文中有十处差错，你能找出来吗？答案在本期找）

◎ 梁北夕　设计

二战期间，一位美国军官带着新婚燕尔的妻子，暂居在靠近沙漠的军营住地。两人的小木屋设在离印第安村落很近的一块空地上。白天，气温在摄氏40度以上，屋里闷热难耐；晚上，寒风凛烈，冷汽袭人。面对如此恶劣的环境，年轻的妻子从未有一点报怨。不过，有一事让她不堪忍受——丈夫戍守在外，周围住的又全是不懂英语的印第安人，她感到寂寞难熬。

有一天，丈夫接到命令，必须离家几周，要去参加部队演习。妻子不禁泪如雨下。"我会崩溃的"，她说，"我要写信给母亲，让她来接我回家！"

母亲的回信很快就来了，信中只写了这样一句话："两名囚犯从狱中了望远方，一个看到了窗棱上的泥巴，一个看到了天空中的星星。"妻子看了又看，感觉一种前所未有的勇气渐渐从心底升起，她自言自语道："那我就去寻找天上的星星吧。"

丈夫离开后，年轻的妻子走进附近的印第安部落，和他们交起了朋友。随着对印第安人历史文化的逐渐了解，她开始研究起印第安朋友长年栖居的沙漠。很快，那片荒凉之地在她眼中成了一处神奇而美丽的地方。

后来这位曾经被寂寞折磨的女性，成了一位研究印第安部落栖居地的专家。

蹩脚的"麻省理功"

黄文健

曾去上海著名的购物商城环球港,在餐饮区见到一个叫"麻省理功"的大餐厅。

"麻省理工"大家都知道,即"麻省理工学院",是美国著名高校,享誉全世界。莫非此"麻省理功"是彼"麻省理工"?难道世界著名高校到上海来开餐厅了?抑或,此餐厅只招待特殊人群,优秀堪比"麻省理工"师生者,才有资格大快朵颐?

疑惑重重,赶紧进店询问。原来,餐厅是一个四川老板开的,麻辣是其特色。"麻省"即麻辣之省,这里指四川。"理"

即料理,指菜肴。"功"即功夫,指菜肴的制作、享用等都有一定程序,不可随便。看来,我想得太美,全歪了!

这是典型的"借光",在借"麻省理工"的大名,赚取关注度!有人说,这种"借光"有侵权之嫌,笔者在此不做议论。不过,从语文运用角度看,这个店名取得一点也不高明,甚至可以说,很蹩脚!请问,有几个人能明白店名想表达的意思?店名要简洁、明了,让人一看就懂;而这个店名似在故意设置障碍,很难让人不想歪!不过,我的眼球已被赚去了,这才是店家的真正意图。

火眼金睛

图中差错知多少？

（答案在本期找）

周建群　李鹏飞　万经伟　林肇龙　提供

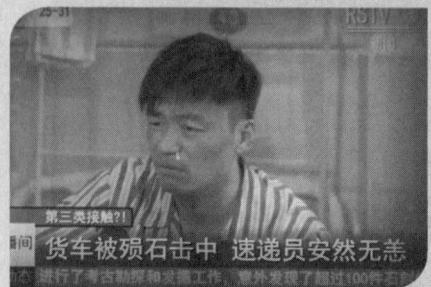

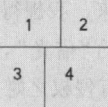

ISSN 1009-2390

咬文嚼字

YAOWEN-JIAOZI

仙人掌科蟹爪兰属，肉质植物，原产巴西。茎多分枝，茎节倒卵形或矩圆形，鲜绿色，两侧有粗锯齿，节节相连似蟹爪。花形似兰，玫瑰红色，生在幼茎节的顶端。

11 / 2017

蟹爪兰

欢迎至邮局订阅本刊 邮发代号 4-641
国内统一刊号 CN 31-1801/G
定价：5.00 元

上海世纪出版集团

书窗

抗日烽火中的国仇家恨
留学生涯里的情感纠葛

徐仲年先生20世纪20年代初赴法,在里昂大学文学院获文学博士学位,成为华人获此殊荣第一人。他一生致力于中法文化的交流,同时创作了大量文艺作品。《双尾蝎》写于全民族抗战爆发的1937年,不仅是一部反映中国留法学生生活的文艺作品,而且是同时期不多见的正面描写上海市民团体积极支持抗战以及少部分国人沦落投敌的长篇小说。这是小说自1940年出版以来的首度再版。书中有其好友徐悲鸿先生所绘徐仲年肖像画。

《双尾蝎》 徐仲年 著
定价:35.00元

热销中
邮购电话:021-64370935
邮购地址:上海市绍兴路7号2楼咬文嚼字发行部
邮政编码:200020
更多优惠请登录:http://yaowenjiaozi.taobao.com

书窗

提高语文素养从孩子抓起

编写本书,意在培养学生从小就具有咬文嚼字的意识、习惯和能力。《小学生咬文嚼字手册》《中学生咬文嚼字手册》结合教材,结合学生的写话、作文实际和学习、生活实际,选取了学生容易混淆、经常误用的字,从音、形、义方面逐组进行辨析,并设计了自测题。

《小学生咬文嚼字手册》
主编/葛全德 定价/18元

《中学生咬文嚼字手册》
主编/葛全德 定价/25元

热销中
邮购电话:021-64370935
邮购地址:上海市绍兴路7号2楼咬文嚼字发行部
邮政编码:200020
更多优惠请登录:http://yaowenjiaozi.taobao.com

郎平用"铁榔头"砸队员

唐香茗/文　臧田心/画

2013年,中国女排在国际女排精英赛宁波北仑站的比赛中三战全胜。在赛后新闻发布会上,北仑的球迷送给郎平一份特殊的礼物——铁榔头造型的充气玩具。郎平十分开心。有记者问收到这样的礼物有何感受,郎平爽朗地说:"这就是我的象征啊,并且也很管用的,以后谁不听话,我就拿它砸谁。"引得大家开怀大笑。

名家语画

郎平用"铁榔头"砸队员

唐香茗 / 文 臧田心 / 画 / 1

语林漫步

谁来解"赵孟頫"之困　　　　　　　傅　萌 / 4

锁定名人

曹操究竟有几个"孩子"　　　　　　陈明洁 / 6
应是"砻糠"　　　　　　　　　　　常　隽 / 7

一针见血

是"甚嚣"不是"盛嚣"　　　　　　　李可钦 / 8
北宋举行省试不在洛阳　　　　　　　李景祥 / 8
有"路分"没有"路份"　　　　　　　唐九戒 / 9
"朵颐"才可"大快"　　　　　　　　李　五 / 9
"倭妄"？"佞妄"！　　　　　　　　浦东轩 /10
绿营兵不是"清廷子弟兵"　　　　　周　振 /10
"瞄准的来复线"？　　　　　　　　杨昌俊 /11
番禺西北有"烊柯江"吗　　　　　　新　德 /12
"羞愧"当"赧然"　　　　　　　　　达式东 /12
军人之间不称"胞泽"　　　　　　　江城子 /13
音符里没有"8"　　　　　　　　　　李光羽 /13
子思"名孔"？　　　　　　　　　　侯玉文 /14
不是"町步"是"汀步"　　　　　　　李欣然 /14
1946年如何宣读《土地法大纲》　　 沈阳仁 /15

追踪荧屏

夜郎所在非"滇地"　　　　　　　　明　洁 /16
"亲点"当为"钦点"　　　　　　　　方必成 /17
海军士兵"头戴国徽"？　　　　　　雷　冰 /18
"素未平生"是什么　　　　　　　　盛祖杰 /20
"入木三分"的本不是"书匾"　　　　韦　言 /21

学林

汉字与语素配合关系的调整　　　　　苏培成 /23
桑干河畔的"葫芦冰"　　　　　　　宗守云 /26

栏目	文章	作者	页码
文章病院	"善财童子"并不"散财"	陈渊	/28
	"一升"中无法占得"八斗"	杨宏著	/29
	"中枢神经"不可压	黄应喜	/30
	屈原生于寅卯年?	许龙桃	/31
	"北海"是哪里的海	辜良仲	/32
	寒山和拾得"开山立庙"?	厉国轩	/33
	"盉"不能用作礼器	重阳	/34
	普陀山何时有普陀寺	许天勤	/35
	误说《李娃传》	晋相	/36
	中南海没有"春藕斋"	居容人	/37
朝花夕拾	咬嚼日记摘钞(15)	郝铭鉴	/38
	"项带银圈"——鲁迅用了别字吗		/38
	"五谷丰登"的"登"		/40
	为"墨鱼"正名		/41
网语漫谈	"简直了"是怎么了	朱玲奕	/43
	丧文化和小确丧	周欣欣	/45
东语西渐	中国菜名的汉译英趣谈	陆建非	/47
华语圈	同姓异拼和异姓同拼	汪惠迪	/49
	大马华裔学生名字的汉语拼音	杨欣儒	/50
	"霸王餐"的妙用	田小琳	/51
	《两岸生活常用词汇对照手册》台湾词目商补	高婉瑜	/53
	马来西亚的罗吔华语	杜忠全	/54
谈联说谜	大世界的"周三谜会"	刘茂业	/56
	熟谙别称能破谜(上)	江更生	/57
向你挑战	雾中的蛛网	伯淮 设计	/60

顾问

张斌　濮之珍
何伟渔　陈必祥
金文明　姚以恩

名誉主编　郝铭鉴
主编　黄安靖
副主编　王敏
特约编委

汪惠迪(中国香港)
田小琳(中国香港)
林国安(马来西亚)
吴英成(新加坡)

责任编辑　何中辰
发稿编辑　施隽南
　　　　　　朱恺迪
通联　张炜
封面设计　王怡君
特约审校

蔡维藩　陈以鸿
李光羽　王中原
张献通

凡本刊录用的作品,其与《咬文嚼字》相关的汇编出版、网上传播、电子和录音录像作品制作等权利即视为由本刊获得。上述各项权利的报酬,已包含在本刊向作者支付的稿酬中。如有特殊要求,请在来稿时说明。

语林漫步

谁来解"赵孟頫"之困

◎ 傅萌

赵孟頫,宋末元初书画家。他的书法"超唐迈宋,直接右军",真草篆隶,无不称绝。董其昌一直和他较劲,最终不得不承认他是"书中龙象"。他的绘画"有唐人之致去其纤,有北宋之雄去其犷",开文人画一代新风。如此独步一时的艺术大家,何"困"之有?

我说的"赵孟頫"之困,其实和赵孟頫本人无关。2017年9月,故宫博物院迎来了展出的"黄金季",其中"赵孟頫书画特展"是奉献给观众的一道盛宴。故宫消息发布后,媒体争相报道,书画爱好者翘首以待。但你稍稍留意一下便会发现,从大报到小报,从新闻到评论,媒体上凡出现"赵孟頫"三字者,"頫"字用的都是繁体字"頫"。

頫,音fǔ,会意字,左边是"逃"的省略,右边是代表头的"页"。两者合在一起,表达的是低头避开的意思。《说文》的解释便是:"低头也。"这本是"俯"字的另一种写法。正是由于这个缘故,《第一批异体字整理表》规定,"頫"是"俯"的异体字。但把"赵孟頫"写成"赵孟俯",人们总觉得有心理障碍,这不仅因为"赵孟頫"是艺术大家,更因为尊重别人的名字是中国固有的文化传统。这一汉字运用中的尴尬现象,终于在2013年得到了化解,当年颁布的《通用规范汉字表》明确规定:"頫"在用于姓氏人名时是规范汉字,"赵孟頫"不必写成"赵孟俯",但"頫"必须类推简化为"頫"。然而,至今媒体上仍是繁体字"頫"字泛滥,可知这一规定并未得到认真执行。

是媒体规范意识不强吗？可以从这个角度提出批评；但我们不能不为媒体说几句话，他们也有他们的难处。《通用规范汉字表》颁布已进入第五年，可惜文件的配套工程并未完成。就拿这个"頫"字来说，电脑字库中根本没有它的简化字。文件中虽有规定，实践中却得不到技术支持。结果，繁体字的"頫"字，媒体明知不可用而用之。这就是我说的"赵孟頫"之困。

而且，"頫"字并非孤例。比如说，上海人喜欢的一道特色菜——"葱㸆鲫鱼"，"㸆"字列入《通用规范汉字表》二级字表，意思是把食材加入调料后，用微火慢煮。这个"㸆"字在烹饪行业是个常用字，但是电脑字库同样"查无此字"，媒体只能痛苦地用"烤"字代替，殊不知"烤"和"㸆"是完全不同的烹饪方法。又比如说，"风起于青蘋之末"，人们知道，"青蘋"是一种水生植物，微风过处，叶柄顶端便会晃动，因此，既不能写成"青萍"，更不能写成"青苹"。可是，你在电脑里寻寻觅觅，就是打不出这个"蘋"字！这实在是让媒体人气短的文字现状。

那么，谁来解"赵孟頫"之困？

与此相关的有三个方面：国家语委是政策制定方，字库开发商是技术保障方，媒体是文字运用方。字库开发商应该说责无旁贷，他们提供的产品必须和国家的政策规定一致，但由于对语文政策不一定充分了解，让他们牵头解困，也许是一厢情愿。媒体作为语文规范的落实者，当然应抱积极的态度，但技术问题毕竟是技术问题，媒体显然鞭长莫及。在我看来，这副担子还是要压到国家语委身上。"摆渡要摆到岸边，送佛要送到西天。"我们不但要制定科学的文字规范，还要为执行规范创造必要的条件。颁布文件只是执行规范的第一步。只要国家语委出面，相信有关方面会积极配合，电脑字库的完善，是指日可待的。大旱望云霓，我们等着呢！

锁定名人

曹操究竟有几个"孩子"

◎陈明洁

东方卫视播出的《诗书中华》节目的第五期里,有一道关于《七步诗》的题。嘉宾钱文忠教授在谈到曹丕和曹植的关系时,这样说道:"曹操一共有二十五个孩子,曹丕、曹彰、曹植是同一个妈妈的三个亲兄弟……"最后钱文忠还总结说:"这个是关于一个神童的比较让人不愉快的故事。"这些表述中有几处可议。

关于"曹操一共有二十五个孩子"的说法,钱教授可能是犯了一个口误。孩子,即儿女,显然包括了儿子和女儿。曹操究竟有多少孩子呢?据《三国志·魏书·武文世王公传》所载,"武皇帝二十五男",并明确列出了这二十五人的名字和生母。曹操的女儿有多少,似无确切记载。但从各种典籍中可知,曹操有三个女儿嫁于汉献帝,另有清河公主、金乡公主、安阳公主等数女可考。可见,不算上曹操的几个养子,如说他有二十五个儿子没错,说他有"二十五个孩子"就有问题了。另外补充一下,曹丕的生母卞皇后不只生有曹丕、曹彰、曹植这"三个亲兄弟",事实上她一共生有四个儿子,除了上述三人,还有个被封萧怀王的曹熊。

钱教授最后的总结也可能产生歧义。曹植自幼聪慧,称幼年的他为"神童"未尝不可。但若按传说,他作那《七步诗》时,曹丕已然即位,也就至少在220年之后了。其时,生于192年的曹植应是30岁左右。说这是个"关于神童的故事",恐怕会让人误以为他作诗时年纪尚幼,这显然也是不恰当的。

应是"砻糠"

◎常 隽

格非的长篇小说《望春风》(译林出版社2016年7月出版)中这样写道:"据说,在饥荒最盛的那个年月中,赵锡光被逼无奈,在村中的祠堂里吃了几天的'龙糠粥',就忽然生起病来,差一点送掉了老命。"(第20页)这里提到的"龙糠"应是"砻糠"。

砻,音lóng,本义是磨,曹植《宝刀铭》:"造兹宝刀,既砻既砺。"也指一种脱稻壳用的工具,其形状略像石磨,由上臼、下臼、摇臂和支座等组成。工作时,下臼固定不动,人力推动上臼旋转,借臼齿搓擦,使稻壳与米粒分离。砻糠,指稻谷经过砻磨脱下的壳。

砻

是"甚嚣"不是"盛嚣"

○李可钦

2016年9月1日《兰州晚报》A26版刊发了一则报道《上海人凌晨两点排队离婚为买房》,其中写道:"最近,网上关于上海将于9月实施限购的传言盛嚣尘上。"句末的"盛嚣尘上"错了,应是"甚嚣尘上"。

"甚嚣尘上"是个成语,典出《左传·成公十六年》,其中讲到楚国跟晋国作战,楚王登车窥探敌情,对侍臣说:"甚嚣,且尘上矣。"意思是晋军喧哗纷乱得很厉害,而且尘土都飞扬起来了。"甚"作副词,表示程度,相当于"很","嚣"即喧哗纷乱,"尘上"即尘土飞扬。后人多用"甚嚣尘上"来形容议论喧腾。梁启超《为国会期限问题敬告国人》:"数年以前,我国学生虽复甚嚣尘上,而捧一腔热诚为政治上之活动者,尚大有人。"现多用这个词表示某种不良的言论十分嚣张。

北宋举行省试不在洛阳

○李景祥

《文史知识》2017年第2期有一篇题为《苏轼初为欧阳修赏识的科考之文——苏轼〈刑赏忠厚之至论〉》的文章,文中写道:"宋仁宗嘉祐二年(1057),跟随父亲苏洵从四川眉山走出来的苏轼,在当时北宋的都城洛阳参加了科举考试……"据《宋史》记载:"苏轼,字子瞻。嘉祐二年,试礼部。"北宋时,礼部主持的省试在首都开封举行,不在洛阳。

北宋有四个京城,分别为东京开封府(今河南开封)、西京河南府(今河南洛阳)、南京应天府(今河南商丘)和北京大名府(今河北大名)。东京开封是北宋的首都,政治、经济、文化的中心。张择端的《清明上河图》就描绘了开封的繁华景况。其余三京为陪都,即首都以外另设的副都。其中,西京洛阳有"九朝古都"之称,东汉、三国魏、西晋、北魏、隋、武周、五代唐等先后定都于此。北宋的皇陵"七帝八陵"在洛阳以东的巩县(今河南巩义市),皇帝祭陵时就住在洛阳,在洛阳设有西京留守司。北周、隋、唐时曾将洛阳称为东京,因此有人会将宋代的西京洛阳误为东京。苏轼进京应试,应该去东京开封,而不是去作为陪都的西京洛阳。

有"路分"没有"路份"

◎唐九戒

"宋朝皇帝之所以如此设置路份官员,完全是接受了唐朝节度使、观察使们权力过于集中,最终导致大小军阀都有能力和中央政权分庭抗礼的惨痛教训。"这段话见于中华书局2010年1月出版的《教科书里没有的宋史》第206页,这里的"路份"应是"路分"之误。

宋元时期,"路"为行政区域名。宋朝的"路",相当于明清时期的省。宋初分全国为十五路,分别是京东、京西、河北、河东、陕西、淮南、江南、湖南、湖北、两浙、福建、西川、峡西、广东、广西,其后有所变化,分合不一。路分,指宋元时路制的区域范围。宋代范仲淹《与韩魏公书》之十二:"某昨赴邠州设御捍之势,实惧自己路分内放过寇马,入挠关中。"也可指路一级的地方武官。宋文天祥《指南录·〈出真州〉诗序》:"予在门外,久之,忽有二人来,曰:'义兵头目张路分、徐路分也。'"

份,最初读为 bīn,是彬的古字,直到近代才读为 fèn。宋代时"分""份"音义迥异,没有"路份"这种说法。

"朵颐"才可"大快"

◎李 五

2017年8月17日《重庆晨报·华宇社区报》04版有一篇文章《做全中国最好吃的辣椒酱 苗姑娘让你重新认识贵州》,

最后一段写道:"目前,苗姑娘辣椒酱已经正式入驻重庆晨报社区服务中心……你可以买一瓶尝尝味道,也可以买一箱大朵快颐……"这里的"大朵快颐"应是"大快朵颐"。

朵,可以作"动"解;颐,指颊、腮。《易·颐》:"舍尔灵龟,观我朵颐,凶。"孔颖达疏:"朵是动义……今动其颐,故知嚼也。""朵颐"便是鼓动腮颊嚼食东西的意思。大快朵颐,非常畅快地鼓腮嚼食。上述文章中即这个意思。

"倭妄"?"佞妄"!

◎浦东轩

《江南保健报》2017年6月6日第10版刊有《古人养生"五难"与"六害"》一文,文中提及养生的"六害"时这样说道:"一者薄名利,二者禁声色,三者廉货财,四者捐滋味,五者除倭妄,六者去妒忌。"这里的"倭妄"应是"佞妄"之误。

佞,音 nìng,本义指巧言善辩,引申指用花言巧语谄媚人。《论语·卫灵公》:"放郑声,远佞人。"放,义为罢黜、禁绝。佞人,指以花言巧语谄媚于人的小人。这句话就是说要禁绝郑国音乐,要远离以花言巧语谄媚的人。《资治通鉴·后周世宗显德二年》:"唐主性和柔,好文章,而喜人佞己。"喜人佞己,就是喜欢有人以花言巧语讨好自己。妄,义为不法、非分。上述引文中的"除佞妄"就是要除掉谄媚人的习气和非分之想。

倭,音 wō,我国古代对日本人及其国家的称呼。《汉书·地理志下》:"乐浪海中有倭人,分为百余国。"明代侵扰劫掠我国和朝鲜沿海地区的日本海盗被称为"倭寇"。误"佞"为"倭"应是形近所致。

绿营兵不是"清廷子弟兵"

◎周 振

《书刊报》(红色版)2017

年6月12日第6版刊登有《曾国藩对"绿营兵"束手无策》一文,文中写道:"在长沙城里,驻扎的不仅有湘军,还有清廷的主力子弟兵,俗称'绿营兵'。"说"绿营兵是清廷的主力兵"没有错,但说"绿营兵是清廷的子弟兵"却不符合史实。

子弟兵,旧时指由本乡本土的壮勇组成的军队。明何景明《诸将入朝歌》之五:"金装白马翩翩出,不见长安子弟兵。"欧阳予倩《忠王李秀成》第一幕:"大权归了曾国藩,用的都是湖南的子弟兵,号令统一,赏罚严明,所以不容易打。"清朝统治者是满洲贵族,清廷的子弟兵应该是满洲八旗。

八旗兵是努尔哈赤统一女真各部以后建立起来的。努尔哈赤把女真人编为八旗,旗人"出则为兵,入则为民",平时耕猎,战时出征。皇太极时分设了蒙古八旗和汉军八旗。满洲八旗主要由满族人组成,故满洲八旗才是清廷的子弟兵。

绿营兵是清兵入关后,为弥补八旗兵力不足,参照明代军制编成的汉人军队。因其以绿旗为标志,以营为单位,所以称为"绿营兵"。绿营因自身种种弊端不断腐化,清末逐渐被由乡勇团练发展起来的湘军、淮军等所取代。

"瞄准的来复线"?

◎杨昌俊

2017年8月18日《新华每日电讯》第10版上刊有《血沃淞沪,激发中华民族总动员》一文,其中写道:"每个连只有一挺轻机枪和五六十支步枪,有的枪使用久了,连瞄准的来复线都没有了……"这里对来复线的描述有误,其功用并不是"瞄准"。

所谓"来复线",指的是枪炮膛内呈螺旋形的凹凸线,得名来自英语"rifle(膛线)"的音译。来复线的作用是赋予弹头旋转的能力。通过枪管内的来复线,弹头在射出后会像陀螺一样回旋,从而使得飞行平稳,提高射击精度,增大射程。严复《救亡决论》:"不知曲线力学之理,则无以尽炮准来复之用。"具有来复线的步枪通常被称为"来复枪",而没有的则称为"滑膛枪"。来复枪的出现大幅提升了步枪的实用性。

在生产枪械时,为了能提高命中率,通常会加上一些零部件。可以是枪口上方的准星,也可以是各种瞄准镜,这些都是用来"瞄准"的。但枪管内的来复线和"瞄准"无关。

番禺西北有"烊柯江"吗

○新 德

《沿海时报》2017年7月25日刊登了《蜀枸酱改变中国疆域历史》一文,其中讲到汉武帝建元六年(前135),汉使唐蒙打听到"番禺西北有一条烊柯江"可直通南越国。此处地名有误,"烊柯江"当是"牂柯江"。

牂(zāng)柯,亦作"牂牁",义为泊船时用来系缆绳的木桩。古时有以"牂柯"为名的江河,即"牂柯江"。《史记·西南夷列传》:"南越食蒙蜀枸酱,蒙问所从来,曰:'道西北牂柯,牂柯江广数里,出番禺城下。'"上述文章讲述的就是《史记》里的这件事。"番禺"是地名,秦时置县,因县内番、禺二水而得名,在今广东省广州市东南部。"南越"是古越人的一支,秦汉时分布在南海郡地(今广东大部分地区),曾建立南越国。后来南越国被汉武帝所灭,汉军便是顺着牂柯江进攻的。

烊,从火,羊声,读作 yáng,指金属熔化。我国从未有叫"烊柯"的江。误"牂"为"烊",应是形似所致。

"羞愧"当"赧然"

○达式东

2017年8月28日《中老年时报》第8版刊有《生命中的恒星》一文,其中写道:"说得财主顿时语塞,赫然羞愧。"此处"赫然"应该是"赧然"之误。

赧,音 nǎn,指因羞愧而脸红。赧然,形容难为情的样子。《韩诗外传》卷十:"孟尝君赧然,汗出至踵。"唐刘禹锡《上杜司徒书》:"始赧然以愧,又缺然以栗。"

赫,音 hè。赫然,形容令人惊讶或引人注目。鲁迅《热风·估〈学衡〉》:"翻开《史记》,便是赫然的一篇《五帝本纪》。"也形容大怒的样子。《汉书·枚乘传》:"汉知吴之有吞天下之心也,赫然加怒。""赫然"用在上引语句中与文意不符。将"赧"误为"赫"应是形近所致。

军人之间不称"胞泽"

◎江城子

2017 年 8 月 11 日《新华每日电讯》第 11 版上有《不能忘记,73 年前的 8 月 8 日》一文,里面写道:"后来,方先觉与第十军胞泽一再强调只是'双方停战协议',而日本人则称为接受投降。"此处的"胞泽"一词有误,应是"袍泽"。

袍,从衣,包声,指有夹层的长衣、外衣。泽,指贴身穿的衬衣、内衣。"袍""泽"都是中国古代的传统衣着。《诗经·秦风·无衣》:"岂曰无衣?与子同袍。……岂曰无衣?与子同泽。"歌颂了出征路上军人间深厚的情谊。因为这首诗歌广为流传,军队中的同事就开始以"袍泽"来互相称呼,延续至今。

胞,从肉,包声,指哺乳类动物的子宫内包裹胎儿的膜囊。"胞""泽"组词不知所指何物。

音符里没有"8"

◎李光羽

2017 年 3 月 2 日《新民晚报》B4 版刊有《温州鱼圆(上)》一文,其中一句写道:"日本的关东煮里,鱼圆也是主角之一,没有了鱼圆的关东煮,好比八个音符里面少了一个'8',总觉得哪个地方不带劲儿。"读到这里不禁生疑,音符里怎会有数字"8"?

查阅《现代汉语词典》,其对"音符"的定义为"乐谱中表示音长或音高的符号"。乐谱中有使用阿拉伯数字作音符的简谱,在排列主音到其八度音时,使用1、2、3、4、5、6、7及附加符号作音符。高八度音在数字上方加圆点注明,低八度音则在数字下方加圆点。在从低到高排列音阶时,7后面接的是下一个八度音的1,数字8是不存在的。

子思"名孔"?

◎侯玉文

《中国青年报》2017年7月6日第8版刊有《子思的三点忠告》一文,文中说道:"孔子的嫡孙、大名鼎鼎的儒学传人子思,名孔(公元前483—公元前402),曾经在卫国生活多年。"其中,子思"名孔"莫名其妙,稍有国学常识的读者都知道,孔子之孙姓孔名伋。

孔伋(前483—前402),字子思,战国初哲学家。伋,音jí,义为善于思考、思绪敏捷,与其字中的"思"有意义上的关联。相传子思曾受业于曾子,他将"诚"作为世界的本原,以"中庸"为其学说核心。孟子受业于子思的门人,将其学说加以发挥,形成了思孟学派。《礼记》中的《中庸》《表记》《坊记》相传是子思的著作。子思后来被尊为"述圣"。

不是"町步"是"汀步"

◎李欣然

《收获》2017年第2期刊有《劳燕》一文,文中写道:"当我步他们的后尘来到浙江时,我见到涉水的町步,过河的舢板,被孩童骑着走的水牛,满坡盛开的白茶花……"文中"町步"应是"汀步"之误。

汀，音为 tīng，本指水中或水边的平地。在水中设置石块，石块与石块之间大致相距一步，露出水面少许，使人能踏石而过，这种涉水设施就叫作汀步。

町是个多音字，读 tǐng 时，指田间小路，也可指田亩、田地，都与涉水无关。

1946年如何宣读《土地法大纲》

◎沈阳仁

《老同志之友》2017年1月下刊有《老兵当年是农会小文书》一文，文中写道："1946年盛夏……土改工作队的吴队长给大家宣读了土地法大纲，当场宣布把地主的土地和财产分给农民……"其中的《土地法大纲》应该是《关于土地问题的指示》。

1946年5月4日中共中央发布了《关于土地问题的指示》，简称《五四指示》。该指示决定将减租减息的政策改为没收地主土地分配给农民。《关于土地问题的指示》为实现耕者有其田的土地革命进一步指明了方向。

而《中国土地法大纲》则是在1947年9月13日由中国共产党全国土地会议通过，同年10月10日由中共中央正式公布施行。其中包括了废除封建性及半封建性剥削的土地制度，实行耕者有其田的土地制度等共16条规定。随着《中国土地法大纲》的公布施行，解放区全面深入地展开了土改运动。

《关于土地问题的指示》与《中国土地法大纲》同是解放区展开土地改革运动的重要文件，但是时间有先后。在1946年盛夏宣读的只能是《关于土地问题的指示》，不可能是《土地法大纲》。

夜郎所在非"滇地"

◎明 洁

东方卫视2017年5月19日播出的《诗书中华》节目中,在解说成语"夜郎自大"的时候,有位嘉宾说道:"(夜郎)离甘肃有一点远,应该是在现在云南附近的滇地。"(字幕同步显示)夜郎指古代的夜郎国,夜郎国在如今云南附近的"滇地"吗?

"夜郎自大"的典故出自《史记·西南夷列传》,原文为:"滇王与汉使者言曰:'汉孰与我大?'及夜郎侯亦然。以道不通,故各以为一州主,不知汉广大。"说的是汉武帝为寻找前往身毒(即印度)的通道,曾派遣使者到滇国。滇王问汉使:"汉与我谁大?"后来汉使又辗转到达夜郎,夜郎国君也提出同样问题,于是世人便以"夜郎自大"喻指妄自尊大的人。据此可知,当时汉朝的使者是先到滇国,再到夜郎国,可见称夜郎国在"滇地"是不准确的。

那么夜郎国究竟在什么地方呢?夜郎的确切疆域范围和中心城邑至今仍是一个未解开的谜团。随着考古发现的增多,目前学界对夜郎国疆域比较一致的看法是:夜郎主要以

"亲点"当为"钦点"

◎方必成

央视11套2017年6月18日播出的河南曲剧《卷席筒》中,一个角色唱道:"进京来三考得中,万岁爷亲点我头名状元。"(字幕同步显示)唱词中的"亲点"改作"钦点"比较妥当。

钦,读qīn,义为尊敬、恭敬。"钦"是对皇帝所行事的敬称,指皇帝亲自(做某事),如"钦定"是皇帝亲自裁定,"钦派"是皇帝亲自派遣,"钦差"指皇帝派遣代表皇帝办理重大事务的官员。"钦点"就是皇帝亲自点名、派遣。如《儒林外史》第三回:"荏苒三年,升了御史,钦点广东学道。"

正如"钦定"不能写成"亲定","钦差"不能写成"亲差",剧中角色唱的是皇帝亲自点他为状元,也应当用"钦点"而不是"亲点"。

今贵州省为中心,包括四川省南部、云南省东部和广西壮族自治区西北部的部分地区。

而滇国在今云南省昆明市南部滇池附近。战国时,楚将庄豪在此建立滇国。现在"滇"是云南的别称,云南又称"滇南"。

海军士兵"头戴国徽"?

◎雷 冰

2017年8月31日央视一套播出的《大国外交》第四集,在介绍中国海军的随船护航任务时这样说道:"对往来亚丁湾海域的中国商船来说,有了这些头戴国徽的士兵、飘扬国旗的舰船,就有了保驾护航最坚强的后盾!"(字幕同步显示)海军士兵"头戴国徽"这一说法有误。

中国人民解放军的制式军帽上佩戴有帽徽,军服的帽徽几经变换。土地革命战争时期,刚刚诞生的工农红军的帽徽采用红星标志。抗日战争时期,人民军队改编为八路军和新四军,其帽徽与国民党军队的相同。1949年起,中国人民解放军帽徽为镶有金黄色边的五角红星,五角红星中心嵌有金黄色"八一"二字,这也是中国人民解放军军徽(即"八一"军徽)的样式。海军建立后,其帽徽呈桃形,图案为军徽后衬银灰色铁锚。空军建立后,其帽徽为军徽后衬展开的雄鹰双翼。整套帽徽因在1950年成型,被称为"50式"帽徽。1955年,三军帽徽统一为圆形,主体图案仍为"八一"军徽,在军徽外围增加了麦穗和齿轮,海、空军帽徽分别衬有铁锚和双翼,这套帽徽被称为"55式"帽徽。1965年,三军帽徽统一改为铝制红五角星帽徽。1988年,全军帽徽在"55式"帽徽基础上增加了天安门,并在外围饰以松枝。现在使用的军服帽徽是"07式"帽徽,帽徽形状变为桃形,其他不变。

军服帽徽中的"八一"红五星是军徽,是中华人民共和国军事力量的象征。天安门、齿轮和麦穗象征着中国人民解放军是工人阶级领导的、以工农联盟为基础的人民民主专政的社会主义国家的人民武装。松枝傲风雪、抗严寒,代表了中国军人的浩然正气和不屈的性格。

我国国徽中间是五星照耀下的天安门,周围是谷穗和齿轮。使用国徽作为组成部分的帽徽有警察帽徽、武警帽徽等,如武警帽徽图案就是由国徽、盾牌、长城、橄榄枝和松枝所组成的。

军帽的帽徽并不是国徽,不应将两者混淆。由于军帽帽徽中心有一枚军徽,可将"头戴国徽"改为"头戴军徽"。

《雾中的蛛网》参考答案

1. 大西洋——太平洋
2. 缭挠——缭绕
3. 途径——途经
4. 期间——其间
5. 拙拙怪事——咄咄怪事
6. 凭藉——凭借
7. 奥妙——奥秘
8. 会合——汇合
9. 超过一万多升——超过一万升
10. 既然——不仅

"素未平生"是什么

◎盛祖杰

电视连续剧《守卫者——浮出水面》第20集中,一个男性角色对陌生女子说了这样一句台词:"我们俩素未平生啊。"(字幕同步显示)这里的"素未平生"应改为"素昧平生"。

昧,从日,未声,读作mèi,本义是昏暗、不明,引申出不相识、不了解的意思。金王若虚《宁晋县令吴君遗爱碑》:"予与之同年而昧其平生。"素,平素、向来;平生,有生以来。所谓"素昧平生"就是从来都不认识、没关系的意思。鲁迅《三闲集·通信》:"不过先生和我素昧平生,想来决不至于诬栽我,所以我再从别一面来想一想。"

"未",通常作副词表示否定或疑问。"素未平生"语义不通,汉语里没有这种说法。电视剧中人物想要撇清和对方的关系,所以说的应是"素昧平生"。

"入木三分"的本不是"书匾"

◎韦 言

2017年6月17日东方卫视播出的《诗书中华》节目中,有一道题谈到了成语"入木三分"的出典,选手回答是"王羲之在写一个牌匾的时候"。嘉宾肯定并补充说:"(出自)张怀瓘的《书断》。大致原来的故事说的就是王羲之在一块木板上写了几个字,刻工按照他的笔画去刻出那个字形的时候,刻了三分厚还能够看到墨迹,表示他这个笔力深厚……但是我很怀疑这一点,因为所谓的书匾或书榜,就是写大字,在王羲之那个时代还

没这习惯。"这里的论述不合典籍,王羲之当时写的并不是"书匾"。

"入木三分"的出典如嘉宾所说,是唐张怀瓘的《书断》,该书在记述王羲之事迹时写道:"晋帝时祭北郊,更祝版,工人削之,笔入木三分。"这里的"祝版",与嘉宾所说"写大字"的"书匾"或"书榜"并不是一回

事。祝版,也作"祝板",是指写有祝文的木板或纸板,古代祭祀神鬼或祖先时所用。"更祝版"即更换写有祝文的木板。祝文是祭司飨神之辞,也称祝辞。《说文》云:"祝,祭主赞词者。"《周礼·春官》载:"大祝掌六祝之辞,以事鬼神示……作六辞以通上下、亲疏、远近。"郑玄注:"此皆有文雅辞令,难为者也。"意思是祭司主持祭祀时作的祝文,要求文辞庄重典雅,不容易写好。祝文字数有多有少,以唐代时的祝版为例,字数一般在百字以下,书写在一块长一尺多的木板上。由此可知,王羲之将祝文写在木板上,既不是写大字,也不是"书匾"。

关于嘉宾对王羲之时代"书匾"的怀疑,也有必要加以辨明。所谓"书匾",指将大字写在牌匾上,悬挂于各类建筑物的门堂之上,称为"匾额"。匾额的题写又称"榜书",古名署书。据《后汉书·百官志》记载:"三老掌教化,凡有孝子顺孙,贞女义妇,让财救患,及学士为民法式者,皆扁(同"匾")表其门,以兴善行。"东晋孝武帝时,王羲之的儿子王献之被命令为新建成的宫室太极殿题写榜额,遭到王献之拒绝,事见《晋书·王献之传》《世说新语·方正》等。由此可知,题写并悬挂匾额的习俗,从汉代到魏晋业已形成。嘉宾称"书匾"在"王羲之那个时代还没这习惯",此说并不足信。

网言网语·人生

如果方向对,航船再慢也会到达目的地;如果方向不对,航船越快,离目的地就越远。人的一生就是一段航程,要牢牢把住船舵,保证船在朝着正确的方向航行,不要太在意航速的快慢!

(黄文志/辑)

汉字与语素配合关系的调整

◎苏培成

文字是记录语言的符号系统，它可以把口语转换为书面语，克服口语所受到的时空限制，传到异时和异地。汉字是记录汉语的符号系统，一个个汉字记录的是汉语里的一个个语素。语素是语言里最小的音义结合体，语素独立应用就成为了词。例如"伟""大"是汉语里两个语素，汉字"伟""大"这两个字记录的就是这两个语素。在现代汉语里，"大"可以独立成词，可以说"这间房子很大"，它是成词语素。"伟"不能单独成词，要和别的语素组合在一起才成为词。我们不说"他很伟"，但可以说"宏伟""雄伟""伟岸""伟大"等，"伟"是不成词语素。每个汉字表示的是哪个语素，在造字时就确定了下来，可是在使用的过程中，为了适应语言的发展变化，有的字改换了它记录的语素。例如"走"这个字，在古代汉语里的意思是跑，记录的是跑这个语素，到了近代转指为步行。这就是我们说的汉字与语素配合关系的调整。我们在学习汉字时对这种调整应该十分留意，才能正确理解汉字的含义。我们在这篇短文里就对这个问题略作说明，希望对正确使用汉字会有些帮助。

《说文·水部》："渴，尽也。从水，曷（hé）声。"苦葛切。"尽"的意思是水干涸。这是个从水曷声的形声字。苦葛切折合成现代标准音就是kě。《周礼·地官·草人》："凡粪种，……渴泽用鹿。"（粪种是古代一种耕种方法。"渴泽用鹿"指在干涸的水泽播种用鹿骨煮汁拌种。)假借为尽、穷尽。《吕氏春秋·任地》:"利器皆时至而作,渴时而止。"高诱注:"利用之器有其时而为之,无其时而止之。"这个意义读渠列切,折合成现代标准音就是jié。

古汉语里有个语素意思是口渴,读苦葛切,但是没有表示这个语素的专门用字。为了记录这个语素,于是造了个"㵣"字。《说文·欠部》:"㵣,欲饮歠(chuò)。从欠,渴声。"(欲饮歠:口干想喝水。)读苦葛切(kě)。表示水干涸的"渴"在㵣这个字里用作音符。可能因为"㵣"笔画较多书写不便,后来就去掉"欠"简化为"渴",意思是口干想喝水。这个"渴"字沿用到现在。

口渴的"渴(kě)"和表示干涸的"渴(kě)"字形字音相同,而意义不同。汉字为了便于使用,最好是专字专用,一个字形和一个语素配合。后来把表示干涸的"渴"字改换为"竭"字,读音也改为jié。让"渴(kě)"字专门表示口渴这个语素。

《说文》里有"竭"字,不过它的意义与后世不同,不要相混。《说文·立部》:"竭,负举也。从立,曷声。"渠列切(jié)。清代汉字学家段玉裁解释"负举"说:"凡手不能举者,负而举之。"意思是背在肩背上。"负举"的这项意义后世不用,用的是它的引申义承载。《礼记·礼运》:"五行之动,迭相竭也。"郑玄注:"竭,犹负载也。言五行运转更相为始也。"由承载又引申为高举。因为"竭"的义项较多,容易混淆,于是又为高举义造了个专用字"揭",用来代替"竭"字,读音也改为jiē。《说文·手部》:"揭,高举也。从手,曷声。"基竭切(jiē)。《战国策·齐策四》:"于是乘其车,揭其剑。"贾谊《过秦论》:"斩木为兵,揭竿为旗。"由高举义引申为撅起,向上翻。《战国策·韩策二》:"唇揭者其齿寒。"揭开、掀起是后起义。白居易《醉吟先生传》:"揭瓮拔醅。"

上文说过,在古籍里"渴"的干涸义后来改用"竭(jié)"字。《国语·周语上》:"昔伊洛竭而夏亡。"(伊洛:伊水和洛河。)《晏子春秋·谏上十五》:"天久不雨,水泉将下,百川将竭。"成语有"竭泽而渔"。引申为穷尽、用完。《左传·庄公十年》:"彼竭我盈,故克之。"《左传·成公三年》:"其竭力致死,无有二心。"苏轼《前赤壁赋》:"取之不尽,用之不竭。""竭"的这项意义沿用至今。

上面讲到的这四个字音义变化的头绪较多,一下子恐难看清。下面我们把这四个字和语素配合关系的调整列为下表:

最初	其后
渴,口渴	
渴,穷尽	渴,口渴
竭,高举	竭,穷尽
	揭,高举

贺袁隆平米寿

2017年9月,杂交水稻之父袁隆平院士八十八岁华诞。张培枫先生以36尾红鲤鱼,组成寿字图贺寿,图上并配有寿联一副。上联是"米菩萨惠众生荣享米寿",下联是"稻专家济尘世堪称稻神"。张培枫先生是《咬文嚼字》的作者,也是气排球运动专家,组织过"华东地区气排球文化研讨活动"。杂交水稻之父袁隆平院士也十分喜爱气排球运动,曾给张培枫先生题词:大力发展气排球运动,促进全民身体健康。(卞吉)

桑干河畔的"葫芦冰"

◎ 宗守云

作家丁玲在小说《太阳照在桑干河上》中多次提到一种叫"葫芦冰"的水果。例如：

（1）这里的果子以葫芦冰为最多，间或有几棵苹果树，或者海棠果。

（2）人们又退了出来，可是无处可去。有的就到果园摘葫芦冰去了；有的坐在小学校门口捧了半个西瓜在啃，西瓜水顺着嘴流到胸脯上；也有人嗑着瓜子，抽着烟。

"葫芦冰"也指生长这种水果的树木。例如：

（3）葫芦冰的枝条，向树干周围伸张，像一座大的宝盖，庄严沉重。一棵葫芦冰所盖覆的地面，简直可以修一所小房子。

"葫芦冰"还用来比喻人。例如：

（4）嘿，谁说李子俊只会养种梨，不会养葫芦冰？看，他养种了那么大一个葫芦冰，真真是又白又嫩又肥的香果啦！

小说《太阳照在桑干河上》的故事发生在河北涿鹿县桑干河畔的暖水屯（即温泉屯），"葫芦冰"是当地的一种水果。这种叫作"葫芦冰"的水果，形状并不像葫芦，而且也不能给人以冰凉的感觉，可为什么叫"葫芦冰"呢？

其实，"葫芦冰"只是记音而已，实际应该写作"虎拉槟"。许宝华等《汉语方言大词典》（中华书局1999年4月出版）收"虎拉槟"，释为"槟子，苹果的变种。北京官话"。其实不仅北京官话叫"虎拉槟"，靠近北京的河北涿鹿、怀来县也叫"虎拉槟"。

虎拉槟是苹果的变种，个头比一般的苹果稍小一些，呈圆柱形，一般为白绿色，向阳的一面有红晕，吃起来非常香甜，又叫"香果"，成熟稍早，不能久放。关于"虎拉槟"得名的由来,《刘瑞明文史述林》(甘肃人民出版社2012年11月出版)所收《"虎"字谐音隐实示虚趣难词历时共地研究》一文有解释,他认为"虎拉槟"的"虎拉"是"忽拉"的谐音,"忽拉"形容快速,由于这种水果出现时间很短不能久存而得名,"虎拉"作为"忽拉"的谐音,有东北话"虎拉巴达、虎拉巴儿"表"突然"义可以佐证。

"虎拉"和"葫芦"音近,涿鹿县方言属于晋语,前后鼻音不分,"槟""冰"同音,所以"虎拉槟"被误写为"葫芦冰"。

还有一种水果和虎拉槟有关(生物学上都属于槟子种群),涿鹿当地叫"涩槟子",个头比虎拉槟小一些,圆形,紫红色,吃起来有些酸涩,但闻起来喷香扑鼻,放在家里几天以后,整个房间都充满香气,因此又叫"闻香果",成熟稍晚,可以久存。

虎拉槟和涩槟子,《涿鹿县志》(河北人民出版社1994年4月出版)称为"香果"和"槟果",《野果开发与综合利用》(科学技术文献出版社1989年12月出版)称为"甜槟子"和"酸槟子",《天咫偶闻》(北京古籍出版社1982年9月出版)称为"虎拉宾"(原文作"宾")和"酸槟子"。《现汉》收"槟子"一词,释为"果实比苹果小,红色,熟后转紫红,味酸甜带涩",这里"槟子"当为涩槟子(酸槟子),不是虎拉槟。

虎拉槟和涩槟子是涿鹿县非常多见的两种水果,清香可口,为当地民众所喜食。笔者是土生土长的涿鹿县人,从小喜食这两种水果,成年后居住外地,很少回乡,于是这两种水果成为永远的怀念和记忆。

《火眼金睛》提示

图1,"如履深渊"应为"如临深渊"。

图2,"恰谈"应为"洽谈"。

图3,"怒"应为"恕"。

图4,"油闷"应为"油焖"。

"善财童子"并不"散财"

◎陈渊

在《汉传佛教单尊造像收藏鉴赏百科》(中国书店2011年12月出版)一书的第29页上有这样一句话:"观音像旁有童男童女各一,分别是散财童子、龙女。"此处的"散财童子"是"善财童子"之误。

"善财童子"是佛教的菩萨之一,又称"善财",是梵文 sudhana 意译。他是《华严经·入法界品》中所说的求道者,相传出生时有种种珍宝自然涌出,故称"善财"。善财童子是福城长者之子,自幼发愿修道,经由文殊指点,参访了五十三个善知识(佛教语,指善友)而成菩萨。这也就是佛教著名故事"善财

北京法海寺壁画善财童子像

童子五十三参"。《罗摩伽经》卷下:"尔时善财童子,皆得见闻,善知解了诸奇特事。"在佛教的造像和画像中,一般会在观音旁看到善财童子像,也是因为善财童子曾参过观音之故。

散财,分发财物之义。郭沫若《我的童年》第一篇二:"但我们祖父尽管是怎样的散财,不几年间在我们父亲手里

"一升"中无法占得"八斗"

◎杨宏著

花城出版社2016年6月出版的《经典躺着读(先秦一元明卷)》中说:"晋之谢灵运有一段著名的评语歌颂曹植:'天下才共一升,子建独得八斗。'"(第34页)这里的"升"有误,应该是"石"。

升、斗、石(dàn)都是容量单位,古代这个序列的容量单位还有斛(hú)、合(gě)等。一石等于十斗,一斗等于十升,一升等于十合。现在升仍是容量单位,但是现在的一升大约等于过去的五升。最早一斛与一石相当,南宋时一斛变为了五升。

八斗等于八十升,如果天下之才总共只有一升,曹植怎么可能在其中占得八斗呢?其实,这句话出自《释常谈·八斗之才》,原文为:"文章多谓之八斗之才,谢灵运尝曰:'天下才有一石,曹子建独占八斗,我得一斗,天下共分一斗。'"成语"才高八斗"就来源于此。上述文章把"一石"误成了"一升"。

公然又把家业恢复了起来。"所谓"散财童子",字面看来似乎是散发财物的童子,然而佛教的经典中并无这么一个人物,观音旁的善财童子也无"散财"之能。将"善财童子"误为"散财童子",可能是"善""散"读音相近所致。此讹误流传甚广,如今"散财童子"已成了对胡乱、大笔花销之人的戏称,但切不可以误作菩萨的称呼。

"中枢神经"不可压

◎黄应喜

中国戏剧出版社2004年1月出版的《名家文学经典 三毛文集》中,第288页写道:"我跪下去,拿一枝树枝看准巴洛玛脚底中枢神经反射的位置,用力给她刺下去。她没有叫痛。"第291页又写道:"巴洛玛也不要人抱,每天撑扶在火炉边压她的中枢神经。"这两处描写对"中枢神经"的理解存在问题。

神经系统是人和多细胞动物体内调节各器官活动和适应外界环境的全部神经结构的统称,主要由神经元组成。高等动物的神经系统可分为中枢神经系统和周围神经系统。中枢神经系统包括脑和脊髓,是神经元最集中的结构;周围神经系统指除脑和脊髓外神经组织的总称,包括相连的神经、神经丛和神经节。中枢神经主管全身感觉运动和条件反射、非条件反射等。根据上述文章的描述,似乎是想通过外部刺激来完成一次反射,检查病患某一部位的痛觉是否有障碍。这个行为针对的是脚底反射区,刺激的是感觉神经,属"周围神经系统",而非"中枢神经系统"。

这篇文章出自三毛的散文《夏日烟愁》,文中对脚底进行各种刺激,说的其实是一种理疗的手段。这种治疗通过脚底反射区来完成,而不是所谓的"中枢神经"。中枢神经即脑和脊髓,它们被保护在颅腔和脊管内,如果受到针刺、按压等外部刺激,极有可能对人体造成损害。

屈原生于寅卯年?

◎许龙桃

《万姓之根:姓氏与名字号及称谓》(现代出版社2014年10月出版)在提到屈原名字的来历时,引用了屈原《离骚》中的"摄提贞于孟陬兮,惟庚寅吾以降"。并将其解释为:"我降生在寅卯年孟春月的庚寅日……"(第92页)这里说屈原出生在"寅卯年",实属谬误。

干支纪年法是由十天干、十二地支组合来纪年的。十天干为甲、乙、丙、丁、戊、己、庚、辛、壬、癸,十二地支为子、丑、寅、卯、辰、巳、午、未、申、酉、戌、亥。纪年的两字由天干在前地支在后构成,如戊戌、甲午等,共有六十个不同的组合,即"六十甲子"。所以,在干支纪年法中不会出现"寅卯"这个由两个地支构成的年份。

那么,屈原究竟出生在什么时候呢?一般认为,屈原在《离骚》中以"摄提贞于孟陬兮,惟庚寅吾以降"两句自述了出生时间。摄提,即摄提格,是古代岁星纪年中的年名,对应十二地支中的"寅"。贞,即正。孟陬(zōu),孟,即开始,陬,指农历正月,正月是一年的开始,故叫孟陬。夏历以寅月为正月。庚寅,即庚寅日。因此,以上两句是屈原说自己出生于寅年寅月寅日。因推算所依的历法不同,屈原具体的出生时间众说纷纭。郭沫若推算为楚宣王二十九年(前341)正月初七,浦江清则认为是楚威王元年(前339)正月十四日,也有学者认为屈原生于楚宣王二十七年(前343)正月二十一,等等。

"北海"是哪里的海

◎辜良仲

2017年8月17日《光明日报》第12版刊有《巨浪滔天 豪情万丈》一文。文章中写道:"四十多年来,他行程几十万海里,渤海、北海、东海、南海以及世界其他各大海洋都留下他的足迹,他画的速写有三百多本,创作大海作品三千多幅。"这里的"北海"让人感觉很突兀。

文中提到的四个海,都与我国有关。其中渤海是我国的内海,位于辽宁、河北、山东、天津三省一市间,以辽东半岛南端老铁山角到山东半岛北岸蓬莱角间的渤海海峡同黄海相通。东海和南海,加上文中未提的黄海,是我国三大边缘海。以长江口北岸到韩国济州岛为界,分黄海与东海;以广东省南澳岛到台湾省本岛南端(一说经澎湖到台湾东石港)为界,分东海与南海。

"北海"一词古今义项很多,可以泛指北方偏远的地区,可以指某些大泽,也可以指古时的帝王宫苑。古往今来,它还被用来作郡、县、市、国的名字。春秋战国时"北海"还曾指称今渤海。另外,大西洋东北部的边缘海也叫作北海(North Sea)。

结合语境来看,上述文章将"渤海、北海、东海、南海"并列,显然想指中国大陆周边的海域,那么将"北海"列入就不合适了。如果将"北海"改为"黄海"应该是比较恰当的。

寒山和拾得"开山立庙"?

◎厉国轩

《每周文摘》2017年2月26日第12版刊有《和合二仙：汉族民间的爱神》一文，文中说道："(寒山和拾得)两人见面，相向而舞。两人都不愿再下山，出家为僧，开山立庙寒山寺。"其中，寒山和拾得"开山立庙寒山寺"这一说法有误。

开山，可指为采石、筑路等把山岩挖开或炸开，或开垦荒山等。而上述文章中的"开山"则是佛教用语，指最初在某座名山建立寺院，后引申指开创某一学派。开山者被称为开山鼻祖、开山祖师等。

寒山，也作寒山子，唐代著名诗僧，居始丰(今浙江天台)寒岩。寒山喜好吟诗唱偈，其诗多表现山林隐逸之趣和佛教的出世思想，对世态亦有所讥讽。有诗三百余首，后人辑为《寒山子诗集》。拾得，唐代高僧，是寒山之友，他所创作的偈词附于《寒山子诗集》中。

寒山寺位于苏州城西阊门外约十里的枫桥镇，始建于佛教盛行的南朝梁武帝天监年间(502—519)，原名妙利普明塔院，又名枫桥寺、普明禅院。相传寒山、拾得曾居于此，于是就改名为寒山寺。现在的寒山寺是清末重新修建的。寒山寺因为唐代张继《枫桥夜泊》的"姑苏城外寒山寺，夜半钟声到客船"两句而闻名。寺内有寒山、拾得画像石刻及张继《枫桥夜泊》诗刻碑。可见，寒山寺并非是寒山、拾得"开山立庙"而成，是本有寺庙在先，后来改换名称而已。

"盉"不能用作礼器

◎重 阳

2017年7月23日《文汇报》第4版刊有一则题为《"神秘王国"揭开神奇面纱》的报道,其中写道:"外藏库出土铜列鼎9件,还有盉、编钟、石磬等随葬礼器,具有可与天子相比的王者规格……"这里提到的"盉"当是"盍"字之误。

盉,读作hé,从皿,禾声,是古代一种器皿。青铜制,圆口,深腹,三足或四足,有长流(出水口)和盖。盉盛行于殷代和西周初期,形制繁多,主要用来调和酒的浓淡。王国维《说盉》:"盉乃和水于酒之器,所以节酒之厚薄者也。"盉作为随葬礼器,很多地方有

青铜三足盉

出土的实物。

"盍"读hé,有覆盖、聚合等义,也作代词,相当于"何""什么""怎么"。书面语中多作副词表示反问,义为"何不"。盍不是礼器,不可能出现在随葬品中。

普陀山何时有普陀寺

◎许天勤

《明史学步文选》(天津古籍出版社2014年10月出版)中写道:"关于佛教,明神宗曾在其敕谕南海普陀山普陀寺住持及僧众人等时说:'仁慈清净,其功德不殊神道设教,于化诱为易。'"(第108页)然而,当时的普陀山上恐怕并没有一座普陀寺。

其实,明神宗的这句敕谕出自1599年的《三赐普陀山全藏经敕谕》,原文为"皇帝敕谕,南海普陀山宝陀寺住持及僧众人等"。上述图书中的"普陀寺"应是"宝陀寺"。

宝陀寺是今普陀山普济寺的前身,始建于唐代,前身为"不肯去观音院"。相传日本访唐僧慧锷从五台山请了一尊观音像,准备带回日本。船行至今普陀山潮音洞附近,海风骤起,舟船难行,慧锷以为菩萨不愿东渡,于是将观音像安置于洞侧祈拜离开。随后当地人将这尊观音像请回自家供奉,称为"不肯去观音"。后来在此基础上修建了不肯去观音院。宋元丰三年(1080)不肯去观音院改建,诏赐"宝陀观音寺"。明洪武二十年(1387),因海寇出没而毁寺徙僧。1605年重建并更名为"护国永寿普陀禅寺"。清康熙十四年(1675)因游民失火而毁。现存寺院为康熙二十九年(1690)开始重建修葺的结果,1699年,康熙南巡时赐题额"普济群灵",由此更名为"普济禅寺"。可见,《明史学步文选》所说的"普陀山普陀寺"既与原文不一,也和寺名更迭的时间不对应。

现在人们提起普陀寺一般

误说《李娃传》

◎晋 相

2017年6月22日《北京晚报》第38版刊出《古人是如何"游学"的》一文，在谈到"古人出行要带哪些东西"时文章说："实际上，苏秦并不是最惨的，游士最后靠沿途乞讨生活、沦落为乞丐的也不少见。唐朝文人白行简的《李娃传》记载，李娃曾'巡于间里，以乞食为事'。"这里描述有误，《李娃传》中"以乞食为事"的是荥阳公之子，而非李娃。

《李娃传》，原名《汧（qiān）国夫人传》，是唐白行简的传奇小说。小说讲的是这样一个故事：唐天宝年间荥阳公之子赴长安应考，与妓女李娃相爱，并入住妓院。一年多后公子因资财耗尽被老鸨逐走，不得已入了凶肆（殡仪铺），以唱挽歌维生。巧合下被进京的父亲认出，公子几为其鞭死。曾经的贵公子就此沦为乞丐。后来公子被李娃救护，并重整旗鼓，登科入仕，与父亲和好，与李娃终成夫妻。李娃后被封为汧国夫人。

《李娃传》是唐传奇中的名作，其中人物性格突出，情节波澜起伏，被后人改编为戏曲等传演至今。主人公李娃是名女子，既不是"游士"，也不曾"巡于间里，以乞食为事"。

指在福建厦门市五老山下的南普陀寺。南普陀寺始建于唐代，初名为普照寺，清康熙年间重建，改名为南普陀寺。我国各地其他以普陀寺为名的寺庙也不少，普陀山却没有普陀寺。

中南海没有"春藕斋"

◎居容人

2017年第29期《中国新闻周刊》中有一篇文章《在粟裕身边的日子》,其中写道:"居仁堂位于毛泽东所住的丰泽园附近,鞠开刚进中南海时很激动,以为很快可以见到毛主席,但很长时间未能如愿。一次,粟裕对鞠开说:'你不是想见毛主席吗?我给你出个主意,毛主席每个星期六晚上都要去春藕斋跳舞,你晚饭后去一定能看到。'"这里提到的地点"春藕斋",其实是"春耦斋"之误。

"耦"是形声字,读ǒu,从耒,禺声。耒(lěi),指古代农具耜(sì)的木柄部分。"耦"也是耜的一种,后来引申为两人一组的耕作方法。"春耦斋"的得名就和农耕文化有关。

周代以来,各朝帝王都会祭祀先农(传说中的农神)以示重农。康熙年间(1662—1722)南海(故宫西侧三海之一)建了丰泽园,作为清代帝王劝课农桑的地方,此后在祭祀先农前都会于此举行演耕之礼。春耦斋是位于丰泽园内的一处书房,乾隆曾作《春耦斋记》,其中说"园之内有斋,兹以春耦名之",可见来历。

春耦斋作为帝王休憩之所,其中曾藏有大量书画珍品,但在八国联军入侵时被劫掠一空。中华人民共和国成立后,中南海成了中国共产党中央和国务院的所在地,春耦斋曾作为舞会场所使用。中南海中并无"春藕斋"这一处所。

咬嚼日记摘钞(15)

◎郝铭鉴

"项带银圈"——鲁迅用了别字吗

鲁迅的《故乡》,曾选入中学教材,很多人都读过。"迅哥儿"回到故乡,母亲告诉他说:闰土来过多次,每次都问起"迅哥儿"。

这时,"迅哥儿"的脑海里,浮现出一幅美丽的图画:

深蓝的天空中挂着一轮金黄的圆月,下面是海边的沙地,都种着一望无际的碧绿的西瓜,其间有一个十一二岁的少年,项带银圈,手捏一柄钢叉,向一匹猹尽力的刺去,那猹却将身一扭,反从他的胯下逃走了。

这个十一二岁的少年便是闰土。在鲁迅的笔下,他项带银圈,手捏钢叉,简直像哪吒一样英武可爱。注意,这里是"项带银圈",鲁迅用的是皮带的"带";而同样在这篇《故乡》中,鲁迅还写到"头戴一顶小毡帽",用的是爱戴的"戴"。据此,有人认为鲁迅用了一个别字:"项带银圈"应是"项戴银圈"。

能接受这种说法吗?不能。这里关键是要弄清楚"带、戴"的历史。

带,《说文解字》的解释是:"绅也。""绅"就是系在腰间的长布条子。仔细看一下最初的字形,不难发现"带"是一个象形字:上面像系配的样子,中间还打了个结;下面像垂下来的具有装饰作用的布巾。系这种长布条子的人,是有一定社会地位的,所以称之为绅士。有人以为"绅士"是出自欧洲的舶来词,其实是一个误解。

由上所述,可知"带"是名词。最初是士大夫束腰的布带,后来可泛指类似的长条状物,如西服的领带,旗帜的飘带,女孩的裙带,颁奖的绶带……。那么,"带"的动词义从何而来呢?原来,古人为了让束在腰间的带子更具有装饰性,便刻意在上面配挂上金属制品或玉石制品,久而久之,"带"便有了"附加于上"的词汇意义。

"戴"字的写法有点复杂,一共有17画,是个形声字。其实最初写作"異",王国维在研究甲骨文时,找出很多不同写法的"異"字,明确指出这是"戴"字的初文。仔细观察这个"異"字,可见下面是一个人,上面是一个包裹,这个人正用双手把包裹置于头上。"異",也就是"戴",其本义是以头顶物。这是一个动词。

"带"由名词引申出动词义,"戴"本身就是动词,但因为一个是束在腰间的,一个是顶在头上的,两字在作动词用时,自然形成了区别:凡置于头上的,用"戴";凡置于身体其他部位的,用"带"。鲁迅描写闰土,头戴毡帽,项带银圈,一个用"戴",一个用"带",正是遵循了这个规定的,当然不是用了别字。

那么,今天仍写作"项带银圈"吗?不行!我们不能以今律古,用今天的标准去判断前人的语用实践;同样,我们也不能以古律今,凡是前人用过的都一成不变,让语言成为化石。今天,"带、戴"已经有了明确的分工,我们应该与时俱进。它们的基本区别是:凡是特意地把物体置于身体的特定部位,用"戴",如帽子戴在头上,眼镜戴在鼻梁上,项链戴在脖子上,校徽戴在胸口上,这都符合"特意"和"特定"两个要求,用"戴"无疑;凡是随意地把物体置于身体的任意部位,用"带",如同样是帽子,如果不是置于头上,而只是捏在手里，塞在包里，夹在腋下，插在腰间，那只能叫"带帽子"，不能叫"戴帽子"。曾经有一部电影，叫《带手铐的旅客》，这个"带"字是个别字。手铐既可戴，也可带，但戴手铐的是囚犯，带手铐的则可能是警察。这部电影里的旅客是个"囚犯"。

"五谷丰登"的"登"

成语"五谷丰登"的"登"，到底该作何解释？

今天在报上读到一篇文章，不禁又想到这个问题。文章中有这样一段："沁人心脾的菜香，此起彼伏的炮仗声，红彤彤的对联'瑞雪兆丰年，五谷登丰收'……，心中禁不住涌出浓浓的年味。"

"瑞雪兆丰年，五谷登丰收"，作者称之为对联，恐怕是有点名不副实的。且不说两句的平仄不谐，上下句还有重字，特别是"登丰收"的说法于理不通。然而，作者挖空心思出的这一句，显然是从"五谷丰登"来的。

那么，"登"字该作何解释？

"登"字的本义，主要有两说。一说是进献新谷。从最初的字形来看，上面是一双脚；中间是"豆"，是祭祀用的礼器；甲骨文中有些"登"字，下面还有捧着"豆"的两只手。这一组元素组合起来，表达的是豆中盛满新谷，踏上高阶进献神祇，由此引申出谷物丰熟的意思。

不过，在礼器前面，放肆地伸出一双脚，是让人难以想象的。这完全不符合古人的神灵崇拜思维。我宁可相信第二种解释：上车。中间的"豆"不是"俎豆之豆"，而是骑马坐车用的上马石。一双脚踏在上马石上，表达的意思是"升也""上也"。"孔子登东山而小鲁，登泰山而小天下"，用的便是这个"登"字。

"五谷丰登"的"登"，其本义是"登场"的"登"。它是由"升也""上也"引申而来的。熟悉农村生活的人都知道，五谷收割以后，接下来便是登场。这是劳作的一个重要环节，也是丰收的一个显著标志。骚人墨客在写到谷物登场时，总是洋溢着喜悦和轻快。白居易："日暮麦登场，天晴蚕拆簇。"陆游："风林脱叶山容瘦，霜稻登场野色宽。"孔平仲："百里西风禾黍香，鸣泉落窦谷登场。"历代诗人为我们描绘了一幅幅丰收的图画。

"登"本是一个动词，由于"登场"展示了丰收的景象，逐渐引申为形容词，义为成熟、丰熟。所以，"五谷丰登"总是紧跟在"风调雨顺"的后面。《淮南子》中的"岁登谷丰"，洪昇《长生殿》中的"禾黍登，蚕桑茂"，"登"都是作形容词来用的。《孟子·滕文公上》有"登"的否定用法："五谷不登，禽兽逼人。"朱熹在注释《孟子》时作了同样的解释："登，成熟也。""五谷不登"是荒年之象。

为"墨鱼"正名

刚办《咬文嚼字》时，曾查过饭店的菜谱用字，整整查了100家。其中有五星级大宾馆，也有街头小摊档，结果发现没有一家的菜谱没错。菜谱是错别字泛滥的重灾区。

错得最离谱的，也许是"墨鱼"一词。红烧墨鱼、爆炒墨鱼仔、雪菜墨鱼、墨鱼烧肉……只要菜名中有"墨鱼"的，清一色成了"目鱼"。出现这一差错，可能是受到"比目鱼"的干扰；但更重要的原因，恐怕还是贪图方便。"墨"字有15画，"目"字只有5画，而且两字读音相近，符合同音替代的惯例。久而久之，人们习非成是，反而认为就该写成"目鱼"。

"墨鱼"又称"墨斗鱼"，它的得名无疑和体内的"墨斗"有关。墨鱼体内的这个囊状物，能分泌出黑色的液体，在遇到危险时把水搅浑，可以有效地掩护自己脱身。写成"目鱼"，让人不识庐山真面目矣。

"墨鱼"的学名是"乌贼"。"乌"也是黑的意思。那么为什么称它为"贼"呢？有一种挺有趣的说法：旧时社会上的不法之徒，在借别人钱物时，用墨鱼的"墨汁"写借据，刚写下时字迹清晰，三五天后便由深变浅，最后了无痕迹。不法之徒凭此赖账。这种无良行径，和盗贼无异，"墨鱼"从此便背上了"乌贼"的恶名。

其实，这是民间的一种附会的说法。"乌贼"之所以称为"乌贼"，同样和写别字有关。"乌贼"本应写作"乌鲗"，鱼字旁加一个规则的"则"，读音是zéi。这是一个高度冷僻的字，一般人不会写，于是便用同音字"贼"来代替。"乌鲗"就这样被污名化，成了"乌贼"，如今成了学名。墨鱼有知，一定会大呼冤枉的。

说到墨鱼，顺便说说鱿鱼。鱿鱼在菜谱上，常被误写为"尤鱼"。很多人分不清墨鱼和鱿鱼，这也难怪，它们确实有相似之处。这两种鱼名为鱼，其实都不是鱼，是头足纲的软体动物，但一个属乌贼科，一个属枪乌贼科，"枪乌贼"是鱿鱼的学名。两种鱼的区别是：第一，鱿鱼的形体较墨鱼长。第二，墨鱼的介壳大，放在水上如一条小船，俗称乌贼骨，中药称海螵蛸。乌贼骨和乌龟壳、鸡内金一样，都是中药材，我小时候经常有人上门来收购。第三是口感明显不同，墨鱼肉厚实紧致，经得起文火煎熬，所以可以做"墨鱼大㸆"；鱿鱼则显得脆嫩，菜谱上常见的菜是"芹菜炒鱿鱼"。

但愿"目鱼"不要再招摇过市。

"简直了"是怎么了

◎朱玲奕

如果听到有人说:"太美了!"我们可以心领神会,那是在夸奖某人或者某物好看。如果听到有人说:"简直太美了!"我们也可以理解,那是给予了对象的外貌较"太美了"更高的称赞。那么,如果有人说:"简直了!"你能猜到他在说什么吗?

近段时间,"简直了"这一用法在网络社交平台以及网络新闻中频频出现,逐渐成为了网民们的新宠,并且大有蔓延到日常用语之中的趋势。例如:

简直了,这家酸辣粉真的卫生堪忧啊!

马云的这一声长笑太魔性了,简直了!

浙江金华惊现史诗级碰瓷,大妈的演技简直了。

从上述句子中,我们可以看到,"简直了"往往代表说话人一种强烈的出乎意料的主观情绪,令人闻之即会不由自主地被带动。同时,这种情绪还具有一定的抽象性,即通常情况下,我们只能通过联系整个句子,才能较好地指出这种情绪的具体内涵。像"大妈的演技简直了"一句中,一方面是对大妈的演技感到非常意外,另一方面这种演技究竟是高明的还是拙劣的,要在借助前面的"浙江金华惊现史诗级碰瓷"之后,才能下最终结论:说话人是在表达大妈演技十分高明之意。

既然"简直了"存在表意不明的"缺陷",那么大家为什么会纷纷选择使用它呢?这个问题要从"简直了"的产生过程说起。

我们知道,"简直"是一个副词,而副词在一般情况下是不能够被单独使用的。因此,"简直"后面通常都会带上某种成分。这种成分既可以是动词性的,比如"简直分不开";也可以是形容词性的,如"简直得意了"。"简直"在词典中的意思是"强调完全如此或差不多如此,含夸张语气",因此它的作用就是强调和夸大其后加成分。

但是,到了网络会话中,"简直"后面的成分有时会省略,"简直了"开始代替完整的"简直"结构,直接出现在句子当中。其原因有二:

一是出于语言的经济性原则,即在交际过程中,人们常常力求能用最小的努力达到最大的交际效果。在网络交流中,对语言经济性的要求变得更加突出。因为要同时节省说话人打字的时间和听话人读屏的时间,所以网民大都倾向于使用不完全句子、省略句子和不规则句子。"简直了"的形成恰好使得原来的短语形式发生了较大幅度的缩减。

其次,在省略对象的选取上,之所以保留了"简直"而省略了其后的成分,这跟语言的凸显度有着很大的关系。在省略现象中,未省略部分一般都是具有凸显性的。也就是说,在"简直了"中,"简直"因为需要得到凸显,故得以保留。

由此可见,从"简直"短语到"简直了",语义重心发生了转移。例如,"这感觉简直好极了"中,"简直"起到的是对语义重心"好极了"的强调作用;而说"这感觉简直了",语义重心变成了表强调和夸张的"简直",与之相对,"好极了"就因为不再重要而被隐去了。

语义重心从"简直"的后加成分向"简直"本身的转移,实际上是从要求语言的精确度向语言的力度转变的结果。"简直了"的出现与使用,正是反映了当下人们一种夸张用语的心态,以及由此带来的语言使用上的极致化倾向。

例如,说"樱桃味可口可乐一股药味,简直了",并不是想用精准的词语形容樱桃味可口可乐的味道是如何刺激到自己的味蕾乃至脾胃的,而是以一种极致化的方式向听众表现了自

丧文化和小确丧

◎ 周欣欣

网络世界里,不仅有心灵鸡汤大行其道,也有反鸡汤式的"丧文化"异军突起,近年来,"丧"成为90后年轻人的一个热词。

"丧"是一个会意字,小篆字形上面是"哭",下面是"亡",表示哭已死去的人。有两种读音,分别对应两种词性。名词读 sāng,多指丧仪、丧事,即埋葬或火化前为死者举行的哀悼仪式。动词读 sàng,本义为丧失,也有丢掉、失去的意思。"丧文化"中的"丧"读作 sàng,在用法上更偏向于一个形容词,意义更多源于动词义,表现一种因为失去了某些东西、错过了某些机会而低迷、颓废甚至一蹶不振的状态。"丧文化"的表现包括错过公交车、地铁坐过站、日常被加班、游戏被秒杀、作业写不完、拖延没动力等等典型负能量事件,是一种带有自嘲性质的青年亚文化。

在这个信息爆炸的年代,年轻人面临更大的压力,生活不止

己情绪上的强烈性。这种强烈的程度已经到了无法用具体的语言来加以描述,只能单说"简直了"的地步。

因此,如果说"简直了"在语义上具有模糊性,可以认为这是说话人有意为之。他们主观上希望将表达重点放在极尽夸张的情绪上,客观上造成了话语或多或少的模糊之处。一般来说,上下文语境可以弥补"简直了"表义的不清晰,然而,有时人们也会主动地利用这种不清晰。其中最为明显的体现,就是将"简直了"用在标题中的情况。

网络新闻标题中时常会有"简直了",但同时不会另外给出充足的信息,其目的在于吸引读者阅读原文,一探究竟。例如,"中美教育的10点不同,最后一点简直了",最后一点究竟怎样呢?谜底只能在你看完全文之后才能揭晓了。

眼前的苟且,还有明天和后天的苟且,间歇性踌躇满志,持续性混吃等死,生活一地鸡毛,整个世界一不小心就像豆腐渣工程一样稀里哗啦地倒塌。丧文化作为年轻人宣泄内心不满的途径,有五大"带队天王":集拖延症、动力不足、背运气于一身的懒蛋蛋,每天在家里喝酒、泡妞、中年过气的马男波杰克,一辈子也吃不到天鹅肉的丑蛤蟆佩佩蛙和一辈子都翻不了身的咸鱼,压轴出场的就是目光呆滞、四肢无力、好像身体被掏空的葛优瘫。

"小确丧"是丧文化中的典型成员,是"小确幸"的反转。"小确幸"一词出自村上春树的随笔《兰格汉斯岛的午后》,指微小而确实的幸福,让生活充满小的期待,散发着浓郁的鸡汤气息。而反主流的"小确丧",则是指日常生活中可以预测但又不可避免的无力和绝望。比如明明知道早高峰地铁挤到爆,可是为了上班不迟到还是要带着助跑像煎饼一样"贴"在人群里;明明知道今天要熬夜加班写文案第二天早起会很困,但是为了生活还是要硬着头皮起床。这些"小确丧"时刻在发生却也不会带来严重的后果,在生活中挥之不去,让人头疼又烦恼。我们知道,"小"作为修饰语一般传达喜爱之情,如"小宝贝""小可爱""小幸运",用"小"来形容满满负能量的"丧",还是"确定"的丧,一方面可以看出年轻人对于"每日一丧"的无助和调侃,另一方面也包含着对生活的一丝希望,生活中虽然有很多问题,但我们还有解决它们的可能,比如早高峰的时候恰好有同事愿意捎你一程,"小确丧"就变成了"小确幸"。

谁还没有个丧气的时候呢?丧文化一定程度上可以自我解压,而很多鸡汤却好像看不到我们失落无助的样子,连发个牢骚都要说颓废,这样是会被憋坏的。一切需要有张有弛,生活也是如此。让自己发泄一会儿、颓废一会儿、低落一会儿、发呆一会儿、吐槽一会儿,小确丧还会继续,不过,小确幸也相伴相随。

东语西渐

中国菜名的汉译英趣谈

◎陆建非

中国菜的烹饪方式五花八门,纷繁复杂。火的强弱、是直接受火还是容器受火、有无水分、烹炒时间的长短等等,常成为菜名构成的基本元素。中国菜名译成外语时,可尽量寻求目的语中相对应的字或词。如此对译,基本上可保持中国菜名的原汁原味。例如:

烤可译成 bake、toast、roast,如烤白薯(baked sweet potatoes)、烤馒头(toasted steamed bun)。这儿的"烤"多半是直接用火烧烤。"烧鸡"虽然名"烧",但其实是"烤"出来的,因此应译成"roasted chicken"。

"红烧大虾"应为"stewed prawns in brown sauce"或者"braised prawns in soy sauce","红烧鲤鱼"应译成"stewed carp in brown sauce"。Stew、braise是炖煮、焖煮的意思,用文火加热,使食材渐渐熟透;brown sauce是酱油等棕色酱料。

如果用微火煮熟或煨熟,那就用"stew",如"蘑菇煨鸡"可译成"stewed chicken with mushroom","竹笋煨鱼"可译成"stewed fish with bamboo shoots"。

短时间内以旺火煸炒而成的菜肴是中国菜的一大特色,此时就得用"stir-fry"或者"quick-fry",stir即搅拌,fry即油煎,quick即快。如"油爆虾""炒鸡丁""爆鱿鱼卷""爆炒豆芽菜"等分别译成"stir-fried shrimps""stir-fried chicken cubes""quick-fried squid rolls""quick-fried bean sprouts"。

"炒鸡蛋"的"炒",英语民族更多用"scramble"这个词来翻译,其原义为"爬、争夺、仓促完成",描绘的可能是把鸡蛋打碎后大幅度搅拌的情形,如"大葱炒鸡蛋"就成了"scrambled eggs with scallions"。

有些蔬菜是放在沸水里略微烫一下以后就食用的,这就得用"scald"这个词,其原义是"(被热水或蒸汽)烫伤"。如将"水焯菠菜"译成"scalded spinach","水焯西蓝花"译成"scalded broccoli"。"水焯"也可译成"quick-boiling",如"水焯青豆"即"quick-boiling green beans"。

"焗"则是中国菜另一种非常独特的烹饪方法,即盖上锅盖,保留热气,使未熟的食物熟透。客家菜常用这种烹调方法,以汤汁或盐或热的气体为导热媒介,将经腌制的物料或半成品食物加热至熟。用英语表达,如是热气焖熟的就是"steamed cooking",若是用热盐烤熟的则是"salt baked"或"baked in/with salt"。大名鼎鼎的"盐焗鸡"可译成"baked chicken in salt"。

还有一种烹饪形式在中餐中很别致、很流行,那就是"煲"。餐桌上有一大碗热气腾腾的鲜汤,常使食客垂涎欲滴,特别是在冬春季,汤既能助人取暖,又能使人胃口大开。在译成英语时,可做简约处理,直接讲什么汤即可,如"煲羊肉汤"可译成"mutton soup","蘑菇煲鱼汤"可译成"fish soup with mushroom"。

"佛跳墙"是一款闻名中外的煲汤。以前有些菜单将其直译成"Buddha jumps off the wall",外国人理解起来很困难,常问"佛祖为何要跳墙?"北京市外事办公室和北京市民讲外语办公室联合出版了《美食译苑——中文菜单英文译法》,其中"佛跳墙"的英文名采用音译的"Fotiaoqiang",并备注了意译"steamed abalone with shark fin and fish maw in broth"(鲍鱼和鱼翅、鱼肚熬成的汤)。

同姓异拼和异姓同拼

[中国香港] 汪惠迪

1984年10月,我初到新加坡,看到新加坡华人讲华语,写简化字,用汉语拼音,零距离感油然而生。但有一事,我看在眼里,心中好生奇怪。我太太姓陈,在我国大陆,汉语拼音是Chen(普通话),移居香港被姓Chan(广东话),而到了新加坡,我看到她的兄长姐妹都姓Tan(闽南话),而且陈还有Chin、Dan、Shen、Teng、Tjhin等多种拼写形式。这叫"同姓异拼"或"一姓多拼"。另一方面,不同的姓氏却用了相同的拼写形式,例如Ong是王、汪、黄、翁4姓的拼写形式,Chong是张、蒋、郑、邹等10姓的拼写形式。这叫"异姓同拼"。

新加坡华人姓氏的拉丁字母拼写形式何以如此复杂、混乱呢?《新加坡华人姓氏拼写法研究》一文给出了答案。这篇论文被收入《新加坡华语应用研究新进展》(新跃人文丛书之二,新加坡新跃大学新跃中华学术中心出版,2012年10月),作者是罗健明女士。

为写这篇论文,作者走访了全新加坡185家宗乡会馆(按地缘性和血缘性组成的团体),收集到18000个会员的姓名,加上通过其他方式收集的华人姓名,共计两万多个。经归纳整理,作者得出一个结论:新加坡华人大约有283个姓氏。然后,她逐一研究这些姓氏的福建话、潮州话、海南话、广东话、客家话和三江话(上海、宁波、温州等地)的拉丁字母拼写形式,并制订了一份备查的"新加坡华人姓氏方言拼写表"。

拜读罗女士的论文,令人

叹为观止,在姓氏拼写形式排行榜上,前5名依次是:张姓,有49种拼写法;郭姓,27种;许姓,25种;谢姓,20种;陈、蔡、曾姓,各19种。拼写形式之复杂成为新加坡人语文生活中的一道风景,体现了新加坡本土语言的特色。

新加坡采用我国的汉语拼音始于1971年,如果华人姓名一律依据汉语拼音拼写不就统一了吗?是的。然而政府并没有做此规定,因为新加坡人是否都能接受汉语拼音的姓氏,受到历史传承、认同心理、法律法规、感情因素、使用习惯等多种因素的制约。

(作者是本刊特约编委)

大马华裔学生名字的汉语拼音

[马来西亚]杨欣儒

马来西亚华人的姓名如果用拉丁字母拼写,向来都是根据方音,例如人名"和平",就有Hoe Peng(闽南话)、Hua Peng(潮州话和海南话)、Huo Bing(福州话)、Wo Ping(广州话)与Foh Pin(客家话)几种写法。要是不谙有关方言,单凭拼音,根本就不知道叫什么名字。

中国在1958年2月公布了《汉语拼音方案》。中国国家质量监督检验检疫总局、国家标准化管理委员会于2011年10月31日发布了《中国人名汉语拼音字母拼写规则》(GB/T 28039—2011,2012年2月1日实施。以下简称《拼写规则》)。现在中国人的姓名汉语拼音字母拼写法就是根据这个《拼写规则》拼写的。按《拼写规则》的规定,姓和名分开写,姓和名的开头字母大写,名必须连在一起。马来西亚的英语和马来语媒体的中国人名就是根据《拼写规则》拼写的,如 Deng Xiaoping（邓小平）。

老一辈的华人，姓名以汉语拼音字母拼写的可以说是凤毛麟角。最近十多年来，华裔家长为孩子取名，根据《拼写规则》拼写的，有日益增加的趋势。但是基于法律问题，政府规定姓氏不准用汉语拼音字母拼写。笔者经常到各地华文小学去视察学员实习，会顺便调查小学生的名字有多少是根据汉语拼音拼写的。我所掌握的学生名单涵盖7州44所华文小学的44848名学生。这些学校位于市区或郊区，小型、大型与特大型的都有。

调查的结果显示名字拼写有两种情形。一种是按华语用汉语拼音拼写，可细分为三类，即连写、分写和半连写。连写只有一个字母是大写的，如 Xiaoping（小平），这是规范的写法；分写是两个字母都大写，如 Xiao Ping；半连写则是一个大写字母，中间用连接号分开音节，如 Xiao-ping。另一种是按方音拼写。

据笔者调查所得，上述前一种有13661个，占30.461%。其中，连写的只有257个，占0.573%；半连写的更少，只有60个，占0.134%；而分写的最多，有13344个，占29.754%。即使如此，在二十多年前这是不可能出现的现象。后一种有31187个，占69.54%。笔者希望将来有越来越多的家长采用规范的拼写法。

（作者是马来西亚华语规范理事会副主席）

"霸王餐"的妙用

[中国香港]田小琳

今年七月中旬在深圳小住，连天大雨，冲刷得树木的枝枝叶叶更见精神。气温在27℃左右，简直是到了避暑胜地了。西安朋友来的消息是40℃以上,热得够呛。大伏天南北气温颠倒,老天爷厉害!

这可以颠倒的事儿,在语言运用上也一样有。一天中午,我随意到深圳东海缤纷天地商场走走,一进大门,赫然见到大圆柱上、地下、墙面刷着一家餐馆的广告,广告底色焦黄,黑字十分显眼:"霸王龙请你吃霸王餐""免费蛋糕饮品等你来""1元精致美食等你抢"!

"霸王餐"?在香港报刊上,这是个贬义词。到饭馆、酒楼吃饭不付钱,叫吃霸王餐。难道这家餐馆免费请人吃饭?仔细再看广告语,原来"霸王餐"是个噱头,先把你引进餐馆,然后给你打折优惠而已。不是吗?"扫码领取20元'霸王餐'券""大众点评20元购50元餐饮礼券""满399元抽奖送IPHONE7"。所谓"'霸王餐'券",其实就是我们通常看到的"优惠券"。暗自忖道,呵呵,这广告语夸张得好,"霸王餐"贬义褒用,富有创意,差点把我给弄蒙了。

在港澳地区,由"霸王"的蛮横不讲道理的比喻义,引申为享用某种服务后应付款而不付款行为的意思,"霸王"可以作为构词的语素,形成一系列词语,如霸王餐、霸王饭、霸王戏、霸王车、霸王舞等,及相应的短语,如吃霸王餐、吃霸王饭、看霸王戏、坐霸王车、跳霸王舞等。这些词语生动形象,容易理解,目前已经在华语圈流通了。在内地,类似的还有"霸王条款""霸王合同"的说法,虽不是"不付钱而享用"的意思,也都是指依仗某种权势或权力而订立的不合理、不平等的条款、合约,制定者享有极大利益。看来,"霸王"颇有构词能力。

"霸王餐"这个三音节词,由"霸王"和"餐"构成,修饰关系;"霸王"由"霸"和"王"构成,还是修饰关系。语法学家陆俭明先生在分析词的内部组合关系时,提出"语素组"

的概念,例如在"霸王餐"这个词的组合里,"霸王"就是一个语素组。类推一下,在"霸王餐券"这个词的组合里,"霸王餐"就是语素组了。这有助于我们分析三音节、四音节以上词语的内部层次,从而透彻理解词义。

(作者是本刊特约编委)

《两岸生活常用词汇对照手册》台湾词目商补

[中国台湾] 高婉瑜

李行健等执笔编写的《两岸生活常用词汇对照手册》(2014年7月出版)中,有些台湾的词目未收,有些收录的台湾词目尚待商榷。下面按手册分类略做补充。

居住类 大陆的"小高层",台湾称"华厦";大陆的"一室一厅一卫",台湾称"一房一厅一卫"。

购物消费类 大陆的"消法",台湾称"消保法";"消协",台湾称"消保会"。

餐饮类 大陆的"粗纤维",台湾称"粗纤维/膳食纤维",而非"铁维质"。

医疗卫生类 大陆的"急救中心",台湾称"急诊/急诊室/急诊部";"全科医师/全科医生",台湾称"家庭医师",而非"全科医师";"B超",台湾称"超音波",而非"B型超音波扫描",台湾有"B型超音波扫描仪",是仪器名。

邮政通信类 "查号台"简释栏说"大陆查号台的号码是114,台湾为106",对应不准。114是大陆的"市内"查号台,台湾"市内"查号台是104,而非106(台湾的长途查号台是105,英语查号台为106)。大陆的"附件"简释栏提到"指计算机'开始'一栏中'程序'(台湾叫'程序集')",此说有误,台湾称为"程式集"。

教育类 大陆的"初中/初级中学",台湾称"国中/国民中学"。大陆的"普高/普通高中",台湾称"普通高中"。大陆的"幼儿园",台湾称"幼稚园/幼儿园"。大陆的"专科",台湾亦称"专科"。大陆的"教导处",与台湾的"教导处"指涉不同:台湾"教导处"是根据学校规模设立,规模小者设"教导处",负责教务、学生工作;规模大者,负责教务工作称"教务处",负责学生工作称"学生事务处/学务处"。大陆的"教务处",台湾也称"教务处",而非"学务处"。大陆的"走读",台湾称"通勤",而非"通学"。

法律治安类 大陆的"检察院",台湾称"检察署"。手册提到台湾称"警察"为"员警",如"森林员警""铁路员警""刑事员警",其实台湾仍是称"××警察";"警察"用于面称与背称,是警察人员的统称,"员警"是书面语,用于背称。

(作者是高雄师范大学
国文学系副教授)

马来西亚的罗吔华语

[马来西亚]杜忠全

马来西亚多元民族文化共冶一炉的社会生活,反映到语言上,表现为所谓的"罗吔华语",以至华人口里的华语与大中华圈的中文略显不同。

"罗吔(Rojak)"是一种杂拌食物,马来半岛的中南部一般指用炸虾饼、芫荽丝、黄瓜丝等等配以拌料做成的点心,可当正餐食用。在半岛北部,食材略有不同。这类杂拌食物,特色就是"杂而不纯",不讲求严谨,可自由拌配。马来西亚华语对英语、马来语及中文方言语词的大量吸纳,与此极为相似,故称"罗呔华语"。

大中华圈的中文,也不是不吸收外来语,如"T恤"即是。只是马来西亚华语是大量地吸纳外来语,而且保留了外来语原本的拼写形式与发音,形成了华语与外语混杂使用的状况,是谓"罗呔"。不说早期吸纳且已成为区域性中文词语的"甘榜(kampung)""巴刹(pasar)"等等,新事物如Internet(互联网)、wifi(无线网路)、handphone(手机)、shoppingmall(购物中心)、hypermarket(大卖场)等等,虽然都有中文语词,但在一般人的口语里,都会直接按外语原音使用。

在日常的语言交际之外,工商领域的专业或常用词语,如用华语沟通,也会直接援用英语原词,而不转换为华语的对应词语。这是由于马来西亚的专业领域,都不以华语为媒介语,英文英语尤为主流,即使在华语生活圈里谈事,碰到特定的专业事项,就自然按原词来沟通。对这些专业人士而言,华语词语不是职场媒介,为免增加语言负担,也就原词原音照搬了。

在日常生活中,人们习惯说pump风,不说(为轮胎)打气,在公路上超车叫cut车,拨电话叫call,联系叫contact,等等。所有这些都反映了马来西亚华语在日常使用中的语言掺杂现象,之所以如此,未必是中文词汇匮乏或不熟悉,而是一种自然而然的习惯。就算是一些未上过学的老人家,开口说方言也能掺几个外来词。语码掺杂现象之普遍,可见一斑。(编者按:罗呔,《全球华语大词典》以"罗杂"为主条。)

(作者是马来西亚拉曼大学金宝校区中文系主任)

谈联说谜

大世界的"周三谜会"

◎刘茂业

去年年底，曾为沪上地标之一的"大世界"游乐场重新开放。早在解放前，"大世界"就与灯谜有不解之缘，当时林林总总的娱乐项目中，灯谜也占有一席之地。民国初年，上海著名灯谜社团"萍社"的谜家们还轮流在此值课悬谜，供大家猜射把玩。

上世纪八十年代起，大世界又连续八年举行过"周三谜会"，主持人为灯谜名家江更生、朱育珉。那时，每逢星期三的晚上，三楼的剧场都开设现场谜会，猜中者可当场领取各类奖品，两位主持老师边让游客们猜射，还边讲解灯谜基本知识，吸引了众多的爱好者参与，一发便不可收，八易寒暑，一举就办了四百多场。如今活跃于申城谜坛的一批中老年谜家，多是该谜会的常客。

我们来回顾一下"周三谜会"的一些谜作。"门下一大将，有人说是关云长，有人说是

熟谙别称能破谜(上)

◎江更生

有一位资深谜人曾说过这么一句话:"其实,灯谜是一种经过'别解'处理后的同义词语置换游戏。"话虽然过头了一点,但也不是毫无道理。因为要谜面与谜底的意思吻合,大多采用同义词语互相扣合的形式。当然必须遵循要用"别解"手法,而且谜底谜面不许出现相同的文字,也就是不能让底面文字"撞车"。这么一来,许多专用名词的"别称"便成了制谜者垂青的对象,他们巧行"别解"、妙用异称、细加掩

……

楚霸王"打字"扇",谜底拆成"户"和"羽","户"扣合谜面上的"门","羽"既可作关羽,又可作项羽;"辛亥革命,推翻帝制"打成语"满不在乎","满"作"满清"解释;"姑苏故迹多"打秦朝二人名"吴广、陈胜","姑苏"即吴地,"故迹"用"陈"照应;"农村落实经济政策"打教练员名"庄家富",谜底别解成"村庄里的农家都富裕了";"谁的写作好"打越剧名《何文秀》,"何"由姓氏转化为疑问代词;"孙中山自传"打语文名词"文言文",孙中山名"孙文";等等。

这些灯谜皆呈现出两位谜家独特的创作风格,通俗有趣,极富"海派"韵味。

饰,撰成趣味浓郁的灯谜,来与猜者进行智力"捉迷藏"游戏。

在丰富多彩的汉语词汇中,同一事物有着许多不同的名称,常用的通常称为正名,也叫本名或通称,其他的则叫异名、别名或别称等。同物异名,是汉语词汇里非常普遍的现象,诚如某位语言专家所言:"它存在于自然科学和社会生活的各个领域,诸如天体气象、岁时节令、山川平原、居室处所、花草虫鱼、服装饰物、馔馐饮食、器用物品等,几乎无所不包。"善于捕捉谜材的灯谜作者,便经常利用事物本名与异名相扣的手法,撰制出各种融知识与趣味于一炉的灯谜来。如果我们对谜中涉及的事物别称、异名知道得越多,那么对于参透谜条上所蕴玄机的能力也就越强,猜破谜底的命中率也就越高。就好比你弓囊袋里的利箭装得满满的,射起"文虎"(灯谜的别称)来也便得心应手了。

一般来说,用得较多的是植物和动物的名字。例如"脱水茭白",要求打《三国演义》人名一,谜底为"蒋干"。乍一看,令人费解,再一查,原来蔬菜茭白,古汉语中称为"蒋",脱水成"干",故扣。又如"劣质小麦",打成语"来者不善",也是运用别称相扣的。古称小麦为"来",大麦为"牟"。"劣质"即不好的意思,故与"不善"切合。还有如"忌食莱菔",打古典文学名词"卜辞"。因为萝卜又名莱菔,"卜"在此已别解为萝卜的简称,"辞"作动词"告别"解。再如"俗称马铃薯",打食材二:"山药""蛋"。将谜底中的二物凑合,适为土豆的俗名"山药蛋"。写到这儿,笔者不禁想起另一条谐谜来:"分送土豆",打现代作家群一。谜底为"山药蛋派"(注:派,派送),作者也是用别称、异名相扣的。最近,在一次谜会见到两条运用花卉别称、本名互扣的灯谜,颇有摇曳生姿之趣。一条是"牡丹最怕大雨淋",要求打先哲孟子的五字名言一句。还有一条为"名厨手拥洛阳花",打冠誉称国画家连作品一。前者出现的花名为"牡丹",后者则是"洛阳花",倘若你熟悉它们各自的别称和本名——"富贵花"和"石竹"的话,谜底便不难揭穿。一为"富贵不能淫",一为"大师、傅抱石、竹"。前一条谜底应别解为"富贵花是不能雨水过多的"(注:"淫"字的本义为雨水过多,有"久雨为淫"之说);后一条须用顿读法解底,须读作"大师傅／抱石竹"(注:名厨俗称"大师傅";抱,拥;石竹,洛阳花之本名),可见别称、本名及简称相互扣合的酿造谜味之功。

介绍过植物,我们再谈谈动物。灯谜中常用十二地支与十二生肖(皆为动物)互扣,单纯以动物本名与别称相切合者并不多见。旧谜中,曾见以俗语"好狗护三家"为谜面,打唐代诗人"卢照邻",谜底别解为"良犬韩卢照顾着邻家"。"卢"在此作"良犬"的别名解。

有位"戏迷"谜人做了一条让人忍俊不禁的发噱灯谜,谜面为"龟蛋",要求打京剧合称一。经揭晓,谜底为京剧《红鬃烈马》的别名"王八出"(注:指以王宝钏为主角的《彩楼配》《三击掌》《投军别窑》《探寒窑》《武家坡》《算军粮》《银空山》《大登殿》等八出京剧合称)。"王八"在这儿别解为乌龟的异称,谜底作"王八所生出之物"。(待续)

每月二谜

1. "南人不复反矣!"(打三字网络流行语一)
2. "汉语拼音之父"桂冠属谁(打明代文学家一)

上期答案

1. 旧部遣散费(打四字新称谓一)

   谜底:银发老人(注:别解为"银钱发给老人马")

2. 生男生女都一样(打二字网络流行语二)

   谜底:宝宝、任性(注:性,性别)

雾中的蛛网

◎伯淮 设计

（文中有十处差错，你能找出来吗？答案在本期找）

智利北部有一个叫丘恩贡果的村子，西临大西洋，北靠阿塔卡马沙漠。大洋上的冷湿气流和沙漠上的高温空气在此交汇，使得这里长年雾气缭绕。然而，大雾无助于缓解旱情，强烈的日照使雾水迅速流失，村子里到处是干涸的土地。

丘恩贡果人迎来了一位救星，他就是物理学家罗伯特。罗伯特在一次科学考察中途径此地，并在村子里住了一段时间。期间，他在这片荒凉的土地上发现了一件拙拙怪事——动植物极为稀少，唯独蜘蛛繁衍旺盛，随处可见密布的蛛网。罗伯特对此十分感兴趣，并尝试找出蜘蛛的"存身之道"。

凭藉电子显微镜等高科技设备，罗伯特终于揭开了蜘蛛不惧旱情的奥妙！原来这种蜘蛛所吐的蛛丝有很强的亲水性，吸收雾气中水分的能力超强。蛛网上的充足水分，满足了蜘蛛的用水需求。

罗伯特觉得这个发现能改善当地的生存环境，便向智利政府申请了技术支持。依据对蛛丝成分的分析，罗伯特仿造出一种纤维。他用这种纤维在雾气最浓的地段布成网阵。雾气中的水分被网阵"截流"，纤维网上形成大量水滴，并会合成一股股涓流，聚积到下方的蓄水槽内。

依靠这种特别的蓄水方法，丘恩贡果每日截水超过一万多升。这些水既然能满足村民的日常生活所需，还可以为农业灌溉提供水源。昔日的荒漠长出了鲜花和蔬果，丘恩贡果变成了沙漠旁的一片绿洲。

砥砺前行，
迎接2018

每一次进步，
都来源于你的支持。
每一个成绩，
都来源于你的鼓励。
亲爱的读者朋友，
让我们继续手拉手，
迎接2018！

定价：5元/期 60元/年
发行电话：021-64370935

本刊订阅和投递服务由中国邮政承担。邮发代号为4-641，欢迎到当地邮局订阅。你也可登录中国邮政报刊订阅网订阅，网址为http://bk.11185.cn。你还可通过微信扫码订阅：

轻松便捷
一键办理

全国邮政客服电话：11185-9-2

火眼金睛

图中差错知多少？

（答案在本期找）

尚景友　李再兴　提供
朱烈荣　张凤杰

等待着那如履深渊的颤栗

惟怒可以成德
惟俭可以助廉

行冬季促销火热进

（雅马哈、海伦、珠江）
详情请进店恰谈。

注：本琴行另有钢琴出租，

市区免费送货上门

特色：油焖大虾　蒜香大虾
十三香龙虾　菏泽正宗烤全羊

1	2
3	4

ISSN 1009-2390

YAOWEN-JIAOZI

咬文嚼字

12 / 2017

落叶大乔木,枝干高大,掌状复叶,小叶椭圆形,花红色,蒴果卵圆形,内有白絮状纤维,似棉花,故名。

木棉花

欢迎至邮局订阅本刊 邮发代号 4-641
国内统一刊号 CN 31-1801/G
定价：5.00 元

上海世纪出版集团

书窗

抗日烽火中的国仇家恨
留学生涯里的情感纠葛

徐仲年先生20世纪20年代初赴法，在里昂大学文学院获文学博士学位，成为华人获此殊荣第一人。他一生致力于中法文化的交流，同时创作了大量文艺作品。《双尾蝎》写于全民族抗战爆发的1937年，不仅是一部反映中国留法学生生活的文艺作品，而且是同时期不多见的正面描写上海市民团体积极支持抗战以及少部分国人沦落投敌的长篇小说。这是小说自1940年出版以来的首度再版，书中有其好友徐悲鸿先生所绘徐仲年肖像画。

《双尾蝎》 徐仲年 著
定价：35.00元

热销中
邮购电话：021-64370935
邮购地址：上海市绍兴路7号2楼咬文嚼字发行部
邮政编码：200020
更多优惠请登录：http://yaowenjiaozi.taobao.com

书窗

提高语文素养从孩子抓起

编写本书，意在培养学生从小就具有咬文嚼字的意识、习惯和能力。《小学生咬文嚼字手册》《中学生咬文嚼字手册》结合教材，结合学生的写话、作文实际和学习、生活实际，选取了学生容易混淆、经常误用的字，从音、形、义方面逐组进行辨析，并设计了自测题。

《小学生咬文嚼字手册》
主编/葛全德 定价/18元

《中学生咬文嚼字手册》
主编/葛全德 定价/25元

热销中
邮购电话：021-64370935
邮购地址：上海市绍兴路7号2楼咬文嚼字发行部
邮政编码：200020
更多优惠请登录：http://yaowenjiaozi.taobao.com

名家语画

莫言当作家是为了吃饺子

王 文/文 臧田心/画

据说,莫言小时候有个邻居绘声绘色地给他讲了一个"腐败"作家的故事。究竟"腐败"到什么程度?一天三顿吃饺子!这对一年也吃不上一顿饺子的孩子来说,无疑是个天大的诱惑。莫言于是暗下决心,立志当一名作家。莫言曾多次风趣地表示:"我最初对文学对当作家的梦想,就是冲着一天三顿吃饺子开始的。"

名家语画
莫言当作家是为了吃饺子　　王　文/文　臧田心/画 / 1

语林漫步
城市的"语言景观"　　仓　卒 / 4

时尚词苑
探究励志语"诗与远方"　　曹志彪 / 7
点点积累，"蝶变"重生　　刘东怿 / 10

一针见血
"蔽"与"敝"要分清　　阎德喜 / 12
"造价"如何"不菲"　　新　德 / 12
何谓"冬烘先生"　　温守江 / 13
"血"不可"弑"　　方德佺 / 13
此"盼"非彼"判"　　厉国轩 / 14
用马槽"殓尸"？　　李延春 / 14
冬天岂能下"霉雨"　　阎南岗 / 15
"信马由疆"？"信马由缰"！　　吴　用 / 15
"民国四年"哪有国民政府　　李光羽 / 16
何为"黯斗"　　浦东轩 / 16
可以宣读的是"谕"不是"渝"　　马秋影 / 17
《淳化阁帖》编于何时　　青　莲 / 17
"视死如归"是曹植所创吗　　辜良仲 / 18

文章病院
虎门销烟的是"湖广总督"　　杨西仑 / 19
有"奏效"，无"凑效"　　李可钦 / 20
司马懿临事"拆冲厌难"？　　周　振 / 21
何为"晴川"　　邹身坊 / 22
"无韵之《离骚》"是指《红楼梦》吗　　胡隆佳 / 23
"鼋"与"蠵龟"　　张良国 / 24

学林
多音字的增加和减少　　苏培成 / 25

栏目	篇名	作者	页码
微型讲坛	"小友"称谓古今谈	韦言	/28
	"怕瓦落地",修辞音译词	宗守云	/31
追踪荧屏	莫把"蓉城"当"榕城"	古桥	/33
	崇祯自杀后,清军才入关	邓晓冬	/34
	美人如玉称"璧人"	欧阳昌宏	/35
	"二拍"与冯梦龙无关	李景祥	/36
	"芙蓉出水"是形容谢朓的诗吗	陈明洁	/37
朝花夕拾	咬嚼日记摘钞(16)	郝铭鉴	/39
	渐行渐远的"馀"		/39
	从"淑女"说起		/40
网语漫谈	今天,你"吸猫"了吗	朱玲奕	/43
	你这是在搞事情	卢林鑫	/45
华语圈	台湾的22K	高婉瑜	/47
	新加坡的咖啡店	汪惠迪	/48
	挂风球和水浸	田小琳	/49
	拉布与剪布	马毛朋	/51
	"组屋"与"公寓"	杨欣儒	/52
谈联说谜	熟谙别称能破谜(下)	江更生	/54
	《二十年目睹之怪现状》里的灯谜	刘茂业	/56
重读经典	编辑应当具有哪些修养	吕叔湘	/57
向你挑战	一本内容绝无错误的生物学著作	梁北夕 设计	/60

顾　问

张　斌　　濮之珍
何伟渔　　陈必祥
金文明　　姚以恩

名誉主编　郝铭鉴
主　编　　黄安靖
副主编　　王　敏

特约编委

汪惠迪(中国香港)
田小琳(中国香港)
林国安(马来西亚)
吴英成(新加坡)

责任编辑　施隽南
发稿编辑　何中辰
　　　　　　朱恺迪
通　联　　张　炜
封面设计　王怡君

特约审校

蔡维藩　　陈以鸿
李光羽　　王中原
张献通

凡本刊录用的作品,其与《咬文嚼字》相关的汇编出版、网上传播、电子和录音录像作品制作等权利即视为由本刊获得。上述各项权利的报酬,已包含在本刊向作者支付的稿酬中。如有特殊要求,请在来稿时说明。

城市的"语言景观"

◎仓卒

一个城市有一个城市的风貌。构成这个风貌的，除了湖光山色、高楼大厦、车水马龙，还有语言。街头的店招、商标、广告、标识……，是一个城市独特的语言景观。它能体现一个城市的文化品格，甚至能营造丹纳所说的"精神气候"。

60多年前，我从苏北到上海，住在苏州河的北岸。"浜北"和"浜南"，虽只一河之隔，但风光景物颇多野趣。我依稀记得的语言景观，一个是在电线杆上或小便池边，不时会贴出一张红纸，上面写着"天皇皇，地皇皇，我家有个夜啼郎，过路君子念一遍，一觉睡到大天亮"。同学劝我别念，我却每次都会驻足，都会默念，而且不止念一遍，简直有一种读唐诗的快感。

另一个是在弄堂深处，总有人用毛笔歪歪斜斜地写上一行大字："在此小便是乌龟！"几乎每条弄堂都有。后来读鲁迅杂文，才知道原来它是一道传统的语言景观。

1970年代，正是"文革"的疯狂时期，我在某市级机关工作。每逢"五一""十一"两个重大节日，都要奉命草拟标语，报送市里头头批准后，便下发到各区制作。上海各大"制高点"，第一百货商店、国际饭店、市工人文化宫、大光明电影院，都是悬挂标语的绝佳位置。每次悬挂停当后，我都要"巡视"一番，只见一条条标语如红色瀑布一般，飞流直下，气势如虹，惊心动魄。殊不知正是这些标语形成的语言景观，让我们这座城市显得喧嚣、浮躁和失态。

俱往矣！社会在发展，城市在变化。如果说当年还没有自觉的语言景观意识的话，那么今天人们已高度重视环保。不但重视自然景观，而且重视人文景观，不但追求商业效果，而且追求文化涵养。营造健康的语言环境，已经成为城市文明建设的题中应有之义。

城市的语言景观，第一要体现学养。街头的文字布置，要让人看到这座城市的文化底蕴。无论是挥毫泼墨，还是遣词造句，不出错是底线。如果乘车时进的是"侯车亭"，休假时住的是"渡假村"，广场上竖立的是"严谨扒窃"的宣传牌，餐馆里推出的是"大陷馄饨"的广告语，那恐怕是很难让人对这座城市在文化上高看一眼的。作家龙应台曾说过，看一个城市是不是现代的，下一场暴雨就够了。如果雨后交通不受影响，生活依然有序，这个城市就是现代的。仿照她的说法，也可以说看一个城市是不是有文化，瞄几块广告牌就够了。如果广告牌上用字正确，书写规范，措辞得体，这个城市就是有文化的。

城市的语言景观，第二要讲究气质，要从文字上反映这座城市的顾盼自如，泱泱大度，志存高远。商业宣传中谐音修辞曾十分流行，其中不乏语言智慧，但稍有不慎便会显出小家子气。修指甲的取名"甲舞风云"，做头发的自称"最高发院"，自以为聪明过人，却有一种搔首弄姿的轻浮相。旧时的里弄，常常取名"集贤里""嘉德坊"之类，于不露声色中自有一股书卷气；如今新建的大楼，不少以洋名炫人，说穿了不过是攀龙附凤的心态作怪。难怪一位住在"罗马花苑"的文化名人，别人问她住在哪里，她觉得难以启齿。

城市的语言景观，第三要重视格调。要有基本的是非观，不能自轻自贱，以老莱子娱亲的方式逗人一笑；更不能把流氓腔、无赖腔、痞子气视为个性。某城市曾有一座塔玛地大楼，如果这个名称仍然保留的话，无疑是城市的耻辱。本人曾见到一家卖狗熊玩具的小店，竟取名"奶奶的熊"，店家以为是在展示幽默，说得不客气点，无异是在和道德开玩笑。最近闹得沸沸扬扬的"叫了个鸡"炸鸡店，不管怎么辩解，这个居心叵测的店名，都是对民族的文化传统，对社会的公序良俗的公开叫板。

除上所述，城市的语言景观，还要突出一个"美"字，要让人觉得赏心悦目，要体现城市的审美追求。记得曾和费锦昌先生议论过这个问题，当时我们正走在一条街上，两边商店鳞次栉比，生意一片红火。这些商店的招牌，清一色是用有机玻璃制作的，粗壮的字体配以耀眼的灯带，白天银光闪烁，夜晚霓虹璀璨。在貌似繁华之中，透出一个"俗"字。过去的商店招牌，可不是这种作派，哪怕是路边小店，招牌上的字也是值得玩味的。更不用说齐白石题写的"烤肉宛"，启功题写的"同仁堂"，那已经进入了艺术的境界。

总之，城市的语言景观，是和城市的文化眼光联系在一起的。记得梁从诫先生写过一篇回忆文章，说自己的父亲母亲、著名建筑学家梁思成林徽因曾为北京王府井人立地毯分公司门市部设计过门面，后来却被某时装公司拆除了。梁从诫先生愤慨地说："名家手笔还不如廉价的铝合金装饰板，这就是时下经理们的审美标准和文化追求。"在讨论城市的语言景观时，这句话是值得深思的。

时尚词苑

探究励志语『诗与远方』

◎曹志彪

近些年,常听说有人利用假期甚至辞掉工作,以自驾、骑车乃至徒步的方式,或穿行川藏公路进西藏,朝圣布达拉宫,或前往滇西北去丽江,探秘香格里拉,一路上在微信朋友圈和微博里晒出自己在远方的自拍照,宣称自己远离了喧嚣与纷扰,获得了精神的解放和心灵的升华。他们往往会打着追寻"诗与远方"(或作"诗和远方")的旗号,不论富游或穷游,都表现得义无反顾,乐此不疲。2015年河南一名女教师写下的那封"史上最具情怀"辞职信"世界那么大,我想去看看",也曾被人们视为追求"诗与远方"的宣言书,在网上掀起了不小的波澜。

还有一群人痴迷于阅读或其他文学艺术活动,一边在网上贴出他们的收获和体会,一边感慨"唯有阅读,才有诗与远方""艺术让我们看见诗与远方"。2016年2月以来在央视热播的《中国诗词大会》,在全国掀起了一股古诗词热,人们惊呼诗词大会唤醒了人们心中的"诗与远方"。

突然成为流行语的"诗与远方"究竟从何而来呢?一般认为是著名音乐人高晓松第一个推介到网络媒体并使它广为人知的。高晓松在2011年5月17日因危险驾驶罪被判拘役六个月,出狱后写下的《高晓松184天监狱生活实录:人生还有诗和远方》里面有这样一段话:

我妈说生活不是眼前的苟且,生活有诗和远方。我和我妹深受这教育。谁要觉得你眼前这点苟且就是你的人生,那你这一生就完了。生活就是适合远方,能走多远走多远;走不远,一分钱没有,那么就读诗,诗就是你坐在这,他就是远方。越是年长,越能体会我妈的话。

不少人是因为这段文字而首次知道"诗与远方"这个词语的。后来,高晓松在他担任主要嘉宾的脱口秀节目《奇葩说》中,经常将"生活不止眼前的苟且,还有诗与远方"挂在口边,观众对此印象深刻。随着节目的热播,"诗与远方"就传得更广了。高晓松还亲自创作了一首歌,歌名叫《生活不止眼前的苟且》,在2016年正式发布并用作他在爱奇艺视频网主持的一档节目《晓松奇谈》的主题曲。歌词中讲述:"在临别的门前,妈妈望着我说/生活不止眼前的苟且,还有诗和远方的田野/你赤手空拳来到人世间,为找到那片海不顾一切"。这首歌给"诗与远方"的流行火上浇了一把油。

然而,经进一步的查证,"诗与远方"并不是在《高晓松184天监狱生活实录:人生还有诗和远方》中首次提出的。早在2010年,梁思成的学生、著名的建筑学家、高晓松的母亲张克群教授出版了一本著作《红墙黄瓦》(机械工业出版社),高晓松为这本书写的序言中就说:"妈妈从小告诉我们的许多话里,迄今最真切的一句就是:这世界不止眼前的苟且,还有诗与远方——其实诗就是你心灵的最远处。"这大概就是最早提到"诗与远方"的文字。

这样看来,说是高晓松把"诗与远方"叫响的,应该不假,但不得不说,真正"版权"是属于张克群教授的。

高晓松如此执念于"诗与远方",与他的身世和成长经历是有关系的。他家世显赫,家境优裕,长辈中满是院士、教授这样级别的知识分子。他成长过程中所受的教育自然和普通家庭大有不同,想必关于"诗与远方"的教育从他开始记事就在心中深深埋下了种子。另外,他的中学阶段正值上世纪80年代,中国文坛掀起了狂涛般的现代诗潮。正因为受这股诗潮的影响,他后来放弃大学所学的理工科专业,转而从事文艺工作。他说过:"像我这样出生于(上世纪)60年代,成长于(上世纪)80年代的人很多都对诗歌有着很深的情结。"他还曾表示自己唱过歌,写过歌,拍过电影,出过书,有很多种身份,但是最想做的还是诗人。在那个年代,杰出诗人辈出,如舒婷、顾城、北岛、海子等。其中舒婷、海子等都写过以"远方"为题的诗歌,几乎每一位诗人都曾描绘过"远方"的意象。"远方"在那个年代有着特殊的意义,诗人们都在探寻各自不同的"远方"。这些"远方"的诗和诗中的"远方",对年轻的高晓松影响很深。

"诗"作为一种文学体裁,用以言志抒情,属于精神产品;"远方"本为遥远的地方,是一个空间概念。这两样东西并列在一起貌似有些不太搭调,却有着内在的统一。"诗与远方"中"诗"不单指诗歌,它更是代指创作、阅读、鉴赏所有文学艺术作品的活动,乃至于更丰富的精神生活;"远方"不仅指具体空间的远处,更包括心灵神游的广阔时空。"诗"即"读万卷书",那是心灵可以抵达的远方;"远方"即"行万里路",那是人身可以触及的诗境。"诗与远方"就是从空间或精神上脱离眼下现实的一种理想生活状态。

作为励志语,"诗与远方"在网上暴热刷屏,在报刊上也频频亮相。很多人将其奉为"金句",欣然接受,认为现在的人有太多的艰辛和负累,应该多一些"诗与远方",在埋头走路的同时要抬头看看周围和远处的风景。

如果联系"生活不止眼前的苟且,还有诗与远方"这句话来完整理解,"眼前的苟且"和"诗与远方"在我们生活中并不是非此即彼。我们的生活既需要脚下坚实的大地,也需要天空的云卷云舒;既需要凡尘俗世的"烟火气",也需要超然物

点点积累,"蝶变"重生

◎刘东怿

相信大家对"蝶变"一词并不陌生。不过,该词已从生物领域的专有名词演变为当红流行词,使用的范围扩大了,成了新闻媒体的宠儿。例如:

(1)乡村建设不断推进,三亚市中廖村这个曾名不见经传的黎族村落已绽放新颜,"蝶变"为海南颇有名气的"明星"村落。(《人民日报》2017年7月18日)

(2)自常德入选海绵城市建设以来,始终立足水城特色,坚持以问题为导向,攻坚克难、打造范例,拉响了城市蝶变的序曲。(《中国城市报》2017年5月22日)

"蝶变"的本义是指像毛毛虫之类"完全变态"的昆虫由幼虫变形为成虫的过程。(蝴蝶的)幼虫在经历了几次蜕皮后发育长大,化成枣核形的蛹,在停止活动和摄食后,蛹破了壳,褪去丑陋的外皮,化身为成虫——美丽的蝴蝶。流行词"蝶变"是比喻一种事物不断地积累与改变的过程,是朝着美好的方向,通过点点积累,最后获得了质变与重生。例如:

(3)国际竞争日趋激烈,中

外的"仙气"。至于"眼前的苟且"和"诗与远方"谁更重要,需要自己去掂量;生活中哪样多一点,哪样少一点,还得自己去勾兑。但请记住荷尔德林所说的:"人生充满劳绩,但我们仍要诗意地栖居在大地上。"

国企业有"蝶变"的内生动力,也面临"突围"的外部压力。"有'智'才能有'质'。"(《新华每日电讯》2016年3月9日)

(4)短短几年间,华阳湖完成了从"污染重灾区"到"湿地公园"的美丽蝶变。(《南方日报》2017年2月14日)

以上两例中,例(3)的"蝶变"说的是"中国企业"要转型发展必须用"智慧""智力"来完成质变;例(4)的"蝶变"说的是华阳湖由污染重灾区到旅游景点的华丽质变。

最初,"蝶变"的陈述对象是非人物主语,所指范围较为广泛,以城乡建设和企业转型为主。例如:

(5)近年来,广西柳州突出绿色发展理念,实现从"酸雨之都"到"花海城市"的蝶变。(《人民日报海外版》2017年9月15日)

(6)格力电器用核心科技为中国造注入了灵魂,正实现"中国制造"向"中国创造"的蝶变。(《惠州日报》2016年4月8日)

随着"蝶变"的流行,其陈述对象也可以扩展到人物主语。例如:

(7)从贫困户到村里产业发展的带头人,兰考县惠安街道办范楼村的王双磊有了令人惊叹的蝶变。(《河南日报》2017年1月25日)

(8)"我以前靠捡垃圾为生,现在是凭种魔芋致富。"小河乡乌石村贫困户邱长华实现了人生的精彩蝶变。(《农民日报》2016年12月15日)

请注意,"蝶变"与有人所说的"蝶变效应"并不是一回事。所谓"蝶变效应"即著名的"蝴蝶效应"。1963年美国气象学家洛伦芝(Lorenz)指出,南美洲亚马孙流域热带雨林中的一只蝴蝶偶尔扇动翅膀,由于种种因素,有可能在美国得克萨斯州引起一场龙卷风。这是"蝴蝶效应"的初始义。常用的比喻义是一件表面上看来毫无关联的非常微小的事情在一定条件下可能引发巨大的改变。

"蔽"与"敝"要分清

◎阎德喜

《随笔》2016年第2期刊登的《启开记忆之门》,有对"苏联30年代肃反扩大化"的评述:"后来知道处决的人实在太多,数以百万计,已非'扩大化'一词所能敝之……"文中"敝"乃"蔽"之误。

"蔽",义为覆盖、遮挡,引申有涵盖、概括之义。有个成语叫"一言以蔽之",就是用一句话来概括它。语出《论语·为政》:"《诗》三百,一言以蔽之,曰:'思无邪。'"上述文章中谈到的苏联肃反扩大化,数以百万计的被处决者中,有大量的无辜者仅因政见不同而被滥杀,并非简单地用"扩大化"去概括这件事,此处用"已非'扩大化'一词所能蔽之"来表达是到位的。

"敝"有破烂、破旧、衰败等义,也可用作谦词,来称呼跟自己有关的事物,如敝人、敝处。这些义项都与前文的语境不符。

"造价"如何"不斐"

◎新 德

《中国青年报》2017年7月24日刊有《走近卫星"起死回生"背后的"牧星人"——"天地大营救"》一文,文中说道:"如果卫星发生异常,不能有效注入控制指令,卫星无法转入正常运行姿态,造价不斐的卫星,就将沦为毫无用处的太空垃圾。"何谓"造价不斐"?应是"造价不菲"。

菲,是一个多音多义字。读为fēi时,表示花草茂盛、美丽,也是一种有机化合物名;读为fěi时,古指萝卜一类的菜,也指微薄或使之微薄,如妄自菲薄。造价不菲,就是说制造所需的费用不少。

斐,音fěi,表示有文采。南朝刘勰《文心雕龙·章表》中有"辞令有斐"一语,即文辞要有文采。常用"斐然"一词来形容富有文采,如斐然成章。"斐然"一词也可指显著,如成绩斐然、斐然可观等。"菲""斐"字义迥异,"造价不斐"无法索解,上述文章中应该用"造价不菲"。

何谓"冬烓先生"
◎温守江

《文史天地》2017年第4期刊载了《郭子仪的成功之道》一文,其中说道:"换句话说,郭子仪早已活在了千百万人中间……李光弼却不过是史书上的一个符号而已,有如当今世上越来越稀罕的……钻故纸堆的冬烓先生。"文中"冬烓先生"之说让人费解,应为"冬烘先生"。

冬烘,语出五代王定保所著《唐摭言》:唐宣宗时期的一次科举考试,主考官礼部侍郎郑薰在评卷时,把一个叫颜标的考生错当成鲁公(颜真卿)的后代,将他取为状元。此事传开后,时人作诗嘲讽云:"主司头脑太冬烘,错认颜标作鲁公。"即说郑薰头脑糊涂,凭主观行事。后用"冬烘"形容人思想迂腐,知识浅陋。如冬烘先生,旧指塾师,常含讥诮其迂腐浅陋之义。巴金先生的《春》中有用例:"横竖在书房里跟着那个冬烘先生读书也得不到什么有益的知识。"结合文意,上述引文中显然是要用"冬烘先生"一词。

"烓",读音为tōng,指火势旺盛,"冬烓"之说不通,古今汉语中没有"冬烓先生"的说法。

"血"不可"弑"
◎方德佺

2017年第8期《上海文学》刊有《他乡》一文,文中这样说道:"有些事情,是一定要沉瀣一气的,只有沉瀣一气了,才算弑血为盟,成为桃园结义般的兄弟——那事之前,老蒲叫孟渔为'小孟'的,之后呢,孟渔就成'孟渔老弟'了。"其中,"弑血为盟"应是"歃血为盟"之误。

歃,音shà,义为饮、吸。歃

血,即饮血。古代举行盟会时,盟约宣读后,参加者用口微吸牲畜的血或嘴唇涂上牲畜的血,表示精诚团结,结成同盟,这就是"歃血为盟"。

弑,读作shì,古代地位卑下者杀死尊长为"弑",如臣子杀死君主即"弑君",子女杀死父母即"弑父""弑母"。"血"如何"弑"?"弑血"无从说起,误"歃"为"弑",应是音近所致。

此"盼"非彼"判"

◎厉国轩

《快乐生活》2017年第2期《忘记年龄》一文,引用了陆游《木兰花·立春日作》中的句子:"春盘春酒年年好,试戴银幡盼醉倒。"在陆游的原词中是"判醉倒"而非"盼醉倒","判""盼"不能混淆。

《木兰花·立春日作》一词为陆游任夔州通判时所作。宋时有习俗,立春这一天,士大夫头戴幡胜,以示吉庆,又趁立春佳节,置酒设馔,开怀畅饮。"判"有一义同"拚",义为舍弃不顾,甘愿,豁出去。唐代元稹《采珠行》:"海波无底珠沉海,采珠之人判死采。"北宋晏几道《鹧鸪天》:"彩袖殷勤捧玉钟,当年拚却醉颜红。"其中的"判死""拚却"均有拼命、不顾一切的意思。"判醉倒"即不顾一切地痛饮,直至醉倒,"判"与"试"在情绪上形成了一个对比。

"盼"本义为眼睛黑白分明的样子,如我们常用来形容美人的"美目盼兮",也指看,望。"盼醉倒"可解释为盼望醉倒,与"判醉倒"在意思和情绪表达上都存在一定的差距。

用马槽"殄尸"?

◎李延春

齐鲁书社1991年7月出版有《中国十大古典喜剧集》一书,其序言中这样写道:"《看钱奴》描写贾仁如何以虚言假意骗取了增福神的同情……写他怎么因为狗舔了他一个手指头上揩来的鸭油得病,临终时怎样嘱咐儿子用马槽殄尸,都会令人大笑不禁。"这里的"殄"应是"殓"之误。

殄,音tiǎn,义为灭绝、绝尽,如殄灭、殄绝。成语"暴殄天物"就是任意灭绝东西的意思。"殄尸"是什么意思?灭绝尸体?上述引文中是说《看钱奴》中贾仁嘱咐儿子如何为他处理后事,使用"殄尸"语意难解。

殓,读为liàn,指给死者穿衣入棺,如收殓、入殓。收殓,指将尸体装裹后置入棺木。入殓,就是将死者装入棺材。"殓尸"即给尸体穿衣入棺,正合上述引文文意。将"殓"误写为"殄",应该是形近所致。

冬天岂能下"霉雨"

◎阎南岗

《随笔》2003年第1期刊登的《借问沈园》中,有对绍兴的描写:"冬天的一场霉雨下在这座城市阴寒的街道上……"读至此处疑窦顿生。绍兴是座典型的江南城市,冬天会下"霉雨"吗?

"霉雨"也作梅雨,即黄梅季下的雨。初夏出现在中国江淮流域至日本中南部雨期较长的阴雨天气,彼时正值梅子黄熟,故名。这段时期,天气转暖,连续下雨导致空气潮湿,湿暖的环境使得衣物非常容易发霉,故也以霉雨称之。明代李时珍《本草纲目》:"梅雨或作霉雨,言其沾衣及物,皆生黑霉也。"冬天距黄梅季远矣,天气寒冷,可能下寒雨,可能下冻雨,怎么也不会下"霉雨"。

"信马由疆"?
"信马由缰"!

◎吴 用

《老年周报》2017年9月17日第16版上有《我的阳台书房》一文,文中有段文字说道:"阳台书房是我最好的心灵休憩之所。昂坐转椅之上,手捧一壶香茶,思绪信马由疆,身心彻底放松,说不尽的愉悦与惬意。"其中的"信马由疆"应是"信马由缰"之误。

信,义为听任。由,义为听凭。缰,指缰绳,即牵马的绳索。信马由缰,指人骑在马上不拉缰绳,让马自由自在地行动,也比喻漫无目的地闲逛或随意行动。

疆,是边界、疆界。国家领土大小谓之疆域,国家或地域的边界谓之疆界。"信马由疆"语意难解。引文中是说作者坐在阳台书房中,让思想情绪彻底放松,不加约束,用"信马由缰"才是正确的。

"民国四年"哪有国民政府

◎李光羽

《解放日报》2017年2月20日载有《他让中国的马牛羊吃上了盐》一文,文中写道:"民国四年(1915)10月,国民政府盐务署批示……"但是,"民国四年"还没有"国民政府"。

中华民国于1912年元旦成立,孙中山任临时大总统。经过南北双方会谈磋商,南京临时参议院选袁世凯为临时大总统,同年3月10日袁世凯宣誓就任。袁世凯是北洋军阀集团首脑,从那时起,中华民国进入北洋政府时期。四年后袁世凯称帝,失败后不久病死。袁世凯死后,北洋统治集团分崩离析,政局动荡不安。1925年7月,中国国民党成立广州国民政府,发动北伐战争。1927年4月,成立南京国民政府。1928年12月东北易帜,南京政府从形式上统一了中国,中华民国进入了国民政府时期。因此,"民国四年(1915)10月"只有北洋政府,没有国民政府。

何为"豃斗"

◎浦东轩

《益寿文摘》2016年12月

23日有《看一看古人如何吃火锅》一文,文中说道:"出土文物中的'豔斗',就是火锅。"但是出土文物中没有"豔斗",只有"鐎斗"。

鐎,音jiāo,《说文》:"斗也。"鐎斗是古代的一种三足有柄的金属器皿,一般为铜制,是一种炊具。有人认为它是温酒器,也有人认为是煮茶的用具,众说纷纭。军中也使用鐎斗在夜间打更报时,或用作警示信号。

豔,音yàn,是"艳"的异体字,本义是丰满而美丽,引申指华美、漂亮、色彩鲜明等义。出土文物中并没有"豔斗"这种器具。

可以宣读的是"谕"不是"渝"

◎马秋影

2017年8月28日《北京晚报》第33版上刊有《开学日期演变》一文,其中说:"癸卯学制规定各级学校在月朔日(每月的初一为朔日),监督、教员须召集学生到礼堂,宣读《圣渝广训》。"这里的"圣渝"应改为"圣谕"。

谕(yù),从言,俞声,有明白、告知等义项。旧时上对下的文告、指示也称"谕",特指皇帝的诏令,如圣谕、面谕。《圣谕广训》于雍正二年(1724)面世,其中"圣谕"是康熙九年(1670)所颁,共十六条,每条七个字。雍正即位后,对每一条"圣谕"都进行了诠释和衍说,最后编成万言长篇,定名《圣谕广训》,由官府刊印。此后的历代清政府都将此书奉为思想道德教育的圭臬。

渝(yú)本义是由清变污,引申指改变、变更。在古代也用作水名、州名,现是重庆市的别称。世上并无《圣渝广训》可宣读。

《淳化阁帖》编于何时

◎青 莲

《中华遗产》2017年第5期

上刊有《拓片收藏 文人偏爱黑老虎》一文,文中写道:"淳化三年(992),为了便于向古人取法,宋高宗倾尽皇家书法藏品,刻于枣木之上,然后传拓成册,这就是大名鼎鼎的《淳化阁帖》。"这一说法有误,下令编订《淳化阁帖》的不是宋高宗,而应该是宋太宗。

《淳化阁帖》,简称《阁帖》,是一部汇集各家书法墨迹的法帖,法帖就是摹刻在石版或木版上的法书(具有一定书法艺术成就的作品)以及其拓本。北宋淳化三年(992)宋太宗赵炅出秘阁所藏的历代书法名家作品,命侍书学士王著编次,摹刻在枣木板上,拓赐给大臣。自此刻帖盛行,因此后世称《淳化阁帖》为"法帖之祖"。

宋太宗赵炅(939—997)是北宋太祖赵匡胤之弟,而宋高宗赵构(1107—1187),是宋太宗第六代孙,南宋第一位皇帝,两者之间隔了七位皇帝,生卒年相距近200年,不应混淆。

"视死如归"是曹植所创吗

○辜良仲

2017年5月5日《中国纪检监察报》第5版有一篇题为《每个字都传承着中华文化基因——专访著名学者王立群》的报道,在接受采访时王立群先生这样说道:"曹植的《白马篇》末尾两句:'捐躯赴国难,视死忽如归!'如果要把自己的生命捐献给国家的话,毫不犹豫。由此还创造了一个成语,叫视死如归。""视死如归"是曹植创造的吗?此说有待商榷。

视死如归,义即把赴死看作如同回家一般,形容不畏惧死亡。《管子·小匡》:"平原广牧,车不结辙,士不旋踵,鼓之而三军之士视死如归。"《管子》是战国时齐稷下学者托管仲之名所作,汉代有所附益,全书共二十四卷。由此可见,这个词语最晚在秦汉时已被人使用,不可能是曹植所创。

虎门销烟的是"湖广总督"

◎杨西仑

2017年9月14日《平顶山晚报》A16版上有一篇名为《虎门销烟》的文章,文中写道:"当时,钦差大臣林则徐以两江总督的身份管起了两广的事。"这里的"两江总督"是"湖广总督"之误。

林则徐(1785—1850),字元抚,一字少穆,福建侯官(今福州)人,清代道光年间禁烟派代表人物。林则徐曾任江苏巡抚、湖广总督、两广总督等职。1838年,林则徐任湖广总督,任内严厉禁烟,成效卓著。12月,受命为钦差大臣,前往广东查禁鸦片。次年3月到广州。为了解西方情况,派人翻译外文书报,编成《四洲志》。后魏源受林则徐嘱托,在此书基础上编撰了《海国图志》。该书对当时和后来的思想界有很大影响,对日本明治维新也有一定影响。1839年6月,林则徐严令英美烟贩缴出鸦片二百三十七万多斤,在广东虎门海滩集中销毁,史称"虎门销烟"。

清代除去设河道总督与漕运总督外,以总督为地方最高长官,辖一省或二三省,综理军民要政,有直隶总督、两江总督、湖广总督、两广总督、四川总督、闽浙总督、云贵总督、东三省总督和陕甘总督等。直隶总督总管直隶省的军民政务,明代时称直接隶属于京师的地区为直隶,清代直隶省相当于今河北省。两江是清初江南省和江西省的合称,康熙初江南分为江苏、安徽两省,但统辖这三省的总督仍沿称两江总督。湖广总督总管湖北、湖南两省的军民政务。元代置湖广行省,其辖境为今湖南、湖北、广东、广西以及贵州和四川的一部分,明清时辖境约当今湖南、湖北两省,但

有"奏效",无"凑效"

◎李可钦

近日读报,发现"凑效"一语常见之于报端,如:

(1)为了漕运,明万历年间,河道总督李化龙奉旨开挖了泇运河,结果并不凑效。(《彭城晚报》2017年8月25日第14版)

(2)妈妈教育我的方法很独特,简单而凑效,就是在关键时候悄悄地使劲捏我一把,让我感到痛。(《阳泉日报》2017年9月1日第07版)

这些句子里面的"凑效"应是"奏效"之误。

"奏效"一词源自《战国策》中苏秦用连横之策游说秦惠王:"以大王之贤,士民之众,车骑之用,兵法之教,可以并诸侯,吞天下,称帝而治,愿大王少留意,臣请奏其效。""奏"是陈述的意思,"奏其效"即陈述其功效。后来用"奏效"指收效、见效以及发生预期的效果。前面所引用例中,使用"奏效"一词都符合句意。"凑"有会合、接近、碰、赶等义,与"效"组成"凑效"都难以说通。

司马懿临事"拆冲厌难"?

◎周 振

《报刊文摘》2017年4月14日第3版刊有《〈军师联盟〉以外真实的司马懿:儒枭、隐雄、全才》一文,其序言中有这样的话:"司马懿的清廉刚正、才能出众,可是朝野公认的——曹植就曾经这么称赞他:'魁杰雄特、秉心平直。威严足惮、风行草靡。在朝廷则匡赞时俗、百僚侍仪;一临事则戎昭果毅、拆冲厌难。'"其中"拆冲厌难"错了,应为"折冲厌难"。

折是个多音字,读zhé时,义为断、使断(如"骨折""攀折"),死亡(多指早死,如"夭折"),挫败(如"挫折""百折不挠"),减损(如"折寿""损兵折将")等。"冲"为古代的一种战车,用来冲城攻坚。折冲,意为击退敌人的战车,借指克敌制胜。《吕氏春秋·召类》:"夫修之于庙堂之上,而折冲乎千里之外者,其司城子罕之谓乎!"厌,有镇服、损抑之义,折冲厌难,谓能压服困难,御敌制胜。前文中曹植赞司马懿才能出众,遇事果敢,能够在困境中取胜,用"折冲厌难"才符合文意。

拆,本义为把合在一起的东西分开、打开,如"拆洗""拆封",引申义有除去、毁掉等,如"拆迁""过河拆桥"。"拆冲"难以索解。

《火眼金睛》提示

图1,"可塑"应为"可溯"。
图2,"沉静"应为"沉浸"。
图3,"纤绳"应为"牵绳"。
图4,"竟是春"应为"尽是春"。

何为"晴川"

◎邹身坊

《汉语大词典》对"晴川"的释义是:"晴天下的江面。晋袁峤之《兰亭诗》之二:'四眺华林茂,俯仰晴川涣。'唐崔颢《黄鹤楼》诗:'晴川历历汉阳树,芳草萋萋鹦鹉洲。'清方文《田家》诗之一:'出郊聊散步,芳草艳晴川。'"这里对"晴川"的释义不完整,"晴川"除指"晴天下的江面"外,还可指"晴天下的原野"。

川,本指河流,《说文解字》:"川,贯穿通流水也。"因山间或高原之间夹着的平地像河水夹在两岸间一样,故"川"也引申指山原间平坦的陆地。晴,在这里指晴天下,所以"晴川"应释义为晴天下的江面或原野。古诗词中,有不少"晴川"指晴天下的原野。如宋代苏庠《菩萨蛮·年时忆着花前醉》的"麦浪卷晴川"就是说晴天下,风起处,麦浪翻滚起伏;又如宋代王之道《用陈阜卿劝农韵呈宣城太守》的"耒耜遍晴川",句中的"耒耜"指农具,诗句的意思是指原野上扶犁耕种的农人很多。

再来看"晴川"条目下所举的书证。"四眺华林茂,俯仰晴川涣"中"涣"是水势盛大的样子,"晴川"可理解为"晴天下的江面"。这没问题,但是另外两例恐怕存在一些问题。"晴川历历汉阳树,芳草萋萋鹦鹉洲"两句诗在《汉语大词典》中同时也是"川"字条目下"平川、原野"义项的例证,这就与"晴天下的江面"相互矛盾。而"出郊聊散步,芳草艳晴川"两句,芳草出现在原野中更为常见,也更合理些。

所以,《汉语大词典》应在"晴川"的释义中加上"或原野"三字。对晴川的理解,因诗而异,这样总括的诠释能补上原有的漏洞。

"无韵之《离骚》"是指《红楼梦》吗

◎胡隆佳

2017年7月28日《文汇报》第11版刊有《红楼随谈》一文,文中有这样一段话:"我曾说《红楼梦》带有诗的素质,我后来想起鲁迅老早就说过了,说《红楼梦》是'无韵之《离骚》',《离骚》当然是一首长诗了,鲁迅这句话是赞赏得最恰当不过了。"鲁迅说过《红楼梦》是"无韵之《离骚》"吗?答案是否定的。

"无韵之《离骚》"的确是鲁迅先生所说的,出自他的《汉文学史纲要》。但"无韵之《离骚》"并不是说《红楼梦》,而是在说西汉司马迁所著的《史记》。鲁迅先生将《史记》评价为"史家之绝唱,无韵之《离骚》"。"史家之绝唱"是说《史记》是一部伟大的历史著作,其他历史著作难以与之比肩。而《离骚》是战国时期楚人屈原所作的一篇叙事长诗,作品运用美人香草的比喻、大量的神话传说和丰富的想象,文采绚烂、结构宏伟,对后世文学有深远影响。"无韵之《离骚》"就是在赞扬《史记》与《离骚》一样具有很高的文学价值。所以,"无韵之《离骚》"说的是《史记》而非《红楼梦》。

"鼋"与"蠵龟"

◎张良国

2017年8月10日《南方周末》23版刊登有《染指鼋汤》一文,文中说:"鼋读元音,其实常见,它就是驮着石碑的那巨龟,称鼋驼。鼋就是巨龟。"但是"鼋"就是"驮着石碑"的"巨龟"吗?"驮着石碑"的"巨龟"并非鼋,而应该是蠵(xī)龟。

鼋,音yuán,是一种鳖,亦称"绿团鱼""癞头鼋"。嘴突很短,背甲暗绿色,近圆形,长有许多小疙瘩。栖息于水流缓慢的江河和水库深水中,分布在中国云南、广东、海南、安徽等地,也见于缅甸、菲律宾等地。引文的标题《染指鼋汤》就是一个与鼋有关的典故,出自《左传》,是说有楚国人向郑灵公进献了鼋,郑灵公请大臣吃鼋汤时,故意不给子公吃,子公很生气,"染指于鼎,尝之而出",就是说用手指蘸鼎中鼋羹,尝尝滋味就走了。后来用"染指"借指分取非分的利益,也指参与分外的事情。

而石碑下的巨龟其实是蠵龟,又名赑屃(bìxì)、赤蠵龟。蠵龟是一种海龟,长约1米,背面褐色,混有黄色纹,腹面淡黄,头部有对称的鳞片,四肢呈桨状,尾短。主要分布于中国广东、台湾、浙江、江苏、山东、福建、海南沿海等地,也产于太平洋、大西洋。因其力大能负重,旧时石碑下的石座多雕成蠵龟的形状。

多音字的增加和减少

◎苏培成

本文说的多音字指的是多音多义字,指一个字用不同的读音表示不同的意义,而不是指多音同义字(异读字)。从汉字的历史演变说,字的读音一面产生分化,出现多音字;另一面不断调整,去掉那些不必要的多音。结果就是使汉字里的多音字保持在一定的比例上,比较适合应用。这是我们研究汉字读音时应该很好地注意的。

多音字的增加主要有两个原因,一个是词义的引申,一个是汉字的假借。词义引申时常伴随着读音的改变,形成了多音字。例如:

降。《说文·阜部》:"降,下也。"指由上走下来。《韩非子·外储说左下》:"登降肃让,以明理待宾。"古巷切,读 jiàng。引申为投降。《左传·襄公元年》:"彭城降晋。"下江切,读 xiáng。

饮。指喝。《论语·述而》:"饭疏食,饮水。"於锦切,读 yǐn。引申指使喝水。《左传·宣公十二年》:"将饮马于河而归。"於禁切,读 yìn。

背。《说文·肉部》:"背,脊也。"指脊背。《盐铁论·利议》:"议论无所依,如膝痒而搔背。"补妹切,读 bèi。引申为用脊背驮。李商隐《李贺小传》:"从小奚奴,骑疲驴,背一古破锦囊。"读 bēi。后作"揹"。《第一批异体字整理表》把"揹"并入"背"。

词的多数引申义和本义读音相同,例如"兵"的本义是兵器,引申指军队,都读 bīng,本文不讨论这方面的问题。

由于文字的假借，母字与假借字的读音常有变化。例如：

夫。《说文·夫部》："夫，丈夫也。"成年男子的通称。《孟子·梁惠王下》："内无怨女，外无旷夫。"甫无切，读 fū。假借为发语词。《左传·隐公四年》："夫兵，犹火也。"防无切，读 fú。

女。《说文·女部》："女，妇人也。"指女子。《诗·郑风·出其东门》："出其东门，有女如云。"尼吕切，读 nǚ。假借为汝，表示第二人称。《诗·郑风·蓁兮》："叔兮伯兮，倡予和女。"忍与切，读 rǔ。

卒。指步兵。《左传·僖公二十八年》："子玉收其卒而止。"臧没切，读 zú。假借为"猝"，指仓猝，急速。《墨子·七患》："心无备虑，不可以应卒。"仓没切，读 cù。

汉字简化时用近音代替，类似于古代的假借。例如：

干。干戈的干读 gān，代替枝幹的幹，读 gàn。

只。仅只的只读 zhǐ，代替一隻两隻的隻，读 zhī。

斗。升斗的斗读 dǒu，代替鬥争的鬥，读 dòu。

多音字的减少，也有两条路：一是改读，一是改写。改读时义项不减少，只是读音并入其他音项。这种例子很多。例如：

擘。《玉篇·手部》："擘，裂也。"指分裂。《史记·刺客列传》："既至王前，专诸擘鱼，因以匕首刺王僚。"博厄切，读 bò。擘又指大拇指。《尔雅·释鱼》："蝮虺博三寸，首大如擘。"《集韵·锡韵》蒲历切，读 bì，后改读为 bò。

养。《说文·食部》："养，供养也。"指养育。《礼记·大学》："未有学养子而后嫁者也。"徐两切，读 yǎng。又指供养、侍奉。《孟子·梁惠王上》："彼夺其民时，使不得耕耨以养其父母。"徐亮切，读 yàng，后改读为 yǎng。

胜。指打胜仗。《孟子·公孙丑下》："战必胜矣。"诗证切，读shèng。又指力能担任、经得起。《韩非子·扬权》:"枝大本小,将不胜春风。"识蒸切,读shēng,后改读为shèng。

1985年12月发布的《普通话异读词审音表》减少了普通话中的一些多音字,方便了使用。例如:

叶。叶公好龙的叶审定为yè,不读shè。

吃。统读chī。口吃(结巴)的吃本读jí,现改读chī。

从。统读cóng。从容的从本读cōng,现改读cóng。

改写就是不改变字的读法,而是改变字的写法。改写可以减少多音字,但是增加了字数。例如:

舍。有两个读音,都写作舍:指房舍,读shè;指舍去,读shě。后来舍去的舍写作"捨"。《醒世恒言》第三十四卷:"道人道:你莫非懊悔,不捨得这车子钱财么?"《简化字总表》规定"捨"简化为"舍","舍"又成为多音字。

扇。有两个读音,都写作扇:指扇风的用具时,是名词,式战切,读shàn;指摇动扇子使生风时,是动词,式连切,读shān。后来动词的扇写作"搧"。《金瓶梅词话》第五十二卷:"只顾搧扇子。"《新华字典》《现代汉语词典》都把"搧"作为异体并入"扇",使扇成为多音字。

那。"那"是多音字:作姓氏时读Nā,作指代词时读nà,作疑问词时读nǎ。《水浒传》第二十八卷:"只见那箇人走将入来,问道:那箇是新到囚徒武松?"在这个句子里,"那箇人"的"那"读nà,"那箇是"的"那"读nǎ。"五四"前后,疑问词"那"改写为"哪","那"减少了读nǎ的音。

全部消除多音字是做不到的,但是适当减少是可能的,特别是对群众中已经存在的减少趋势要积极加以引导。

"小友"称谓古今谈

◎韦言

我国传统文化中对称谓颇为讲究,尤其是人际交往时使用敬称和谦称,在一定程度上体现了社会的文明和个人的修养。但随着时代的变革,传统称谓已发生了很大的变化。有的因遗弃习俗而无法再兴,如称人以字表示尊敬,称己以名表示谦卑(如今已无成人取字习俗);有的因缺乏熏陶而误解误用,如近年来曾闹出称对方父亲为"家父"、为人妻者自称"贱内"等笑话。

尽管如此,传统称谓在一定的人群中还是经常被使用,比较多见于知识分子或文化人士之间。然而,由于年龄的关系,这一人群中使用传统称谓也时有误用的现象,"小友"用于自称和称同龄之人就是较少为人们注意的一例。

"小友"称谓起源颇早,本是年长者对所敬佩的年轻者的称呼。据《新唐书·李泌传》记载:李泌七岁能文,唐玄宗开元间曾得两位名相器重,一为张说(字道济,一字说之),在当面测试李泌的才能后"贺帝得奇童";另一为张九龄(字子寿,一名博物),对李泌"尤所奖爱,常引入卧内",因惊异于李泌对自己的直言指正,从此称呼他"小友"。后来年长者对少年朋友因敬佩而称为"小友",即本于此。"小友"称谓的另一种用法,是科举时代有科名者对未进学的童生所称。据《儒林外史》第二回:"原来明朝士大夫称儒学生员叫做朋友,称童生是小友。比如童生进了学,不怕十几岁,也称为老友;若是不进学,就到八十岁,也还称小友。"

科举时代虽然结束了,可是"小友"的前一种称谓还是被传承下来,如鲁迅《朝花夕拾·阿长与〈山海经〉》:"这老人是个寂寞者,因为无人可谈,就很爱和孩子们往来,有时简直称我们为'小友'。"杨绛《走到人生边上自说自话——答〈读书〉杂志编者》:"我是《读书》杂志的老读者。《读书》的编者多半是我的小友——很亲热的小友。"相传著名学者季羡林对他得意的学生或弟子从不单呼其名,而都是缀之以"小友"。2012年莫言获诺贝尔文学奖后,曾为西安14岁初中学生的作品作序,也称其为"小友"。

然而,近年来对"小友"称谓的误用,却时有所见。如某杂志2016年第1期上《又见未名湖》一文:"暑假,又至燕园。未名湖畔,博雅塔下,荷塘月色并非初会。记得懵懂少年、意气风发之时,也曾约三五小友,数临这梦中象牙塔,一品天之骄子的诸般氛围。"这里的"小友",不难窥见当是与作者同龄的"懵懂少年",而不会是幼儿园的小朋友。据作者文中自述"三十而立,再见燕园,不免心中惴惴,又存窃喜之心"云云,可见即便是从著名高等学府走出来的青年才俊,因缺乏语境熏陶而误用"小友"称谓,也在所难免。

以"小友"自称的现象,与这一传统称谓的文化内涵更显相悖,因为它无异于将带有赞佩之意的称呼拿来自我标榜而尚不自知,给人以啼笑皆非之感。如2014年出版的某散文集中,有一篇记我国著名女高音歌唱家刘淑芳的文章,在文末有这样几句话:"如今我与刘淑芳老人已经相隔千里了,但愿她能生活得开心,但愿她能够健康、长寿。刘淑芳阿姨,您的小友在北京祝福您了!"前些日子读到某大报上一篇文章,作者回忆与一位前辈学者在书店的一次邂逅及交谈,内心怀有深深的崇敬之情,两人聊兴甚浓而最后握别,不料一周后得悉那位前辈逝世,不禁唏嘘嗟叹,文末云:"往事如烟,一晃十五年,我现在还不确定,自己能不能算是王先生晚年交的最后一个后学小友?"作者如今已是一位大学教授,却也误将"小友"用于自称。

凡此种种误用,恐皆缘于对称谓的望文生义,正如某当代作家在自己的文论集中曾这样说过:"小友的解释极简单:年纪小的朋友。"这一简单的解释无疑屏蔽了"小友"称谓的文化内涵,有可能会对读者形成理解上的误导。好在作为一个历史悠长的称谓词语,当今一些大型辞书如《辞海》《辞源》《汉语大词典》等都予以收录,并作了正确解释,后学者可以通过查检而释疑解惑。

最后要说明的是,在清末到民国这一段时期,"小友"的称谓在戏曲界曾一度出现变异,只因当时政界学界的人大多瞧不起唱戏的艺人,有些喜欢优伶男宠的达官显贵,在赠予艺人书画或花篮时题款都以"小友"称之,时间一久这一称谓便走了味儿,以至一些成名的戏曲艺人以被称"小友"为耻,往往怒不可遏地销毁所赠此类题款的东西,来洗刷耻辱。有关记载在《梅兰芳传》(中国戏剧出版社2014年1月出版)和《齐如山回忆录》(上海文艺出版社2014年2月出版)等书中都有叙及。2007年出品的电视连续剧《秋海棠》(辛柏青等主演)中,也有达贵者在演出成功后送花篮题"赠吴玉琴小友",被主人公盛怒之下将花篮扔弃的情节。进入20世纪50年代以后,戏曲演员的地位大大提高,轻视他们为"戏子"的陈腐观念早已不再,因而"小友"称谓也回归其传统的内涵。1987年湖北省黄石市京剧团优秀青年演员桂汉庆在北京演出《闹龙宫》,得到老一辈戏剧艺术家曹禺等人高度赞扬,桂汉庆离开北京前特意登门看望曹禺并向他辞行。曹老让女儿为他与小桂拍合影照,当他见小桂彬彬有礼地站在身边时,曹老笑着说:"你是我的小友,不能再站着了。"于是亲热地拉着小桂与他并排坐在沙发上照相。此事见载于《戏剧报》1988年第3期,文章标题就叫《曹禺和他的"小友"——"小猴王"桂汉庆》。可见如今戏曲界对"小友"称谓也不再忌讳,其正面的文化内涵又得以恢复和显扬。

"怕瓦落地",修辞音译词

◎宗守云

陈应松在《跳桥记》(《北京文学》2014年第6期)中写道:

"你长得蛮像那个唱我的太阳的什么……"

"怕瓦落地。"

"叫什么?"警察再问。

"怕、瓦、落、地——'叭',碎了。"

"怕瓦落地",通常的写法是"帕瓦罗蒂"。帕瓦罗蒂是意大利人,世界著名男高音歌唱家。帕瓦罗蒂是Pavarotti的音译,是音译词。"怕瓦落地"也是音译词。"帕瓦罗蒂"是词汇音译词,是在全民词汇系统之内的词,具有稳定性,是可以收录到词典中的词。"怕瓦落地"是修辞音译词,是全民词汇系统之外的词,具有临时性,不能收录到词典中。词汇音译词和修辞音译词,各有其用,各有其妙。词汇音译词主要用来指称对象,传达信息;修辞音译词往往通过联想表达特殊意义,幽默诙谐,妙趣横生。

词汇音译词有的不能唤起相关的意义,即使可以唤起某种意义,也和所表达的意义无关,比如"坦克、尼龙、马达、克隆、戈壁、可可、比基尼、冬不拉"等,这是纯粹音译词;有的可以唤起相关意义,字面意义和所表达的意义相关,比如"休克、苦力、逻辑、芒果、香波、维他命"等,有人称为音译兼意译词。修辞音译词都可以唤起某种特殊意义,能够使听读者头脑中出现生动的形象。例如:

(1)她腕上也常戴表,就是那块江诗丹顿……大凤知道,老

爷子讲的就是她腕上的"僵尸点灯"。(余一鸣《种桃种李种春风》,《人民文学》2014年第1期)

(2)爸爸生气地说:"看来你真的是得了眼病。这是世界名牌手表:劳力士。"我一听笑了:"'牢里死',还有叫这个名字的手表?"(邵火焰《手表与手铐》,《现代女报》2014年10月30日)

"江诗丹顿""劳力士"是词汇音译词,"僵尸点灯""牢里死"是修辞音译词,相比而言,修辞音译词具有更加强烈的形象色彩,能够引发生动的联想。

修辞音译词有时还用于特定的方言。例如:

(3)有懂车的亲戚告诉肯迂先生,这一款的劳斯莱斯要一千多万。亲戚又对肯迂先生开玩笑说:"你知道吗,它不叫'劳斯莱斯',它叫'老子来斯'。"肯迂先生陪着一笑。"来斯",是扬州的土语,也是扬州人的口头禅,意思是很牛。(孙香我《儿子的婚车》,《羊城晚报》2016年1月21日)

修辞音译词是汉字记录汉语这一背景的产物。对于拼音文字来说,外来词只要遵循"名从主人"的原则并经过适当改造即可运用;但对于汉字来说,不同的汉字记录相同的外来词,就会出现不同的效果。词汇音译词是用全民规约的汉字形式来记录的词,是词汇系统中稳定的部分;修辞音译词则违反了原有汉字形式的规约,运用其他汉字形式记录,从而产生新奇诙谐的表达效果。当然修辞音译词终归是临时性的偶发词,除非必要,否则是不能进入汉语词汇系统的。

最后需要说明的是,"蝌蚪啃蜡""笨死"不是修辞音译词。"蝌蚪啃蜡"是"可口可乐"的前身,"笨死"是"奔驰"的前身,由于"蝌蚪啃蜡""笨死"容易产生消极联想,因此不宜作为稳定的形式进入汉语词汇系统,后来分别被"可口可乐""奔驰"代替。"可口可乐""奔驰"成为词汇音译词,在汉语词汇系统中稳定地存在着,而"蝌蚪啃蜡""笨死"成为语言历史上永远的遗迹。

莫把"蓉城"当"榕城"

◎古 桥

电视连续剧《双刺》第29集中,一个角色在介绍成都时说道:"因此这座城市也就有了榕城和锦城的别名。"(字幕同步显示)这里将成都的别名"蓉城"误为了"榕城"。

蓉城,即芙蓉城,是四川省省会成都市的别名,简称蓉。五代后蜀时,成都城上遍植木芙蓉,因此得名芙蓉城。南唐李煜《感怀》诗:"空有当年旧烟月,芙蓉城上哭蛾眉。"剧中提到的"锦城"也是成都的别名。锦城,即锦官城,故址在今四川成都南,三国蜀汉时管理织锦之官驻于此,因此称为"锦官城"。后人将"锦官城"用作成都市的别称。杜甫《春夜喜雨》:"晓看红湿处,花重锦官城。"

榕城,是福建省的省会福州市的别称,一作榕海。因北宋时期曾在城内遍植榕树而得名。清代杭世骏著有《榕城诗话》。"蓉城"与"榕城"相隔千里,不可混为一谈。

崇祯自杀后，清军才入关

◎邓晓冬

央视三套2017年7月14日播出的《不信你不笑》中，一位相声演员说道："相传当年清军入关，大明王朝危在旦夕，崇祯皇帝走投无路，于是来到了这棵歪脖树下，他上吊自杀……"（字幕同步显示）这一说法有误，崇祯帝是在李自成攻入北京时自缢身亡的，清军是在崇祯帝死后才进入山海关的。

明朝末年天灾人祸不断，各种社会矛盾激化。1627年，陕西王二聚众起义，各地纷纷响应。1633年，起义军进入中原。李自成、张献忠率领的军队逐渐成为起义军的主力。1640年，李自成率军入河南，提出"均田免赋"口号，两年后军队发展到百万之众。1643年，李自成进取西安。1644年，改西安为长安，称为西京，建立了大顺政权。政权建立后，李自成率起义军向北京进军。4月25日，起义军从彰义门攻入北京城，明崇祯帝朱由检登上煤山（今北京景山）自缢身亡。

李自成攻占北京时，关外的清军也在举兵南下，驻守山

美人如玉称"璧人"

◎欧阳昌宏

电影《大话西游3》中,至尊宝对紫霞仙子说了这样一段话:"人家好端端一对壁人让你搞成这样,还让我插一脚……"(字幕同步显示)其中"壁人"是"璧人"之误。

璧,音bì,是一种扁平、圆形、中心有孔的玉器。璧人,指仪容美好的人,也可指美人。如《孽海花》第四回:"公坊名场失意,也该有个钟情的璧人,来弥补他的缺陷。"

壁,一般指墙壁。壁人,旧时指藏人于夹墙中。影片中说的是一对容貌出众的情侣,显然是"璧人"而非"壁人"。

海关的明朝将领吴三桂拒绝了李自成的招降。5月,李自成在山海关战役中遭吴三桂和清军夹击,战败后退出北京。6月,清军入京。可见,崇祯帝是在1644年4月李自成入京时自缢身亡的,他死后清兵才入关。

"二拍"与冯梦龙无关

◎李景祥

2017年8月7日晚,央视戏曲频道播出《中国戏曲大会》第二场,其中有一道题目是:"戏曲中苏三的故事取材于以下哪部古典小说?"在挑战选手回答出正确答案"《警世通言》"

后,一位点评嘉宾说:"中国这个文学到了明代出现了小说,短篇的就是冯梦龙,他把当时的一些小说编起来,形成了《喻世明言》《警世通言》《醒世恒言》,简称'三言',《初刻拍案惊奇》《二刻拍案惊奇》,简称'二拍'……它对元代的杂剧,包括后代的中国戏剧有很大的影响。"(字幕同步显示)这里嘉宾把"三言二拍"都归在冯梦龙名下,是值得讨论的。事实上,"三言"确实是冯梦龙纂辑的,"二拍"的编著者则是凌濛初。

冯梦龙(1574—1646)是明代著名的文学家、戏曲家。他倡导言情文学,长期致力于小说、戏曲和其他通俗文学的研究、整理与创作。他所纂辑的"三言",三书共120篇,其中多为宋人话本,亦有明人拟话本,题材既有现实生活,也有历史故事。凌濛初(1580—1644)也是明代的文学家、戏曲家。早年工诗文,后

"芙蓉出水"是形容谢朓的诗吗

◎陈明洁

《诗书中华》第十三期总决赛(7月8日播出)中有一道"三选二"选择题:"以下诗句原意是'以花喻人'的有?"选项为:①清水出芙蓉,天然去雕饰;②有女同车,颜如舜华;③南国有佳人,容华若桃

致力于小说、戏曲创作,以短篇小说集"二拍"闻名于世,后人多以"二拍"与"三言"并举,合称"三言二拍"。冯梦龙和凌濛初虽然生活在同一时代,但是在编书这件事上并无交集,将五本书都归在冯氏名下是不合适的。

"三言二拍"中有不少故事,都被后人改编成戏剧演出,除了节目里提到的苏三外,我们熟知的越剧《杜十娘投江》就取材于《警世通言》中《杜十娘怒沉百宝箱》,评剧《珍珠衫》取材于《喻世明言》的《蒋兴哥重会珍珠衫》,等等。点评嘉宾说"三言二拍"对"后代的中国戏剧有很大的影响"是完全正确的,但是说"它对元代的杂剧"产生影响,在时间上就难以成立,哪有后代作品影响前代作品的?元杂剧中有些作品确实取材于宋元话本,但是与"三言二拍"无关。

李。两位选手选择了①和③，但选①是错的。嘉宾点评："本来'芙蓉出水'这四个字，就是《诗品》的作者钟嵘拿来形容谢朓的诗，由于李白欣赏谢朓，所以这个句子在他的心目之中大概是长期徘徊不去，……拿来形容韦良宰的诗，如何呢——清水出芙蓉，天然去雕饰。"

此处嘉宾的点评存在两个失误，一是"芙蓉出水"并不是钟嵘本人说的，而是在《诗品》中引用汤惠休的话；二是"芙蓉出水"也不是用来形容谢朓的诗，而是形容谢灵运（385—433）的诗。

"芙蓉出水"的典故出自南朝梁钟嵘《诗品》卷中"宋光禄大夫颜延之"条："汤惠休曰：'谢诗如芙蓉出水，颜如错采镂金。'"这里的"颜"指颜延之，而"谢"则指谢灵运。两句大意谓：谢灵运的诗如同刚刚出水的芙蓉，清新自然；颜延之的诗如同精心雕绘的工艺品，秾艳绚丽。谢灵运和颜延之都是由东晋进入南朝宋的人，两人出生仅相差一年，在诗歌创作上都有显著成就，在当时诗坛上声望颇高，被并称为"颜谢"。此外，汤惠休也是南朝宋的一位诗人，早年为僧，人称"惠休上人"。《诗品》中在评汤惠休诗时，称其"齐惠休上人"，由此可推断汤惠休可能卒于南齐初。可以说，汤惠休与谢灵运、颜延之是同一辈的人。而谢朓（464—499）则要比他们至少晚了一辈。因二谢同族而诗风略近，世人又称以"大谢"（谢灵运）"小谢"（谢朓）。谢朓出生时，谢灵运、颜延之都早已去世，汤惠休即便卒于南齐初年，那时谢朓也方十六七岁，汤理应无缘得见并评价谢朓的诗。

有关用"芙蓉出水"来评价谢灵运的诗，古代文献中多有明确记载，如《南史·颜延之传》、唐代许嵩《建康实录》、唐代释皎然《诗式》等，只是评价人有所不同，但评价"芙蓉出水"的对象是谢灵运诗，可谓众口一词。嘉宾或只见《诗品》中"谢诗"而未能分辨"大小谢"，殊为遗憾。

咬嚼日记摘钞（16）

◎郝铭鉴

渐行渐远的"馀"

《彷徨》是鲁迅的一本小说集。鲁迅在送给某日本友人时，曾在上面题一首诗："寂寞新文苑，平安旧战场，两间余一卒，荷戟独彷徨。"某刊在引用这首诗时，第三句"两间余一卒"的"余"，特意加上了食字旁，写成了"馀"。

"馀"和"余"本是两个不同的字。"馀"的左边是"食"，代表吃的；右边是"余"，这是房子的象形，代表住的。既有吃的，又有住的，故"馀"的本义是富足。经常用到的剩余、多余的意思，是由此引申出来的。汉字简化以后，"馀"字写成了"余"。

那么，某刊为什么不用"余"而用"馀"呢？原来是事出有因的。《简化字总表》第一次发布时，关于"余"字有一条注释：在余和馀意义可能混淆时，仍用馀。"餘"可类推简化为"馀"。但什么情况下容易混淆，什么情况下不容易混淆，一般人很难掌握，为了增加保险系数，往往宁用"馀"而不用"余"。"两间余一卒"便是一例。

《简化字总表》的这条注释，据说和毛泽东有关。有一年我在北京，拜访人民文学出版社老总编屠岸先生，他告诉我这样一件事：20世纪50年代末，他们社出版毛泽东诗词。在《沁园春·雪》中，有这样两句："望长城内外，惟馀莽莽；大河上下，顿失滔滔。"毛泽东用的是繁体字"餘",出版社排的是简化字"余"。因为"余"在文言文中可用作第一人称,出版社担心"惟余莽莽"会引起误解,损害领袖的形象。为此,当时的社领导通过田家英向毛泽东作了请示,毛泽东同意保留繁体字"餘"。正是因为有这样一个背景,《简化字总表》发布时,多了一条注释。

然而,简化字推行的几十年实践证明,这样的担心是多余的。首先,在现代人的语言实践中,作为人称代词的"余"已极为罕见。其次,即使偶尔使用,在特定的语境中,也能确定"余"字的实际意义。比如在《沁园春·雪》中,"长城内外""大河上下",都是"望"的对象,"望"的结果一个是"惟余莽莽",一个是"顿失滔滔",不可能把"余"误解为作者本人。

为此,2013年《通用规范汉字表》发布时,原来的《现代汉语通用字表》7000个字中,有38个字未收入该表,"餘"字便是其中之一。以后在表示"剩余""多余"的意思时,不必再小心翼翼地写成"餘"字。

从"淑女"说起

《诗经》是我国第一部古代诗歌总集。《诗经》的开卷之作,是十五国风中的《关雎》。"关关雎鸠,在河之洲,窈窕淑女,君子好逑。"今天经常会碰到的"淑女"一词,原来在《诗经》中已经出现,称得上源远流长。

然而,何谓"淑女"呢?这个"淑"字该怎么解释?我曾经在课堂上提过这个问题,得到的答案是:"淑女"指漂亮的女孩,"淑女"指成熟的女孩,"淑女"指矜持的女孩,"淑女"指懂事的女孩……我不能说这些答案是错的,但显然有依据自己的生活经验、望文生义的成分。

"淑"是一个形声字,从水,叔声。本义和水有关,《说文》

的解释是："清湛也。"它是用来形容水的清澈的。《红楼梦》里的贾宝玉说过，女子是水做的，男人是泥做的。水给人的感觉是：清爽、纯洁、灵动、活泼……这一切正是"淑"的内涵。所谓"淑女"，用一句话来概括，就是"如水一般的清纯温柔"。这个"淑"字，成了女性的专用词。只有"淑女"，没有"淑男"。

那么，问题来了。汉语中还有一条成语，叫"遇人不淑"。这条成语同样出自《诗经》。一个女人被品质恶劣的丈夫抛弃，她在诗里仰天长叹："遇人之不淑矣！"这里的"人"，显然是男人，不是女人。原来，"淑"由美好，又引申出善良、宽厚、温和等义项。所谓"遇人不淑"，说得干脆一点，就是女子嫁了个坏丈夫，不善良，不宽厚，不温和。举个大家熟悉的例子——阮玲玉。阮玲玉生活里的第一个男人张达民，看上去眉清目秀，实际上，集纨绔子弟的浪荡、小市民的低俗、拆白党的无赖于一身，是一个彻头彻尾的坏料。阮玲玉的第二个男人唐季珊，堪称成功商人，表面上温文尔雅，骨子里却是寻花问柳，朝秦暮楚，玩弄女性，同样是一个恶魔。阮玲玉作为一代艺术家，可谓典型的遇人不淑！由上可知，"淑"是一个经常用来形容人的品质的词。

那么，问题又来了。还有一个词语，其中也有一个"淑"字：私淑弟子。这个"淑"字可和人的品质无关。也许因为这个"淑"字在理解上有点难度，出版物中经常出错。大致有两种情况：一是写错，把"私淑"写成"私塾"，殊不知"私塾"是私人办的、往往只有一个老师的教学场所，鲁迅笔下的寿镜吾老先生便是一位塾师，"私塾弟子"自然便是在私塾里读书的学生；二是用错，把"私淑"理解为个人之间关系特别亲近，有人曾称史学家罗尔纲是胡适的"私淑弟子"，其实罗尔纲不仅是胡适名正言顺的学生，还曾住在胡适家里，得到胡适的耳提面命，怎么会是"私淑弟子"呢？

"私淑弟子"这条成语,其实是大有来头的。它是孟子说过的话。孟子说:"予未得为孔子徒也,予私淑诸人也。"意思是说,我没有机会成为孔子的学生,但我偷偷地从孔子的传人那里,学到了很多东西。可见,"私淑弟子"和"受业弟子"是相对应的。所谓"私淑弟子",就是某人不是他的老师,但他仰慕其人的人品学问,在精神上以其为师。按照这一说法,罗尔纲当然不是胡适的"私淑弟子",而是"受业弟子""入室弟子"。

那么,"淑"字怎讲?这里要转一个弯:"淑"通"叔","私淑弟子"就是"私叔弟子"。"叔"字的最初写法,先写一个"上",再写一个"小","又"字是后加上的。郭沫若先生曾研究过这个字,认为是用尖器挖取地下的芋。后来加上了"又","又"是右手的象形,对挖取的动作进行强化。可见,"叔"本是一个动词。因为芋多呈球状,而豆子的形体虽小,但和芋有相似之处,于是"叔"由动词引申出名词义,成了豆类的总称,这个字后来加上了草头,写成了"菽"。稻、麦、黍、菽、稷,"菽"是五谷之一。而在"私淑弟子"一词中,用的还是"叔"的本义,所谓"私淑",即没有机会直接门下聆教,但私底下挖取老师的学问。这条成语还是挺有动作感的吧?

《一本内容绝无错误的生物学著作》参考答案

1. 使生物学——生物学
2. 翻天复地——翻天覆地
3. "夏威夷毒蛇图鉴"——《夏威夷毒蛇图鉴》
4. 拆服——折服
5. 迫不急待——迫不及待
6. 竟——竞
7. 惊谔——惊愕
8. 说道:——说道,
9. 岂会知道——岂会不知道
10. 一楞——一愣

今天，你"吸猫"了吗

◎朱玲奕

"权志龙在家'吸'猫，网友：活得不如猫。"

"空巢老人集体吸猫，孤独的心从猫身上稍得慰藉。"

"你单身，我单身，那我们一起……吸猫吧！"

无论是在互联网上还是在日常生活中，我们经常能够看到"吸猫"一词。那么，"吸猫"究竟是怎么一回事？这一说法又是如何流传开来的呢？

我们发现，"吸猫"一词并非凭空产生，它来源于"吸猫体质"。"吸猫体质"也叫"招猫体质"，主要形容那些天生就会受到猫咪喜爱和欢迎的人，其中的"吸"字为"吸引"之义。与会主动讨好人的狗相比，猫算是一种比较孤傲的动物，因此具有吸猫体质通常是一件令人羡慕的事。

然而，"吸猫"的词义并未止步于此。随着一篇名为《妖妖零吗？这里有一群不法猫奴聚众吸猫！》的帖子走红网络，以及之后微博上一个"真正的瘾君子是如何吸猫的"的恶搞视频被疯狂转发，人们开始接受"吸猫"一词的新义，即把脸埋在猫身上，而后进行一番深呼吸，以感受猫的味道。此时，"吸"摆脱了原来的"吸引"义，变成了"将气体引入体内"的意思。"吸猫"由此作为一个动词，受到广大爱猫人士的追捧，并被广泛地传播开来。

不过，在具体的使用过程中，当一个人说到"吸猫"时，很多情况下并不是真的在凑近猫咪并且使劲地嗅着，而是对猫做一些类似于抚摸或者拥抱的动作，有时甚至只是远距离观看，并没有与猫发生直接接触。尽管如此，这些行为也都被归入到了"吸猫"之中。可见，人们对"吸猫"一词的使用已经不再仅仅局限于它的字面义了。

要是有着"吸猫"的冲动和欲望，但身边一时没有猫该怎么办？这时，不少人就会选择一种叫作"云吸猫"的方式。"云"表示通过互联网进行资源共享，所以"云吸猫"说的就是到网上看别人分享的猫咪照片的行为。例如"我已经变成每天抱着手机云吸猫的痴汉了""以前狗狗是我心里的第一位，现在隔着屏幕云吸猫"等等。

随着"云吸猫"一词的高频使用以及"云吸猫"行为的普遍化，人们开始省略其中的"云"字，直接用"吸猫"来形容看猫的图片的行为。至此，"吸猫"一词的意义彻底泛化：无论是与猫发生肢体接触，还是静静地观看猫；看的无论是现实中的猫，还是图片或者视频中的猫，都被囊括在"吸猫"的范畴之内。

与此同时，"吸猫"的出现和人们对猫的喜爱密不可分。因此，很多时候人们要表达"爱猫"之义，也就直接说"吸猫"了。于是，"吸猫"就从具体的动作义，引申出一抽象的情感义，如"吸猫族"就可以理解为是形容对猫有着狂热之情的人群。

那么，为什么人们会如此青睐"吸猫"这一说法呢？我认为可能有两个主要原因：首先，单就原始的"吸猫"，即将自己的头埋进猫的毛里使劲嗅这一行为来说，其实是比较疯狂的一种举动，所以在抚摸猫或者观看猫时称自己在"吸猫"，就有将实际行为夸张化的意味，并且给了人极强的画面感。

其次，"吸猫"很容易让人联想到一个与它结构类似的词——"吸毒"，这从"吸猫成瘾是 21 世纪传播最广的病""这里有人聚众吸猫"等句子中可以被清楚地看到。

一方面，毒品是能使人形成瘾癖的麻醉药品和精神药品，将猫与毒品进行类比，能很好地突出猫的可爱令人沉迷，欲罢不

你这是在搞事情

◎卢林鑫

"你不要搞事情跟你讲!"

"我决定要搞一波事情。"

你听过上述对话吗?"搞事情"是怎么演变而来的?它又有哪些意思呢?

最早用"搞事情"的是演员陈赫,他在拍摄真人秀《奔跑吧兄弟》时,常在接到任务后调侃道"搞事情啊"。大众觉得这种用法十分有趣,纷纷仿效,"搞事情"从此流行起来。

"搞事情"通常表示故意惹事或瞎折腾,含有强烈的戏谑调侃色彩。比如"特朗普天天搞事情的时候,奥巴马1年赚了4个亿",这里的"搞事情"是打趣特朗普上任以来闹腾得厉害,常常成为新闻媒体的热点话题。又如最近网上盛传香蕉和枣子一起食用会有一种奇怪的味道,某水果店老板便将两种水果放在一起卖,网民不禁感叹:"你这是要搞事情啊!"

"搞事情"为什么会有故意惹事、瞎折腾的意思呢?这恐怕与"搞"这个语素有关。"搞"的一个义项是"玩弄",所以"搞事情"可以表示玩弄一些无伤大雅的小把戏。"搞"还可以组一个词"搞笑",即制造笑料,逗

能。这也是对猫可爱的一种夸张化和形象化的说法。另一方面,既然猫是可以用来吸的"毒品",那么吸猫之人自然就成了"瘾君子"。他们对猫抱有极度喜爱之情,以至于像沉迷毒品一样沉迷,如"每天吸猫一大口,轻松活到九十九",充满戏谑。称爱猫的人为"瘾君子",与过去称其为"猫奴"和"铲屎官"等,都是在活泼生动中带有浓浓的自我调侃的味道。

从古至今,人类从未停止过对猫的喜爱。无论你的心情是舒畅还是郁闷,一起来"吸猫"就对了。

人发笑,所以"搞事情"还有哗众取宠的意思。

有时,"搞事情"的语体色彩也会由戏谑转向表示轻微不满。酝酿多时的国庆出游计划因为下雨而泡汤,只能发一条微博泄愤:"国庆大假天气给自己加戏不是一次两次了,今年又要搞事情!"在这个语境中,"搞事情"表示天不遂人愿,事态发展与预期愿望不相符合,表达了一种轻微的埋怨。而这种不满进一步加深,"搞事情"还可以表示故意挑起争端,惹是生非。如热播电视剧《那年花开月正圆》的剧情预告:"沈家老妇人来吴家东院搞事情,周莹有理有节霸气怼回。"更有甚者,"搞事情"还可以用来表示一个国家对另一个国家在政治、军事上的挑衅。如"澳大利亚又要在南海搞事情""又搞事情,日方拟将'尖阁'作为钓鱼岛'正式名称'"。

有意思的是,"搞事情"在引申出惹事、挑衅等负面语义的同时,又分化出带有褒义色彩的语义,用来表示做一个大项目、干一番大事业。如"天使投资人遇到耶鲁村官,徐小平要搞大事情""近百家金融机构齐聚,他们要搞一件大事情"。在上述语境中,"搞事情"常常和"大"搭配,形成"搞大事情"这么一个带有正能量的短语,用来表示商业领域某项具有开拓性的、影响深远的计划或工程。

随着"搞事情"更为广泛的传播,"搞事情"的语义逐渐开始虚化。如"搞事情!学生会招新啦!""搞事情!上海维密秀表演嘉宾确定了!"在这些句子中,"搞事情"不再具有实在的意义,仅仅是一个吸引人注意的符号,相当于"注意啦"。

用"搞事情"来调侃是一种幽默,用"搞事情"表示干大事是一种进取,用"搞事情"来吸引注意是一种活力。看似简单的一个词组,却有着如此丰富的内涵,满足了人们多元而细腻的情感表达需要。富有创造力的网民,在未来还会不会赋予"搞事情"更多的含义呢?让我们拭目以待。

台湾的22K

[中国台湾]高婉瑜

近年来,在台湾的媒体上或人民的日常生活中,经常看到或听到22K一词,不是台湾人疯黄金(黄金的纯度),也不是因为大家都热爱棒球运动,讨论三振数,而是在谈论跟民生密切相关的"薪资"问题。例如报纸说:"2009年台湾全年平均失业率5.85%,创下历史新高,政府为抢救失业率,祭出年轻人月薪'22K'政策,喊出破盘价,让大专毕业生薪资水平退回十年前。"转眼间,22K一词在台湾流通了8年了,已经成为全民皆知的新词,并且是具有台湾特色的社区词。

22K一词的起因是2008年全球发生金融风暴,台湾当局为了大专毕业生就业,在2009年4月推出"大专毕业生至企业职场实习方案"(俗称22K方案),要求企业聘用大专生时,月薪至少要给新台币22000元。此政策一出,引起众多反对声浪,认为如此低薪会造成青年贫穷化。

今天22K成为台湾劳工的薪资下限,并且在语言使用过程中,22K有泛指"低薪化"之意,不一定是实指"22000元整"。例如某报一则新闻的标题说"'我养你'挺女友辞职 他月入22K半年就后悔",文内提到27岁的男友每月工资是5000元人民币(约22826元新台币),可见语用上,22K可表示约数。

或问,22K的K为何会有"千"之意呢?此处之K既不是取自汉语拼音,也不是英语thousand的简称,而是出自"千字节"(kilobyte)之首字母,

kilobyte是计算机资料存储器储存单位字节的多倍形式,简称KB或K。因此,1KB=1024B,22K约为22000,真有意思。

(作者是高雄师范大学国文学系副教授)

新加坡的咖啡店

[中国香港]汪惠迪

中国大陆和台湾、港澳特区及新、马、泰、印尼等华人社区都有咖啡店,可是《现代汉语词典》和《现代汉语规范词典》都没收录"咖啡店",只有"咖啡厅",《现代汉语规范词典》还多了个"咖啡馆"。

照例辞书收了"咖啡"和"店",不收"咖啡店"是无可厚非的,因为"咖啡店"可以见词明义。那么收了"厅"和"馆",为何又收"咖啡厅"和"咖啡馆"呢?难道就不能"见词明义"了?

《全球华语词典》(商务印书馆2010年5月出版)收录"咖啡店",释义是"出售咖啡和其他饮料以及餐点等的店铺"。2016年4月出版的《全球华语大词典》(商务印书馆)仍收"咖啡店",释义却变成"规模较小、设备简单的咖啡厅",删掉了一个关键词"餐点"。而这两部词典所标注的使用地区大体相同,都是新、马、泰、印尼。

是新、马、泰、印尼等国"咖啡店"的经营范围改变了吗?不是。笔者认为这是《全球华语大词典》的一处硬伤,因此再来说说新加坡的"咖啡店"。

在新加坡,"咖啡店"是个使用频率很高的词。新加坡人,不管哪个民族,几乎每天都要出入咖啡店,咖啡店遍设于全国各个组屋区(类似我国的小区)。咖啡店内除卖咖啡等饮料外,还有华人、马来人和印度人售卖本民族的特色饭菜和面食等等。开设在旅游区内的大型咖啡店,中餐西餐、各色饭菜、各种饮料应有尽有。这种格局的"咖啡店"马来西亚、印尼、泰国、文莱都有。

专卖咖啡等饮料的商铺,叫咖啡室、咖啡屋、咖啡馆或咖啡厅的都有,英语叫 coffee house、coffee shop 或 ××cafe(不带通名)。

在马来西亚,传统的咖啡店跟新加坡一样,除卖咖啡等饮料外,也都卖饭菜和面食,不过,这类咖啡店现在多数改称"茶餐室"(香港叫"茶餐厅"),以别于只卖咖啡等饮料和西点的咖啡店。

新马两国的英文或马来文媒体都把华人所说的"咖啡店"按闽南话翻译成 Kopitiam,Kopitiam 成了当地英语或马来语中的汉语外来词。

(作者是本刊特约编委)

挂风球和水浸

[中国香港]田小琳

今年 8 月 23 日,在香港和澳门都挂了 10 号风球,原来是台风"天鸽"正面袭击香港、澳门和广东多地。香港 5 年来没有挂过 10 号风球,台风来临最高挂到 8 号风球;澳门自回归后就没有挂过 10 号风球。"天鸽"飞来,其势之猛可见一斑。

内地来港的朋友问我,风球挂在哪里?怎么没有见到?其实,"挂风球"是港澳的社区词,是传统习惯的说法。风球是天文台发出热带气旋,即台风警报信号的装置,早期其信号为球形物体,因此得名。现在并没有真的在某处挂起风球,只是在电视荧屏上显示,及在所有公共场所包括屋邨(居民小区）贴出风球级别的警示。每个风球级别都有不同的图形记号。

根据台风的强弱，风球分为五类，分别为1号戒备信号、3号强风信号、8号暴风信号、9号烈风信号、10号飓风信号。8号风球是热带气旋烈风或暴风风力增强的警告信号。8号或8号以上风球悬挂后表示12小时内，海港附近区域风力会达到烈风或暴风程度，机构和市民要完成预防措施。8号风球一挂，香港政府法例规定，员工可以不上班，上班员工可以离开工作岗位回家，商店停止营业，工厂停工，股市休市，公司关门，学校停课，公共交通只维持有限度服务。俗称"风球假期"。

话再说回来。8月22号，香港天气特别闷热，空气浑浊，我在外面办事，那种热法，立即让我想起了老舍《骆驼祥子》里的那段描写："六月十五那天，天热得发了狂。太阳刚一出来，地上已像下了火。一些似云非云，似雾非雾的灰气低低地浮在空中，使人觉得憋气。一点风也没有。"对的，就是这个感觉。天文台测到，那天气温36.6℃，是香港132年以来最热的一天。我直感到，天气要变脸了！白天，天文台已经挂上了1号风球，下午改挂3号风球，随着风力的增强，在9点10分，悬挂了10号风球。半夜大雨滂沱，风势加强，窗户被风吹得哐啷哐啷响，直接受风的玻璃发出欲裂的怪声，窗外的大树摇来晃去弯下了腰。那一夜香港人都没睡好。

23号，10号飓风信号竟然挂了一天，傍晚才改成8号，接着3号，1号，"天鸽"飞离了香港。狂风暴雨下，香港有些地区少不了"水浸"，就是被大水淹了。雨水、海水都有。近海的地方有的大浪滔天，海水倒灌；下水不好的地方，街道、低矮房屋被雨水浸满。"水浸"这个词普通话没有，可以吸收，因为它比"水灾""水涝"的程度要轻一些。构词是主谓结构。

香港的基础建设好，政府

的应对能力强,未雨绸缪的功夫到家,所以,尽管是10号风球,香港也平安度过了。而大部分香港市民安坐家中,过了一个风球假日。

(作者是本刊特约编委)

拉布与剪布

[中国香港]马毛朋

互联网搜索引擎的出现,让人们可以在浩如烟海的网络资源中找到自己需要的信息。如今大家有什么问题,上网百度或谷歌一下,已成了基本动作。如果用百度搜索"拉布"就会发现,百度百科还没有为这里要谈的"拉布"建立词条。可见,"拉布"在中国内地还是个大家不太熟悉的新词。内地民众如果对香港的新闻有所关注,就可能听说过"拉布"了。

"拉布"一词是英文filibuster的翻译,而现代英文的filibuster是19世纪时从西班牙语filibustero一词借入的,当时指的是劫掠中美洲西班牙殖民地的军事冒险家。后来该词也用来指用冗长的发言来劫持辩论。

今天,filibuster主要用于议会辩论,指利用冗长的发言,拖延、阻挠议会的议程。这个意思,英文还有一个通俗的表达是talking out a bill,直译就是"把议案说死"。

将filibuster译成"拉布",非常生动。从普通话的角度看,"拉布"不是一个词,当然可以理解为"拉扯布匹",但与原词的意思无关。在香港,"拉布"却有"拖延时间"的比喻义。上世纪50年代至80年代,香港的纺织业和制衣业兴盛,在该行业就业的工人有几十万之多。不少香港人都熟悉制衣厂裁布的情形。制衣厂剪裁布匹就有"拉布"这一环节,将布匹一卷一卷地拉开,叠置在几十米长的裁床上,然后裁剪。由于制衣的数量常以万计,布匹常常是拉完一卷又一卷,好像永远也拉不完一样。于是香港的足球评论员就用"拉布"来形容球赛中球员在中场不断地传球,拖延时间,等待比赛结束。由此可见,用"拉布"来翻译 filibuster,是意译,恰好又与原词中 libu 两个音节的读音相近,"拉布"可算是一个音义兼顾的完美翻译。

"拉布"作为议会的议事规则允许的行为,本身并无对错之分。议会讨论的议案,总是会有这样那样的争议,反对议案的议员就可能用"拉布"来阻挠议案通过,支持议案的议员自然就反对"拉布"了。为了避免议员无休无止的"拉布"瘫痪议会的工作,世界各国或地区议会都有一定的规则,允许会议主持人在某些情况下终止议员的辩论而直接进入表决程序。这一议会行为英文称为 cloture。既然有"拉布",自然有"剪布",手起剪落,冗长、枯燥的发言即时终止,议案得到表决。用"剪布"翻译 cloture,亦称得上是绝妙了。

(作者是香港岭南大学中国语文教学与测试中心博士、高级语言导师)

"组屋"与"公寓"

[马来西亚]杨欣儒

2017 年第 8 期本栏刊载了《组屋》一文,笔者补充几句。

"组屋"是新加坡与马来西亚一种建筑物的特有名称。《现代汉语词典》与《现代汉语规范词典》都没有收录这个词,《全球华语大词典》收录了,释义是"政府建造的居民住宅"。

组屋通常至少五层,因为售价较低,建高楼才能降低建筑成本。目前新盖的组屋楼高至少20层。

"组屋"英文叫flat,这是新马通用的叫法。翻查汉英词典,"公寓"的英译是flat,也是apartment;英汉词典的flat与apartment都指公寓,没有"组屋"这个词。陆谷孙主编的《英汉大词典》(上海译文出版社,2010)附录六《英美用词对照》说,flat是英式叫法,apartment是美式叫法。不过,在新马两地,apartment比组屋(flat)略微高级,属于中高档次。

30多年前,在马来西亚,一套一房一厅(50平米)的组屋,在城市中的售价约为马币三万令吉,折合人民币大约五万元。由于价廉,"组屋"一般都冠以"廉价",叫"廉价组屋"。政府兴建的组屋是用来租给收入低的民众的,每个单位每月只需缴付租金马币30元。如果连续租用25年,没有积欠租金,那么所租的组屋便可以过户给租户,使租户成为合法的业主,从此不需再缴租金。这是因为当时一室一厅的组屋售价不过马币一万元上下。

现在政府仍在增建组屋,不过售价不像从前那么低廉了。二室一厅(70平米)的售价,在槟州是二十万令吉,邻近新加坡的新山略高。这类组屋仍受当局管制,一是不能自由买卖,二是只限第一套房,三是申请人每月薪金不能超过2000令吉,四是未婚者不能申请。这些条例因州而异,马来西亚共有13个州和3个联邦直辖区。

屋价暴涨,年轻人不胜负荷。于是中央政府提出了"可负担房屋"的概念,即给年轻人盖售价二三十万令吉的二室一厅一卫的房子。申请者必须已婚,但无房,且月入不超过3000令吉。如果申请成功,不必首付,只需分期缴付贷款即可。目前这种组屋部分已由私人发展商承建。

(作者是马来西亚华语规范理事会副主席)

熟谙别称能破谜（下）

◎江更生

有时候，一些灯谜作者故意避开人们习知的别称，弃熟就生，用冷门的异名制成灯谜，虽说难了一点，但因内中含有知识元素，可以满足人们的求知欲望，所以很受猜谜群众欢迎。

例如有人以唐代杜牧《江南春》诗中的名句"水村山郭酒旗风"为谜面，打成语一句，谜底为"望子成龙"。谜底中的"望子"本义为"盼望儿子"，现别解为古代酒家招揽吃客的赫然写有"酒"字的广告旗，即酒旗的别名，古称这类广告布旗为"望子"，酒旗也叫"酒望子"，整个谜底应别解为"迎风招展的酒家'望子'如游龙一般"，其景如绘，颇具"空灵"之妙。

还有人用"馄饨馅儿"为面，卷帘格，打外国地名一。此谜的关键词为"馄饨"，必须知悉其别称方可破谜，经探查得知有以下别名：扁食、云吞、馉饳、毕罗，等等。馅儿是放在皮子内的，在众多别名中唯"毕罗"似与外国地名译文有关，据此顺藤摸瓜，谜底遂渐见端倪，当为"内罗毕"，按格法，逆读作"毕罗内"，正好别解为"馄饨内里之物"，恰与面意吻合。更有人以"温泉邮票"为谜面，去打房屋装潢用物名"热水龙头"。盖因民间称邮票为"龙头"，由于清季我国的邮票多以龙为图案，故得此别称，"热水"则扣"温泉"。邮票还有"方寸之物"的雅称，于是慧心的撰谜人就以此别称入谜,以"邮票颠三倒四"打四字成语"方寸已乱",可谓"戏法人人会变,各有巧妙不同"。有的时候,一条灯谜里会出现多个本名别称互扣的情况,不必犯愁,将一些关键词拈出,逐个以异称或本名予以相扣,就叩开谜底大门。请看下面两个例子:

1. 显贵的名片与信札(打水产一)

2. 书函尽写中药方(卷帘格,打菜肴一)

第一条谜例,关键的物品为"名片"和"信札",先找出它们的别称,古代称名片为"名刺"(简称"刺"),而信札有"鱼书"之别名,可以"鱼"简称。"显贵"作"显得昂贵"解,可扣"昂",这一解,谜底昭然若揭,为"昂刺鱼"。第二条谜例中也有两个关键物名,即"书函"与"中药方"。如上所述,书函可别称"鱼",中药方,旧称"汤头歌诀",简称"汤头"。明乎此,则可忖度出"鱼、汤头"三字,再按格法逆读成"鱼头汤",

便是谜底。

甚至还有人干脆用起方言词来,例如以"章府"为谜面,打文化场所"图书馆"。在吴方言里,印章又叫"图书",以此相扣还蛮有乡土风味呢。

由此看来,我们应该遵循孔老夫子的教诲:"多识于鸟兽草木之名"。平时多浏览名物图书,扩大知识面,有意识地储存些物名别称异名,即使对于涉猎谜场、弯弓射谜而言,也是大有好处的。

每月二谜

1. 美髯公大名(打科技名词一)
2. 旧版玉堂春(打饮料一)

上期答案

1. "南人不复反矣!"(打三字网络流行语一)

谜底:获得感(注:别解为"孟获受到感动"。见《三国演义》之"七擒孟获"故事)

2. "汉语拼音之父"桂冠属谁(打明代文学家一)

谜底:归有光

《二十年目睹之怪现状》里的灯谜

◎刘茂业

吴趼人所著的《二十年目睹之怪现状》,是清末四大"谴责小说"之一。在这部带有自传性质的作品中,作者通过主人公"九死一生"在二十年中的经历见闻,描绘出一幅行将崩溃的晚清社会画卷。

小说在从第六十六回到第七十五回里,用四回的笔墨描写到了猜灯谜场景,共出现四十多条谜作。我们来欣赏其中几条,如:"今世孔夫子"(打古文篇目一)《后出师表》,谜底顿读成"后出/师表","今世"非当时,是"后出的","师表"别解作"为人师表"。"衤"(打《四书》一句)"视而不见",谜底出自《大学》,以"视"没有了"见"来扣合谜面。"徐稚下榻"(打县名一)"陈留",用"陈蕃下榻"典故成谜。据《后汉书·徐稚传》载:"(陈)蕃在郡不接宾客,唯(徐)稚来特设一榻,去则悬之。"陈留在今河南开封市祥符区,这里解释为"陈蕃留宿(徐稚)"。"霹雳"(打《西游记》地名一)"大雷音","大"作程度副词,解释为"非常","雷音"别解为"雷电的声音"。"凤鸣岐山"(打《红楼梦》人名一)"周瑞",传说周朝在兴盛之前,岐山(在今陕西省)有凤凰栖息鸣叫,人们认为这是吉兆,谜底"周"借指周朝,"瑞"指吉祥。

书中还出现了标有"素腰""卷帘"等谜格的谜作,并借书中人物对这些"带格谜"的猜法进行了介绍,传播了灯谜知识,这是此书与其他清代含谜小说不同的地方。

编辑应当具有哪些修养

◎吕叔湘

大概说起来,一位编辑应当具有三方面的修养。

第一个方面是业务知识。编辑是按出版社、按性质分的,但是一个出版社的业务范围可以相当广,比如文学出版社。还有些出版社是综合性的,比如商务印书馆。商务印书馆的编辑同志接触面是很广的。哪一位编辑都不可能像百科全书那样,样样都懂,但确实是需要相当广博,既要是一个通才,又要是某一方面的专家,结合起来。对编辑工作特别重要的,就是熟悉各种各样的工具书和参考书,编辑工作中常常碰上一些问题,要知道到哪儿去找答案,找个什么书来查一查才能确定错不错。书目、论文索引在编辑工作中特别重要。拿到一篇稿子,首先看看过去有人讲过没有,有些什么书,什么文章,怎样讲的,然后才能判断目前的这篇稿子价值怎么样。这种书目和论文索引在国外很多,做得细密,并且及时,可是我们现在做得很差。因此就要求做编辑工作的人脑子里装上许多文献知识,看到一个题目就想起似乎哪个书里讲过。要知道对某个问题,从前有人有些什么议论,有些什么研究成绩,要确定稿子的价值,检查稿子的错误,没有书目和论文索引,就很不方便。有些写文章的人在文章后面注明参考过什么文献,可是有些人就不写,不说明,编辑同志就得自己来做一些探讨,才知道这个文章是不是参考过某些著作。有些问题从前就已经有人谈过,而且谈得很不错,他都没有看过,我们不知道,把这样的文章发表了,就要闹笑话了。这方面的知识,做编辑工作是很需要的。

第二个方面就是文字修养。写书的人要有文字修养,不管你有多大学问,你写出来的东西总得通顺,让人家看起来省力。编辑呢,要在人家的稿子上做些文字加工。那么,编辑改作者的文章是不是像老师改学生的文章那样呢?不一样。假如编辑和作者的关系就像语文老师和学生的关系,那就不得了了。那么编辑是不是可以不管作者的文字呢?那又不行。那么我们对编辑工作者的语文方面的要求,是什么样的要求呢?编辑对作者能帮些什么忙呢?这方面我曾经和几位同志谈过,我们得出一个结论,当编辑可以眼高手低。要他自己写不一定写得好,可是他议论别人的东西很有见解,当编辑的人能这样就行了。虽然我写不出来,你的稿子有什么问题,我可以看得出来。这就是眼高手低。不是要他手低,手也高,眼也高,当然更好,但是手低不太要紧,眼高可是必须的。要能看出问题。有一个比方,比如运动员和教练的关系,一个篮球教练员,是不是他打篮球比运动员更好,不一定,但是他当教练能够看出来这个运动员有什么优点,有什么缺点,他怎么样训练才能够取得更好的成绩。有很多教练自己的技术并不是头等的——当然他要是技术很差,那也没法当教练了——可是他能看出运动员的长处和短处,帮助他取得更好成绩。我们可以说,一个编辑就是一个教练员。

文字方面,具体说包括哪些内容,很难说清楚。起码是要熟悉字的写法,哪些是错字,哪些是别字,有错别字看见就给他改掉,这是起码的。进一步就是文章了,要能辨别文章写得好不好。每个人的文章都有自己的风格,我写的文章和你写的文章不是一个路子。我们做编辑的要是给人家修改,就要依着他的那个路子改。文章有各种体裁,各种风格。有的作者文章口语味道比较重,要不要给他改掉一些,使它文雅一些?有人的文章文言比较多,要不要给他改得比较接近说话?我看都不必,还是照他原来的样子,不要去管他,只有他确实写得不好,甚至是不通,才动笔给改,改了,让他看一看,作者不会有意见。

第三就是技术问题。关于书稿,从稿本加工,拿去发排,经过校对到印刷、出版,这整个过程,编辑都要熟悉一下,有时对书稿质量是有关系的。我举个小例子吧,去年《现代汉语八百词》印出来之后,一看,发现两个小问题。一个是词目不突出,正文是五号老宋体,词目是小四号,小四号和老五号字的大小差得有限,不大不明显,假如是大四号,或用黑体,就会明显一些。还有,就是书眉上没有标音序字母,查的时候就少了一个方便了。这就是说,从技术方面说,编辑也要有一定的修养。

业务上的事情,刚当编辑的同志不熟悉,到了工作岗位上以后可以学起来。但是有许多基础的东西,还是要在学校就学好,比如语言文字的修养。到了工作岗位上再去学习就比较晚了。还有基础知识、工具书等等都是应该早就有一点基础的,到出版社以后,还可以再继续提高。

(原载《出版工作》1981年第4期。文章有删节,原文标题为《谈谈编辑工作》)

网言网语·职场

千万不要认为所有员工都认同你,那是不可能的,总有些人永远不会相信你。不要让你的员工为你干活,而要让他们为了共同的目标干活。把员工团结在一个共同的目标下,要比把员工团结在总裁的周围更容易、更有效率。

(乔 桥/辑)

一本内容绝无错误的生物学著作

（文中有十处差错，你能找出来吗？答案在本期找）

◎梁北夕　设计

随着科学技术的发展，使生物学研究领域发生了翻天复地的变化，人们渐渐发现过去一些生物学"经典"著述中错误百出。有一位在生物学界颇负盛名的教授宣布了一个惊人的决定——出版一本内容绝无错误的生物学著作。

几个月后，人们引颈期待的著作终于问世了，书名是"夏威夷毒蛇图鉴"。人们不禁对这位教授的丰富学识与写作速度大为拆服。他们迫不急待地翻开书页，打算一睹这本"绝无错误"的作品。然而，让人难以置信的是，除了封面上的书名外，内文部分居然页页空白，从头到尾竟没有一个字！

惊谔不已的人们大感不解地把目光投向了教授，不料教授却一言不发，走进自己的实验室，继续手里的实验。

终于，有人忍不住发声："教授，您总该给我们一个解释吧？"

"怎么了？难道有问题吗？"教授语调平和而轻松，说道："对生物学稍有研究的人岂会知道夏威夷根本没有毒蛇，这本书当然应该是空白的。"

"可,可这也太……"问的人瞠目结舌。

教授微微一笑："正因为整本书的内容是空白的，所以我才敢说它是有史以来唯一一本没有任何错误的生物学著作！"

众人一楞，顿时领会了教授的用意，也感受到了教授的幽默。

广角镜

砥砺前行，
迎接2018

每一次进步，
都来源于你的支持。
每一个成绩，
都来源于你的鼓励。
亲爱的读者朋友，
让我们继续手拉手，
迎接2018！

定价：5元/期 60元/年
发行电话：021-64370935

本刊订阅和投递服务由中国邮政承担。邮发代号为4-641，欢迎到当地邮局订阅。你也可登录中国邮政报刊订阅网订阅，网址为http://bk.11185.cn。你还可通过微信扫码订阅：

轻松便捷
一键办理

全国邮政客服电话：11185-9-2

火眼金睛

图中差错知多少？
（答案在本期找）

杨昌林　塔　娜　提供
王崇风　张志达

1	
2	3
4	

ISSN 1009-2390

2017年荣誉校对名录

田玉道	黄典荣	陈关春	孙延宜	侯新民
余培英	厉国轩	董金明	林忠精	陈福季
张骏鹏	霍民起	李景祥	阎德喜	石　勇
盛祖杰	何立洲	钱　辉	吴尚达	刘曰建
姜登榜	邹身坊	顾银乔	金维珠	蔡美玲
叶才林	朱建中	周　密	柴婉飞	陈增来
金　甲	赵　娜	周建群	柏庆禹	王守训
宗德宝	郑时圆	温守江	苏　学	辜良仲
王会平	张　英	邱梦寰	胥尧叟	